中國古代地理總志叢刊

讀史方輿紀要

二

〔清〕顧祖禹撰
賀次君 施和金 點校

中華書局

讀史方輿紀要卷十二

北直三

保定府，東至河間府静海縣三百五十里，東南至河間府二百十里，西至真定府定州百五十里，西北至山西蔚州二百八十里，北至保安州二百六十里，自府治至京師三百五十里。

禹貢冀州地，戰國時屬趙。秦爲上谷、鉅鹿二郡地，漢爲涿郡及中山國地，後漢因之。晉屬范陽、高陽、博陵、中山等郡、國，後魏亦爲中山、范陽等郡地。隋屬上谷、博陵、河間三郡，唐屬易、定、瀛、莫等州。五代唐置奉化軍，天成三年升爲泰州。宋建隆初置保塞軍，太平興國六年改爲保州。政和初賜名清苑郡。金仍曰保州，天會七年亦曰順天軍，初屬河間路，後改屬中都路。元改州爲順天路，至元十二年又改爲保定路。明初爲保定府，屬北平布政司，永樂十八年直隸京師。領州三，縣十七。

按府重山西峙，羣川東匯，宣府、大同爲之屏障，倒馬、紫荆爲之阻隘，聯絡表裏，翊衛京師，誠重地也。在昔河朔有難，保定恒先受之。自唐天寶之季，迄宋靖康之年，清苑左右，大抵皆戰場矣。宋置保塞軍，爲備邊要地。時易州既没於契丹，軍城以西，塘水差少，於是廣植林木，以限朔騎奔衝。蓋府境自西而北而東雖多層巒列嶂，而步騎易於突入，自東而南地尤坦平，滱、易諸川塘濼之利皆在安州以東，故宋人保塞之備，比諸邊爲尤切。蒙古取幽燕，曰：「勁卒擣居庸北搤其背，大軍出紫荊南扼其吭，郡於兩關若左右臂然，東西互發，如風如雨，兩路之兵，可使形格勢禁，自爲解也。」明建文三年燕王舉兵南下，盛庸拒之於德州，檄大同守將房昭入紫荊，略保定州縣，燕王在大名聞之曰：「保定股肱郡，脱有不虞，即北平危矣。」遂旋師擊却之。土木之變，于忠肅於保定、淶水諸城皆增設重兵，京師得以保固。邊防攷：「府居三關之中，謂居庸、紫荆、倒馬，内三關也。形勢適均，緩急可賴，誠三輔之長城，兩邊之内險也。」謂宣、大兩邊。邊略：「今自居庸至倒馬關南狼牙口，邊墻有内外兩重，皆與宣府、大同接界，而居庸屬薊鎮，倒馬屬真定。其文武大臣則俱駐保定，舊謂之真保鎮。」

清苑縣，附郭。本漢樊輿縣地，屬涿郡。後漢廢。後魏復置扶輿縣。尋析置永寧縣治此，屬高陽郡。北齊以樂鄉縣省入，因改縣曰樂鄉。隋開皇十八年又改曰清苑，屬瀛州。唐初屬蒲州，貞觀初屬瀛州，景雲三年改屬莫州。後唐置泰化軍，尋爲泰州治。宋改爲保塞縣，保州治焉。金大定十六年復曰清苑縣，元因之。今編户十四里。

清苑廢縣，在府東北七十里。後魏主宏太和初分新城置清苑縣治此，以境内有清苑河而名。高齊省，隋因改樂鄉爲清苑。唐建中四年，李晟與易定兵圍朱滔將鄭景濟於清苑，累月不下，朱滔自魏州北馳救，晟敗保易州，即今縣也。城邑攷：「郡城金、元時故址，明建文四年燕將孟善修築，弘治五年重修，隆慶中復營治，始稱完固。」今城周十二里有奇。

樊輿城，府東南三十里。漢置縣於此，武帝封中山靖王子修爲侯邑。後漢廢。魏收志：「晉復置樊輿縣，屬高陽郡，兵亂復廢。」今晉志不載，或以爲石趙所置。後魏太和中改置扶輿縣，仍屬高陽郡，後齊省入永寧。又廣望城，在府西南。漢縣，屬涿郡，武帝封中山靖王子忠爲侯邑。亦後漢廢。

樂鄉城，府南二十七里。本漢信都國屬縣，後漢省。後魏僑置於此，屬高陽郡。魏收志：「樂鄉縣，晉復置，魏因之。」或以爲亦石趙所置也。北齊省入永寧縣。劉昫曰：「清苑縣，本漢故樂鄉縣。」城冢記：「樂鄉城在今府治西北，高齊天保七年省，尋自易州滿城縣界移永寧縣理此。」似皆悮。故樂鄉，今見深州。

清涼城，府東南四十里。水經注云：「漢之將梁也，武帝封中山靖王子朝平爲侯邑。後訛曰清涼。」寰宇記：「後漢初王梁駐軍避暑於此，因城其地，目曰清涼，有塔在焉。」○廣養城，在府東九里。城冢記：「城周五里，南有河藪，相傳燕昭王築此城以牧馬。」又高陽城，在府東南六十里。址周九里，相傳古顓頊所築。

壁陽城，府西南二十里。或曰五代時營壘處也。石晉開運二年符彥卿敗契丹兵於壁陽，即此。又府西南四十五里有白城。宋咸平六年王繼忠與契丹將耶律瓜奴戰於康村，傍西山而北至白城，力不能支，被執。康村，見慶都縣。又有積糧城，在府東。相傳金人嘗積糧於此。又府東南有廢柏陵城，未知所始。

郎山，府西北五十里。一名狼山。水經注：「徐水屈東北逕郎山，又屈逕其山南，山岑競舉，若豎鳥翅，立石嶄巖，亦同劍杪。漢戾太子之子遠遁斯山，因名。其東北爲燕王仙臺，相傳燕昭王求仙處。其東爲石虎岡，東漢中山簡王焉之窆也。所遺石虎二，後人因以名岡。」宋置狼山砦於山上，金末亦置砦於此。

松山，府西北七十里。其山多松。又西北二十里有石花嶼，高數仞，廣數十丈，中多花卉，宋時嘗置戍於此。

清苑河，府西二里。源出府西三十里雞距泉，至此分流，繞城南北，經城東合流入黄狗窊，又東入安州界。一名沉水。宋志：緣邊塘濼，起安肅、廣信軍，南至保州西北，蓄沉河爲塘，〔一〕横廣三十里，縱十里，深至五尺，淺三尺，曰沉苑泊；又自保州西合雞距泉、尚泉，爲稻田、方田，衡廣十里，深五尺至三尺，曰西塘泊。今多湮廢。

徐河，府北十五里。出易州西五回嶺，經滿城縣北名大册河，出郎山下，東南流至府北名徐河，又東入安州界入於易水。水經注「徐水出北平，東逕清苑縣城東而至高陽縣」是也。唐武德五年，劉黑闥遣其弟十善等擊唐幽州總管李藝於鼓城，既而戰於徐河，十善等大敗。宋太平興國四年，契丹入寇鎮州，都鈐轄劉延翰帥衆禦之，先至徐河口。六年，八作使郝守濬開徐河、雞距河五十里入白河，以濟關南之漕。咸平六年，知保州趙彬奏決雞距泉，又分徐河水南注運渠，置水陸屯田。景德初邊臣閻承翰開漕渠，復堰徐河水入雞距泉以息挽舟之役，又於保州境内屯田凡百餘頃。宋范成大曰：「徐河在清苑北十里，繞流於保州威虜澗。宋每恃此以禦契丹入寇。金人謂之饋糧河。」鼓城，今晉州是也。

石橋河，府南二十里。自滿城縣方順河東流，經此入黄狗窊，俗亦名梁頭河，合於清苑河。又梁河，在府東三十里。自唐縣唐河分流經此，又東入安州境，合於易水。○土尾河，在府東南九十里。源自蠡縣唐河分流，經此入高陽縣界。宋志：緣邊塘濼，東起順安軍，西邊吴淀，至保州合齊女淀、勞淀爲一水，横廣三十餘里，縱百五十里，深一丈三尺或一丈。今二淀俱湮廢。

一畝泉，府西三十里。一名尚泉。其流與雞距泉合，亦曰西塘泊，民多利之。○雞距泉，亦在府西三十里。泉水噴流，狀如雞距。與一畝泉合流，由城外濠出爲減水口。元張柔作新渠，鑿西城以入水，水循市東行，轉北別爲東流，垂及東城又折而西，雙流交貫，由北水門而出，爲一城之勝，即清苑河上流矣。

固城鎮，府北八十里。有龍泉井，其水常溢。洪武八年置固城巡司於此，今廢。○弘陽鎮，在府西北。志云：唐初高開道復以蔚州叛，數侵易、定，嘗置鎮於此。又府境有統漢鎮，蓋金人所置。

張登店，縣南六十餘里。道出慶都縣，爲往來津要，有巡司戍守。志云：司舊置於滿城縣方順橋，嘉靖十三年始移於此。又解家莊，在縣東南，道出河間。

三陵。在城東。宋祖陵也。宋太祖世籍清苑，既即位，尊其四世祖朓曰僖祖，陵曰欽陵；曾祖珽曰順祖，陵曰慶陵；祖敬曰翼祖，陵曰安陵。謂之三陵，皆置軍護衛。

滿城縣，府西北四十里。西至完縣四十里，北至易州百二十里。漢北平縣地，屬中山國。後魏主翊正光末析置永樂縣，又僑置樂浪郡治焉。北齊爲昌黎郡治。隋初罷郡，以縣屬易州。唐仍爲永樂縣，天寶初改爲滿城縣。五代晉徙泰州治此。周廣順二年泰州廢，縣屬易州，尋又廢入清苑縣。金復析置滿城縣，屬保州。蒙古初張柔取滿城，建帥府於此。尋移治清苑，以縣屬焉。今編户十一里。

滿城故城，在縣北眺山下，舊縣治此。唐長慶初朱克融叛據盧龍，焚掠滿城及易州淶水、遂城。五代晉開運二年，契丹陷泰州，諸軍尋攻拔之，進取滿城及遂城，因以滿城爲泰州治。宋咸平四年，契丹入寇，自遂城進至滿城而還。景德間縣廢。金大定二十八年改置縣於塔院村，在今縣西二里。明初廢爲柴廠，尋移今治。志云：縣西北五里魚條山下有樂城，即後魏永樂縣及樂浪郡治。

五公城，在縣西。河北記：「漢王譚之子興不從王莽之亂，與五子避難於此，光武封其五子爲列侯，因名。」唐開元中，易州刺史田琬以五回舊縣東遷於五公城，即此城也。一名五大夫城。五回，見易州。

眺山，縣東北三里。巍然特立，可以眺遠，因名。山北有舞馬、黄金二洞，容數百人。○陵山，縣西南三里。山不甚高，相傳古帝王陵墓，因名。元至正二年改曰靈山。

黄土山，縣北十里。山頂平曠可居，石中有泉。昔人避兵於此，亦名黄土寨。又五里爲玉山，山多白石如玉，所謂「燕石次玉」者也。下有玉山店。又北十里爲環山，一名紫口山，山勢環抱，狀若列屏。○荆山，在縣西北十五里。山勢險阻。其西南有楊家陀寨，昔人據守處也。又西北有松山，上多松樹，望之蔚然。

抱陽山，縣西南十里。山勢高拱，谷内温和。有石洞七十二，大者容二三百人，小者容數十人。又有龍潭，水常不竭，在山上聖教寺中。金志：「抱陽山，保州之名山也。」

徐河，縣北十里。自易州流經縣界，下流入清苑縣。

方順河，縣南五十里。其上源即完縣之祁水也，東流入縣境曰方順河，亦曰順水，又東入清苑縣爲石橋河。水經注：「光武追銅馬、五幡於北平，破之於順水，乘勝追北。爲其所敗，短兵接，光武自投崖下，遇突騎王豐，下馬授之，始僅免，退保范陽，即此水也。」

陘陽堡。縣南四十里。陘陽馬驛亦置於此。志云：縣西南又有方順堡，北有北舖店堡。嘉靖中北寇内犯，因增築城堡守堡。鄉民又置墩臺十二，亦設小堡，以便守望云。

安肅縣，府北六十里。東南至安州四十里，西北至易州九十里，北至定興縣七十里，西至滿城縣六十里。本易州遂城縣地，五代唐置宥戎鎮，周爲梁門口砦。宋太平興國六年置静戎軍兼置静戎縣隸焉，景德初又改爲安肅軍，縣亦曰安肅縣。金天會七年改置徐州，軍號如故。廢主亮天德二年改爲安肅州，亦曰徐郡軍。元廢縣存州，明洪武六年降州爲縣。城邑攷：「縣有二城。五代梁末晉將李存審夾河築二城，宋楊延朗復修之以拒契丹。後南城圮，明景泰、隆慶中相繼增修，皆北城也。」周四里有奇。編户十六里。

遂城廢縣，縣西二十五里。戰國時燕之武遂也。趙李牧伐燕，拔武遂、方城。又秦破趙將扈輒於武遂，斬首十萬，即此。漢爲北新城縣，屬中山國，後漢屬涿郡，晉屬高陽國。後魏曰新城縣，屬高陽郡，世謂之英雄城。魏主詡孝昌中營州陷，永熙二年置南營州於此，領昌黎、遼東、建德、營丘、樂浪五郡，皆僑郡也。北齊惟存昌黎一郡，領永樂、新昌二縣。隋開皇初廢南營州，三年并廢昌黎郡，十八年改置遂城縣，屬易州。唐因之。劉昫曰：「遂城即後魏永熙中所置新昌縣也。」五代時亦爲遂城縣。周復三關，此爲沿邊要地。宋開寶三年契丹寇定州，田欽祚禦之，戰於滿城，敵少却，乘勝至遂城。太平興國六年於梁門砦置静戎軍，於遂城縣置威虜軍，時號「銅梁門，鐵遂城」，言其險固也。咸平二年契丹攻遂城，宋將楊延昭登陴固守，會天大寒，汲水灌城上，倏忽爲冰，堅滑不可登，契丹引去。四年契丹復入寇，大帥王顯大敗之於遂城。是時安肅、遂城，最爲敵衝。景德初改爲廣信軍。金主晟天會七年改爲遂州，尋又號爲龍山郡。泰和四年州廢，貞祐二年復故。元廢縣存州。明初州廢，以其地并入安肅縣。宋史：「廣信軍在易州東南八十里，當五回、狼山之要道，戍守特重。」方城，見前固安縣。

北新城廢縣，縣西南二十里。漢縣蓋治此。漢志云：「燕南得涿郡之北新城。」是也。水經注：「新城在武遂南，即燕督亢地。」晉隆安初慕容寶棄中山奔龍城，魏遣將長孫肥等追寶至范陽，不及，破其新城戍而還，即此。後魏末僑置新昌縣，以新城併入。

長城，在縣東北。俗以爲秦將蒙恬所築，悮也。蓋戰國時燕、趙分界處。今有長城口。石晉開運三年，李守貞奏「大軍至望都縣，相次至長城，遇寇轉鬭，敗之」，即此長城，胡氏以爲在固安縣南。又長城舊址亦謂之黑盧堤。宋太平興國四年契丹入寇，劉延翰禦之於徐河，別將崔彥師潛軍出黑盧堤北緣長城口，銜枚躡其後，亦即此處矣。

桑丘城，在縣西南。括地志：「桑丘城俗名敬城，戰國時燕之南界也。」史記：「齊桓公田午五年襲燕取桑丘。」魏世家：「武侯七年齊伐燕，魏伐齊以救燕，至桑丘。」又漢成帝封東平思王子頃爲桑丘侯，蓋邑於此。又徐城，在縣南。相傳周景王時將軍徐浚所築。又敵城，在縣東。相傳戰國時趙將趙葱、顏聚與秦將王翦相持處。

釜山，縣西四十五里，以形似名。西接黑山，東臨峭壁，中有谷甚宏敞，初入曰釜陽口，內爲釜山村，泉甘土肥，物産鮮美。黄帝朝諸侯，合符釜山，或以爲即此山也。

圍道山，縣西北四十五里。四面高爽，中爲大谷，豁然平曠，道路圍繞其內，因名。又西北五里曰牟山，土阜無石，一望坦夷，土脈深厚，居人多占爲田，謂之牟山村。

龍山，縣西五十里。俗名龍堂坡，以其盤繞深曲也。相近者爲黑山，背陽面陰，土壤深黑。下有黑山村。後漢末黑山賊張燕聚衆數十萬，縱横河北。志謂燕蓋屯據於此，非也。燕本起於黎陽之黑山，此特名相類耳。又楊山亦在縣西，與龍山相接，俗傳宋楊延昭藏兵於此以禦契丹。

易水，在縣北。自定興縣流入境，又東入容城縣界，即白溝河也。水經注：「易水東流屈逕長城西，又東南流過武遂縣南、新城縣北，俗謂是水爲武遂津。」晉咸康六年慕容皝伐後趙，自薊城進破武遂津是也。津北對長城門，謂之汾門。史記趙世家「孝成王十九年趙以汾門與燕」，即此。亦曰分門，又謂之梁門。志云：易水東分爲梁門陂，五代周置梁門口砦，以此。宋范成大北使録：「自安肅軍出北門十五里至白溝河，又一百五里至涿州。」

徐水，縣南四十里，與清苑縣分界。上有徐橋。志云：縣南二十五里有曹水，西北出曹河澤，東南流經北新城南入於徐水。○南昌水，在縣西。輿地記：「南昌水東流過梁門，去縣西二十里，引爲陂塘以溉民田。」

鮑水，在縣西北。自易州流入境，又東南流入容城縣界。今城北有鮑河渡，即此水也。宋會要：「咸平四年，知静戎軍王能請自姜女店東決鮑河水北入閻臺淀，又自静戎之東引河北注三臺、小李村，其水溢入長城口而東，又壅使北流，東入於雄州。議者以閻臺村地高，決河引水非便，議寢。五年，順安軍都監馬濟請自静戎軍東引鮑河，開渠入順安軍，又自順安軍西引入威虜軍，置水陸營田於渠側，以達糧運，以隔朔騎。從之。」金志遂城縣有鮑河，下流合於易水。又縣北有趙曠川，舊爲戍守處，宋人所云「趙曠川、長城口，皆契丹出入要害」是也。○柳灣，在縣北。

志云：宋與契丹分界二十里，即此。俗名蘆草灣，今堙。

白塔店。縣北二十里。其地有白浮圖，因名。道出定興縣。志云：縣北十里有白溝驛，元置，明洪武六年移於縣治東。

定興縣，府北百二十里。西至易州六十里，北至涿州六十五里，東至新城縣四十里。本范陽縣地，金大定六年始析范陽之黄村置定興縣，屬涿州。元屬易州，明洪武六年改今屬。編户二十一里。

百樓城，縣西南二十里。相傳唐太宗征遼還，駐軍於此，營城以居軍士。今爲百樓村。

拒馬河，縣西一里。亦謂之淶水。自淶水縣流經此與五里河、白溝河合，入安肅縣界。其合處有渡曰河陽渡。志云：劉琨嘗守此以拒石勒，因名。守處蓋在縣境。

白溝河，在縣西。自易州流入縣界，東合拒馬河，即易水也。又五里河，在縣西南十里。自易州白楊嶺流入縣界，東流入拒馬河。

遒闌河，縣西北三十五里。自淶水縣流入界，下流與易州之梁村水、白楊嶺水、馬跑泉水合流而東入拒馬河。一名沙河。宋雍熙三年曹彬等敗於岐溝，夜渡拒馬河，南趣易州，方瀕沙河而飯，聞契丹將耶律休哥追至，驚潰，死者過半，沙河爲之不流，即此水也。

河陽鎮。縣南十里，有巡司。又縣治東南有宣化馬驛。○固城鎮，在縣南四十里。志云：宋與遼分界處。今與清苑縣接境。

新城縣，府東北百五十里。北至涿州六十里，東南至霸州百十里，東至順天府固安縣九十里。古督亢地也，漢置新昌縣，屬涿郡，後漢省。唐大曆四年分固安縣地置新昌縣，太和六年又析新昌地置新城縣，屬涿州。後唐同光二年契丹寇新城，即此。遼、金亦曰新城縣。元升爲新泰州，尋復曰新城縣，至元二年改屬雄州。明初因之，洪武六年改今屬。編户三十六里。

新昌廢縣，縣東三十里。漢舊縣，後廢。唐復置，屬涿州。李克用克幽、燕，避父諱，省入新城縣。志云：縣有古城，或以爲古燕城也。

白溝河，縣南三十五里。自安肅、容城縣界流入境，亦曰拒馬河。宋人與遼分界於此，亦曰界河。石晉開運二年，契丹入寇，晉兵敗之於陽城，契丹逾白溝而去，蓋自此逾河而北也。邑志：縣東南有王大本口堤，昔人築此以防拒馬河之泛溢。永樂十年堤潰，尋復修塞。陽城，見完縣。

馬村河，縣西北四十里。自淶水縣流入境，東南流合於白溝河。志云：馬村河本自拒馬河分流，由淶水縣東南境赤土社經縣之馬村，因名。宋咸平五年修堤塘，壅鮑河開渠入順安軍及威虜軍，詔莫州部署石普護静戎軍，壁於馬村，以張軍勢，即此。

南里河，縣東北二十里。志云：琉璃河支流也，與順天府良鄉縣接界。又縣東三十里爲渾河，自順天府固安縣分流，合南里河經雄縣境而入霸州界。

三甲店。縣北三十五里。北至涿州之中道也。又高密店，在縣西北三十五里。元至治中嘗遊畋至此，亦名駐蹕莊。○巨河鎮，在縣西南。舊有巡司，今廢。又有汾水馬驛，在縣治東。

雄縣，府東北百二十里。西至安州六十里，東至霸州保定縣八十里，南至河間府任丘縣七十里，北至新城縣六十五里。漢易縣地，屬涿郡，後漢屬河間國。晉曰易城縣，後魏復爲易縣，屬高陽郡。北齊天保七年省入鄚縣。唐武德五年置歸義縣，兼置北義州治焉。貞觀初州縣俱省。八年復置歸義縣，屬幽州，大曆四年改屬涿州。五代晉初没於契丹，周顯德六年收復，置雄州。宋太平興國初改縣曰歸信，而州如故。政和三年賜郡名曰易陽。金仍曰雄州，又爲永定軍。元因之。明洪武初省歸信縣入州，七年改州爲縣。編户十七里。

廢易縣，在今縣北三十五里。本燕故邑也。春秋魯莊公時，燕桓侯徙于臨易，即此。戰國時趙惠文王與燕鄚、易，鄚與易相接也。漢因置易縣。後漢建安十一年曹操征烏桓，至易，留輜重，輕兵兼道而進。晉曰易城。唐曰歸義。寶應二年官軍追史朝義，及於歸義，朝義敗走。宋太平興國初諱義，改曰歸信。宋白曰：「唐歸義縣本屬涿州，周移縣治瓦橋，宋改爲歸信縣，而涿州所屬之歸義乃在界河之北，仍治漢易縣故城，屬契丹境内，自是一縣而兩境分置，宋之雄州治歸信，契丹之涿州領歸義也。」金人始以歸義并入歸信，仍爲雄州治。明初縣始廢。或曰歸義廢縣西北十五里有故易城，乃漢易縣治云。

易京城，在縣北。杜佑曰：「歸義縣南十八里即易京城。」後漢末公孫瓚據幽州，有童謠云：「燕南垂，趙北際，中央不合大如礪，惟有此間可避世。」瓚以爲易京地當之，遂徙鎮易。爲固塹十重，於塹裏築京。京皆高五六丈，爲樓其上。中塹爲京，特高十丈，自居焉。後漢史：「瓚築易京城，修營壘樓觀，臨易河通遼海，以鐵爲門，乃曰：『兵法百樓不攻，今吾諸營樓櫓數十重，積穀三百萬斛，足以待天下之變矣。』及爲袁紹所攻，瓚南界別營或降或潰，紹軍徑至其門，爲地道穿樓下，施木柱之，度足達半便燒之，樓輒傾倒，稍至京中。瓚與子書云：『袁氏之攻，狀若鬼神，衝梯舞於樓上，鼓角鳴於地中。』竟爲紹所破。」晉建興四年，石勒以李回爲高陽太守，回旋居易京。咸康四年，段遼襲後趙幽州刺史李孟，孟退保易京。其後石季龍擊慕容儁還，至此，惡其險固而隳之。今舊址僅存。

亞谷城，在縣東。城冢記：「漢景帝時，匈奴王盧它之降，封爲亞谷侯，即此。」又縣西有楊關城，相傳守將楊延昭守關南時所築。

大雄山，縣治西南二里。高峙數十丈，峰頂廣夷。一名望山，以其標領羣岫爲衆望也。其左翼爲小雄山，奇峰牙列，石罅甘泉出焉。五代周置雄州，蓋因山爲名。

易水，縣南二十五里。自安州流入境。相傳燕太子丹送荆軻於易水上，蓋在此處。唐光化三年，朱全忠遣將張存敬寇易定，幽州帥劉仁恭遣其子守光救定州，軍於易水上，存敬襲敗之。一名瓦濟河。志云：易水至雄縣南東合白溝河，是爲瓦濟河；又東合清河，是爲三岔口河。縣西三里有黄灣河，則易水之支流也。

白溝河，縣北三十里。亦曰巨馬河。自新城縣流入境，即宋之界河也。宋宣和四年，童貫伐遼至高陽關，遣种師道總東路兵趨白溝。既而師道次白溝，遼人擊敗其先鋒楊可世於蘭溝甸，師道退保雄州。未幾，童貫復遣劉延慶等出雄州，度白溝以侵遼，至良鄉爲遼所敗。明建文中，燕王與李景隆大戰於白溝河，即此處也。宋北使行程記：「雄州之北，界河之南，有白溝驛。」

雄河，縣南三里。自安州易水分流，逕縣界，東流仍合於易水。宋會要：「沿邊塘濼，東南起保定軍，西北抵雄州，合百水淀、黑羊淀、小蓮花淀爲一水，衡廣六十里，縱二十五里，或十里，其深八尺或九尺。」後廢。今縣南五里有閘河，相傳宋楊延昭浚此運糧；又南十里爲高陽河，自高陽縣流入而名；又縣東南五十里有清河：俱流合於易水。

瓦橋關，在縣南易水上。舊志：關在涿州南百二十里，莫州西三十里。唐大曆九年魏博帥田承嗣叛，發諸道兵討之，盧龍留後朱滔軍於瓦橋，成德帥李寶臣叛附承嗣，襲敗滔。光化二年幽州帥劉仁恭爲汴將葛從周所破，自乾寧軍退保瓦橋。既而汴將張存敬復攻仁恭，拔瀛、景、莫三州，下二十城，將自瓦橋趣幽州，道濘不得進，乃西攻易定，取祁州。五代梁乾化二年，晉將周德威攻燕，遣裨將李存暉等攻瓦橋關，關及莫州皆降於晉。貞明二年契丹據平州，晉王存勗自瓦橋運糧輸薊城，屢被契丹抄掠。後唐同光二年，契丹入寇，至瓦橋，遣將屯戍。周顯德六年伐契丹，趙匡胤先至瓦橋關，契丹守將以城降。周主以其地控扼幽、薊，建爲雄州，割容城、歸義二縣隸焉。宋太平興國五年，契丹主賢入寇，圍瓦橋關，官軍陳於水南，耶律休哥帥精騎渡水逆戰，官軍敗績，休哥追至莫州。宋白曰：「瓦橋亦謂之瓦子濟橋，在涿州南、易州東，東至益津關八十里，當九河之末，周世宗收復三關之一。」沈括曰：「瓦橋關素無關河爲阻，仁宗時六宅使何承矩守瓦橋，始議因陂澤之地臨水爲寨，慶曆中内侍楊懷敏復踵爲之。熙寧中又開徐村、柳莊等濼，皆以徐、鮑、沙、唐等河，叫候、雞距、五眼等泉爲源，東合滹沱、易、白等水并大河，於是自保州西北沉遠濼，東盡滄州泥姑海口，凡八百里，悉爲渚濼，自是倚爲藩籬。」乾寧軍，見青縣蘆臺城。

大姑砦。在縣東。今有大姑村。宋志：「縣境有雙柳、紅城、新垣、大渦、木場、張家、三橋等共八砦，皆五代周及宋時所置，爲備禦要地。」金廢。○駐駕臺，在縣東七里，高數丈。相傳周世宗曾駐蹕於此。志云：縣城東南有城子臺，平地特起，狀若城垣。又縣西北三十里有涼馬臺，高數丈。相傳燕、趙分易水爲界，築二臺以登陟而耀武云。

容城縣，府東北九十里。東至雄縣五十里，東北至新城縣七十里，西至安肅縣四十五里，西北至定興縣五十里。漢置容城縣，屬涿郡，高帝封趙將夕爲侯邑，又景帝封匈奴降王徐盧於此。後漢省。晉復置容城縣，屬范陽國。後魏屬范陽郡，北齊省。隋末改置遒縣於此，唐初屬北義州，貞觀初屬易州。聖曆二年契丹入寇，縣固守得全，因改曰全忠。天寶初復爲容城縣。五代晉入於契丹。宋初復置縣於巨馬河南，屬雄州。金改屬安肅州，元因之。明初省入雄縣，洪武十四年復置，屬保定府。今編户六里。

容城故城，在今縣西北三十里。西距易州八十里。漢、唐以來縣蓋治此。五代梁乾化初，燕劉守光侵易定，攻容城，即此。石晉初地入於遼，居民皆避居巨馬河南，宋因置縣以統之。遼志云：「容城故城本在雄州西南，遼僑置於涿州新城縣界，仍屬易州。」蓋以宋所置城爲故城也。金初以北容城并入南容城。明景泰二年相地築城，復遷治於拒馬河北，南去舊縣十餘里，即今縣城也。○三臺城，在縣西南。城冢記：「燕、趙分易水爲界，築三臺，并置城於此。」

易水，在縣南。自安肅縣流入境，復東北流，經新城縣境，又東南入雄縣界。亦曰白溝河，亦曰拒馬河。水經注：「易水逕容城縣南，又東渥水注之。其水上承二陂於容城縣東南，謂之大、小渥澱，南流注易水，謂之渥洞口。」今渥水湮廢久矣。邑志：縣自東而北有長堤，延袤五十里，以防白溝河漲溢。永樂十四年潰決，尋修塞之。

濡水。在縣西。自易州流入境，亦曰北易水。水經注：「濡水出故安縣西北窮獨山南谷，東流至容城縣西北大利亭，又東南與易水合。」邑志「縣西南二十里有黑龍渡，易水與鮑河合流處」，誤以濡水爲鮑水也。○雹水，在縣南，即鮑水也。自安肅縣流入境，又東南入新安縣爲長流河。

唐縣，府西南百二十里。東南至祁州九十里，南至真定府定州六十里，北至山西廣昌縣二百里。古唐邑，漢置唐縣，屬中山國，後漢及晉因之。後魏屬中山郡，北齊省入安喜縣。隋開皇十六年復置唐縣，屬定州，唐因之。五代梁改爲中山縣，唐復故。晉又改爲博陵縣，漢復爲唐縣。宋仍屬定州，金因之。元改屬保定路。今編户二十二里。

唐城，即今縣，相傳堯爲唐侯時國於此。春秋時屬北燕國，謂之陽邑。昭十二年齊高偃帥師納北燕伯於陽，傳曰：「納北燕伯款於唐。」是也。後爲鮮虞邑。趙滅鮮虞，亦爲唐邑。漢置唐縣於此。晉太元九年慕容垂將平規攻秦幽州刺史王永，屯於薊南，故代將劉庫仁遣其將公孫希救永，敗規，進據唐城，即此城也。

中山城，在縣西北十三里峭嶺上。括地志：「中山故城，一名中人亭。春秋昭十二年：『晉荀吳帥師侵鮮虞及中人』是也。」史記：「趙敬侯十一年，魏、韓、趙共滅晉，分其地，伐中山，戰於中人。」又「趙孝成王七年，齊田單將趙師取燕中陽。」孔穎達曰：「即中人也。」載記：「燕慕容垂都中山。」王氏曰：「在唐縣之中山城。」杜佑以爲唐昌，悮也。劉昫曰：「中山亭在唐縣西四十里。」徐廣又以爲在縣之東北。唐昌，見無極縣。

左人城，縣西北四十里。晉語「趙襄子使新稺穆子攻翟，勝左人、中人」，即此左人也。後魏孝昌三年，五原降户鮮于修禮等帥北鎮流民反於左城，蓋謂左人城。劉昭曰：「唐縣有左人鄉。」魏收以爲左人城也。劉昫曰：「唐縣舊治左人城，聖曆初移於今所。」

王陵城，在縣西北三十里唐河東岸。相傳漢高屯於白登，王陵將援兵屯此，因名。又有灌城，在縣西四十里唐河西岸，與王陵城相對，舊傳灌嬰所築。晉太和五年秦苻堅滅燕，追慕容暐至灌城，即此城也。寰宇記：「縣北五十里有賈復城。後漢初賈復追擊銅馬、五幡賊，築城於此。」又有鴻郎城，在縣北。相傳堯子丹朱所居。

大茂山，縣西北百八十里，即恒岳也。北亘雲、蔚，南連鎮、定，爲河東、河北之翰蔽。緣山有村曰石門。志云：今有嶽嶺口巡司，在縣西北百十里，即大茂山之東麓。餘詳見名山恒山。

唐山，縣北八里。一名唐嵒，亦名堯山。又縣東北十五里有孤山，四面平坦，不與他山相接。一名都山，亦名亘山，又謂之望都山。張晏曰「都山在望都縣南，堯母慶都所居，堯山在其北，登堯山望都山，故以望都爲名」，即此二山也。

靈源山，縣東北十五里。山谿環錯。又育山，在縣北十五里，與靈源相峙。○粟山，在縣西北十五里。古有委粟關，蓋置於山上。又東南三里曰鑼鼓山，崖壁峭險，古中山城蓋在其上。其旁又有楊莊嶺。

神和山，縣西北三十五里。舊名石河山，居民避兵於此得免，因改今名。其相接者曰父子山、白合山、柏巖山，參差列峙，爲縣之險。○葛洪山，在縣西北七十里。山宮觀環列，巖壑頗勝。徐廣曰：「鴻上水出葛洪山。」山與恒山相接，下有楊家峪。志云：縣西北高尖峪、空閑峪諸處舊嘗產銀，謂之銀洞。明初嘗採鑛鍊銀，力多利少，閉不復採。

唐河，縣西三十里。古嘔夷水也。源出恒山谷中，自山西靈丘縣東南流，經倒馬關至縣境，又東南入定州界謂之滱水，至祁州與沙河合。水經注：「唐水導源盧奴縣西北，至唐城西北堨而爲湖，其水南入小溝，下注於滱水。」似悞。

鴻上關，縣西北百十里。舊志作「七十里」。徐廣曰：「故關今名洪城，一名鴻山關。」水經注：「滱水東流歷鴻山關。」是也。亦謂之唐關，與定州接界，蓋即今之倒馬關矣。輿程記：「倒馬關北十五里爲柳角安口，又北五十里曰插箭嶺，即山西廣昌縣界。」今有倒馬關巡司。縣志：司在縣西北百五十里。餘詳見前重險倒馬關。

八渡關，縣西北五十里。關下有水，屈曲凡八渡，因以名關。寰宇記：「漢所置關也，當山谿之險道。」金時置軍城鎮。明初亦置軍城鎮巡司，爲戍守要地。鎮南即定州曲陽縣也。今亦見曲陽縣。又軍城驛，在縣西北九十里。洪武二年置馬驛於此，道出山西，以軍城鎮名。

赤岸鎮，在縣北。唐武德六年高開道入寇，自易州而南，掠赤岸鎮。九域志：「鎮在定州唐縣。」志云：縣又有預備倉四：曰汀都，在縣西八里；山羊，在縣東北十里；高昌，在縣東二十五里；留泉，在縣南二十里。皆以村社爲名。

周家堡。縣西北百十里，倒馬關東路戍守處也。有周家鎮巡司。又有中窑谷口，在倒馬關西北五十里，亦爲戍守要地。輿程記：「周家堡口東至玉河安口十里，西至營溝口十五里。自周家堡西南至倒馬關六十里。」

慶都縣，府西南九十里。西至唐縣三十里，東北至滿城縣七十里，南至定州六十里，西南至定州曲陽縣七十里。漢望都縣，屬中山國，後漢及晉因之。後魏仍屬中山郡，孝昌中改屬北平郡。高齊廢。唐武德四年復置望都縣，屬定州，宋因之。金改爲慶都縣。元改屬真定路，尋又改屬保定路。今編户八里。

望都故城，縣西北七里。本戰國時趙邑。史記：「秦始皇七年，將軍驁死，以攻龍、孤、慶都。」括地志：「定州恒陽縣有白龍山，又有扶龍山，唐縣東北有孤山，所謂龍、孤也。慶都蓋邑名，漢因置望都縣於此。」劉昫曰：「唐初分安喜、北平二縣置望都縣，治安險故城，貞觀八年始移今治。」五代梁龍德初，晉王存勗敗契丹於新樂，契丹主阿保機自定州退保望都，晉王追敗之，逐北至易州是也。恒陽，今見定州曲陽縣。安險，亦見定州。

柳宿城，縣東南四十五里。漢武元朔三年封中山靖王子益爲柳宿侯，邑於此。後廢。今爲六畜堡，音訛也。

恒嶺，縣西二百里。志云：恒山在縣西，與曲陽縣接界。

龍泉河，在縣西北。有龍泉，與縣西南諸泉匯而爲河，東流溉田三百餘頃。志云：縣北里許有黄、黑二泉，相去僅十餘步，二色分明，與龍泉水合流遶爲城壕，隆冬不冰，相傳中有温泉云。其下流亦南匯於唐河。

清水河，縣西南一里。流經縣南，東流二里合於龍泉河。又有灞龍河，在縣西南五里，東北流七里合於清水河。志云：縣西三里有堅功泉，又西二里有西堤泉，又縣西南有沈家泉、湧魚泉，俱平地湧出，合於龍泉河，蓋即龍泉之上源矣。

馬安闗，在縣西。晉地道記：「望都縣有馬安闗。」或曰馬溺闗也。中山記：「八渡、馬溺，是山曲要害之地。有馬溺水，出上曲陽縣東北，東流合於滱水。」志云：縣附城有東南兩闗，隆慶初增建。又有翟城馬驛，在縣治北。

康村。在縣東北。宋咸平六年契丹寇定州之望都，高陽闗將王繼忠等赴救，至康村，爲敵所困，且戰且行處也。今訛爲狼村鋪，道出滿城縣。又固店，在縣西南，道出定州。

博野縣，府南九十里。西南至祁州三十里，西至定州九十里，東南至晉州饒陽縣七十里。漢蠡吾縣地，屬涿郡。後漢元嘉初置博陵縣，爲高陽郡治，魏因之。晉改縣曰博陸，仍爲高陽國治。後魏改爲博野縣，屬高陽郡。隋屬瀛州。唐武德五年置蠡吾州治此，八年州廢。九年改置蠡州，貞觀初又廢，縣屬瀛州，永泰中改屬深州。五代周屬定州。宋雍熙四年置寧邊軍，景德初改永定軍，天聖七年又改永寧軍。金改置寧州，亦曰博野郡，天德三年又改爲蠡州。元至元三年州縣俱廢。三十一年復置博野縣，屬保定路。明洪武初屬祁州，六年改今屬。編户二十一里。

陸成廢縣，縣南十六里。漢置陸成縣，屬中山國。武帝封中山靖王子貞爲陸成侯，邑於此，後漢廢入蠡吾縣。舊志云：桓帝更置博陵縣，蓋治此。後魏博野縣亦治焉，尋移今治。唐長慶初横海帥杜叔良討成德叛將王庭凑，大敗於博野。石晉天福六年成德帥安重榮以晉主臣契丹，恥之，遣騎掠幽州南境，軍於博野，即今縣也。

唐河，在縣南。亦曰滱水。自祁州流經縣界，又東入蠡縣境。志云：唐河、沙河、滋河三水俱自祁州流入縣南，合爲一川，謂之三岔口，東入蠡縣謂之陽村河。○博水，在縣西北。自完縣東南流經縣西。寰宇記云：「博水入縣境合於滱水。」又小店河亦在縣北，其西又有西莊河，俱合流達安州界會於九河。

蟾河，縣東南二十五里。其西有龍塘河，流合蟾河，下流注於滹沱。

白牛邏。在縣東南。昔時置戍巡警處也。北魏孝昌二年，元深躡定州賊葛榮於交津，榮至白牛邏，掩深別將元融殺之，深遂還趣定州。交津，見晉州武强縣。

蠡縣，府南九十里。西至博野縣十八里，南至晉州饒陽縣七十里，東南至河間府九十里。漢置蠡吾縣，屬涿郡，後漢屬中山國，晉屬高陽國，後魏屬高陽郡，北齊省入博野縣。明洪武八年復析置。今縣編户二十七里。

蠡吾城，縣東二里。漢縣，後漢安帝封河間王開子翼爲侯邑。其子志入繼大統，是爲桓帝，追尊蠡吾侯爲孝崇皇，陵曰博陵，因析置博陵縣，而蠡吾如故。

清梁城，縣西二十里。石趙所置城也。晉永和六年慕容儁擊後趙，至無終，趙將王午、鄧恒棄薊城走保魯口，儁自薊進擊之，軍至清梁，鄧恒將鹿勃早來襲，敗去。魏收志蠡吾縣有清凉城，即此。又南安城，在縣南，亦石趙所置。晉永和七年慕容儁遣慕容評攻王午於魯口，至南安，斬午將鄭生是也。魯口，見晉州饒陽縣。

楊村河，縣南三里。亦謂之唐河。志云：滋河、沙河、唐河之水，自祁州合流，經博野縣而合爲三岔口，入縣界爲楊村河，引而東，初自縣東南流入河間府境，其後自蘭家圈口北決，由玉田渚口入高陽縣境。又有小陳河，源出慶都縣界，經縣東北流入安州界。今湮。

土尾河，在縣東北。志云：唐河經縣東南，分流爲土尾河，又東北經清苑縣及高陽縣境，下流仍合於滋、沙諸河。

石羊壘。在縣東。魏收志蠡吾縣有石羊壘，蓋昔人屯戍處。今堙。

完縣，府西七十里。西南至唐縣四十里，東北至滿城縣五十里，北至易州百二十里。秦曲逆縣地，漢爲北平縣地，屬中山國，後漢及晉因之。後魏屬中山郡，孝昌中分置北平郡，治北平縣。北齊郡廢。隋屬定州，唐初因之。萬歲通天二年契丹來攻不下，改爲狥忠縣，神龍初復曰北平縣。五代唐改爲燕平縣，尋復曰北平，屬易州。石晉改屬定州，宋因之。慶曆四年移置北平軍於此，仍隸定州。金曰永平縣，屬中山府，貞祐二年升爲完州。元仍改爲永平縣，尋復曰完州。明洪武二年改州爲縣。編户十八里。

北平廢縣，縣東二十里。漢縣治此，高祖封功臣張蒼爲侯邑。順水經其北，光武擊尤來、大槍諸賊於元氏，追至北平，戰於順水北，即此處也。唐長慶初，義武帥陳楚敗盧龍叛將朱克融兵於望都及北平。五代時縣移今治。宋置北平砦於此。景德初契丹入寇威虜、順安軍，進攻北平砦，總管田敏擊走之，東侵保州，復敗却。慶曆二年於北平砦置北平軍。四年即縣治置軍，以砦屬焉。金廢。

曲逆城，在縣東南二十里。左傳「齊國夏伐晉，取逆時」，酈道元以爲即曲逆也。後爲趙邑。秦置縣。漢七年擊韓王信，自代還，過曲逆，曰：「壯哉縣！吾行天下多矣，惟見洛陽與是耳。」因封陳平爲曲逆侯。十一年陳豨反，豨將王黄軍曲逆，高祖自將擊之。張晏曰：「濡水於城北曲而西流，故曰曲逆。」後爲縣，屬中山國。後漢章帝巡北岳至此，醜其名，改曰蒲陰。晉亦屬中山國，後魏屬北平郡，北齊廢入北平縣。隋開皇六年復置蒲陰縣，大業初又廢。

陽城，縣東南五十里。續漢志中山蒲陰縣有陽城。陽城在蒲陰東南三十里。晉隆安初，慕容寶聞拓跋珪攻信都，出屯深澤，遣慕容麟攻陽城，殺魏守兵，珪因還屯陽城。既而拓跋儀攻慕容德於鄴，珪以軍食不繼，命儀去鄴，徙屯鉅鹿，〔二〕積租陽城。石晉開運二年契丹入寇，晉軍與戰於陽城，敗去。水經注：「博水出中山望都縣，東逕陽城散爲渚澤，世謂之陽城淀。」宋景德元年契丹犯保州，不克，進攻定州，宋兵拒之於唐河，契丹遂駐陽城淀，即此。

夏屋城，在縣西北，竹書紀年「魏殷臣、趙公孫哀伐燕，還取夏屋城曲逆」者也。水經注：「蒲水東北流逕夏屋故城，實中險絶。」又東有賈復城，其城因河爲壕，昔賈復從光武追銅馬、五幡於北平所作，世俗音轉訛爲寡婦城。一統志：「賈復城，在唐縣北。」又有堯城，在縣南。相傳唐堯所築。

林尖山，縣北二十里。峰嶺高聳，遠望皆見。又北二十里曰栢山，平闊五百餘步，周迴居民甚衆。昔時山多栢，因名。又北有峨山，巍峨高峻，俯視諸山皆列其下。○白崖山，在縣西北四十里。峰巒秀拔，四面多白石，因名。

馬耳山，縣西三十里。高聳干雲，有兩峰並峙，狀若馬耳。志云：縣境諸山，馬耳爲之冠，中有桃花洞及桃花泉。又大嵬山，在縣西二十里，以山勢嵬峨而名。五雲泉水出焉。○伊祁山，亦在縣西三十里，祁水出焉。伊祁，堯姓也，相傳堯母所居。或以此爲堯山。張晏曰「堯山與都山相去五十里」，即此山。志云：縣西有壇山，高聳參天，其上平整，遠望無際。又有油山，在縣西南。屹然峭峙，石壁瑩潤，因名。

祁水，在縣南。發源伊祁山，東流經縣境，又東入滿城縣界，即方順河之上源也。又五靈水，出大嵬山。又縣西二十里有流九水，三十里有店頭水，出馬耳諸山，流合五雲水共爲一川，東南流合於博水。

博水，在縣東南。水經注：「博水出望都縣東南，其流旋伏旋見，東南連三梁亭，疑即古勺梁。」竹書紀年：「燕人伐趙圍濁鹿，趙武靈王及代人救濁鹿，〔三〕敗燕師於勺梁。」今廣昌嶺東有山俗名曰濁鹿，蓋趙地也。博水逕陽城縣散爲澤渚，是爲陽城淀，下流入博野縣境注於唐河。今源流多淤。

濡水，在縣西南。水經注：「濡水出蒲陰縣西，枉渚迴湍，率多曲復，亦謂之曲逆水。」志云：今縣北一里有曲逆水，繞縣東南合於祁水。或以此即祁水之别源，非故濡水也。又有蒲水。水經注：「蒲水出縣西北蒲陽山，逕蒲陰縣北，下流合於濡水，又東入於博水。」今故道多湮。○龍池，在縣北四十里。舊有灌溉之利，今湮。

安陽關，在縣西北。晉地道記：「蒲陰有安陽關，安陽都尉治焉。」水經注「蒲水南逕安陽亭」，即安陽關也。

水谷砦，在縣西北。宋嘉定十三年，金人以蒙古侵掠，分命易水公靖安民戍守水谷、欏谷、東安等砦。或曰其地皆近縣境，今縣西北有水谷等口。○鷹捕嶺口，在縣西北五十里。東北去水谷口二十里，又西南去五虎嶺口二十里，又西十里曰銀山口。志云：自水谷口至唐縣之周家堡口，凡一十三關口。

白團衛村。在故陽城南四十里。石晉開運二年敗契丹於陽城，師還至白團衛村，契丹復至，遂大戰於此，契丹敗却，晉兵逐北二十餘里。契丹散卒至陽城東南水上稍復布列，晉人前擊，皆渡水遁去，晉師還保定州。舊史作「白壇衛村」。

附見

大寧都司。在府治西。明洪武二十年建北平行都司於大寧，建文三年燕王遷置於此，永樂初又改爲大寧都司，領營州、興州等衛十一、寬河所一。衛所散建於順天、永平府境内。○保定左衛，在都司治西。永樂中建。又有中、前、後及右衛，俱置於府城内。

祁州，府南百二十里。東至河間府百七十里，南至真定府晉州百三十里，西至真定府定州百二十里。

春秋時晉地，戰國時趙地。秦屬鉅鹿郡，兩漢屬中山國。晉屬博陵郡，後魏因之。隋屬定州，大業初屬博陵郡。唐仍屬定州，景福二年始置祁州。易定節度使王處存奏置，治無極縣。五代因之。宋仍爲祁州。景德初移治蒲陰縣，賜郡名曰蒲陰。金屬真定路，元改屬保定路。明仍曰祁州，以州治蒲陰縣省入。編户一十四里。領縣二。

州川原平衍，水陸四通，右翼中山，左達瀛海，前臨晉、冀，背負幽、燕，使防維不修，藩籬既決，震漁陽之鼙鼓，鬭河北之戈矛，東西雲擾，寇來無方，州之地勢，因戰場也。唐之末造，既已當其弊矣。聯臂指之形，豫折衝之略，地無險易，備無緩急，近息滹沱之沸騰，遠銷太行之斥堠，司其任者，庶加之意哉。

蒲陰廢縣，今州治。漢安國縣地，屬中山國，後漢因之。晉屬博陵郡，後魏因之。北齊廢。隋開皇七年改置義豐縣，屬定州。唐因之。建中三年張孝忠以易州兵與幽州帥朱滔共攻成德叛帥李維岳，敗其兵於束鹿，孝忠引還，軍於義豐。五代周廣順初置義豐軍。二年契丹寇定州，圍義豐，敗去。宋廢軍，太平興國初改曰蒲陰縣，尋爲祁州治。金、元因之，明省。州城，成化二十年以後歷代增修，周四里有奇。

安國城，州東南六里。漢縣治此，高帝封王陵爲侯邑。北魏封王肅爲安國侯。又魏主恭普泰元年幽、營、安、平四州行臺劉靈助叛，引兵南至博陵之安國城，即此。

唐河，在州城南。自真定府定州流入境，又東入博野縣界，滋、沙諸河皆自州境流合焉。

沙河，州西南十五里。亦自定州流入境，東北流入博野縣境合於滋河。○滋河，在州西南三十里。自無極縣東流入深澤縣界，又東北流經州境合於沙河，又東流會於唐河。

解瀆亭。在縣東北。漢陽嘉初封河間孝王子淑爲解瀆亭侯。淑子萇，萇子宏即靈帝也。元和志義豐縣有故解瀆亭。

深澤縣，州南六十里。南至晉州四十里，西北至定州九十里，西至真定府無極縣四十里。漢爲南深澤縣。高祖封功臣趙將夕爲侯邑，即南深澤也。屬涿郡。後漢屬安平國，晉屬博陵國。後魏曰深澤縣，屬博陵郡。北齊時廢，隋開皇六年復置，屬定州。唐因之，景福二年改屬祁州。宋熙寧六年省，元祐初復置。元至元二年省入束鹿縣。明年復置，仍屬祁州。今編户十二里。

南深澤城，在縣東南五十七里。十道志云：「漢置深澤縣，屬中山國，今縣治是也。又於滹沱河南置南深澤縣，屬涿郡，此城是也。後漢廢深澤縣，而南深澤如故，後魏改爲深澤縣。北齊廢。隋復置縣於滹沱河北，即漢故深澤縣治，而南深澤遂廢。」唐武德初郡賊魏刁兒作亂，據深澤，掠冀、定間，稱魏帝，竇建德擊滅之。

滋河，縣西十八里。其源出山西蔚州之枚回嶺，流經真定府境內，自無極縣流入界。又縣西二十五里有神渚水，滹沱河、滋河之水衝嚙所成。方廣四百步，其深無際，又東北入祁州界會於沙河。

苦水村。縣東南十五里。相傳光武嘗經此，飲水而苦，因名。○西河店，亦在縣東南，道出束鹿縣。

束鹿縣，州南百二十里。東至深州二十五里，西至晉州七十里，東南至深州衡水縣百里。漢鄡縣地，〔四〕屬鉅鹿郡。鄡，顏師古曰：「若么反。」後漢曰鄡縣，晉省。後魏復置，仍屬鉅鹿郡。北齊改曰安國縣，隋開皇六年改曰安定，〔五〕十八年改曰鹿城，屬冀州。唐改屬深州，至德二年又改爲束鹿縣。建中三年李維岳以成德軍叛，詔諸鎮兵進討，幽州帥朱滔拔束鹿，圍深州。既而維岳引兵圍束鹿，復爲滔所敗。宋初屬真定府，淳化中仍屬深州。金因之。元初省，尋復置，屬祁州。今編户十七里。

鄡縣城，在縣東北二十里。漢縣治此，文帝封齊王肥舅父駟鈞爲鄡侯。光武初擊破銅馬賊於鄡是也。後魏仍爲鄡縣，移於今縣治。唐先天二年分饒陽、鹿城縣地置陸澤縣，治古鄡城，又徙深州治焉。朱滔拔束鹿，進圍深州，即此城也。五代周移深州治下博，縣廢入束鹿。深州志：「州東北五里有陸澤城。」悮。

安定城，縣西七里。漢縣，屬鉅鹿郡，宣帝封燕剌王子賢爲侯邑。後漢省。又西梁城，在縣南六十里。亦漢縣，屬信都國，宣帝封廣川戴王子闢兵爲侯邑。後漢省。

貰城，在縣東南。漢貰縣，屬鉅鹿郡。貰，師古曰：「式制反。」高帝封越將合傅胡害爲貰侯，邑於此。又元帝時封梁敬王子平爲侯邑。後漢初，光武自堂陽擊貰，降之，耿純率其宗族賓客迎謁於貰是也。縣尋廢。堂陽，見武邑縣。

晏城廢縣，在縣西。隋開皇十六年分鹿城置晏城縣，大業初廢，隋末復置。唐武德五年，將軍桑顯和擊劉黑闥於晏城，破之，即此縣。尋廢。

束鹿巖，在縣北。外隘内廣，可容千人。一名三丘古洞，縣蓋以此巖名。

黄丘，在縣南。地形志鄡縣有黄丘。晉永和七年，後趙石琨自信都救石祇於襄國，冉閔遣將孫威拒琨於黄丘，琨敗却，或以爲即此丘也。又縣有青丘、牛丘、馳丘、靈丘，與黄丘共爲五丘。

滹沱河，縣南三十里。自晉州流經縣境，又東歷安平縣入深州界。通典：「縣有衡漳水。」今名衡水，一名苦水。自趙郡寧晉縣流入境，蓋即胡盧河之北溢者。

鵶兒河。縣南十里。亦自晉州流入境，復合於滹沱，又分流而東南出，入深州界。志以爲滹沱支流也。舊時春冬則涸，今淤。志云：鵶兒河舊自縣南進丘社東北達博野縣合於滋河，九河之一也。

安州，府東七十里。東南至河間府百三十里，西南至祁州百二十里，東北至順天府涿州百四十里。

春秋時晉地，戰國屬趙。秦上谷郡地，漢爲涿郡地，後漢因之。晉爲高陽國地，後魏爲高陽郡地。隋屬瀛州，唐因之，五代亦屬瀛州。宋淳化三年置順安軍。金改爲安州，天會七年又改曰高陽軍。治葛城縣，尋又移治渥城縣。元初因之，州移治葛城縣。至元二年廢。未幾復置安州，屬保定路。明洪武七年以州治葛城縣省入，又降州爲縣，十四年復爲州。編户二十二里。領縣二。

州控臨幽、薊，川澤回環，宋時爲制禦契丹之要地，邊臣何承矩等規畫詳矣。端拱二年何承矩爲滄州節度使，上言：「臣自幼征行關南，熟知北邊道路川源之勢。若於順安砦西開易河蒲口導水東注於海，東西三百餘里，南北百七十里，〔六〕資其陂澤，築隄瀦水爲屯田，可以遏敵騎之奔軼。俟期歲間，關南諸泊悉皆壅固，即播爲稻田。其緣邊州軍臨塘水者，止留城守軍士，不煩發兵廣戍，收地利以實邊，設險固以防塞，禦邊之要策也。其順安軍以西，抵西山百里許無水田處，亦望選兵戍守。」從之。於是雄、莫、霸州、平戎、破虜、順安等軍，興堰六百里，置斗門，引淀水灌溉水田，稻熟公私獲利，而莞蒲蜃蛤之饒，民皆賴之。咸平三年，承矩知雄州，又言：「近者建設陂塘，綿亘滄海。昨契丹犯邊，高陽一路，東負海，西抵順安，士庶安居，即屯田之利也。今順安西至西山，地雖數軍，路才百里，縱有丘陵岡阜，亦多川瀆泉源，因而廣之，制爲塘埭，自可息邊患矣。」宋會要：「自何承矩議開置屯田，築堤儲水爲阻固，其後益增廣之，凡並邊諸河，若滹沱、葫蘆、永濟等河皆匯於塘水，天聖以後領於沿邊屯司。」或曰：以無用之塘，廢可耕之田，不如勿廣，以息民。議者曰：河朔幅員二千里，地平夷，無險阻，自邊吳淀至泥姑海口，綿七州軍，屈曲九百里，深不可以舟行，淺不可以徒涉，雖有勁兵，不能度也，孰謂無益？明道二年成德守劉平奏：「自邊吳淀望趙曠川、長城口，乃契丹出入要害之地，東西不及百五十里。今契丹多事，我乘此以引水植稻爲名，開方田，隨田塍四面穿溝渠，縱一丈，深二丈，鱗次交錯，兩溝間屈曲爲徑，路才令通步兵，引曹、鮑、徐河、雞距泉分注溝中，地高則用水車汲引，灌溉甚便。」勅行之，塘日益高。嘉祐五年，知雄州趙滋言：「徐河築堤，斷水入塘，宜開水竇修石限以節之。」八年，河北提刑張問視八州軍塘，出土爲隄，以蓄西山之水，則入夏河溢而民田無患。詔施行之。宋志：「河北自雄州東際海，多積水，戎人患之，未嘗敢由是路。順安軍西至北平二百里，地平無闋，故多從此入寇。」泥姑海口，即今直沽口。趙曠川、長城口，俱見安肅縣。元王伋曰：「安之爲郡也，羣山連屬西峙而北折，九水合流南匯而東注。陂池藪澤，縈帶左右，秋水引退，土脈沃衍，有禾麻麰麥畝收數鍾之利，此宋人所以屯戍守禦，築堤濬塘，恃爲邊備者歟？」

葛城廢縣，今州治。括地志：「葛城一名依城，亦曰西阿城，在瀛州高陽縣西北。以徐、滋二水並過其西，又曲逕其北，故曰阿。齊有東阿，此因曰西阿。」史記：「趙孝成王十九年與燕會阿；又與燕易土，燕以葛城與趙。」續漢志：「葛城即西阿城。後漢末嘗置依政縣於此，後廢。」金大定二十八年始置葛城縣，徙安州治焉。泰和八年復移州治渥城縣，以葛城爲屬縣。元還治葛城。至元二年州廢，縣亦廢爲葛城鎮，尋復故。明省入州。州城，明初因舊址修築，弘治及嘉靖初增修，周五里有奇。

唐興城，州東南二十里。唐武后如意元年，分高陽、河間縣地置武昌縣，屬瀛州。長安四年改屬莫州，尋還隸瀛州。神龍初改爲唐興縣，景雲二年仍隸莫州。五代時廢。宋太平興國七年，高陽關鎮將奏敗契丹於唐興口，因置唐興砦。淳安三年建順安軍，築城置戍。金改置安州，又移治葛城縣，此城遂廢。

易水，在州城北。府境曹河、徐河、石橋河、一畝泉河、滋河、沙河、鵶兒河、唐河與易水爲九河，合流於此，統名爲易水，至雄縣南而爲瓦濟河。舊志云：瓦橋關當九河之末是也。○丘家道口河，在州東南三十里，自高陽縣馬家河東流逕此，下流入任丘縣界之白羊淀。

徐河，在州西。自清苑縣流入境，又東合於易水。宋端拱二年契丹入寇，詔大帥李繼隆發鎮定兵并護糧運數千乘趣威虜。契丹將耶律休哥聞之，帥精騎邀諸塗。北面巡簡尹繼倫適將兵巡徼，遇之。休哥不顧而南，繼倫潛躡其後，行數十里，至徐河，突入其軍，休哥敗遁。宋史作「唐州徐河」，悮也。蓋興唐砦之徐河耳。或曰唐州當作「保州」。

淘河，在州東。易水東出之別名也。宋咸平二年，詔邊民越拒馬河塞北市易，知雄州何承矩上言：「緣邊戰櫂司自淘河至泥姑海口屈曲九百餘里，此天險也。太宗置砦十六，鋪百二十五，增設戍卒，部舟百艘，往來巡警，大爲要害。若聽人馬交渡，深非便宜。」從之。或曰宋人以塘泊爲邊備，往往疏濬以防淤澱，故沿邊諸河皆曰淘河。

邊吴泊，在州西南。亦曰邊吴淀。九河合流溢而爲泊處也。城南舊有邊吴塔，又有古堤，在州城北易水濱，東自邊村而下接雄縣，南自板橋而下接鄚縣，皆以防九河之决溢。宋志：「沿邊塘濼，東起雄州，西至順安軍，合大蓮花淀、洛陽淀、牛横淀、康地淀、疇淀、白羊淀爲一水，衡廣七十里，縱三十里，或四十五里，深一丈，或六七尺。」今廢。又會要云：「邊吴淀西望長城口尚百餘里，皆山阜高卬，水不能至，契丹每言：『宋人安事塘泊？吾騎馳突，得此路足矣。』明道末亦引塘水開方田，始有險可恃。」

劉家淀。州西二十里。石橋河、一畝泉河自清苑縣流入境，匯而爲淀，北流入於易水。又州境舊有五門、幞頭等港，宋慶曆五年屯田使葛懷敏奏：〔七〕「知順安軍劉宗言閉五門、幞頭港，下赤、大渦、柳林口漳河水不使入塘，臣已復通之，令注白羊淀。」蓋南引漳水入塘之道也。今俱廢。志云：州西北五里有牙家港，在易水旁；又朱家港，在州西南十五里；與濡水相連入白羊淀。

高陽縣，州南四十里。西北至鄚縣六十里，東至河間府任丘縣七十里，東南至晉州饒陽縣百二十里。漢涿郡高陽縣地，後漢屬河間國，晉屬高陽國，後魏爲高陽郡治。隋郡廢，開皇十六年置蒲州於此，大業初州廢，縣屬河間郡。唐武德四年復置蒲州，貞觀初州廢，縣屬瀛州。宋初因之，至道三年改屬順安軍。熙寧六年廢爲鎮，十年復故。金屬安州，元因之。明洪武中嘗廢，尋復置。今編户十四里。

高陽城，縣東二十五里。戰國時燕邑。國策「燕封宋榮蚠爲高陽君」，即此。漢爲高陽縣治。司馬貞曰：「高陽氏所興也。」應劭曰：「在高河之陽，因名。」晉太和五年，燕主暐自鄴出奔高陽，爲秦追兵所獲。隋大業七年伐高麗，勅河南、淮南、江南造戎車五萬乘送高陽。十二年賊帥趙萬海自恒山寇高陽。唐、宋以來，縣皆治此。明洪武三年河溢縣圮，始遷今治。高陽記：「故城顓帝所築，一名化龍城。」今廢城亦名化龍村，蓋傳訛也。

安都城，縣西南三十八里。漢文帝十六年立齊悼惠王子安都侯志爲濟北王，此即安都廢邑。又縣西有廣信軍新城。宋熙寧中議移廣信軍於此，因築此城，尋罷。

馬家河，縣東三里。滹沱河支流也。自晉州饒陽縣鐵燈竿口導流而北，經蠡縣境，又東北至縣南延福村，楊村河、土尾河俱流合焉，豬爲馬家河淀，復東北流入安州界注於易水。○楊村河，在縣西。志云：自三岔口社接蠡縣境，東經宋家橋而匯於馬家河淀。又土尾河亦自蠡縣及清苑縣境流入界，至宋家橋而合馬家河淀。邑志：縣西南有三叉口堤，延袤十五里，以防土尾河泛溢。

高河，縣東二十五里。自馬家河淀分流，其別出者曰豬龍河，俱引而東，經高陽故城南，又東北經安州界，下流入白羊淀，合雄縣之瓦濟河。志云：高河舊流，自縣境東南入至河間縣界，下流注於滹沱，此非故流矣。今亦見河間縣。○楡堤，在縣東南，延袤二十餘里。縣當馬家河諸水下流，藉隄以防決溢之害。又縣東有婁堤，延袤五十里，以障豬龍河之水。

高陽關。在縣東。志云：在縣之三叉口社，一名草橋關。五代周顯德六年收復三關，建爲高陽關砦，即三關之一也。宋屬順安軍，與瓦橋、益津互相聯絡，而高陽實爲根本，控扼幽、薊，戍守特重。

新安縣，州東二十里。東至雄縣四十里，北至容城縣三十里，西至安肅縣五十里，東南至河間府任丘縣七十里。本容城縣地，金主璟泰和四年析置渥城縣，八年移安州治焉。元至元二年廢州，改縣爲新安鎮，九年升爲新安縣，屬保定路。明洪武七年省入安州，尋復置。編户十一里。

渥城故縣，即今縣治。水經注：「容城東南有渥水，南流入易水。」城蓋以此名。五代晉時嘗戍守於此。或謂之渾渥城，又訛爲渾泥城，金因置渥城縣。元以金人移安州治此，故曰新安。○長城，在縣西北。自縣境入安肅縣界，綿延繼續，勢如岡阜。或以爲古大隄，蓋即戰國時燕、趙分界處。又三臺城，在縣西二十里。今亦見容城縣，蓋境相接也。志云：臺傍有劉盆子寨，下有洞長數里，蓋亦傳訛矣。

長流河，縣西南五里。一名長溝河。其上流即易州之鮑河也，經安肅、容城縣流入縣境，又東南流至雄縣入於瓦濟河。或以爲即渥水舊流也。志云：縣南三里有梁頭河，即長流河下流也。景泰中疏河引流，自城西南隅過南門至東門外三里，接梁頭河，末流達於瓦濟河。

温義河。縣西南八里。源有二，一出安肅縣南三十里之曹河，一出安肅縣西十里之徐河，俱東南流入縣境，至縣南合流爲温義河，又東南入於長流河。志云：縣南八里有三岔河，馬家砦迤西温義河分流也。上接温義，下達四殳，南通猪龍河，因名。○四殳河，在縣東南十五里，即温義河支流也。經雄縣南二十里月樣橋入瓦濟河。志云：元至正中鑿此河，分易水爲四流，中央爲殳，因名。

易州，府西北百二十里。東至順天府涿州一百七十里，西北至山西蔚州二百二十里，北至保安州百二十里。

春秋、戰國時爲燕地，秦置上谷郡，漢屬涿郡，後漢因之。晉屬范陽國，後魏亦爲上谷郡。隋初曰昌黎郡，旋改易州，煬帝初復曰上谷郡。唐復爲易州，開元十四年置高陽軍於郭内。天寶初亦曰上谷郡，乾元初復故。五代晉開運二年没於契丹，孫方簡以易州叛附於契丹。周顯德六年收復，仍曰易州。宋因之。端拱二年復爲契丹所陷，兼置高陽軍。宣和中得其地。亦曰遂武郡。尋没於金，仍爲易州，屬中都路。元初屬大都路，至元中改屬保定路。明初仍曰易州，以州治易縣省入。編户三十八里。領縣一。

州控據西山，指顧朔、代，東下則岐溝、督亢不可爲固，西出則飛狐、鴈門不足爲險也。于謙曰：「險有輕重，守亦有緩急。居庸、紫荆並爲畿輔襟喉，論者常先居庸而後紫荆，不知寇窺居庸其得入者什之三，寇窺紫荆其得入者什之七。正如秦人守函谷，而不知武關不固，咸陽遂傾；蜀人守劍閣，而不知陰平已踰，成都先喪也。」蓋正統間之議如此。成化中巡撫都御史駐真定，每歲赴易防秋。嘉靖二十三年以易州、通州、昌平州爲三輔，各設經略大臣，未幾即罷。今邊陲萬里，無犬吠之警，而按閲圖籍，采摭遺事於刓碑斷石古城廢堞之間，居然一河朔之重鎮矣。

廢易縣，今州治。本漢之故安縣，屬涿郡，文帝封申屠嘉爲侯邑。後漢仍屬涿郡。建安九年袁譚敗袁尚於中山，尚走故安依袁熙。晉屬范陽國，後魏屬范陽郡。北齊縣廢。隋開皇十六年改置易縣，爲易州治，唐以後因之。明初省。城邑考：「州城，遼、金時故址，正統十四年甃甓完固，隆慶二年增修。有門二，城周九里有奇。」

范陽城，州東南六十里。秦縣。史記「張耳、陳餘略地燕、趙，蒯通説范陽先下」是也。漢仍曰范陽縣，屬涿郡。

應劭曰：「在范水之陽，因名。」後漢初世祖追擊尤來等賊於北平，爲賊所敗，收散兵歸保范陽。晉屬范陽國，後魏屬范陽郡。孝昌二年爲上谷賊杜洛周所殘破，高齊因移置縣於故城北十七里之伏圖城，時謂之小范陽，舊城遂廢。隋開皇初改置遒縣，屬易州。志云：隋末遒縣移置於故容城，距小范陽三十餘里，今爲容城縣地。

武陽城，州東南二十七里。志云：故燕之下都也。史記：「趙孝成王十九年與燕易土，燕以武陽與趙。」水經注：「武陽燕昭王所城，東西二十里，南北十七里。其東南又有小城，東西二里，南北一里，即故安縣故城也。」又圖經云：「州南有古燕國，廣袤六十里，召公後皆都此。」亦謂之古燕城。

五迴城，州西南百里。唐開元二十三年，州刺史盧暉奏分易縣置城於五回山下，謂之五迴縣。明年又遷於五公城，復析故地置婁亭、板城二縣，天寶後俱廢。志云：婁亭城在州西北四十里。五公城，見滿城縣。○長安城，在州西南。志云：漢宣帝時幽州刺史李宣尚范陽公主，憶長安，築此城以象之。寰宇記：「城在州東南二十七里，俗名爲斗城。」

長城，在州西南。水經注：「易水東届關門城西南，即燕之長城門也。」蓋燕、趙時故址。寰宇記：「州西七里又有荆軻城，在荆軻山下。又南二里爲樊館山，相傳樊於期授首處，俗名血山。又州東南十六里有高漸離城，漸離故居也。」

龍迹山，州西南三十里。石上有龍迹。其西麓谷中有坑，大如車輪，中有四穴，春則風出東，夏出南，秋出西，冬出北。孔穎達以爲即燕之龍兑也。趙孝成王與燕易土，以龍兑與燕。漢六年，酈商從擊臧荼，戰於龍脱，先登陷陳，蓋即龍兑矣。

孔山，州西南五十里。山有三孔，因名。宋嘉定十一年，蒙古將張柔帥兵南下，克雄、易、保、安諸州，金將賈瑀據孔山臺，柔攻之不下。臺無井泉，汲山下，柔先斷其汲道，瑀窮困，乃降，柔引兵次於滿城。志云：山有黄楢陽洞，深里許，中有二水，東西相隔丈許。其南爲月明洞，北爲衆軍山，成祖嘗屯軍於山上，與平安大戰處也。

窮獨山，州西北三十里。一名馬頭山，濡水所出。志云：州北有龍崖山，高可萬仞，隆冬積雪，經春不消。又燕丹山，在州西北百里。山色黑白斑駁，俗名駮牛山。高萬仞。唐天寶中改爲燕丹山，亦曰燕王山。其相近者爲五公山。又西二十里曰西五公山，舊設五公砦於此戍守。○萬仞山，在州西九十里。志云：在紫荆關南數里，高峻壁立。又屏山，在關城北，夾河環翠，如屏障然。又對敵山，在關東北石港口，兩山對峙，峰巒相匹。又九泉山，在關東白馬灣口，上有八寶砦。邊防攷「關城四面，山之得名者凡數十計」云。

五迴山，州西南百二十里。亦曰五回嶺。其相接者曰狼牙峪，又爲五回道。水經注：「代郡廣昌縣東南有大嶺，世謂之廣昌嶺，高四十餘里，二十里中委折五迴，方得達其上。其南層崖刺天，積石之處，壁立直上。有五迴道。下望層山，如蟻垤然。」唐武后聖曆初，突厥默啜入寇趙、定諸州，自五迴道引去。開元中置五迴縣，蓋以山名。宋嘉定六年蒙古大敗金兵於五迴，遂拔涿、易二州。方輿記云「易州有武夫關，武水所出」，蓋即五迴山之誤也。俗又訛爲五虎嶺，今有五虎嶺巡司。

齊眉山，州西南百里。明建文三年，平安自真定引兵救房昭於西水砦，與燕兵戰於此，敗績。亦曰蛾眉山。又狼山，在州西南九十里。羣峰聳踞，狀如狼牙。上有天成砦、北樓院、大蛾眉及東西二水砦。

白楊嶺，州西北四十里。嶺多白楊樹，俗訛爲白羊，路通蔚州。其並峙者曰奇峰嶺，有奇峰口，相傳唐置婁亭縣於此口外，烏龍、金水諸溝衝要處也。今置奇峰口巡司於此。又西北十里曰官座嶺，四山環拱，一徑而入，儼若官座，有官座嶺巡司，又西五里爲官座口，皆戍守處也。○黄土嶺，在州西南九十里，路達山西廣昌縣。今置城設兵於此，防禦要害。

紫荆嶺，州西八十里。峰巒環列，嶺上有關，路通山西大同。志云：關東有栢梯、連泉、大寒、八砦、唐胡、退魚、佛兒諸嶺，關北有拒虜、耽遲、鞍頭、箔兒、駱駝諸嶺，關南又有接天嶺，關西有簿兒嶺，參差連接，真天設之險也。○石獸岡，在州西南六十里。岡有石如虎，亦曰石虎岡。雹水出於此。

易水，州南三十里。源出西山，東流經州境入定興縣合於拒馬河。一名白溝河。寰宇記：「州境易水有三，此爲中易水。」○女思谷水，在州西南五十里。水經注：「源自縣西南女思澗，東北流注於易水，謂之三會口。」

濡水，在州北。源出窮獨山，東南流支分入城，又東四里許淵而不流，曰聖女水，又東南流入容城縣界。或謂之北易水。名勝記：「南北二易水會於黑龍口，在容城、新安二縣間，即古燕、趙分界處。」今濡水經容城縣而東與易水合，記誤以中易水爲南易水也。

雹水，在州西南。源出石獸岡，亦名鮑水，經安肅縣入新安縣界爲長流河。或謂之南易水。

雷溪，在縣西南。發源五迴嶺，即徐河上流也。灘石湍急，聲聞若雷。水經注：「徐河出廣昌縣東南大嶺下，東北逕五迴嶺。」或云雷溪水分流，西南入完縣界亦謂之濡水，即所云曲逆水也。

子莊溪，州西南五十里。即紫荆關水也。自紫荆關流逕州南，下流入白溝水。舊志謂之子莊溪。○源泉，在州西北八里，南流注於易水。又州東北二十里有馬跑泉，相傳唐太宗征高麗駐蹕於此，馬跑泉出，因名。

紫荆關，在紫荆嶺上。控扼西山之險，爲燕京上游，防戍最切。志云：關城，正統初改築。十四年始調重兵防秋。景泰二年修濬城池，益兵守禦。三年并撥真武、神武二衛官軍防守。弘治二年增設近關城堡，自是以後，備禦益密。餘詳見前重險。

西水砦，在州西南百里萬山中。建文三年，大同帥房昭入紫荆關，略保定諸縣，駐兵於此，欲據險爲持久計，燕王擊敗之。○金坡鎮，在州西五十里。去紫荆關城三十里，有巡司戍守。

東峪口，紫荆關東北三十里，戍守要地也。志云：東峪口西去官座嶺口十里。○金水口，在關北八十里。其西有石塘、横嶺等口。志云：關西北六十里有烏龍溝口，接廣昌縣界，外口極衝也。

盤石口，紫荆關西十里，地名玉峰社。又西二十里爲塔崖口，舊有塔崖馬驛，今廢。又西南有白石、葫蕵等口，接廣昌縣界。○小龍門口，在紫荆關西南四十一里。又西南三十里爲黄沙口，又二十五里接完縣之水峪口。

金臺，州東南三十里。圖經：「臺在易水東南十八里，燕昭王築以事郭隗。」水經注：「固安縣有金臺陂，臺在陂北十餘步，高十餘丈。土人呼爲賢士臺，一名招賢臺，亦曰黄金臺。」晉咸康四年，石虎擊段遼於令支，自將進屯金臺，王隱晉書「時段匹磾進屯故安燕太子丹金臺」是也。又慕容垂嘗置戍守於此。宋太平興國四年，帝自將伐契丹，次金臺，易州刺史以城降。志云：州東南十八里有王公臺，亦燕昭王所築以養士處。

候臺，在州治西。相傳周武王所築，爲日者占候之所。戰國時燕昭王建五樓於其上，更名五花臺。遼主隆緒嘗駐於此。圖經：「隋初於遂城縣移南營州居燕之候臺，改曰易州，以州南易水爲名也。」

清風店。在州西南。正統十四年，瓦剌也先薄都城，敗遁。伯顏帖木兒復奉上皇出紫荆關，石亨躡之於清風店，大破之。一云店在州西五十里。○上陳驛，在紫荆關東十五里。舊與塔崖驛爲二驛，今塔崖廢而上陳驛移置於關城內。

淶水縣，州東四十里。東至涿州五十五里，東南至新城縣六十里。漢涿郡迺縣地，景帝封匈奴降王隆彊爲侯邑。後漢仍屬涿郡，晉屬范陽，後魏屬范陽郡，後周省。隋開皇初改范陽爲迺縣，更置范陽縣於此。六年改曰固安，八年廢。十年復置永陽縣，十八年改爲淶水，屬易州。唐因之。宋初省入易縣，遼復置。今編户二十五里。

迺縣城，在縣北。漢置。志云：舊城在拒馬河西北二里，俗名周城灣；後徙治縣北一里之北莊；俱爲易水所壞，乃移今治。魏收志云：「迺縣有南北二迺城。」是也。○板城廢縣，志云：在縣北。漢高帝征匈奴時經此所築也。或曰唐開元中刺史盧暉奏置板城縣，蓋即此城云。

亭山，縣北二里。以山形亭亭特峙而名。其北里許曰雲溪山。又武山，在縣西北九里。山下平坦，可以用武。或曰四山周圍如劍戟，因名。○紫凉山，在縣西北三十里，高百餘丈。其並峙者曰龍宫山，中有石洞，又有石井，泉流潛相灌注。又欒平山，亦在縣西北三十里，高聳甲於羣山。

長堤山，縣西十里。高聳突峙，可以遠眺。又西北有金山，一名金絲山。羣峰並聳，其最高者曰朝陽嶺，嶺色如金。又墻山，亦在縣西北，峭削如壁。又西有水峪山，山半出泉。其相接者曰遍竹山。○石龜山，在縣北。山巔有石狀如龜，内有巖可容千百人。下有龍湫。又山左一洞，深不可測，相傳外狹内寬，有路可通廣昌。又龍灣山，亦在縣北。山麓有龍潭，兵亂時人多潛匿其中，俗呼鐵裹寨。

檀山，在縣西北。峰巒秀麗，中多檀木，與州西北界之白楊嶺相連。濡水經其下。○白石嶺，在縣東。唐長慶元年朱克融以盧龍叛，易州刺史柳公濟敗幽州兵於白石嶺。

淶水，縣東北三十里。縣以此名。源出保安州之礬山，東南流入定興縣境亦曰巨馬河，流合白溝河。水經注：「淶水源出代郡廣昌縣淶山，逕迺縣北謂之巨馬河，亦曰渠水。」漢袁紹遣别將崔巨業攻固安不下，退還，公孫瓚追擊之於巨馬水，死者六七千人。又晉劉琨守此以拒石勒。五代史：「梁開平四年，劉守光發兵屯淶水，欲侵易定。」又「貞明三年，晉王存勗以契丹圍逼幽州，使李嗣源救之，嗣源軍於淶水，扼祁、溝諸關以俟賊勢」是也。祁溝，今見順天府涿州。

遒闌河，縣西十里。發源樂平山，東流至定興縣界合於拒馬河。志云：旁有長堤，堤自北山引而南，以防漲溢之患。○稻子溝，在縣東十五里。即拒馬河分流，至新城縣西南注白溝河。

石泉固，在縣西北。水經注：「固在衆山之内，平川之中，四周絶澗，阻水八丈，有餘石高五丈，石上赤土又高一丈，四壁直立，廣四十五步，路不容軌，僅通人馬，謂之石泉固。」一統志「縣西北有石泉城」，即此也。

馬水口。在縣北。志云：口北至保安州百六十里，又西爲康家溝、狼兒溝等口，皆戍守處也。輿程志：縣北四十里曰乾河口，舊有巡司，今廢。又西北四十里曰白馬灣口。又西五十里爲馬頭崖口，南去易州城三十里。

附見

茂山衛。在州治南。舊在府城内，景泰元年移建於此。○真武衛，在紫荆關城内；又有神武衛，俱景泰三年調置紫荆關城内。

校勘記

〔一〕蓄沉河爲塘　宋史卷九五河渠志作「蓄沈苑河爲塘」。

〔二〕徙屯鉅鹿　「鉅」，底本原作「距」，今據職本、鄒本改。

〔三〕趙武靈王及代人救濁鹿　「趙武靈王」，底本原作「趙靈王」，脱「武」字，今據史記卷四三趙世家及水經滱水注補。

〔四〕漢鄚縣地　「鄚」，底本原作「鄭」。彭元瑞校：「漢志作鄚，表作鄭，師古云鄭字誤，然後漢以下皆作鄭矣。」職本、敷本及鄒本並作「鄚」，今據改。

〔五〕隋開皇六年改曰安定　隋志卷三〇與此同，然元和志卷一七、寰宇記卷六一均云隋開皇三年於此置安定縣，清王謨輯漢唐地理書鈔引郡國縣道記亦作「三年」，疑隋志有誤。

〔六〕南北百七十里　宋史卷二七三何承矩傳作「南北五七十里」。

〔七〕宋慶曆五年屯田使葛懷敏奏　據中華書局標點本宋史卷九五河渠志校勘記四，此「葛懷敏」當作「楊懷敏」。其文云：「按本書卷一一仁宗紀，葛懷敏死於慶曆二年，長編卷一五六記此事作『楊懷敏』，沈括夢溪筆談卷一三也説：『慶曆中，内侍楊懷敏復踵爲之。』據改。」今又核諸宋史卷二八九葛懷敏傳，葛確死於慶曆二年，則此慶曆五年之事非葛懷敏所爲當可無疑。

讀史方輿紀要卷十三

北直四

河間府，東至山東海豐縣三百五十里，南至山東德州二百五十里，西南至真定府冀州三百三十里，西至真定府定州三百有八里，西北至保定府安州百里，自府治至京師四百十里。

禹貢冀州地，春秋時屬晉，戰國時爲燕、趙、齊三國之境。秦爲上谷、鉅鹿二郡地，漢置河間國。初爲趙地，文帝二年別爲河間國。應劭曰：「在兩河之間也。」後漢初并入信都，和帝永元三年復置信都國。晉因之。後魏置瀛州，太和十一年分冀、定二州置。兼置河間郡。隋廢郡存州，大業初復曰河間郡。唐仍爲瀛州，天寶初亦曰河間郡，乾元初復爲瀛州。五代晉時契丹據其地，周顯德六年收復。宋仍曰瀛州，宋志：「舊名關南，太平興國初曰高陽關，慶曆八年始置高陽關路，統瀛、莫、雄、貝、冀、滄、永静、保定、乾寧、信安等十州、軍。」大觀二年升爲河間府，賜名瀛海軍。金因之。置河北東路於此。元曰河間路。明初曰河間府，屬北平布政司，永樂七年直隸京師。領州二，縣十六。

府北拱京師，南臨青、濟，水陸衝要，餉道所經，自古幽燕有事，未有不先圖河間者。春秋時齊由此翦孤竹，服北燕。及戰國之季，清河、勃海間幾於無歲不戰矣。後漢末袁紹、公孫瓚角逐於前，曹操踵其後，從而并幽、薊，平烏桓。迨典午失綱，十六國煽亂於下，是滹沱沸浪，横漳騰波。北不得河間，青、冀之禍未烈；南不得河間，幽、平之患未深也。拓跋世衰，羣盗競起，耽耽虎視，恒在瀛州。豈非以海曲隩阻，魚鹽沃饒，利則進攻，不利則退守，地勢爲可恃乎？隋末竇建德奮臂一呼，據有樂壽，縱横四出，雄於河北。唐藩鎮之患，盧龍一道稱最强者，以瀛、莫南下，易定、鎮冀不得不避其鋒也。朱全忠欲吞幽州，先争瀛、莫。及晉人取燕，既得瀛、莫，而劉守光不旋踵亡矣。石晉以瀛、莫入契丹，河北之疆，曾不踰時，甚且飲馬河津，毒流中夏。周世宗懲其弊，力戰以復關南，戎夏之防，藉以少固。宋人因之，興塘濼，列軍屯，常爲重鎮。及女真謀宋，邀盟割地，則首及關南，知其利於深入也。蒙古攻金燕京，分軍大掠瀛、莫諸州，所至殘破。燕京資儲以關南爲根本，自是公私耗竭，國無以立矣。元末羣賊毛貴等由清、滄西北趣河間，逾直沽，元祚遂岌岌焉。有明大軍北伐，舟師步騎皆自河間而進，直薄元都。及靖難之師東西馳突，河間每爲孔道。至于碣石之烽烟晨舉，黎陽之鼙鼓宵馳，而籌國事者，若未遑措意於河間也，謂之何哉？説者曰：郡境陂澤沃衍，宜於耕植。宋人屯田關南，歲收數倍。且地濱滄海，鹽鹺之利，軍府所資。又舟車通利，四方供億，皆取給焉。誠京師之南府，天下之津途也。

河間縣，附郭，漢州鄉縣地，屬涿郡。後漢爲武垣縣地，改屬河間國。高齊始置河間縣，爲河間郡治。隋爲瀛州治，唐以後因之。今編户二十五里。

武垣城，府西南三十八里。本趙邑。史記「趙孝成王九年，秦圍武垣」，即此。秦置縣，漢屬涿郡。後漢改屬河間國，晉因之。後魏屬河間郡，隋大業初省入河間縣。唐武德五年復置武垣縣，屬瀛州，貞觀初又廢。志云：今府城亦名東武垣城。後漢廢州鄉入武垣，又移武垣縣於此，其後復還舊治，因謂之東武垣。高齊改置河間縣於此。城邑考：「今郡城亦謂之瀛州城，隋、唐以來故址，宋熙寧初改築。後復圮壞，明初增修。」今城周十七里有奇。

束州城，府東北六十里。俗名如林鄉。漢縣，屬勃海郡，後漢因之。晉屬章武國，後魏屬章武郡，高齊廢。隋開皇十六年復置，屬瀛州，尋改曰束城，唐因之。五代周顯德五年，成都帥郭榮攻契丹束城，拔之是也。宋熙寧六年廢爲束城鎮，元祐初復置縣。金復廢爲鎮，元置巡司於此。水經注：「易水東經束州縣南。」其城舊有三里，今故址已堙。

州鄉城，府東北四十里。漢縣，武帝封河間獻王子禁爲侯邑。後漢省入武垣。魏收志武垣縣有小陵城。亦曰蕭陵，蓋石趙所置。寰宇記：「在河間城西北五里。」又城北六里有乞活城。晉東瀛公騰嘗掠羯户萬人居此，任其乞活，因名。

滹沱河，府西南二十里。自晉州饒陽縣流入境，又東南經獻縣南，交河縣北，又東至青縣岔河口合於衛河。志云：

府境有鐵燈竿口水，其上流自武强、饒陽之境，匯漳河、滹沱諸流，又北接博野、蠡縣沙、滱諸河，下流瀦爲陂池，紆迴散漫，經府境而北，地益平衍，幾數百里，通静海直沽以達海。其支流環繞郡城，每遇夏秋水發，一望無際，因築堤以捍衝嚙。餘詳見大川滹沱河。

高河，在府西南。自高陽縣流入境，東南流至交河縣入於滹沱。舊志云：郡在滹沱、高河之間，故曰河間。今源流斷續，非復故跡也。○滱水，在城西。即易水支流也，亦自安州高陽縣分流經此，又北流入任丘縣界仍合於易水。

大浦淀，在府西二十五里。下流注於滹沱，其決入之處一名百道口。亦曰大廉陂。○長豐渠，唐志云：「在河間縣西北百里。貞觀二十二年瀛州刺史朱潭所浚。」又開元二十五年刺史盧暉引滹沱河由東城以東通漕溉田，仍曰長豐渠。

七里井，在府界。隋大業十三年，詔涿郡留守薛世雄討李密，并誅翦所在盜賊，行至河間，軍於七里井，竇建德襲破之。胡氏曰：「井去河間城七里，因名。」

麴義壘，在東城鎮北十四里。漢末公孫瓚據河北，袁紹令麴義攻之，因築此壘。又毛精壘，在府北三十里。志云：漢博士毛萇宅冢也，後人於此地爲營壘。

瀛臺，在府城東南。高五丈，闊倍之。登臺一望，四遠在目下。有舊城濠。一名駐旗臺。又城東北有高陽臺，與瀛臺相望。志云：瀛州舊置高陽關，臺因以名。

君子館，府西北三十里。宋雍熙三年，劉廷讓帥師並海而北，將趣燕，契丹將耶律休哥聞之，以兵扼要害，逆戰於君子館。時廷讓分精兵屬李繼隆爲後，繼隆退保樂壽，廷讓力不能敵，一軍盡沒。

廉良鎮，在府北。宋咸平二年鎮定高陽關都部署傅潛奏先鋒田紹斌等敗契丹於廉良路，〔一〕即此鎮。○景和鎮，在府東六十里。舊有巡司。又商家林，在府南三十里，南去獻縣亦三十里，行旅必經之地。

青凌橋。在府東門外。滹沱、滱水諸川交流，並注於城東，此橋爲之鎖鑰。其後橋壞，夏秋水發，輒有漲溢之患。嘉靖間於縣南開蘇家、徐家二口，分殺水勢，而行旅往來，病於艱阻。萬曆十八年復修此橋，連亘凡六里。又八里隄，在府南八里莊。自蘇家口迄徐家口，亘二十里，以防漲水，亦萬曆中修築。

獻縣，府南六十里。東至滄州百三十里，西至晉州饒陽縣九十里。本漢樂成縣，高祖封功臣丁禮爲侯邑，後爲河間國治，後漢因之。曹魏曰樂城縣，晉因之，仍屬河間國。後魏屬河間郡。隋開皇十八年改爲廣城縣，屬瀛州，仁壽初又改曰樂壽縣。唐初因之，永泰初改屬深州。宋屬河間府。金天會七年置壽州，天德三年又改爲獻州。元至元二年州廢，尋復爲獻州治。明初省縣入州，又改州爲縣。編户二十四里。

樂成廢縣，劉昫曰：「在今縣東南十六里。漢縣治此。後魏移縣西北，近古樂壽亭，隋因改爲樂壽縣，即今縣治也。」宋白曰：「後魏太和十一年，河間郡自樂成移理於今縣西一里樂壽亭城。」郡國志云：「今縣西南十里曰樂壽巖，漢樂成縣治此。」隋樂壽縣亦治焉。大業十三年竇建德自號長樂王，都樂壽。其所居曰金城宮，亦在樂壽巖西。今湮廢。是樂壽舊治縣西南，唐始移今治也。又樂壽東南有慎園，俗呼二王陵。漢靈帝尊母董氏爲慎園貴人，即此。

景城廢縣，縣東南九十里。漢曰景成縣，屬勃海郡，宣帝封河間獻王子雍爲侯邑。後漢省。後魏徙成平縣治此，屬章武郡。隋開皇十八年改爲景成縣，屬瀛州。唐初亦屬瀛州，貞元初改屬滄州。宋還屬瀛州，熙寧六年省爲鎮，改屬樂壽縣。○成平廢縣，在故景城南二十里。漢縣，屬勃海郡，武帝封河間獻王子禮爲侯邑。後漢改屬河間國，晉因之。後魏徙治於廢景城縣。又建成廢縣，在故景城東南三十里。漢縣，屬勃海郡，武帝封長沙定王子拾爲侯邑，又宣帝封黄霸于此。後漢省。

中水廢縣，縣西北三十里。漢縣，高帝封功臣吕馬童爲侯邑，〔二〕屬涿郡。應劭曰：「縣在易、滱二水之中，因名。」後漢及晉俱屬河間國，後魏屬河間郡，高齊廢。又阿武城，在縣西北三十九里。漢縣，屬涿郡，武帝封河間獻王子豫爲侯邑。後漢廢。

滹沱河，縣西南十八里。其地有完固口，在滹沱北岸。舊時山水氾濫，往往從此横決。嘉靖十三年築堤爲備，因以「完固」名。又縣西南爲陳家渡，滹沱河津濟處也。建文中燕王渡此擊敗盛庸之師。自此又東南入交河縣界。

鬲津枯河，縣西二里。舊志云：東北流入故饒安縣界入海。又馬頰河，在縣東六十里。上源從山東商河縣流入境。又鉤盤河，在縣東南五十里。上源自山東德平縣流入境，蓋後人鑿以導水，而附以九河舊名也。今悉堙廢。

房淵，縣北三十里。水經注以爲漳水所決入也。志云：淵方三百里。石勒時水忽變赤。慕容儁時水忽生璽，形如印，一日再長再減，不失其度。元時有龍潛其中。其水清澈，委流入於滹沱。

單家橋。縣南十二里。跨滹沱河上，行旅通途也。明建文三年燕王敗平安等於單家橋。又宣德初駕征高煦還，駐蹕於此。一名五節橋，以正德間流寇亂，有五婦死節於此也。舊有單橋巡司。又大慈橋，在縣東五十里槐家鎮，亦爲東西孔道。又欒成驛，在縣治西南。

阜城縣，府南百四十里。西南至冀州武邑縣五十里，東南至景州六十里。漢縣，屬勃海郡。後漢屬安平國，光武封王梁爲侯邑。晉屬勃海郡。後魏屬武邑郡。隋初屬觀州，尋屬冀州。唐因之。天祐二年朱全忠改曰漢阜縣，五代唐復故。宋嘉祐八年省入東光縣，熙寧末復置，屬永静軍。金屬景州，元因之。洪武七年改今屬。編户二十五里。

阜城故城，縣東二十里。劉昫曰：「故縣治此。隋改築縣城，移今治。」寰宇記：「縣東二十里有安平城，漢安平國治此，蓋即故阜城矣。」城邑攷：「今城周五里，當南北之衝，滄、瀛、德、冀、深、景諸州烽烟或警，縣未有不被其患者。」

蒲領縣，在縣東。漢縣，屬勃海郡，武帝封廣川惠王子嘉爲侯邑，昭帝時又封清河剛王子禄於此。後漢省入蓨縣。寰宇記：「故城去縣三里。又滄州魯城北六十里有故蒲領城，相傳後漢末黄巾之亂，蒲領人流寓其地，因築此城。」○簡子城，在縣東南三十里。相傳趙簡子所築。一名東城，城下有簡子津。寰宇記：「縣有宅陽城，一名沙丘。」

胡盧河，在縣西北七里。即衡漳之别名。自晉州武强縣流入境，又東入交河縣界合於滹沱河。今漳水東合衛河，經流往往淺涸。

流冷河，縣北七里。本胡盧河之支流也。又有潰盧河，自冀州棗强縣來，東北流注之，入交河縣界注於滹沱。俗作劉麟河。劉豫，阜城人也，其子麟嘗渡此而名。今涸。又有王莽故河，在縣西南，即屯氏河之下流也。今亦堙塞。

苻融壘，縣東北二十四里。志云：苻堅滅燕，遣融引軍東略，嘗屯於此，因名。

漫河店。縣東南三十里，自此達景州亦三十里，今曰新中驛；又富莊驛，在縣北三十里，自此達獻縣之單家橋亦三十里；皆往來通道也。

肅寧縣，府西北五十里。西北至安州高陽縣六十里，南至晉州饒陽縣六十五里，東北至保定府雄縣百里。本河間縣地，宋雍熙三年置平虜砦，淳化初改平虜城，景德二年又改爲肅寧城。金升爲縣，屬河間府。元至元二年廢爲鎮，尋復故。今編户十三里。

肅寧廢縣，在今治東南。志云：舊城周十六里，内有子城周三里，宋時築以屯兵。城旁又有肅寧砦，地名南陽疃，亦曰曲陽疃，亦宋所築。金廢。今縣城周六里有奇。

中堡河，縣東北三十里。志云：保定府蠡縣以東、高陽縣以南之水溢入於縣境，播爲洋東五十二淀，俱注於中堡河，流經雄縣界會於瓦濟河。其洋東五十二淀，俱在縣東南二十餘里，即唐河、滋河及滹沱諸河散流所匯也。

玉帶河，縣東三十五里。洋東五十二淀之水分流爲玉帶河，又東北入任丘縣界。元志云：「玉帶河經雄州歸信縣界入於易水。」

唐河堤，在縣南二十里。志云：縣西接保定府蠡縣界二十里。堤起自蠡縣之三岔口，東至韓村張王口，回曲五十餘里，口岸凡十八處。失時不修，自縣以東則河間、任城、雄縣，以西則蠡縣、高陽、安州，以北則新安、容城、安肅，一遇水潦，輒有潰溢之患。

南陽務。在縣城東北。石晉開運三年，契丹僞以瀛州降。天雄帥杜威引軍至瀛州，契丹將高謨翰僞遁，威遣别將梁漢璋追之，至南陽務，遇契丹，敗死。或曰今縣治即其地。又豐樂堡，在縣東，亦宋置戍守處也。

任丘縣，府北七十里。東至霸州大城縣九十里，北至雄縣七十里，西北至安州亦七十里。漢鄚縣地，屬涿郡。平帝元始二年使中郎將任丘築城於此，以防海寇，因名。高齊始置任丘縣，隋省。唐武德五年復置，屬瀛州，景雲二年改屬莫州。宋爲莫州治，金因之。貞祐二年降州爲鄚亭縣，以任丘縣并入，元初復故。至元二年與州俱省。尋復置，屬莫州。明洪武七年以莫州省入，改今屬。今編户三十二里。

莫州城，縣北三十里。漢置鄚縣，屬涿郡。後漢屬河間國，晉因之。後魏屬河間郡，隋屬瀛州。唐景雲二年分置鄚州於此，先天初於州北置勃海軍。開元十三年改爲漠州，旋又爲莫州，縣亦曰莫縣，兼置唐興軍。天寶初曰文安郡，乾元初復爲莫州。建中三年朱滔、田悦叛，易定帥張孝忠等規取涿、莫二州，斷幽、魏往來之路是也。五代史：「瀛、莫二州相去百十里。其地多水濼。」晉天福末契丹入寇，趙延照自貝州退遁瀛、莫，阻水自固。宋仍爲莫州，改治任丘縣。咸平三年契丹入寇，范廷召追敗之於莫州。熙寧六年廢莫縣入任丘。元祐二年復置，尋又廢爲鎮。金莫州亦治任丘，貞祐二年降州爲鄚亭縣。元初改置莫亭縣於此，至元二年省入河間縣。尋復置莫亭縣，莫州治焉。明州縣俱廢，置鄚城驛於此，尋移入縣城内。今有鄚城遞運所，蓋其地爲往來孔道也。

高郭城，縣西十七里。漢縣，屬涿郡，宣帝封河間獻王子嗑爲侯邑。後漢省。又阿陵城，在縣東北二十六里。亦漢縣，屬涿郡。後漢初封任光爲侯邑，後省。

長豐城，縣東北六十里。唐開元十九年分文安、任丘二縣置，〔三〕屬莫州。宋因之。熙寧六年廢爲長豐鎮，屬任丘縣。金因之。郡志云郡城東北七十里有長豐城，即此。○謁城，在縣南二十六里。相傳漢桓帝崩，竇武等率羣臣詣河間迎靈帝入即位，此其朝謁處。寰宇記云：「本名濔城，訛爲『謁』。靈帝封解瀆亭侯在今祁州界，不應於任丘有謁城也。」又顓頊城，在縣東北三十八里。後魏邢顒三郡記云顓頊所造，亦傳訛也。

金沙嶺，縣東四十里。以土阜參差而名，本無嶺也。志云：嶺回環斷續，隱約蜿蜒，如見如伏，凡數十里。斷處有細沙流出如金星，因名。○桂巖，舊志云：在縣西北。巖多桂。其中深邃，儼如巨室，爲邑之勝。又縣南有白馬峰，其後水流決溢，皆堙爲平陸。

易水，縣西十六里。其上流自高陽、安州境流經此，復繞流東北出，入雄縣界。舊志：莫州去雄縣四十里，易水爲分界處。自安州而東會九河之水，經州北十五里，一名瓦濟河，亦曰白溝河，又東匯於五官淀，下流合滹沱河入海。○滱水，在縣城西，即易水支流也。其上源一自高陽、新安而東匯於白洋淀，至縣西又經縣東北趙堡口仍會於易水；又一支自府城西門外北流，過半截河，經縣東東莊橋至五官淀，亦合於易水。或曰今滱水即鐵燈竿口之水導流而北者。

濡水，縣西北二十里。舊志云：在莫州西二十里，東合易水。水經注：「濡水自容城縣北大利亭東流，經鄚縣注於易水。」左傳昭七年「齊侯伐燕，盟於濡上」，即此處也。今與易水交流，不復别爲一川矣。又志云：縣北五十里有高陽河，自高陽縣來，經趙堡口合易水。此亦易水支流，以縣境舊爲高陽關地而名。○滹沱河，志云：在縣南二十里。宋時自高陽縣流入莫州，至金口分界東北流入霸州文安縣境。今滹沱正流在獻縣南，宋人引水爲塘泊，此其故道也。

鏡河，在城南。其上源即肅寧縣之玉帶河也，流經縣南八里會馬圈泊，又北至縣南三里會蓮花泊。又城東南齊家泊亦流合焉，環城爲濠，亦名玉帶河。又北至五龍潭，東出斜溝會於五官淀。志云：縣北四十里又有玉帶河，東注沙灣，北環古莫。今淤。

白洋淀，縣西三十里。周六十里，跨安州、新安、高陽之境。志云：淀在縣之開成村，衆水匯流處也。又三滸淀，在縣東北十三里，西接五龍潭。縣西北唐堤之南又有居龍淀，前後有塘，爲衆流支壑。○五官淀，在廢阿陵縣之東。上流諸水悉匯於此，東北接通州武清縣爲三角淀，達直沽以入於海。志云：五官淀即武清淀。是也。又有趙家泊，在縣東二十里，亦流入于五官淀。

掘鯉淀，在縣東南。鐵燈竿口之水自河間縣引流東北出，入縣境匯而爲淀，遇霖潦則洪波東注，溢入于五官淀而入海。唐志：莫州有九十九淀。今縣境以淀名者不一處，掘鯉淀其一也。

通利渠，縣南五里。唐會要：「武德中鑿通利渠。開元四年縣令魚思賢復開濬以洩陂淀之水，自城南至城西北注於滱水，得地二百餘頃，土人因名曰魚君陂。」○長豐渠，在縣西北二十里，即唐貞觀中刺史朱潭所浚。其西南五里亦曰長豐渠，開元中刺史盧暉自東城引滹沱東入淇水通漕，溉田五百餘頃是也。淇水，即今衛河。

五龍潭，縣北十一里；縣西十八里爲白龍潭；水皆淵渟，大旱不竭。○唐堤，在縣西北。高阜綿延，凡十餘里，以障水患。蓋亦以唐河而名。

趙堡口，縣東北五十里。易水流經此。志云：即宋時唐興口也。○馬村砦，在縣西。宋志：「縣有馬村、王家二砦，政和三年改馬村砦曰定安，王家砦曰定平。」金廢。

清源柵，在縣西南。唐長慶初義武帥陳楚奏破盧龍叛將朱克融莫州清源三柵是也。○馬東圈，在縣東南。明正德中劉六等作亂，由馬東圈越霸州犯雄縣。或曰今縣南馬圈泊，蓋以馬東圈而名。

東莊橋。縣東南三十里滱水上。廣三十八丈。縣南境之水俱由此達五官淀。又月漾橋，在廢莫州北易水上。明建文二年燕王敗李景隆之兵，破雄縣，伏兵月漾橋，莫州兵來援，遇伏敗走。橋蓋與雄縣接界。○新中驛，在縣西南四十里，又三十里而達河間府。

交河縣，府南百十里。西南至阜城縣四十五里，西至晉州武强縣六十里。漢中水縣地，唐爲樂壽縣地，宋曰交河鎮。金初爲石家圈，大定七年置交河縣，屬獻州，以滹沱、高河二水交流而名。元至元二年省，尋復舊，仍屬獻州。明初因之，洪武七年改今屬。編户十四里。

滹沱河，縣北六十里。自獻縣流經此，瀕河爲高川鎮，又有北濟橋跨其上，北流入青縣界。○高河，在縣西北五十里。自河間縣流入境，東流合於滹沱。一統志：「縣南有交河，以高河、滹沱河合流而名。」悮也。合處蓋在縣北。

衛河，縣東五十里，與南皮縣分界。自東光縣流經縣東南五十里之七里口，又經縣東北九十里之馬家口而入滄州界。今運道所經也。詳見大川衛河及川瀆漕河。

洚河，縣南五里。亦曰枯洚渠，即阜城縣之胡盧河。東北流經此，有南濟橋跨其上。又東北流五十里爲三岔河，滏河、滹沱河會流處也。亦曰三汊河。

清河，縣西二十五里。舊爲滏河支流，自富莊驛引而東，至縣東北三十五里，經劉解鎮，又經縣東北六十里之張家橋，又東五里散流入於諸村鎮，俗名清河頭。一名鹽河，亦曰趙王運糧河。或云五代梁時趙王鎔曾運糧於此以餉晉師也。又李村河，亦自縣西二十五里分滏河支流，有西濟橋跨其上，流經縣東北四十里李村橋，又東合於清河。

倒流河，縣東北九十里。縣東境之水匯流於此，西流四十里會爲三岔河，注於滹沱，故曰倒流。一名蔡河。又縣東三十里舊有沙河，今涸。又有蛤螺河，在縣北二十五里，下流亦入於滹沱。

張大窪，縣東三十里，爲鍾水之處。萬曆中開溝五道以通滏河，窪旁之田始無水潦之患。又縣東北七十里有達達窪。萬曆中邑令馬中良議決溝開渠，導入蔡河；又議於縣東北九十里窪東窪鑿溝十里入陽氣寺古河，注于鴨綠淀。志云：陽氣寺古河一名平成河，在縣東北八十里。

泊頭鎮，縣東五十里，衛河西岸。商賈湊集，築城於此，管河別駕駐焉。有泊頭鎮巡司，并置新橋驛，俗名泊頭驛。又富莊驛，在縣西二十五里，即西達阜城，北走獻縣之通道也。

景城南鎮。縣東北六十里。即故景城縣地，金置鎮於此。景城，詳見獻縣。金志：「縣境又有大樹、劉解、槐家、參軍、貫河、北望、夾灘、策河、沙渦共十鎮。皆商民環聚之地，兵燹之後，堙廢過半矣。

青縣，府東一百五十里。西至霸州大城縣八十里，東南至興濟縣四十里。唐幽州蘆臺軍地，乾寧中改置乾寧軍。五代晉初陷入契丹，置寧州於此。周顯德六年收復，置永安縣，屬滄州。宋太平興國七年復置乾寧軍及乾寧縣，大觀二年升爲清州。金貞元初改縣爲會川而州如故。元初改州爲清寧府，尋復爲清州。明初以州治會川縣省入，洪武七年改清州爲青縣。編户六里。

會川廢縣，今縣治。後周置永安縣。宋曰乾寧，熙寧六年省爲鎮。元符二年復舊，崇寧三年再省。政和五年又復。金人改曰會川，元因之。明初省。

蘆臺城，在縣東，衛河西岸。九域志云：「在滄州西北九十里，瀛州東百六十里。唐置蘆臺軍，其城周三里。後廢爲馮橋鎮。乾寧中復置蘆臺軍，亦曰乾寧軍。」光化三年幽州帥劉仁恭以滄州爲汴將葛從周所圍，將兵赴救，營於乾寧軍，從周留别將守滄州砦，自將精兵逆戰於老鴉堤，大破之。五代梁開平二年劉守文以其弟守光篡逆，舉滄德兵討之，軍於蘆臺，爲守光所敗。乾化三年晉將周德威攻燕，拔其蘆臺軍。後唐同光以後，以契丹屢入寇，蘆臺、瓦橋皆增設重兵，命將戍守。天成二年蘆臺戍軍亂，尋擊平之。石晉初没于契丹。周顯德六年親征契丹，命大帥韓通將前軍自滄州治水道入契丹境，栅於乾寧軍南。通奏補壞防開游口三十六，遂通瀛、莫。既而周主至乾寧，契丹寧州刺史王淇舉城降。宋白曰：「軍城東臨御河，接滄、幽二州之境。周世宗由此復關南，自是常爲戍守重地。」

中山，縣南二里。舊志云：山巖聳峙，懸瀑凡數十丈。今俗呼爲高士岡。又西山，在縣西南五里。四周高峻，其頂平衍，昔人嘗立營砦於此。

衛河，在城東一里。自興濟縣流入境，合於滹沱，又東北流經静海縣，過天津衛入海。亦名御河，亦曰永濟河。宋志：「緣邊塘濼，爲禦戎要地。其一水東起滄州界，距海岸黑龍港，西至乾寧軍，沿永濟河合破舡淀、方淀諸水，橫廣百二十里，縱九十里至一百三十里，深五丈，〔四〕西至信安軍與永濟渠爲一水。」今爲運道所經，築堤濬淺，防維最切。又有盤古溝，在縣南十五里。東流入御河，雖旱不竭。縣南七里有盤古冢，溝因以名。

滹沱河，縣南三十里。自交河縣東北流入境，合於衛河，其合處爲岔河口，並流而經縣東，水勢洶湧，闊數十丈。

獨流河，在縣北。舊志云：「黃、御河支流自興濟縣北流經縣境，又北流入於易水，謂之獨流水。九域志云：「乾寧軍北百二十里有獨流口。」五代周顯德六年親征契丹，自乾寧軍御龍舟而北，至獨流口，泝流西至益津關是也。宋熙寧九年高陽關言：「信安、乾寧塘濼，因獨流決口不收，至今乾涸。」命有司相視。元豐四年河決澶州小吳口，北流入御河，合西山諸水至清州獨流砦三叉口入海。舊時河流甚盛，其後黃、御分流，遂至淺塞。

老鴉堤，在縣東南。舊築堤於此防衛河泛溢，以形似名。汴將葛從周敗劉仁恭處也。又東堂堰，在縣東北。宋景德初知雄州何承矩請令滄州、乾寧軍視斗門，引潮入御河東堂堰以益塘水。今皆湮廢。

堅固砦，在縣南。唐大和二年李同捷據滄景叛，易定節度使柳公濟討之，奏拔其堅固砦。唐書：「時同捷築砦于滄州西抗拒官軍，以堅固爲名。」

釣臺寨。在縣北六里。宋置砦於此，設兵戍守。又有獨流北、獨流東二寨，俱在縣境，以濱獨流河而名，皆宋人所置。金廢。

興濟縣，府東百八十里。南至滄州八十里。宋清州范橋鎮地，大觀初改置興濟縣。金初屬滄州，大定六年改屬清州。元省，尋復置，屬清州。明初改今屬。縣無城。編户十里。

衛河，在縣城西。自滄州流經此，又北入青縣界。舊爲大河所經。宋史：「慶曆八年，大河自澶州商湖口北流至乾寧軍入海。熙寧初，議者欲閉北流，回河東注，提舉河渠王亞言：『黄、御河帶北行入獨流東砦，經乾寧軍、滄州等八砦邊界直入大海。海口闊至六七百步，深八九丈，三女砦以西闊四百步，深五六丈。其勢愈深，其流愈猛，此天所以限契丹也。若再開二股，漸開北流，此未覩黄河在界河内東流之利耳。』不報。」宋末大河南徙，元引會通河，而衛河遂爲轉輸要道。縣城西北舊有范橋渡，爲衛河津口。縣名興濟，蓋以此。

獨流河，在縣北。志云：自縣西北四十里而至青縣，舊時黄、御二河皆溢入於此。今縣有獨流淺，其地多蒲葦之利。

西濼，在縣西南。東西横亘凡十餘里，南北二十餘里。秋後水漲，一望無際。魚蒲之利，每鍾於此。

海清砦。在縣東北。宋初置巷孤砦，屬滄州，爲沿邊戍守處。政和二年改曰海清。今廢。

静海縣，府東北百八十里。西南至青縣七十里，西北至霸州文安縣八十里。宋爲清州窩口砦，金明昌四年始置靖海縣，屬清州。元初省，尋復置。明初改「靖」爲「静」，又改今屬。編户十五里。

當城，縣北六十里。宋之當城砦也。又十里爲里堡城，地名稍直口，北去小直沽二十里。宋咸平中，議者以北河可涉，宜有城守以備北邊。詔築城其地，謂之當城。郭諮曰：「決黄河、御河之水下注當城。」是也。金廢。志云：縣南二十里有古城，蓋亦宋時戍守處。

軍糧城，縣東北百六十里。志云：元海運時屯糧之所。又吕彭城在縣境天津衛西北二十里。相傳彭越、吕布皆嘗屯兵於此，因名。

海，在縣東北百五十里。與山東遼東接境，古名勃海。應劭曰：「海之横出者曰勃。」元行海運，以天津海道爲咽喉要道。明亦嘗通運於此。嘉靖三十八年遼撫侯汝翼以遼東大饑，議移粟天津。其入遼之路，自海口發舟，至廣寧右屯河通堡不及二百里，中間若曹泊店、月沱、桑沱、姜女墳、桃花島，咸可灣泊，各相去四五十里，無風濤盜賊之虞。從之。尋復罷。志云：天津一隅，東南漕船鱗集其下，去海不過百里，風帆馳驟，遠自閩、浙，近自登、遼，皆旬日可達，控扼襟要，誠京師第一形勝處也。

衛河，在縣城西北。自青縣合滹沱河流入境，至小直沽與白河會。東南漕舟悉由此北達，而南北羣川盡從小直沽以達於海。

小直沽，縣北九十里。志云：出縣北五十里爲楊柳青，又十里爲當城，又十里爲里堡城，又十里爲小南湖，又十里即小直沽。其北則白河受北路之水，其南則衛河合南路之水，皆會於此同流入海。天津衛設焉，爲京師東面襟喉之地。由直沽而西北三十里，即武清縣之楊村驛矣。○大直沽，在縣東。志云：出縣南十五里有雙塘渡，又東五里爲古城渡，又七十里至大直沽。今天津衛東南十里即大直沽渡也。小直沽受羣川之委流，大直沽又在其東南，地勢平衍，羣流漲溢，茫無涯涘，故有大直沽之名。又東與小直沽並注于海。

丁字沽，在天津衛東北五里。自武清縣匯白河之水注於直沽，今有丁字沽渡。又新開沽，在天津衛東九十里，相去十里曰水套沽。其長四十餘里，亦名新河，即天順初議開海濱二沽以通薊州運道處也。

鹹水沽，在天津衛東六十里，即古豆子䴚也。括地志：「自勃海至平原，其間濱海煮鹽之處，土人多謂之豆子䴚。」隋大業十二年，河間賊帥格謙據豆子䴚稱燕王，王世充擊斬之。隋書：平原東有豆子䴚，負海帶河，地形深阻，自高齊以來羣盗多匿其中。大業七年，劉霸道聚衆於此，既而格謙亦據其地。王氏曰：「豆子䴚在平原、勃海、河間三郡之交，環帶河海，形勢阻深，兼有鹽鹺之利。今大河南徙，其地不可攷矣。」羅氏曰：「河間之豆子䴚，今鹹水沽是也。沽東去海四十里，地斥鹵，廣數十里。宋時亦置戍於此。」又衛東北四十里有塌河淀，周百里。

信安灣，在天津衛西北，即漕河曲折處也。明正德中畿輔賊劉六等犯天津，守將賀勇遏之於此，賊敗走。○尹兒灣，在天津衛城東。永樂初建百萬倉於此，因築城置衛以貯海運。今去城八里有運糧河，舊自海口達尹兒灣之運路也。

劈地口，在縣東北。宋元豐四年，河決澶州入御河，李立之言：「臣自決口相視，河流至乾寧軍分入東、西兩塘，次入界河，於劈地口入海。」其地蓋在小直沽東。○馬家口，在天津衛東南二里。又東南十三里有寇家口渡。志云：今縣南十五里有雙塘渡，當南北通衢。

河平砦，在縣東北，即小直沽口也。宋初置泥姑砦於此，屬滄州，政和二年改爲河平砦。又有三河砦，在縣東。初曰三女砦，屬滄州，政和二年改曰三河。又有小南河砦，在縣東北八十里。亦宋置，屬滄州。今訛曰小南湖。○百萬砦，在縣北。亦宋置，屬清州。諸砦皆金廢。

海防營。在縣東北。志云：其地名葛沽，去天津衛城六十里。又天津之外護也。

寧津縣，〔五〕府東南二百九十里。東南至山東武定州百三十里，南至山東德平縣八十里。宋爲保安鎮地，金始置寧津縣，屬景州。元初屬濟南路，至元初改屬河間路。今編户二十二里。

寧津故城，縣西南二十五里。縣初治此。邑志云：金初置臨津縣，天會六年圮於水，因遷今治，改曰寧津縣。城周三里，亦金時故址云。又有空城，在縣東四十里。城周五里，相傳漢光武所築。其相近又有永州城，或云隋末所置。今爲楊盤鎮。

古黄河，縣西三十里，廣約一里。自吴橋縣東南流入界，又東北流入南皮縣境。兩岸廢堤隆然峭直，居人謂之卧龍岡。又隋堤，在縣北三十五里。相傳隋煬帝曾駐於此，令軍士築堤以防河。今屹如垣墻，謂之耿家圈，其中居民甚衆。

土河，縣南二十五里。其上流自山東德州經德平縣西北流入境内，相傳即古篤馬河，又東流入山東樂陵縣界。縣東四十里有遲河，又有流河，俱入於土河，謂之三渡口。○龍灣，在縣北二十里。自景州吴橋縣流入界，亦名谷家河，東南流入於土河。

中安鎮，縣東北二十五里。宋置。今名中五店。又縣西南二十五里有保安鎮，今名包頭店。志云：即臨津故城也。金史：「縣有西保安及廣平、會津等鎮。」

安州砦。縣西北十八里。有前後兩砦，相傳五代初屯兵處。又縣西四十里有何家寨，縣東南十八里有棗砦，亦昔時屯兵處也。志云：縣東北四十里有青積務，元置，金廢。

附見

河間衛，在府治南。永樂中建。又府治東南有瀋陽中屯衛，治西有大同中屯衛，俱永樂初建。

天津衛。府東北三百里，水行三百五十里。南至靜海縣七十五里，水行百里；東至通州寶坻縣梁城所百四十里，水行百七十里；北至通州武清縣楊村驛六十里，水行七十里；西北至順天府二百五十里，水行四百里。城周九里。北瀕衛河，東繞潞河，漕舟悉出於此。永樂二年築城置戍，三年調天津衛及天津左衛治焉，四年復調天津右衛駐焉。初設備兵使者於此，其後遼左多事，增置重臣，屯列將領，爲京師東南之巨鎮。

景州，府南百八十五里。東北至滄州百九十里，南至山東德州七十里，西南至真定府冀州百五十里，西北至深州百六十里。

春秋時齊、晉二國之境，戰國爲齊、趙二國地。秦屬鉅鹿郡，漢屬勃海郡，後漢及魏、晉因之，後魏亦屬勃海郡。隋初屬德州，開皇九年置觀州。治東光縣。大業初州廢，以其地屬平原郡。唐武德四年復置觀州，治弓高縣。貞觀十七年州廢，改屬滄州。貞元五年始置景州，其後廢置不一。長慶元年州廢，二年復置。大和四年廢，景福元年又置。天祐五年自弓高移治東光。五代周曰定遠軍。州志云：石晉改州曰永靜軍，周顯德三年更曰定遠軍。宋仍爲景州，景德初改曰永靜軍。金亦爲景州，後改曰觀州。金志：「大安中以章宗諱璟改焉。」元至元二年復曰景州，移治蓨縣。明初以州治蓨縣省入。編户二十八里。領縣三。

州南襟德、棣，北帶滄、瀛，轉輸百萬，悉出其郊。漳、衛之濱，處處皆險也。若其連青、濟之甲，走深、冀之道，河北諸州，皆將奔命焉。蓋地形四通，可左可右，馳驅燕、趙，此亦發軔之所也。五代梁乾化二年，晉爭河北地，梁人合兵攻蓨，即今州治。晉將李存審時屯德州，謂諸將曰：「蓨縣方急，若坐而視之，使賊得蓨，必西侵深、冀，患益深矣。」乃出奇破梁兵，自是梁不能復有河北。然則州之所繫，豈淺鮮哉！

廢蓨縣，今州治。漢脩縣，屬信都國。顏師古曰：「脩讀曰條。」文帝時周亞夫封條侯，即此也。後漢改屬勃海郡，晉及後魏因之。隋開皇五年改曰蓨縣，屬冀州，大業初屬信都郡。唐屬德州，永泰二年改屬冀州。劉昫曰：「故城在今縣南十二里，〔六〕隋移今治。」天祐三年義昌帥劉守文攻冀州，拔蓨縣，進攻阜城。五代梁乾化二年侵鎮冀，遣軍圍蓨縣，既而梁主全忠復自將攻圍，爲晉將李存審等所敗。宋仍屬冀州，金改屬景州。元初升縣爲元州，尋復故，自東光徙州治焉。明初省。今州城，元時故址，天順以後屢經脩築。周五里有奇。

安陵城，州東十七里。本蓨縣地。風俗記：「脩縣東四十里有安陵城，〔七〕故縣也。」水經：「大河故瀆經蓨縣故城東，又北逕安陵縣西。」酈道元以爲安陵鄉。晉置東安陵縣，屬勃海郡。石趙爲安陵。後魏仍屬勃海郡，高齊又廢。隋爲蓨縣之宣府鎮。唐武德四年復置安陵縣，屬觀州，州廢改屬德州。劉昫曰：「舊縣在蓨縣東四十里，永徽二年移治白社橋，即此地也。景福初改屬景州。」宋省入蓨縣。今州東十里有安陵巡司，蓋因舊縣而名。

弓高城，州東北四十里。漢縣，屬河間國，文帝封韓頹當爲侯邑。後漢仍爲弓高縣，晉省。隋開皇十六年復置，屬德州。劉昫曰：「弓高城，漢平原郡鬲縣地也。唐武德四年置觀州於此。州尋廢。貞元中又爲景州治，自是景州廢置不一，縣常爲州治。」長慶二年幽州叛將朱克融陷弓高，遂圍下博。是時成德叛將王庭湊攻圍深州，官軍恃横海以通運，弓高陷而深州之餉道遂絶。天祐五年移州治東光，弓高屬焉。五代梁乾化三年魏博帥楊師厚攻趙王鎔，陷下博，尋自弓高渡御河而東，逼滄州。弓高蓋深、滄諸州之要地也。宋初并入蓨縣。今故城接東光縣界。

龍頟城，州東三十里。漢縣，屬平原郡，武帝封韓增爲龍頟侯是也。後漢省入弓高。崔浩曰：「弓高縣有龍頟村。」又侯井城，舊志云：在弓高城西北三十五里。漢縣，屬河間國，亦後漢廢。

長河城，在州西南。漢置廣川縣，北齊省入東强。隋於故縣東八十里復置廣川縣，屬德州。仁壽初以太子諱廣，改曰長河。大業十二年竇建德襲敗涿郡通守郭絢於長河。唐亦曰長河縣，仍屬德州。劉昫曰：「隋置長河縣，尋爲水壞。唐元和四年移就白橋，於永濟河西岸置縣，東去故縣十三里。十年又改置於河東岸小胡城。」十一年横海軍使程執恭奏敗成德叛帥王承宗兵於長河。宋省爲長河鎮。宋志：「景祐初移將陵縣治長河鎮。」將陵，今山東德州治是，蓋州境與德州相接也。

修市城，州西北二十里。漢縣，屬勃海郡，宣帝封清河剛王子寅爲侯邑。修亦讀條。後漢省。又歷縣城，括地志：在修縣西南四十里。戰國策：樂毅曰：「故鼎反乎歷室。」歷當作「磿」，〔八〕或訛爲「磨」，即此地也。漢置歷縣，屬信都國。史記功臣表有「歷侯程黑」，漢書作「歷侯」，亦即此邑也。後漢省。又州西有九城，中有邸閣，亦謂之邸閣城。或曰五代梁初嘗儲粟於此。

衛河，州東十里。自德州流入境，經州東，安陵巡司在其西岸，又東北經吳橋縣境入東光縣界。五代梁時楊師厚自弓高渡御河而東，逼取滄州，即衛河也。

胡盧河，在州東北。其上源亦自阜城縣來，北流入東光縣境。五代時導胡盧河以限敵騎於深、冀、景、滄數州間，紆回曲折，恃以爲險，此其故渠也。今多堙廢。

千頃窪，州東北三十里。地卑衍，舊爲鍾水處。明宣德中大河北決，自德州潰入境內，居民危迫，州臣劉深開渠導入此窪，水害遂息。

障水隄，在州城外。志云：州昔當大河之衝，地平土疏，無岡陵之阻，往往決溢爲患，因於城外三里周回築堤，恃以爲固。宋熙寧七年深州静安令任迪議引永静軍雙陵口河溉南北田二萬七千餘頃，蓋決淤水以爲溉田之利也。

宋門鎮，州西北三十里。正德六年畿輔盗趙燧等犯境，官軍敗之於此。又州北有鑑橋，亦是時官軍敗賊處。○李晏鎮，舊志：在州東北，當胡盧河南岸，此爲東李晏口。又有李晏鎮，在今深州南。蓋五代時嘗置軍屯戍於此，以控胡盧之險。

薛家屯。在州西。其相近者曰三老集，西接冀州棗强縣界，正德中官軍敗賊處也。又有白家屯，在州北。天啓中妖賊丁志宏等剽掠阜城、武邑間，官軍討斬之。其黨牛朝利等退保白家屯，掘深壕伐木爲塹，固守以拒官軍，久之始平。

吳橋縣，州東五十里。東至寧津縣七十里，南至山東樂陵縣八十里。唐德州將陵縣地，宋爲吳川鎮，金始置吳橋縣，屬景州。元因之。今編户十一里。

重合城，縣西南二十里。漢縣，屬勃海郡。武帝封馬通爲侯邑，旋復爲縣。後漢仍屬勃海郡，晉因之。後魏正平初并入安陵縣，太和十八年復置，仍屬勃海郡，熙平中屬樂陵郡。東魏天平初改屬安德郡，高齊時廢。舊志云：重合城東至樂陵郡五十里。樂陵，今山東屬縣。

衛河，縣西三十里。與州接界，又北入東光縣境。志云：縣西北五十里有連窩驛。漕舟自安陵曲折而東北出，四十里至連窩，又三十里至東光縣。漕河攷：「安陵至連窩，蓋六十里，此往來者必經之道也。」

王莽河，在縣東北，古屯氏河也。又有鬲津河，昔爲大河所經。志云：宋時大河出滄、景之間，今縣南地名瀾陽，即大河匯流處。又有河倉，在城南。金人所置也。城南又有古堤，相傳即黄河舊堤，西南入德州境，東北入寧津縣界，故址猶存。

漳河。縣東二十五里。衛河挾漳河而北，每遇霖潦，往往漲溢，此即衛、漳二水決而東出者，非漳河正流也。舊自縣境引流，東北入東光縣界，今涸。又龍灣，在縣東十二里。或曰古大河餘流也。東注寧津縣界亦名谷家河，下流合於土河。

東光縣，州東北七十里。南至吴橋縣五十里，北至南皮縣五十五里。漢縣，屬勃海郡，後漢初封耿純爲侯邑。晉亦曰東光縣，仍屬勃海郡，後魏因之。東魏改置勃海郡於此。隋開皇初郡廢，九年於縣置觀州。大業初州廢，縣屬平原郡。唐屬滄州，貞元五年改屬景州，天祐五年景州移治焉。五代周爲定遠軍治，宋爲永静軍治，金爲觀州治。元屬景州。今編户七里。

東光故城，縣東二十里。漢縣治此。宋白曰：「高齊天保七年移治於今縣東南三十里陶氏故城，隋開皇三年又移於後魏之廢勃海郡城，即今縣治。」〇西光故城，在縣西。隋圖經：「後魏孝昌二年，賊葛榮略取其地，對東光築城據之，因名。」

順成城，縣西南三十里。漢昭帝封鉤弋夫人父爲順成侯，邑於此。今爲順成鄉。志云：城蓋與弓高城相近。又有廢壘城，在縣東二十里。未詳所始。

天胎山，縣南十里。土阜隆起，南臨靳河。一名天臺山。又有青山，在縣西北三十里；縣西南境又有山曰魯陽山：皆岡隴之屬也。今亦湮廢。

衛河，縣西三里。自景州流入縣界，又東北入南皮縣境，水經注所謂清水也。志云：衛河有大、小龍灣，縈迴而下，經縣北二十里，其地名下口，居民鱗集，行旅輻凑，儼然城市，謂之下口鎮。

漳水，縣西一里。自吴橋縣流入境，又北仍合於衛河。今上流已涸，不復至縣西也。又胡盧河，在縣西三十里。自州境流入，又東北入交河縣境。本横漳下流也，今亦淺塞。

胡蘇河，縣東三里。漢志東光有胡蘇亭。水經注：「清水東至東光縣西南逕胡蘇亭，世謂之羌城，非矣。又東北右會大河故瀆，又逕東光縣故城西。」後漢初平二年，黄巾賊三十萬入北海，〔九〕公孫瓚破之於東光南，斬首數萬，流血丹水，即此處也。齊乘云：「東光縣東連滄州，有古胡蘇亭。」又舊志：縣東南有古鳴犢河。今皆堙。〇靳河，在縣南二十里。自州東廢安陵縣流入境，又東北入滄州之浮河。唐開元中所開。

馬頭鎮，縣西三里，下臨衛河。又縣西南三十里爲連窩鎮，即吴橋縣界連窩驛也。與縣北二十里之下口鎮皆衛河所經，商旅凑集於此。○半壁店，在縣北。正德中流寇犯境，官軍禦却之於半壁店，即此。

白橋。在縣西南，跨永濟渠上。唐元和十二年，横海節度使程權奉詔討成德叛帥王承宗軍於長河，承宗遣兵入東光斷白橋路，權不能禦，引還滄州。舊志：縣西四里爲永濟渠，渠上有橋，當自縣通弓高之路。

故城縣，州南九十里。西至冀州棗强縣六十五里，東至山東德州九十五里，南至山東恩縣四十里，西南至山東武城縣六十五里。宋恩州歷亭縣地，金爲故城鎮，元初升爲故城縣，屬河間路。至元二年仍省爲鎮，尋復置縣，屬景州。今編户八里。

東武垣城，縣東北三十八里。志云：唐初置縣於此，後廢。又縣北二十里有南蓚城，或以爲竇建德所置也。今正史皆不載。

衛河，在城南。自山東武城縣北流經恩縣境入縣界，繞城而東，入德州界。郡人馬偉云：「衛河亘縣城之前，漣漪映帶，環遶左右，帆檣相接，隨風若飛。上泝武城，下達德州，朝發夕至，呼吸可通。縣介京師、山東之間，誠爲襟束要地矣。」

潢盧河，縣西南五十里。一名索盧河，亦曰枯河。其水無源，數年一至。泛溢則波濤洶湧，漂廬拔樹，隨流而下；遇旱輒涸，民播種其中，收穫倍利。北流入冀州棗强縣界。或以爲即衛河之支流云。

沙溪，縣西北二十五里。一名南河。自武城縣界流入，匯於縣西之龍潭，又東北至州境注於千頃窪。春至則涸。○孟家溝，在縣東二里。漳水決入處也，一名柳行港。自縣北達州西爲青草河，又東北注於千頃窪。今涸。

岸堤，在縣西南。起自武城縣北二十里之甲馬營驛，達於縣東十八里四柳樹鎮，皆築堤以防衛河泛溢，高數尺以上。又有長堤，起自縣西田村，達於州界。志云：宋元豐間築，以防潰盧河之潰溢。○金堤，志云：在縣西南。自大名府大名縣界逶迤而東北入縣境，即後漢王景所築。又有鯀堤，亦在縣西南三十里。自順德府廣宗縣界東入縣境，相傳鯀治水時築。二堤皆橫亘千里云。

鄭家鎮，縣西南二十五里。又縣西南十五里爲方塹屯，與縣東四柳樹諸鎮皆臨衛河，居民商旅往往市易於此。

竇堡。縣北十里。相傳竇建德曾屯兵於此。又縣西北五十里有太子營，沙溪所經也。相傳唐太子建成討劉黑闥，嘗駐於此。又馬家砦，在縣西北五十里。舊傳紅巾寇亂，居民於此樹柵，據崇岡茂林以爲固，寇不能犯。

滄州，府東百五十里。東北至永平府五百里，南至山東德州二百四十里，東南至山東武定州二百五十里。

春秋、戰國時爲燕、齊二國之境。秦屬鉅鹿郡。漢置勃海郡，後漢因之，志云：漢郡治浮陽縣。後漢嘗爲勃海國，移治南皮。晉仍爲勃海郡。劉宋亦嘗置勃海郡，蓋僑置於臨淄境內。後魏初曰滄水郡，尋復故。魏主燾改郡曰滄水，太和二十一年復爲勃海郡，治南皮縣。又分置浮陽郡，太和十一年置，治浮陽縣。尋又兼置滄州。魏收志：「熙平二年分瀛、冀二州置，治饒安城。」高齊因之。隋初郡廢州存，大業初州廢，改置勃海郡。隋志：「開皇六年置棣州，治陽信縣。大業二年改爲滄州。明年又改爲勃海郡，仍治陽信。」陽信，見山東武定州。唐初仍置滄州，初治清池，又移饒安，武德六年移治胡蘇縣，貞觀初還治清池，開元十四年置橫海軍於郭内。天寶初亦曰景城郡，乾元初復故。貞元三年置橫海節度治此，大和五年改爲義昌軍。詳見州域形勢説。五代仍曰滄州，梁改曰順化軍，唐復曰橫海。五代史：「梁乾化五年滄州始屬梁，明年爲晉王存勗所得，仍稱橫海。宋亦爲滄州，亦曰景城郡、橫海軍。金因之。亦曰橫海軍，元志作「臨海軍」。元亦曰滄州，屬河間路。明初以州治清池縣省入。編户二十七里。領縣三。

州控水陸之衝，綰海王之利。江、淮貢賦，由此達焉；燕、趙魚鹽，由此給焉。太公賜履，北至無棣，桓公用之，遂以興霸，蓋襟帶雄遠，便于馳逐，燕得之勢足以弱齊，齊得之勢足以脅燕動趙矣。漢置郡於此，以禁約東諸侯。地饒給，五方錯居，燕齊有事，必先争勃海，地利然也。唐季藩鎮害裂，橫海一道分地最陿，而介於河北、淄青間者百餘年。劉仁恭襲取之，逞其雄心，圖兼河北，兵鋒輒及於貝、魏。朱全忠患其强，屢攻滄州而未能有，其後有之而不能守也。歸於河東，而河北諸州河東且坐收之。石晉以瀛、莫入契丹，而滄州之患益亟。周世宗雖復關南，以州境據河濱海，北望遼、碣，倉卒可至，於是列營戍守，宋承其轍而不敢變也。宋時有滄州八砦，今見於志者爲乾符、巷孤、三女、泥姑、小南河五砦。五砦分見前静海、興濟二縣境。蒙古取燕，先殘滄、景，及山東羣盗共起亡元，陷清、滄，據長蘆，郊圻皆戰地矣。明初北伐，亦先下長蘆。迨建文中用兵幽、薊，命將徐凱城滄州，時議者亦以州居燕、齊之襟要，謂可以遏南下之衝也。燕兵突至，州遂不守。論者謂南北之成敗，關於滄州者十之五。夫地有所必争，争地而不得其人，猶之以地與敵而已。

清池廢縣，今州治也。舊志：在州東南四十里。漢置浮陽縣，爲勃海郡治，以在浮水北而名。後漢屬勃海郡，建武十五年改封平鄉侯歆爲侯邑，後復爲縣。晉因之。後魏亦曰浮陽縣，爲浮陽郡治，高齊因之。隋廢郡，縣尋屬棣州，隋開皇十八年改爲清池縣。唐武德四年屬景州，五年屬東鹽州，貞觀初屬滄州，又自胡蘇縣徙州治焉。宋亦爲州治，金因之。元延祐初徙滄州路治長蘆鎮，并徙縣於郭下。明初省縣入州。今謂舊城爲滄州故城。城邑考：「州舊無城。」今城天順五年創築，周八里有奇。

長蘆廢縣，在州治西北。志云：去舊州治西北四十四里。漢爲參户縣地，宇文周大象中置長蘆縣，并置漳河郡，蓋以水傍多蘆葦而名。隋初郡廢，縣屬瀛州。開皇十六年又置景州於此，大業初州廢。唐武德四年復置景州治焉，旋陷於劉黑闥。明年黑闥平，復爲景州，兼置總管府於此。貞觀初州廢，改屬滄州。唐志：「舊治永濟河西，開元十六年移治河東。」大和三年李同捷據横海叛，詔諸軍進討，盧龍帥李載義拔其長蘆。天祐三年朱全忠攻劉守文於滄州，〔一〇〕自白馬渡河至滄州，軍於長蘆。宋仍屬滄州，熙寧四年省爲鎮，屬清池縣。元遷滄州於此。至正十八年山東羣盗毛貴等陷清、滄二州，據長蘆鎮。時州未有城，故仍以鎮爲名。

參户城，在州城西北三里。城中古有大樹，謂之木門城。春秋襄二十七年：「衛侯之弟鱄出奔晉，託于木門。」或以爲即此城也。漢置參户縣，屬勃海郡，武帝封河間獻王子免爲侯邑。後漢省入浮陽。宋元符三年張商英請開木門口泄徒駭河東流，即此地云。

乾符城，州東北八十里。本浮陽縣地，隋開皇十六年置魯城縣，屬瀛州。唐武德四年屬景州。六年高開道掠幽、薊以南，至文安、魯城，將軍平善政邀擊破之。貞觀初縣屬滄州。乾符中生野稻二千餘頃，燕、魏飢民就食之，因更曰乾符，以年號爲名。宋初仍爲魯城縣，屬滄州。尋廢爲乾符鎮，又爲乾符砦。金人亦曰乾符鎮。

饒安城，州東北七十里。戰國時齊邑。史記：「趙悼襄王四年，龐煖攻齊，取饒安。」漢爲千童縣地，屬勃海郡。後漢靈帝時改置饒安縣於此。晉仍屬勃海郡。後魏屬浮陽郡，熙平二年置滄州治焉。隋初郡廢。大業二年改棣州爲滄州，而饒安之滄州廢。尋屬勃海郡。唐武德初移縣治故千童城，滄州亦徙治焉。六年州移治胡蘇城，貞觀十二年又移饒安縣治故浮水城，仍屬滄州。寶曆二年武寧帥王智興討橫海叛帥李同捷，其將李君謀絶河殘無棣，降饒安壁是也。宋仍屬滄州，熙寧四年省爲饒安鎮。○浮水城，在州東五十里。本高城縣地，隋開皇十六年析置浮水縣，屬滄州。大業初省入鹽山縣。貞觀中爲饒安縣治。金志清池縣有新、舊饒安二鎮，浮水城即新饒安鎮也。

定縣城，在舊饒安東南三十里。漢縣，屬勃海郡，武帝封齊孝王子越爲侯邑。後漢時省入饒安縣。○五壘城，志云：在清池舊縣西南二里。漢宣帝封河間獻王子雍爲景成侯，侯營別邑於此，使五子分居城中，各築一壘，因名。又有麻姑城，寰宇記：「漢武東巡，祠麻姑於此，因名。」

燕留城，括地志：「燕留故城在長蘆縣東北十七里。」史記燕世家：「莊公二十七年，山戎侵燕，齊桓公救燕，遂北伐山戎而還。燕君送齊桓公出境，桓公因割燕君所至地與燕。燕君築此城，名曰燕留城。」

竈兒坡，縣東北百里。居民於此煮鹽爲業，因名。明建文二年，盛庸等遣將分兵屯滄州，燕王曰：「滄州土城，潰圮日久，修之不易，當乘其未備急攻之。」遂由通州至直沽，謂諸將曰：「彼所備者惟青縣、長蘆，今博垜兒、竈兒坡數程無水，彼不爲備，趣此可徑至滄州城下。」乃一日夜兼行三百里，奄至滄州，遂克之。又有馬落坡，在州東北二十五里。元嘗置巡司於此。

海，在州東百八十里。東接登、萊，北連遼、碣，茫然巨浸。

衛河，在城西。市西橋跨其上。其上游自南皮縣流入境，又東北入興濟縣界。州南二十里有磚河水驛，爲衛河津要處。元志：「永濟河在清池縣西三十里。」時州治未移也。又州西北五里有永濟堤，唐永徽二年刺史姜師度築。州東南三十里又有永濟北隄，開元十六年所築。

漳河，在州西。唐會要：「清池縣西四十里有橫漳隄，顯慶元年築。西北六十里又有橫漳東隄，開元十年築。」舊漳河蓋自阜城、交河以東，直至城西，即長蘆河也。今故流多堙廢。

浮河，州東南五十四里。舊志云：在清池縣南二十里。漢時自大河分流，東北出經浮陽縣南，又東北流入於海。今自東光縣南界之永濟渠分流而東北，下流亦注於海。唐志：「清池縣東南二十里有渠注毛河，東南七十里有渠注漳，並引浮水，皆神龍中刺史姜師度所開。又縣南十五里有浮河堤，開元十六年所築。」史記云「趙之南界有浮水焉」，即此河矣。又十三州志：「浮水東入海。其西南二十三里有迎河，從南皮縣來，分漳水以入於浮水。」

毛河，州西南五十七里。來自南皮，亦名屯氏河，經鹽山縣城南，又東北入於海。又陽通河，志云：在舊州城東南十五里。唐開元十六年開，以導永濟渠之漲溢，下流合於毛河。有陽通河隄，亦開元十六年築。

無棣河，唐志：「在清池縣西南五十七里。」亦曰無棣渠，一名無棣溝。唐史：「永徽元年薛大鼎爲滄州刺史，界内無棣河久填廢，大鼎浚治屬之海，商賈流行，里民歌之。又疏長蘆、漳、横三渠，泄汙潦之水，州境遂無水害。」

減水河，州南十五里。西接衛河，東達於海，弘治中開以備衛河之泛溢。既以去海尚遠，漲水往往由此決入田閭，大爲民患，乃復塞之。○徒駭河，在州西。昔時大河支流也，今堙。唐志：「清池縣西五十餘里有徒駭河西堤，又縣西四十五里有明溝河東堤，皆永徽三年所築。」

李彪淀，州西南十里。舊爲鍾水處。唐志：「清池縣西五十里有李彪淀東堤，永徽三年築。」又三堂濼，亦在舊清池縣北。宋志云：「滄州北舊有三堂等塘濼，爲黄河所注。後河改而濼塞，程昉嘗請開琵琶灣，引河水而功不成。熙寧六年屯田使閻士良請堰水絶御河，引西塘水灌之。乃命士良專興修築椿口，增灌東塘淀濼。」今皆堙廢。

薩摩陂，州東北五十里。陂周五十餘里，有蒲魚之利。又仵清池，在舊清池縣東南十八里。輿地志：「浮陽縣有大連淀。北魏延興初淀水溢注，破仵清村，因瀦爲池。」今名大粱五龍堂。其流西踰東光，東至海，齊乘以爲古之胡蘇河也。

長蘆鎮，即故長蘆縣。明初置長蘆都轉鹽運使司，在今州治西南。領鹽課司二十四，在州境者十二，在山東青州府境者亦十二，每歲額辦大引折小引鹽十八萬八百引有奇。又長蘆巡司及遞運所、税課局，俱置於此。

合口鎮，在州西。水經注：「衡漳水過勃海建成縣，又東左會滹沱别河故瀆，又東北入清河，謂之合口。」魏收志：

「浮陽縣西接漳水，横水入焉，謂之合口。」晉太元十三年，後燕慕容楷等將兵會慕容隆於合口，擊叛將張申於高成，平之。隆安二年魏拓跋珪得河北，置行營於中山，命拓跋遵鎮勃海之合口，即此。建成，見前獻縣。

盟亭。在州南。志云：古燕、齊分界處。二國嘗結盟於此，因名。又州治東有狼煙臺，相傳周世宗備契丹，築此以爲邊候。○郭橋，在縣東。金志清池縣有郭橋鎮，後廢。又有郭疃鎮，亦在清池縣界。

南皮縣，州西南七十里。西南至東光縣五十五里，西至交河縣六十六里，東南至山東樂陵縣百二十里。漢縣，屬勃海郡，景帝封竇彭祖爲侯邑。闞駰曰：「章武有北皮亭，故此曰南皮。」後漢爲勃海郡治，魏、晉因之，後魏勃海郡亦治焉。隋初屬滄州，尋屬勃海郡。唐初屬景州，貞觀初屬滄州，宋因之。今編户九里。

南皮故城，在縣東北八里。志云：春秋莊三十年：「齊桓北伐山戎，繕修皮革，因築城焉。」或曰秦末嘗置成安郡於此。項羽聞陳餘在南皮，因環封之三縣，號爲成安君。漢置南皮縣於此。後漢建安八年袁譚、袁尚相攻，戰於鄴城門外，譚敗，引兵還南皮；九年曹操攻袁譚，拔平原，譚走南皮，臨清河而軍，清河即衛水也；十年操攻南皮，斬譚；三國志「曹丕爲五官中郎將，射雉南皮」：皆此城也。宋白曰：「南皮縣西去景州六十里。縣北有迎河，河北有故皮城，即漢勃海郡所理。」

高樂城，縣東南四十里。漢縣，屬勃海郡，後漢省。俗名思鄉城，亦曰西鄉城。又臨樂城，在縣南。漢縣，亦屬勃海郡，武帝封中山靖王子光爲侯邑。後漢省。酈道元曰：「臨樂更名樂亭，王莽時名也。」晉太康記樂陵國有新樂縣。或曰即故臨樂縣改置。劉宋時亦置新樂縣，屬樂陵郡，後魏因之，蓋郡縣皆僑置於青州高苑縣界，非故城也。

臨津城，縣西南六十里。本東光縣地，東魏置胡蘇縣於此，屬勃海郡，高齊廢。一云高齊置，後周廢。隋開皇十六年復置胡蘇縣，屬德州。劉昫曰：「縣置於胡蘇亭，因名。唐武德四年屬觀州，六年改屬滄州，又移滄州治焉。貞觀初滄州移治清池，胡蘇縣還屬觀州。十七年州廢，仍屬滄州。天寶初改爲臨津縣，貞元二年改屬景州。州尋廢，還屬滄州，天祐五年仍屬景州。」五代時又改屬滄州。宋初因之，熙寧六年省入南皮縣爲臨津鎭。今曰臨津店。

衛河，縣西二十里。自東光縣流入境，與交河縣接界，又東北流入滄州界。河紀云：「縣北衛河岸有大堤，自南亘北五十里，高丈餘，東接滄州境，西接南皮境。衛河水漲，西境爲患特甚。有郎兒口，向爲洩水處。下流又有河名曰盤河，東注於海。元延祐中爲屯軍所築塞，衛河氾溢，浸没民田，互相詰訟。泰定初乃議開掘，截然中斷二十餘丈，水由中流，縣境遂無水患。」志云：郎兒口在縣東北四十五里，北去滄州三十餘里；又馮家口，在縣西北三十里，亦與交河縣接界；縣西南二十里又有十二里口；皆衛河所經。又齊家堰，在縣西北二十里，即衛河東岸。河流至此，湍悍迅急，萬曆十一年修築齊家堰堤，自東光縣之北下口至馮家口，共計一千七百餘丈。

毛河，在縣南，東北流入滄州界。唐志：「開元十三年，自臨清縣南開毛河入清池縣以洩永濟渠之泛溢。」是也。又縣東南五十里曰古黄河，縣西門外有廢胡蘇河，縣東南數里又有廢王莽河。志云：縣城北有古太史河。

迎河，在縣城北。即衛河之支渠也。水經注：「清河又東北經南皮縣故城西，王莽名縣曰迎河亭。」舊有迎河瀆，自縣境東流入清池縣界合於浮水。今堙。

曹公固，縣東南二里。舊志云：漢青州刺史雋不疑冢也。高五丈有奇。曹操攻袁譚，因冢爲固，因名。又有觀臺，在縣東四里。一名袁侯臺，相傳即袁譚所築。曹操攻譚，譚敗被擒於此。縣東二十五里有射雉臺，相傳曹丕游南皮時築。一名燕友臺，丕嘗宴集賓友於此也。

魏家莊。縣西六里。元至正十八年董摶霄守長蘆，屯兵魏家莊，爲山東羣盜毛貴所襲，戰死處也。又應橋鎮，在縣東南五十里。又東南二十里有刁官樓鎮。又三十里有舊縣鎮，或以爲即晉新樂縣治。

鹽山縣，州東九十里。東至山東海豐縣百二十里，南至山東樂陵縣六十里。春秋時齊之無棣邑，漢置高成縣，屬勃海郡，郡都尉治焉。後漢曰高城縣，晉因之。後魏屬浮陽郡。隋開皇十八年改縣曰鹽山，屬棣州，大業中屬勃海郡。唐武德四年置東鹽州於此。貞觀初州廢，縣屬滄州。宋因之。今編户二十三里。

高城故城，縣南六里。漢縣治此。劉昫曰：「舊縣在今鹽山縣南。」是也。晉永和六年燕慕容儁以賈堅爲樂陵太守，治高城，即此。

合騎城，縣北七十五里。漢武帝封公孫敖爲合騎侯，即此城也。今訛爲郛堤城。又縣有平津鄉，武帝封公孫弘爲平津侯，蓋邑於此。〇千童城，在縣東北。漢千童縣蓋置於此。後漢改置饒安縣，在今州東境。輿地志：「高城東北有丱兮城。秦始皇遣徐福發童男女千人至海求蓬萊，因築此城僑居童男女，號曰丱兮。漢因置千童縣。」

柳縣城，縣東五十里。漢置柳縣，屬勃海郡，武帝封齊孝王子陽已爲侯邑。後漢省。風俗記：「高城縣東北五十里有柳亭，漢縣也。世謂之辟亭，非矣。」又一統志：「縣西北有章武城。」悮，章武今見霸州大城縣。

篋山，縣東南四十里。一名峽山。魏氏土地記：「篋山長七里。」又縣東南九十里有閤山，山皆低小，無峰巒林壑之勝。又小山，在縣東北七十里。陂陀綿亘，跨山東海豐縣界。一名騮山。

鹽山，縣東南八十里。地産鹽，因名。晉大興初，段匹磾據薊，爲段末柸所攻，將南奔樂陵太守邵續，石勒遣將石越邀敗之於鹽山，即此。

海，縣東七十里。潮汐所至，土皆鹹鹵，煮而爲鹽，其利甚廣。今沿海有場，設官司之。長蘆鹽利，出於縣者十之五六。

古黄河，縣南四十里，地名孟家店。大河舊經此入海。○浮河，在縣東北百里。自州境流經此入海。

劉公渠，縣西南五十里。縣境舊承無棣溝下流，大小羣川悉附以入海。無棣溝既塞，每以溜潦爲患。萬曆四十二年邑令劉子誠開渠，自燕子口至高家灣四十三里，導入古黄河直達於海。

漂榆津，縣東北百里。晉咸康四年石虎擊段遼於令支，使王華帥舟師十萬出漂榆津。水經：「清河東北過漂榆邑入於海。」酈道元曰：「漂榆故城俗謂之角飛城，趙記『石勒使王述煮鹽於角飛』是矣。魏氏土地記『高城縣東北百里，北盡漂榆，東臨巨海，民咸煮販，藉鹽爲業』，即此城也。清河自是入於海。」蓋與静海縣接界。

望海臺，縣東北。一名漢武臺。魏氏土地記：「章武縣東百里有漢武帝臺，南北有二，相去六十里，基高六十丈，俗云漢武東巡海上所築。」唐史：貞觀十九年自高麗班師入臨榆關，次漢武臺，顧問侍臣，對曰：『此是燕、齊之士爲漢武求仙處。』」實録云：「漢武臺基三成，傍有祠室塋域。其地俯臨大海，長瀾接天，岸多峻石，奇險錯列。太宗刻石紀功而還。」

傅家營。縣南五十里。又南接山東海豐縣境，舊置戍守於此。○利豐鎮，在縣東北。金志：「縣有海豐、海潤、利豐、幞頭凡四鎮。」

慶雲縣，州南百六十里。東至山東海豐縣四十里，南至山東陽信縣七十里。漢陽信縣地，隋開皇六年析置無棣縣，屬棣州，大業初屬勃海郡。唐初屬滄州，貞觀初省入陽信縣。八年復置，仍屬滄州。大和二年改屬棣州，尋復置。〔二〕宋仍屬滄州，治平中徙治保順軍。金因之。元至元二年省入樂陵縣。尋復置無棣縣，以其地之半屬滄州，半屬棣州。明洪武八年以棣州無棣縣改置海豐縣，而置無棣縣於此，仍屬滄州。永樂初避御諱改今名。編户十一里。

陽信城，縣東南三十里。相傳即漢陽信縣治，今詳山東陽信縣。志云：縣東南五里有古無棣城，即管子所云「無棣以東」者。今詳見山東海豐縣。又荻苴城，邑志云：在縣東城下。舊有荻苴河，直抵海豐。漢武帝封朝鮮降將韓陶爲荻苴侯，疑邑於此。

馬谷山，縣東北七十里明月沽東。俗謂之大山，多石無樹木。中有洞，深廣二丈餘。今亦見海豐縣。

長城嶺，縣南四十里。勢如岡陵，舊志以爲齊之長城，或云禹所築九河堤。又有卧龍岡，在縣東南鬲津河中。

鬲津河，在縣南。流經城東，下流入海。唐永徽初刺史薛大鼎所開。又縣西南三里有汊河，即鬲津之支流。縣西五里又有紀家河，亦流入於鬲津河。○胡蘇河，舊志云：在縣西南。志云：其流經鹽山、海豐縣境入於海。又覆鬴河，亦在縣西。縣東南六十里爲古黄河，東北流經海豐縣馬谷山南而注於海。

獻河，縣南三十里。或謂之陷河。縣西北境之水多匯於此，經海豐縣引流東注於海。齊乘云「無棣縣北有陷河，闊數里，西通德、棣，東至海」，蓋即獻河上源也。今縣東南三十里有棗園店橋，長里許，跨獻河上。

無棣溝，在縣南。相傳春秋時即有此溝，分大河支流東注於海。隋開皇中因以名縣，大業末溝漸填廢。唐永徽初薛大鼎爲滄州刺史，奏開之，外引魚鹽，海商駢至，百姓歌曰：「新河得通舟楫利，直達滄海魚鹽至。向日徒行今騁駟，美哉薛公滂澤被。」今堙。○八會口，齊乘云：「在縣北。水流交會處也。」自滄州大連淀南至縣境百餘里，有大河、沙河，皆瀕古堤會流於此，合於陷河。

月明沽，縣東北七十里，東接馬谷山。瀕海煮鹽處也。

板達營。縣南二十里。志云：宣宗征高煦時駐蹕於此。○通濟橋，志云：有大小二橋。大橋在縣城東關之南，爲燕、齊要路，胡蘇、鬲津二河經流其下，東入於海。小橋在西關之南，上受胡蘇，鬲津二河，下通濟大橋。又南家橋，在縣東三十里。亦跨獻河上，與棗園橋皆接海豐縣界。志云：縣南二十里有掛甲口，相傳韓信下齊，道出於此。

校勘記

〔一〕敗契丹於廉良路　「契丹」，底本原作「契衆」，彭元瑞校改爲「契丹」，職本作「賊衆」，敷本、鄒本作「虜衆」。宋史卷六真宗紀作「敗契丹於廉良路」，今從彭校及宋史。

〔二〕高帝封功臣呂馬童爲侯邑　底本原無「功臣」二字，今據敷本、鄒本補。呂馬童封侯事見漢書卷一六高惠高后文功臣表。

〔三〕唐開元十九年分文安任丘二縣置　舊唐志卷三九與此同，新唐志卷三九、唐會要卷七一、寰宇記卷六六、輿地廣記卷一〇均作「開元十年」，疑舊唐志衍「九」字。

〔四〕深五丈　宋史卷九五河渠志作「其深五尺」。

〔五〕寧津縣　「縣」，底本原作「衛」，職本、鄒本作「縣」。明志卷四〇河間府領有寧津縣，作「縣」是，今據改。

〔六〕故城在今縣南十二里　「里」，底本原作「年」，彭元瑞校改爲「里」，職本、鄒本亦作「里」，今據改。又舊唐志卷三九蓨縣下作「故城在今縣南十里」，無「二」字。

〔七〕安陵城　「城」，當作「鄉」。見水經河水注引應劭地理風俗記。

〔八〕故鼎反乎歷室歷當作磿　「歷室」，史記卷八〇樂毅傳作「磿室」。又「歷當作磿」，底本原作「歷當作歷」，今據鄒本改。

〔九〕黄巾賊三十萬入北海　水經淇水注無「賊」字，「北海」作「渤海」。

〔一〇〕朱全忠攻劉守文於滄州　「守」，底本原作「宇」，今據職本、敷本及鄒本改。

〔一一〕大和二年改屬棣州尋復置　舊唐志卷三九無棣縣下云：「大和二年屬棣州，又復還滄州。」則此「尋復置」當作「尋復舊」。

讀史方輿紀要卷十四

北直五

真定府，東至河間府三百五十里，南至順德府二百八十里，西至山西太原府五百十里，西北至山西蔚州四百二十里，東北至保定府三百里，自府治至京師六百三十里。

禹貢冀州地，周爲并州地，春秋時屬鮮虞國，後屬晉。戰國屬趙，秦爲鉅鹿郡地。漢初置恒山郡，後改常山郡，避文帝諱。武帝分置真定國。後漢建武十三年併真定入常山國。治元氏縣。魏復爲常山郡，晉因之。改治真定縣。後魏亦曰常山郡，移治九門縣。後周於郡置恒州。隋初廢郡存州，治真定縣。煬帝復曰恒山郡。唐仍爲恒州，天寶初亦曰恒山郡，開元十四年於恒州置恒陽軍，安、史僭竊，因置恒陽節度。通典：「天寶十五載改爲平山郡。」乾元初復爲恒州，寶應初爲成德節度治。元和十五年改爲鎮州。避穆宗諱。天祐初又改成德爲武順軍，以朱温父名誠也。梁開平四年王鎔附於晉，仍改曰成德。乾化五年軍亂并於晉。五代唐初建北都，改州爲真定府，旋改置北都於太原，復曰成德軍。晉天福九年復曰恒州。又改軍曰順國。開運三年陷於契丹，乃升爲中京。漢仍曰鎮州，尋復爲真定府。仍曰成德軍。周又爲鎮州，宋仍曰真定府，亦曰常山郡、成德軍節度。金因之。元曰真定路，明曰真定府。領州五，縣二十七。

府控太行之險，絶河北之要，西顧則太原動摇，北出則范陽震懾。若夫歷清河，下平原，逾白馬，道梁、宋，如建瓴水於高屋，騁駟馬於中逵也。蓋其地表帶山、河，控壓雄遠，往者晉得此以雄長於春秋，趙得此以縱横於戰國。河北有事，滹沱、井陘間馬跡殆將遍焉。漢既并天下，而平盧綰，誅陳豨，未嘗不取道常山、真定也。及赤伏中微，奸雄鼎沸，典午難作，戎馬雲翔，數百年中，其地有不被兵甲者乎？唐天寶之禍，安禄山以范陽精甲突出常山，渡河南犯，太守顔杲卿旋舉兵於後，斷禄山歸路，且阻其西入之謀，事未獲遂。既而李光弼、郭子儀相繼出井陘，入常山，屢敗賊兵，軍聲大振，漁陽之路再絶。會潼關陷，賊入西京，光弼等引軍入井陘，而留兵戍常山。諸軍懼不能守，遣宗仙運請於信都太守烏成恩曰：「常山地控燕、薊，路通河、洛，有井陘之險，足以扼賊咽喉，若移據常山，與晉陽相首尾，則盛業成矣。」承恩不從，常山敗而河北悉爲賊陷。其後藩鎮擅命，成德最强，以朱滔之凶横，王武俊舉恒冀之兵蹙之，幾不能軍。王承宗、王庭凑後先專恣，以天子之命，連諸道之兵，四面進討，相繼敗衂，莫克翦除也。五代時契丹爲河北患，常恃真定以抗之，真定覆而滹沱以南不可爲矣。宋以真定爲重鎮，河北之安危係焉，及釁起燕、雲，而真定先罹其毒。蒙古取河北，亦以真定爲要地，屯兵置鎮，分轄三十餘城。及定都於燕，以近在畿輔，防維常切。明初既下燕都，遂取太原，亦道出真定。靖難之師争於真定間者，久而始決。蓋襟要所存，千古不能易也。宋祁曰：「河朔天下根本，而真定又河朔之根本。其地河漕易通，商賈四集，屯田豬水，限隔敵騎，進戰退守，綽然有餘，故常倚爲北面之重。」近時晉、豫多故，有草茅言事者，其略曰：「京師地偏東北，與中州分界差遠，緩急應援，常虞艱阻。邇者欃槍四出，狐豕載塗，觀其搏噬之情，必有突犯京師之意。其突犯也，必將招集黨類，厚氣并力，以倖一勝。京師禁旅未盡精練，雖近有薊永、宣大之師，然關門迫切，必多掣肘，持疑之間，便稽旬日，一有蹉跌，悔不可追。竊觀真定一郡，居京師之左腋，地廣力强，北向京師，西馳晉、冀，南下相、衛，皆近在數驛以内；山川關隘既足以控守，而原陸平衍復利於屯營。誠委任能臣，一更夙習，廣召募之方，嚴賞罰之典，訓兵積粟，先時而備，賊勢尚遠，則我厚集其力於近郊，以奇兵出賊不意，隨機撲擊，賊必畏懾，不敢遽前。若賊以真定阻其鋒，將甘心焉，則塞井陘據滹沱以持之，所屬列城復堅壁清野以待之。賊既不得逞，必盡帥凶徒，百計攻圍，求快其忿，俟其頓弊，然後出鋭師以撓之，或京師禁旅，四方援師，四合以殲之，賊可平也。使賊避真定而不攻，圖出没於紫荆、倒馬之間，我但明偵候，謹烽火，依險設伏，以寡制衆，以佚待勞，我必得志。若其南出魏、博，東趣深、冀，或紆道德、景，寇軼河間，或轉掠宣大，窺伺居庸，我中權獨握，因形制勝，或絶其後，或翼其旁，悮其所向，乖其所之，彼縱得至京師，而情見勢屈，賊氣必衰，臨以大軍，必不戰而潰耳。然則列重兵於真定，遠可以張折衝，近可以固門户，無事則爲唇齒之形，有急即爲根本之備也。難者曰：保定不設重鎮乎？曰：保定去京師較近，而去晉、豫爲遠，昔日之備在京師之西北，而今日之備在京師之西南，事勢不同也。曰：賊若分兵以綴真定，而以重兵疾走京師，京師既不獲真定之援，必且坐困，何如專事京營，俾足以居中應敵乎？曰：不然。從來戰於城内，不如戰於城外，拒敵於百里之内，不如拒敵於數百里之外。且夫用兵之要在得情勢，賊耽耽於京師，其攻真定之兵必多而不整，貪而不忌，我多爲方略，一鼓殄之，乘初勝之氣，馳援京師，直壓賊壘，賊必震動，京師聞之，氣必百倍，此真滅賊之日也。夫滅賊者利其聚而不利其分，曹公破韓遂、馬超之軍，姚萇平雷惡地、魏揭飛之衆，〔一〕其明驗也。今賊有必聚之情，又有必向京師之勢，而不早爲之計，禍至而圖之，豈有濟哉？時不能用。

真定縣，附郭。戰國時之東垣邑也。漢曰真定縣，元鼎四年置真定國治焉。後漢屬常山國，晉爲常山郡治，後魏因之，後周恒州亦治焉。隋大業中爲恒山郡治。唐初仍爲恒州治。載初元年改爲中山縣，神龍初復曰真定，自是州郡常治此。今編户十四里。

東垣城，府南八里。即趙故邑也。史記：「趙武靈王二十年，攻中山，取東垣。」蘇秦説燕：「趙之攻燕也，不十日，而數十萬之軍軍於東垣矣。」漢八年，高祖擊韓王信餘反寇於東垣。〔二〕十一年，陳豨將趙利守東垣，高祖自將攻之，東垣降，改曰真定。後漢以後縣皆治此，唐初移縣於今治。五代梁乾化三年，魏博帥楊師厚自趙州趣鎮州，營於真定南門外，燔其關城。又龍德二年，晉將李存進攻鎮州，營於東垣渡，夾滹沱爲壘，渡蓋以故邑名也。又鎮州牙城曰潭城，歐陽修曰：「常山宫後有池，亦曰北潭，州之勝遊惟此，故牙城謂之潭城。」城邑攷：「郡舊城周二十里，唐寶應中成德帥李寶臣築。宋初韓令坤復修築之。明正統末，以北寇猖獗，命重臣鎮守，因增修城垣，濬治壕塹。嗣後以時修葺，爲門四，城周二十四里。」

常山城，府西南十八里。隋開皇十六年分真定置常山縣，大業初復省入真定縣。或曰即漢常山郡城也，隋因舊城置縣。劉昫曰：「後魏太武登常山郡城，望安樂壘而美之，遂移郡治安樂，即今鎮州城。」悮也。魏收志安樂壘在九門縣。又恒陽城，杜佑曰：「在今州城東，開元中置恒陽軍於此。」或曰先天初所置。

新市城，府西北四十里。其地有鮮虞亭，杜預以爲即春秋時鮮虞國，白狄別種也。昭十二年，晉假道于鮮虞以滅肥。司馬貞曰：「鮮虞，姬姓國，春秋之末曰中山。」漢爲新市縣，景帝封王棄之爲侯邑，屬中山國。魏、晉因之。晉隆安初，拓跋珪圍後燕中山城，慕容麟以城中飢困，帥衆出據新市。後魏亦屬中山郡，後齊、後周因之，隋大業初省入九門縣。唐武德初復置新市縣，五年廢爲新市鎮，屬九門縣。元和四年以王承宗拒命，詔諸道討之。白居易言：「河東、易定兵討鎮冀，竟不能過新市鎮。」是也。景福初河東帥李克用合易定兵攻成德帥王鎔，戰於新市，爲鎔所敗，克用退屯欒城。宋亦爲新市鎮。○權城，在府北二十里。元和志云：「古捷鄉也。後漢建武初賈復大破五校於真定，蓋在此也。」

滹沱河，在府城南一里。圖經云：「府背倚恒山，面臨滹水是也。」其上流自靈壽縣流入界，又東入藁城縣界。范成大曰：「渡河五里即州城。」唐天寶末李光弼入常山，史思明自饒陽趣救，光弼與賊夾滹沱而陣，敗却之。光化三年朱全忠侵鎮州，前軍逾滹沱攻南門，焚其關城，王鎔懼而請和。五代梁龍德初，成德將張文禮弒其主鎔，晉王存勗遣兵討之，渡滹沱，圍鎮州，夾漕渠以灌城，未下。二年，晉將閻寶攻鎮州。寶築壘掘塹，决滹沱水環其城，內外斷絶。寶以城破在即，不爲備。賊來攻，遂壞長圍而出，寶敗保趙州。既而李存進攻鎮州，亦夾滹沱爲壘，與賊相持於東垣渡。舊有中渡橋，在府東南五里，跨河上。晉開運三年契丹趣恒州，晉杜威禦之，至中渡橋，契丹已據橋，晉軍争之，契丹焚橋而退，與威夾河而軍。李穀謂威曰：「今多以三股木置水中，積薪布其上，橋可立成，因與恒州合勢擊之，彼必遁。」威不從，尋以其衆降契丹。及契丹入汴，遷晉主於北荒，晉主至中渡橋，見重威寨，慟哭而去。胡氏曰：「中渡橋，州人津渡之所也。其上下流各有渡，故此爲中渡。」宋熙寧九年，程昉於此創繫浮橋。元豐五年轉運副使周革言：「浮梁增費數倍，既非形勢控扼，請易以板橋，至四五月防河即折去，權用舡渡。」從之。今府南跨河有通濟橋，猶沿其制。又滹沱河流迅急，每患漂溢，歷代皆修築隄防以禦之。金大定八年决真定堤岸，十七年决郡西白馬岡。元大德十年决隄浸城，至大初復漂南關百餘家。延祐以後，屢屢修築，爲患未已。堤防攷：「府西滹沱河北舊有曹馬口堤，長三十餘里，以護城垣。宋天聖間堤壞，尋復修築。明成化十三年大水，堤復潰，水勢逼城西南隅，壞民廬舍，闔城中幾爲巨浸。守臣田濟請於舊河之數里外鑿新河，延袤十餘里，分殺其流；復築堤以禦舊河之水，於是水有所歸，復於新河北築堤，長四千餘丈，環拱關南，公私攸賴。自是屢有決溢，皆因舊址疏築。」餘見前大川。

滋河，府北三十里。源出山西蔚州枚回嶺，經靈壽縣入行唐縣之張茂村伏流不見，至府北南孟社復出，東經藁城縣北，無極縣南，又東北入祁州深澤縣境會於唐河，即安州易水之上源也。○西韓河，在府西二十里。源出大鳴泉，西南流注於滹沱。志云：韓信伐趙時經此，因名。

大鳴泉，〔三〕府西二十里。西韓河發源處也。又有韓家、曹馬口等泉凡四十餘穴，溉田百餘頃。又雕橋泉，在府西十五里。橋跨西韓河上。其下有泉四十五穴，歲久淤塞，明宣德初重濬以溉田，大爲民利。

白馬關，在府西北。唐志：「鎮州有白馬關，臨滹沱河。旁有白馬岡，因名。」金大定中滹沱河決白馬岡，關始廢。明永樂四年詔修滹沱河白馬口堤岸，即此。

醴泉驛。在府南。唐置。天寶十四載常山太守顏杲卿遣兵襲執安禄山將何千年於醴泉驛是也。胡氏曰：「驛在常山郡界，南直趙郡。」今府治南有恒山驛。

井陘縣，府西南百五十里。東北至平山縣八十二里，西至山西平定州二百里。漢縣，屬常山郡，後漢及晉因之，後魏仍屬常山郡。隋屬恒州，開皇十六年置井州。大業初州廢，縣屬恒山郡，義寧初置井陘郡。唐武德初復置井州，貞觀十七年州廢，縣仍屬恒州。宋熙寧六年省，八年復置，兼領天威軍，仍屬真定府。金天會七年改置威州，亦曰陘山郡。元徙州治洺水，以縣屬廣平路。明初仍屬真定府。編户十三里。

葦澤廢縣，縣西北二十五里。隋開皇十六年置葦澤縣，屬井州。大業初廢，義熙初復置，屬井陘郡。唐初屬井州，貞觀初廢入井陘縣。又樂陽城，志云：在縣東北七十里，漢縣，屬恒山郡，後漢省。○秀林城，在縣東南十五里。城邑攷：「後魏賊杜洛周、葛榮遣其黨王秀林築此城，因名。」

天威城，縣東北五十里。宋初置天威砦於此，尋曰天威軍，熙寧八年移井陘縣治焉。金初置威州，亦治此。後仍還舊治。今亦謂之威州城，又名威州堡，亦曰井陘店。又縣西南二十五里有靈真城，志云：韓信伐趙時築。魏收志井陘縣有回星城，即此城矣。邑志：縣西三里新教場，即古回星城，以在回星河側而名。恐悮。又縣北二十五里有横州城，未詳所自。

陘山，縣東北五十里。井陘之險，爲河北、河東之關要。今縣境諸山錯列，大約與陘山相連接，俱太行之支隴也。詳見前重險井陘。

城山，縣東南三十里。一名障城山，以山似城垣而名。金末武仙餘黨趙貴等據山侵掠，蒙古將焦德裕擊平之。明初大兵下井陘，别將費聚取城山砦是也。又東南二十里有神山，巖谷幽邃。○射垛山，在縣東南六十里。志云：秦王翦伐趙，下井陘，嘗射垛於此。又東南十里爲蒼巖山，峰巒叠翠，高出雲表。中有石泉，雖旱不竭。又劍山，在縣東十里。山峰高秀，如劍卓立，因名。

大臺山，縣西北二十里。趾削頂平，雄秀甲于封内。亦名五峰山。宋靖康間女真入犯，居民多避兵於此。○觀音坨山，在縣北四十里。孤峰插天，盤亘千仞，上可容千餘人。中有清泉飛瀑，遶流而下。其相近有鹿耳嶺，山脊兩開，形如鹿耳，因名。志云：縣西十里有百華山，林壑深邃，石磴崎嶇。

雲鳳山，縣東北四十里。山勢回翔，有險可恃。元末土人保此，曰鳳山砦。又東北四十里有鑾臺山，相傳隋文帝曾駐於此。○兩下嶺，在縣西三十里。山脊隆起，東西陡削如墻壁然。又縣東南八十里有石墻嶺，懸巖險峻，有路僅通一線。志云：驢橋嶺在縣西十里，嶺口爲戍守處。又有長銀洞，在縣東南四十里。相傳舊嘗産銀。

甘淘河，縣東南十五里。其地有栢山巖，河流遶其下。一名冶河。其上源出山西平定州之綿山，即澤發水也。流經縣境合於綿蔓水，又東北流入平山縣界合於滹沱河。元史：「滹沱在真定境中，每患決溢。議者謂滹沱河源本微，與冶河初不相通，後二水合流，其勢始盛。因分引冶河東出，滹沱稍減。至大初滹沱復決真定南關，仍合於冶河，自是數有決溢之患。」

綿蔓水，在縣南門外。源亦出平定州，即甘淘河之支流也。東流入縣界，經城南至縣東二十里洪口橋入於甘淘河。一名阜漿水，又曰回星水。孔穎達曰：「韓信出背水陣，蓋在綿蔓水上。」郡志：縣東北二十五里有微水，亦流入甘淘河。○七里澗，在縣東北。諸山谿之水在縣北境者，皆匯流於此，南入綿蔓河，霖潦暴作，行路皆絶云。輿程記：「縣東北五十里有石橋，跨七里澗上。」又東北十里爲平望橋，接獲鹿縣界。

故關，縣西三十五里。道出井陘，此又爲控扼之要，自昔置關於此。唐長慶初裴度出故關討王庭湊是也。元末爲故關山砦。明初大軍取真定，徐達帥師度故關，遣別將取亂柳寨而還。正統二年修築關城，分兵防戍。嘉靖二十年增設將領駐守。二十三年更營新城，益兵防禦，自是常爲重地。關隘考：故關南北，山阪回環，南連贊皇、元氏，外通平定、樂平，所轄隘口凡三十有六。今亦見山西平定州。

承天鎮，縣西北六十里，即故承天寨也。南至故關二十里，西接山西平定州之葦澤關。一名娘子關，關蓋以妬女祠而名。舊經云：承天鎮有妬女祠，介山氏之廟也。唐武后幸河東，道出祠下，懼致風雹，欲別開道以避之，狄仁傑曰：「一人行幸，風伯清塵，雨師灑道，何妬女之避？」遂止其役，駐蹕祠下，風停雨息。鎮有關，俗因謂之娘子關。乾元初置承天軍於此。長慶元年王庭凑以成德叛，裴度自將兵出承天軍、故關以討之。光化二年，汴將葛從周救魏博，破幽州兵，乘勝自土門攻河東，拔承天軍。五代梁乾元初，趙王鎔會晉王存勗於承天軍，共謀伐梁。石晉末劉知遠舉兵河東，遣兵戍承天軍。既而契丹自汴北還，至恒州，襲擊承天軍，戍兵潰，契丹焚其市邑，知遠復遣將葉仁魯襲克之。宋白曰：「承天軍近太原東鄙，土門路西出之衝也。」宋初亦爲承天軍，屬河北路。後爲承天寨，屬平山縣。沈括曰：「鎮州通河東有兩路。一曰飛狐路，在大茂山西，自銀冶寨出倒馬關至代州。石晉割地與契丹，以大茂山分脊爲界，銀冶寨已不通行矣。惟北寨西出承天軍，可至河東，然路徑峭狹。」胡三省曰：「井陘娘子關西南即是承天寨，西出即平定軍北砦，今阜平縣也。」明仍爲承天鎮，亦曰娘子關，設兵戍守。嘉靖二十一年增置官兵，明年築城爲固，與故關相唇齒。輿程記：「自娘子關折而西南，歷乏驢嶺等四口，凡八十里而至故關。」似悮。

達滴崖口，縣西北九十里。東南至故關六十里。關隘攷：「自達滴崖以下凡十二口爲故關北路。」正統四年於達滴崖置戍，嘉靖二十四年又增兵防禦。其相近有牛道嶺、橫河槽等口，俱是時設兵防守。○嘉峪溝口，在娘子關西，去故關亦二十里。又故關北有甘淘溝、乏驢嶺等口。輿程記：「甘淘溝口，在故關北五十餘里；又西北三十里爲乏驢嶺口，北去娘子關十五里；皆戍守處也。」

泉水頭口，縣西南九十里。北去故關六十里。關隘攷：「自泉水頭以下凡二十三關口，俱爲故關南路，而泉水頭備禦尤切，嘉靖二十一年特設官兵防守。其相近有磨石崖等口。」○大石板口，在縣西南百十里。嘉靖中設兵戍守。又有泥凳子口，在縣西南百四十里。其相近者有後溝、虎砦溝等口，入山西樂平縣界；稍北有不禿嶺等口，入山西平定州界；俱嘉靖中設官兵戍守。

白眉寨，縣西南三十五里。據山爲險，形勢雄峻。有天橋，樵採者仄足而度。又西南爲牛欄砦，亦曰牛山砦，四面陡絶，上有清泉流遶。又五峰砦，在故關東北三十里。有五峰相峙，因名。關北又有陳山砦，高峻崎嶇，險不可攀。元末民多避亂於此。志云：縣境諸寨環列，明初大軍出井陘，定山西，降下車子城山、鐵山、七垛等砦，蓋皆土豪據險自守處。今故址猶存，寨多參錯，不可悉數。

栢井驛。在縣西。輿程記：「自故關西四十里曰栢井驛，接山西樂平縣界。」又陘山驛，在今縣治東。

獲鹿縣，府西南五十里。西至井陘縣九十里，西北至平山縣八十里。漢石邑縣地，屬常山郡，後漢省。晉復置，仍屬常山郡，後魏因之。北齊廢井陘縣，改石邑曰井陘。隋開皇六年復故，仍屬恒州。十六年分置鹿泉縣於此，屬井州，大業初省。唐初復置，屬恒州，武德四年仍屬井州。貞觀十七年州廢，還屬恒州，至德初改爲獲鹿縣。宋開寶六年以石邑縣省入，屬真定府。金興定三年改爲鎮寧州。元初曰西寧州，尋復曰獲鹿縣，屬真定路。今編户十二里。

石邑城，在縣西南。戰國時趙邑也。史記：「趙武靈王二十年，攻中山，取石邑。」又秦末趙王武臣使李良略太原，至石邑，秦兵塞井陘，未能前，即此。漢因置石邑縣。括地志：「石邑縣在鹿泉縣西南四十五里。北齊移置井陘縣於此，隋復爲石邑縣。」唐天寶末李光弼至常山擊史思明，遣裨將張奉璋戍石邑，賊將蔡希德來攻，拒却之。石邑當井陘之口，向爲要地。寰宇記：「今縣北八里有竇建德砦，即古石邑城。」似悮。

綿曼城，在縣西。漢置縣，屬真定國。後漢建武初，真定王揚與綿曼賊交通，帝遣耿純以計誅之。尋封郭況爲綿曼侯，邑於此。後廢。

抱犢山，縣西八里。本名萆山，萆讀曰蔽。韓信伐趙，使人持赤幟從間道登萆山而望趙軍，即此山也。後魏葛榮之亂，百姓避之，抱犢上山，因改名焉。山四面險絶，頂有二泉。山之陽又有交龍洞。隋仁壽末，漢王諒舉兵并州，遣其將劉建圍井陘，李子雄發幽州兵擊之，破建於抱犢山下。金末恒山公武仙置抱犢砦，據險自守。蒙古將史天澤屯真定，以高公、抱犢諸砦爲武仙巢穴，攻破之，即此。又奇石山，〔四〕在縣西北二里，志以爲縣之鎮山也。又縣東南十二里有横山。

西屏山，縣西南三十里。高數百仞，峰巒連亘，宛如列屏，爲一郡之勝。志云：縣西去井陘縣四十五里。山亘兩縣間，層巖干宵，形如卧虎，一名虎山。東有黑風洞，迤邐而入，可容千人，兵亂時居民多避於此。郡志云：虎山在縣東北七里，其勢雄峙，一名虎峰。○海螺山，在縣西南四十里。山綿延聳秀，下有白鹿泉，隋因以名縣。山之陽巖洞深邃，相接如門屋，曰連珠洞。

井陘水，在縣西南。自井陘縣境流入，下流注於滹沱。今涸。水經注：井陘水世謂之鹿泉水，東北流屈經陳餘壘，又東注綿蔓水。即泜水也，韓信斬陳餘於此。

大唐渠，縣東北十里。其上流自平山縣境導太白渠之水，分流入縣境以溉田。唐會要：「縣有禮教渠，總章二年自石邑縣引太白渠東流入真定縣界。又天寶二年自石邑引大唐渠東流四十三里入太白渠，以資灌溉是也。」今廢。

土門關，縣西十里。即井陘關，亦曰井陘口。唐志「縣有井陘關，一名土門關」，蓋井陘在縣界也。或以爲即故關，故關蓋井陘西出之道耳。詳見重險井陘。

方嶺寨。在西屏山麓。元末居民置砦於此，據險自保處也。又高公砦，在縣西南三十七里。山谿阻隘，金末武仙據守於此，爲蒙古將史天澤所陷。志云：今縣治西有鎮寧馬驛。

元氏縣，府西南九十里。東至趙州四十里。戰國時趙公子元之封邑。漢置縣，爲常山郡治，後漢因之。晉改屬趙國，後魏爲趙郡，北齊廢。隋開皇六年復置，仍屬趙州，唐因之。五代唐改屬真定府。今編户十七里。

元氏城，縣西北二十五里。故趙邑。史記：「趙孝成王十一年，城元氏。」漢置縣治焉。更始封其宗室歙爲元氏王。光武初大破尤來、大槍諸賊於元氏。建武四年討彭寵，幸元氏，陰后從行，誕明帝於此。章帝元和三年北巡還，幸元氏。晉及後魏縣皆治此。隋復置元氏縣，始移今治。唐景福二年，李克用攻王鎔入井陘，幽州帥李匡威救鎔，敗河東兵於元氏，克用還邢州。光化三年朱全忠自洺州而北侵鎮州，引兵至元氏，王鎔懼，遂請和。五代晉開運初，契丹入寇，建牙元氏，即今縣矣。

上原城，在縣西。亦趙邑也。史記：「趙孝成王城元氏，縣上原。」孔氏曰：「上原在元氏西，以地勢高平而名。」又靈山廢縣，在縣西北。隋開皇十六年置，大業初廢入元氏縣。

封龍山，縣西北五十里。史記「趙武靈王伐中山，取封龍」，蓋因山以名邑。唐十道志：「封龍，河北之名山也。」木名飛龍山，山勢如伏龍欲飛舉狀。峰巒泉石，回環錯列，稱爲奇勝，其最著者爲龍首、熊耳、華蓋諸峰。晉永嘉三年，幽州都督王浚遣其將祁弘率鮮卑擊石勒，戰於飛龍山，勒大敗，退屯黎陽。括地志云「封龍山在鹿泉縣西南四十五里」，蓋山當兩邑之交也。

無極山，縣西三十五里。以峰巒高聳而名。縣西三十里曰靈山，與無極山並峙。又長山，在縣西北四十里。其相接者曰黄山，與封龍山隔溪相對。又西北十里曰白石山。志云：無極諸山與封龍山皆岡脈相接，所謂縣境六名山也。後漢光和中俱錫以封號，載在祀典。

石溜山，縣西北二十五里。岩石環列，旁有長溪，回繞下注深壑，可引以溉。又有九女山，在縣西北五十里，以九峰並列而名。又西北二十里曰磨盤山，山頂平圓，俗呼磨兒砦。

割髭嶺，縣西北七十里。中有徑通井陘。紀勝云：「光武略定河北，駐蹕元氏，尤來、大槍之徒皆割髭變貌，由此遁去，嶺因以名。」井陘志：「嶺在井陘東南五十里，蓋兩縣相接也。」又孟嘗岡，在縣西十五里。相傳田文曾經此。東有雞鳴口，道深阻，竊掠者恒聚於此。

槐水，縣西南六里。源發贊皇縣之黄沙嶺，東流經縣界，又東南歷高邑、柏鄉縣達寧晉縣入胡盧河，即野河之上源也。

泜水，縣南五里。泜音脂。源出封龍山，東南流入趙州之臨城縣境，下流亦合於胡盧河。水北有韓臺，相傳韓信破趙，斬成安君時建幕於此。今臺在縣南三里。水經注：「泜水即井陘山水也。」邑志云：泜水流合於槐水，在縣西南六里，地名紙屯渡口。○沙河，在縣西北八里。西山諸水所匯流也。自縣境東流入欒城縣合於洨水。

葦箔嶺口，縣西八十里。北至故關亦八十里。正統四年設，嘉靖二十年增置官兵於此。志云：縣西七十五里有蒼巖道口，七十里有孤撮嶺口及短嶺兒口，其相近者有鴿子嶺口，縣西六十里又有青草峪口，俱太行山徑，路出山西處也。有官軍戍守。

南莊集。縣西北四十里。其相近者爲鹿臺砦，又有三公等寨，凡十餘寨，俱在縣西七十餘里，兵亂時邑人保聚處也。其地皆連接山西界。○韓臺，在縣南三里泜水之陽，有土阜連屬不絕。韓信出井陘攻趙，嘗屯於此，因以名臺。

靈壽縣，府西北六十里。西至平山縣五十里，東至定州行唐縣四十里，東北至定州百二十里。戰國時中山國地，漢置靈壽縣，屬常山郡，後漢及晉因之，後魏仍屬常山郡。後周置蒲吾郡，隋初郡廢，縣屬恒州。義寧初置燕州於此，唐初州廢，縣屬恒州，尋屬井州，貞觀中復舊。宋熙寧六年省入行唐縣，八年復置。今編户十三里。

靈壽城，在今縣城東。通典：中山國都也。十三州記：「中山桓公徙都靈壽。」史記：「樂羊爲魏文侯將，攻拔中山，封之靈壽。又趙惠文王二年，〔五〕主父起靈壽，北地方從，代道大通。」漢因置靈壽縣。又縣治西北有趙王城，相傳趙武靈王所築。中有趙王臺。

楸山，縣西北五十里。山多楸樹，因名。東接鳳凰石山，兩山夾峙，道出其中，謂之龍門口。志云：鳳凰石山峭壁萬仞，登涉甚難，絶頂有石嵯峨，狀如飛鳳。一名魯伯院山。又朱山，在縣西北九十里。上有寨場。〇富豪砦山，在縣西北九十里，北接阜平縣界。峭壁聳立，登降危險。半嶺有石堂，絶頂有砦場。一夫據險，千人莫當也。

大喫水溝山，縣西北百五十里。山北即團箔口，兩山對峙。出礦，流民多嘯聚於此。又西北十里曰銀洞山，又十里爲四嶺山。〇滴水塘溝山，在縣西北百三十里。山形峭拔，麓有石洞，泉出其中。

長崗嶺，縣北十五里。突起一山，盤亘甚遠。又横山嶺，在縣西北八十里。高聳干霄，雖晴明時嵐霧常蒙其上。又沙嶺，在縣西北百三十里。又縣西北百九十里有六嶺，六嶺相連，其北屬阜平縣界。

滹沱河，縣西南二十里。自平山縣流入境，又東流入真定縣界。

衛水，縣東北十里。俗呼雷溝河，源出恒山。禹貢「恒、衛既從」，即此衛水也。水經注：「衛水出靈壽縣西，東北入於滹沱河。」

松陽河，在縣治南。源發楸山，東南流入於滹沱。又聖水，志云：出縣西北二十五里白石村，謂之聖水洼，亦曰聖水峪，上有清風砦；又西北六十五里有大鳴川，源出横山嶺西團箔口東，俗呼錦繡大鳴川；下流俱注於滹沱。

〇温泉，在縣治東北二里。俗呼泥河水，隆冬不凍，下流入松陽河。泉旁多稻田，俱賴灌溉。

白草溝口。縣西北百六十里。北至龍泉關百二十里。正統九年設官兵戍守。其相近者曰古道溝口、道庵溝口，俱嘉靖二十四年設兵戍此。又軍孤駝口，在縣西百五十里，北至龍泉關百四十里。正德二年建城置戍。諸口皆有徑道可達山西。

藁城縣，府東南六十里。東至晉州四十里，東北至祁州深澤縣九十里。漢曰藁城縣，屬真定國，後漢廢。魏收曰：「時屬鉅鹿郡。」今漢志不載。後魏復置藁城縣，屬鉅鹿郡。北齊改爲高城縣，鉅鹿郡治焉。隋初郡廢，縣屬趙州，開皇十年置廉州於此，十八年復改縣爲藁城。大業初州廢，縣屬趙郡，義寧初復置鉅鹿郡。唐初復改廉州。武德五年突厥寇廉州，即此。貞觀初州廢，縣屬恒州，天祐初改爲藁平。五代梁開平三年，趙王鎔附晉，復故。宋屬真定府，金因之。元初置永安州，尋廢，仍曰藁城縣。今編户十四里。

九門城，縣西北二十五里。戰國時趙邑。史記：「趙武靈王十七年王出九門，爲野臺。惠文王二十八年罷城北九門大城。」漢置九門縣，屬常山郡，後漢及晉因之。永和七年燕慕容恪狥常山，軍於九門。隆安初拓跋珪圍中山，徙軍常山之九門。尋亦爲九門縣，徙常山郡治焉。北齊縣廢，隋開皇六年復置，屬恒州，義寧初曰九門郡。唐武德初改置觀州，五年州廢，仍屬恒州。天寶十四載安禄山叛，陷常山，藁城、九門皆爲賊守。李光弼復常山，敗賊將史思明，思明退入九門。既而郭子儀、李光弼合軍擊思明於九門城南，大敗之，遂復取九門、藁城。未幾光弼等退入井陘，二城復陷。元和十一年義武帥渾鎬奉詔討王承宗，奏破其兵於九門。五代梁龍德二年，晉將李嗣昭攻鎮州叛將張處瑾，處瑾遣兵迎糧於九門，嗣昭設伏於舊營邀擊，殺獲殆盡。舊營在鎮州城下，先是閻寶圍鎮州結營處也。宋開寶六年省九門縣入藁城。

宜安城，縣西南二十五里。戰國時趙邑。史記：「秦始皇十四年，伐趙取宜安。又趙將李牧擊秦軍，取宜安，走其將桓齮。」輿地記云：「宜安城，李牧所築。旁有土山，岡阜崛起。又有臺高數仞，俗猶呼爲李牧臺。」隋義寧初置宜安縣於此，屬鉅鹿郡。唐初屬廉州，武德四年廢。○信義城，在縣西北。唐初置信義縣，與新市縣並屬觀州，武德五年省入九門縣。

栢肆城，縣北三十里。本漢藁城縣地，晉爲下曲陽縣地，屬趙國。永嘉之亂，置塢於此，曰栢肆塢。晉隆安初，拓跋珪攻燕信都，將北還，慕容寶聞之，自中山悉發其衆，屯於曲陽之栢肆，營滹沱河北以邀之。珪至，營於水南，寶潛師夜襲珪，爲所敗，奔還中山，即栢肆塢也。隋開皇十六年置栢肆縣於此，屬廉州，大業初廢。義寧初復置，屬鉅鹿郡。唐武德初屬廉州，五年省入藁城縣。○新豐城，在縣東北。隋義寧初置新豐縣，屬鉅鹿郡。唐初屬廉州，武德四年廢入藁城縣。

肥纍城，縣西南七里。古肥子國，白狄别種也。後并於晉。史記：「趙王遷三年秦攻赤麗、宜安，李牧與戰於肥下，却之。」孔氏曰：「戰於肥纍之下也。」漢置肥纍縣，屬真定國，後漢省。魏收志藁城有肥壘，即此城也。又赤麗城，闞駰曰：「在肥纍故城南。」

滹沱河，縣北一里。自真定縣流入境，經故九門縣城南爲逢壁渡。唐天寶末李光弼自常山擊史思明，掩殺賊衆於逢壁，思明失勢，退入九門，即此。又東經縣北，入晉州界。明建文三年燕王敗平安等軍於單家橋，遂西趣真定，渡滹沱河，與安等戰於藁城，安等敗績。單家橋，見河間府獻縣。

滋水，縣北三十餘里。亦自真定縣流入境，又東入無極縣界。志云：縣西南二十五里舊有鄗陽水，其西爲泥陽坂。

今涸。又牧道溝，在縣西北七十五里。其水四時不竭，土人種藝其間，資以灌溉。

安樂壘，在縣西北。魏收志九門縣有安樂壘，蓋慕容儁攻冉閔時築壘於此，後燕亦爲戍守處。隋志九門縣又有許春壘。○平將軍壘，在縣北十二里，即建文中平安屯兵禦燕師處。

耿鄉。縣西一里。志云：後漢初耿氏宗族所居，光武初封耿純爲耿鄉侯，即此。又示衣坂，在縣西北三十里路側。唐天寶末安禄山陷藁城，常山太守顔杲卿以力不敵，至藁城迎見，禄山以金紫衣畀之，令仍守常山。杲卿歸至中途，駐坂側，顧長史袁履謙曰：「何爲著此衣？」因相與起兵討禄山，後人遂以名坂。○塌子口，在縣西三十五里，滹沱河渡口也。相傳馮異從光武定河北嘗渡此，略下中山諸郡邑。志云：縣西北七十里有叉頭村巡司，蓋與龍門口相近。

欒城縣，府南六十里。南至趙州三十五里，東北至藁城縣四十里。春秋時晉之欒邑，漢置關縣，屬常山郡。後漢改置欒城縣，三國魏廢。北魏復置，屬趙郡，北齊又廢。隋開皇十六年復置，屬欒州，大業中仍屬趙郡。唐屬趙州，大曆三年改屬鎮州，天祐初更名欒氏，尋復故。今編户一十二里。

關縣城，今縣治。春秋時晉欒武子封於此，哀四年「齊國夏伐晉，取欒」是也。漢爲關縣治。建武中以張況爲常山關長，即常山郡關邑長矣。尋改曰欒城。括地志：「東漢改置欒城縣，在關縣故城西北四十五里。後魏太和十九年復於故關城置欒城縣。」今縣治東南又關城驛，蓋以故關城而名。

卧龍岡，縣東八里。盤曲如卧龍，今俗名浪頭丘。志云：縣城南有三丘並峙：高四丈餘，曰南容村丘；縣西北舊縣址東又有董保丘，高三丈餘，今爲欒城舖；又有彪家丘，在縣西三里，高二丈餘。

洨河，縣西十二里。漢志：「源出井陘山，東南至廮陶入泜。」洨讀曰効。今自平山縣甘淘河分流，東南入縣境，元氏縣之沙河東北流合焉，又東南經趙州南，下流注於胡盧河。宋長編「咸平五年，河北漕臣景望開鎮州常山南河入洨水至趙州以利漕」，即此。

冶河，在縣城西北隅。舊時冶河自平山縣東南流經此，又南經寧晉縣入大陸澤。其後冶河自平山縣東北流合於滹沱，滹沱不能容，決溢爲害。元至元末議引冶河分流，工成滹沱水勢遂殺。數年下流漸湮，仍自舊口決入滹沱，衝嚙爲害。皇慶初又議自平山縣城西北改闢河道，下至寧晉，疏淤澱，固隄防，使冶水仍入舊河，則滹沱勢分，真定之害必少。但欒城地形頗低，擬於縣北聖母堂東冶河東岸，開減水河一道以殺其勢，於是冶河復導流於此。未幾復廢。或以此水爲滹沱分流，悞也。俗亦謂之運糧河。或以爲即漢之太白渠。漢志「太白渠首受綿蔓水，東南至下曲陽入斯洨」，蓋流經縣境矣。又縣南五里有龍潭灣，亦昔時冶河支流也。

殺胡林。縣北十五里。宋白曰：「唐武后時，突厥入河北，官軍襲擊之，突厥多死於此，因名。」石晉末，契丹主耶律德光入汴，既而北還，至臨城病作，及欒城病甚，行至此而死，即斯地也。

無極縣，府東八十里。北至定州九十里，東至祁州深澤縣四十里。漢毋極縣，屬中山國，後漢因之，晉省。後魏太和十二年復置，屬中山郡，北齊屬恒山郡，隋屬定州。唐初屬廉州，貞觀初仍屬定州，武后萬歲通天二年改「毋」爲「無」，景福二年置祁州治此。五代因之。宋景德初祁州移治蒲陰縣，仍屬定州，明初改今屬。編户十三里。

毋極城，在縣治東北一里。漢縣治此，晉省。永和八年蘇林起兵於毋極，自稱天子，燕慕容恪擊平之。太元九年丁零翟遼爲後燕慕容農所敗，自魯口退屯無極，農屯藁城以逼之。後魏復置縣於此。唐景福中置祁州，改營今城。光啓初成德帥王鎔遣兵侵易定，使王處存攻無極，河東帥李克用救易定，敗成德兵於無極，即今縣也。魯口，見饒陽縣。

苦陘城，縣東北二十八里。戰國時中山國屬邑，後屬趙。趙人陳餘數遊苦陘，即此。漢置縣，屬中山國，後漢建武初封杜茂爲侯邑。章帝北巡，改曰漢昌。魏主丕改曰魏昌，晉因之，仍屬中山國。後魏屬中山郡。北齊廢。隋開皇十六年復置，曰隋昌，屬定州。唐武德四年改曰唐昌，天寶初改曰陘邑，仍屬定州。宋初亦爲陘邑縣，尋省入無極。杜佑曰：「唐昌東北有中山故城，慕容垂都中山，即此。」或曰非也。晉時魏昌縣別名陘城，亦作「阱城」，隆安初燕慕容寶棄中山走龍城，與慕容麟遇於阱城，則垂都不在唐昌矣。括地志「漢中山國有陘城，即苦陘」云。

新城，縣西二十八里。漢之資亭也。耆舊傳：「中山靖王七代孫彌子征匈奴有功，封資亭侯，以資水經此而名。」後魏太武南侵，築城於此，謂之新城，亦曰資城。魏收志無極縣有新城是也。唐光啓初李克用救易定，敗成德兵於無極，成德兵退保新城，克用復進擊，大破之，拔新城，又追敗之於九門。五代梁龍德初契丹圍定州，晉王存勗自鎮州馳救，至新城，契丹前鋒已自新樂而南，晉王進至新城北，半出桑林，契丹見之驚走。新城蓋與定州新樂縣接界也。又有康城，在縣北五里。相傳慕容燕所築，一名康王臺。又有安鄉城，在縣南六里。元和志「魏明帝封甄逸爲安鄉侯」，蓋邑於此。

無極山，縣西南三十里。縣以此名。志云：山脈自元氏縣封龍、無極諸山而來，此山雖不甚高，而托體崇宏，故仍冠以無極之名。亦以由此而西，太行綿亘，大山長谷，邈無窮盡。

滋水，縣南六里。舊志謂之資水。自藁城縣流入境，又東北入祁州深澤縣界。城南舊有資河堤，今廢，霖潦時輒有漲溢之患。又木道堤，在縣西北。沙河自定州流經縣界入祁州境，恃此堤捍禦，堤廢恒自李家口決入，爲民害。

廉臺。縣西十三里。相傳以廉頗名。晉地道記：「魏昌縣有廉臺。」永和八年魏冉閔軍於安喜，燕慕容恪引兵隨而擊之。閔趣常山，恪追及於魏昌之廉臺，及戰，遂獲閔。賈耽曰：「廉臺在無極，晉以毋極并入魏昌，故在魏昌境內。」魏收志毋極有廉臺是也。又有扈臺，在今縣城西北。高出林阜，爲邑之勝。○虚糧冢，在縣西二十五里。有阜數十，俱高丈餘，相傳昔時爲虚糧誑敵處。

平山縣，府西九十里。西南至井陘縣八十一里，西至山西盂縣百八十里。春秋時晉之蒲邑，漢因置蒲吾縣，屬常山郡，後漢因之。晉仍曰蒲吾縣，亦屬常山郡，後魏因之。隋開皇十六年析置房山縣，屬恒州，義寧初又置房山郡。唐武德初改郡爲嶽州，四年州廢，縣仍屬恒州，至德初改爲平山縣。今編户二十一里。

蒲吾城，縣東南二十里。戰國時曰番吾，爲趙之重地。蘇秦曰：「秦甲度河踰漳，據番吾，則兵必戰於邯鄲之下。」張儀亦曰：「據番吾，迎戰邯鄲下。」又曰：「秦、趙戰於番吾之下，再戰而再勝秦。」史記「趙王遷四年，秦攻番吾，李牧與戰，却之」，即蒲吾也。漢置蒲吾縣，晉及後魏縣皆治此。隋大業初省入井陘縣，義寧初復置。唐初屬井州，貞觀初復廢入井陘。魏收志蒲吾縣有嘉陽城。寰宇記：「嘉陽城在今縣東十八里，即漢之蒲吾縣治。」恐悮。又有西平州城，在縣西門外。相傳昔嘗置州治此，未詳所據。

桑中城，在縣東南。漢縣，屬常山郡，宣帝封趙頃王子廣漢爲侯邑。後漢廢。水經注：「蒲吾縣東南有桑中故城，俗謂之石勒城。」晉永和六年冉閔之亂，後趙故將楊羣據桑壁，蓋即桑中城矣。

房山，縣西北六十里。漢志注蒲吾縣有鐵山，即房山也。後漢章帝元和三年幸趙，祠房山。俗呼爲王母山，以有西王母祠而名。亦曰西山。五代梁貞明中，趙王鎔盛飾館宇于西山，每往遊輒經旬月。既而自西山還宿鶻營莊，軍中作亂，乃還鎮州。鶻營莊在縣西十餘里，時亦爲遊宴處。○東林山，在縣北二十里，其西爲西林山，岡巒相接，皆有泉石之勝。

叱日嶺，縣東南四十五里。唐景福二年，李克用敗成德兵於平山，進攻天長鎮。成德帥王鎔出兵赴救，克用逆戰於叱日嶺，大敗鎔兵。近志云：今井陘縣東北三十五里有赤石嶺，本名叱日嶺，今亦名青石嶺，蓋舊屬平山縣界云。

滹沱河，縣北十里。自山西盂縣流入界，又東入靈壽縣境。北魏孝昌三年，五原降户鮮于修禮叛，攻定州，詔長孫稚等討之。稚前至滹沱，修禮邀擊之於五鹿，稚大敗。五鹿在縣東，蓋滹沱河旁地名。

冶河，縣東北十里。即甘淘河也。自井陘縣流經縣城西，又東北流至此入於滹沱河。元泰定四年，議者言：「滹沱自五臺諸山流入縣境，至王母村山口與平定州娘子廟石泉冶河合，霖潦漲溢，奔注真定西南關，衝嚙爲患。宜自縣西王子村、辛安村鑿河長四里餘，接魯家灣舊澗，復開二百餘步，合入冶河，以分殺其勢。」不果。今見真定縣滹沱河及欒城縣冶河。○濊河，在縣北。源出房山東，流入行唐縣界。寰宇記曰：「即石臼河也。」又旺妻河，在縣西十五里。其泉甚暖，隆冬不冰，居民造楮於此。

蒲吾渠，在縣西。亦曰蒲水，後漢明帝引而爲渠。古今注：「後漢永平十年作常山滹沱河蒲吾渠，通漕舡。又後漢紀：明帝治滹沱、石臼河，從都盧至羊腸倉，欲令通漕太原，轉運所經，凡三百八十九隘，前後没溺，不可勝算。章帝建初三年從鄧訓言，罷之。」都盧，或曰即蒲吾。羊腸倉，在山西嵐州。胡氏曰：「漢志注：緜蔓水自上艾東至蒲吾入滹沱。又蒲吾縣有太白渠，首受緜蔓水，東至下曲陽入斯洨。明帝蓋漕太白渠入緜蔓水，自緜蔓水轉入汾水達羊腸倉也。」上艾，即今山西平定州。又太白渠，在縣南。漢時即有此渠，後漢亦嘗引之，晉以後廢。

溷溷水，縣西北百二十里。自半山湧出，達于平地，灌田數十頃。又有溷溷水口，正德二年建城，置戍於此。○河西泉，在縣西二十五里。平地湧泉數處，灌田數百頃。

天長鎮，在縣東。舊志：縣境滹沱河東北有天長鎮。唐景福初李克用及義武帥王處存合兵攻成德帥王鎔，拔天長鎮，鎔出戰，敗克用兵於新市。二年克用復敗成德兵於平山，攻天長鎮。又五代梁開平四年晉王存勗與王鎔會於天長，共圖伐梁是也。近志云：井陘縣天威城，即故天長鎮。似悮。○紅子店，在縣境。嘉靖十年流賊入境，掠紅子店。或曰店在縣南。又下口村，在縣西百二十里，有巡司。

鷂子崖口，縣西北百四十里。北至龍泉關百七十里。正統九年設，嘉靖二十一年增置官兵守禦。關隘考：「鷂子崖以下凡領二十四關口，俱通道山西，爲龍泉中路。其在縣境内者共十有七口。自鷂子崖而北十里曰沙嶺口，弘治二年置戍處也；鷂子南二十里曰孤榆樹口，又南曰陡嶺口，俱有官軍守禦。」○桑園溝口，在縣西北百二十里。北至龍泉關二百二十八里。弘治元年置戍。其南爲牛圈溝、神堂嶺、石槽溝等口，俱弘治、嘉靖間戍守處。又北黑山口，與石槽溝口相近，正統二年置戍。又西爲石盆溝口，正德十四年築城置戍於此。里道記：「自北黑山口道出山西五臺縣，凡百五十里。」

白羊平口，縣西北百六十里。又南五里曰白羊口，東北去龍泉關三百里，皆弘治二年設兵戍守。里道記：「白羊平口北至石盆溝五里，又北至北黑山口十五里。白羊口而南二里曰碓窩口，又五里曰紅沙巖口，俱弘治、嘉靖間置戍處。」已上諸口，俱屬龍泉中路。

十八盤嶺口，縣西百三十里。東北至龍泉關三百里。關隘考：「十八盤已下凡二十一口，俱在縣境，謂之龍泉南路。而十八盤尤爲要害，正統二年築城置戍，嘉靖二十年復增置官兵防守。」○惡石口，在縣西北百十里。滹沱河自山西流經此入縣界，川原平敞，最爲要害。景泰二年築城置戍於此。又西南十里曰砦門口，其相接者曰陸嶺口，又有宋家峪口在惡石口東北十里，俱正德十三年築城置戍。

馬圈溝口。縣西北百三十里。東北至龍泉關二百五十里。弘治元年設兵戍守。關隘攷：「口北至陸嶺口十里。又米業溝口，在縣西百四十里，與十八盤相近。正統六年設城戍守。又北十里曰南黑山口，正統四年設城置戍處也。又井子峪口，在十八盤南三十里。景泰二年亦築城設兵於此。又八里爲黃安嶺口。又十里曰清風嶺口，正德六年亦設城屯兵於此。」已上隘口，俱屬龍泉南路。○仙人砦，在縣西北桑園溝口；又有叚樹砦，在白羊口西；有韓信砦，在縣西南馬嶺口北；皆昔時戍守處。

阜平縣，府西北二百五十里。西至山西五臺縣二百四十里，東至保定府唐縣百八十里。本定州行唐縣地，宋爲北砦，金曰北鎮，明昌四年置阜平縣，屬真定府。今編户十一里。

大茂山，縣東北七十里，即恒山之嶺。一名神尖，石晉與契丹分界處。今阜平、曲陽、唐縣、慶都皆緣大茂山之麓。詳見名山恒山。

大泒山，〔六〕縣東北五里，稍東爲小泒山，以泒河所經而名。兩山相峙，林巒鬱然。又北山亦在縣東北。山嶺盤互，縣境羣川多發源於此。○陳攤莊山，在縣南三十里。路通靈壽縣，山徑盤折，不容旋馬。又無奈砦山，在縣西七十里。峰巒劍拔，絶頂寬平，置砦於此，賊莫能入，故名。

孫子嶺，縣東南二十里。志云：縣境諸山，皆從恒嶺分支，此嶺仰視大茂，拱列如兒孫，因名。俗訛爲孫臏所居也。○金龍洞，在縣東北九十里。大茂山之口也。北接倒馬關，舊爲戍守要地。又水簾洞，在縣東南四十里。有峰巒泉石之勝。

泒河，〔七〕在縣北。志云：源發恒山，流經大泒、小泒二山而南，縣治南有當城河流合焉。又縣西五十里有胭脂河，縣東五十里有平陽河，與縣境班牛、鵶子諸河悉流入於泒河。舊東南流入行唐縣界，亦南流注於滹沱。

龍泉關，縣西七十里。有上下二關，相距二十里。下關，正統二年建。景泰二年又於迤西北築上關城。天順二年及成化十二年皆添設官兵戍守。嘉靖二十五年改築關城，守禦益密。關隘攷：龍泉關東北至倒馬關百五十里，西至山西五臺縣百八十里，自關南北沿山曲折各數百里，所屬隘口凡六十餘處，皆與山西連界，分列官軍戍守。

陡撞溝口，縣西北百里。南至龍泉關四十里。嘉靖二十二年置戍於此。關隘攷：「自陡撞溝口以下二十一口，所謂龍泉北路也，皆在縣境。口南五里曰坑兒溝口，又南二十里曰黑崖溝、竄道溝等口，又南五里爲石湖溝口，俱弘治、嘉靖間築城置戍處也。」○黄土舖口，在龍泉西南三里。其北有印鈔、石湖、八溝等口，其南有篩竿嶺、盤道嶺、舊路嶺、新路溝等口，皆弘治、嘉靖間建城置戍。關隘攷：「龍泉關西南七十里有青竿嶺口，成化十七年置戍，弘治十六年增築城堡。又南十里曰陽和門口，又南二十里曰三關子口，俱弘治中築城置戍處也。」

落路口，縣東北百十五里。東北至倒馬關九十里。正統四年築城置戍。關隘攷：「落路口以下凡九口，皆在倒馬關南路，爲防禦要地。自口而西二十餘里爲夾折腰口，又西十里爲鐵嶺口、銅録崖口，其相近者又有漆林溝、紫皮嶺、六嶺兒等口，俱正統、弘治及嘉靖中築城置戍處也。」

吴王口，縣西北百里。東北至倒馬關三百二十里。弘治十三年築城置戍。關隘攷：「自吴王口而下凡十九口，亦屬倒馬關南路。其相近者曰過道溝口，自此而東曰艾葉嶺口、青羊溝口、香爐石口、門罕嶺口、火炭溝口、楊洪口，又東曰黍查口，俱正統、弘治以後建城置戍處也。」○陡嶺兒口，在吴王口西南二十里。嘉靖二十一年築城置戍。又西曰魚兒創口、夾耳菴口，俱正統四年築城置戍。其相近者曰龍窩溝口、高石堂口、養馬樓口，俱正德十二年築城置戍。又西曰鎗鋒石口，則嘉靖二十二年築城置戍處也。○神臺砦，在縣西北吴王口。又艾葉嶺口有火頭砦。○富豪砦，在龍泉關東南，即靈壽縣接界之富豪寨山也。〔八〕邑民嘗避兵於此，薪水自足，故曰富豪關。西南有無奈砦，即無奈寨山也。

次溝村。縣西北百二十里，在吴王口外。村南有扒背、銀河村、胡家莊、柳樹村、天橋兒、蓮子崖等處，山中皆產礦砂，流民恒相聚開鑿，名曰礦徒，嘉靖二十五年漸嘯聚爲亂。議者言：「次溝村南接龍泉，東連倒馬，其地險僻，每因銀礦致亂，宜設巡司於此，以時稽察」云。

附見

真定衛。在府治東南。洪武三年建。又神武右衛，在真定衛西。本陝西華州衛，尋改爲西安右護衛，宣德五年改曰神武衛，調置於此。

定州，府東北百三十里。東至河間府二百里，南至趙州二百三十里，西北至山西蔚州三百二十里，東北至保定府二百里。

春秋時鮮虞國地，戰國初爲中山國，尋爲魏所併，後又屬趙。魏文侯時使樂羊伐中山，取之。既而中山復有其地，趙武靈王伐取之。秦爲上谷、鉅鹿二郡地。漢初置中山郡，景帝改爲中山國，後漢及晉皆因之。後燕慕容垂都此，置中山尹。後魏亦爲中山郡，兼置安州，尋改爲定州，後魏主珪初得中山，置安州，建行臺於此。天興二年改曰定州。高齊改郡曰鮮虞郡。後周置定州總管府。隋廢郡，仍曰定州，煬帝初改爲博陵郡，後又爲高陽郡。唐仍曰定州，武德四年置總管府，六年升爲大總管府，管河北三十三州。七年改都督府，貞觀七年罷。又開元十四年置北平軍於此，杜佑曰：「軍在州城西。」天寶初亦曰博陵郡，乾元初復故。建中二年義武節度使治於此。五代因之。宋仍曰定州，亦曰博陵郡。太平興國初諱義，改軍名曰定武。慶曆八年析置定州路，統定、保、深、祁、廣信、安肅、順安、永寧等八州、軍。政和三年升爲中山府。金復曰定州，尋亦爲中山府。元因之。明復爲定州，改屬真定府，以州治安喜縣省入。編户三十四里。領縣三。

州憑鎮、冀之肩背，控幽燕之肘腋。關山峻阻，西足以臨雲、代；川陸流通，東可以兼瀛海。語其地勢，亦河北之雄郡也。昔者，中山雖小，猶頡頏於九國間。趙武靈王得中山，遂却燕伐胡，闢地千里。秦既滅趙，使王翦屯中山以臨燕。後漢初光武定河北，以中山爲驅除之始。慕容垂之復燕也，規中山險固，從而都之。拓跋氏隨而覆之，天關恒嶺，視爲坦途，中山被兵，河北州鎮悉折而入於魏矣。魏知山東之勢係於中山，因建行臺於此。南牧河、濟，必先集中山。蓋中山之去雲、朔僅隔一陘，從高而下，勢若建瓴，既至中山，則出險就平，馳突較易。〔九〕魏末之亂，發於六鎮，浸滛至定州，而相、魏以北皆爲糜爛，豈非河北之安危，恒視中山之得失哉？自東魏以迄周、隋，定州皆爲重鎮。唐初突厥憑陵，定州每虞侵軼，裴行儉曰：「欲固河北之藩垣，先絶雲、蔚之窺伺；欲絶雲、蔚之窺伺，先壯定州之扃鑰。」及建中以後，易定一隅常足以離范陽、成德之交而爲河東之衛，雖强鄰角立，以二州兵力拒之而有餘。石晉割棄燕、雲，契丹入犯，定州輒攖其鋒。宋亦以定州爲重鎮，與關南真定犄角，以禦契丹。其後女真覆宋，則爭中山。金之亡也，蒙古亦力戰於中山。州居燕、代、恒、冀之交，誠自古必爭之地，況控臨雄關，襟帶畿輔，而可泄泄視之乎！

安喜廢縣，今州治。漢曰盧奴縣，中山國治焉。酈道元曰：「盧奴城内西北隅有水，淵而不流，南北一百步，東西百餘步。水色正黑曰盧，不流曰奴。」更始初，耿弇馳謁大司馬秀於盧奴。二年大司馬秀自下曲陽北擊中山，拔盧奴，移檄邊郡共擊邯鄲。建武四年幸盧奴。晉亦爲中山國治。隆安初拓跋珪攻後燕，如盧奴，復圍中山。後魏中山郡及恒州皆治此。輿地志：「盧奴城北臨滱水，南面泒河，杜預謂之管仲城。又有中山宫，慕容垂所置宫也。自後魏至高齊皆因而爲别宫。」隋志：「高齊置鮮虞郡於盧奴，尋廢盧奴入安喜縣。開皇初廢郡，改置鮮虞縣，大業初爲博陵郡治，又廢安喜縣入焉。」唐武德四年改曰安喜縣，爲定州治。五代梁乾元三年，晉王存勗滅燕，還過定州，舍於關城，即安喜關城也。又後唐天成三年，成德帥王都據州叛，遣王晏球等討之，拔其北關城，尋復得其西關城。晏球以定州城堅不可攻，乃增修西關城以爲行府，明年始克之。五代以後，皆爲州郡治。明初省。城邑考：「州城，明初因舊址增築，爲門四。其制周旋盤折，掩伏環帶，四面各異，環城爲濠闊十丈，深二丈。城周十六里有奇。」

安險城，縣東三十里。漢置縣，屬中山國，武帝封中山靖王子應爲侯邑。中山記：「縣在唐水之西。山高岸嶮，故曰安險。」後漢章帝更名曰安憙，後訛爲安喜，昭烈嘗爲安喜尉，即此。晉亦曰安喜縣，屬中山國。永和八年冉閔拒燕慕容恪軍於安喜。後燕慕容垂改爲不連縣。〔一〇〕後魏仍爲安喜。隋大業初省。唐大曆三年復置安險縣，屬定州，五代唐仍省入安喜。

新處城，在州東北。漢縣，屬中山國，光武初封陳俊爲侯邑。後廢。又縣有樂陽城，魏收志盧奴縣南有樂陽城，即漢常山郡之樂陽縣。又唐城，在州東北十五里。亦曰堯城，相傳堯嘗都此。○固城，在州東三十里。舊志云：禹治水時築，屹然堅固，後人因名曰固城。後魏普泰初，劉靈助引幽、平諸州之兵寇博陵以西，魏主命侯淵東討，至固城，襲斬之，即此。

嘉山，州西四十里。唐天寶末，郭子儀自常山進討賊將史思明於博陵，戰於嘉山，思明敗走。後唐天成三年，王都以定州叛，命王晏球進討，軍於曲陽，都就攻之，晏球與戰於嘉山，大破賊兵。宋開寶三年伐太原，契丹趣救，帝度其必道鎮定而西，遣韓重贇陳於嘉山，契丹至，敗去。志云：嘉山絶頂有孟良砦，相傳宋將孟良屯兵處。○陵山，在州西六十里。上多古帝王陵塚，因名。其相峙者曰盧山、飛山。又有平山，在州東五里。兩山對峙，低昂若一。

狼山，州西北二百里。山谷高深，與恒山相接。五代梁龍德初，契丹寇幽州，陷涿州，進攻定州，晉王存勗自鎮州馳救，遣别將王思同將兵戍狼山之南，以拒契丹侵突。石晉開運三年，土人築堡於此山以避契丹，中山人孫方簡因據堡爲盜，數引契丹入寇。及契丹入汴，以方簡爲義武帥，繼而使鎮大同，方簡怨恚，復率其黨保狼山故砦，拒守要害，契丹攻之不克。會契丹棄州去，方簡遂自狼山率衆還據定州。漢乾祐初遣使請降，復使爲義武帥。匈奴須知：「狼山砦東北至易州八十里是也。」

滱水，州北八里。自保定府唐縣流入境，又東入保定府祁州界。或謂之嘔夷水。水經注：「滱水出代郡靈丘縣高是山，東南過中山上曲陽縣，又東過唐縣謂之唐河。」後魏孝昌初，五原降户鮮于修禮叛攻定州，其黨宇文肱戰死於唐河。五代唐天成三年王晏球圍王都於定州，契丹趣救，晏球逆戰，大敗之於唐河北。宋景德初，契丹攻定州，宋軍拒之於唐河，契丹退屯陽城淀。二年契丹復犯定州，王超拒之於唐河，契丹至，不接戰，緣葫蘆河而東南攻瀛州。或曰時契丹緣滹沱河北東出至瀛州。葫蘆河在滹沱河南，蓋悮以滹沱爲葫蘆也。陽城，見保定府完縣。

沙河，在州南。源發山西繁峙縣東白坡頭口，經曲陽入新樂，又東經州境而入保定府祁州界。唐光化三年，汴將張敬忠攻定州，義武帥王郜遣將王處直逆戰於沙河，爲汴軍所敗。宋景德初以河朔輦運勞費，詔北面都鈐轄閻承翰自嘉山東引唐河三十二里至定州，釃而爲渠，至蒲陰東六十二里會沙河，又東經邊吳泊入界河以通漕舟，兼溉田，限戎馬，時以爲便。蒲陰，即今祁州。邊吳泊，見安州。

泒水，在州南。泒音孤。源出阜平西山，舊由新樂縣流入州界，今涸。晉隆安初拓跋珪軍魯口，遣兵襲中山，入其郛，慕容麟追至泒水，爲珪所敗。既而麟自中山出據新市，珪就攻之，麟退阻泒水，復爲珪所敗。

天井澤，州東南四十七里。周六十二里。水經注：「泒水歷天井澤南，水流所播，遂爲大澤，俗名天井淀。」今涸。

倒馬關，州西北二百二十里，內三關之一也。關隘攷：「關在曲陽縣北百五十里，與唐縣、定州連界。古名青龍口，有二城。上城洪武初建，屬唐縣巡司把截，正統初增設官兵戍守，十四年北部突犯倒馬關軍寨，景泰二年益兵防禦。三年，議者以上城卑狹，於城南三里復築下城，南跨橫岡，北臨巨水，屯駐官軍，成化以來相繼增修，嘉靖二十四年重修關城，周五里有奇，屹爲巨鎮。」里道記：「自關而東北凡三口，歷六十里，接保安府唐縣之周家堡。自關而西南凡十四口，歷百十里，接阜平縣之金龍洞口。」餘詳重險。

委粟關，在州北。唐志：「定州有委粟故關，其相近有委粟山，因名。」今廢。或云關蓋在唐縣境内。中山記云「望都縣有委粟關」，即此。○清風店，在州北五十里。正統十四年寇薄都城，尋遁去，石亨躡敗之於清風店，或以爲即此處也。今有巡司戍守。

承營，在州境。續通典：「定州東南有承營塢。」晉太元九年後燕慕容楷追丁零翟真，自邯鄲至於下邑。真兵敗，北趣中山，屯於承營。楷復追之，爲真所敗。十年，慕容農攻拔承營外郭，既而真徙屯行唐，爲其下所殺。

狼牙口。在倒馬關西南六十里。三關外墻至此與内墻合爲一，西北至山西靈丘縣百二十里。宋嘉定十一年，金保定將張柔會兵趣中山，蒙古兵出自紫荆關，柔遇之，遂戰於狼牙口，馬躓，爲蒙古所擒。亦曰狼牙嶺。○雞鳴臺，在州東南三十里。圖經：「光武自薊而南舍宿於此，雞鳴馳去，因名。」又中山記：「郡南七十里有廉臺，相傳廉頗所築。」今見無極縣。又有永定馬驛，在州治北。

新樂縣，州西南五十里。又西南至府城七十里，東北至保定府唐縣一百有八里。漢新市縣地，隋開皇十六年置新樂縣，屬定州，唐、宋因之。今編户十一里。

新樂城，在縣治西。宋白曰：「漢成帝時中山王母馮昭儀隨王就國，建宫於西鄉之樂里，因呼爲西樂城，俗訛爲新樂。」隋因以置縣。後唐天成三年，王晏球攻定州，遣别將張延朗保新樂，定州兵襲破之。宋嘉定十二年，蒙古將張柔圍中山，金將武仙遣其將葛鐵槍與柔戰於新樂，爲柔所敗。寰宇記：「縣西十五里有伏羲故城，中有羲臺，臺後有洗兒池，相傳炎帝生於此。」

童山，縣西北二十里。一名見龍山。高數十仞，綿亘數里。下有小溪，縈帶流入沙河。

沙河，在縣城西南。自曲陽縣流入境，又東入定州界。唐天寶末，郭子儀等攻賊將史思明於博陵郡，不克，引還常山。思明引兵踵其後，子儀選驍騎更挑戰，至行唐，賊疲欲退，子儀乘之，敗賊於沙河。胡氏曰：「沙河經新樂、行唐二縣間，即子儀敗賊處。」又光化三年，定州將王處直拒汴將張存敬於沙河，爲所敗。五代梁龍德初，契丹圍定州。晉王存勗自鎮州馳救，至新城南，候騎白契丹前鋒至新樂，涉沙河而南。晉王遇之於新城北，契丹還走，晉王分軍爲二逐之，行數里，敗其衆。時沙河橋狹冰薄，契丹陷溺死者無算。契丹主聞之，從定州退保望都。范成大北使録：「自真定府七十里過沙河至新樂，又四十五里至定州，又五十里即望都縣。」

泒水，縣西南十里。舊自行唐縣流入境，又東入定州界。晉龍安初慕容麟屯新市，爲拓跋珪所攻，退阻泒水，珪復破麟於義臺。○浴河，志云：在縣西十五里。自中同村東流經縣南五里，又東入於沙河，溉田數千頃。

木刀溝，縣東南二十里。唐元和四年，河東、易定兵討恒冀叛帥王承宗，破其兵於木刀溝。寰宇記：「滱水出平山縣之房山，一名石臼水，亦謂之鹿水，出行唐縣東入新樂縣界爲木刀溝，亦名袈裟水，南流入滹沱河。」郡志：溝在縣南三十里，東注於沙河。○永濟渠，在縣東。舊志：「唐咸亨中魏州刺史李靈龜開此以通新市，百姓利之。」今涸。

義臺，縣西南三十五里。括地志云：「本名野臺。趙武靈王十七年，出九門，爲野臺以望齊、中山之境，即此。後更爲義臺。拓跋珪與慕容麟戰於義臺，麟大敗。」魏收志新市縣有義臺城。李延壽曰：「義臺，塢名也。」

回湟鎮。在縣西南。唐爲鎮，定分界處。元和四年河東將王榮討恒冀叛帥王承宗，拔其回湟鎮，即此。又西樂驛，在今縣治西南。

曲陽縣，州西六十里。西南至行唐縣三十二里，東至保定府唐縣六十里。戰國時趙邑，漢置上曲陽縣，屬恒山郡。後漢屬中山國，晉屬常山郡，後魏屬中山郡。北齊改爲曲陽縣，隋開皇六年改曰石邑，七年改爲恒陽，屬定州。唐因之，元和十五年復曰曲陽。宋仍屬定州。元初置恒州於此，尋復故，又改隸保定路。明初復改今屬。編户二十五里。

上曲陽城，縣治西四里。括地志：「故趙邑也。趙武靈王伐中山，合軍曲陽，即此。」漢置上曲陽縣，以在太行之陽轉曲處而名。後移今治。五代唐天成三年王晏球與王都戰於曲陽城南，大破之，即今縣也。

丹丘城，在縣西北。史記趙世家：「武靈王二十年，（二）合軍曲陽，攻取丹丘、華陽、鴟之塞。」闞駰曰：「上曲陽有丹丘城。」或曰丹丘，恒山别名也。城在山下，因名。孔穎達曰：「丹丘城在邢州。」似悮。華陽、鴟之塞，見前重險倒馬關。○宕城，志云：在縣西北十里。未詳所始。

恒山，縣西北百四十里。漢志：「縣有恒山北谷，并州之鎮也。」詳見前名山。○少容山，在縣南二十里。一名黄山。山綿延聳秀，上有集聖池。志云：五臺山聖水瀦流於此。又見龍山，在縣南三十里，與新樂、行唐二縣接界。

孔山，縣西北十五里。山多洞穴，因名。又縣西北五十里爲蓮花砦山。大山居中，峰巒九出，狀如蓮花。周迴峻絶，惟一徑可通。中爲空谷，其下臨水，深不可測。昔人於此避兵，因以砦名。又有臨河砦山，在縣西北四十里。其相接者曰靈山。

香巖閣山，縣北六十里。絶壁千尋，奇峰萬狀。又北十里有王子洞，巖壑幽深，泉石奇勝。○水簾巖，在縣西北五十里。飛泉奔瀉兩巖間，因名。金主璟嘗遊此。

恒水，在縣西。禹貢「恒、衛既從」，鄭玄曰：「恒水出恒山北谷，流合滱水。」是也。或謂之恒陽溪。○狄水，在縣東三里。亦發源恒山北谷，南流至定州入滱水。相傳宋將狄青曾治漕於此，因名。今塞。

沙河，縣南十里。自山西界流入縣境，又東南流入新樂縣界。志云：縣南有曲逆溪，水流多曲，故名。又縣西四里有靈河，志云：發源縣西白土墹，東流至三角潭與曲逆溪合，下流入於沙河。○龍泉，在縣北五十里，突出地中，淵涵停蓄，流入唐縣界；又有小白龍潭，在縣南七里，淵深莫測；皆爲民利。

軍城砦，縣西北八十里。北去倒馬關六十里。宋置砦於此，仍隸曲陽縣。金爲軍城鎮，明亦爲戍守處。今亦見保定府唐縣。又蓮花砦，在縣西北蓮花山上。又東爲張公砦，高山聳峙，相傳昔有張公者率民避兵於此。志云：砦在軍城鎮南二十里。

白道安口，在縣西北。稍西即狼牙口也。自白道安口而東北，歷岳領口、小關城口、夾耳安等口而接倒馬關。又自狼牙口而西，歷梧桐樹、亂樹林、黄草安等口而接阜平縣之落路口。又伏城馬驛，志云：在縣東北二十里。

岳祠。在縣城西。沈括曰：「祠舊在山下。亦曰北岳廟。」晉王存勗滅燕，還過定州，與王處直謁岳廟是也。石晉之後，稍遷近裏。今其地謂之神棚。新祠之北有望岳亭，新晴氣清，則望見大茂山。

行唐縣，州西南九十里。南至府五十里，西至靈壽縣四十五里。戰國時趙邑，漢置南行唐縣，屬常山國，後漢因之。晉屬中山國。後魏爲行唐縣，屬常山郡。太和十四年置唐郡於此，二十一年郡廢，仍屬常山。隋屬恒州，唐因之。長壽二年改曰章武，神龍初復故。大曆初置泜州於此，九年廢，仍屬恒州。五代梁初又改爲彰武縣，尋復舊。晉改曰永昌，漢復曰行唐，宋因之。元改屬保定路，明初改今屬。編户二十二里。

南行唐城，在縣北。縣舊治此。戰國趙惠文王八年，城南行唐是也。漢因置縣。晉太元十年，慕容垂擊丁零翟成於行唐，滅之。魏收志「熙平中移縣治犢乾城」，即今治云。城塚記：「今縣北三十里有行唐故城，俗亦謂之故郡城，以後魏嘗置唐郡於此也。」

滋陽城，在縣西南。隋開皇六年析行唐置滋陽縣，屬恒州。十六年又析置王亭縣，大業初以王亭縣省入滋陽。唐武德五年又省滋陽入行唐縣。新唐書「武德四年置王城縣」，蓋即隋王亭縣故址。尋亦省入行唐。

栢山，縣西北三十五里。以山有古栢而名。相傳竇建德嘗屯兵於此。又西北五里曰毘山，峰巒環列，儼如屏障。○箕山，在縣西北五十里，以峰形若箕而名。志以爲許由隱此，蓋傳訛也。

團山，縣北五十里。以山形團聳而名。其東南十里曰見龍山，即新樂與曲陽接界處也。又有黑山，在縣北三十五里。其南五里曰伏山。○雙嶺山，在縣西北八十里，以雙嶺並峙而名。其相接者曰龜山。又有西山，在縣西七十里。志云：縣北八十里有陽川嶺，告河之源出焉。

滋河，在縣西。志云：自山西靈丘縣流經縣西北之張茂村，伏流不見，至真定縣而復出是也。隋置滋陽縣，以此水名。○告河，源出揚川嶺，流經縣治南，又東入新樂縣之沙河。志云：縣西北三十五里有甘泉河，流合告河。

泒河，在縣西南。舊自阜平縣流入縣境，又東入新樂縣，今涸。○賈莊河，在縣西北二十里。源出恒山，流入縣境，下流入於沙河。志云：賈莊河自恒山南合滱水，流入滹沱河。悮也。又曲河，在縣北二十里，流入賈莊河。

倒馬關水，縣東北二十五里。其上源即滱水也。自倒馬關分流，盤迴山谷中，經靈壽縣界復引而東出，合告河諸水，下流入於沙河。舊志云：倒馬關水經縣界復折而東北，至定州仍合滱水。似悮。

石臼河，在縣西。後漢志：「南行唐有石臼谷，河因以名。」寰宇記：「即平山縣之濊水也，東北流入縣境，又東入新樂縣界爲木刀溝。後漢永平中引石臼、滹沱河以通漕，即此水也。」

兩嶺口鎮。縣西北七十里。洪武七年置巡司於此。

附見

定州衛。在州治西。永樂元年建。

守禦倒馬關中千户所。在倒馬關城。景泰二年設，隸真定衛。

冀州，府東南二百八十里。東至山東德州二百十里，南至廣平府清河縣百三十里，西至趙州百六十里，東北至河間府二百三十里。

古冀州、兖州地，杜佑曰：「郡理以東入兖州之域，以西入冀州之域，禹貢故迹以洚水爲界也。」春秋時晉之東陽地，戰國屬趙，秦屬鉅鹿郡。漢爲信都國，景帝時曰廣川國，宣帝復爲信都國。劉敞曰：「景帝前二年爲廣川國，四年爲信都國，中二年復爲廣川國，宣帝四年復曰信都。」是也。後漢明帝更爲樂成國，安帝改爲安平國，杜佑曰：「漢末冀州領郡九，理於此。又三國魏黄初中，冀州刺史亦自鄴移理信都。」晉亦曰安平國。後魏曰長樂郡，兼置冀州，魏收志：「魏、晉冀州皆治信都。」又長樂郡，沈約云晉太康五年改安平爲長樂，魏收亦云晉改，而晉志不載。北齊、後周因之。隋初郡廢，仍曰冀州，煬帝復曰信都郡。唐仍爲冀州，武德六年置總管府，尋曰都督府，貞觀初廢。龍朔二年改曰魏州，〔三〕咸亨三年復故。天寶初亦曰信都郡，乾元初仍爲冀州。宋因之。亦曰信都郡、安武軍節度。金仍曰冀州，屬河間府路。元屬真定路。明仍曰冀州，以州治信都縣省入。編户十七里。領縣四。

州據河北之中，川原饒衍，控帶燕、齊，稱爲都會。光武入信都爲中興之本，其後慕容垂得之遂兼幽、冀，高歡始事於此亦成僭竊之謀，豈非以東近瀛海則資儲可充，南臨河、濟則折衝易達，經營太行以東，州其根本之地歟？

信都廢縣，今州治。漢置縣，爲信都國治。魏、晉時又爲冀州治，石趙、慕容燕皆置冀州於此，其後苻堅亦置焉。晉太元十年，慕容垂自鄴以東略地至信都，河北州郡次第降附。二十一年拓跋珪取燕河北州郡，惟信都猶爲燕守。後魏孝昌三年，賊葛榮圍信都，經年乃陷。普泰初，高乾等襲據冀州，推高歡爲主，起兵討爾朱，立勃海太守元朗於信都城西。隋初析置長樂縣，大業初并信都入長樂，仍爲信都郡治。唐初復改爲信都縣，武德六年移州治下博，貞觀初還治信都。後皆因之。明洪武六年省。城邑攷：「州城，漢時遺址，宋建隆二年增修，皆築土爲墉。明初因而不改，成化十八年滹沱河溢，城壞，尋修復之。弘治二年增築内城，皆土城也。嘉靖二十年以後屢經修築，城周十二里有奇。」

扶柳城，州西南六十里。戰國時中山屬邑也。後屬趙。國策：「趙攻中山，取扶柳。」漢置縣，屬信都國，呂后封呂平爲侯邑。闞駰曰：「地有扶澤，澤中多柳，因名。」後漢初劉植據此以迎光武是也。晉仍爲扶柳縣，屬安平國，後魏屬長樂郡，高齊省入信都。

辟陽城，州西三十五里。漢縣，屬信都國。審食其封辟陽侯，即此。後漢省。晉太元九年後燕慕容楷等狥幽、冀，楷屯於辟陽，爲軍聲之本。亦曰辟陽亭。水經注：「洚故瀆東北經辟陽亭北，又經信都城東，散入澤渚。」

昌成城，在州西北。故趙邑。史記：「趙孝成王十年，燕攻昌城，拔之。」括地志：「冀州西北故昌成縣是也。」漢置縣，屬信都國，宣帝封廣川繆王子元爲侯邑。後漢初，昌成人據城以迎光武。永平初改爲阜城縣，晉省入信都。水經注：「堂陽縣北三十里有昌成城。」杜佑曰：「今城在信都縣北。」

安定城，在州西南。漢縣，屬鉅鹿郡，宣帝封燕剌王子賢爲侯邑。後漢省。又桃城，在州西北四十五里。漢桃縣，屬信都國，高帝封劉襄爲侯邑。又昭帝封廣川繆王子良爲桃侯。亦後漢省。○澤城廢縣，在州東。隋開皇十六年分長樂縣置，大業初廢。

棗山，州西五十里。山多棗，因名。志云：武邑縣西南五十里亦有棗山，環山皆棗也。又紫微山，在州東北三十五里。山皆岡阜，無巖壑之勝。

洚水，在州治北。自順德府廣宗縣東流入南宮縣北，又東北經州城北而入衡水、武邑縣界，合於漳水。亦名枯洚。

禹貢導河「北過洚水，至于大陸」，鄭玄曰：「洚水在信都南。」括地志：「洚水從系，當作『絳』，與虖池、漳水北流入海。」唐開元十五年，冀州河溢，蓋大河決入漳水合洚，溢流於州境也。河渠攷：「州城東北有渠，洩滹沱、橫漳諸水，下流雨潦漲溢，渠不時洩，恒有衝嚙之患。成化十八年，滹沱潰溢，挾漳水南注，自城北迤東至城南皆圮壞，久之患始息。」蓋滹沱自寧晉縣決入漳水，州寔當其衝，漳、洚諸流皆爲所亂也。

漳水，州西北三十五里。自寧晉縣胡盧河東北流經南宮縣北，又東流至此，入衡水縣界。亦謂之長蘆水。今州西二里有長蘆溝，蓋即漳水支流也。水經注：「漳水過堂陽縣西分爲二水，其右水東北出注石門，謂之蘆水。」晉永和六年，姚襄自灄頭救襄國，冉閔遣將胡睦拒之於長蘆，敗還，即州境之漳水矣。郡志：州西二十五里有清水河，自寧晉縣流入界，下流仍合漳水，蓋胡盧河支流也。

趙照渠，州東二里。唐貞觀中刺史李興公開，引以注葛榮陂。陂在州西南二十里。榮攻信都時蓋築此陂以灌城。○長堤，在城北，抵寧晉、新河縣境。高丈餘，長百三十里，以防滹沱、漳河之漲溢。成化十八年知州李德美所築。又有古堤，在州城外四圍。高丈五尺，周四十里，蓋古築此以障水。今與長堤相連。

草橋。舊在州城西南。後魏正始五年，魏主弟京兆王愉爲冀州刺史，據州叛，遣李平進討，愉逆戰於城南草橋，平奮擊大破之。胡氏曰：「橋在洚水上。」

南宮縣，州西南六十里。東南至山東臨清州九十里，西南至順德府鉅鹿縣六十里。漢縣，屬信都國，呂后封張敖子買爲侯邑。後漢仍曰南宮縣，屬安平國。晉省，後復置。北魏屬長樂郡，高齊廢。隋開皇六年復置，屬冀州，唐、宋因之。成化十六年大水，縣城圮，移治飛鳳岡。編户二十里。

南宮舊城，縣西北三里。城邑攷：「縣有土城，正統十四年建。成化十四年爲漳水所圮，十六年遷於城東三里之飛鳳岡。」正德七年修築此城，即今縣也。○鵶城，在縣西北。又縣境有固城。唐元和十一年詔諸道兵討王承宗，魏博帥田弘正奏拔其固城，又拔其鵶城。二城蓋當時戍守處。胡氏曰：「皆在南宮縣界。」

堂陽城，縣西南二十里。漢縣，屬鉅鹿郡，高帝封功臣孫赤爲侯邑。應劭曰：「在堂水之陽，因名。」後漢初光武自信都投暮入堂陽界，多張騎火，彌滿山澤，堂陽即降。永平中縣改屬信都國。晉省，尋復置。後魏屬長樂郡，北齊廢。隋開皇十六年復置，屬冀州。唐因之。宋熙寧六年省入南宮縣。金亦爲堂陽鎮。寰宇記：「晉改堂陽爲蒲澤，尋復故。」未詳所據。一統志云：「堂陽在武邑西六十里。」似悞。

漳水，縣西北六十里。自寧晉縣東流，經縣境而入冀州界。唐志：「南宮縣西五十九里有濁漳堤，顯慶元年築。堂陽縣西十里又有漳水堤，開元六年築。」又縣有大河故瀆，宋元豐以後縣爲大河所經。宋史：「元祐二年河決南宮下埽，三年決上埽，四年復決縣境五埽。」志云：時大河經縣東而入棗强縣界，今堙。

滏水，在縣治南。自廣宗縣流入界，東北流入冀州界。亦曰滏河枯瀆。河渠攷：「縣地卑下，環以大防，逶迤至冀州以備水患。其後滏河久塞，堤防亦廢，夏秋霪潦，溢水由縣西虹江口入境，淹没舊縣民田數十頃，每漳河決入，舊縣遂爲巨壑，而冀州城外亦有汪洋決嚙之患矣。」又破塘，在縣東北二十里。或曰即滏河所經也。○黄路河，在縣南八十里。志云：上流自清河縣城北流入境，疑即故清河矣。今堙廢。其地斥鹵，潦水數集。

堂陽渠，在故縣南三十里。或曰即故堂水也，縣因以名。唐志：「堂陽渠，景龍初所開，自鉅鹿入縣界，又東北入南宫縣，即堂水故瀆矣。」近志：堂水在新河縣西。恐悮。又通利渠，在縣西五十九里。唐延載中所開，蓋引漳水以資灌漑。又小河渠，志云：在縣東。有二處，即濁漳之别流。河旁地極膏腴，舊時民皆引渠灌田，今淤。

南亭。在縣南。舊爲郵亭所經。志云：光武自薊疾馳至南宫，遇大風雨，引車入道旁客舍，即此處也。似悮。今見深州。又有崔家廟堡巡司，在縣東南。

新河縣，州西六十里。西北至趙州寧晉縣六十里，北至祁州束鹿縣百二十里。漢堂陽縣地，五代時爲南宫縣之新河鎮。宋皇祐四年升爲新河縣，六年復廢爲鎮。元初復置新河縣，屬冀州。今編户十二里。

新河廢縣，縣西三十里。宋縣治此，尋廢爲新河鎮。元復置縣，始移今治。

長蘆水。在縣治南，即漳水支流也。自寧晉縣分流入縣境，又東至冀州城西謂之長蘆溝，下流仍合於漳水。今涸。

棗强縣，州東三十里。北至深州百二十里，東至景州故城縣六十五里。漢縣，屬清河郡，以地多棗而名。後漢省。魏復置，仍屬清河郡。晉省，義熙中復置，屬廣川郡，蓋亦僑置於濟南北境也。後魏省，太和中復置縣，屬長樂郡。隋屬冀州，唐因之。宋熙寧初省爲鎮，十年復置，仍屬冀州。今編户十七里。

棗强舊城，縣東三十里。漢縣治此。武帝封廣川惠王子晏爲侯邑。晉太元中慕容垂徙治於廢廣川城，後魏復還舊治，隋以後因之。五代梁乾化五年，全忠侵趙王鎔，自魏州遣軍圍棗强，棗强城小而堅，力攻始拔，即此城也。金天會四年，以河患始遷今治。邑志以爲廣川故城，悮矣。

廣川城，縣道記：〔一三〕「在縣東北十八里。」漢縣，屬信都國。闞駰曰：「城中有長河，因名。」武帝封中山靖王子頗爲侯邑。後廢。後漢亦曰廣川縣，屬清河國。永初元年鄧太后復分置廣川王國。王萇國除，仍屬清河國。魏、晉屬勃海郡。後燕慕容垂於此置廣川郡，郡廢，移棗强縣理焉。沈約曰：「江左亦置廣川郡，並立廣川縣。」蓋義熙中并南燕地僑置於濟南北境，非漢之舊廣川。宋初因之，尋没於後魏。後魏復改置廣川縣，屬長樂郡。太武燾太延初畋於廣川，文成帝濬大安三年亦畋於此。北齊省廣川入棗强。隋開皇六年復置，屬德州。仁壽初改曰長河。通典：「廣川故城在棗强縣東北，隋於舊縣東八十里置新縣，在今景州境。」金人疆域圖棗强縣有廣川鎮。

煮棗城，縣西北十五里。戰國時故邑。漢高祖封功臣革朱爲煮棗侯。晉灼曰：「清河有煮棗城，蓋邑於此。」孔穎達曰：「煮棗故城在冀州信都縣東北五十里，此河北之煮棗也。」後魏延昌四年冀州刺史蕭寶寅遣長史崔伯驎討妖賊法慶於煮棗，敗没。詔遣都督元遥討平之。魏收志棗强有煮棗城。又河南有煮棗城，今見山東曹州。又棘津城，志云：在縣東北十二里。今名李倉口。水經注：「棘津，河津名也。上有古臺，相傳吕望賣漿臺。」劉昭曰：「吕尚困於棘津，其城在瑯琊海曲，非此城也。」〇索盧城，在縣東十二里。晉、宋間嘗置索盧縣。沈約志：「江左改置廣川郡，索盧縣屬焉。」或以爲縣初治此，後亦僑置濟南境内也。後魏太和二十二年復置索盧縣，屬長樂郡。後齊廢入信都。

歷縣城，在縣東。漢縣，屬信都國，後漢省。應劭曰：「廣川縣東北三十里有歷城亭，故縣也。」水經注：「清河自廣川縣東北流，經歷縣故城南，縣東有歷口渡，爲津濟之所。晉太元十年後燕慕容麟擊勃海太守封懿，執之，因屯歷口，即此。今景州亦有故歷城，蓋境相接也。○平隄城，志云：在縣西北三十里。漢縣，屬信都國，宣帝封河間獻王子招爲侯邑。又高隄城，在縣東北三十里，亦漢信都國屬縣也。一名雍氏耶城。又復陽城，在縣西南十八里。亦漢縣，屬清河郡，高祖封功臣陳胥爲侯邑。三縣俱後漢時省。陸澄曰：「爲枯洚水所湮也。」

索盧水，縣西北三十里。亦曰潢盧河。自故城縣境流經縣西南，復折而東北出，至河間府阜城縣合於劉麟河，舊有廣川、長河之名。又故索盧縣亦以此名也。或曰索盧之溢涸，視衛河之盈縮云。詳見故城縣。

飲馬河，縣東南三十里。索盧水繞流於此，或以爲大河故瀆也。宋元祐初河自南宫縣決入縣界合索盧河，金天會中復溢入爲城邑患。大河南徙，此遂爲索盧之支流云。

灄頭戍。在縣東北。晉咸和八年石虎使姚弋仲帥其衆數萬徙居清河之灄頭。水經注：「清河過廣川縣東，水側有羌壘，姚氏故居也。」地志：「弋仲故壘在廣川城外。」清河舊經此，今湮。或曰索盧水分自清淇，亦有清河之名也。郡志：今縣外城即姚弋仲故壘。恐悮。

武邑縣，州東北五十里。東南至河間府景州七十里，西北至深州六十里。漢縣，屬信都國，後漢因之。晉太康十年置武邑郡，尋復爲武邑縣，屬安平國。石趙亦置武邑郡，後魏初郡仍治此，後移治武强，縣屬焉。北齊縣廢。隋開皇六年復置，屬冀州，唐、宋因之。今編户二十三里。

觀津城，縣東南三十三里。戰國時趙邑。樂毅去燕歸趙，趙封之於此，號望諸君。漢置觀津縣，屬信都國。後漢屬安平國，晉因之。後魏曰灌津，屬武邑郡。北齊省。隋開皇十六年復置，大業初廢入蓨縣，以地相接也。輿地志：

觀津城東南三里有青山，亦曰觀津冢。漢文竇后父涓，觀津人，遭秦亂漁釣隱身，墜淵死。景帝立，后遣使者填其淵，〔一四〕爲大冢，高三十餘丈，周千步，以葬其父，民呼爲竇氏青山是也。五代梁乾化二年，全忠侵鎮冀，遣其將楊師厚圍棗强，自將兵至下博，南登觀津冢，趙將符習以數百騎逼之，全忠疑晉軍至，亟趣棗强，即此。金人疆域圖武邑縣有觀津鎮。

昌亭廢縣，在縣東北。隋開皇十六年分武强縣置，屬冀州，大業初省入武邑縣。唐武德四年復置昌亭縣，貞觀初省。

洚水，在縣西。自冀州東北流入境，又東北入武强縣界合於漳水。志云：縣北三十里有夾河，自清漳河分流入衡水縣界，流經縣北，又東入滹沱河。明建文二年燕兵敗盛庸於夾河，即此處也，蓋洚水之別名矣。

漳水，在縣西北。亦自衡水縣流入，又東北流達武强縣境。唐志：「武邑縣有橫漳石隄，顯慶元年築。」郡志：縣東北有滹沱水，自深州入武强，經縣界入河間府交河縣境。蓋滹沱橫決，挾漳河而南出者，非正流也。成化十四年水溢，縣城爲圮。

韓家河。在縣西。東北流，有龍池河流合焉，注於漳河。今涸。又堤南河，在縣西北。正德中滹沱衝嚙流經此，又東衝孫木市。一名孫木市河。今堙。

晉州，府東九十里。東至深州百五十里，西南至趙州百十里，北至保定府祁州百里。

春秋時晉地，戰國屬趙。漢屬鉅鹿郡，王莽分信都置和成郡，治下曲陽。成，或訛爲「戎」。更始初，邳彤爲和成太守，即此。後漢因之。晉屬趙國，後魏亦屬鉅鹿郡。隋屬定州，大業初改屬趙郡。唐仍屬定州，大曆三年改屬恒州。宋屬祁州，金因之。元置晉州，屬真定路。明仍曰晉州，以州治鼓城縣省入。編户十七里。領縣三。

州西倚真定，東邇河間，川途四通，利於馳驟，從來争燕、趙必争真定、河間，争真定、河間，州其必經之道矣。九地之説，所謂交地争地者，非歟？

鼓城廢縣，今州治。春秋時爲鼓子國。鼓，白狄別種也。左傳昭十五年：「晉荀吴帥師伐鮮虞，圍鼓，克之。」漢置下曲陽縣，屬鉅鹿郡，郡都尉治焉。顔師古曰：「常山有上曲陽，故此爲下。」光武自薊南馳，兼行至下曲陽，既而自信都進攻下曲陽，降之。靈帝光和末，皇甫嵩破斬黄巾賊張寶於下曲陽是也。晉屬趙國。後魏改爲曲陽縣，屬鉅鹿郡。高齊縣廢。隋開皇十六年復置昔陽縣，十八年改曰鼓城，屬定州，尋屬趙郡。唐武德五年，幽州總管李藝引兵擊劉黑闥，〔一五〕黑闥遣其弟十善拒戰於鼓城，即此。宋亦爲鼓城縣，元始爲晉州治。明初省。城邑攷：「州城元季故址，明景泰三年增修，弘治五年大水城壞，八年以後相繼修葺。」今土城周三里有奇。

下曲陽城，州西五里。劉昫曰：「北齊廢曲陽縣入藁城，隋分藁城於下曲陽故城東五里置昔陽縣，尋改曰故城。」是也。後漢光和末，皇甫嵩破黄巾於下曲陽，獲首十餘萬，築爲京觀，在今鼓城西二里。又廉平廢縣，在州西南。隋開皇十六年分昔陽置廉平縣，大業初省入鼓城。

臨平城，在州東南。漢縣，屬鉅鹿郡。建武四年駕幸臨平，遣吴漢等擊破五校餘賊是也。尋省。魏收志曲陽縣有臨平城。

鼓城山，州西五里。以鼓子所居而名。下有古城坡，隋因以名縣。

滹沱河，在城南。自藁城縣流入境，又東入束鹿縣界。志云：城東十八里有涷河頭，即光武被王郎兵追急，使王霸前行，詭云冰堅可渡處也。漢紀「光武自薊南馳至饒陽，又至下曲陽，聞王郎兵在後，惶迫渡滹沱」，即此矣。○鵶兒河，在州東北。流入祁州束鹿縣境。志以爲滹沱之支流也。

昔陽亭。在州東南。應劭曰：「下曲陽有鼓聚，有昔陽亭。」左傳昭二十二年：「鼓叛晉，晉荀吳略東陽，使師僞糴者，負甲以息于昔陽之門外，遂襲鼓，克之。」東陽，今冀州。昔陽即鼓子所都。戰國時昔陽爲齊地。史記：「趙惠文王十六年，廉頗將攻齊，拔昔陽。」是也。杜預曰：「此鼓子所都之昔陽。」又有昔陽城，爲肥子所都。今見山西樂平縣。

安平縣，州東北九十里。北至保定府博野縣六十里，西北至祁州六十里。漢縣，屬涿郡，郡都尉治焉。又高帝封鄂千秋爲侯邑。後漢屬安平國。桓帝置博陵郡，治此。晉爲博陵國治。永和八年燕慕容恪屯安平，積糧治攻具，擊故趙將王午於魯口是也。後魏亦爲博陵郡，高齊、後周因之。隋開皇初郡廢，縣屬定州，十六年置深州治焉。大業初州廢，縣還屬博陵郡。唐武德四年復置深州於此，尋移州治饒陽。貞觀十七年改屬定州，先天二年還屬深州。宋因之。元初置南平州於此。尋復爲安平縣，屬晉州。今編户十四里。

穀丘城，縣西南十五里。漢縣，屬涿郡，後漢廢爲穀丘亭。或謂之博陵亭。晉諸葛恢封博陵亭侯，即此也。

滹沱河，縣南二十三里。自東鹿縣流入境，又東達深州界。志云縣西有礓石河，〔一六〕自祁州境内流入縣界，蓋滋河之支流也，經縣南而入於滹沱河。徐廣曰「安平縣西有漳水津，一名薄洛津」，即趙武靈王所云「吾國東有河、薄洛之水」者。今漳流未嘗至縣西，或舊流嘗經於此。

院西口河。縣北二十五里。其西通博野縣。沙河、滋河、唐河三水分流經此，入饒陽縣界注於滹沱。今廢。

饒陽縣，州東北百三十里。西北至保定府博野縣七十里，東至河間府獻縣九十里，東南至武强縣七十里。漢縣，屬涿郡。應劭曰：「在饒河之陽，因名。」後漢屬安平國，晉屬博陵國，後魏屬博陵郡，隋屬瀛州。唐武德四年移深州治此。尋没於劉黑闥，置饒州治焉。六年仍爲深州治。貞觀十七年州廢，縣屬瀛州，先天二年還屬深州。宋因之。元改屬晉州。今編户十七里。

饒陽故城，縣東北二十里。本趙邑。史記「趙悼襄王六年封長安君以饒」，即此。漢因置饒陽縣。更始二年光武自薊南馳至饒陽，官屬皆乏是也。自晉至後魏縣皆治焉，北齊天保五年始移今治。隋大業十二年竇建德攻陷饒陽。唐武德四年李神通等與劉黑闥戰於饒陽城南，神通大敗。六年黑闥自館陶走至饒陽，其所署饒州刺史諸葛德威執之以降。至德中安禄山將史思明攻饒陽，逾年始陷，即今城也。志云：縣西南三十五里有饒陽故城。一云縣南五里有故城村，即饒陽故城也。皆悮。

魯口城，寰宇記云：「即今縣城。」晉書：「公孫淵叛，司馬宣王討之，鑿滹沱入泒水以運糧，因築此城。滹沱有魯沱之名，故曰魯口。」晉永和六年慕容儁擊後趙至無終，趙將王午、鄧恒棄薊城保魯口，儁遣慕容恪等攻之，不克。午尋自稱安國王。既而爲其下所殺，呂護復保魯口稱安國王。十年，恪攻拔之。太元九年丁零翟遼據魯口，後燕將慕容農擊走之。十六年後燕主垂如魯口。二十一年後燕將平規反於魯口，垂自將擊走之。隆安初拓跋珪攻後燕，圍中山，引而南，軍於魯口。義熙十一年，魏主嗣簡國人就食山東，遣其臣周幾鎮魯口以安集之。魏收志饒陽縣有魯口城，蓋南齊遷饒陽於魯口云。

蕪蔞城，縣東北四十五里。漢更始二年，光武自薊晨夜南馳，至饒陽蕪蔞城，飢甚，馮異進豆粥處也。隋開皇十六年置蕪蔞縣，屬深州，大業初省入饒陽。唐武德四年復置蕪蔞縣，仍屬深州，貞觀初廢。志云：縣西南三十里有光武城，相傳光武征王郎時築。

滹沱河，在縣北。通典：滹沱舊在縣南，魏武因饒河故瀆決令北注新溝水，所以今在縣北。宋白曰：「決處即平虜渠也。舊於渠口置虜口鎮，後訛爲魯口，因置魯口城。」又縣北有鐵燈竿河。滹沱之水自此決入保定府蠡縣，與滋河、砂河、唐河諸水匯流，復東溢於河間府城北，皆謂之鐵燈竿水云。

饒河，縣西南三十里。或曰本滹沱之支流，昔時引而北注，合於易水，魏武開平虜渠，饒河爲滹沱所奪，今所存者上流之餘水耳。志云：饒河東注於滹沱，漢以此名縣。又縣南八里有故黃河，今涸。

上方臺。縣西十三里。臺高四丈，周迴五里。又縣西北十三里有花臺，高五丈，相傳慕容垂及拓跋珪皆屯營於此。

武强縣，州東百六十里。西南至深州六十里，東北至河間府獻縣亦六十里，南至武邑縣四十里。漢武隧縣地，後漢及晉因之。晉末析置武强縣，屬武邑郡。後魏神瑞二年廢，太和十八年復置，尋爲武邑郡治。北齊廢郡，縣屬長樂郡。

隋屬冀州，唐貞觀初改屬深州。宋亦爲武邑縣。〔一七〕元初置東武州，旋復故，仍屬深州，又改屬祁州，中統四年復改屬晉州。今編户十四里。

武遂城，縣東北三十里。漢置武隧縣，屬河間國。後漢曰武遂縣，屬安平國，晉因之。魏收曰：「晉武帝置武邑郡，治此。」今晉志不載，蓋石趙或慕容燕所置也。後魏仍爲武遂縣，屬武邑郡，北齊省入武强縣。今爲沙窑村。又武强廢城，在縣南五里。括地志「漢縣治此，嚴不識以擊黥布功，封武强侯」；東觀漢紀「光武拜大司空王梁爲武强侯」，皆邑於此。晉因置武强縣。今名舊城村。

清漳水，縣東二十里。自武邑縣東北流經縣境，又東入阜城縣界。志云：縣西北八里有于家河，縣南十三里有雁河，縣東北二十里有亭子河，其下流俱匯於漳水。

滹沱河，在縣南門外。舊自深州流經縣南，東北至縣東二十里小范店合於清漳。志云：滹沱河自成化十八年決入境，衡噣縣城，嘉靖九年復決，隆慶三年泛漲尤甚。萬曆三十二年滹沱南徙與清漳通流。三十五年復北出饒陽縣境，新舊河流一時俱涸。此即滹沱之横決而東者，非正流也。

賈家溝，在縣東北，東流合於漳水。又閻家溝，在縣東。志云：亦滹沱末流也，與縣南八里之龍池河合，而東流注於清漳。又有古河、岔河，俱在縣北。分自清漳者，今涸。○駱駝灣，在縣西北五里。滹沱決溢時，此爲鍾水之處。稍東南曰吴家灣，嘉靖中議濬渠於此以洩積水，不果。又古隄，在縣城外。四面皆有堤，蓋昔時築以障水。高闊皆數丈，遺址猶存。

交津口，在縣東。水經注：「漳水逕武强縣北，又東北逕武隧縣故城南，白馬河注之。河上承滹沱，東逕樂鄉縣北，饒陽縣南，又東南逕武邑郡北而東入橫漳水，謂之交津口。」蓋昔時漳水經流之道也。北史：「魏孝昌二年，元深擊定州賊葛榮，榮北趣瀛州，深自交津引兵躡之。」又高齊河清初，冀州刺史高歸彦以城叛，敗走至交津，獲之，即此。樂鄉，今見深州。

平都亭。縣東二十五里。漢惠帝封故功臣劉到爲侯邑。今名平都村。志云：明建文中真定都指揮平保屯營於此，與燕兵戰，敗没，村因以名。似未可據。○小營，在縣東北三十五里。志云：金末，蒙古掠河間，金人拒之，屯營於此。

趙州，府南百二十里。東南至冀州百六十里，南至順德府百五十里，東北至晉州百十里。

春秋時晉地，戰國屬趙。秦爲邯鄲、鉅鹿二郡地，漢爲常山及鉅鹿郡地，後漢兼置冀州。領郡、國九，理鄗。晉爲趙國，亦置冀州。領郡、國十三，理房子。後魏爲趙郡，孝昌中兼置殷州。魏收志：「孝昌二年分定、相二州置，治廣阿。」北齊改郡曰南趙郡，州曰趙州。隋初廢郡而州如故，開皇十六年分置欒州，治平棘。大業三年廢趙州，改欒州曰趙州，尋曰趙郡。唐仍爲趙州，新唐志：「武德初趙州治栢鄉，四年還治平棘，五年更名欒州，貞觀初復故。」王氏曰：「唐初於故州治大陸縣置欒州。五年并入趙州，而改趙州爲欒州。尋復舊。」大陸，即故廣阿也。天寶初亦曰趙郡，乾元初復故。宋仍曰趙州，亦爲趙郡，崇寧四年賜軍號曰慶源。宣和初曰慶源府。金復爲趙州，天德三年改曰沃州。亦曰趙郡軍。元復曰趙州，屬真定路。明初以州治平棘縣省入。編户十七里。領縣六。州控據太行，襟帶横漳，南出則道邢、洺而收相、魏，東指則包深、冀而問幽、滄。光武中興帝業，肇於高邑。高歡兼有殷州，戰勝廣阿，引軍趣鄴，爾朱氏之晉陽不可復保。朱温謀兼鎮、定，襲取深、冀。晉王存勗因之，出井陘，壁趙州，戰勝柏鄉，温遂膽喪。卒能全舉河北，渡河滅梁，締造自趙州始也。州爲霸王之資，詎不信哉？

平棘廢縣，今州治。漢縣，屬常山郡，後漢屬常山國，晉屬趙國。永和初幽州都督王浚起兵討成都王穎，浚主簿祁弘敗穎將石超於平棘。永和五年石虎子遵篡位，其兄冲起兵幽州討之，遵使石閔等逆戰於平棘，冲大敗，爲閔所獲。杜佑曰：「漢平棘故城在今縣南三里，亦謂之南平棘。」後漢書：「光武自薊還中山，至於南平棘，」羣臣請上尊號，不許處也。」今城本名棘蒲，春秋時晉地。左傳哀元年：「師及齊師、衛孔圉、鮮虞人伐晉，取棘蒲。」史記：「趙敬侯六年，借兵于楚，伐魏，取棘蒲。又漢文帝三年，濟北王興居反，遣棘蒲侯柴武擊之。」應劭曰：「棘蒲即平棘也。」顔師古云：「功臣表有棘蒲侯陳武、平棘侯林摯，則棘蒲、平棘非一處矣。」十三州志：「平棘本晉之棘蒲，戰國時改爲平棘。」亦悮也。晉時移平棘於棘蒲，後皆因之，高齊時趙郡嘗治此。隋初郡廢，尋爲欒州治，大業初復爲趙郡治，自是以後，州郡皆治此。明初省。今州治内猶有棘蒲社也。城邑攷：「州城明成化四年因舊城修築，弘治七年增修，周十三里有奇。」

宋子城，州東北二十五里。戰國時趙邑。燕王喜四年自將隨栗腹伐趙，至宋子。又秦始皇滅燕，高漸離匿作於宋子。漢置縣，屬鉅鹿郡，高帝封功臣許瘛爲侯邑。後漢省。後魏永安二年復置宋子縣，仍屬鉅鹿郡。高齊廢。隋初復置，大業初省入平棘縣。○故欒城，志云：在州西北十六里，春秋時欒武子蓋封於此。又有河屯營城，在州西北二十里，昔時戍守處也。

平棘山，有二，在州城北者曰大平棘，在城南者曰小平棘，皆去城百步許。山頂平而多棘，故以名山，漢又以山名縣。○龍平山，在州東北宋子城之西。相傳山本高聳，一日風雨驟至，龍過而夷其半，因名。又有三臺岡，在州南二十里。三岡排列如臺。

洨河，州南五里。自欒城縣流經此，下流達寧晉縣入於胡盧河。今州南有安濟橋，跨洨河上，俗呼大石橋，闊四十步，長五十餘步。宋咸平五年，漕臣景望引洨河自鎮州達趙州以通漕是也。又清水河，在州城西。自元氏縣流入境，即槐水之支流矣。志云：水出封龍山北，經欒城縣入州界。似悮。清水又東南流合於洨河，有永通橋跨其上，在城西三里。

廣潤陂，州東二里，舊引太白渠水注之；又東南二十里有畢弘陂，與廣潤陂相灌注；皆唐永徽五年平棘令弓志玄所開，以蓄洩水利。太白渠，今欒城縣冶河是也。○水閘渠，在州西南二里。志云：舊引清水河入城濠，壅而無洩，爲東北田疇患，因鑿此渠西南出，會於洨河。今淤，近郊復多水害。

十方壘。州南一里。志云：後漢靈帝時羌侵河內，詔魏郡、趙國、恒山、中山繕作塢壘六百餘處，此其餘址。或悮作「十萬壘」。○望臺，在州治東南。一名望漢臺。志云：東漢初耿純築此以望光武。高七尋，延袤二百八十尺。

臺西有古井，即築臺時所鑿。又鄗城馬驛，在州治西。

栢鄉縣，州南七十里。南至順德府唐山縣三十五里。漢縣，屬鉅鹿郡，後漢廢。隋開皇十六年分高邑置栢鄉，屬欒州。大業初屬趙郡。唐仍改屬趙州，宋因之。熙寧五年省爲鎮，元祐初復置。今編户十里。

栢鄉城，縣西南十七里。漢縣治此。元帝封趙哀王子買爲侯邑。後漢縣廢而城存。晉太元九年慕容垂與苻丕相持於鄴，丕遣其將邵興招集郡縣，趙郡人趙粟起兵栢鄉以應興，爲慕容隆所敗，即此城也。隋因復以名縣。唐元和十一年詔諸道兵討王承宗，昭義帥郗士美大敗恒冀兵於栢鄉，爲五壘環其城，既而敗還。五代梁開平四年，晉王存勗遣軍救成德帥王鎔軍於趙州，梁將王景仁進軍栢鄉，與晉相持，尋敗走。乾化三年魏州帥楊師厚自栢鄉趣趙州，進攻鎮州，不克而還，即今縣也。

鄗城，縣北二十二里。春秋時晉邑。左傳哀四年：「齊國夏伐晉，取鄗。」戰國策：「周顯王十二年，趙、韓會于鄗。」又趙武靈曰：「中山侵掠吾地，引水圍鄗。」是也。史記趙世家：「武靈王三年，城鄗。又孝成王十三年，燕將栗腹將而攻鄗，廉頗破殺之。」漢置鄗縣，屬常山郡，武帝封趙敬肅王子丹爲侯邑。師古曰：「鄗，讀若郭。」更始二年，世祖擊斬王郎將李惲於鄗。三年，世祖自薊南還至鄗，羣臣勸進，因即位於鄗南，更名曰高邑，爲冀州刺史治。章帝建初五年，北巡至高邑是也。晉屬趙國，後魏屬趙郡。北齊天保六年移治於房子縣東北，東南去舊城三十里，即今高邑縣也。

南繺城，縣東北十里。春秋時晉之欒邑。左傳哀四年：「齊國夏伐晉，取欒。」其後南徙，因名南欒。漢置南繺縣，屬鉅鹿郡，武帝元朔二年封趙敬肅王子佗爲侯邑。更始二年光武與王郎將倪宏等戰於南䜌，縱突騎擊之，宏等大敗。晉省。後復置，仍屬鉅鹿郡。後魏太平真君六年省，太和二十一年復置，尋屬南趙郡。高齊時縣廢。杜佑曰：「栢鄉東北有南䜌城，漢縣治此。」寰宇記：「今邢州鉅鹿縣，本南䜌地也。」䜌，孟康曰：「讀若廉」。今俗號爲倫城，音轉耳。

野河，縣西北五里。一名槐水。源出贊皇縣西黄沙嶺下，東流歷元氏、高邑縣始入縣境，又東抵寧晉縣入胡盧河。五代梁開平四年，全忠謀并鎮定，遣軍襲取深、冀，晉王存勗赴救，發晉陽，自贊皇東下至趙州。全忠將王景仁軍於栢鄉，晉王進軍逼之，距栢鄉五里營於野河之北，周德威曰：「今去賊咫尺，所限者一水耳。若彼造浮橋以薄我，我衆立盡矣。不若退軍高邑，誘賊離營，彼出則歸，彼歸則出，以輕騎掠其饋餉，不過踰月，破之必矣。」王從之，退軍高邑。高邑去栢鄉北三十餘里。既而梁軍出戰，至高邑南，晉將李存璋以步騎陳於野河之上，梁軍不勝而退，存璋乘之，梁軍大敗。今有槐水橋，在縣北五里，即戰時梁軍奪橋，晉將李建及力戰却梁軍處也。

午河，縣西十里。源出臨城縣西北諸山，東南流入縣境，又東經縣北三里，下流合於野河。又新溝河，在縣北二十五里故城鎮南，自高邑縣流入。昔時南北諸川，每遇霖潦，往往泛溢爲民害，元元貞間高邑令曹楨鑿溝以洩之，爲利甚溥。

千金渠，在縣西。唐開元中縣令王佐所浚。旁有萬金堰，亦佐所築，爲蓄洩之利。今廢。俗呼爲李家溝。

千秋亭。縣北十三里，去舊鄗縣七里。後漢志：高邑南有千秋亭、五成陌，光武即位於此。○濟涉橋，在南關外。

午、槐二水導流經城南，此橋跨其上，以便行旅，因名。又槐水馬驛，在今縣治西北。

隆平縣，州東南百里。東至冀州百二十里，西北至栢鄉縣三十五里，東南至順德府鉅鹿縣六十里。漢廣阿縣，屬鉅鹿郡，後漢永平中省。後魏太和十三年復置廣阿縣，爲南鉅鹿郡治。尋改郡爲南趙，孝昌二年又置殷州於此。北齊改殷州曰趙州。隋開皇十六年郡廢而州如故。仁壽初改縣曰象城，大業初復改爲大陸，又移置趙州於平棘，以縣屬焉。唐初竇建德、劉黑闥皆置欒州於此。武德五年省州入趙州，復改縣爲象城。天寶初又改爲昭慶縣，以縣有建初、啓運二陵也。宋開寶二年改爲隆平縣，仍屬趙州。熙寧六年省，元祐初復舊。金、元因之。明洪武初省入栢鄉縣。十三年復置，仍屬趙州。今編户十三里。

廣阿城，縣東十里，漢縣治此。高祖封功臣任敖爲侯邑。光武初拔廣阿，登城樓與鄧禹閱天下地圖處也。縣尋廢。晉太元九年慕容垂置冀州，屯廣阿。後魏普泰初高歡起兵信都，以高元忠爲殷州刺史，鎮廣阿；既而爾朱將兵自晉陽出井陘趣殷州，戰於廣阿，敗却；皆故廣阿城也。志云：今縣東十二里有隆平故城，宋初改縣爲隆平，本治此，大觀二年因水患移今治，俗呼爲舊城村。又縣東北三十五里有象氏城，漢象氏縣，屬鉅鹿郡，後漢廢。隋開皇中因以名縣。

澧水，〔一八〕縣東十里。自順德府任縣流經縣界，又東北與沙河合，注於胡盧河。嘉靖十六年以故流壅塞更加疏濬，謂之新澧河。沙河即野河之别名也。志云：縣城下有澧水渠，唐儀鳳中邑令李玄開以溉田通漕。今涸。又老僧河，在縣北五里，下流合於槐水。相傳昔有僧濬泉，泉湧成溪，因名。又神泉河，在縣東北六里。志云：源出順德府唐山縣之堯山，東流至縣北五里合老僧河而東北出是也。

槐武河，縣北三十里。即野河也，亦曰沙河。自栢鄉縣流經此，又東北接寧晉縣界。

大陸澤。縣東北三十里。亦曰廣阿澤。自順德府鉅鹿縣流入境，至寧晉縣爲胡盧河。縣有廣阿、大陸之名，以此。晉太和四年，燕慕容垂請畋於大陸，因微服出亡，遂奔苻秦。志云：縣北有肖莊泊，東北七里有小泊，與大陸諸水皆浸鄉也。孫炎云：「鉅鹿北廣阿澤去古河絶遠，杜佑、李吉甫以邢、趙、深三州皆古大陸地，此爲得之。」

高邑縣，州西南五十里。東南至栢鄉縣三十五里，西北至元氏縣四十五里。本漢房子縣地，高齊移置高邑縣於此，屬趙州。隋以後因之。今編户十里。

房子城，縣西南十五里。戰國時趙邑。史記趙世家：「敬侯十年，與中山戰于房子。又武靈王十九年，北略中山之地，至于房子，遂之代。惠文王二十四年廉頗將攻魏房子，拔之，因城而還。」漢置房子縣，屬常山郡。光武初自真定擊元氏、防子，皆下之。防即房，古字通用。仍屬常山國。晉爲趙國治，兼置冀州治焉。後魏屬趙郡。北齊廢。隋開皇六年復置，仍屬趙州。唐初因之，尋廢入臨城縣。俗呼其地曰倉房村。

長岡，縣西二十五里。岡巒聳秀，環抱村疃間，周十餘里。中有兔兒坡，甚寬廣。

泲水，在縣治南。一名沙河，又名白漕水，亦謂之漕河。發源贊皇縣贊皇山，經臨城縣，又東流入縣境，至縣東南而合於黑水。或訛爲濟水。

黑水，縣北十里。即槐河也，俗訛爲淮河。自贊皇縣東流經元氏縣界，又東流入縣境而合於泲水，故泲水亦兼槐水之稱，槐水亦兼沙河之目，二水合流，即栢鄉縣野河之上源也。

新溝，在縣東南。始自縣南榆柳村，濬流於栢鄉縣槐、沙二河，合流於縣界。夏潦秋霖，泛溢害稼。元邑令曹楨始開此溝以導水，民獲樹藝，至今賴之。

千秋臺。縣南二里，稍西北有觀星臺，又有將臺，皆高聳可登玩。李氏曰：「三臺岡阜相連，好事者爲之名也。」

臨城縣，州西南九十里。北至元氏縣八十五里，東至栢鄉縣四十里，東南至順德府唐山縣三十五里。本漢房子縣地，唐天寶初改置臨城縣，屬趙州，後因之。今編戶十三里。

臨城，在縣治東。志云：縣有古臨城，即春秋時晉之臨邑，左傳哀四年「趙稷奔臨」是也。唐因以名縣。光化四年，朱全忠自洺州北侵鎮州，下臨城，踰滹沱，即此。○安陽城，在縣南。戰國時趙邑。史記「趙惠文王十四年，廉頗拔魏房子，又攻安陽取之」，即此城也。

敦輿山，縣南七十里。一名幽淮山。南接太行，北連常山，州境之大山也。山海經：「敦輿山，泜水出其陰，東流注於彭水。」隋志云：「房子縣有彭水。」劉昫曰：「隋置栢鄉縣，在彭水之陽。」彭水亦趙州南境之大川也。或以爲即今之沙河。

鐵山，縣西南三十五里。石色如鐵。元末土人結砦於此，曰鐵山砦。又縣西五十里有天臺山，山高聳而上平。又西二十里曰杏樹山，山多杏。又西二十里即太行山矣。○釣盤山，在縣東南五里。舊傳陳餘兵敗，走至此，問其地，曰釣盤山，餘曰：「魚入釣盤，吾其亡矣。」果及於難。又縣西二十里有牛口峪，井陘縣東南七里亦有此峪，志皆云寶建德兵敗被擒處，皆傳誤也。

龍尾岡，在縣西北。唐大順二年李克用攻鎮州，大破王鎔於龍尾岡，拔其臨城、元氏、栢鄉，大掠而還。又縣城北有董岡。志云：岡東接堯峰，西臨泜水，環抱奇勝。堯峰在縣東南二里，峰巒頗秀美。○聖井岡，在縣東北三十里。岡上有井，冬夏不竭，故名。

泜水，縣西北二十五里。源發元氏縣之封龍山，繞流入縣境，至縣東入於沙河。志云：泜水自元氏縣南境流經縣西栢暢亭，將至城五里許斷伏不流，二百餘步復出，東流經釣盤山下入沙河，俗名三斷綠楊河。韓信斬成安君泜水上，李左車曰：「成安軍敗於鄗下，身亡於泜水。」正謂此也。一統志：「泜水在縣西北，流經高邑、欒城達寧晉縣入胡盧河。」謬矣。

沙河，縣東北五里。自贊皇縣流經縣境合於泜水，又東北入高邑縣界謂之泲水，或以爲即彭水云。又泥河，舊志云：在縣北五里，東合泜水。今涸。

栢暢亭。縣西十五里。漢武帝封趙敬肅王子終古爲栢暢侯，即此亭也。俗訛爲栢楊亭。

贊皇縣，州西九十里。北至井陘縣百六十里，東北至元氏縣三十里，西北至山西樂平縣百五十里。本漢房子縣地，隋開皇十六年析高邑置贊皇縣，因山爲名，初屬欒州，大業中屬趙郡。唐屬趙州。五代梁開平四年，晉王存勗將兵救成德，自贊皇東下，遂入趙州是也。宋熙寧五年省爲鎮，元祐初復故。金屬沃州，元初併入高邑。尋復置，仍屬趙州。今編户十二里。

回車城，縣南十里。魏收志房子縣有回車城，又有平州城。未詳所始。寰宇記云：「回車城，李左車所築也。」亦曰左車城。其旁有韓信將臺。

贊皇山，縣西南二十里。高百餘丈，泲水之源出焉。穆天子傳「至房子登贊皇山」，即此。隋因以名縣。山有孔子嶺，下有巖，甚寬廣。○四望山，在縣西北二十里。山高聳，登臨可以望遠，因名。

五馬山，縣東十里。上有五石馬，因名。巖隙出泉，甚甘美，名白馬泉。後魏孝昌末，趙郡豪李顯甫聚諸李數千家於殷州西山方五六十里居之，即五馬諸山矣。宋建炎初和州防禦使馬擴奔五馬山聚兵，得徽宗子信王榛以總制諸砦，兩河忠義聞風響應。既而金人來攻諸砦，斷其汲路，諸砦遂陷。○檀山，在縣東北十五里，高百餘丈。相傳周穆王嘗駐此。又粟堆山，在縣東南十五里。以山形如委粟而名。

十八盤嶺，縣西六十里。山勢嵯峨，林木鬱茂，中有小徑縈紆，上下十有八盤。又黃沙嶺，在縣西北七十里。有黃沙嶺口，路通山西，槐水之源出於此。今有黃沙嶺巡司。○鐵脚嶺，在縣東南。高險崎嶇，艱於登陟，因名。

槐水，在縣城北。源出黃沙嶺，東流經此，折而東北入元氏縣西境，復東南出而入高邑縣界。或謂之度水。○泲水，在縣南。源出贊皇山，亦曰沙水，東流入臨城縣界。邑志云：衛風「出宿于泲」，即此水也。悞矣。

黃沙嶺口。縣西北黃沙嶺下，北去故關百里。正統四年置戍，嘉靖二十一年增兵防守。又北二十里曰白城口，其相近者曰谷家崖口，又北三十里即元氏縣之青草峪口。○十八盤口，在縣西十八盤嶺下。又縣西五十里有段里口，口外有四相公砦。又西南十里曰後溝口。縣境諸口俱屬故關南路。里道記：「自後溝口而西至山西樂平縣百十里，自後溝口而北緣歷山徑至故關百二十里，至龍泉關五百十里，至倒馬關六百八十里，内三關邊墻至後溝口而始竟云。」

寧晉縣，州東四十里。北至晉州八十里，南至順德府鉅鹿縣九十里，東北至祁州束鹿縣百二十里。漢爲楊氏縣，屬鉅鹿郡，後漢因之。晉省入廮陶縣，屬鉅鹿國。後魏又析置廮遥縣，亦屬鉅鹿郡。隋復曰廮陶，屬趙州。唐天寶初改爲寧晉縣，仍屬趙州。今編户十八里。

楊氏廢縣，即今治。括地志云：「春秋時晉邑，魏獻子使僚安爲楊氏大夫。」寰宇記云：「伯僑自晉歸周，封於楊，即此。」皆悞也。此楊城見山西洪洞縣。周職方：「冀州藪曰楊紆。」水經注：「楊紆即大陸澤。」或曰古有楊城，澤流紆回城下，因曰楊紆。漢置楊氏縣治焉，晉廢。後魏永安二年分廮陶置廮遥縣，治故楊城，又析置鉅鹿郡治此。隋初郡廢，開皇六年改遥爲「陶」，唐天寶初又爲寧晉縣治。建中三年，朱滔與王武俊等叛，滔自深州進逼康日知於趙州，趣寧晉，王武俊亦自恒州進取元氏，東會滔於寧晉。城邑考：「寧晉縣即古楊氏城，城周十里有奇。」

廮陶城，縣西南二十五里。漢置縣，屬鉅鹿郡。顔師古曰：「廮，讀若影。」後漢延熹八年，勃海王悝降爲廮陶王，國於此。初平二年博陵羣賊張牛角等攻廮陶，不能陷。晉以楊氏縣省入，又爲鉅鹿國治。後魏分廮陶置廮遥縣，仍屬鉅鹿郡。高齊并入廮遥縣。〇大陸城，在縣東南十里。隋開皇十六年析廣阿置大陸縣，屬趙州。大業初改象城縣爲大陸，而以故大陸縣并入焉，即此城也。今名魚臺村。又縣東二十五里有歷城，本漢歷鄉縣，屬鉅鹿郡，後漢省。魏收志云：「廮遥有歷城。」是也。亦作「瀝城」。一統志：「城乃小堡。城下藪澤周迴百餘里，中有魚藕菱芡之利，每歲飢兵荒，州人賴以全活者甚衆。金末王義率衆保聚於此。」

胡盧河，縣東南二十里。即禹貢之大陸澤。呂氏春秋：「九藪，趙之大陸其一也。」酈道元以爲即楊紆藪。亦謂之薄洛水。戰國策：趙武靈王曰：「吾國東有河、薄洛之水，與齊、中山同之，而無舟楫之用。」是也。亦謂之廣阿澤。今澤東西徑三十里。其上流即漳水也。自順德府南和、任縣達隆平而東北匯大小羣川以注於縣境，而趙州西境及滹沱河以南諸水亦悉東南流，至縣境而匯爲大澤。每至夏秋之交，霖潦爲患，則漳水、滹沱南北交注，泛溢甚廣，東經深、冀二州及阜城、獻縣以東至交河縣，而合於滹沱。丁度曰：「胡盧河，橫漳之別名也。在深、冀間，橫亘數百里。五代周廣順二年，契丹將高謨翰以葦筏渡胡盧河入寇，至冀州，周兵屯貝州以拒之，引去。冀州之大川，胡盧河其最矣。」郡志：明正德十一年漳河由縣南徙，明年滹沱由縣北徙。蓋前此皆匯流於胡盧河，至此復分引而南北出也。

洨水，在縣南。自趙州流經縣界。又沙水，在縣西南。自柏鄉縣流入縣境。漢志：「洨水至廮陶入泜。」沙河即泜水下流矣。自州以西諸水，皆合於二水以注胡盧河。○豐河，在縣東。志云：即漳水故道也。自胡盧河分流東出，入冀州界，爲清水河之上源。又𣸣河亦在縣東，下流合於清水河。

寧晉渠，在縣西南。唐志：「自胡盧河以北，縣地常虞旱鹵，西南有新渠，上元中邑令程知默所開，引洨水入城以溉田，逕十餘里，地用豐潤，民食乃甘。」

薄洛亭。在縣南。劉昭曰：「廮陶縣有薄洛亭。」戰國時爲齊、趙之疆，往往戰戍於此。亭蓋以薄洛河而名。

深州，府東二百五十里。東北至河間府二百里，南至冀州百三十里，西北至保定府祁州百七十里。

春秋時晉地，戰國屬趙。秦屬鉅鹿郡，漢屬信都國，後漢屬安平國，晉因之。後魏屬長樂郡，北齊屬博陵郡。隋初郡廢，開皇十六年析置深州，治安平，今晉州屬縣。詳見前。大業初州廢。唐武德四年復置深州，仍治安平，是年移治饒陽。貞觀十七年州廢，先天二年復置，移治陸澤縣。天寶初曰饒陽郡，乾元初復曰深州。五代因之。周徙州治下博，即今治也。宋仍爲深州，亦曰饒陽郡。金、元仍舊。明亦曰深州，以州治静安縣省入。編户十七里。領縣一。

州介瀛、冀、鎮、定間，所謂四通五達之郊也。守則難濟，動則有功。光武自薊南馳，過下博而不敢留。李存審據下博橋，遣軍縱横四出，朱梁攻蓨之兵於是乎宵遁矣。蓨，今景州。

静安廢縣，故州治，在今州南二十五里。漢下博縣，屬信都國。應劭曰：「泰山有博縣，故此言下。」太子賢曰：「在博水之下也。」後漢屬安平國。晉亦爲下博縣，仍屬安平國。後魏屬長樂郡。隋初屬冀州，尋屬信都郡。唐初屬冀州，貞觀初割屬深州，十七年還屬冀州，先天二年復屬深州。五代周顯德中移深州治此。尋以縣隸静安軍，旋復舊。宋太平興國七年復隸静安軍，而州治不改。雍熙二年軍廢，仍屬深州。三年縣廢，四年復置，改曰静安。金、元皆爲州治，明初省。城邑攷：「州舊城，永樂十年滹沱、漳水決溢，城壞，因徙治吴家莊。景泰初始營城垣，成化、正德以後相繼增修，嘉靖十一年易以磚石。周九里有奇。」

下博城，在故州城南二十里。漢縣治此。後魏移縣於衡水之北，宇文周建德六年復移而北，即故州治也。其舊城一名祭遵壘，北枕衡水，相傳遵所築也。唐武德五年，淮陽王道玄擊劉黑闥於下博，敗没。寶應初官軍追史朝義，大戰於下博東南，賊敗遁。長慶二年幽州叛帥朱克融陷弓高，圍下博。五代梁乾化三年魏帥楊師厚侵逼鎮州，尋自九門退軍下博，攻拔之，即今故州城矣。

靜安城，州東南五十里。本名李晏口，亦曰李晏鎮。五代周顯德二年築城，屯軍於此，謂之靜安軍。薛史：「靜安軍南距冀州百里，北距深州三十里。夾胡盧河爲壘，自是契丹不敢涉胡盧河南犯，河南之民始得休息。」宋仍爲靜安軍治，雍熙二年廢。今河間府景州亦有李晏鎮，蓋昔時胡盧河東西津口云。

樂鄉城，州東三十里。漢縣，屬信都國。高祖封樂毅後樂巨叔爲侯邑，宣帝時改封河間獻王子佟於此，後漢初又封杜茂爲樂鄉侯是也。尋廢入下博縣。後魏僑置樂鄉縣，在今保定府清苑縣境。○寧葭城，在州東南。故趙邑。史記：「趙武靈王二十年，略中山地，至寧葭。」司馬貞云：「寧葭亦作『曼葭』。」邑名也。水經注：「衡漳水東北歷下博城西，又逕樂鄉故城南，又東引葭水注之。」城蓋以葭水而名。

紫金山，州北五十里。捍水隄故址也。歲久頹壞，惟存二阜，巍然屹立，俗呼爲紫金山。舊志云：州治西有東鹿巖，巖穴深邃，外隘内廣，容千餘人，僅有線路可通天光。今見祁州東鹿縣。

滹沱河，州北四十里。自安平縣流入州境，經州北又東北入饒陽縣界。宋熙寧以後往往決溢，自州以東，屢被其患。歷金、元以至明，決徙亦數見。嘉靖中河經州南，蓋潰決而南合於胡盧河也。河渠攷：「滹沱正流出於饒陽，南決則出深州，而武强爲東下之衝，罹患尤甚，修塞時不免焉。」

胡盧河，州南四十里。自趙州寧晉縣流經南宮縣及冀州之北，又東北流入州境，歷衡水縣北而入武邑、武强二縣界。即横漳之異名也。五代史：「周顯德二年，時契丹屢寇河北，輕騎深入，曾無藩籬之限。言者謂深、冀間有胡盧河，横亘數百里，可浚之以限其奔突。因命王彦超等督兵民浚胡盧河，築城於李晏口，留兵戍之，即静安軍也。」宋志：「胡盧河源於西山，始自冀州新河鎮，入深州武强縣與滹沱河合。其後變徙，入於大河。淳化二年，從河北轉運司請，自深州新砦鎮開新河，導胡盧河分爲二派，凡二百里抵常山，以通漕運。後廢。熙寧中内侍程昉復請開決，從之。尋廢。」

鵶兒河，州南二十里。自束鹿縣東南流入界，下流合於胡盧河。志云：河在滹沱、清漳間，蓋支流兩分，合而爲河，因名鵶兒。滹沱南北横決，羣川之流皆亂，鵶兒河源流斷續，不可復辨。

白馬溝，州東三十里。三國魏主丕之弟白馬王曹彪牧冀州，引滹沱河入於清漳以溉高卬之田，境内利之，名曰白馬河，水經注所云「白馬河經樂鄉縣北，饒陽縣南，而東入横漳」者也。今廢。

下博橋，在故下博城東，跨胡盧河上。五代梁乾化二年全忠侵晉冀，攻蓨縣。晉將李存審軍趙州，謀出奇破之，引兵扼下博橋，使别將史建塘等分道擒生。建塘分麾下爲五隊，出衡水、南宫、信都、阜城諸處，而自將一隊與李嗣肱深入，盡獲梁軍之樵芻者，還會於下博橋，明日襲擊全忠於蓨縣西，大敗之，即此。

凌消村，州東北四十里古滹沱河南岸。寰宇記：「光武自薊南奔，王霸詭言冰堅可渡處也。俗因呼爲危渡口。」舊志：滹沱經深澤縣東南，即光武渡處。似悮。○陸家莊，在州西南。金末爲戍守處，河間公移剌衆家奴所分地也。

南宮亭。在州南。更始二年，光武自下曲陽馳至滹沱，渡河至南宮，遇大風雨，引車入道旁空舍，對竈燎衣，馮異進麥飯處矣。舊志云：在南宮縣。據後漢書：光武自南宮進至下博城西，惶惑不知所之，有老父言信都爲長安守，去此八十里。異時光武勑馮異曰「滹沱河麥飯」，是南宮近滹沱河、下博間也。若謂今之南宮縣，相去遠矣。

衡水縣，州南五十里。東至冀州武邑縣五十里，東北至晉州武强縣七十里，西至晉州八十里。本漢下博縣地，隋開皇十六年分信都、武邑、下博三縣地置衡水縣，屬冀州，以近衡漳水而名。大業初屬信都郡。唐仍屬冀州，宋因之。元改屬深州。今編户七里。

衡水故城，縣西南十五里。舊縣治此。唐武德二年，幽州總管羅藝破竇建德於衡水。又寶應初史朝義敗走衡水，還戰，爲僕固瑒等所敗，即此城也。明永樂五年大水城壞，移縣於范家疃。景泰初創築城垣，成化十八年又爲大水所圮，尋復修築，即今治也。志云：縣西二十里有空城，或以爲五代時戍守處。

長蘆河，在縣東。即横漳水也。亦曰胡盧河。舊自州南流經縣北，又東入武邑縣境，今斷續不常，涸溢無時，非復舊流也。志云：縣西北有衡水，亦曰長蘆水，又有袁譚渡，歷下博舊城西北，迤邐而東北注，謂之九曲水。味鹹苦，俗稱苦河。亦曰横漳河。又有北沼，在縣西南二十里，遇漲則通於横漳。

滏水，在縣南。自冀州北流入縣境，滏水東岸即武邑縣界也。又東北流，經武邑縣北而入於漳水。○鹽河，在縣南。志云：自冀州城東浮溝口迤北流通漳河，至縣西南二里許水流常涸，生鹽，俗名鹽河。

羊令渠。縣南二里。唐載初中，縣令羊元珪自縣西南分引漳水北流，貫城注隍，以溉民田，因名。○杜村溝，在縣西南十里。旁有窪地二千餘頃，弘治中開此溝以洩水患。尋塞。正德中復疏通之，窪地塡淤，民獲種植之利。

校勘記

〔一〕魏揭飛　「揭」，晉書卷一一六姚萇載記作「褐」。

〔二〕高祖擊韓王信餘反寇於東垣　「餘反寇」，漢書卷一下高帝紀作「餘寇」，無「反」字。

〔三〕大鳴泉　「鳴」，底本原作「嗚」，職本、鄒本並作「鳴」，今據改。

〔四〕奇石山　職本與底本同，敷本、鄒本作「奇治山」。

〔五〕趙惠文王二年　史記卷四三趙世家記「主父起靈壽」在趙惠文王三年，此作「二年」誤。

〔六〕大泒山　「泒」，底本、職本作「派」，敷本、鄒本作「泒」。今從敷本及鄒本。

〔七〕泒河　「泒」，底本原作「派」，職本同，敷本、鄒本並作「泒」。本書同卷定州泒水下云：「泒音孤。」又天井澤下引水經注云：「泒水歷天井澤南。」蓋古名泒水，後訛爲派水也。今從敷本及鄒本。

〔八〕靈壽縣　底本原脱「壽」字，今據職本、鄒本補。

〔九〕馳突較易　「較」，底本原作「交」，職本作「較」，今據改。

〔一〇〕後燕慕容垂改爲不連縣　「不連」，元和志卷一八、寰宇記卷六一均作「弗違」。

〔二〕武靈王二十年　史記卷四三趙世家記趙攻取丹丘、華陽、鴟之塞在武靈王二十一年，此作「二十年」誤。

〔三〕龍朔二年改曰魏州　「州」，底本原作「川」，今據職本、鄒本改。

〔三〕縣道記　各本均如此。彭元瑞校改「縣」爲「里」。

〔四〕后遣使者填其淵　史記卷四九外戚世家索引引摯虞注決録「后」上有「太」字，謂景帝母竇太后也。通鑑卷二六八後梁紀三胡注作「后遣使者填以葬父」，此蓋據通鑑。

〔五〕幽州總管　「管」，底本原作「營」，今據鄒本改。

〔六〕礓石河　「礓」，職本、敷本作「礓」，鄒本作「磊」。

〔七〕宋亦爲武邑縣　武邑縣已見於本書同卷冀州下，此不當復出。據宋志卷八六，武邑縣屬冀州，武强縣屬深州，兩縣於宋時無分合之事，依上下文，此「宋亦爲武邑縣」當是「宋亦爲武强縣」之誤。

〔八〕澧水　底本原作「灃水」，今據敷本、鄒本及明志卷四〇改。

讀史方輿紀要卷十五

北直六

順德府，東至廣平府清河縣三百三十里，南至廣平府百二十里，西南至廣平府邯鄲縣百二十里，西至山西遼州二百四十里，西北至真定府井陘縣二百里，北至真定府趙州百五十里，自府治至京師一千里。

禹貢冀州地，殷祖乙遷于邢，即此。周爲邢國，史記魯世家：成王封周公子苴爲邢侯。春秋時并于衛，後入于晉，戰國時屬趙。秦爲鉅鹿、邯鄲二郡地，秦末謂之信都，項羽又改爲襄國。二世二年，張耳、陳餘立趙歇爲趙王，居信都。秦亡，項羽分趙地立張耳爲常山王，都襄國。羽更信都爲襄國也。漢屬鉅鹿、常山二郡及趙、廣平二國，後漢因之。晉爲鉅鹿、趙二國地，其後石勒都于此，石虎改置襄國郡。後魏爲鉅鹿郡及北廣平郡地。隋改置邢州，煬帝改曰襄國郡。竇建德嘗置廣州于襄國。唐紀「武德四年并州總管劉世讓攻建德，自土門而東，克其黄州，進攻洺州，不克」，蓋誤「廣」爲「黄」也。唐復爲邢州，天寶初曰鉅鹿郡，乾元初復故。上元以後，邢州統于昭義鎮。中和二年鎮將孟方立遷治于此，自是昭義分爲二鎮。李克用得之，仍置邢洺節度治焉，兼領洺、磁二州。五代梁置保義軍治此。唐曰安國軍。朱温得三州，改置保義軍。貞明二年爲晉王存勗所取，改曰安國。宋仍爲邢州，亦曰鉅鹿郡。

宣和初升爲信德府。金復曰邢州。仍置安國軍。元初爲順德府，置元帥府于此，尋改安撫司。至元初又改爲順德路。明曰順德府。領縣九。

府西帶上黨，北控常山，常山，謂真定府。河北之襟要，而河東之藩蔽也。秦之季也，章邯去楚而攻趙，鉅鹿一敗，秦不復振。韓信戰勝舉趙，自趙以東，曾無堅壘。張賓說石勒曰：「襄國依山憑險，形勝之國，得而都之，霸王之業也。」自是幽、冀多故，輒爭襄國。唐初竇建德、劉黑闥相繼據洺州，縱横河北。議者謂自河東下太行，拔邢州而守之，則洺州之肩背舉，而河北之腰膂絶矣。〔一〕魏博叛帥田悦嘗言：「邢、磁如兩眼在腹中，不可不取。」磁州見河南。邢、洺、磁三州，境皆相接。唐以昭義一鎮控禦河北，而邢州尤爲山東要地，雖强梗如鎮、魏，猶終始羈縻者，以邢州介其間，西面兵力足以展施也。李克用以河東爭河北，數出邢州。朱温得之，則用以蔽遏河東，迫脅鎮定。及晉王存勗合鎮定以圖梁，梁人戰守尤以邢州爲切，其後洺、魏、相、磁諸州悉屬于晉，邢州始下。邢州不守，而河北之勢盡折而入于晉矣。李忠定公曰：「邢州與河東之定州，皆地大力豐，東西相峙，如太行之兩翼，往來走集，道里徑易。從邢州而西北，路出井陘可以直擣太原；從邢州而西南，路出邯鄲可以席捲相、衛。若道慶源即趙州。而取深、冀，越清河而馳德、棣，如振裘者之挈其領也。此韓信得之遂以掇拾燕、齊，石勒據之因以并吞幽、冀歟？」

邢臺縣，附郭。古邢國。秦爲信都縣，項羽改爲襄國。漢亦爲襄國縣，屬趙國，後漢因之。晉屬廣平郡，後魏永安中改屬北廣平郡。隋開皇九年改爲龍岡縣，十六年置邢州治焉。唐因之。宋宣和二年始改曰邢臺縣。今編户二十八里。

襄國城，在今城西南。殷祖乙遷都于邢，即此城也。春秋時邢侯都于此，爲衛之與國。隱四年，石碏殺州吁，衛人逆公子晉于邢而立之。閔元年，狄伐邢，齊人救邢。僖元年，狄復伐邢，齊侯帥諸侯之師以救邢，遷邢于夷儀。二十五年，衛侯燬滅邢。二十八年，晉伐衛。是時邢爲晉所取。哀四年，齊國夏伐晉取邢，既而邢復入于晉。戰國爲趙邑，秦滅趙置信都縣。秦末趙王歇都此。項羽使張耳都之，改爲襄國，自是歷漢及晉皆爲襄國縣治。石勒據之，亦謂之建平城。後趙録：「石勒由石門進據襄國，後擒劉曜，盡得關、隴，乃僭號建平，大修城郭，因徙洛陽銅馬、翁仲二列于永豐門，謂其城曰建平城。」十六國春秋「勒擒劉曜至襄國，舍曜于永豐小城」，蓋即永豐門外耳。元豐志：「建平城，石勒所築，即今邢州城。」非也。冉閔滅趙，劉顯復稱帝于襄國。晉永和八年閔攻滅顯，因毁其城垣。是後襄國廢入任縣，後魏太和二十年復置襄國縣，移于今治，魏收志襄國縣有襄國舊城是也。又隋志：「後齊廢易陽縣入襄國縣，置襄國郡。後周改襄國曰易陽，別置襄國縣。隋開皇初郡廢。」易陽，今廣平府之廢臨洺縣，似襄國改徙非一處矣。宋白曰：「隋以易陽還故治，而襄國亦仍理舊城也。」宋沈括筆談：「邢州城，郭進守西山時築，闊六丈，可卧牛，俗呼卧牛城。」一説城東有牛尾河，因名也。今城明朝因故址修築，周十二里有奇。

青山城，府西北八十里。其地近青山，本名青山口，隋開皇十七年因置青山縣，大業初省入龍岡縣。唐武德初復置，屬邢州。開成五年省入龍岡縣，仍爲設險處。乾寧五年朱全忠會魏博帥羅弘信兵擊李克用，至鉅鹿城下，敗河東兵，逐北至青山口，于是全忠遂取邢、洺、磁三州。既而克用遣李嗣昭等出青山，將復山東三州，進攻邢州，爲汴將葛從周所敗，退入青山，從周追之，將扼其歸路，李嗣源擊却之。光化三年李嗣昭拔洺州，朱全忠引兵來争，嗣昭棄城走，葛從周設伏于青山口邀擊，嗣昭大敗。後唐清泰三年唐兵攻太原，爲石敬瑭及契丹所敗，詔天雄帥范延光將兵由青山口取榆次以救之，即此也。榆次，今山西屬縣。

夷儀城，府西百四十里。春秋僖元年：「狄伐邢，齊桓公遷邢于夷儀。」或曰今山東聊城縣之夷儀聚也。杜佑曰：「龍岡縣北百五十里夷儀嶺，即左傳邢國所遷。有夷儀城，俗訛隨宜城。」寰宇記：「夷儀山在邢州西北一百五十七里。」今詳見山東聊城縣。

封山，府西二十里。志云：以邢侯初封此而名，亦謂之西山。今自封山以西，綿延數百里，直接太行，皆西山矣。五代梁開平五年，晉王存勗自柏鄉乘勝攻邢州，全忠遣將徐仁溥帥兵自西山夜入邢州助保義帥王檀城守，蓋乘高而下，則晉兵不及備也。又西十里曰孤山，斗絶多石，其旁平坦，可以耕藝。

百巖山，府西北百三十里。山高險，有巖百餘，郡境諸山之望也。又鵲山，在府西北百十里。岡巒鵲起，上有穴，出雲母。○馬鞍山，在府西北三十七里。山脊隆起，其南有泉曰金泉，北曰玉泉。又府西北三十里曰仙翁山，唐天寶中玄宗錫以今名，時張果遊憩于此也。又有百花山，在府西南四十二里。巨石巉巖，山色青白相間，因名。

馬嶺，府西北百三十里。其地峻險，有馬嶺口，爲戍守要地。唐天祐三年，河東帥李克用遣其將李嗣昭攻邢州，朱全忠將張筠引兵助守州城，因設伏于馬嶺，嗣昭至，爲筠所敗，遂引還。

黄榆嶺，府西百二十里，亦設險處也。嶺北有陳宋口。五代梁乾化五年，劉鄩以晉兵在魏州，因潛師出黄澤嶺，西襲晉陽。晉將周德威聞之，自幽州將千騎救晉陽，至土門，鄩已整衆下山，自邢州陳宋口踰漳水而東，屯于宗城。嶺下多陳、宋二姓所居，因以爲山口之名也。黄澤嶺，見山西遼州。

琉璃坡，府南三十餘里。西山垂盡，岡脈起伏處也。唐龍紀初，李克用自上黨而東，攻孟方立于邢州，拔磁、洺二州，敗方立兵于琉璃坡，進攻邢州。又景福二年，克用攻李存孝于邢州，從欒城進屯任縣，使李存審引軍屯于琉璃坡，蓋備存孝之南走也。○石井岡，在府西北七里。上有井，大如車輪，相傳漢世祖營軍時所鑿。石勒改爲龍岡，隋因以名縣。又有鹿城岡，在府北十五里。

漳水，府東南八十里。自廣平府曲周縣流經府境，入平鄉縣界，又北歷南和、任縣，合澧河而北入趙州隆平縣界。五代梁乾化四年，晉王存勗會兵攻邢州，梁將楊師厚自魏州赴救，營于漳水之東。胡氏曰："師厚蓋營于平鄉縣南也。"詳見大川漳水。

百泉水，府東南五里。自平地湧出，其脈甚多，故曰百泉，蓋即澧河之上源。引流而東，入南和縣界，又東北經任縣東入趙州隆平縣而匯于胡盧河。又有七里河，在府南七里，流合于百泉水。志云：百泉水一名渦水，又名鴛鴦水，隋志以爲湡水也。

達活水，府西北五里。舊名蓼水，出石井岡，流經任縣爲蔡河，合于澧河。又有野河，在府西北百二十里。發源百巖諸山，引流凡七十二道，下流亦會于澧河。

黄榆關，在府西北黄榆嶺上。據險築堡，爲戍守處。志云：黄榆嶺口有腰水寨，最高峻，其上平闊，惟一徑可通，腰半有水，因名。又香爐砦，在黄榆嶺北，峰巒高險，狀如香爐，惟一徑可達，舊置砦于此，皆有官兵戍守。又北即趙州贊皇縣界也。○馬嶺口，在馬嶺下。亦有堡砦，與黄榆關相爲犄角。

張公橋，在府西北。或云其下即野河所經，舊爲通道。唐末李克用争河北，每出青山口，必經張公橋然後至邢、洺諸州。天祐三年，梁將葛從周敗晉兵于沙河，追至張公橋。五代梁乾化四年，晉王存勖會兵于趙州，南攻邢州至張公橋是也。

檀臺。在府境。徐廣曰：「襄國縣有檀臺。」史記：「趙成侯二十年，魏獻榮椽以爲檀臺。」蓋在此。○偏店，在府南。近時賊犯府境，官軍敗之于此。

沙河縣，府南三十五里。南至廣平府邯鄲縣八十里。漢襄國縣地，隋開皇十六年析置沙河縣，屬邢州。唐武德初置温州于此。四年州廢，仍屬邢州。今編户十九里。

沙河舊城，縣東一里。隋置縣于此。唐武德五年世民擊劉黑闥于洺州，幽州總管李藝引兵會戰，黑闥留兵守洺州，自將兵拒藝，夜宿沙河。乾元二年官軍與史思明戰于相州之安陽河，會大風晦冥，官軍潰而南，思明亦潰而北，至沙河，尋還屯鄴南。五代晉開運初縣移今治。

湯山，縣西北七十里。下有湯泉。山海經：「此湯愈疾，爲天下最，故以名山。」又黑山，在縣西北四十里。山石多黑，因名。舊志：黑山，襄國之名山也。

磬口山，縣西南九十八里。盧毓曰：「淇陽磬口，冶鑄利器。漢、魏時舊鐵官也。」今縣有綦陽鎮，置鐵冶司于此，蓋即漢、魏之故址。隋志謂之磬山。

沙河，在縣治南。源出湯山，一名渪水，繞流經縣南，又東南流入廣平府永年縣界。渪讀曰容。水經注：「渪水出襄國縣西山，昔牛缺遇盗于沙渪之間是矣。」西山，即湯山也。

倉門。縣西南百二十里。志云：唐太宗爲秦王時，擊劉黑闥于河北，置倉于此，以通餽餉，故有倉門之名。或曰建中年間，昭義帥李抱真與河北叛帥田悦等相持，因置倉以供軍處也。亦謂之倉口。

南和縣，府東四十里。東至平鄉縣四十里。漢縣，屬廣平國，後漢屬鉅鹿郡，晉屬廣平郡，後魏因之。永安中分置北廣平郡治此，高齊省入廣平郡。後周分置南和郡，隋初郡廢，縣屬邢州。唐武德初置和州，四年州廢，縣仍屬邢州。今編户十三里。

澧河，在縣東北。自平鄉縣合沙、洺諸流入縣境，又西北會于澧河而入任縣界。○澧河，在縣西十里。其上源即百泉水也。自邢臺縣流入境，澧水及沙、洺諸川俱流合焉，又東北流而入任縣境。

泜水。縣西北十五里。志云：其上源自趙州臨城縣分流，入唐山縣界折而西南，經任縣、内丘縣境又東南流至縣界，邢臺縣之逹活河亦流經縣西合于泜水云。蓋泜水伏見不常，自臨城縣流合沙河，復分流而南出于郡境者也。○狼溝河，在縣南五里。沙、洺二河合流以後旁出者爲狼溝河，下流仍合于澧河。志云：河兩岸多狼，因名。

任縣，府東北四十里。又東北至趙州隆平縣六十里。漢置任縣，屬廣平國，後漢屬鉅鹿郡，晉屬廣平郡。後魏因之，永安中改屬北廣平郡。高齊時縣廢，隋開皇十六年復置，屬邢州。大業初廢入南和縣，唐武德四年復置，仍屬邢州。今編户十三里。

古任城，在縣東南。顔師古曰：「任本晉邑。春秋襄三十年：鄭羽頡奔晉，爲任大夫。」哀四年，齊國夏伐晉取任，即此地也。後爲趙邑，漢因置任縣。劉昫曰：「晉故置任縣，本漢鉅鹿郡南繇縣也。其後廢置不一，唐武德四年復置于故苑鄉城，尋移今治。」會昌三年討澤潞叛帥劉稹，成德帥王元逵次臨洺，略任及堯山。景福二年李克用攻叛將李存孝于邢州，自欒城進屯任縣，即今縣矣。

苑鄉城，縣東北十八里。本漢南繇縣地，後爲閑厩之所，謂之苑鄉。晉永嘉末，廣平人游綸等擁衆于苑鄉，時石勒據襄國，遣其將夔安等攻敗之。又永和五年，石虎子遵簒立，其兄冲起兵幽州討之，至常山，軍于苑鄉，尋敗死。志云：苑鄉，石勒置縣于此，又改爲清苑縣，屬襄國郡，後魏時廢。魏收志任縣有苑鄉城是也。

渚鄉城，縣西南二十七里。本漢之張縣，屬廣平國，後漢縣省。俗謂之渚鄉城。晉永嘉末，幽州刺史王浚遣兵及遼西鮮卑段疾陸眷等攻石勒于襄國，〔二〕屯于渚鄉，即此城也。城在澤渚之陽，故曰渚鄉。

龍岡山，在縣南。志云：其山岡脊横亘，東西長二十里，蓋西山之脈蜿蜒于郡北，與石井、鹿城諸岡互相接續也。或曰此山舊在邢臺縣境内，故隋以名縣。

澧河，縣東十五里。自南和縣合漳河以及羣川流入縣境，水勢曼衍，頗有漲溢之患，又東北入隆平縣之大陸澤。元初郭守敬言：「澧河東過任縣，失其故道，淹没民田千餘頃，若開修成河，其田即可耕種。」因命有司浚導。明亦嘗修治焉。

蔡河。在縣治南。其上源即邢臺縣之達活河也，〔三〕流至南和縣西會于泜水，復東北流入縣境謂之蔡河，又東注于澧河。

内丘縣，府北五十五里。東北至趙州柏鄉縣六十里。漢置中丘縣，屬常山郡。後漢屬趙國，晉因之。石趙嘗置中丘郡于此，又改置趙安縣。後魏復曰中丘，太和中屬南鉅鹿郡，孝昌中屬南趙郡。隋改曰内丘，屬邢州。唐初改屬趙州，貞觀初復屬邢州。今編户十八里。

中丘城，在縣東。漢縣治此。魏收曰：「晉亂後改廢，太和二十一年復置中丘縣。」今中丘故城是也。隋諱忠，因改曰内丘。唐因之。光化三年朱全忠遣軍攻幽、滄，李克用遣李嗣昭攻邢、洺以救之，敗汴兵于内丘，又敗汴兵于沙河，遂克洺州。五代漢乾祐末，契丹寇陷内丘，即今縣治矣。

青山，縣西二十里。志云：初亦名黑山，後周時始改曰青山。山岡隴綿延，與太行相接，爲郡境之險。隋置青山縣以此。唐曰青山口。詳見邢臺縣之青山城。

攖山，縣西北十二里。山峰巖錯峙，勢如搏攖，因名。礪水出于此。又蓬鵲山，在縣西六十三里。亦名龍騰山，以山有騫舉之勢也。龍騰水出焉。○孤山，在縣西北十七里。挺然獨峙，旁無支阜。唐天寶中賜名曰内丘山。

泜水，在縣東南。自唐山、任縣境内西南流經縣界，復折而東南入南和縣境。又沙溝水，在縣西南。源出龍騰山，引而東合于龍騰水，東北流入唐山縣界合于泜水。又礪水，源出攖山。其水可以礪刀劍，因名。亦曰礪溝水，一名渚水，下流入沙溝水。

燒梁關，在縣西，舊爲控扼之處。晉書地道記中丘縣有燒梁關。

石門塞。在縣西北。晉書地道記中丘縣有石門塞。紀勝云：石門塞，邢州之險要也。晉時石勒遣石季龍進據石門，因取襄國。五代初晉王存勗以張文禮之亂，自石門趣鎮州，即此矣。寰宇記邢臺縣有石門山，金人疆域圖因之，誤也。

唐山縣，府東北九十里。北至趙州柏鄉縣三十五里，東至趙州隆平縣五十里。漢置柏人縣，屬趙國，後漢及晉因之。後魏屬趙郡，孝昌中改屬南趙郡。高齊改縣曰柏仁。隋屬邢州。唐武德初置東龍州，四年州廢，改屬趙州。貞觀初還屬邢州，天寶初改爲堯山縣。宋因之。熙寧六年廢，元祐初復置。金人改縣曰唐山，仍屬邢州。今編户一十四里。

柏人城，縣西十二里。春秋時晉邑。哀四年，晉荀寅奔鮮虞，齊弦施會鮮虞納荀寅于柏人。五年晉圍柏人，拔之。史記：「趙王遷元年，城柏人。」漢因置柏人縣。高祖八年擊韓王信餘寇過趙，趙王張敖相貫高等以帝數嫚罵王，謀爲亂。帝還過柏人，欲宿，心動，問縣何名，曰柏人，帝曰：「柏人者，迫于人也。」不宿而去。光武初，破王郎將李育于柏人。晉建興三年，石勒自襄國襲王浚于幽州，以火宵行至柏人。後魏主宏太和十八年南巡，謀遷都，羣臣或請都鄴，魏主曰：「鄴西有枉人山，東有列人縣，北有柏人城，君子不飲盜泉，惡其名也。」蓋亦以柏人爲迫人矣。皇甫謐曰：「柏人城，堯所都。」魏收志柏人縣有柏人故城。或以爲今治即後魏時所遷矣。唐天寶初改縣曰堯山，景福初李克用侵鎮州帥王鎔，鎔合幽州兵拒克用于堯山，克用遣將李嗣昭擊敗之，即今縣也。又柏鄉城，在縣東北十八里。魏收志柏人縣有柏鄉城。城冢記云：「亦堯所築也。」

堯山，縣西北八里。相傳堯始封此，因名。其東麓一名宣務山，又名虛無山。山經：「宣務山高一千八百五十丈。出文石，五色錦章。昔堯登此山，東瞻洪水，務訪賢人，因名。」○干言山，在縣西北五里。詩衛風「出宿于干，飲餞于言」，寰宇記以爲即此山也。隋志内丘縣有干言山，金志亦云山在内丘縣。或曰山延袤數十里，西接内丘縣界。

鶴度嶺，縣西百七十里。志云：嶺最高，惟鶴可度，故名。南去邢臺縣馬嶺僅三十五里，俱爲兵防要口。○光泰岡，在縣西二里。廣一里，袤數里。相傳光武破李育于此。

泜水，縣西二里。其上源自趙州臨城縣東南流入境，至縣西復折而西南，經任縣之西北，内丘縣之東南，遠近諸川流多附入焉。

宣務柵。在堯山東麓，唐昭義鎮所置戍守處也。會昌三年劉稹以澤潞叛，詔諸道兵進討，成德帥王元逵以兵守臨洺，掠堯山，旋奏拔其宣務柵，因進攻堯山城，劉稹遣兵來救，元逵擊却之，蓋宣務柵與縣相脣齒云。

平鄉縣，府東南八十里。南至廣平府六十里，西南至廣平府雞澤縣二十里。秦鉅鹿縣也，漢因之，爲鉅鹿郡治。後漢仍屬鉅鹿郡。晉屬鉅鹿國。後魏初因之。景明二年改置平鄉縣于此，孝昌中屬南趙郡。隋初郡廢，縣屬邢州。唐武德初置封州，四年廢，還屬邢州。宋因之。熙寧六年省入鉅鹿縣，元祐初復故。今編户十三里。

鉅鹿城，今縣城也。秦二世二年，章邯北渡河擊趙，趙王歇、張耳、陳餘皆走入鉅鹿城。章邯令王離、涉間圍鉅鹿，章邯軍其南，築甬道而輸之粟。陳餘將卒數百人軍鉅鹿北，所謂河北之軍也。三年，楚上將軍項羽引軍渡河救鉅鹿，大破秦兵。諸侯軍救鉅鹿下者十餘壁，莫敢縱兵。章邯兵數却，遂以兵降楚，即此鉅鹿也。括地志：「漢鉅鹿郡故城在平鄉縣北十一里。」故鉅鹿縣城，即平鄉縣治也。

平鄉城，縣東南二十里。晉泰始初分鉅鹿縣置平鄉縣，屬趙國，尋廢。魏收志：「景明二年復置平鄉縣，治鉅鹿城，屬南鉅鹿郡，後改屬南趙郡。」縣有平鄉故城，是平鄉、鉅鹿改徙之明驗也。劉昫曰：「隋改置平鄉縣于鉅鹿城。」悮。又邑志云：縣東二十里有艾村，相傳其地即故南𢿨城，平鄉縣初治此，宋元符中始還今治。艾村當即故平鄉，元符還治之説亦謬也。

棘原，在縣南。史記「項羽破秦軍，章邯軍于鉅鹿南棘原」，即此。今湮。劉昭曰：「鉅鹿縣南有棘原，即章邯所軍處。」

濁漳河，縣西南二十里。自廣平府曲周縣流入境，又東北經縣東十里，復折而西北流入南和縣界合于澧水。括地志：「濁漳水即禹貢之横漳，俗亦名爲柳河。」史記：「項羽已破秦軍，軍于漳水南。」是也。朱梁時，魏博帥楊師厚以晉兵攻邢州，引兵救之，亦屯于此。志云：今縣東二十餘里爲舊漳河，又東十二里有新漳河。漳水流濁易決，舊漳河久填淤不能容水，每至漲溢則西入滏陽，東入新漳，而沙、洺諸流亦不時氾濫，與漳、滏諸流合爲一壑，民被其害。蓋邑之爲地，外高中卑，浸淫所不能免也。明正統中嘗爲堤以防之。弘治十四年復大溢，縣令唐澤大修堤障，環繞邑境，民困始蘇。蓋川流變徙，大抵非故道矣。

洺河，縣西十里。自雞澤縣流經境内。又西五里爲沙河。志云：縣境左舒而右縮，洺河在境上，沙河在境外，此即沙河在雞澤縣南流合洺水之道也。沙、洺合流，俱東北出而經縣西，至南和縣界合于漳河。

滏陽河，縣東七里。亦自曲周縣流經境内，又北入于漳河。萬曆初漳水挾滏陽而北出，于是舊流益亂。○落漠水，在縣西南十八里。漳水舊經流此，謂之薄洛津，俗因訛爲落漠水，志以爲洺水支流也。自縣境北入南和縣界與滏陽河合，近亦爲漳、洺諸流所併，非復故渠矣。又淤泥河，在縣東十里，亦漳水支流也。

沙丘臺。縣東北二十里。古史：「紂築沙丘臺，多取禽獸置其中。」莊子：「衛靈公卒，葬沙丘宫。」戰國策：「趙李兑等圍主父于沙丘宫，百日而餓死。」竹書紀年：「自盤庚徙殷，更不徙都。趙時稍大其邑，南距朝歌，北據邯鄲及沙丘，皆爲離宫别館。趙主父及子惠文王遊沙丘異宫是也。」秦紀：始皇三十七年，崩于沙丘平臺。或曰平臺，沙丘宫中之臺也。邑志：縣南五里有平臺。劉昭曰：「沙丘臺在鉅鹿東北七十里。」

鉅鹿縣，府東北百二十里。東北至冀州南宫縣六十里，西北至趙州隆平縣六十里。漢南䜌、鉅鹿二縣地，後魏初改置鉅鹿縣，仍屬鉅鹿郡，後屬南趙郡，高齊廢。隋開皇六年復置，屬邢州。大業十年爲羣盗張金稱所陷。唐武德初置起州，四年州廢，縣屬趙州，貞觀初仍屬邢州。今編户十三里。

南䜌城，在縣北。此隋之南䜌城也。寰宇記：「縣境即漢南䜌縣地。」蓋高齊廢南䜌入任縣，隋開皇六年改置于此，屬邢州，大業初廢入鉅鹿。劉昫曰：「隋于漢之鉅鹿置平鄉縣，而于漢之南䜌置鉅鹿縣。」似爲未核。又邑志：縣北十里有舊鉅鹿城，縣本治此。唐垂拱初因漳水爲患，徙縣于東南隅，即今縣治。劉昫志：「貞觀初鉅鹿縣治東府亭城，嗣聖初徙今治。」垂拱即嗣聖之明年，舊城當即東府亭城。宋國史云「元豐以後大河益徙而北，大觀二年河決，陷鉅鹿城，詔遷縣于高地」，而志不載，今城蓋宋大觀中所遷矣。輿程紀：「自縣而南四十里至平鄉縣，此爲漢之鉅鹿；自縣而西五十餘里至任縣，又北至柏鄉縣之廢南繺城九十里，此爲漢之南繺縣。」

白起城，在縣西南。舊傳白起攻趙，嘗築城于此。唐武德初置白起縣，屬起州，四年并入鉅鹿縣。又今縣南七里有棘城，一名棘家砦，志以爲即章邯所軍之棘原也。又有柴城，在縣東三十里。五代周顯德中所築。志云：世宗父柴守禮，本堯山人，嘗徙于此築城以居，因名。今城址猶存。

漳水，舊在縣東。有大小二河，亦謂之新舊二河。自平鄉縣東北流入縣境，與廣宗縣接界，又北注于大陸澤。明天順中，漳河南徙，悉入于運河，北道之流幾絶。其後漳水餘流自平鄉北徙，合于南和縣之澧河，不復至縣境，二河漸成平陸矣。唐史：「貞元中，邢州刺史元誼徙漳水，自州東二十里出至鉅鹿縣北十里，入于故河，民賴其利。」又宋元祐初，大河北徙，决入漳河，漲溢爲害，其後河復南出，漳亦隨之，故道多塞。蓋漳水經流，其不可問久矣。

廣阿澤，縣北五里。亦曰大陸，亦曰鉅鹿，接趙州隆平縣界。吕氏春秋：「晉之大陸，趙之鉅鹿也。」十三州志：「廣阿澤，即唐、虞時大麓地，東西廣二十里，南北三十里，葭葦魚蟹之利，充牣其中。澤畔又有鹽泉，煮而成鹽，百姓資之。亦名沃洲。瀦而復流，即寧晉之胡盧河也。」食貨攷：「漢堂陽縣有鹽官，蓋以地近廣阿澤云。」

原莊堡。縣西南十五里。往來所經，商旅輻集。舊有小城，可以守禦。

廣宗縣，府東百二十里。東南至山東臨清州七十里，西北至鉅鹿縣三十五里。漢鉅鹿郡堂陽縣地，後漢章帝分置廣宗縣，仍屬鉅鹿郡。永元五年嘗置廣宗國于此，國尋廢。晉仍曰廣宗縣，屬安平國，石趙嘗置建興郡治焉。後魏屬清河郡。太和二十一年置廣宗郡，尋罷。孝昌中復置郡。高齊時郡廢，縣屬貝州。隋仁壽初改曰宗城縣。唐武德四年置宗州，九年州廢，縣仍屬貝州。天祐初以朱温父名誠，復改廣宗縣，屬魏州。後唐復曰宗城。宋屬大名府，金屬洺州。元復曰廣宗，至元初省入平鄉。尋復置，屬順德路。今編户十三里。

宗城故縣，即今治。後漢置廣宗縣于此。光和末，皇甫嵩大破黄巾賊帥張梁于廣宗。晉永嘉四年，幽州將祁弘擊劉淵，冀州刺史劉靈于廣宗斬之。隋避太子廣諱，改曰宗城。唐建中末，幽州留後朱滔叛應朱泚于長安，入魏境，以田悦不與同叛，攻宗城、經城，陷之。乾寧三年，河東將李存審救鄆帥朱瑄，攻臨清，敗汴將葛從周于宗城北，乘勝至魏州北門。五代梁乾化五年，劉鄩謀襲晉陽，不能達，自西山下至邢州，踰漳水而東，軍于宗城。以晉所蓄積俱在臨清，謀襲之以絶晉糧道。晉將周德威引兵追鄩至南宫，詰朝略鄩營而過，馳入臨清，鄩因引兵趣貝州。五代晉天福六年，成德帥安重榮舉兵叛，南向鄴都，遣杜重威等擊之，遇于宗城西南，重榮敗保宗城，官軍攻拔之，重榮走還鎮州。胡氏曰：「宗城東南至魏州百七十里，由宗城東行斜趣至臨清數十里，自南宫東南至臨清亦不過數十里，梁、晉爭衡，數邑常爲碁劫之勢。」

經城故縣，縣東二十里。後漢分堂陽縣置經縣，屬安平國，晉因之。後魏省入南宫縣，尋復置，屬廣宗郡。高齊省。隋開皇六年復置經城縣，屬貝州。唐仍曰經城縣。宋因之，熙寧六年省爲經城鎮，屬宗城縣。宋白曰：「後漢于今縣西北二十里置經縣，後魏太和十年于今縣治移置經縣，廣宗郡理于此。北齊省郡及縣，嘗移武強縣治焉。後周復于此置廣宗郡。隋開皇三年郡廢，六年改置經城縣。」宋白所云今縣，時經城未廢也。○府城廢縣，在縣東南。隋開皇十六年分經城縣置，屬貝州，大業初仍省入經城縣。唐武德四年復置，屬宗州。九年復廢。

上白城，在縣南。晉建興初石勒攻乞活帥李惲于上白，斬之。又永和五年石虎死，張豺專政，謀誅李農。農奔廣宗，帥乞活數萬家保上白，豺遣兵攻之，不能克。○建始城，在縣西南。水經注：「張甲河經廣宗故城西，又北經建始故城東。」田融曰：「後趙立建興郡，治廣宗，又置建始、興德等五縣隸焉。」魏收志廣宗縣有建始、建德等城是也。

漳水，舊在縣西。水經注：「漳水經經縣故城西，其故津爲薄洛津。」劉昭續漢志：「經縣西有薄洛津。」戰國策所謂「河、薄洛之水」，即此也。後漢初平四年，袁紹擊公孫瓚軍于薄洛津，即漳水津矣。又縣舊有大河故瀆。宋元祐四年河決宗城中埽，七年趙偁議修宗城棄堤，塞宗城口。蓋是時大河挾漳而北注，南宮、冀州皆爲水衝云。

張甲河，縣南二十里。舊自清河縣流入，東經冀州棗强縣東合于洚河，後堙。唐志云：「經城西南四十里有張甲河，神龍二年刺史姜師度因故瀆開以利民。」

枯洚河，寰宇記云：「在縣東二十七里。」杜佑曰：「經城縣界東去清河郡理五十四里有枯洚渠，北入南宮縣界，古冀、兗二州于此分域。」

五橋澤，在縣東。東晉太元十年，劉牢之救苻丕于鄴，慕容垂北遁，牢之追及垂于董塘淵，又疾趣二百里至五橋澤中，爭燕輜重，爲垂所邀擊，大敗。董塘淵，見後曲周縣。

界橋，在縣東。通典：「宗城有界橋。」後漢初平三年，袁紹及公孫瓚戰于橋南二十里，追至界橋，瓚軍大敗。今一名袁公橋，亦曰界城橋。酈道元云：「清河東北經界城亭東，水上有大梁，謂之界城橋。」太子賢曰：「宗城縣側有古界城，近枯洚水，橋當此水之上。」胡氏曰：「水經云大河右瀆東北逕廣宗縣故城南，又東北逕界城亭北，又東北逕信都郡武强縣故城東北，蓋于河瀆上作橋也。」

桑林。在縣南。唐興元初朱滔攻田緒貝州，久之未拔。成德帥王武俊、昭義帥李抱真合兵進救，距貝州三十里，武俊先伏兵于桑林，合戰伏發，滔大敗，走德州。胡氏曰：「桑林在經城縣西南。」○唐店，在縣南。五代梁乾化二年鎮冀將王德明自臨清攻宗城下之，梁魏州帥楊師厚伏兵唐店邀擊，德明大敗，即此。

廣平府，東至山東臨清州百五十里，東南至大名府百二十里，西南至河南彰德府百八十里，西至河南磁州百二十里，北至順德府亦百二十里，自府治至京師一千里。

禹貢冀州地，春秋時屬晉，爲東陽地。晉人自山以東謂之東陽，自山以南謂之南陽，後世山東、西之稱，蓋昉于此。戰國屬趙。秦爲邯鄲郡地，漢初置廣平國，武帝征和二年改平干國，宣帝五鳳二年復爲廣平國。後漢省入鉅鹿郡。通典：「後爲魏郡之西郊。」魏復置廣平郡，晉及後魏因之。後周置洺州，隋大業初改爲武安郡。唐復爲洺州，唐書：「武德元年改武安郡爲洺州。」二年爲竇建德所據。四年平，立山東道大行臺于此。五年劉黑闥都之。六年黑闥平，置洺州大總管府，尋復爲洺州。天寶初曰廣平郡，乾元初復故。宋仍曰洺州，亦曰廣平郡。金人因之，元初亦爲洺州，初置邢洺路，兼領邢、磁、威三州。尋又爲洺磁路，兼領磁、威二州。至元中升爲廣平路，明爲廣平府。領縣九。

府西出漳、鄴，則關天下之形勝；東扼清、衛，臨清州，運道之咽喉也。則絶天下之轉輸。晉以東陽之甲，雄于山東。杜預曰：「晉自山以東魏郡、廣平之地皆曰東陽。」襄二十二年，齊侯伐晉還，趙勝帥東陽之師追之。又昭二十二年，晉荀吴略東陽，還襲鼓，滅之。戰國策：「趙萬乘之强國也，前漳、滏，右常山，左河間，北有代。」蘇秦亦曰：「趙西有常山，南有河、漳。」又蘇代曰：「韓之上黨，去邯鄲百里。」蓋太行在郡肘腋間，形勝所憑也。太史公曰：「邯鄲，漳、河之間一都會也，北通燕、涿，東有鄭、衛。」漢初，代相國陳豨反，高祖自將擊之，至邯鄲，喜曰：「豨不南據邯鄲而阻漳水，吾知其無能爲也。」地險説曰：「邯鄲包絡漳、滏，倚阻太行，趙人都此，秦、魏戰其西南，燕、齊戰其東北，而趙之力常足以却秦勝魏，脅齊弱燕。蘇秦謂山東之國莫强于趙者，豈非擁據河山，控帶雄勝，邯鄲之地，寔爲河北之心膂，而河南之肩脊哉？」後漢初，王郎假竊于邯鄲，遂收燕、趙。光武既入邯鄲，耿弇進曰：「王郎雖破，天下兵革乃始耳。」于是遣將集兵，以次征伐，光復大業，肇于邯鄲也。魏、晉以降，河北多事，往來角逐，邯鄲寔爲孔道。隋季羣雄割據，竇建德縱横河朔，西入洺州，兼有相、魏，漸且規并河南。建德既蹶，劉黑闥復奮，再擾河北，兩據洺州，自關以東皆爲震動。唐之中葉，昭義一鎮所以能限隔河北者，藉邢、洺、磁三州掣其襟要，而洺州又邢、磁之中樞也。及會昌中劉稹拒命于潞州，官軍四面進討，邢、洺、磁三州先下。李德裕曰：「昭義根本盡在山東，三州降，上黨不日有變矣。」朱温攘奪洛、邢，西逼上黨，而河東兵勢，爲之衰鈍。宋初以劉崇在太原，使郭進守洛州以控西山，漢人畏其鋒。然則洛州之于兩河，謂河北、河東。互爲形援矣。使塞清河之口，涉黎陽之津，所就又烏可量哉！

永年縣，附郭。春秋時晉之曲梁地，漢爲曲梁縣，屬廣平國，宣帝封平干須王子敬爲侯邑。後漢屬魏郡，晉屬廣平郡。後魏爲廣平郡治，北齊省入廣平縣。隋開皇初改置廣平縣于此，仁壽初避太子廣諱，改曰永年，〔四〕仍爲洛州治。今編户二十九里。

曲梁城，在縣東北。杜佑曰：「曲梁在春秋時爲赤狄之地。」宣十五年，晉荀林父敗赤狄于曲梁，遂滅潞，即此。漢爲曲梁縣治，晉因之。永嘉末劉聰將趙固、王桑等自河内歸平陽，桑引其衆東奔青州，固遣兵追殺之于曲梁。水經注：「洛水東逕曲梁城。」是也。隋移置廣平縣，尋曰永平，〔五〕自是以後州郡皆治此。今郡城，明初因故址修築，周十四里有奇。

廣平城，杜佑曰：「在永年縣北。」漢置廣平縣，蓋治此。高帝封功臣薛歐爲侯邑。征和二年爲平干國治，尋爲廣平國治。後漢國廢，屬鉅鹿郡，建武二年封吴漢爲廣平侯是也。曹魏復置廣平郡治焉。晉因之。後廢。後魏太和二十年復置廣平縣，仍屬廣平郡，高齊廢曲梁、廣年二縣入焉。隋開皇初徙置廣平縣，于此城置雞澤縣，〔六〕大業初又省雞澤入永年。○廣年城，亦在縣境。漢縣，屬廣平國，後漢屬鉅鹿郡，晉仍屬廣平郡，後廢。後魏太和二十年復置，仍屬廣平郡，高齊省入廣平縣。〔七〕

臨洛城，府西四十里。本漢之易陽縣，屬趙國，後漢因之。和帝永平七年易陽地裂，即此。建安九年曹操圍鄴，易陽令韓範以縣降。魏屬魏郡，晉屬廣平郡，後魏時省入邯鄲。尋復置，仍屬廣平郡。東魏天平初改屬魏郡。宋白曰：「元魏孝文于廣平郡之北中府城復置易陽縣，後齊廢入襄國縣，後周改襄國爲易陽縣，而別置襄國縣。隋開皇六年改易陽爲邯鄲縣，十年移邯鄲理涉鄉，在今邯鄲縣界，而改邯鄲爲臨洛縣，仍置于北中府城，屬洺州。唐武德初置紫州治焉。四年罷州，以縣屬磁州，五年仍屬洺州，即此城也。」建中二年魏博節度使田悦叛，攻圍臨洺，河東帥馬燧等自壺關進擊，悦大敗之。興元初，昭義帥李抱真軍于臨洺，與王武俊會于南宮東南，共救魏博，却朱滔攻貝、魏之兵。會昌三年劉稹以澤潞畔，成德帥王元逵遣兵守臨洺，掠堯山，即此。宋熙寧六年省爲鎮，元祐二年復故，尋又廢爲臨洺鎮。范成大北使録：「臨洺城東至洺州三十五里，以北濱洺水而名，自此過洺河三十里至沙河縣。」是也。今置臨洺驛于此，爲磁州及潞安府之通道。○建德城，在府北二十五里。有故城二，東西相直，相傳竇建德屯軍處。

聰明山，府西六十里。邯鄲縣紫山之別峰也。或以爲即古之邯山。周回俱石，形勢高峻，岡巒盤據，綿亘廣遠。○紅山，在府西七十里。踞紫山之北，山形延袤，回峰環澗，互相映帶。下有屯曰豐稔屯。又狗山，亦在府西七十里。以山峰如狗脊而名。唐太宗擊劉黑闥時建壘于此。

洺水，府北三十五里。源出山西遼州界太行山中，經河南武安縣東北流，逕邯鄲縣紫山之北，二流雙導，合而爲一，經府西臨洺鎮，東北流合于沙河，歷雞澤縣東南而入順德府平鄉縣境。唐武德五年，世民擊劉黑闥，拔其洺水城，乃營于洛水南，分屯水北，密使人堰洛水上流。黑闥南渡洛水，壓唐營而陳，世民戰酣，乃決堰，洛水大至，黑闥兵潰。貞元十年，昭義將元誼畔據洛州，昭義帥王虔休將兵攻之，引洛水以灌城，既又乘冰合渡濠急攻，元誼出擊，虔休不勝而返，會日暮冰解，士卒死者大半，即此水也。

沙河，府北五十里。自順德府沙河縣流經雞澤縣西，又東南流至府境合于洛河，復東北出入平鄉縣境。郡境支川多附沙、洛二河以北出，漲溢不時，下流多被其患。

滏水，府西南五里。亦名滏陽河。自邯鄲縣流入界，俗謂之柳林河，又東北經府城南東入曲周縣界。舊有堤，東去城二里。唐武德五年世民攻劉黑闥於洛州，別將程名振載鼓六十具，于城西二里堤上擊之，城中地皆震動，即滏陽河堤矣。元至元五年州人患井泉鹹苦，引滏水灌城壕資食用，因置壩牐以節宣之，至今不廢。

雞澤，在府西。春秋襄三年：諸侯同盟于雞澤。杜預曰：「在曲梁縣西南。」酈道元曰：「漳水東爲渚澤，曲梁縣之雞澤也，國語所謂雞丘矣。」〇買葛澤，在府西二十里。受邯鄲西山之水，下通滏水。舊有買葛口堤，東沿滏河，至府城東南復迆邐而北，長三十里許。

信宮，在府西北，孔穎達曰：「臨洛有信宮。」趙武靈王元年梁、韓來朝信宮，又十八年大朝于信宮，即此。府治南又有長春宮。唐武德二年竇建德取洛州，進取衛、滑諸州，還洛州築長春宮而徙都之是也。今皆堙廢。

黃龍鎮，在府西南。唐光化三年，李克用將李嗣昭拔洛州，朱全忠遣其將葛從周擊之，自鄴縣渡漳水，營于黃龍鎮，全忠自將中軍，涉洛水置營以逼嗣昭，嗣昭棄城走。金人疆域圖永年縣有黃龍鎮。

黑闥壘。府西南十里。唐初劉黑闥據洺州，築壘以拒唐師處也。或謂太宗征黑闥時所築，悞。又寰宇記云：府城十里有廉頗臺。十六國春秋：「冉閔遇慕容恪于廉頗臺，十戰皆敗，即此臺也。」亦悞。今見無極縣之廉臺。

曲周縣，府東北四十五里。東至山東臨清州百四十里，北至順德府平鄉縣五十里。漢縣，屬廣平國，高祖封酈商爲曲周侯，邑于此。後漢屬鉅鹿郡，晉省。隋開皇六年復置曲周縣，屬洺州。大業初廢。唐武德四年復置，仍屬洺州。宋因之。熙寧三年省入雞澤縣，元祐二年復置。明年復降爲曲周鎮，四年又爲縣。今編户二十八里。

曲周故城，杜佑曰：「在縣西南。」漢縣治此，今城唐所置也。又縣東有曲安故城，後魏景明中分平恩置曲安縣，屬廣平郡，高齊廢。寰宇記：「後魏改曲周爲曲安。」似悞。

平恩城，縣東南五十里。漢縣，屬魏郡，宣帝封許廣漢爲侯邑。後漢仍屬魏郡，晉改屬廣平郡，後魏因之。隋屬洺州。大業十三年羣盗張金稱據平恩，楊義臣擊擒之。唐仍曰平恩縣，屬洺州。宋仍舊，金省爲平恩鎮。九域志：平恩縣在洺州東九十里。今其地分入山東丘縣界。○南曲城，在縣東。漢縣，屬廣平國，後漢省。應劭曰：「平恩縣北四十里有南曲亭，故縣也。」水經注：「漳水故瀆東北經南曲故城，又經曲周縣故城東。」

漳水，縣西南三十里。自河南臨漳縣流入府境，經成安、廣平、肥鄉三縣而至縣界，東北流達平鄉縣境合于洺河。志云：今縣東十五里有漳河枯瀆。漳水舊自肥鄉北口接縣西南趙林村，至縣東北而入威縣，其後漳水自魏縣東出，經流變徙，遂爲枯瀆。明萬曆元年漳水遂合滏河而北出，不復經故道矣。又舊有漳河堤，在縣東二十里。○漯河枯瀆，在縣東。志云：自永年縣界泊頭堡，接縣境西朱堡，長十五里，又東接于漳河枯瀆。遇雨潦滏水泛溢，輒由此分流北注。今堙塞殆盡。又有大河枯瀆，在縣東五十里。宋元豐中大河經流于此。河南徙後，遺跡僅存。

滏陽河，縣東一里。自永年縣東北流經縣南，又東北入平鄉縣境，下流合于洺河。舊時雨潦輒有暴溢之虞，春冬之交，則以暵涸爲患。萬曆初漳水決溢于大名府魏縣界，奔流北出，至縣南八里蘇河寨挾滏河而經縣界，勢盛流駛，非復故瀆也。舊有護城堤，在滏陽河上。自縣西南十二里滏陽集，至縣東北十五里馬疃村，長幾三十里。

董塘陂，縣西北十五里。魏、晉時導漳水入陂爲灌溉之利，今涸。晉紀：「太元十一年劉牢之救苻丕于鄴，慕容垂逆戰而敗，退屯新城，復自新城北遁，牢之追及垂于董塘淵，爲垂所敗，即此處也。」新城，見肥鄉縣。

康臺澤，在縣東。地形志平恩縣有康臺澤。苻秦時爲閑牧之地，晉太元九年後燕慕容農起兵，遣其黨蘭汗等取康臺牧馬數千匹，即此。

阿難渠，縣西三十里。後魏時廣平郡守李阿難鑿渠，導漳水以溉田，因名。水經注：「館陶縣有阿難河。」今縣境東南與山東館陶縣接界，渠蓋經兩邑間矣。

鉅橋，舊在縣西。杜佑曰：「紂鉅橋倉在曲周縣。」水經注：「橫漳北經巨橋邸閣西。舊有大橋橫水，故曰巨橋。」昔武王伐紂，發粟賑殷饑民。服虔曰：「鉅鹿水之大橋也。」當在鉅鹿縣。劉伯莊曰：「橋以高廣名也。」

香城固堡。縣東北六十里，接威縣界。又東北四十里有大呰堡，接清河縣界。里道記：「縣東北至威縣七十里，自威縣至清河縣亦七十里，縣境最爲廣遠。又大目寨堡，在縣東七十里，接山東臨清州界。侯村堡，在縣東南四十五里，接山東丘縣界。又安兒呰堡，在縣南二十五里。又西南三十五里即肥鄉縣也。」

肥鄉縣，府南四十里。南至大名府魏縣四十里。本漢邯溝縣地，屬魏郡，後漢廢入廣平縣。魏析置肥鄉縣，屬廣平郡，晉因之。後魏仍屬廣平郡，東魏天平初省入臨漳縣。隋開皇十年復置，屬洺州。唐武德初屬磁州，六年改屬洺州。今編户二十六里。

肥鄉舊城，縣南二十里。戰國時趙之肥邑。竹書「梁惠成王八年伐邯鄲，取肥」，即此。曹魏因置肥鄉縣。唐武德五年劉黑闥據洺州，世民擊之，取相州，進據肥鄉，列營洺水上以逼之。又會昌三年討澤潞叛帥劉稹，魏博帥何弘敬栅肥鄉，侵平恩，即今縣也。

邯溝城，縣西北七里。漢縣，屬魏郡。顏師古曰：「以邯水之溝而名。」宣帝封趙頃王子偃爲侯邑。今俗謂之桓公城。又有邯會城，在縣西南二十里，亦漢魏郡屬縣也。武帝封趙敬肅王子仁爲侯邑。張晏曰：「漳水別自城西南與邯山之水會，今城旁猶有溝渠在焉。」二縣俱後漢時廢。○葛孽城，在縣西。戰國策：「魏王抱葛、孽、陰、成爲趙養邑。」鮑彪曰：「葛、孽、陰、成，四邑名。」寰宇記：「葛孽城，趙武靈王夫人所築，一名夫人城，俗謂之葛鵜城。」似未可據。

列人城，縣北三十里列人堤上。戰國時趙邑也。竹書紀年：「梁惠成王八年伐邯鄲，取列人。」漢置縣，屬廣平國。更始初光武徇河北，至邯鄲，故趙王元子林説光武曰：「赤眉今在河東，河水從列人北流，〔八〕如決河灌之，可令爲魚。」王氏曰：「時赤眉屯于濮陽，在列人河東也。」建武中縣改屬鉅鹿郡，晉屬廣平郡。太元九年慕容垂謀叛秦，其子農自鄴奔列人，與其黨起兵應垂。衆請治列人城，農曰：「今起義師，惟敵是求，當以山河爲城池，何列人之足治。」既而秦將石越來攻，爲農所敗。後魏亦爲列人縣，仍屬廣平郡，東魏天平初改屬魏郡，高齊省。隋大業末竇建德據廣平，置列人營于此。唐武德五年劉黑闥以洺水城爲唐所取，自沙河引兵還攻之，行至列人，爲唐所敗，即此城也。

新興城，在縣東南。晉太元九年慕容垂攻苻丕于鄴，分置老弱于肥鄉，築新興城以置輜重。既而鄴久圍不下，垂解圍趣新城，即新興城也。二十一年拓跋珪攻後燕鄴城，爲慕容德所敗，退屯新城，亦此城矣。今俗呼爲白塔營。○清漳城，在縣東南七十里。漢列人縣地，隋開皇十年置清漳縣，屬洺州。唐初因之，會昌初省入肥鄉縣。

浮丘山，縣南四里。土阜隆起，高于平地僅數尺許。或以爲古隄遺址。又縣西南十五里有天臺山，土山無石，其頂平衍。

漳河，縣西北十里。舊自廣平縣流入境，又東北入曲周縣界。今多淺涸。縣東南五里有石家河，本漳水支流也。經縣東，復北流入于漳河。

白渠，在縣西北。舊自武安、臨漳、成安等縣流入境，入于漳河。今堙。漢志注：「魏郡武安縣有斂口山，白渠所出，東至列人入漳。」

列人隄。縣東北二十里。亦曰列人埤。漳水淤濁，積久而成高岸。或曰漢時大河隄也。又神腴堤，在縣北。堤東西約五里，唐邑宰韋景駿築以備漳水之患。

雞澤縣，府東北六十里。西北至順德府沙河縣三里。漢廣平縣地，隋開皇六年置雞澤縣，屬洺州，大業初廢。唐武德四年復置，仍屬洺州。宋因之。元初省入永年縣，尋復置，屬廣平路。今編户九里。

雞澤舊城，在縣南。隋開皇中于廣平故城置雞澤縣，尋廢，唐復置，南去故城十餘里，後又移今治，蓋縣屢遷而名不改。○普樂城，在縣東南十里。寰宇記：「唐初置縣，旋陷于竇建德。」或曰即建德創置，武德四年建德所署普樂令程名振來降是也。建德平，縣仍省入雞澤。

洺河，縣東南二十里。自永年縣東北流經縣境而入平鄉縣。寰宇記：「漳、洺二水俱在縣東南。」今縣東二十里有漳河堤，亦曰漳洺南堤，蓋昔時漳水在縣界合洺河而東北注也。

沙河。縣南二十里。自沙河縣東南流經縣境，達永年縣界合于洺河，復自縣境東北出，而入平鄉縣界。志云：縣西南有沙河堤，闊一丈，長二十里，圖經所云「漳河東環，沙、洺西遶」者也。郡國志：「縣有沙河南堤，唐永徽五年築。」

廣平縣，府東南七十里。又東南至大名府六十里。本大名府魏縣地，金大定七年置廣平縣，屬洺州，元因之。今編户十七里。

廣平故城，在縣北。志云：漢廣平縣在永年縣北，隋改置雞澤縣，唐嘗置縣于馮鄭堡，石晉時復置于故城東二十里，金置于臺頭村，即今縣云。

轆轤山，縣南二里，縣治西北又有鏊子山，皆以形似名也。縣東三十里又有紫荆山。志云：縣地平衍，無陵巒泉石之勝，轆轤諸山僅同岡阜，蓋亦西山之餘脈也。

漳河。在縣北。自成安縣流入縣界，又東北達于肥鄉縣。○拳壯河，在縣東十里。本漳河之支流，亦自成安縣流入境，至肥鄉縣復入于漳。今漳水淺涸，此河遂爲枯槽矣。

成安縣，府南六十里。東南至大名府魏縣四十里，西南至河南臨漳縣八十里。漢爲斥丘縣地，屬魏郡，晉因之。後魏仍屬魏郡，天平初并入臨漳縣。高齊復置，改曰成安。隋因之，屬相州。唐初屬磁州，貞觀初改屬相州。宋屬大名府，元又改屬磁州，明初改今屬。編户三十四里。

斥丘城，縣東南十三里。春秋時晉之乾侯邑。昭二十八年，公如晉，次于乾侯，即此。漢爲斥丘縣。闞駰曰：「地多斥鹵，故曰斥丘。」應劭曰：「有斥丘在其西南也。」高帝六年封功臣唐厲爲侯邑。後漢仍爲斥丘縣。初平二年袁紹屯于斥丘，即此。魏、晉以後皆爲斥丘縣治。高齊改置成安縣，移于今治，隋、唐皆因之。五代梁龍德二年，戴思遠襲晉魏州，魏州有備，乃西涉洹水拔成安，大掠而還，即今縣也。

洹水城，縣東南三十里。本臨漳、内黄縣地，後周建德六年分置洹水縣，屬相州。隋因之，唐仍爲洹水縣。乾元初史思明自范陽救安慶緒，由洹水趣相州。建中二年魏博叛帥田悦攻臨洺，軍敗，復合散卒，軍于洹水。馬燧自臨洺帥諸軍進屯鄴，與悦相持。乾寧二年李克用擊魏帥羅弘信，攻洹水，敗魏兵，進攻魏州。朱全忠遣其將葛從周救魏博，營于洹水，克用與戰不勝，乃還河東。既而克用復攻魏，全忠仍遣從周救之，屯于洹水，全忠自以大軍繼之，克用引却。五代梁乾化初，全忠以晉軍出井陘，將攻邢、魏，引兵自相州至洹水，進屯魏縣。五年魏博附晉，晉軍屯臨清，梁將劉鄩自南樂屯洹水。洹水在相、魏、洺三州之交，嘗爲兵衝也。里道記：「洹水西去臨漳縣五十里，東去大名府魏縣五十里。」唐魏博與昭義相抗，每置重兵于此，謂之洹水鎮。宋仍爲洹水縣，屬大名府。熙寧六年省爲鎮，入成安縣。

漳河，縣南十里。自臨漳縣東北流入縣界，又東入廣平縣境。此清、濁二漳自臨漳縣合流之後，横亘于冀州之境，合滹沱以達海者，所謂漳河之經流也。今多自臨漳而東達魏縣界，又東合于衛河。國家漕渠，往往資漳水之助。經流不絶如綫，間有決溢，淺淤隨之矣。

洹水，縣西南七十里。自河南臨漳縣流入縣界，又東南入内黄縣境。唐建中三年河東帥馬燧討田悦，與悦夾洹水而軍。悦守洹水城，堅壁不出。燧因爲三橋，逾洹水日往挑戰。悦不應，反潛師遁洹水直趣魏州，留百騎抱薪持火匿橋旁。悦聞之，遂引軍逾橋掩燧後。燧結陣待之，悦戰敗還三橋，橋已爲伏兵所焚。悦軍亂，赴水溺死者不可勝紀。

倉口，縣西南五十里，與河南臨漳縣接境。馬燧與田悦相持，燧軍于漳濱，悦遣其將王光進築月城以守長橋，諸軍不得度，燧塞漳水。下流水淺，諸軍涉渡，遂進屯倉口，與悦夾洹水而軍。倉口，蓋在洹水北。長橋，今見臨漳縣。

兔臺。在縣西。史記：「趙敬侯四年，魏敗我兔臺。」郡邑志：成安縣有兔臺。是也。

威縣，府東北百三十五里。東南至山東臨清州百里，西至順德府平鄉縣六十里，南至大名府百二十里。漢廣平國斥章縣地，後漢屬鉅鹿郡，晉屬廣平郡，後魏因之。東魏天平初改屬魏郡，後齊省入平恩縣。隋開皇六年置洺水縣，屬洺州。唐因之，會昌五年省入曲周縣。宋初亦置洺水縣，尋廢。金復置，仍屬洺州。元自井陘縣移威州治此，以縣屬焉。至正間廢洺水縣，以威州屬廣平路。明初改爲威縣。編户八里。

斥章城，在縣西南。漢縣治此。應劭曰：「漳水出治北，入河。其地斥鹵，故曰斥章。」魏、晉時縣皆治此。後魏太平真君三年縣并入列人縣，太和二十年復置。高齊廢。隋開皇中改置洺水縣于今治。

洺水城，在縣治北。隋所置也。唐武德五年世民擊劉黑闥，其洺水城來降，黑闥還攻之。洺水城四旁皆有水，廣五十餘步。黑闥于城東北築二甬道以攻城，爲所陷。既而唐兵復拔之。自唐以後，縣皆治此。元始爲威州治。名勝志云：「今縣東南二十里有威州故城。」似悞。

漳水，舊在縣南。自曲周縣流入界，又東北經順德府廣宗縣東入冀州南宫縣境。杜佑曰：「洺水縣南有衡漳瀆。」是也。今漳流決徙不一，故瀆遂湮。○洺水，舊在縣西。自雞澤、平鄉縣界流經縣境合于漳河，故隋以洺水名縣。今與漳河俱徙流入平鄉縣境，舊迹遂湮。

定陵墅。在縣西北。陵周三百二十步，高六丈餘。上有漢廣宗王廟。晉建興初幽州都督王浚使其將田徽爲兗州刺史，保定陵，時石勒據襄國，遣孔萇擊殺之，即此定陵也。

邯鄲縣，府西南五十五里。西南至河南磁州七十里，南至臨漳縣亦七十里。春秋時衛地，戰國時趙都也。秦置邯鄲郡于此。漢爲邯鄲縣，趙國治焉。張晏曰：「邯，山名；鄲，盡也。」後漢亦爲趙國治。曹魏屬廣平國，晉及後魏屬廣平郡，東魏天平初廢入臨漳縣。隋開皇十六年復置縣，屬洺州。唐初屬磁州，貞觀初還屬洺州，永泰初復屬磁州。宋因之。明初復改今屬。編户二十七里。

邯鄲城，縣西南二十里。春秋時衛邑，後屬晉。左傳定十三年：「趙鞅殺邯鄲午，午子趙稷以邯鄲叛，上軍司馬籍秦圍之，齊侯、衛侯伐晉救之。」哀四年：「趙鞅圍邯鄲，邯鄲降。」汲冢周書：「敬王三十年，趙鞅圍邯鄲，竟有邯鄲。」戰國策：張儀曰：「使齊興師度清河，軍于邯鄲之東。」竹書：「周安王十六年，趙敬侯始都邯鄲。」史記：「趙成侯二十一年，魏圍我邯鄲。二十二年，魏惠王拔我邯鄲。二十四年，魏歸我邯鄲，與盟漳水上。」説者曰：是時趙未都邯鄲也，至肅侯時始都之，竹書誤改爲敬侯也。又秦昭襄四十八年五大夫陵攻趙邯鄲。五十年王齕攻邯鄲，不拔。始皇十八年，端和伐趙，圍邯鄲城，十九年，盡取趙地。秦王之邯鄲，置邯鄲郡。二世二年，章邯破趙軍，夷邯鄲城郭。漢高九年，封子如意爲趙王，都邯鄲。自是趙常都此。更始二年，世祖擒王郎，幸邯鄲。其後仍爲趙國治。建安九年曹操圍鄴，擊走袁尚將沮鵠于邯鄲，拔其城。東魏廢縣而城如故，隋仍置邯鄲縣。唐建中二年魏博叛帥田悦遣兵圍邢州，使別將栅邯鄲西北以斷昭義救兵。五代時縣移今治。志云：舊城俗呼爲趙王城，雉堞猶存。輿程記：「趙王城西南二十里至臺城岡，又西二十里即磁州也。」

五氏城，在縣西。亦曰寒氏，春秋時晉邯鄲大夫趙午之私邑。定九年衛侯如五氏，蓋會齊侯之師共伐邯鄲午于寒氏也。十年晉師圍衛，午門于衛西門，曰：「請報寒氏之役。」或曰「五」與「午」通，城蓋以邯鄲午而名。

武始城，縣西南五十里。戰國時韓地。秦昭襄王十三年向壽伐韓，取武始。漢因置武始縣，屬魏郡，武帝封趙敬肅王子昌爲侯邑。後漢省。漢志注：「武始縣有拘澗水，東北至邯鄲入于白渠。」〇涉鄉城，在縣西。隋志：「開皇十六年置涉鄉縣，屬洺州，大業初省入邯鄲。」又王郎城，在縣西三里。後漢初王郎詐稱成帝子子輿，率車騎數百人入邯鄲僭號，此其屯聚處也。俗猶呼爲郎村。

紫山，縣西北三十里。昔嘗有紫氣與山相連，因名。亦謂之馬服山，以上有趙奢冢也。漢志注：「縣有堵山，牛首水所出。」水經注以爲即紫山云。○邯山，在縣東。張晏曰：「邯鄲山在東城下，亦謂之邯鄲阜。」舊志：邯山在召代鎮，去縣東南二十里，邯水出焉。歲久山移水絕，故址遂堙。又劉劭趙都賦「西有靈丘」，郡國志以爲靈山也。今城西北有照眉池，相傳趙王宮人照眉處，已廢爲耕地。池西有高嶺，或以爲即古之靈山，趙武靈王所登云。

雙岡，在今縣西北，當郡西廢臨洺縣西出之要道。一名盧家疃，又名盧家砦。唐建中二年，魏博帥田悅拒命，圍邢州及臨洺，遣其將楊朝光栅邯鄲西北，以斷昭義救兵。昭義帥李抱真東下壺關，軍于邯鄲，破悅支軍，進攻朝光栅。悅從臨洺馳救，河東帥馬燧遣其將李自良等禦之于雙岡。悅不得前，遂破朝光栅，進攻臨洺，悅敗走。

洺河，縣西北三十五里。自河南武安縣流入境，又東入永年縣界。

滏陽河，縣東三里。自河南臨漳縣流入境，又東入永年縣界。元至元初，郭守敬言：「磁州東北漳、滏二水合流處，引水由滏陽、邯鄲、洺州、永年下經雞澤合澧河，可灌田三千餘頃。」明成化十八年磁州守張夢輔令民于故渠隨方濬治，以通舟楫，達于邯鄲。今廢。

西河，縣東二十五里。源出紫山，流入府城西賈葛潭。一名渚沁水。水經注：牛首水出邯鄲縣西堵山，東流分爲二水。漢景帝時六國悖逆，〔九〕命曲周侯酈寄攻趙，圍邯鄲，相捍七日，引牛首、拘水灌城，城壞，王自殺。其水東入邯鄲城，經温明殿南，又東逕叢臺南，又東歷邯鄲阜，又東流出城，合成一川，又東澄而爲渚沁水，東南流注拘澗水，又東入于白渠。今城南五里有渚河，城西半里許有沁河，即水經注所云「牛首水自堵山東流分爲二水」者，合流而爲西河。

藺家河，縣西南二十里。志云：以近相如故宅而名。又西十里有閻家河，秋夏之交，同歸渚河。又巖嵪河，在城西北二十里；又十里爲牛照河：此二水同歸沁河，其下流俱入于滏河。○輸鼋河，在縣西北二十里。或云洺河支流也。其水秋夏之交，散注田疇，或抵城下與沁水同流。相傳元至正間有龍鼋鬭于澤中，龍勝而鼋負，因名。

白渠，在縣西。舊自河南武安縣流入境，牛首水及武始縣之拘澗水悉流合焉，又東經成安、肥鄉縣而入漳水。今餘流僅存，俗猶謂是水爲拘水也。

邯鄲宮，志云：舊址在城西北一里許。輿地要覽以爲趙王如意所建，東漢初猶存。光武破王郎居邯鄲宮，晝卧温明殿是也。又齊主高緯時嘗營邯鄲宮，蓋即趙宮故址更爲營建云。

叢臺。在縣城東。世傳趙武靈王所築。顔師古曰：「以其連聚非一，故曰叢臺。」漢高后元年，趙叢臺災。更始二年光武拔邯鄲，置酒高會，與馬武登叢臺是也。○洪波臺，在縣東南三十里洪波村。趙都賦：「南有洪波、濁河。」史記：「邯鄲有洪波臺，趙簡子與諸大夫飲酒酣而泣處也。」又陵臺，在縣西北三十里。趙惠文王、孝成王、悼襄王所葬處，亦曰三陵村。

清河縣，府東北二百里。東至山東東昌府百三十里，南至大名府二百十里，西至順德府二百四十里，北至冀州百三十里。漢置東武城縣，屬清河郡，後漢屬清河國。晉因之。後魏爲武城縣，後周爲清河郡治。隋初郡廢，改縣爲清河縣，貝州治焉。自唐至宋，皆爲州郡治。金移恩州治歷亭縣，而清河縣仍屬恩州。元屬大名路，明初屬大名府，洪武六年改今屬。編户六里。

貝州城，在縣治東。杜佑曰：「春秋時齊地，亦爲晉東陽之境。」七國時屬趙，秦爲鉅鹿郡，漢分置清河郡，後漢爲清河國，桓帝改爲甘陵國。晉復曰清河國，後魏、北齊並爲清河郡。後周因之，兼置貝州。隋初郡廢州存，煬帝復曰清河郡。唐復曰貝州，天寶初亦曰清河郡，乾元初復故。五代梁乾化三年，魏州帥楊師厚掠趙王鎔之境，使劉守奇分道自貝州入趣冀州。石晉天福三年，分天雄軍之地置永清節度于貝州，兼領博、冀二州。九年以契丹將入寇，貝州爲水陸要衝，多聚芻粟爲大軍數年之儲。既而契丹逼貝州，叛將邵柯導之入城，悉爲所有。周顯德初廢永清軍。宋仍曰貝州。慶曆八年平王則之亂，改曰恩州。金人移州治歷亭縣，即今山東恩縣也。明初又廢恩州爲縣，而清河郡及貝州之名遂泯。

東武城故城，今縣治。戰國時趙邑，趙惠文王封孟嘗君以武城。又孝成王封其弟勝于東武城，號爲平原郡。秦始皇十四年，桓齮伐趙，取武城。漢置東武城縣，文帝四年封齊悼惠王子賢爲侯邑，十四年改封賢爲淄川王。應劭曰：「定襄有武城，故此加東也。」晉亦曰東武城縣，後魏改爲武城，後周始爲郡治。隋改爲清河，而別置武城縣，今山東之武城縣是也。

甘陵城，在縣西北。周甘泉市地，秦置厝縣，屬鉅鹿郡，漢屬清河郡。後漢章帝子清河孝王慶初立爲太子，被廢。其子祜是爲安帝。王薨，葬于厝縣之廣丘，安帝因尊陵曰甘陵，縣亦取名焉。清河國移治于此。桓帝建和二年又改清河國曰甘陵國，晉又改甘陵縣爲清河縣，仍爲清河國治。後魏因之。北齊改爲貝丘縣，隋省入清陽縣。

清陽城，在縣東。漢縣，清河郡治此。景帝中元二年封皇子乘爲王國。武帝元鼎三年徙代王義爲清河王，都清陽，即此。後漢併入甘陵縣。隋初爲貝丘縣地，開皇六年改貝丘爲清陽縣，屬貝州。時亦謂之清河城，以舊爲郡治也。大業十二年，羣盜張金稱陷清河，即清陽縣，非清河郡也。唐仍爲清陽縣。章懷太子賢曰：「清陽故城在貝州西北。」劉昫曰：「清陽舊治古甘陵城，永昌初移治于孔橋，開元二十二年移就州治，與清河縣並在郭下。」寰宇記：「孔橋在永濟渠東，唐永昌初置清陽縣于此，開元中移置于永濟渠西。」是也。宋熙寧六年省入清河縣。○貝丘城，在故清陽城東。或以爲即春秋時齊貝丘地。漢置縣，屬清河郡，郡都尉治焉。後漢屬清河國，晉因之，後魏亦屬清河郡。後齊省貝丘入清河縣，而改清河縣曰貝丘，隋又改貝丘爲清陽縣。宋白曰：「後周置貝州，蓋因貝丘而名。」

信成城，縣西北十二里。漢縣，屬清河郡，後漢省。又有信鄉城，應劭曰：「甘陵西北十七里有信鄉，故縣也。漢屬清河郡，後漢順帝改曰安平縣，屬安平國。」劉昭曰：「安平國有安平縣，故屬涿郡。」孟康亦以爲信鄉所改，則劉昭誤也。水經注：「後趙置水東縣于此城，故亦曰水東城。」又風俗記：「東武城西北三十里有復陽亭，故縣也，屬清河郡。」今棗强縣有故復陽城。

末桮城，縣東北五十里。晉建興初，幽州都督王浚使遼西鮮卑段疾六眷等與石勒相持。末桮，六眷之從弟也，嘗築城于此，因名。○清河城，在縣東南。風俗志：「甘陵郡東南十七里有清河故城，漢高六年封功臣王吸爲侯邑，世謂之鵲城也。」水經注：「甘陵故城直東二十里僅有艾亭城，[一〇]疑即清河城，後蠻居之，故世稱蠻城。」

清河，舊在縣西。水經注：「淇水自館陶、清淵，又東北過廣宗縣爲清河，又東北入蓨縣界與張甲故瀆合。」戰國策：蘇秦說趙曰：「趙東有清河。」張儀說趙曰：「秦告齊使興師渡清河，軍于邯鄲之東。」是也。漢因之置清河郡。今堙。蓨縣，見景州。○張甲河，在縣境。漢志：「信成縣有張甲河，首受屯氏別河，流經廣宗縣界，又東北入冀州界，至蓨入漳水。」別河，謂屯氏別出之河也，亦自館陶流入境。今皆堙廢。

永濟渠，縣西北十里。引清漳水入此，舊名瓠子渠，隋煬帝征遼改曰永濟渠，俗名御河，即衛水也。元人開合運河，衛河漸徙而南，經武城、恩縣之西，去縣境遂遠。○涉水渠，在縣東。志云：渠自蓮花池達永濟渠。先是衛河數決，故鑿此渠。廣丈餘，長四十里，遇泛溢爲災，賴此洩之。今涸。

直渠，在縣西。漢時大河所經也。溝洫志：「地節中，郭昌使行河，河曲三所水流之勢皆邪直貝丘，恐水勢盛，堤防不能禁，迺各更穿渠，直東，經東郡界中，不令北曲，渠通，百姓安之。」建始初，清河都尉馮逡言：「郭昌穿渠，後三歲，河水更從第二故曲間北可六里，復南合。今其曲勢復邪直貝丘，百姓寒心，宜復穿渠東行。」不聽。今皆堙廢。又二渠亦在縣境。漢書音義：「二渠一出貝州西南，南折；一則漯川也。禹厮二渠以引其河，即此。」今涸。漯川，見山東莘縣。

鳴犢口，在縣東南。舊爲大河所經。漢書：「元帝永光五年，河決清河靈鳴犢口，而屯氏河絶。」成帝建始初，清河都尉馮逡言：「郡承河下流，無大害者，以屯氏河通兩川分流也。今屯氏河塞，靈鳴犢口又益不利，獨一川兼受數河之任，雖高增隄防，終不能洩。屯氏河不流行七十餘年，斷絶未久，其處易浚。又其處所居高，于以分流殺水勢，道里便宜。」不聽。後二歲河果決于館陶及東郡金堤。靈，靈縣，見山東博平縣。屯氏河，亦詳見山東館陶縣。

鯀隄，縣西三十里。自順德府廣宗縣透迤入境，相傳鯀治水時所築。又曲隄，在縣東。高齊時羣盜多萃于此，郡守宋世良下車，頒行八條之制，盜奔他境。蓋地近河壖，故羣盜得以依阻。

新栅，在縣西。晉太元中，燕人齊涉據新栅降慕容垂，垂以涉爲魏郡太守。既而附于泰山叛帥張願，垂欲擊之。慕容隆曰：「新栅堅固，攻之未易拔，願破則涉不能自存矣。」乃擊願，破之，新栅亦下。

寧化鎮，在縣西南。宋志：政和七年臣僚言：「恩州寧化鎮大河之側，地勢低下，正當灣流衝激之處，歲久堤岸怯薄，沁水透堤甚多。近鎮居民，例皆移避。夏秋霖潦，隄防一失，恐妨阻大名、河間諸州往來邊路，乞付有司貼築固護。」從之。

甘陵。在故厝縣。應劭曰：「安帝以孝德皇后葬于厝，尊曰甘陵。」是也。城冢記：「漢安帝父清河孝王慶葬處，在清河縣東南三十里，謂之英陵。帝母左氏葬于縣東北角，名曰甘陵。」

校勘記

〔一〕腰膂　「膂」，底本原作「脊」，今據鄒本改。

〔二〕段疾陸眷　晉書卷一〇四石勒載記作「段就六眷」。

〔三〕達活河　「活」，底本原作「括」，職本、鄒本並作「活」，本書同卷邢臺縣下亦作「達活河」，今據改。

〔四〕北齊至改日永年　元和志卷一五永年縣下云：「高齊文宣帝省曲梁置廣年縣。開皇三年罷郡，屬洺州。仁壽元年改廣年爲永年，避煬帝諱也。」楊守敬隋書地理考證又云：「高齊文宣帝省曲梁置廣年縣，蓋移廣年治曲梁也。寰宇記『高齊天保七年併曲梁入廣平』，當作併入廣年。」則此永年縣是廣年所改，非廣平也。廣平縣，據隋志卷三〇所載，原屬北廣平郡，後廢入廣年，開皇初復置，後改爲雞澤，與此廣年縣不當混淆。究致誤原因，蓋因隋志以下皆訛廣年爲廣平。楊守敬隋書地理志考證云：「志改廣平實改廣年之誤。蓋上既云改廣平爲雞澤，則廣平已廢，而通典、舊唐志、寰宇記、輿地廣記又皆作改廣平爲永年，則其誤已久。」本書亦因而誤也。

〔五〕隋移置廣平縣尋曰永平　「廣平」當作「廣年」，「永平」當作「永年」。參見上條。

〔六〕高齊至于此城置雞澤縣　隋志卷三〇永年縣下云：「後齊廢北廣平郡及曲梁、廣平二縣入。開皇初郡廢，復置廣平，後改曰雞澤。」元和志卷一五云：「開皇十六年於廣平城置雞澤縣。」則高齊是廢廣平入廣年，而非廢廣年入廣平。隋初亦無徙置廣平縣事，而是於舊城復置。改廣平爲雞澤在開皇十六年，亦不當云「開皇初」。

〔七〕高齊省入廣平縣　高齊是省曲梁、廣平入廣年，此云省廣年入廣平，誤。參見上條。

〔八〕河水從列人北流　「河水」，底本原作「河北」，今據職本改。後漢書卷一上光武紀注引續漢書正作「河水從列人北流」，可證。

〔九〕漢景帝時六國悖逆　「六國」，水經濁漳水注作「七國」。

〔一〇〕直東二十里僅有艾亭城　水經河水注無「僅」字，此衍。

讀史方輿紀要卷十六

北直七

大名府，東至山東東昌府一百八十里，南至河南開封府三百二十里，西南至河南衛輝府二百八十里，西至河南彰德府二百二十里，西北至廣平府一百二十里，東北至廣平府清河縣二百十里，自府治至京師一千一百六十里。

禹貢兖州之域，夏爲觀扈之國，春秋晉地，戰國屬魏。秦屬東郡，漢屬魏郡，時郡治鄴。後漢因之。建安十七年割河内、東郡、鉅鹿、廣平、趙國之十四縣以益魏郡，十八年分置東西都尉，時魏爲曹操封國也。三國魏分置陽平郡，治元城。晉因之。前燕分置貴鄉郡，尋省。宋文帝置東陽平郡，後魏因之。治館陶。後周末置魏州，治貴鄉縣。隋初因之，大業初改爲武陽郡。隋末李密改爲魏州，尋爲竇建德所據。唐武德四年復爲魏州，置總管府，尋改爲都督府，貞觀初省。龍朔初改爲冀州，又爲大都督府，督貝、德、相、棣、滄等州。咸亨中復故，天寶初曰魏郡，治元城縣。乾元初復曰魏州。尋置魏博節度，亦曰天雄軍。建中三年田悦拒命稱魏王，僭改魏州爲大名府。餘詳州域形勢，下倣此。五代唐同光初升爲東京興唐府，三年改東京曰鄴都。天成四年還曰魏州，尋復爲鄴都。晉曰廣晉府，開運二年復置天雄軍於此。漢曰大名府，周顯德初復罷鄴都爲天雄軍，而府如故。宋因之，亦曰魏郡。慶曆二年建爲北京。八年置大名府路，領北京、澶、懷、衛、德、濱、棣等州軍。金仍爲大名府路，宋建炎四年，金人立劉豫爲齊帝，據大名，尋徙汴。紹興七年，金人廢豫，仍爲大名府，亦曰天雄軍。志云金貞祐二年改安武軍，而金史不載。元曰大名路，明改大名府。領州一，縣十。

府西峙太行，東連河、濟，形强勢固，所以根本河北而襟帶河南者也。春秋時齊、晉嘗角逐於此，及戰國之季，魏人由以拒趙而抗齊。自秦以降，黎陽、白馬之險恒甲於天下，楚、漢之勝負由此而分，袁、曹之成敗由此而決。晉室多故，漳、河之交玄黄變更，南北津途咽喉所寄也。隋末武陽郡丞元寶藏以郡降李密，請改爲魏州，又請西取魏郡，密從之而軍聲振於河朔。竇建德及劉黑闥皆有問鼎中原之志，輒爭魏州以臨河南。唐得魏州，亦爲重鎮。迨安、史倡亂，河北之患二百餘年，而腹心之憂常在魏博。朱温據有汴州，倚魏州爲肩背，魏州入晉而梁祚遂傾矣。自莊宗以魏州稱帝，其後鄴都軍亂，李嗣源因之而承大統。郭威復自鄴都南向，竟移漢祚。鄴都於河南，遂成偏重之勢。廣順初以鄴都鎮撫河北，控制契丹，特命腹心鎮之。宋亦建陪京於此以鎖鑰北門，契丹不敢遽窺也。及守禦非人，女真長驅犯黎陽，大名竟不能爲籓籬之限，因而汴、洛淪胥，馴至九州崩陷。使大名兵力足以根柢兩河，雖漸車之流，女真其未敢涉矣。説者曰：「河既南徙，今日之大名形勢視昔爲一變。」不知東指鄆、博，西出相、衛，南迫汴梁，大名介其中，道里便易，皆可不介馬而馳也。夫守險非難，用險爲難。用有形之險非難，用無形之險爲難。如謂大河既徙，無險可恃而少之，則齊、豫之間列城數十，皆與大名犬牙相錯者也，舉不足爲用武之資歟？

今府，宋之北京也。唐爲魏州，寶應以後魏博節鎮治焉。舊志：魏州城外有河門舊堤。唐中和中節度使樂彦楨築羅城，約河門舊堤，周八十里。後唐建爲東京，尋曰鄴都，晉、漢因之，後周復爲天雄軍，皆因舊城不改。志云：大名府有隍城，郭威鎮鄴都時築。宋建北京，乃增修城郭。内爲宫城，周三里一百九十八步。宫城南三門，中曰順豫，宋志：「順豫門内東西各一門，曰左右保城。」東曰省風，西曰展義；東一門曰東安，西一門曰西安。熙寧九年北面增置一門，曰靖武。其外城周四十八里二百有六步。南面三門，正南門曰南河，熙寧九年改曰景風。其東曰南磚，熙寧九年改曰亨嘉，以下諸門皆是年所改也。西曰鼓角；改曰阜昌。北面二門，正北門曰北河，舊志：魏州北門舊曰館陶。光化二年幽州帥劉仁恭侵魏博，攻魏州上水關、館陶門，汴將葛從周救魏博，敗却之。胡氏曰：「門以路出館陶而名。宋曰北河門，熙寧中曰安平門。」其西曰北磚；改曰輝德。東面二門，正東曰冠氏，改曰華景。又有冠氏第二重門及子城東門，時改曰春祺及泰通。子城在宫城之外，舊牙城也。東南曰朝城；改曰安流。又有朝城第二重門，時亦改曰巽齊。西面二門，正西曰魏縣，改曰寶成。又有魏縣第二重門及子城西門，時亦改曰利和及宣澤。西南曰觀音。五代史「魏州羅城西門曰觀音門，晉天福初改曰金明」，即此門也。宋仍曰觀音門，復改爲安正門。又有觀音第二重門，時亦改曰静方。又上水關曰善利，下水關曰永濟。元豐七年，善利、永濟二關俱廢。其後金人立劉豫於此，尋遷汴，亦僞稱北都。豫廢，置大名府路。元人亦因舊城。明洪武三十一年，漳河泛溢，城淪於水，因遷今治，在舊城西八里。建文三年營築土城，成化、弘治以後相繼增修，嘉靖四十年易以磚石，隆慶四年復增葺之。尋以漲水衝嚙，屢葺屢圮，萬曆二十年大水城壞，又復改築，始爲完固。有門四，周僅九里，非復宋時陪都之制矣。

元城縣，附郭。春秋時沙麓地，後爲魏地，魏武侯公子元食邑也。漢因置元城縣，屬魏郡，後漢因之。曹魏置陽平郡於此，晉及後魏因之。東魏天平初陽平郡移治館陶，縣仍屬魏郡。後齊縣廢。隋開皇六年復置，屬魏州。唐因之。貞觀十七年并入貴鄉，聖曆中復置。開元十三年移入郭下，與貴鄉並爲州治。五代唐曰興唐縣，晉復爲元城縣，宋因之。元至元初省入大名縣，尋復置。今編户三十九里。

元城故城，在府東。劉昫曰：「隋元城治古殷城，在今朝城東北十二里。唐貞觀中并入貴鄉，聖曆二年復分貴鄉、莘縣地置元城縣，治王莽城。開元中移入郭下。」王莽城，在今城東北二十餘里王莽河北岸，亦謂之故元城。唐武德五年劉黑闥攻魏州不下，引兵南拔元城，復還攻之，此即朝城縣境之元城也。五代梁貞明二年，劉鄩自莘縣襲魏州，至城東，晉兵擊之稍却，至故元城西爲晉兵所圍，鄩大敗，走黎陽渡河保滑州，此王莽城之元城也。又石晉天福九年，契丹入寇，前鋒至黎陽，契丹主屯於元城，趙延壽屯南樂，此元城亦即故王莽城，胡氏以爲古殷城也。又郡國志「沙麓旁有元城故城遺址，蓋漢縣治」云。

魏縣城，府西三十里。相傳魏縣舊治此，自漢以來皆屬魏郡。隋末宇文化及自黎陽北趣魏縣，稱許帝於此。後益徙而西，此城遂廢。今名舊縣店，亦曰魏店。五代梁龍德二年，戴思遠自楊村襲晉魏州，晉將李嗣源覺之，自澶州馳進軍於梁公祠下，遣人告魏州，使爲備。思遠至魏店，嗣源遣兵挑戰，思遠知有備，乃西渡洹水，拔成安，大掠而去。又魏武侯城，在舊城南十里。相傳魏武侯所置。舊有壇，亦曰武侯壇。

五鹿城，在府東南。春秋時衞地，亦與齊、晉接境。左傳「晉公子重耳出亡過衞，出于五鹿，乞食于野人」，即此處也。僖二十八年，晉伐衞，取五鹿。其後仍屬衞。襄二十五年，衞獻公自齊還國，齊崔杼止其帑以求五鹿。後復入于晉。哀九年，齊侯、衞侯救邯鄲午之子稷于邯鄲，圍五鹿；四年，齊、衞救范氏，圍五鹿；又國語「齊桓公築五鹿以衞諸侯」；皆此城也。杜預曰：「元城縣東有五鹿。」是矣。志云：府東四十五里有五鹿城。又郡志：舊元城東三十里有五孝城。當即五鹿之悞。

陽狐城，括地志：「在元城縣東北三十里。」史記齊世家：「宣公四十三年，田莊子伐晉，圍陽狐。」蓋晉邑也。又魏世家：文侯二十四年，秦伐我，至陽狐。胡氏曰：「是時秦兵未得至元城，秦所伐之陽狐蓋在河東境內，今山西垣曲縣有陽河城也。」又幾城，括地志云：「在元城縣東南。戰國時魏伐齊，取幾。」史記：「趙惠文王二十三年樓昌將攻魏幾，不能取。十二月，廉頗將攻幾，取之。」即此城也。二城蓋俱近山東朝城縣界。

馬陵城，在府東南。隋開皇六年分元城縣地置馬陵縣，屬魏州，大業初省。又府境有襄城，漢武帝封韓嬰爲襄城侯。郡邑志：元城縣有廢襄城。是也。

沙麓山，府東四十五里。春秋僖十四年：「沙鹿崩。」穀梁傳曰：「林屬于山曰鹿。沙，山名也。」水經注：「元城縣有沙丘堰，大河所經，以沙鹿山而名。」又沙鹿亦名女姒丘。周穆王女叔姒曾居此，因名。

御河，在府城南。亦曰通濟渠，一名永濟渠，即隋大業中所開淇、衛諸水之下流也。自河南衛輝府境流經濬縣、滑縣、内黄、衛縣之境，又東北流經此，過小灘鎮，又北入館陶縣界合於新漳水。亦名白溝水，對北白溝而言，謂之南白溝。唐咸亨中，李靈龜爲魏州刺史，鑿永濟渠以通新市，百姓利之。又開元二十八年，刺史盧暉移永濟渠自石灰窑引流，至城西注魏橋，夾渠置樓百餘間，以貯江、淮之貨。亦謂之西渠。唐建中三年，河東帥馬燧等攻叛帥田悦於魏州，悦擐城自守。既而幽州帥朱滔等叛應悦，引兵赴援，悦恃援軍將至，遣將康愔等出城西與燧等戰於御河上，大敗而還。元志：「御河自魏縣界經元城縣泉源鄉于村渡，南北約十里，東北流至包家渡，下接館陶縣界。」

漳河，府西北二十里。有新舊二河，俱自魏縣流經府境。志云：舊漳河自魏縣東南流，經府城西南入衛河。後徙從魏縣東北流經府北，下流至館陶縣界入衛河，謂之新漳。五代史：「梁開平五年，晉王存勗敗梁兵，自趙州進圍魏州，梁將楊師厚引軍自磁、相赴救，晉解圍去，師厚追之，逾漳水而還。」宋時嘗引漳水注雕馬河入府城灌御河，又從東北陡門出灌流沙河，復入漳河以通漕運。今故渠已湮。河渠攷：「漳水流濁，最多決溢。明洪武初，漳水溢。三十一年漳、衛並溢，郡城遂圮。自宣德以後，横流決嚙，不可勝紀。其最甚者莫如嘉靖三十六年，漳、衛横流，盤旋於元城、大名、南樂、魏、濬、内黄等縣境，民至有攀木而栖者。」蓋漳盛而衛不能容，泛溢爲災也。又云：「漳、衛二河並在府境，大抵衛常安流，漳善決嚙。明初，漳水從魏縣北歷西店，東注館陶合衛水。正德初，漳河決魏縣閻家渡，又十年決雙井渡，皆合衛水由艾家口東北經小灘鎮而入館陶界，堤堰完固，環抱郡城，雖有決嚙之患，補塞亦易。嘉靖三十六年復決於魏縣西南回隆鎮，遂舍艾家口，經大名縣南分流汗漫，東至岔道村始合舊河，公私皆以泛濫爲病。隆慶三年，漳水大溢，大名縣城垣室廬幾至爲墟。萬曆十九年，始自大名縣西白水村至艾家口開渠十一里達漳河故道，復自艾家口導支流入府城壕。工甫畢滛潦適至，賴二流分派，大名縣得以無恙，因擬益爲閘壩以節宣之，自是水患差小。」餘詳大川漳水。

屯氏河，在府東。志云：漢書「武帝塞宣防後，河復決於館陶，分爲屯氏」，即此河也。按此蓋屯氏別河，決於成帝時，泛濫兗、豫者，其後流絶，亦名爲王莽河。班固曰：「禹釃二渠以引河，一則漯川，今河所經；一則北瀆，王莽時絶，故世俗名是流爲王莽故河。」唐建中三年，朔方帥李懷光等與朱滔戰於愜山，敗績，是夕滔等堰永濟渠入王莽故河，絶官軍糧道及歸路。明日水深三尺餘，馬燧等大懼，卑辭謝滔，始得與諸軍涉水而西，退保魏縣。興元初，朱滔與田悦有隙，攻悦貝州，會田緒殺悦，滔喜，遣兵攻魏州，軍王莽河。又後唐同光四年，趙在禮等作亂，自臨清、永濟、館陶趣魏州，州將孫鐸請乘城爲備，且募壯士伏王莽河逆擊之，監軍史彦瓊不聽，賊掩至魏州，城陷。宋時大河自澶州而東北出大名、元城之東，其後決徙不一，屯氏河之故迹遂堙。一統志：「王莽河一名毛河，即屯氏河之訛矣。」又金堤，邑志云：在舊府城北十九里。即漢成帝時所築，北盡館陶縣界。

沙河，府東北四十里。志云：河南北約長二十里，東西闊二里，流常不定，一名流沙河，下流合於漳河。又雕馬河，在府西南。宋時引漳河注此，絶衛河而注城中，復北出以入於衛河。今皆堙廢。○馬頰河，在縣東五十里。舊自開州流經此，闊約百步。今雖枯竭，故道猶存，淫雨泛溢，輒害禾稼，下流入山東朝城等縣境。今詳見山東高唐州。

馬陵道，府東南十里。左傳成七年：「公會諸侯救鄭，同盟于馬陵。」戰國策：「梁惠王二十七年伐韓，齊救韓，使田忌、孫臏直走魏都。魏將龐涓倍道并行逐之。孫子度其行暮當至馬陵，馬陵道狹而旁多阻隘，乃使萬弩夾道而伏，涓至殺之。」即此處。是時梁尚都安邑，齊入魏境，道出此也。隋因置馬陵縣。宋人河北漕運往往於黎陽或馬陵道口裝卸，蓋津要所關矣。

沙亭，在府東。春秋定七年：「齊侯、衛侯盟于沙丘。」左氏謂之「瑣」。杜預曰：「元城縣東南有沙亭。」晉太和五年，秦王猛圍鄴，燕慕容桓自沙亭屯內黃是也。晉地道記「元城縣南有瑣陽城」，蓋即沙亭矣。○金波亭，在故魏州城內。五代梁乾化五年，分魏博爲兩鎮，置昭德軍於相州。魏人不樂分徙，遣劉鄩將兵屯南樂以逼之。鄩遣别將王彥章將騎入魏州，屯金波亭。既而魏州軍亂，圍金波亭，彥章斬關走。

小灘鎮，府東北三十五里衛河濱。自元以來爲轉輸要道，又東北三十里而達山東冠縣。今河南漕運以此爲轉兑之所，有小灘巡司。嘉靖三十七年又設税課司於此。或以爲鎮即古枋頭，悮也。其西南數里有岔道村，亦衛河所經也。○臺頭堡，在府城南。其地有高臺，相傳魏惠王拜郊臺，村因以名。又東館堡，在府東六十里，以有東晳廟而名。亦曰東館鎮。志云：府西北三十里有西店集，漳河舊經此；又有儒家砦堡，在府西北四十里；黄金堤堡，在府東北三十里：皆商民輳集處。

石梁驛，在府西南。隋大業十年，李密從楊玄感之亂被執，至魏州石梁驛逸去。

銅雀驛，在魏州舊城内。五代梁乾化二年，宣義帥楊師厚軍魏州，館於銅雀驛，會朱友珪弑逆，師厚遂入牙城據有魏博是也。志云：今有艾家口水驛，在城南衛河濱。

河門。在舊魏州城外。唐書：「魏州有河門舊堤，魏帥樂彥楨嘗因以築羅城。」五代梁乾化五年，分魏、相爲兩鎮，魏人謀作亂，曰：「六州歷代藩鎮，兵未嘗遠出河門。」謂此也。○狄公祠，舊在府西南二十里。狄仁傑嘗刺魏州，民因立祠祀之。晉將李嗣源自澶州馳救魏州，軍狄公祠下，即此。

大名縣，府東南十里。東至山東朝城縣七十里，東北至山東冠縣九十里，東南至南樂縣三十五里。本漢元城縣地，東魏天平二年析置貴鄉縣，屬魏郡。後周爲魏州治，隋因之。唐亦爲魏州治。五代梁乾化末，晉王存勗入魏州，改曰廣晉縣。漢曰大名縣。宋熙寧六年省入元城縣，紹聖二年復置。政和六年移治南樂鎮，即今縣治也。金亦爲倚郭縣。元初仍治於此，尋又遷入郭内，至元九年復還故治。明初廢，洪武三十一年復置於郭内，永樂九年復還故治。編户十九里。

貴鄉廢縣，在今縣北。水經注：「沙丘堰有貴鄉。」五代志：「前燕慕容暐置貴鄉縣，屬昌樂郡。」昌樂，即今南樂縣也。劉昫曰：「後魏天平二年分館陶西界於今州西北三十里古趙城置貴鄉縣。後周建德七年以趙城卑濕，西南移三十里，就孔思集寺爲貴鄉縣治。大象二年於縣置魏州，隋大業中爲武陽郡治。唐開元中與元城縣並在郭下。」今縣蓋即故貴鄉縣地也。

愜山，縣北十五里。漢成帝時河決，王延世於此運土塞河，頗愜人心，因名。唐建中二年朱滔等共拒朝命，救田悅於魏州，引兵營於恆山，朔方節度使李懷光擊滔於恆山之西，爲滔所敗，蹙入永濟渠，溺死甚衆。今元氏故城旁有朱滔壁壘餘址。

衛河，縣北五里，與元城縣接界。濱河有艾家口遞運所，弘治初衛水自此決溢爲患，因築堤障禦，名曰紅船灣堤。又縣有護城堤。正德間漳、衛二水決溢入境，縣令吳拯增築此堤，植柳千株，環抱縣治，一名吳公柳堤。郡志：縣境有衛河堤，起自濬縣之新鎮，達於館陶，延袤三百餘里。成化二十二年郡守李瓚增築。又縣西北二里有張家堤，西南八里有李茂堤，縣東北十五里有范勝堤，俱嘉靖三十六年以後漳河南決，因築諸堤捍衛。萬曆三十八年衛河潰於范勝堤，即此。志云：縣東三里有逯家堤，起自南樂縣界，經縣境抵衛河濱，蓋古堤也。又縣治二里有諸公堤。嘉靖二十八年邑令諸偁所築，因名。

屯氏河，縣東南三里。即漢成帝時河決館陶及東郡金隄者，支流派別，縣境因有此渠。宋時大河自南樂縣東北流入縣境，又東北入元城縣，此即大河故瀆矣。今廢。○雕馬河，在縣北，與元城縣接界。今亦涸。

張家澤。縣東二里。魚藻繁衍，冬夏不涸。志云：昔有縣令張珩者，結廬讀書澤上，因名。又縣西南三里有白水潭，林樹交蔭，菱荇縱横，爲近郊之勝，蓋即屯氏河之餘浸矣。

魏縣，府西四十里。西至河南臨漳縣五十里，北至廣平府廣平縣二十里，東北至山東丘縣九十里。春秋時洹水地，應劭以爲魏武侯别都也。漢置魏縣，屬魏郡，郡都尉治焉。後漢仍曰魏縣，晉及後魏並屬魏郡。後齊廢。隋開皇六年復置魏縣，屬魏州，唐因之。宋屬大名府，明初移治五姓店。編户五十里。

廢魏縣城，縣南三十里。志云：漢縣舊治在今府西三十里于村渡西，俗呼舊縣店。唐時移縣於洹水鎮。劉昫曰：「天寶三載移魏縣，以縣居漳水、洹水之下流，衝溢爲患也。」邑志：縣舊治在于村渡西五里，唐以河患遷洹水鎮，後皆因之。明初復爲漳河所衝齧，始遷今治。廢城舊址猶存。

漳陰城，在縣西南。隋開皇十六年析魏縣地置漳陰縣，屬魏州，大業初廢。唐武德四年復置漳陰縣，貞觀初仍省入魏縣。○葛築城，在縣西南二十里。史記「趙成侯及魏惠王遇于葛築」，即此城也。今其地又有築亭。

漳河，在縣南。志云：舊漳水爲濁漳，今自臨漳縣東流至縣南十八里，又東流至府城西南與御河合者是也。新漳水爲清漳，自縣南徙流而北，迫縣之南關，東流數里折而東北，經元城縣北入山東館陶縣界，與衛河合者是也。二漳水蓋以隄岸相隔。按清、濁二漳已合於臨漳縣西，此所云舊漳者蓋沿漳水之舊名，新漳則據其分流入衛河者言之耳，非仍有二漳水也。歐陽忞曰：「漳河過魏縣亦謂之魏河。」唐建中三年馬燧等圍田悅於魏州，朱滔、王武俊叛援悅，燧敗保魏縣，滔等亦引兵營魏縣東南，與官軍隔水相拒。五代梁乾化五年，晉王存勗得魏州，梁將劉鄩自洹水趣魏縣，晉將史建瑭屯魏縣拒之。晉王勞軍至魏縣，帥百騎循河而上覘鄩營，鄩伏兵河曲叢林間，鼓譟而出，王力鬭得免。河曲，即漳河曲也。河渠攷：「漳水入縣境，一遇雨潦，恒多決溢之患。成化十八年水決縣西，入城市。弘治二年復自縣西羊羔口漫流害稼。十四年復溢。明年從縣西北趣廣平縣東南，下流皆被其害，仍入館陶合衛河。嘉靖中漳、衛屢溢，三十年爲患尤劇。三十六年自縣及元城、大名以南二三百里間皆爲巨浸，久之患始息。萬曆二十年復漲溢害稼。土人以漳水變遷不常，謂之神河。水退後往往以填淤爲利，故墊溺常不免。又舊有漳河堤，在縣南。其南岸起自臨漳，延袤八十里；北岸起自成安，延袤五十里，俱由縣境抵元城縣界。永樂八年縣令楊文亨創築。後屢增脩之。

衛河，縣南三十里。自内黄縣合洹水流入縣界，經回隆鎮至縣南五十里有泊口渡，又東經縣東南三十五里有閻家渡，四十里有雙井渡，又東北入元城縣境。漳水決溢，衛河輒被其患。正德初漳水自閻家渡決入，後又自雙井渡決入，嘉靖中復自回隆鎮決入。近時漳水屢決濬縣、内黄之交，漬溢輒入縣境，蓋漳、衛相近故也。杜佑曰「煬帝引白溝水爲永濟渠，經魏縣南而東北出」，即此。又舊有衛河堤，自回隆鎮東北抵大名縣界，景泰七年脩築。又有護城堤，弘治中縣令鮑琦築此以禦衛河之水，亦曰鮑公堤。

白龍潭，在縣西，漳水匯流處也。唐乾寧三年，河東帥李克用攻魏州，敗魏兵於白龍潭，追至觀音門，朱全忠馳救，乃引還。觀音門，即故魏州西門矣。

李固鎮，在縣東南。唐文德元年魏博軍亂，樂從訓保内黄，求救於朱全忠。全忠將兵自白馬濟河，下黎陽、臨河、李固三鎮。九域志魏縣有李固鎮。薛居正曰：「鄴西有柵曰李固，清、淇合流於其側。」唐同光以後魏州有鄴都之稱，故曰鄴西。

回隆鎮。縣西南六十里。隆亦作「龍」。相傳宋真宗北征時回鑾經此，因名。相州志：「安陽縣東九十里有回隆驛。」又臨漳縣東南五十里亦有回龍鎮，南臨御河，蓋其地爲四達之郊也。今亦見内黄縣。○北皋鎮，在縣西北。界成安、臨漳之間，商民輳集。有北皋堡。又沙口鎮，在縣東二十里，爲往來衝要，亦置堡於此。又有雙井鎮，即雙井渡，漳、衛合流之衝也。

南樂縣，府東南四十里。東至山東朝城縣七十里，北至山東冠縣百十五里，東南至山東觀城縣五十里，西至內黃縣七十里。漢置樂昌縣，屬東郡，高后封張敖子壽爲侯邑。又宣帝封王武爲樂昌侯，邑於此。後漢省。晉改置昌樂縣，屬陽平郡，尋省。後魏太和二十一年復分魏縣置昌樂縣，屬魏郡，永安初置昌樂郡治焉。東魏天平中罷郡，後周復置郡。隋初郡廢，縣屬魏州，大業初省入繁水縣。唐武德初復置，屬魏州。五代唐諱「昌」，改曰南樂，屬興唐府。宋仍屬大名，崇寧五年改屬澶州。金還隸大名府，元因之。今編户三十五里。

昌樂城，縣西北三十五里。後魏昌樂縣治也。隋省。唐武德五年，太子建成等擊劉黑闥於魏州，至昌樂。劉昫曰：「故城在縣西，後魏曾置昌州於此。」今城武德六年所築。寶應初僕固瑒等追擊史朝義於昌樂東，敗之。五代梁乾化五年分天雄軍置鎮相州，恐魏人不服，使劉鄩濟河屯昌樂以逼之，魏人遂作亂，以地歸於晉。明年晉王存勗改縣爲南樂。晉天福八年以契丹將入寇，遣使城南樂及德清軍，徵近道兵備之，即今城矣。昌州即後魏昌樂郡，劉昫誤也。

繁水城，縣北四十里。隋開皇六年分昌樂縣置繁水縣，屬魏州。大業初以昌樂縣省入，縣屬武陽郡。唐仍屬魏州，貞觀十八年省入昌樂縣。

平邑城，縣東北七里。故趙地。史記：「趙獻侯十三年，城平邑。又趙惠文王二十八年，藺相如伐齊至平邑。悼襄王元年，魏欲通平邑、中牟之道，不成。五年，傅柢將，居平邑；慶舍將東陽河外師，守河梁。」竹書：「晉烈公十一年，田公子居思伐邯鄲，圍平邑。十六年，齊田朌及邯鄲韓舉戰于平邑，邯鄲之師敗逋，即此。」漢爲元城縣地，東魏天平二年分置平邑縣，屬魏尹。高齊廢。隋開皇十六年復置，大業初并入貴鄉縣。唐建中二年，馬燧等敗田悦於洹水，頓兵於平邑浮圖，悦因得入魏州。今有馬燧營遺址。正義：「河外，魏州河南地。」中牟，今見河南湯陰縣。

昌城，在縣南。魏收志昌樂縣有昌城。晉永和六年，冉閔篡趙自立，趙將張賀度等會於昌城，將攻鄴，閔自將擊之，戰於倉亭，賀度等大敗。志云：縣有古昌意城，黄帝子昌意所築，即故昌城矣。又縣東二十五里有故朝城，近山東朝城縣界。唐開元中以此名縣。今其地名韓張堡，五代梁將王彦章嘗營此，壁壘猶存。

方山，縣北七里。志云：舊有二土山並峙，其形正方，宋嘉祐以後大河經縣境，蕩决不時，夷爲平陸。今其地名方山村。

龍窩河，縣東四十里。自山東觀城縣界流經縣境之荚村，又經縣南入清豐縣界。或曰本大河故瀆也。唐開元十四年魏州河溢，其决口謂之龍窩。自宋以來縣皆爲大河經流之道，其後河既南徙，餘流繼續不一，因隨地立名云。又二股河，在縣南，大河故道也。一名四界首河，以流經魏、恩、德、博四州之界而名。宋嘉祐中，大河决溢於恩、冀諸州之境，河北漕臣韓贄言：「四界首古大河所經，宜浚二股渠分流入金、赤二河，以紓恩、冀之患。其東北爲五股河，亦并浚之。」詔從其請，於是大河從魏州第六埽溢入二股河，廣二百尺，經流百三十里，東至滄州入海。熙寧中河復溢恩、冀諸州。議者復請於大名第四、第五埽開脩直河，使大河還二股故道；又濬清水鎮河，塞退背魚肋河。王安石主其説。既而劉彝上言：「河勢增漲，許家灣、清水鎮河極淺漫，幾於不流。蒲泊而東，下至四界首退出之田，略無固護，設漫水出岸，牽回河頭，將復成水患。宜候霜降水落，開清水鎮河，築縷堤一道，以遏漲水，使大河復循故道。」命有司相度。熙寧末河溢衛州，又大決於澶州，而二股、直河諸流一時湮廢。吕大防曰：「治河持議有三：一曰回河，二曰塞河，三曰分水。而分水之説差勝。」今詳見川瀆異同。

繁水，在廢繁水縣南五里。自内黄縣流入境，又北注於永濟渠。一名浮水。水經注：「浮水上承大河於頓丘縣北，下流至東武陽東入河。」志云：縣西北三十里有王村堤，繁水所經也。其堤南入清豐，北入大名縣界。今繁水淺涸，非復故流矣。東武陽，見山東朝城縣。○朱龍河，在縣西南四里。源自開州澶淵陂分流，過清豐縣界入縣境，至趙家莊曲折南回，復入開州界注黑龍潭。今涸。又宋堤，在縣東二十里，南接清豐縣界。宋至和二年所築，以禦大河之泛溢。又有古金堤，在縣西十里，亦南接清豐縣界。

倉亭，縣西三十五里。其地有倉帝陵及造書臺亭，因以名。即冉閔敗張賀度處也。或以爲山東范縣之倉亭津，誤矣。又縣西三十里有操刀、留胄二營，相去六里。土人相傳周武王伐紂駐師於此。或曰非也，宇文周滅齊，遣兵追高緯，此其故壘云。

清水鎮。在縣東。宋人引河出此入於二股渠，所謂清水鎮河也。其後河流漲溢，鎮亦堙廢。○五花營，在縣北十八里。唐時河北五鎮嘗會兵於此，因名。後人因其壁壘聚居成鎮。志云：縣北八里有建成營，唐武德五年太子建成駐兵於此。又有王彦章營，在縣南門外，宋、金城厢皆因其故壘。

清豐縣，府東南九十里。南至開州五十里，東南至山東濮州六十里，東至山東觀城縣五十里。漢頓丘縣地，唐大曆七年魏博帥田承嗣請析頓丘、昌樂二縣地置今縣，以孝子張清豐而名縣，屬澶州。五代晉屬德清軍。宋仍屬澶州，慶曆四年徙德清軍治焉。金廢軍，縣屬開州，元因之。明改今屬。編户四十五里。

清豐故城，縣西北十八里。唐大曆中縣蓋治此。又縣南五里有故城，或以爲宋慶曆中縣徙治處也。縣西南十五里又有故城，志以爲宋嘉祐中因避水患遷於此，後復移今治。今城周五里。城外又有小城，周三里有奇。

頓丘城，縣西南二十五里。古衛邑。詩：「送子涉淇，至于頓丘。」竹書：「晉定公三年，城頓丘。」漢置頓丘縣，治此。顏師古曰：「丘一成爲頓。成，重也。重，平聲。」後漢亦屬東郡。初平三年曹操擊黑山賊于毒等，軍於頓丘。晉爲頓丘郡治，後魏因之。高齊郡縣俱廢。隋開皇六年復置頓丘縣，屬魏州。唐武德四年置澶州治焉。貞觀初州廢，縣仍屬魏州，大曆七年復爲澶州治。舊志云：澶州治頓丘。其地當兩河之驛路，五代梁乾化五年晉王存勗克澶州，即此城也。石晉天福三年徙州跨德勝津，并頓丘縣徙焉，因於舊城置頓丘鎮，取縣爲名。四年改鎮爲德清軍，九年復徙軍於陸家店，而故城遂墟。未幾契丹入寇，軍於元城，繼而僞棄城去，伏精騎於古頓丘城，以俟晉軍至而擊之。晉軍不出，復圍澶州，即此城也。宋仍置頓丘縣，屬澶州。熙寧六年并入清豐縣。志云：今縣西北十五里有頓丘故城，宋時縣蓋治此。

德清軍城，縣西三十里。本頓丘縣地。石晉天福四年，置德清軍於故澶州城。開運初契丹入寇，澶州、鄴都之間城戍盡陷，議者謂澶州、鄴都相去百五十里，宜於中途築城，應接南北，因更築德清軍城，合德清、南樂之民以實之。舊史：「開運元年移德清軍於陸家店，南去新澶州七十里。二年更築軍城。」是也。王氏曰：「晉天福八年城南樂及德清軍，是時軍治頓丘鎮，南去澶州六十里。明年遂移陸家店。」宋初因之。慶曆四年徙軍治清豐縣，仍隸澶州，而故城遂廢。

陰安城，縣西北二十五里。漢縣，屬魏郡，元封五年封衛不疑爲侯邑。後漢仍屬魏郡。晉屬頓丘郡。永和六年冉閔敗趙將張賀度等於倉亭，追斬靳豚於陰安，即此。後魏亦屬頓丘郡，高齊廢入頓丘縣。隋末嘗移頓丘縣治陰安城，唐復還舊治。胡氏曰：「陰安城一名頓丘古城。」蓋以頓丘嘗治此也。一統志：「頓丘城亦名陰安古城。」悮矣。

觀澤城，括地志：「頓丘城東十八里有觀澤城。戰國時趙邑。又爲魏地。」史記「齊湣王七年與宋攻魏，敗之觀澤」，即此。又剛平城，在縣西南。史記趙世家：「敬侯四年，築剛平以侵衛。五年，齊、魏爲衛攻趙，取我剛平。」是也。○干城，在縣西南三十里，本衛之干邑。詩：「出宿于干。」又縣北十里有聶城。春秋僖元年「齊師、宋師、曹伯次于聶，北救邢」，志以爲即此城也。寰宇記：「干、聶並衛大夫食邑。」又有孫固城，在縣北十八里。周五里。廢址尚存。一云城在縣南二十里，蓋五代時戍守處。又有衛城，在縣東南四十里。相傳衛靈公置離宮於此。

鮒鰅山，志云：在頓丘故城西北三十里。一名高陽山。山海經：「鮒鰅之山，顓頊葬其陽，九嬪葬其陰。」勝覽云：「山在滑州東北七十里。一名青冢山。」又有秋山，亦在頓丘西北。山海經：「帝嚳葬其陽。」今故址已湮。

朱龍河，縣東七里。南接開州，北入南樂。一名龍窩河。志云：縣東十五里有大河故道，縣東南三十里又有六塔故渠，即宋慶曆中議引商胡河自六塔渠入横隴故道者。又有雞爪渠，在縣東。宋紹聖初河决内黄，吴安特請塞梁村口，〔一〕縷張包口，開清豐口以東雞爪河，分洩河勢者是也。今皆堙廢。詳見開州及川瀆異同。

淇河，在縣西。舊志云：自臨河縣流經頓丘縣北五里，又東歷清豐縣至觀城縣境。蓋淇水自濬縣合衞河支流，復引而東出，經内黄、清豐之間，其下流入於大河故瀆。今湮。○澶水，在故頓丘城西南二十里。伏流至南樂縣廢繁水城西南合於繁水，亦曰繁泉。志云：頓丘故城西北有泉源，即詩所云「泉源在左」者。

硝河，縣東南十八里。水流無源，盈涸不時，兩岸産硝，因名。又黄龍潭，在縣東南三十五里。約二十餘頃，在斷堤之間，蓋皆決河之餘浸矣。

金隄驛，在縣南。志云：縣南四十五里有金隄，南接開州，北接南樂縣境。漢成帝時王延世運土塞河，自金隄增築之，置驛於其上，因以金堤爲名。宋慶曆五年，命内臣王克恭塞滑州横隴決河，克恭請先治金堤，禦下流，詔止勿塞，即此處也。邑志云：德清廢城東南五里有金堤餘址。又云：金堤在縣西二里。

主簿寨堡，縣東南三十里。又縣西南三十里有許村堡，縣東北二十里有馬村堡，皆有小城，周一里有奇，可以守禦。

蒯瞶臺。在頓丘故城北五里。相傳蒯瞶所築。又縣有顓頊冢，皇覽曰：「冢在頓丘城門外廣陽里中。」又有帝嚳冢，在頓丘城南臺陰野中。」一統志：「顓頊及帝嚳陵，俱在今滑縣東北七十里，蓋即鮒鰅山麓矣。」

内黄縣，府西南百里。南至滑縣百二十里，東南至開州七十里，西至河南彰德府百二十里。戰國時魏邑，漢置内黄縣，屬魏郡。應劭曰：「魏以河北爲内，河南爲外。陳留有外黄，故此曰内。」後漢仍曰内黄縣。晉屬頓丘郡，後魏因之。

東魏天平初省入臨漳縣。隋開皇六年復置，屬相州，大業初改屬汲郡。唐初屬黎州，貞觀十七年還屬相州，天祐三年改屬魏州。宋屬大名府。金大定六年改屬滑州，元因之。明初改今屬。編户三十四里。

内黄舊城，在縣西北十八里。戰國魏之黄邑。史記：「趙廉頗伐魏，取黄。」漢因置内黄縣。後漢初平三年，曹操擊黑山賊眭固及匈奴於扶羅於内黄是也。或曰隋末竇建德嘗置黄州於此。唐武德四年并州總管劉世讓克黄州，進攻洺州，不克，即内黄云。又文德初魏博軍亂，逐其帥樂從訓，朱全忠引兵救之，至内黄，敗魏州兵。宋移縣於今治。

繁陽城，縣東北二十七里。戰國時魏地。史記：「趙孝成王二十一年廉頗攻魏繁陽，拔之。」漢置縣，屬魏郡。應劭曰：「在繁水之陽也。」後漢因之。晉屬頓丘郡。永和五年後趙冉閔之亂，劉國據陽城，引兵擊閔。胡氏曰：「即繁陽城也。」後魏太平真君六年省入頓丘縣。太和十九年復置，仍屬頓丘郡。東魏天平二年改屬魏郡，北齊廢。隋開皇十六年復置，屬衛州，大業初并入内黄縣。

柯城，在縣東北。春秋襄十九年：「叔孫豹會晉士匄于柯。」杜預以爲内黄柯城也。又牽城，在縣西南十二里。春秋定十四年：「公會齊人、衛人于牽。」杜預曰：「黎陽縣東北有牽城，即此。」又定十四年晉人圍荀寅、范吉射于朝歌，公會齊侯、衛侯于脾上梁之間。杜預曰：「脾上梁即牽也。」

戲陽城，在縣北。春秋昭九年：「晉荀盈卒於戲陽。」杜預曰：「内黄縣北有戲陽城。」亦曰羛陽聚。後漢建武二年，帝自將征五校，幸内黄，大破五校於羛陽。羛、戲通，許宜反，即戲陽城矣。又殷城，在縣東南十三里。括地志：

「河亶甲居相時所築，因名。」志云：縣西南二十五里又有亳城，城東有殷中宗陵。今爲亳城集。

五馬山，在縣西。宋寶鼎元年，彭義彬與蒙古戰於内黄之五馬山，兵潰死之，即此。又博望岡，在縣西南十三里。舊志：上有博望關，路出河南汲縣。

衛河，在縣北。自濬縣流入境，經魏縣入元城縣界，即永濟渠也。亦曰淇水。志云：淇水東過内黄縣爲白溝水，亦曰清河。唐光化二年，劉仁恭攻魏博，拔貝州。朱全忠遣將李思安等赴救，屯於内黄。仁恭子守光等來擊，〔二〕思安使别將伏兵於清水之右，而逆戰於繁陽，陽不勝而走。守光逐之及内黄之北，伏兵發，守光僅免。郡志：縣南有溝河，源出濬縣界，流經滑縣入縣境西北，至孟家潭北流入衛河。其兩岸産硝，一名硝河。似悮。

洹水，在縣西。其上流曰安陽河，自河南臨漳縣流經廣平府成安縣界，又東南入縣境，經縣西北永和鎮入於衛河。〇湯水，在府西南。自河南湯陰縣流入縣境，合洹水入於衛河。一名黄雀溝。

繁水，縣東二十六里。舊自頓丘縣流入境，又東北入南樂縣界，即浮水也。漢志云：「魏徙大梁，以地易趙。趙南至浮水、繁陽，即此地矣。」〇界河，志云：在縣南。西通溝河，東南流經開州界，東經清豐界，東北經大名縣界。春冬常涸，夏秋霪潦則溢而北入於衛。又有故河渠，在東十餘里。有南北古隄，俗呼其地曰黄灘。志云：清豐東境亦有故渠，俗因呼此爲西黄河故道。又云：縣東一里有古金堤，北接大名縣界之衛河。又有高堤，起自縣南高堤鎮，北至魏縣泊口渡，凡百餘里。

鸕鷀陂，縣西南五十里。陂周八十里，蒲魚之利，土人所資。魏收志臨漳縣有鸕鷀陂，又九域志洹水縣西南五里有鸕鷀陂，陂蓋與成安縣及河南之臨漳縣接界矣。或曰舊陂縱横廣遠，今水流斷續，故餘址分見於臨漳及縣境也。

黄澤，在縣西北五里。舊時澤廣數里，有隄環之，曰黄澤堤。後漢初世祖破五校賊於黄澤是也。今湮。廢城西北二十里又有孟家潭，志云：其水無源，夏潦則硝河匯於此潭，溢入衛河。或以爲即故黄澤也。應劭曰：「黄澤在内黄之西。」

回隆鎮，縣西北五十里，有回龍廟巡司。其北與魏縣接界。志云：在漳、衛二水之間。河南歲漕，嘗轉兑於此，尋移小灘鎮。今詳見魏縣。又黄池水驛，在縣西四十里衛河濱。河南糧運，道皆經此，爲津途要隘。

烽火臺，縣北四里。高二丈許。宋咸平中契丹入寇大名，楊延朗軍内黄以禦之，築臺於此。又澶、濮間皆有烽火臺，俱五代時及宋咸平、景德間所置也。邑志云：縣西南三十里地名河村，有李靖堡。又縣北二十餘里有單雄信營。營爲土城，有南北二門，相傳李密將單雄信屯兵處。

永定橋。在縣西南，跨衛河之上。唐大順二年，朱全忠侵魏博，羅弘信軍於内黄以拒之，全忠敗魏州兵，進至永定橋，弘信懼，請降。又高堤渡，在縣西南五十里衛河南岸。

濬縣，府西南二百里。東至開州一百里，西南至河南衛輝府百二十里，西北至河南湯陰縣七十里。春秋時衛地，漢置黎陽縣，屬魏郡，後漢因之。晉仍屬魏郡。石趙置黎陽郡。後魏屬汲郡，孝昌中分置黎陽郡。東魏又置黎州。〔三〕隋初州、郡俱廢，縣屬魏州。開皇十六年復置黎州，大業初州廢，仍屬汲郡。唐初復置黎州，貞觀十七年州廢，仍屬衛州。五代晉改屬滑州。宋初因之，雍熙中改屬澶州。端拱初建通利軍，天聖初改安利軍。熙寧三年復爲黎陽縣，屬衛州。元祐初復爲通利軍。政和五年升爲濬州，亦曰濬川軍，尋又爲平川軍。金皇統八年改曰通州，天德三年復曰濬州。〔四〕元初以州治黎陽縣省入，屬真定路。至元二年改隸大名路。明洪武三年改州爲縣。編户五十里。

黎陽廢縣，縣西二里。又有故城，在今縣東北。漢縣治此，相傳以黎侯失國，寓衛時居此而名。應劭曰：「黎山在其南，河水經其東，縣取山之名，水在其陽，故曰黎陽。」水經注：「山在城西，城憑山爲基，東阻河。」後漢有黎陽營，漢官儀云：「中興以幽、冀、并州兵平定天下，故於黎陽立營，兵鋒嘗爲天下冠。」建安四年，曹操與袁紹相持於黎陽。八年，操攻黎陽，敗袁譚、袁尚於城下。既而操還許，留其將賈信屯黎陽。尚尋攻譚於平原，操救譚，復至黎陽，尚還鄴。晉永嘉三年，劉淵將劉景攻陷黎陽，既而石勒亦軍焉。永和六年，後趙石閔作亂，故將段勤據黎陽謀攻閔。太元九年，謝玄北伐，遣將顔肱等軍河北，襲擊苻丕將桑據於黎陽。據走，遂克之，以滕恬之爲黎陽太守。十一年，丁零翟遼作亂，據黎陽。十七年，慕容垂取其地。隆安以後没於後魏，孝昌中置郡於此，常爲河津重鎮。隋開皇三年置黎陽倉，漕河北之粟以輸京師。大業九年，楊玄感督運黎陽，起兵攻東都。十三年，李密攻東都，使徐世勣襲破黎陽倉據之，開倉恣民就食，旬日間得勝兵三十餘萬。唐武德初，宇文化及自滑臺趣黎陽，徐世勣畏其軍鋒，自黎陽西保倉城，化及遂渡河保黎陽，圍世勣於倉城，尋爲世勣所敗。二年，竇建德攻黎陽，克之。括地志：「黎陽城西南有故倉城，相傳袁紹聚粟之所，亦即隋開皇中置倉處也。」是時黎陽城蓋在大伾以東矣。文德初，朱全忠救樂從訓於内黄，自白馬濟河，下黎陽等鎮。五代梁貞明二年，晉王存勗略有河北諸州鎮，屢敗梁兵，梁主命劉鄩守黎陽，繼而河北悉入於晉，惟黎陽爲梁守。三年，晉王攻黎陽，不克。晉開運二年，契丹入寇，建牙元氏，命張彥澤屯黎陽以備之。三年，契丹犯相州，諸將張從恩等議以相州糧少，不若引軍就黎陽倉，南倚大河以拒之，可以萬全，遂自相州東趣黎陽。宋端拱初爲通利軍治。天聖中城圮於水，移治於浮丘山西二里。熙寧七年置黎陽監，鑄錢於此。政和三年都水監言：「大河移就三山，今通二河於通利之東，慮水溢爲患，乞移軍城於大伾、三山之間，以就高卬。」從之。五年始置濬州治焉。金志云：「濬州，宋亦曰大伾郡。」元志云：「濬州，石晉時置。」今本志皆不載，金、元二志悮也。鄒伸之使達日録：「濬州城在小横山上，復有一山如偃月，與城對峙。」蓋宋置城於浮丘之西，明初徙縣治於浮丘東北平坡上，去舊治二里有奇，弘治十年築城環之。議者以城西連浮丘，登高内瞰，指顧畢盡，不可戍守，嘉靖二十九年邑令陸光祖截舊城西南隅，於城外踞山岡險絶處改築金城，城小而堅，可恃爲固云。

衛縣城，縣西五十里。古朝歌也，殷武乙所都，紂因之。亦曰沬邑。周武王滅殷，封其弟康叔於此。後屬於晉。左傳襄二十三年：「齊伐晉，取朝歌。」又定十三年：「晉荀寅、士吉射入于朝歌以畔。」戰國屬魏。秦始皇六年伐魏，取朝歌。漢置朝歌縣，屬河内郡，後漢因之。永初四年朝歌賊甯季等作亂，使虞詡爲朝歌長，遂平之。三國魏屬朝歌郡。晉屬汲郡。永康二年成都王穎舉兵於鄴討趙王倫，前鋒至朝歌，遠近響應。太安二年穎復舉兵内向，屯於朝歌。明年幽州都督王浚入鄴，遣兵追穎至朝歌，不及而返。後魏仍屬汲郡，東魏爲汲郡治。後周又爲衛州治，兼置修武郡。隋初郡廢，仍爲衛州治。大業初改州爲汲郡，復改朝歌曰衛縣，仍爲郡治。唐初亦爲衛州治。貞觀初州移治汲縣，縣仍屬衛州。宋初因之，天聖四年改屬安利軍。熙寧六年廢爲鎮，屬黎陽縣。元祐初復置，仍屬通利軍。金屬濬州，元廢。杜佑曰：「縣西二十五里有古朝歌城。」劉昫曰：「紂所都朝歌城在縣西。」郡志：古朝歌城在縣北二十里，漢朝歌城在縣西五十里。似悞。今亦見河南淇縣。

清淇城，在廢衛縣東。隋開皇十六年分衛縣置，大業初廢入衛縣，隋末復置。宇文化及據黎陽，圍徐世勣於倉城，李密帥兵壁於清淇，與世勣烽火相應。唐初屬衛州，貞觀十七年廢入衛縣。長安二年復置，神龍初廢。括地志：「清淇西南二十六里即延津故城。」

枋頭城，縣西南七十里，即今之淇門渡。舊志：在衛縣南，去大河十八里。水經注：「枋頭，古淇口也。」漢建安九年，曹操攻袁尚圍鄴，於淇水口下大枋木成堰，遏淇水東入白溝以通糧道，時號爲枋頭。晉永嘉六年，石勒自葛陂北行至東燕，汲郡守向冰聚衆壁枋頭，爲石勒所敗。咸寧二年，苻洪降於石虎，説虎遷秦、雍民十餘萬户於關東，虎以洪爲流民都督，居枋頭。永和五年趙亂，秦、雍流民相率西歸，路由枋頭，共推洪爲主，衆至十餘萬。洪子健在鄴，亦斬關奔枋頭。八年，晉將謝尚使別將戴施據枋頭。時慕容儁遣軍攻鄴，鄴潰，施自鄴奔還倉垣。太和四年，桓温伐燕，戰於枋頭，不利而還。五年，苻堅破燕，自鄴如枋頭，宴父老，改枋頭曰永昌，復之終世。太元九年，慕容垂攻苻丕於鄴，分遣慕容德攻枋頭，取之。十年，劉牢之引軍救苻丕於鄴，至枋頭。既而鄴中饑甚，丕帥衆就晉穀於枋頭，牢之遂入鄴城。義熙十二年，劉裕伐秦，前鋒王仲德帥水軍入魏滑臺，魏主嗣遣叔孫建等自河內向枋頭，引兵濟河。宋景平元年，魏主嗣遣兵寇河南，自鄴城如汲郡，至枋頭，既而使其將娥清鎮於此。元嘉二十六年，魏主燾以宋圍滑臺，自平城赴救，至枋頭，遂度河大敗宋軍。魏收志汲郡治枋頭鎮。括地志：「枋頭城在淇水北。」河南志云：「今淇縣南八里有枋頭城。」悞也。葛陂，見河南新蔡縣。倉垣，見河南陳留縣。

雍榆城，縣西南十八里。春秋襄二十三年：齊伐晉，叔孫豹救晉，次于雍榆。郡邑志：黎陽縣有雍城，即古雍榆也。杜佑曰：「黎陽縣北又有凡城，即古凡伯國。」○丘城，在縣西。或曰古頓丘邑也。水經注：「頓丘在淇水南，淇水又東屈而南逕其西，魏徙九原、西河吐渾諸部於丘側，故有五軍之名。」〔五〕寰宇記：「丘縣古城，在衞縣西北二里。」古之頓丘，今爲通靈觀。丘縣之名，未詳所據。

袁譚城，在縣西。述征記：「黎陽城西南七里有袁譚城。城西南三里又有一城，曹公攻譚時所築。操攻黎陽，敗袁譚、袁尚，留其將賈信屯兵守之，因築城於此。」郡志：縣西二十里有永昌廢縣。隋初置，大業初廢。隋志不載。

大伾山，縣東二里。周五里，高四十丈有奇。峰巘秀拔，若倚屏障。孔安國曰：「山再成曰伾。」李巡曰：「山再重曰英，一重曰邳。」伾與邳同也。禹貢導河「至於大伾」，即此。國語：內史過曰：「商之興也，檮杌次于丕山。」亦即大伾也。今亦名黎陽東山。劉楨黎陽山賦：「南蔭黄河，左覆金城。」金城謂黎陽城也。又名青壇山。山之絶頂有中軍亭，隋末李密建以瞭敵者，今遺址猶存。其北麓爲黎陽倉，自隋至唐、宋皆置倉於此，即倉城故址也。宋政和以後，河易故道，倉始廢。由大伾而東曰紫金山，又東北曰鳳凰山，俱大伾之支壠也。控扼淇、衞交流之口，屹然並峙。舊志云：鳳凰山在故河東岸，碧石聳立，相傳昔有鳳凰集此，因名。紫金山，在縣東北六里。山無餘土，奇石稜嶒，岩洞泉壑，俱稱絶勝。

浮丘山，縣西南一里。高三十餘丈，盤踞六里，有峰岩三層。其脈自白祀、同山而東，伏衞河之下，至河東岸突然聳峙，繚繞河濱，今縣治正跨其上。

同山，縣西南四十五里。相傳武王伐紂，諸侯會同於此，因名。亦曰童山。宇文化及自黎陽度永濟橋，與李密戰於童山之下。山無草木，故曰童也。其麓綿亘四十餘里，形若遊龍。高處如龍脊，曰龍脊岡。岡西有山，相輔而行，西屬太行，曰達西岡。志云：龍脊之左有山曰白祀。淇水所逕，多溢爲陂，又南入同山陂。同山西麓又有小溪名波羅河，挾山南流，至龍口渚伏流地中，潦溢則會於長豐泊。

善化山，縣西北三十五里，去内黄縣西南六十里。山有三峰如鼎峙，亦名三山。俗傳紂殺比干於此，亦名枉人山。後魏主弘云：「鄴西有枉人山。」謂此也。山高六十餘丈，周三十里。其南北連跨巨岡，左右溪澗不啻百數。西南一峰傑出。近西有黑龍潭。又有仰泉七十二穴，旱潦如一。居人以山興雲雨，目曰善化山。

黑山，縣西北八十里。周五十里，數峰環峙，形如展箕，石色蒼黑，巉岩峻壁，曲澗迴谿，盤紆繚繞。漢獻帝初平初，黑山賊張燕等聚衆於此，掠河北諸郡縣。三年，曹操自頓丘西入擊黑山賊于毒等本屯是也。或謂之墨山。其西又有陳家山，連亘而南，下臨淇水，石壁屹立，高二十仞。又鹿腸山，在縣西北，與黑山相接。後漢初平四年，袁紹引兵入朝歌鹿腸山討于毒等賊是也。續漢志朝歌縣有鹿腸山。

大河故瀆，在縣城西十里。舊爲大河所經，亦曰西河。漢志：黎陽南有故大金堤，與東山相屬，北盡魏界。又有鯀堤，唐會要：元和八年河溢瓠子，東泛滑，距城才二里。鄭滑帥薛平按故道，河出黎陽西南，遣使請於魏博帥田弘正，弘正許之，因共發卒鑿古河十四里，逕黎陽山東，會於故瀆，自是滑無水患。宋大中祥符四年，河決通利軍合御河，壞州城田廬，遣使濬治。自是以後，决溢之患常在州境，以大河自高趣卑，縣實當其衝也。又有黎陽津，自昔爲津濟之要。郡縣志以爲白馬津，非也。白馬津屬滑縣，蓋在黎陽之南岸。杜牧曰：「黎陽距白馬津三十里。」山堂雜論云：濬、滑間度河處，昔皆以白馬爲名，然主河北而言則曰黎陽，主河南而言則曰白馬。後漢初平二年，袁紹并河北軍於黎陽。建安四年，袁紹謀攻許，曹操聞之，進軍黎陽。既而操屯官渡，紹軍黎陽，遣兵圍白馬，爲操所敗。操軍還，紹渡河追之。五年，紹爲操所敗，走至黎陽北岸。七年，紹歿，袁譚屯黎陽，操自官渡渡河攻譚，敗之。晉太元十七年，慕容垂攻翟釗，軍黎陽，臨河欲濟，釗列兵南岸以拒之。垂移營就西津，去黎陽西四十里，爲牛皮船，佯渡。釗亟引兵趣西津，垂潛遣慕容鎮自黎陽津夜濟，營於河南。釗還攻鎮，不能拔。慕容農遂自西津濟，夾擊釗，釗大敗。隆安初，慕容德自鄴徙滑臺，至黎陽津，冰合夜濟，因改爲天橋津。二年，慕容寶以蘭汗等作亂，自龍城南奔至薊，間道至鄴，南至黎陽，伏於河西，欲赴慕容德於滑臺，聞德已稱制，懼而北走。胡氏曰：「河自遮害亭屈而東過黎陽縣南，故曰河西，其東岸即滑臺也。」東魏武定六年，高澄南臨黎陽，自虎牢濟河至洛陽。高齊河清二年，自虎牢至滑臺，如黎陽還鄴。武平四年，以陳人克淮南，命於黎陽臨河築城戍。時又移石濟關於黎陽，改名白馬關。唐元和中，發鄭滑、魏博卒鑿黎陽古河，導河還北。大順初，朱全忠謀侵河東，假道於魏博，羅弘信不許，全忠自黎陽濟河擊魏。五代梁開平五年，晉王存勗乘柏鄉之捷，進攻魏州，觀河於黎陽，梁兵駭遁。貞明五年，晉軍屯德勝，梁將王瓚自黎陽渡河掩擊澶、魏，至頓丘，遇晉兵而旋。石晉天福二年，天雄帥范延光舉兵，遣其將馮暉等循河西抵黎陽。九年，契丹入寇，陷貝州，前鋒至黎陽。既而晉主出屯澶州，命張彥澤將兵拒契丹於黎陽。宋靖康初，女真南寇，命内侍梁方平屯黎陽河北岸。女真將斡離不陷相州及濬州，前鋒至黎陽，方平奔潰，河南守橋者亦燒營遁，女真遂濟河陷滑州。宋南渡以後，大河南徙。范成大北使録：「濬州城西南有積水若河，蓋大河剩水也。」今亦堙爲平陸。河渠攷：「縣北四十里有大齊村，相傳黄河故道也。衆流所鍾，舊於村東故堤開堤口以洩衆水，由田氏村順流入衛。萬曆十年爲滑民所壅，自縣以北皆被洊溺。尋復故流，州境始爲安堵。」石濟，見河南胙城縣。

衛河，在縣城西。源發河南輝縣蘇門山，自汲縣境流入縣界，至黎陽故城西，又東經城西北流經縣西北三里曰王橋渡，至縣北二十五里曰屯子渡，又北十五里曰老鸛嘴渡，入内黄縣界。寰宇記：「衛河、淇水合流亦曰黎水，亦曰濬水，又謂之白溝。魏武遏淇水東入白溝，蓋昔時淇水南入河，堰之使東入衛以通漕也。」志云：縣西南十里舊有外郎河，或謂之黎水，蓋即衛河故渠也。西匯長豐泊，又西北歷善化山，復西北會於漳水。金時濬州守以州城象舟，乃自外郎河引流東北出，取舟在水中之義。今衛河經流於此。河渠攷：「衛河經城西，廣數丈，堤甚卑薄，夏秋雨潦，上流諸水並集，往往爲害。萬曆六年縣令任養心於舊堤外八里許自石羊村至侯固砦築長堤障之，公私利賴云。」

淇水，縣西南六十里。源出河南輝縣之共山，自淇縣境流入縣界。漢地理志：「淇水東至黎陽入河，謂之淇口。」賈讓治河，議從淇口以東爲石堤，多張水門是也。亦謂之清水。後漢初平二年，袁紹屯朝歌清水口，九州春秋曰「淇水口」也。南岸即是延津。建安九年，曹操下大枋木成堰，正在其處，盧諶征艱賦所謂「淇河巨堰，深渠高隄」者也。後廢。北魏熙平中復浚治之，蓋即淇水合衛河之處矣。又宿胥瀆，亦在縣西南。水經注：「淇水右合宿胥故瀆。瀆受河於遮害亭東黎山西北，會淇水處立石堰，遏水令更東北注。魏武開白溝，因宿胥故瀆而加功焉。」戰國策：蘇代曰：「決宿胥之口，魏無虛、頓丘。」即是瀆也。魏志：「武帝因宿胥故瀆開白溝，導清淇水入焉。」虛即殷墟，見河南安陽縣。頓丘，見前。

宛水，縣西南六十里。水經注：「淇水南歷枋堰，又東有宛水合焉。其上流有五水分流，世號五穴口。」今并爲二水，一爲天井溝，一分爲蓼溝，東入白祀陂，又東入同山陂，溉田七十餘頃，又東南入於淇河。

長豐泊，縣西二十里。地理志：「天下水名泊者二，一曰梁山泊，一曰長豐泊。長豐泊即白祀、同山二陂水所匯也。自大河南徙，二陂漸堙，泊亦淺涸。今爲牧馬地，每遇霖潦，水輒泛溢。」志云：長豐泊向爲洿池之所，周數十里。嘉靖中邑令陸光祖因水涸時疏渠，南起交卸村，北抵屯子鎮，延袤九十餘里，一有水患，輒循渠而洩，地可耕藝。未幾堙塞，尋復濬治，至今爲民利。○裴家潭，亦在縣西，與長豐泊相近。宋天禧四年，李垂規度疏河利害，請自衛州東曹公所開運渠東五里引河，正北稍東十三里，破伯禹舊隄注裴家潭逕牧馬陂，正東稍北四十里鑿大伾西山，釃爲二渠。不報。

新鎮，縣西南六十里。接河南汲縣界，爲戍守處。元置巡司於此，明初革，洪武二十九年復置。又有新鎮水驛，亦在縣西六十里。志云：縣有平川水驛，在縣城西長青門外。又有李家口遞運所，在縣南二十五里。民居輻輳。有城，周六里有奇。嘉靖三十六年設稅課局於此。

遮害亭，縣西南五十里。舊爲大河所經。亭西十八里至淇水口，有金堤，堤高一丈；自淇口東地稍下，隄稍高，至遮害亭，高四五丈。大河經亭南，又東至黎陽縣東大伾山北入開州境，此黄河故道也。賈讓治河策「決黎陽遮害亭，放河使北入海，河西薄大山，東薄金隄，勢不能遠」，即此。

昭陽亭，在縣東北。漢賈讓治河策：「河從河内北至黎陽爲石隄，激使東抵東郡平岡；又爲石隄，使西北抵黎陽、觀下；又爲石堤，使東北抵東郡津北；又爲石堤，使西北抵魏郡昭陽；又爲石隄，激使東北。百餘里間，河再西三東，迫阨如此，不得休息。」昭陽蓋在黎陽縣境。平岡，或曰在滑縣西南。觀，今山東觀城縣。

谷口戍，在枋頭西。晉太元十年，秦苻丕就穀枋頭。既而復自枋頭將歸鄴，與晉將檀玄戰於谷口，玄敗，丕復入鄴。○孫就栅，在縣西北。晉太元十年，劉牢之攻後燕黎陽太守劉撫於孫就栅，慕容垂來救，牢之不勝，退屯黎陽。孫就，人姓名也。

天成橋，在故河上。宋政和五年，都水使者孟昌齡獻議：「導河大邳，可置永遠浮橋。河流自大伾之東而來，直大邳山西止數里，方回南東轉，復折而東，亦不過十里，視地形水勢，東西相直，甚徑易，曾不十餘里，且地勢低下，可以成河，倚山可爲馬頭。又有中潬，正如河陽，若引使穿大伾大山及東北二小山，分爲兩股而過，合於下流，因三山爲趾以繫浮梁，省費數十百倍。」從之。尋奏開鑿大伾三山兩河，回引河流，修繫木橋，進合龍門。功畢，詔三山至大伾山浮橋屬濬州者名天成，大伾至汶子山浮橋屬滑州者名榮光，俄又改名聖功。宣和三年河溢，壞天成、聖功橋，都水孟揚奉詔脩築三山東橋，尋復壞。○鉅橋，志云：在縣西五十里。又鹿臺亦在焉。周書武成「散鹿臺之財，發鉅橋之粟」，蓋謂此云。今有鉅橋鎮。

上宮臺。在廢衛縣東北。志云：衛縣北有苑城。其東二里爲上宮臺，衛風所云「要我于上宮」者也。相近又有沙丘臺，俗名妲己臺。

滑縣，府南二百三十里。東北至開州百二十里，西北至濬縣二十五里，南至河南開封府二百十里，西至衛輝府百二十里。古豕韋氏國，春秋時衛地。漢置白馬縣，屬東郡，後漢因之。晉屬濮陽國，劉宋於此置兗州。又東郡亦謂之滑臺城，河南四鎮之一也。後魏因之，尋改爲西兗州治。東魏廢州，仍爲東郡治。隋初郡廢，縣屬鄭州。開皇九年置杞州於此，十六年改爲滑州，大業二年又爲兗州，三年復曰東郡。唐仍爲滑州，天寶初曰靈昌郡，乾元初復故。大曆七年永平節度治於此，貞元初爲義成軍治，大順初亦曰宣義軍。五代唐復爲義成軍。宋仍曰滑州，太平興國初改軍名曰武成軍，端拱初賜郡名曰靈河郡。熙寧五年州廢，屬開封府，元豐四年復舊。劉豫僞改曰涼平府，金復曰滑州，元因之。明洪武初以州治白馬縣省入，七年又改州爲縣。編户九十二里。

白馬廢縣，今縣治。春秋時衛之曹邑也。閔二年，狄滅衛，衛人立戴公以廬于曹。秦爲白馬縣，沛公與秦將楊熊戰白馬，又漢初灌嬰擊破叛將王武别將桓嬰於白馬下。後漢建安五年，袁紹遣顏良攻東郡太守劉延於白馬，曹操擊斬之，蓋是時縣爲東郡治也。曹丕黄初中改封其弟壽春王彪爲白馬王。晉永嘉二年劉淵遣王彌、石勒等寇鄴，引軍而南，詔豫州刺史裴憲屯白馬以拒彌，四年石勒濟河陷白馬。自劉宋以後白馬皆爲東郡治，隋、唐以後白馬皆爲滑州治。括地志：「白馬城在衛南縣西南三十四里。」邑志：今縣西北十里有白馬古城。一云在縣南二十里。蓋河流變徙，白馬非復舊治也。又滑臺城，胡氏曰：「在白馬縣西南。」晉太元九年，謝玄北伐，遣别將郭滿據滑臺，滑臺之名始見於此。十三年，丁零翟遼自黎陽徙屯滑臺，十五年劉牢之擊敗之。十九年陷於後燕，隆安二年慕容德自鄴南徙滑臺。三年德引兵西擊苻廣，留慕容和守滑臺。和長史李辨作亂，殺和降魏。德還兵欲攻之，潘聰曰：「滑臺四通八達之地，居之未易一日安也。」乃謀遷廣固。蓋滑臺城旁無山陵可依，車騎舟師皆可以逞，是時魏人自北渡河而南，晉從清水入河，秦沿渭順河而下，皆凑於滑臺，故潘聰云然也。郡縣志：「滑臺城有三重，都城周二十里，相傳衞靈公所築；中小城謂之滑臺，昔時滑氏爲壘，後人增以爲城，高堅峻險，臨河有臺，故曰滑臺。」義熙十二年劉裕伐秦，王仲德帥水軍入河逼滑臺，魏兗州刺史尉建棄城北渡河，仲德遂入滑臺。宋永初末東郡太守王景度戍守於此，魏人攻拔之。元嘉七年到彦之等取河南地，入滑臺，留朱脩之戍守，魏攻圍數月，糧盡爲魏所陷。二十七年王玄謨攻圍滑臺，積二百餘日不能克，魏人來救，敗還。後魏太和十七年將遷洛都，設壇於滑臺城東，告行廟以遷都之意，大赦，起滑臺宮。十九年復如滑臺。時又置西兗州於此，孝昌中西兗州始遷治定陶，尋復舊治。永安二年徐州刺史爾朱仲遠舉兵向洛，攻拔西兗州，魏主子攸使賀拔勝拒之，戰於滑臺東，兵敗降於仲遠。普泰三年爾朱仲遠自東郡會爾朱兆等攻高歡於鄴，敗走滑臺，滑臺即東郡治也。永熙三年，高歡自晉陽犯洛，魏主脩使賈顯智等鎮滑臺，顯智密降於歡，魏主復遣侯幾紹與歡將竇泰等戰於滑臺東，敗死。每河北有變，滑臺常爲重地，蓋其地控據河津，險固可恃也。宋南渡後，大河南徙，滑州、白馬皆在河北，而滑州故城已淪於河中，陵谷變遷，非一日矣。邑志：縣東二里有滑臺故城。恐悮。又今縣城周九里，正德七年因舊址增修。明年復築外堤，周二十里。嘉靖以後相繼修築云。

韋城廢縣，縣東南五十里。相傳殷豕韋氏故國。戰國時亦曰垝津。信陵君曰：「秦有垝津以臨河内。」是也。史記：「曹參至河内，下修武，渡圍津。」徐廣曰：「東郡白馬有圍津。」圍、韋同。志云：河水至韋城名曰韋津。漢爲白馬縣地，隋開皇十六年置韋城縣，屬滑州。唐因之。大曆十一年汴宋叛帥李靈曜爲諸道兵所敗，走至韋城，永平將杜如江追擒之。五代漢末郭威爲將士推戴，自澶州南趣汴，至韋城。宋亦爲韋城縣，仍屬滑州。景德初契丹入寇，車駕北巡，駐於韋城。金時縣圮於水，廢爲韋城鎮。○平陽城，志云：在韋城西二十里。左傳哀十六年：「衛侯飲孔悝酒于平陽。」又孔悝爲蒯聵所逐，載伯姬于平陽而行。」延津亦謂之平陽亭。杜預曰：「燕縣東北有平陽亭。」蓋其地今與河南胙城縣接界。又廢長垣城，亦在韋城南三十餘里。隋志：「開皇十六年改故長垣縣曰匡城，而分韋城縣置長垣縣，大業初廢。」

衛南廢縣，縣東六十里。春秋時楚丘地。僖四年，衛文公自曹遷于楚丘，詩所云「定之方中，作于楚宫」者。隋開皇十六年置楚丘縣，以曹有楚丘，改曰衛南，屬滑州。唐因之。舊唐書：「縣本治楚丘古城，儀鳳初移治西北濱河之新城，永昌初又移於楚丘故城南。」宋仍曰衛南縣，亦屬滑州。靖康末宗澤自大名至開德，與金人屢戰皆捷，孤軍進至衛南是也。金省爲鎮。○平昌城，在縣東南。本白馬縣地，後魏置平昌縣，屬東郡，北齊廢。又涼城廢縣，在縣東北。亦後魏置，屬東郡，北齊并入白馬縣。又有長樂城，在縣東。後魏分涼城縣置，屬東郡，北齊省。郡縣志：「隋衛南縣，即故平昌、長樂二縣地。」

靈昌廢縣，在縣西南。以靈昌津而名。隋開皇十六年分酸棗縣地置靈昌縣，屬滑州。唐因之。五代唐曰靈河縣。

周廣順中河決靈河口，顯德初遣使修塞。宋仍屬滑州，乾德四年命韓重贇修滑州靈河隄是也。熙寧六年縣廢爲靈河鎮。

鹿鳴城，在縣東北。竹書紀年：「梁惠成王十三年，鄭釐侯使許息來致地，我取枳道，與鄭鹿。」枳道在河內，鄭即韓也，謂與韓以鹿邑。今城内有故臺，俗謂之鹿鳴臺。晉太元十一年，黎陽太守滕恬之南攻鹿鳴城，降將丁零翟遼畔據黎陽。宋元嘉二十七年，王玄謨自滑臺走鹿鳴，即此。城下有津曰鹿鳴津，又西三十里爲白馬津。戴延之曰：「天橋津東岸有故城，險帶長河，周二十里，本鹿鳴城，俗謂之逯明壘。明，石勒騎將也，城因以名。」郭緣生曰：「鹿鳴城袁紹所築。」即今六明鎮矣。○大通城，在縣東北，當胡梁渡口。舊時於大河津濟處，往往爲月城以防渡口，謂之大通城。隋義寧二年，王世充爲李密所敗，自鞏北走大通城，蓋即孟津渡口。石晉時以胡良渡路通澶州，爲往來要地，因築月城於此。天福四年置大通軍，其浮橋亦曰大通橋，城北即六明鎮也。

鉏城，志云：在縣東十五里。左傳「后羿自鉏遷于窮石」。哀十一年衛太叔疾出奔宋，向魋與之城鉏。二十五年衛侯輒適城鉏。二十六年衛以城鉏與越人」即此。又須城，在縣東南二十八里。詩「思須與漕」，漕亦作「曹」，即白馬縣也。須與漕蓋相近矣。○訾樓城，在縣西南六十里。古衛地。春秋僖十八年：邢、狄伐衛，衛侯師于訾樓。志云在長垣西北六十里，蓋接界處也。寰宇記「縣東北七十里土山村，即古帝丘城。衛成公遷於帝丘，即此城」云。

沙店城，縣南三十里，舊爲戍守處。宋建炎初，宗澤留守東京，召王彥於太行山共議進取，彥渡河至汴，屯於滑州之沙店，即此。又赤眉城，在縣東二十四里，相傳赤眉屯營處。志云：縣南七里有董固城，縣東北五十里又有大城。

未詳所據。

白馬山，縣東北三十四里。開山圖：「山下常有白馬羣行，悲鳴則河決，馳走則山崩。」水經注：「白馬縣有神馬亭，實中層峙，南北二百步，東西五十餘步。」今削落過半，西去白馬津可二十里許，疑即白馬山。蓋河水決溢，山久頹圮也。今縣東三十里有村曰白馬墻，尚沿舊名云。

天臺山，在縣城西。宋天禧三年河決天臺山，發丁夫萬人塞之，堤成名天臺埽，今城西高堤闊百步者是也。舊志：山在滑州城西北，隔河。又狗脊山，在縣西北隅。山麓有龍潭，廣十餘頃。郡志：縣東北七十里有鮒鰅山，金自開州割入縣界。今見清豐縣，蓋境皆相接也。

瓦岡，在縣東。隋末翟讓亡命於瓦岡，爲羣盜。水經注：「濮渠東逕滑臺城南，又東南逕瓦亭南。」瓦亭蓋因瓦岡而名，今湮。

衛河，縣西北五十里。亦曰永濟渠。自濬縣流入境，又東北入内黄縣界。

滑河故瀆，在縣北。水經注：「白馬縣有凉城，大河經其北。有神馬亭。」昔時大河東北流至滑，勢最盛。自洛以西，百川皆會，澶、濮之間，所在決蕩，更相通注。唐末滑受患最劇，乾寧二年河漲，將毁州城，朱全忠命決爲二河，夾州城而東，爲害滋甚。後唐同光初，梁以唐兵漸逼，命段凝於滑州決河東注曹、濮及鄆以限唐兵，謂之「護駕水」，自是屢費修塞。宋淳化四年，梁睿言：「滑州每歲河決南岸，請於迎陽村鑿渠引水，凡四十里至黎陽合大河。」乃命興役，五年新渠成。又命杜彦鈞鑿河開渠，自韓村埽至州西，凡五十餘里，合於河以分水勢。宋南渡以後，故瀆漸爲平陸矣。邑志：縣東北六十五里有消河，古黄河經流處。或以爲即滑河之訛也。

白馬津，在縣西，即大河津渡處也。胡氏曰：「河自黎陽遮害亭決而東北，流過黎陽縣南，河之西岸爲黎陽界，東岸爲滑臺界，其津口曰白馬津。」水經注云：「津在白馬城西北，因名。」戰國時張儀謂趙王：「秦守白馬之津。」又蘇代約燕王：「決白馬之口，魏無黄、濟陽。」韓非説秦王曰：「決白馬之口以沃魏氏。」秦末張耳、陳餘略趙地，從白馬渡河。又沛公與秦將楊熊戰白馬，酈食其説漢王「塞白馬之津」是也。漢三年，盧綰、劉賈將卒二萬、騎數百渡白馬津入楚地，佐彭越，燒楚積聚。晉永興三年，成都王穎故將公師藩起兵趙、魏，尋自白馬渡河，兖州刺史苟晞擊斬之。宇文周大象二年，尉遲迥舉兵相州，遣其黨宇文胄自石濟、宇文威自白馬濟河，共攻東郡。隋仁壽末，漢王諒舉兵并州，遣其將綦良出滏口攻黎州，塞白馬津。唐文德初，朱全忠以魏博軍亂，自白馬濟河，下黎陽等鎮。津口舊有白馬驛，天祐二年全忠殺故相裴樞等三十餘人於白馬驛，投尸於河。三年全忠自白馬濟河，攻劉守文於滄州。五代梁乾化五年，分天雄軍置鎮相州，恐魏人不服，遣開封尹劉鄩自白馬濟河以脅之，魏軍遂作亂。石晉天福二年范延光舉兵魏州，晉主命白奉進將兵屯於白馬津以備之，延光亦遣兵循河西抵黎陽口。開運末，契丹入大梁，明年自汴還渡白馬津而北。周顯德三年，北伐契丹，渡白馬津。通釋：「白馬北岸即黎陽津，故白馬亦兼有黎陽之名。」黄、濟陽，見河南杞縣及蘭陽縣。山堂雜論曰：「決宿胥，決河使北也。決白馬，決河使南也。」

靈昌津，在白馬津西。舊志云：在靈昌縣東北二十二里。一名大埸，相傳澹臺滅明斬蛟投璧處也。水經注：「靈昌津本名延津，一名延壽津。」後漢建安六年，袁紹遣顔良攻白馬，曹操馳救，荀攸曰：「今兵少不敵，必分其勢乃可。公到延津，若將渡兵向其後者，紹必西應之，然後輕兵襲白馬，掩其不備，良可擒也。」操從之，既而與紹戰於延津，紹大敗。晉永嘉初，羣盜汲桑、石勒等入鄴，大掠而南，濟自延津，將擊兖州，刺史苟晞討敗之。三年，劉淵使其將劉景攻黎陽，克之。時晉將王堪屯東燕，景敗堪於延津，沉男女三萬餘人於河。咸和三年，石勒擊劉曜於洛陽，至河渚，不得渡，流澌忽因風凍合，渡訖復泮。勒自以爲得天助，改曰靈昌津。建元二年，石虎作河橋於靈昌津，採石爲中濟，石下輒隨去，用工五千餘萬而橋不成。虎怒，臨河斬匠而還。蓋大河深廣，必下石爲中濟，兩岸繫巨絙以維船，然後可以立橋，如河陽、蒲津之中潬是也。劉宋景平元年，魏主嗣侵宋自臨昌津濟，遂如東郡。元嘉七年到彦之等收復河南諸軍，進屯靈昌津，列守南岸，西至潼關。唐天寶十四載，安禄山自靈昌渡河，以絙約敗船及草木，橫絶河流，一夕冰合如浮梁，遂陷靈昌郡。津旁有湖，周十里許，曰靈昌湖，蓋大河所匯也。今涸。胡氏曰：「滑臺城下爲延津，又西爲靈昌津。」王氏曰：「靈昌津在白馬津之西，近河南之延津縣界。」今亦見延津縣。

長壽津，在縣東北。水經注：「河水逕滑臺城，又東北逕凉城縣，又東北爲長壽津。」述征記：「凉城到長壽津六十里，河之故瀆出焉。」王氏曰：「自漢以來，長壽津爲黄河故道。南北朝時，黄河自漯河入海，因謂之故瀆。」北魏永熙末，魏主修遣賈顯智禦高歡於滑臺，歡遣相州刺史竇泰趨滑臺，遇於長壽津，顯智陰約降於歡，引軍退，即此。

胡良渡，在縣東北，接開州境。亦舊時大河渡口也。唐乾元二年，史思明自范陽南寇，遣其僞相周摯分道自胡良渡，會於汴州。良亦作「梁」。五代晉天福二年，楊光遠擊范延光於魏州，引兵自滑州踰胡梁渡。四年，以胡梁渡月城爲大通軍。二年，〔六〕契丹入寇，建牙元氏，晉主命景延廣自滑州引兵守胡梁渡以備之是也。或曰即故鹿鳴津矣。

白皐渡，在縣北。亦大河津渡處。唐乾元二年，史思明自范陽南寇，分四道渡河，一出黎陽，一出胡梁，思明自引軍出濮陽，分遣其子朝義出白皐，皆會汴州。後唐同光末，魏州軍亂，李嗣源討之，爲亂兵所推，嗣源尋自相州由白皐濟河至滑州。石晉天福二年，楊光遠擊范延光於魏州，自大梁進兵，由白皐趣滑州是也。

濮渠，在縣南。舊自河南延津縣界分濮水爲渠，又東入開州界仍合於濮水。今涸。水經注：「滑臺南有濮渠。」是也。○寸金潭，在縣東北，舊爲大河經流處。宋宣和二年王黼言「河流自韓村埽衝至寸金潭自成直河」，即此。今涸。又有滹沱澤，志云：在縣北三里，周五里，亦大河之餘浸也。

金堤，在廢靈河縣西南五十二里。隋大業中置金堤關，尋廢。括地志：「千里堤在白馬縣東五里，即金堤也。」元和志：「金堤在酸棗縣東二十三里。」王氏曰：「今在滑州界。」漢孝文時，河決酸棗，東潰金堤。漢成帝建始四年又決東郡金堤。杜佑曰：「白馬縣有瓠子堤，亦曰金堤。」後漢王尊爲東郡太守，河水盛溢，泛浸瓠子金堤，尊躬帥吏民祀水，請以身填金堤，因止宿堤上，水波稍却，即此處云。邑志：金堤在縣南二十三里。縣西南三里有故瓠子堤，三十里有東西大堤。其南復有一堤，西接衛輝，東連開州界，土人呼爲夾堤。又有新堤。正統初河決河南胙城縣，泛溢入境三十餘里，因築此堤障之，東接長垣縣界，號曰新堤。又有陳公堤，在縣南門外。宋滑州守陳堯佐所築。

六明鎮，在胡良渡口。石晉天福二年，范延光舉兵魏州，其將馮暉等引兵至六明鎮渡河，擊晉軍，爲楊光遠所敗。周廣順中，河決六明鎮，顯德初遣使修塞之。胡氏曰：「鎮即大通軍之地。」是也。或以爲即故鹿鳴城，誤爲「六明」

云。○老岸鎮，在縣東南七十里。今有巡司。

魚池店，在廢靈河縣東。五代漢乾祐元年，河决於此，謂之魚池口，周顯德初遣使修塞。天聖五年浚魚池埽減水河。宋志：「大河逕縣界，有韓村、房村、石堰、魚池、迎陽等埽。」今縣有魚池、迎陽等鋪。○草市，舊在城西南。胡氏曰：「滑州城外舊有草市，以草舍成市而名。」石晉天福二年，范延光舉兵魏州，遣兵渡河焚草市，即此。邑志：由縣南門外出草市，穿堤有大路，挾東西龍潭，謂之龍河道口。

石柱店。在縣南。唐興元初，李希烈據汴州，滑州刺史李澄初降於希烈，至是希烈使澄攻寧陵，澄至石柱，使衆陽驚，燒營而遁，密請内附處也。寧陵，今河南歸德府屬縣。○王鐵槍砦，縣東北四十里。五代梁將王彦章嘗屯兵於此，因名。

開州，府南百六十里。東南至山東濮州百里，南至河南開封府百五十里，西至河南衛輝府二百三十里。古昆吾國，春秋、戰國爲衛地。秦爲東郡地，漢仍屬東郡，後漢因之。晉爲頓丘及濮陽國地。後魏改濮陽國爲濮陽郡。隋初郡廢屬魏州，尋屬滑州，大業初爲東郡及武陽郡地。唐武德四年置澶州。治頓丘，取澶淵以名。貞觀初州廢，仍屬魏州。大曆七年復置澶州。從魏博帥田承嗣請也。五代晉曰鎮寧軍。薛史：「天福三年移州治於德勝口，九年始置鎮寧軍，兼領濮州。」郡志：晉天福中州移治夾河，漢乾祐初又徙德勝砦，周世宗復移治澶淵故城。皆悮也。宋仍曰澶州，亦曰澶淵郡、鎮寧軍節度，熙寧九年移於今治。崇寧五年升爲開德府。宋志：「崇寧四年建爲北輔。宣和二年罷輔，郡仍隸河北東路。」

金仍曰澶州，皇統四年改開州，屬大名府。元屬大名路。明亦曰開州，以州治濮陽縣省入。編户百有一里。領縣二。

州肘腋大梁，襟帶東郡。謂山東東昌府境。春秋時衛都於此，與齊、魯相雄長。秦末，項羽由此扼章邯。後漢之季，吕布亦争此以抑曹操。蓋其地濱河距濟，介南北之間，常爲津要。五代時晉王存勗與梁人力戰於河上，德勝兩城，爲必争之險。石晉開運三年慮契丹爲後世患，徙澶州於德勝。九年契丹入寇屯元城，趙延壽請於契丹曰：「晉軍悉在河上，不如即其城下四合攻之，奪其浮梁，則天下定矣。」契丹遂進營城北。宋景德初契丹南犯，寇準力勸親征，御北城門樓，而契丹氣沮。宋人以澶州爲大梁北門，安危所繫也。今大河南徙，形勢稍移，然川原平曠，道路四達，居然衝要矣。

濮陽廢縣，今州治也。王氏曰：「舊城在今治西南三十里，爲古顓頊之墟。亦曰帝丘，夏爲昆吾氏所居。」國語曰：「昆吾爲夏伯。」是也。春秋僖三十一年「衛成公自楚丘遷于帝丘」，即此城。東南有浚城，又有寒泉，詩云：「爰有寒泉，在浚之下。」其後曰濮陽，以地在濮水北也。秦始皇七年拔衛濮陽，置濮陽縣，東郡治焉。史記：「章邯與項羽戰，軍濮陽東，環水自固。」漢仍曰濮陽縣，亦爲東郡治。後漢因之。初平二年曹操擊黑山賊白繞於濮陽，破之，袁紹因表操爲東郡太守。興平初吕布襲據濮陽，與曹操争兖州。晉亦曰濮陽縣，爲濮陽國治。後魏仍屬濮陽郡。隋屬滑州，大業初屬東郡。唐屬濮州。五代梁貞明四年晉王存勗攻梁濮陽，拔之，尋棄不守。五年晉敗梁軍於河南岸，復乘勝拔濮陽。石晉天福四年改屬澶州，宋因之。熙寧四年河決澶淵，因改置澶州，移濮陽縣爲州治。胡氏曰：「濮陽舊在河南，今開州治所之濮陽，乃石晉天福中移就澶州南郭者。」或曰即宋所移，胡氏悞也。九域志云：「濮陽縣東去濮州九十里。」城邑攷：「州城宋熙寧中土築，後皆因之。弘治十三年增修。其城前方後圓，俗呼卧虎城。周二十七里。」

德勝城，州東南五里。古澶淵也。春秋：「襄二十年晉及諸侯會于澶淵，二十六年復會于澶淵，三十年又會焉。」杜預曰：「澶淵在頓丘南。今謂之繁汙，近戚田。」其後爲德勝渡，黄河津要也。五代梁貞明四年，晉王存勗拔濮陽，軍德勝渡，尋遣李存審於德勝南北夾河築兩城而守之。胡氏曰：「時河津闊遠，兩城相距蓋三十里。」五年梁賀瓌攻晉德勝南城，百道俱進，以竹笮連艨艟巨艘横斷河流，使晉救兵不得渡，爲晉將李建及所破。既而梁將王瓚據楊村，夾河築壘造浮橋，謀攻德勝。晉將李存進亦造浮橋於德勝，或曰浮梁須竹笮鐵牛石囷，我皆無之，何以能成？存進不聽，以葦笮維巨艦，繫於土山巨木，踰月而成，人服其智。晉王尋自魏州發徒數萬，廣德勝北城，梁人來爭，晉王拒之，大小百餘戰，城始就。龍德初戴思遠復自楊村襲晉德勝北城，爲晉所敗。明年復攻北城，重塹複壘，斷其出入，晝夜急攻，晉將李存審悉力拒守，晉王自幽州馳救，思遠引却。後唐同光初，梁王彦章自楊村徑攻德勝，力戰斷其浮橋，南城遂陷。唐主命棄北城，撤屋爲筏，東助楊劉守備。彦章圍楊劉不克，退走楊村，唐軍復屯德勝。石晉天福三年，時瀛、莫諸州入於契丹，河北無藩籬之固，於是移澶州跨德勝津，并頓丘縣亦隨州移治郭下。是時作浮橋於德勝口，謂之澶州河橋，於是兩城有南澶、北澶之目，蓋以防固河津也。九年契丹攻澶州，欲奪浮梁，不克。開運三年契丹入汴，遣酋帥耶律郎五據澶州，賊帥王瓊帥衆襲據南城，北渡浮航，圍郎五於牙城，契丹救却之。漢乾祐三年郭威舉兵鄴都，漢主遣侯益等將兵趣澶州，威至澶州降，遂渡河趣滑州。宋景德初契丹入犯，寇準勸帝親征，駕至南城，衆請駐蹕，準固請渡河御北城門樓，士氣百倍。既而幸浮橋，登臨河亭，蓋是時澶州猶治德勝城也。慶曆中嘗增修之。熙寧十年城圮於水，因改築州城，以濮陽縣爲州治，非復石晉所移之舊矣。九域志：「澶州距魏州百三十里。」胡氏曰：「此據故澶州北城言之。自南城渡河并浮梁計之，則百五十里，故晉人每言澶州距魏百五十里也。」蓋澶州徙治不一，大約唐治故頓丘城，石晉時治德勝，宋始治濮陽。一統志云：「今州南有故德勝砦。」楊劉，見山東東阿縣。

戚城，州北七里。春秋時衛邑，會盟要地也。又爲衛大夫孫林父之食邑。左傳文元年：「公孫敖會晉侯于戚。」時晉師伐衛取戚，疆戚田也。成十五年，同盟于戚。襄元年，晉以諸侯之師伐鄭，侵楚及陳，晉侯、衛侯次于戚以爲之援。二年，諸侯之師會于戚。五年，晉復會諸侯于戚。襄二十六年，孫林父以戚如晉，晉會諸侯于澶淵以討衛，疆戚田也，取衛西鄙懿氏六十以與孫氏。又昭七年，晉反戚田于衛。哀二年，趙鞅納衛太子蒯聵于戚，宵迷，陽虎曰：「右河而南，必至焉。」杜預曰：「是時戚在河外，晉軍已渡河，故云。」哀十六年，衛世子蒯聵自戚入衛。今亦謂之戚田。自戚城而西北五十里有懿城，即古懿氏也。水經注：「戚，衛河上邑。漢高十二年封李必爲戚侯，邑於此。」五代史：「梁貞明五年，王瓚與晉將李嗣源戰於戚城，敗還。龍德初，晉將李嗣源伏兵於戚城，敗梁將戴思遠。晉天福九年，契丹入寇，圍晉將高行周等於戚城，爲晉所敗，解圍去。未幾復攻澶州，與行周戰於戚城南，不勝而還，即此城也。」

臨河城，州西六十里。漢黎陽縣地，武帝封魯共王子賢爲臨河侯，邑於此。後魏永安初分黎陽縣地置東黎縣，屬黎陽郡，北齊廢。隋開皇六年改置臨河縣，屬衛州。唐初屬黎州，貞觀十七年改屬相州。文德初，朱全忠救樂從訓於内黄，下臨河鎮。大順初，全忠將丁會等侵魏博，渡河取黎陽、臨河。後唐同光初，梁段凝寇澶州境，進至臨河之南。宋仍爲臨河縣，屬澶州，金廢。郡志：臨河城在内黄縣南三十里。一云滑縣西北有臨河城，蓋境相接也。○澶水城，在州西二十里。本臨河、内黄、頓丘三縣地，隋開皇十六年置澶水縣，屬衛州，大業初屬汲郡。或曰隋本置澶淵縣，唐諱「淵」，因改曰澶水縣。初屬黎州，尋屬澶州。貞觀初州廢，還屬黎州。十七年縣廢入臨河縣。

昆吾城，州東二十五里。其地有古顓頊城，城中有古昆吾臺，相傳夏昆吾氏所築。春秋時屬衛。左傳哀十七年：「衛侯夢于北宫，見人登昆吾之觀。」是也。漢爲濮陽縣地。隋開皇十六年析置昆吾縣，屬滑州，大業初廢。唐武德四年復置昆吾縣，屬濮州，八年仍省入濮陽。志云：顓頊城一名東郭城，隋置昆吾縣於此。又廢臨河縣東北三里亦有顓頊城。

鹹城，州東南六十里。春秋時衛地。左傳僖十三年：「齊桓公會諸侯于鹹。」又文十一年，魯叔孫得臣敗狄于鹹。定七年，齊侯、鄭伯盟于鹹。」是也。劉昭曰：「濮陽有鹹城，或以爲古之鹹國。」○圉城，在州東。春秋時衛邑。襄二十六年，衛孫林父以戚如晉。衛人侵戚東鄙，晉戍茅氏。衛人伐之，孫蒯從衛師，敗之圉。茅氏，即戚東鄙之地也。又五鹿城，志云：在州南三十里。杜預曰：「衛地有二五鹿，一在元城東，一在衛縣西北。」此衛縣西北之五鹿矣。

寰宇記：「元城東爲五鹿墟，即重耳乞食處。」此爲五鹿城。

衛陽山，州東南二十里，以在衛地之陽而名。又州東南五里曰洪洋山，山秀麗而隆峻。志云：澶淵舊在其下。今山南有浮翠橋，即澶水所經也。○金沙山，在州治東迤北。宋建炎間楊隶守開德，金人來攻，力戰城陷，金人屠其城，隶及弟彭年死之，人爲瘞骨，立塚如山，因以沙名。

鐵丘，州北五里。杜預曰：「鐵在戚城南。」哀二年，趙鞅送衛太子蒯聵入于戚，遇鄭師，蒯聵登鐵上以望，懼，自投于車下。鐵上，即鐵丘也。又瑕丘，在州東南三十里，高三丈，檀弓「公叔文子升瑕丘，蘧伯玉從」，即此。又東南十里爲延丘，相傳吳延陵季子適衛時曾憩於此。

清丘，州東南七十里。丘高五丈。春秋宣十二年：「晉人、宋人、衛人、曹人同盟于清丘。」是也。唐置清丘驛。五代唐同光初，李紹興敗梁遊兵於清丘驛南，即此。又旄丘，在州東北。志云：即衛風所咏「旄丘之葛」者。郡志：舊濮陽城東有商丘，蓋即帝丘之訛也。○寒泉岡，在州西南。水經注：「濮陽城側有寒泉岡，即詩所稱『爰有寒泉』者。」世謂之高平渠，非也。

黄河故瀆，在州治南。自滑縣流入州界，自昔大河經流處也。今有瓠子故渠，在州西南二十五里。漢元光中河決瓠子，使汲仁、郭昌發卒數萬，塞之不成。元封元年封禪還，自臨決河，塞之，築宫其上，名曰宣防。水經注：「濮陽北十里即瓠河口，亦謂之瓠子堰，又爲宣房堰。」平帝以後，河水東浸，日月彌廣。永平十二年詔王景修治，景防遏衝要，疏決壅積，瓠子之水，絶而不通。自唐末以至五季，河流蕩決，漸失故道。宋慶曆中河自澶州東北三十里商胡河口趨恩、冀，既而大名、鄆、澶、滑、濮、齊、淄、滄、棣、德、博、懷、衛、孟、鄭及開封俱受河害。至和二年河復決大名、館陶，李仲昌奏請自商胡河東南鑿六塔渠，引河東注橫隴故道，以披其勢。時孫抃亦言六塔下流可導而東去，以紓恩、冀金堤之患。歐陽修謂六塔狹小，不能容受大河，濱、棣、德、博諸州必被其患。不聽，遂塞商胡，修六塔河。明年，六塔河復決。熙寧、元豐中，河屢決於澶州之境。陳祐甫言：「商河決三十餘年，河道填淤漸高，宜修之，并修橫隴以分河流。又以二處土性疏惡，請修禹故瀆。」不果。既而大河自州北決入於御河，州境之患漸少。靖康以後，大河益徙而南，商胡、六塔諸河，盡成平陸。明正統十三年，河決開封之滎陽、陽武，循故道至州南凡百二十里，東流抵濮州，過張秋入海。其流奮擊，聲聞數十里，俗名響口子。尋塞。今州東二十里有清河，即大河舊流也。其北有龍泉岡，西有杏花岡，各高二丈許，下臨河，即舊時隄岸矣。又六塔河，舊志云在州東北十七里；橫隴河，在州東四十里：俱宋時決溢之處。今詳見川瀆異同。

濮水，州南六十里。亦謂之濮渠。舊志：濮水自河南延津縣東北流，經胙城，過濮陽，入山東濮州界。今胙城縣猶有故濮渠，即此水上流也。大河遷決不時，濮水遂至湮廢。

淇水，舊志云：在臨河廢縣東南五里。自濬縣流入界，又東北流入內黃縣及清豐縣境。通典臨河縣有古淇河，謂此。或曰此即滑縣之永濟渠，自濬縣流經臨河縣西北五十里而入內黃縣界者也。

西湖，在州城西南。舊時河流匯入，積而成湖，夏秋時瀰漫甚廣，後漸淺涸，然猶渟流蕩漾，周數百畝，今無復舊觀也。○胡柳陂，在州東南五十里，與山東濮州接界。五代梁貞明四年，晉王存勗與梁軍大戰處也。今詳見濮州。

金堤頭，州東南百五十里。志云：其西接黄陵岡，東至小張家灣，黄河分流決溢之處也。弘治中郡守修築故隄，跨長垣縣及山東曹州界，東西亘二百餘里。舊有金堤巡司，河南徙始廢。○宋堤，在州南一里。相傳宋熙寧中築。舊志：州北至大名，南抵長垣，其間長短無名之堤不可數計。城北古堤，自滑縣入州境，至清豐西五里。城南古堤，亦自滑縣經州東七十里之鄄城鄉，分爲五道，入山東范縣界之五堤頭村而止。又環城四面有小隄，所謂護城堤也。皆宋所置。

白沙渡，在州西，舊時大河津渡處也。劉宋景平初，後魏主拓跋嗣寇宋河南，從白沙渡河，屯濮陽南。胡氏曰：「濮陽對岸則頓丘縣境，白沙渡蓋在澶州界内。」又鯀堤，在州西十里。自濬縣而東接州界，相傳鯀治水時築。寰宇記：「州西南黄河北岸有古復關堤，衛風『乘彼垝垣，以望復關』，蓋謂此云。」郡志：復關堤，在臨河廢縣南三百步。

宣防宫，志云：在城西南十七里瓠子堤上。漢武帝元封初塞決河，築宣防宫於其上，即此。又有龍淵宫，在州西南八里。亦漢武時築，一名赤龍渦。○烽火臺，在州東南。志云：澶、濮間濱河，遠近多丘阜，或十餘畝，或二三十餘畝，皆石晉時所築以備契丹處。

孫村，州東北三十四里。宋時大河決嚙處也。天聖七年，汴河溢，勾當汴口王中庸欲增置孫村之石限以洩之，〔七〕不果。元豐末，河決於大名之小張口，知澶州事王令圖等議濬迎陽埽舊河，又於孫村置金堤約復故道。元祐初張問等言大河故道難復，請於南樂大名埽間開直河，并簽河分引水勢入孫村口，以解北京向下水患。於是回河減水之議復起，言者交斥其非乃罷。迎陽埽，舊在滑縣東北境。

曹村，在州西南。亦宋時大河要口也。熙寧四年河決澶州曹村埽，時程顥知鎮寧軍，方救護小吴埽，以曹村決則注汴京，馳還塞之。十年河復大決於曹村，北流斷絶，河道南徙，逾年始塞之，謂之靈平埽。郡志：靈平埽，在州西南七里。又小吴埽，在州東。志云：小吴口西去曹村百里。熙寧四年河決澶州小吴埽。元豐八年小吴決口未塞，河又東決大名之小張口是也。〇趙征村，在州東北，即六塔河口。宋至和中修六塔河，内侍劉恢奏「六塔之役，河口乃趙征村，於國姓御名有嫌」，即此。今其地亦名趙村舖。

楊村，州西南十五里。舊時大河要口也。五代梁貞明五年，晉王存勗軍於德勝，王瓚據晉人上游十八里楊村，夾河築壘造浮橋，通滑州餽運，晉將李存進亦造浮橋於德勝以拒之。既而瓚與晉兵戰於河南岸，敗走北城，即楊村北城也。龍德初戴思遠悉楊村之衆，襲晉德勝北城，爲晉王存勗所敗，走楊村。尋復自楊村襲魏州，不克。唐同光初，梁將王彦章攻唐德勝，自大梁馳至滑州，陰遣人具舟楊村，乘流而下，循河南岸，直趣德勝，遂克南城。既而進攻楊劉，不克，解圍西走楊村。三年，唐主由德勝渡河，歷楊村、戚城，覩昔時戰處。薛史：「楊村在濮陽之北，濱大河。」蓋據舊濮陽城言之也。

斂盂聚，在州東南。左傳僖二十八年：「晉侯、齊侯盟于斂盂。」史記作「斂于」，即此聚也。又州治南有古重華臺。士孫子曰「衛靈公坐重華之臺，侍御數百。仲叔圉諫，公乃出宫女」，即此處云。志云：州西南又有地名瓦屋頭，即春秋隱八年宋公、齊侯、衛侯同盟處。

土樓鎮，在州西。劉宋永初末，北魏將奚斤等拔宋滑臺，進擊翟廣於土樓，破之，遂進逼虎牢。九域志澶州臨河縣有土樓鎮。

斗門。在州東南。唐元和十二年，陳許帥李光顔討淄青叛帥李師道，攻濮陽，收斗門、杜莊二屯。又景福元年，朱全忠擊天平帥朱瑄，遣其子友裕將前軍，軍於斗門。全忠至衛南，朱瑄遣步騎襲斗門，友裕走，瑄據其營，全忠不知，復趣斗門，爲瑄所敗。

長垣縣，州南百五十里。南至河南蘭陽縣九十里，東南至河南儀封縣百三十里，西至河南胙城縣九十里，西南至河南封丘縣六十里，西北至滑縣九十里。春秋時衛之匡邑，戰國屬魏，漢置長垣縣，屬陳留郡。風俗傳：「縣有防垣，故名。」後漢安帝封元舅宋俊爲侯邑。晉屬陳留國，後趙省入酸棗縣。高齊復置長垣縣，屬東郡。隋開皇十六年改曰匡城縣，屬滑州，唐因之。五代梁復曰長垣，屬開封府。後唐仍曰匡城。宋建隆初諱「匡」，復爲長垣縣，仍屬開封府。金泰和八年改屬開州。元初屬大名路，至元二年仍屬開州，明因之。今編户七十八里。

長垣故城，縣東北三十五里。其地一名鮑垣，或曰即首垣也。戰國策：韓侈謂秦王：「進宋、齊之兵至首垣，遠薄梁郭。」又趙肅侯七年，公子刻攻魏首垣。水經注曰：「首垣，秦更爲長垣。」漢置縣於此，後廢。隋開皇十六年改置縣於婦姑城，以南有故匡城，因改爲匡城縣，在舊城西南十七里。唐因之。乾符二年，濮人王仙芝聚衆數千，起於長垣，即故長垣城也。宋復改匡城爲長垣縣。金初遷縣於柳冢村，在今縣城東北七里。明洪武初以水患遷於蒲城，即今縣治。

蒲城，今縣治也。春秋時衛邑。桓三年，齊侯、衛侯胥命于蒲城。九年，同盟于蒲。家語：「子路爲蒲宰。」戰國策：

「秦攻魏之蒲。」又秦始皇九年，伐魏取垣、蒲，蓋是時爲魏地也。史記：「孔子去陳至蒲，會公叔氏以蒲畔，止孔子，出遂適衛，靈公問曰：『蒲可伐乎？』曰：『可』。公曰：『蒲，衛之所以待晉、楚也。』」正義：「蒲在衛西，故公云然。」又後漢初，光武大敗銅馬賊於館陶，受降未盡，而高湖、重連諸賊從東南來，與銅馬合，光武與戰於蒲陽，悉破降之。蒲陽，蓋即蒲城之南。太子賢曰：「北平縣西北有蒲陽山。」悞矣。宋紹定十三年，金主珣自黄陵岡向河北行，至蒲城東，登舟渡河，遇風，蒙古兵追至南岸，後軍皆敗。蓋舊時大河在今縣北也。北平，見保定府完縣。館陶，今山東屬縣。

匡城，縣西南十五里。亦春秋時衛邑。僖十五年諸侯同盟于牡丘，遂次于匡。論語：「子畏於匡。」史記：「孔子自匡至蒲。」述征記：「匡城周三里。」水經注云：「濮水東逕匡城北。」是也。隋因以名縣。唐大曆十一年李靈曜以汴宋叛，發諸道兵討之，圍汴州，魏博帥田承嗣遣兵救靈曜，敗永平、淄青二鎮之兵於匡城。乾符四年黄巢陷匡城，遂陷濮州。中和四年李克用破黄巢於封丘，復追至胙城、匡城，巢走兗州。此即隋所置之匡城縣也。牡丘，見山東聊城縣。

長羅城，縣北十里。漢縣，屬陳留郡。宣帝封常惠爲長羅侯，邑於此。後漢初并入長垣縣，爲長羅亭。太子賢曰：「長羅故城在匡城東北。」一統志云：「在長垣舊城西南三十里是也。」○祭城，在縣東北。杜預曰：「鄭祭封人仲蓋邑於此。」劉昭曰：「長垣縣有祭城。」

平丘城，縣西南五十里。春秋昭十三年：「諸侯會盟于平丘。」杜預曰：「在長垣縣西南。」風俗傳云：「衛靈公所置邑。」戰國策：黃歇上秦昭王書：「王并蒲、衍、首、垣以臨仁、平丘。」釋之者曰：蒲即蒲城。衍，衍氏，見河南鄭州。首，牛首也，見河南陳留縣。或曰首垣，即長垣。仁，一作「任」，今山東濟寧州古任城也。平丘，即此地。漢置平丘縣，屬陳留郡，後漢因之，晉廢。寰宇記「平丘在封丘縣東四十里」，蓋縣與封丘接境。○漆城，在縣西二十里，故衛邑也。竹書紀年「邯鄲伐衛，取漆」，即此。又龍城，在縣東南二十里，相傳夏臣關龍逄所居。縣西十八里又有鶴城，城冢記云：「夏累養鶴於此。」寰宇記：「舊長垣城西北六十里有訾樓城，春秋『邢人伐衛取訾樓』，蓋此城云。」

漚麻岡，在縣西北。宋紹定六年，金主以汴京危急，引軍東行，次黃陵岡，進向河北，至蒲城東乘舟濟河，會大風起，蒙古兵追擊之於南岸，金主次於北岸，震懼，遂次漚麻岡，遣白撒帥騎攻衛州，不克。黃陵岡，見河南儀封縣。

黃河，縣南六十里。河流經此入山東曹縣界。其故道在縣北，堙決不常，此近時所經也。河防攷：縣南有淘北河，相傳即黃河故道。明萬曆中河決河南封丘縣金龍口，挾陶北河決縣境之大社口堤，長、東二縣俱被其患。又縣南有大堈河，或曰亦黃河舊流也。今縣南爲大堈集，與東明縣杜勝集等堤共長九十七里。

閻家潭，縣東南六十七里。正統十四年，河水決入縣境，回流衝齧，因成此潭，弘治五年河復北溢，因築堤環之。河渠考：「潭西七里曰牛家口，東三里曰大堈，皆弘治六年築堤以防決溢處也。」○朱家河口堤，在縣東七十里。正統十四年黃河決溢，因築塞之。弘治五年復修築。其南即三春柳及大堈諸堤也。又常村堤，在縣西南三十五里。又西八里曰新豐堤，接河南封丘縣界。志云：弘治六年郡守李瓚築朱家河等十堤，以防河患云。又三尖口堤，在縣東三十五里。相傳元賈魯治河，築堤始此。弘治五年大河北漲，衝決牛家口諸處，北至三尖口，東至平岡陂，皆被其患，明年因修築縣境諸隄是也。

宛亭，在縣北。左傳僖二十八年：「衛人盟于宛濮。」杜預曰：「宛亭，近濮水，〔八〕故曰宛濮。」劉昭曰：「長垣西有宛亭。」○大岡鎮，在縣東南七十里，有巡司。志云：洪武初司置於縣東南永豐里，三年徙司竹林，十一年徙大岡云。

魏樓村。在縣西。金主自漚麻岡進攻魏樓村，欲俟蒙古兵至決戰，會其將白撒自衛州敗還，且言北兵近在堤外，激金主潛渡河，夜走歸德，即此處也。

東明縣，州東南百里。西至長垣縣七十里，東至山東曹州六十里，南至河南儀封縣百里。本秦東郡之東明鎮，漢東昏縣地，屬陳留郡，後漢因之。三國魏廢，隋、唐以來皆爲東昏鎮。宋乾德初置東明縣，屬開封府。金避河患，徙治於曹州濟陰縣西，因屬曹州。元初因之，尋改屬大名路，至元二年屬開州。明初省入開州及長垣縣，弘治四年復置，屬大名府，萬曆中改屬州。〔九〕編户三十六里。

東明廢城，在縣東。志云：金徙縣治河北宛句，故地在今縣東北二十里，即山東曹州境内也。洪武初避水患徙治雲臺集，謂之新東明。尋復堙没，縣遂廢。弘治中復置縣大單集，即今縣治也。郡志：漢東明城在長垣縣東南十五里。似悮。今見河南蘭陽縣。

武父城，在縣西北。左傳桓十二年：「公會鄭伯，盟于武父。」杜預曰：「濟陽東北有武父城。」濟陽，今見河南蘭陽縣，蓋與縣接境。邑志云：縣東北二十里有故漆園城，〔一〇〕昔時多樹漆於此，因名。今其地亦曰漆園村。

龍光山，縣東南三十里。以雲氣升騰如龍而名。其相峙者曰白龍山，相傳張良嘗辟穀於此。

五霸岡，縣東南五十里。志云：春秋時齊、晉會盟處也。亦曰霸王岡，相傳項羽救邯鄲時曾駐此岡。○黄陵岡，在縣東南八十里，弘治五年大河決溢處。其地與河南儀封縣接界，有黄陵渡。今詳見儀封縣。

黄河，舊在縣南五十里。自長垣縣流入境，南接儀封縣界，又東南接山東曹縣界。河益引而南，縣境之患差少。○普河，在縣北，大河餘流也。志云：縣四面俱有護城壕堤，惟北門堤外有普河一道，當河南黑陽山下流，歲久衝淤，漸成巨浸，因築隄以防其衝齧。黑陽山，見河南原武縣。

長堤，在縣南，西接長垣縣境常村、新豐等堤，東入曹州界，綿亘百餘里。河防攷：「縣西南二十里有響子口，即正統十三年大河決入處也。」又有七里堤，在縣西四十里，長七里。○杜聖堤，在縣南六十里，南濱大河。志云：長堤屬縣境者三十三里，而長堤爲要口，嘉靖十三年因舊址增築。有杜聖砦，亦曰杜聖集，置巡司於此。

康王臺。縣南五十里。宋高宗爲康王時募兵入援，築臺於此。一云在五霸岡上。志云：縣東北十五里有西臺，相傳宛句縣昔嘗治此，恐悮。

校勘記

〔一〕吴安特　「特」，宋史卷九三河渠志作「持」。

〔二〕仁恭子守光等來擊　據新唐書卷二一二劉仁恭傳、舊五代史卷一三五劉守光傳、新五代史卷三九劉守光傳、通鑑卷二六一唐紀七七，此次襲擊李思安者非劉守光，而爲劉守文。守文、守光皆劉仁恭子，守文爲守光兄。又下文兩處「守光」，亦當作「守文」。

〔三〕東魏又置黎州　隋志卷三〇云：「後魏置黎陽郡，後置黎州。」究其實，「後置黎州」乃「後周置黎州」之誤。周書卷六宣帝紀云：「宣政元年……分相州廣平郡置洺州，清河郡置貝州，黎陽郡置黎州，汲郡置衛州。」今檢隋志，上述各州均作「後周置」，與周書合，惟此黎州作「後置」，脱「周」字甚明。而顧氏初見「後置」二字，便臆作「東魏又置黎州」，蓋未及考諸周書宣帝紀也。又職本原與底本同，後改爲「周宣政元年置黎州」，或顧氏晚年已發現此誤，於是作了訂正。

〔四〕天德三年復曰濬州　「州」，底本原作「川」，今據職本、鄒本及金史卷二五地理志（以下簡稱金志）改。

〔五〕水經注至故有五軍之名　此引水經淇水注有誤，「吐渾」當作「土軍」，漢志卷二八下西河郡有土軍縣。「五軍」亦當作「土軍」。

〔六〕二年　此「二年」上當有「開運」二字。事見通鑑卷二八四後晉紀五。

〔七〕勾當汴口王中庸　「當」，底本原作「管」，今據鄒本及宋史卷九三河渠志改。

〔八〕宛亭近濮水　「近」，底本原作「延」，今據職本改。

〔九〕萬曆中改屬州　「改屬州」語意不明，據明志卷四〇，東明縣屬開州，此「州」上宜加「開」字。

〔一〇〕漆園城　「園」，底本原作「國」，今據職本、鄒本改。

讀史方輿紀要卷十七

北直八

永平府，東至山海關一百八十里，南至海岸百六十里，西至順天府薊州三百里，北至桃林口六十里，東北至廢營州六百九十里，自府治至京師五百五十里。

古冀州地，有虞時分爲營州地，夏仍爲冀州地，商時爲孤竹國，周屬幽州，春秋時爲山戎、肥子二國地，戰國屬燕。秦爲右北平、遼西二郡地，漢因之，漢志右北平郡治平岡道，〔一〕在今薊州北境。遼西郡治且慮縣，在今府東境。後漢亦爲遼西等郡地。三國魏曰盧龍郡。晉爲遼西郡，其後石勒、慕容皝、苻堅相繼有其地。後魏亦曰遼西郡，兼置平州，又分置北平郡。高齊亦曰北平郡，以遼西郡并入。後周因之。隋初郡廢，仍曰平州，煬帝又改爲北平郡。唐武德二年復曰平州，天寶初亦曰北平郡，乾元初復故。後唐同光初陷於契丹，仍曰平州，亦曰遼興軍。宋宣和四年得其地，亦曰平州，賜郡名曰漁陽，又爲撫寧軍節度。舊志作「泰寧軍」，悮。尋没於金。金初升爲南京，天會四年復曰平州，亦曰興平軍。貞祐三年嘗僑置臨潢府，明年降於蒙古。元曰興平府，中統初曰平灤路，大德四年改曰永平路。明洪武初曰平灤府，屬山東行省，明年改隸北平。四年又改府曰永平府，永樂十八年直隸京師。領州一，縣五。

府西接薊門，東達渝關，負山阻海，四塞險固。春秋時山戎嘗爲燕患，齊伐山戎以救燕，莊三十年，齊伐山戎。蓋其地控據高深，直走燕都，六驛而近，方軌並轡，無山谿關隘之阻也。燕并山戎，至於遼東，故能與山東諸侯爭雄競長，而長無東面之患。秦取燕地，拓境極於朝鮮。兩漢因之，碣石、渝關皆爲内險。曹操出盧龍，平烏桓。其後司馬懿復取遼東，建平州，晉平州治昌黎，在今大寧廢衛境内。幽、冀益爲完固。及鮮卑競起，盧龍四境皆爲戰地，中國聲教不復達平、營者數百年。隋雖置州縣，而荒略未改。及再出渝關伐高麗，李密等謀據臨渝之險以拒之，豈非以中外咽喉渝關實操之哉？唐以平、營二州制臨奚、契丹，〔三〕而武后時契丹搆釁，平州首被其毒。及唐之末，契丹益强，劉守光據有幽、燕，契丹窺伺恒在平州。五代史：「梁乾化元年八月守光稱帝。是日契丹陷平州，燕人震動。」晉王存勗雖并有燕地，而平州之守未固，盧龍巡屬盧龍謂幽州也，唐幽州節度亦曰盧龍節度。悉皆殘敝，幽州城外戎騎充斥，於是增列屯戍，蘆臺、瓦橋，蘆臺見青縣，瓦橋見雄縣。皆爲重鎮。論者謂中國之不振，無俟石晉割燕、雲，契丹入大梁之日，而其兆已成於同光、天成之世矣。五代史：「梁貞明三年契丹得平州，以晉降將盧文進爲盧龍節度，使守其地，每帥奚騎歲入北邊，殺掠吏民。既而晉王復取平州，同光初再爲契丹所陷。天成初盧文進帥所部來降，明年契丹復遣兵戍守。三年契丹將張希崇亦帥所部來降，而平州卒不能復有，於是增置戍兵於幽、易諸州以備之。」宋宣和中，金人滅契丹，宋欲得燕、雲及平、灤地，金人曰：「平、灤吾欲作邊鎮，不可得也。」既而斡離不遂自平州入寇，燕山不守，蓋靖康之禍亦自平州啓之矣。胡氏曰：「石晉割盧龍一道及鴈門以北諸州與契丹，議者皆以爲此自撤藩籬之始，不知棄鴈門以北諸州猶有關隘可守，漢建安喪亂，棄陘北之地不害爲魏、晉之彊，若割薊、順諸州，則地險全失矣。然盧龍之險，惟在營、平二州間，自劉守光僭竊，周德威攻取，契丹乘間，遂失營、平。同光以後契丹南犯，直抵涿、易，皆自平州而西也。」黄氏曰：「失營州，渝關之險猶可恃；失平州，則幽州以東無復藩籬之限矣。」明朝都燕，永平尤爲門庭重地，乃大寧撤防於前，俺答滋釁於後，所恃以坐制内外者，惟在山海一關，咽喉之寄，可或忽哉！郭造卿曰：「郡負山抱海，腹背踢蹐，而阻險設防，實爲中夏之門閾。」

盧龍縣，附郭。古肥子國，漢置肥如縣，屬遼西郡，晉因之。後魏亦曰肥如縣，爲遼西郡及平州治。高齊屬北平郡，隋省入新昌縣，開皇十八年改置盧龍縣，屬平州，大業初爲北平郡治。唐武德二年又改爲肥如縣。劉昫曰：「平州治臨渝，是年移治肥如，又改縣曰盧龍。」自是皆爲州郡治。今編户十五里。

肥如城，府西北三十里。應劭曰：「春秋晉滅肥，肥子奔燕，燕封之於此。」漢爲肥如縣，高帝六年封蔡寅爲侯邑。後漢亦曰肥如縣。永元九年鮮卑寇肥如，中平五年漁陽張純等叛，屯肥如，即此。晉太康六年鮮卑慕容廆寇遼西，幽州帥敗廆於肥如。其後石趙得其地。趙滅，没於慕容燕，慕容令曰「守肥如之險」是也。東晉隆安二年慕容盛置幽州於此。義熙四年北燕高雲置幽、冀二州，鎮肥如。宋元嘉九年拓跋魏取其地，爲遼西郡治。高齊廢郡入北平郡，以縣屬焉。隋開皇六年省入新昌縣，後改曰盧龍縣。唐初復曰肥如，尋復爲盧龍縣。城邑攷：「郡城洪武四年因舊城修築，易土以磚石，景泰以後相繼增修。有門四，周九里有奇。」

新昌城，即今府治。漢置新昌縣，屬遼東郡，後漢因之，晉屬遼東國，在今遼東海州衛境。後魏僑置於此，屬北平郡，後齊爲郡治，隋改曰盧龍縣。又朝鮮城，在府北四十里。漢樂浪郡屬縣也，在今朝鮮境內。後魏主燾延和初徙朝鮮民於肥如，置朝鮮縣，并置北平郡治此。高齊移郡治新昌，并朝鮮縣入焉。

海陽城，府南三十里。漢置海陽縣，屬遼西郡。高祖封功臣搖扶餘爲海陽侯，即此。後漢亦曰海陽縣。魏土地記：「令支城南六十里有海陽城。」晉及後魏仍屬遼西郡，高齊廢郡，又併海陽縣入肥如。新唐書：「馬城縣即古海陽城。」悞也。五代梁乾德初，契丹阿保機掠定州望都民居於此，因置望都縣。金大定七年改曰海山縣，元省。或曰漢海陽城在今府東南百里，遼志悞以爲即望都縣治也。

令支城，在府東北。春秋時山戎屬國也。齊語：「桓公北伐山戎，剸令支，斬孤竹。」史記：「齊桓公曰：『我北伐山戎、離支、孤竹。』離支即令支之訛也。」漢置令支縣，屬遼西郡，後漢因之。晉省縣而城不廢。永嘉中遼西鮮卑段遼都於令支，咸康四年石虎使其將桃豹帥舟師十萬出漂榆津，攻段遼於令支，尋置營州治焉。其後慕容儁取令支，置遼西郡。太元十年後燕將餘巖叛據令支，慕容農擊拔之。隆安五年後魏將宿突干攻拔燕令支，既而慕容熙復遣兵攻取之，置幽州於此。義熙四年令支降於後魏。魏收志肥如縣有令支城。又云：太平真君七年令支并入陽樂。

水經注：「濡水東南經令支故城。」舊志云：城蓋在遷安縣東也。漂榆津，見滄州鹽山縣。

樂安城，在府東南。石趙築城置鎮於此。胡氏曰：「海陽縣西有樂安城。」水經注：「濡水東南至遼西海陽縣，又逕牧城南分爲二水，北流謂之小濡水，東逕樂安亭北，東南入海。濡水東南流逕樂安亭東與新河故瀆合，魏太祖北征蹋頓故道也。」晉咸康六年石虎欲伐慕容皝，合兵五十萬，具舡萬艘，自河通海，運穀數十萬斛於樂安城，既而不果。永和初石虎復使其將鄧恒屯樂安，治攻具，爲伐燕計，燕主皝使慕容霸戍徒河以備之是也。樂安，晉書作「安樂」。濡河即灤水也。徒河廢縣，見故大寧衛。

孤竹城，府西十五里。世記：「湯十有八祀，封墨胎氏孤竹國，後九葉孤竹君二子伯夷、叔齊以讓國逃去。」管子：「齊桓公北征孤竹，至卑耳之溪。」史記：「齊桓公北伐山戎，至於孤竹。」是也。漢志注：「令支縣有孤竹城。」括地志：「孤竹古城在盧龍城南十二里。」今故蹟已不可考，城或後人所築，而冠以故名云。○長城，在府北七十里。劉昭曰：「肥如縣有長城，或以爲燕、秦所築之長城即此地也。」郭造卿曰：「古長城在右北平、遼西、遼東諸塞外，不應若此之近也。此長城似明初故址，一統志悞以爲秦長城耳。」

遼西城，在府治東。杜佑曰：「盧龍縣東有遼西故城，漢郡治此，後廢。」按漢置遼西郡治且慮，後魏遼西郡始治肥如，此或後魏置郡處也。志云：府東十八里有遼興城，唐開元初安東都督府嘗治此，五代時契丹置遼興府治焉，旋廢。又柳城，在府西二十里，一云在府東北二十餘里。唐天寶以後柳城郡曾僑治於此，因名。一統志云：「即隋所置柳城郡，唐爲營州治。」悞。今詳見大寧廢衛故營州城。○安喜廢縣，在府東北六十里。遼志云：「本令支地，五代梁末契丹以定州安喜縣俘户置縣於此。」金大定七年改置遷安縣。金志云：「安喜廢縣即漢令支故城。」近志：城在遷安縣東北二十里是也。

陽山，府東南十五里。峰巒高聳，下多溪谷。一作「暘山」，説文以爲首陽山也。漢李廣守北平，俗傳曾射虎於此，山之西麓有射虎石。又南臺山，在府南三里。一名印山，以山形方正也。○洞山，在府西十五里。山産鐵，有鐵冶在焉。地志集略：「肥水之西，洞山之北，地稱險固。」是也。或以爲即古孤竹山。水經注：「孤竹祠在山上，城在山側，今山陰即古孤竹城。」志云：孤竹山在城西北二十里。其相近有雙子山，孤竹長君墓在焉，一名長君山；又西有馬鞭山，孤竹少君墓在焉，一名少君山；府西北二十五里又有團子山，孤竹次君墓在焉，一名次君山；皆洞山之支麓矣。遷安縣志：「縣東十八里有團山，圓秀如覆釜，一名釜山，即團子山也。」又周王山，在府西南二十里灤河中，灤水夾流其下。

桃林山，府北六十里。羣山參差，盤折險峻，有桃林口關。其西爲瞭望山，嶕嶢崪嵂，有洞深廣。又西曰甑山巔，有洞穴。志云：桃林關城東百餘步有山高三里許，懸巖聳峙，日照之色黄如金，或以爲黄山也。自此而東，斥堠相次，皆依山爲險。又有石門山，在關北八里。兩山如壁，中有龍潭。其南爲羈徨嶺，言羈旅者至此徬徨也。又西北爲鹿尾諸山，則漸近塞外矣。

龍山，府西四十里。山勢蜿蜒，其形似龍。相近者曰赤峰嶺，亦名赤峰山。又西有烽火山，一名西安山。又西北曰石崖兒，連峰數十里，北出爲瓦礶諸山，皆設險處也。○部落嶺，在府東十八里。志云：唐初居黑水部於此，因名。

明建文二年，遼東兵克昌黎，燕將谷祥敗遼東兵於定流河，又追敗之於部落嶺。定流河在樂亭縣，即灤河之別名。

三陘，在府東北。晉永安六年，燕慕容儁伐趙，使慕容霸出徒河，軍至三陘，趙將鄧恒棄樂安遁去。胡氏曰：「魏收志海陽縣有橫山，蓋即三陘之地。」恐悮。

黄麞谷，在府東南，與碣石山西麓相近。劉昫曰：「平州有西硤石、東硤石二戍，與西硤石近者又有黄麞谷。」硤石蓋碣石之訛也。唐武后萬歲登封初，契丹軍帥李盡忠等作亂，寇檀州，將軍曹仁師擊之，爲契丹所誘，先進至黄麞谷，寇復遣老弱僞降，仁師等不設備，輕軍争入，戰於硤石谷，敗没。谷蓋近昌黎縣界。

海，府南百六十里，東入遼東，西趣直沽，南抵登、萊，風帆易達。中多島嶼，可以依阻，有事時出奇制勝之道也。志云：海在幽、平間者皆謂之溟渤，東西浩瀚，千有餘里。

灤河，府西十里。志以爲即管子所稱卑耳溪也。自塞外流入薊州遵化縣境，逕遷安縣東南流經此，又東合於漆河，歷灤州境下流入於海。元大德五年，灤河、肥如河與漆河溢，衝圮州城東西二處，入舊護城堤及東西南三面城墻，横流入城，漂郭外三關，在城官民田屋殆盡，乃築東西二堤備之。蓋灤河源遠流盛，郡當其下流，每虞横溢也。河渠攷：「灤河自元至元六年漂溢不時，郡境田廬多被其患，而最盛者莫如大德五年，自是以後，史不絶書，至正四年爲害亦甚。延及明朝，横決不免，一遇水潦，害輒隨之。嘉靖三十八年平地水深數尺，城市可以行舟，其漂田廬壞城郭者，害不勝書也。疏洩之方，籌之未審矣。」餘詳大川。

漆河，在府城西門外。源出塞外，土人呼爲烏填河，南流入桃林口，名青龍河，經遷安縣東，東南流至城西爲漆河，與灤河合流而入灤州境。自元以來，灤河爲害，與漆河俱溢者什之四矣。

肥如河，府東二十里。亦名濡河，源出口北，流逕部落嶺，又西流入於漆河。志云：肥如水在府北十二里。初繇上水關入城，繞出下水關注漆，數經水患，乃塞上關，堰水繇北城外西行，南流而入漆水。或曰即灤河之支流，水經注所云小濡水是也。又沮水，在府北。源出塞外，自遷安縣冷口關流入境。有大小二沮水，下流相合，入於灤河，一名盧水。舊志：陽樂水西南入於沮水，謂之陽口云。

盧龍塞，通典：「在平州城西北二百里。」水經注：「濡水東南逕盧龍塞。塞道自無終縣東出度濡水，向林蘭陘，東至青陘。盧龍之險，峻坂縈折，故有九峥之名。又有盧龍城，魏武征蹋頓時所築也。」後漢紀：「建安十一年曹操征烏桓，出盧龍塞，塹山堙谷五百餘里，後人亦謂之長塹。」東晉永和五年後趙石遵篡立，燕慕容霸勸其主儁乘亂進取，儁曰：「鄴中雖亂，鄧恒據樂安，兵强糧足。今若伐趙，東道不可由也，當由盧龍。盧龍山徑險狹，彼乘高斷要，首尾爲患，將若之何？」霸曰：「今東出徒河，潛趣令支，出其不意，樂安勢必震駭，無暇禦我，我可安步而前矣。」儁因使霸自東道出徒河，慕輿干自西道出蠮螉塞，儁自中道出盧龍以伐趙。十年，慕容儁遣將步渾治盧龍道，焚刊木石，令通方軌，刻石嶺上，以紀事功。太元二十一年拓跋珪攻圍後燕主慕容寶於中山，慕容會自龍城遣將庫傉官偉等赴援，頓盧龍，近百日不進。後魏孝昌初，杜洛周反於上谷，幽州刺史常景等討之，自盧龍塞至軍都關皆置兵守險。高齊天保四年，自將伐契丹，至平安，從西道趣長塹，即盧龍也。隋開皇三年，幽州總管陰壽出盧龍塞，擊高保寧於營州，保寧走死。宋宣和五年，遼蕭幹初自燕京亡走奚王府，稱奚帝，旋出盧龍嶺攻破景州。景州，今薊州遵化縣也。一統志「今府西一百九里有盧龍鎮，土色黑，山似龍形，即古盧龍塞」云。

桃林口關，府北六十里。桃林山口也。控臨邊塞，屹爲要地。洪武十三年，故元平章完者不花入桃林口寇永平，官軍敗却之。其南十里曰桃林營。營東二十里有燕河營，西南去府五十里，皆有小城，軍士頓舍於此。邊略：「桃林口北十四里有梳頭崖，亦汛守要地。自口以東曰梧桐谷、重谷等口，皆築城置戍處也。又劉家營，在府北五十里，西至遷安縣亦五十里。有城，爲戍守要地。」

青山口，在府北。桃林口東第四關口也。東北至撫寧界界嶺口二十里，西南至潘家莊十五里，東南至撫寧縣界臺頭營二十五里，爲戍守要地。志云：青山口而南有青山營，其東有乾澗兒、東勝等砦，又東即界嶺營矣。邊略：「青山口北二十里曰三嶺溝，又北八里曰初子谷，皆戍守處也。」○羅漢洞關，西接青山口，東連界嶺關，有小城，爲戍守要地。隆慶初蒙古土蠻入沙嶺羅漢洞，大掠郡境，即此。沙嶺在遷安縣冷口關外。

安山堡，府北三十里。其相近者曰松崖堡。又府西二十里有安河堡，驛道所經也。又西十里曰赤峰堡。府東三十里曰新羅寨。又東五里曰雙望堡。嘉靖三十八年蒙古入犯，至雙望堡，即此。以上皆民堡也。

灤河馬驛。府南二里。又盧峰口驛，舊在府東六十里，接撫寧縣之盧峰山，今見撫寧縣。又東關遞運所，舊在府東二里，今并於灤河驛。○十八里鋪，在府東。建文四年遼東兵攻永平，燕將谷祥過小河拒却之於十八里鋪。小河即漆水也。

遷安縣，府西北四十里。西至薊州遵化縣百七十里，西南至薊州豐潤縣百四十里。漢肥如縣地，遼僑置安喜縣於故今支縣，金大定七年更置遷安縣於此。元至元二年省入盧龍縣，尋復置，屬永平路。今城周五里。編户二十九里。

萬軍城，縣東三十里。山巖突起，頂有土城，周圍二百餘步。中有將臺遺址，相傳唐太宗征高麗嘗駐軍於此。今名帳房山。又縣北二十里有龍紀城，周二百餘步；縣北四十里又有楊買驢城，周五百步。城冢記云：「俱遼聖宗時蕭太后所造。楊買驢，遼臣姓名，司營築之事者。」

黄臺山，縣西南三里。山多黄土，其狀如臺，灤水遶其下。又西南十二里曰龍泉山，山腰有泉，亦曰聖泉。○佛兒峪山，在縣西南十七里。其西曰棲峰，北曰芝麻嶺。又西南二十五里爲松汀山，高六十餘丈，巉巖壁立，峙沙河中。山腰有山洞，每洞可容二百人，土人結筏縛梯而上以避兵。

要孤山，縣東北三里。四無連屬，屹然獨峙。下有三里河，南流入灤水。又縣東二十里有晒甲山，相傳李廣守右北平曾駐師於此。○蟒山，在縣東北十五里，以山形蜿蜒而名。産鐵，舊有冶。

貫頭山，縣西三十五里。三峰連屬如珠，巉巖蒼翠。其西曰平頂山，上有地一頃餘，可容萬人。其南爲四角、牛心諸山，連屬不絶。○黄山，在縣西五十里。横亘十餘里，峻險可避兵。魏收志肥如縣有黄山。魏主濬太安三年將東巡，詔起行宫於遼西黄山。明年如廣寧温泉宫，遂巡平州，至黄山宫。疑即此山也。下有灰窑峪，一名乾糕峪，有舊關砦遺址。又西爲崖兒山，入遵化縣境。

尖山，縣西北五十里。羣峰攢列，頂有石砦，環以二泉。其南有赤嶺，有泉出焉，亦曰赤崖泉，即沙河之源也。又南爲血石嶺，石河出焉，經縣西三十里入於沙河。○太平山，在縣西北六十里。有太平營，南北兩山去營二里許。灤河迴繞，憑高可眺。又西北十里爲銀鑛山。其相接者曰鵰鷹崖，谷口僅容兩馬。又西北十餘里有小黑、大黑諸山，參差鱗立。至縣西北百十里曰十八盤，其間山谷崎嶇，迴環旋轉，皆隘口所憑也。

九山，縣西北百里。下有九泉，會流入於灤水。或曰以山有九疊，因名。旁有洞如圍，蓋容數百人。又西數十里爲望龍岡，連嶂凡十餘里。又有黄崖，有鑛洞，産銀砂。下臨灤水。

景山，縣西北百二十里。高八里。舊有二名，南曰明山，北曰陰山。郡志：山北爲鹿兒嶺，灤陽驛置於此。嶺東爲三屯鎮城，嘉靖初帥臣馬永建諸葛武侯及泰山寺於山上，易名景忠山，遠近祈禱踵至，因設官收税，以充撫賞之費。

都山，縣北百五十里。高三十里，周倍之。一名馬都山。唐開元二十一年郭英傑與契丹戰於此，敗死。志云：山高寒聳秀，其水中分，東歸渝，西歸灤而入海，爲盧龍之鎮山。上多材木，採之可備器用。都山之西峰巒相屬者曰蕎麥山。○勒馬山，在縣西北百七十里潵河之陰。萬曆中帥臣戚繼光改名壽星山。東有五老臺、蓮花峰，西有平臺，昔人避兵寨也。其南十五里爲六寶山，産銀，礦徒走集於此。又三十二窟山，在縣西北百八十里。衺五十里，高七八里，盤折而上。郭造卿曰：「遼澤州有神山、九宫、石子嶺，此山可以當之，因改名澤高山。」

分水嶺，縣東南二十里。灤水逕其西，漆水逕其東，因名。其南與盧龍分界。又牽馬嶺，在縣西北八十里。陡峻難越，行者恒牽馬而過，因名。志云：縣西北五十里有長嶺峰，二峰南北夾峙，通道所經，下有公館。

灤河，在縣城西。自薊州遵化縣流經團亭關，諸川皆流合焉，入縣境，至城下轉而東南，入盧龍縣界。每遇泛溢，縣輒被其害。○潵河，在縣西北百里。源出口外。有三源並導，雨溢則深廣，晴則淺涸。合流入遵化縣界龍井關，一名强河，以波流洶湧也。至趙家莊南二里合於灤河。趙家莊，志云：在縣西北七十里。又恒河，在縣西北百十里。源出塞外，流經三屯城北，又東南流合於灤河。縣西北九十里又有長河，合口外諸川亦南入於灤河。志云：長河即水經注之黄雒水也。又有龍河，在縣東北十七里。自塞外流入桃林口，又南逕縣界，即漆河之上源。

沙河，縣西北四十里。源出尖山，南流合於石河，又南匯山谿諸水，經沙河驛入灤州界。又還鄉河，在縣西北七十里，匯諸山溪之水，流逕縣西。一云源出黄山，西南流入豐潤縣界，爲浭水之上源。成化十七年，議者欲於豐潤還鄉河通漕永平是也。又館水，出縣西南三十里之館山，入灤州界。

劉家口關，縣東北五十里。東接盧龍縣之桃林口關，凡四口，路出大寧，最爲襟要。明建文初燕王駐永平，謀幷大寧，諸將曰：「攻大寧必道松亭關，關門險塞，恐難猝下。」燕王曰：「今從劉家口徑趣大寧，不數日可達，大寧拔，松亭自潰矣。」遂引兵自劉家口而北，大寧果下。嘉靖三十六年蒙古犯冷口，轉攻劉家口，我師敗績，遂陷桃林營，大掠縣境及盧龍之雙望堡。志云：關西南十里有劉家營，東南十里有孤窯兒峪，俱築城戍守。松亭關，見前遵化縣。

冷口關，縣北七十里。明初三衛貢道由冷口入，有關城。關内三十里曰建昌營。嘉靖十年三衛部長阿堆哈利赤數殺掠建昌及喜峰口、太平砦一帶，關爲控禦要地。自建昌營而東至燕河營五十里，西至太平砦六十里。口外十五里曰撾角山，又北二十里曰黄岳山，又北二十里曰逃軍山。又有擦都嶺，在關西北二十八里。其北十四里曰龍王廟，相近者曰奚河川、沙嶺、小鹽場諸處，皆部落也。志云：東方多事，冷口常爲出入之衝，備禦最切。○河流口關，泠口東第一關口也。嘉靖三十六年蒙古把都兒入犯，陷河流口，尋引去，即此。又東曰徐流口關，與劉家口關相接；其南有徐流營，俱築小城戍守。

擦牙子關，縣東北七十里，有關城。景泰中朵顏嘗挾賞於此。邊略：「擦牙關西北二十里曰單家嶺，又西北十五里曰白石山，又北三十五里曰峨石谷，與靴兒嶺相接，其間有瓦窑川，俱戍守要地。」○新開嶺關，擦牙子東第二關口也。又東曰五重安關，關南有五重安營；又東南曰白楊谷關，亦曰白羊口；俱有小城戍守。邊略云：「白楊口在縣北三十里，又北三十里曰五指崖，又北曰白土嶺、栲栳山、菉豆谷，相去各十里。其栲栳山相接處，地名省祭，賊巢也。由白楊谷而東曰白道子關、石門子關，而接於泠口關。」郡志：石門子關東去建昌營二十餘里，東鰲山北。其門天成，高七十餘丈。

榆木嶺關，縣西北七十五里，有關城。其西接青山口。邊略云：「青山口東第一關也。東南十里有青山營，又東爲爛柴溝、大嶺砦等口，俱有城戍守。自關而北五十二里曰靴兒嶺，又北四十里曰乾河川；近都山西麓又有古城嶺，亦在口北二十里；皆沿邊守禦處。」○城子嶺關，在縣西北九十三里。邊略云：「青口東第四關口也。關内三十里有太平砦，亦曰太平營。嘉靖十年三衛部長導北部入寇，犯太平砦，官軍拒却之。自城子嶺而東即擦牙子關矣。郡志：城子嶺西南去榆木嶺二十里，其間山嶺崎嶇，所謂十八盤也。

青山口關，縣西北九十里。此縣境之青山口也，西接遵化縣境之大喜峰口，凡七關口，相距六十里。嘉靖二十一年，三衛部長導北部入犯青山口。又萬曆初朵顏長昂犯喜峰口，戚繼光勒兵去青山，敗却之。郡志：大青山關在太平砦西六十里，迤西有横山，其北即遵化縣接境之董家口也。又西轉北出三里許爲遊鄉山，又西五里爲勝嶺砦，又西爲女山，山峻拔。其西爲鐵門關，關外有大潭，即喜峰之水源也。○鐵門關，在縣西北百里。距關二里即遵化縣界之李家谷口。郡志：關南十五里爲窟窿山，山多洞穴，高與鐵門關齊。自洞口而西十里爲西山嶺，即喜峰古松亭山也；南行二十里曰小喜峰，又西南三里曰老子谷，下爲團亭砦，灤水由此流入境；隔灤水而西爲樓子山，又南十里爲平山；此皆與遵化縣相出入處也。

三屯營，縣西北百二十里景山之北。城周四里。邊略云：「營西北至喜峰口六十里，西至遵化縣亦六十里。舊爲遵化縣忠義中衛戍守，景泰中勅征東大將軍駐此以備三衛。其地與遵化縣接境。又車前營在縣西北百五十里，東北去遵化縣界潘家口二十五里。舊名漢兒莊。」郡志云：遼人以南人爲漢兒，置館於此，設官司之。金人謂之孩兒莊，承安三年升爲灤陽縣，屬惠州，尋罷。元人仍謂之漢兒城。明初置營於此，隆慶初爲三屯車營兵駐頓處，因改今名。又車後營，在縣西北百六十里。南至三屯營四十里，西南至漢兒莊三十里，東北去喜峰口二十里。舊名灤陽營，郡志謂即遼所置灤河縣也。縣屬澤州，金廢。明初置灤陽營於此，隆慶初亦爲三屯車營兵駐頓處，改今名。二營皆有土城戍守。邊録：「遵化北七十里至灤陽驛，又五十里至富民驛。」灤陽即車後營矣。富民驛，詳見大寧衛會州城。○建昌營，在縣北四十里。營城周四里。其東十五里即徐流營也。

七家嶺驛。縣南五十里。其地有七家嶺，因名。相近者曰棗村河，爲往來之要道。輿程記：「自府城西灤河驛六十里至七家嶺驛，又七十里即豐潤縣之義豐驛。」○沙河驛，在縣南十五里。有民堡。又縣西六十里有新店堡，西北六十里有羅家堡，皆民堡也。又新店遞運所，舊在縣西六十里。志云：縣東北四十里曰孤莊，又東北五十里曰河南大砦，皆有公館，爲往來孔道。

撫寧縣，府東八十里。南至昌黎縣四十里，東至遼東廣寧前屯衛百七十里。漢驪成縣地，屬右北平郡，後漢省。遼置新安鎮於此。金大定末改置撫寧縣，元至元初省入昌黎縣。尋復置，屬永平路。今編户十七里。

撫寧城，志云：縣舊治此。明洪武十三年徙治縣西北兔耳山東，永樂三年於故縣治置撫寧衛。成化三年議者請復縣於舊治，乃於衛東立縣，合爲一城，即今治也。城周六里有奇。

臨渝城，在縣東北。漢縣，屬右北平郡，後漢因之。晉省縣而城如故。義熙十年，北燕褚匡言於其主跋曰：「章武臨海，舟楫可通，出於遼西臨渝。」謂此也。隋開皇初，營州刺史高保寧與突厥沙鉢略合軍攻陷臨渝鎮。大業中置臨渝宫於此。十年復議伐高麗，自涿郡幸臨渝是也。隋志北平郡盧龍縣有臨渝宫，蓋於故城置宫云。○驪成廢縣，在縣南。漢置縣於此，後漢省縣入臨渝。

五花城，縣東百里山海衛治西南。其城連環五座，若五花然。相傳唐太宗征遼時築。志云：縣東有大人城。唐貞觀十八年議伐遼，北輸粟於營州，東輸粟於古大人城是也。或以爲城蓋秦始皇所築。又洋河城，郡志云在縣東南十五里，方圓六里；又有山西城，在縣西南五十里：皆唐太宗征遼時所築。未詳所據。

臨渝山，縣東南三十里。峰巒崛起，高千餘仞。下臨渝河。漢以此名縣，隋臨渝宫亦以山名。其相接者曰連峰山，渝水逕其西，入於海。山之東有雙峰並峙，因名。○雲峰山，在縣東北五里。有數峰相屬，綿亘如雲。又横山，在縣東五里。山勢横亘，如屏障然。又紫荆山，在縣南二里。下臨洋河。麓有立石，狀如婦人。魏收志海陽縣有横山、新婦山，即此二山也。

兔耳山，縣西七里。有雙峰聳峙，如兔耳然。絶頂有潭，雲氣常蒙其上。微徑屈曲，盤折而登。上平廣，容數萬人。宋宣和五年，張瑴以平州來歸，〔三〕敗金將闍毋於兔耳山。明建文二年，燕將谷祥敗遼兵於部落嶺，遂克兔耳山寨，即此。又盧峰山，在縣西十五里。舊置驛於此，曰盧峰驛。今移驛入城，有盧峰舖。又熊山，在縣西北四十里。山之陽曰白塔莊，舊産金。又西接盧龍縣界。○鵰崖山，在縣西北三十里。怪石聳立，旁峰平漫。其東北面卓立如削，因險爲砦，周里許，昔時避兵處也。志云：山在臺頭營北。營南有刀崖，頂平，可容千餘人，惟北面有微徑可陟，號爲絶險。又西北五里有滴水崖，高千丈。旁爲麻塔谷，山腰有石洞，中有泉。崖西五里爲半壁山，險絶，有避兵砦。志云：縣西北五十里有栲栳山。旁爲東勝砦。又西北二十里爲將臺山，連界嶺關，亦高峻，可避兵。

天馬山，縣北二十里。本名馬頭崖。巉巖突兀，如控馬首於雲霄。三伏常有積雪。隆慶初蒙古土蠻入犯，邑人多避兵於此。萬曆中改今名。又茶芽山，在縣東北二十里。一名八角山，又名九花崖。頂有洞，泉出其中，謂之聖水。又東北十里曰羊角山，高峻。有小城，僅容三四百人，土人謂之南砦。又東北五里爲塔子山，上有磚浮圖，名女兒塔。隆慶初北寇犯境，邑人多避兵於此。今有壘，周里餘。又徧頂山，在縣東北二十五里。高插雲霄，山半平漫半頃，可耕植，號平臺。隆慶初居民避兵於此，亦得免。皆東方保障也。

裂頭山，縣東北九十里。羣山環繞，一峰高聳，頂有數尖，因名。亦曰前裂頭山。迤東有七峰相連，極東而尖出者爲後裂頭山。又石門山，在縣東北百里。東西環亘，蹊徑阨塞，亦曰石門峽。相傳漢公孫瓚敗烏桓處。其西曰蕉果山。山前爲傍水崖，内平外險。隆慶初北部黄台吉犯邊，自此逸去，帥臣戚繼光伏兵邀之，斬獲無算。又西北有房山，亦高峻，可避兵。其相接者曰溥塘山，中空峒，下臨渟淵。又南爲團雲山，一名雲蒙山，以山高接雲也。郡志：雲蒙山亦在縣東北九十里。

角山，在山海關北六里。有前後二山，相距二十里。其脈自居庸、古北、喜峰諸山而東，綿亘千里，至此聳峙如角，長城枕其上，爲薊、遼二鎮邊界。山口有角山關，築城置戍處也。又兩山之間有三巒山，谿澗深阻。又西爲攔馬山，高聳壁立，馬不能前。有小徑，戍者多由此竄逸。志云：縣東北九十里又有玉旺山，嘉靖三十六年産銀礦，命官採取，尋罷。亦名玉旺峪云。○孤山，在山海關南六里。屹然獨立，俯臨大海，四面皆水，稱爲奇勝。志云：關南十里爲澥兒海口。關東六里爲歡喜嶺，一名栖惶嶺，言戍遼者去而悲還而喜也。關東八里海中有望夫石，俗名姜女墳。又有秦皇島，在關西南二十五里。四面皆水，島居其中，相傳秦始皇曾駐蹕於此。志云：秦皇島在縣東三十里。

黄崖山，縣東北五十里。高十里，陡峻崎嶇。山半有舍身崖，深三四十丈，石徑僅可容足。又茶盆山，在縣東北百里，石門之北。峰高萬仞，陵巒杳深。舊志曰：即箭笴嶺也。五代唐同光二年，契丹阿保機襲叛夷軍於箭笴山。宋宣和五年，遼臣奚回離保據箭笴山，稱夷帝，金人擊平之。遼史遷州有箭笴山是也。其南去葦子峪十餘里，俗呼背牛頂，以山後有石如牛云。○馮家山，縣東南二十五里。兩峰並峙，結砦其上，極險峻。一名對嘴崖。又牛頭崖，在縣東三十里。形似牛頭。海軍偵探戍守，往往駐泊於此，即牛頭崖營也。迤東爲望海岡，登此可以望海。又金山嘴島，在縣東南四十五里。山如鳥嘴，半入於海，今設軍戍守。○銀峒峪，在縣西南四十里。舊出銀礦，因名。

海，縣東南六十里。縣介山海之間，地勢完固，因置關以扼其要道。志云：海自直沽、新橋、赤洋而東，勢漸北轉，抵遼境爲登、萊、金、復一帶海面。昔時運道抵關城南十里，今雖廢而餘迹猶存。又戴家河海口，在縣東南四十里。崇禎中由海運饋山海關，此爲儲積之地，并置戍守於此。東去金山嘴二十里。

渝河，縣東二十里。源出塞外廢瑞州境，東南流至連峰山西，一名獅子河，出菱芡蒲魚，爲民利，亦名泥蒲河，又南入於海。漢志：「臨渝水首受白狼水。」水經注：「白狼水經黃龍城西，〔四〕又東北出，東流爲二水，右水疑即渝水也。西南循山逕一故城西，世以爲河連城，當即臨渝故城矣。」渝關之稱，以關據河爲險也。

陽河，縣西一里。源出口外別陀山。一云縣北三十五里有星星峪，即陽河之源也。口北羣川多匯流於此，南流逕縣西，又東南歷紫荆山下，復南流而入於海。○温河，在縣東五十里。源出口外孤石峪，旁有温泉堡，裂頭諸山之水匯流於此，分爲二支，西曰湯河，東曰張果老河，下流復合而入於海。

石河，在山海關西三里。源出口外，自義院口流入，旁多叢石，水流石罅中，褰裳可涉，秋潦漲急，險不可履，南流注於海。

山海關，縣東百里。本名渝關，自古爲戍守重地。一統志：「今縣東二十里有渝關，明初魏國公徐達始徙而東，去舊關六十里，謂之山海關。」或曰遼、金時以渝關爲腹裏地，故址漸湮，今縣東二十里之渝關，乃其驛遞之所，因渝關舊名耳。明初修復故關，增置屯營。其於金、元時之渝關，仍置郵驛。今關蓋漢、唐舊址，非明朝創建也。郭造卿曰：「山海關即故元遷民鎮。元天曆初屢發兵戍守遷民鎮，尋又發平、灤民塹遷民鎮，既而上都兵自遼東入遷民鎮，其地險在此也。」據北番地理書，遷州治遷民縣，在臨渝關東五十里，南至海二十里，則在山海關外矣。今關城甃以磚石，高四丈有奇，周八里有奇。月城二，水關三，門四。有池環之。東面又有夾池、羅城，恃爲險固。餘詳重險渝關。

明垤關，舊志云：在縣北。唐會要：「平州有明垤關，與臨渝關並爲險要。」今關道榛塞，渝關獨當東面之衝。○南海口關，在山海關南十里，濱海。天啓二年增設龍武營於此。志云：南海口東五里曰老龍頭，極衝也。自南海口而西三十里曰秦皇島，又西十里曰白塔嶺，皆濱海要地，設兵戍守。又有南水關，在山海關南二里。

義院口關，縣北四十五里。其西南十二里曰石喬谷，又南十三里曰石門寨，東八里爲長谷營，皆有小城戍守。邊略：「義院口北九十里地名常海，賊巢也。又北二十八里曰三岔口。又北三十五里曰紅草溝，景泰中朶顏來犯縣北之車渠莊，官軍擊敗之於紅草溝是也。」○水門寺關，義院口東第四關口也。志云：水門寺迤北爲平頂谷、城子谷等關，而東接董家口關。又老嶺在舊邊外，山陡險，難修邊墻，萬曆初設敵臺於此。志云：老嶺在長谷口外二十餘里。

界嶺口關，縣北七十里。其東南十里曰雙嶺兒，又南十里曰郭家莊，又十里即臺頭營也。嘉靖三十七年，土蠻犯界嶺口，官軍拒却之。今有關城，爲戍守要地。邊略：「界嶺口東十五里曰十八盤嶺。又東三十五里曰牛心山，去義院口三十里。又口北十八里爲梨花山，又北六十里爲茨兒山，又北三十里曰紅石嶺，皆朔騎出没處也。」○箭捍嶺關，在縣北，界嶺口東第一關口也。〔五〕又東接雙岔谷、星星谷等關。又葦子谷關，界嶺口東第四關口也。又東歷細谷口、花場谷、拿子谷等關，而接義院口，皆有小城，爲戍守要地。

董家口關，縣東北七十里。關之東曰大毛山口關，皆築城戍守。邊略：「董家口北二十六里曰龍潭，又北十五里曰横嶺，又北五十五里爲十字河，又五十五里曰長嶺，又北五十五里曰大堿場。三衛侵軼，往往出没於此。」○小毛山口關，董家口東第三口也。又東曰小河口，又東曰大青山口，又東南曰黄土嶺關，其西有黄土嶺營，又歷廟山等口而至一片石關。志云：黄土嶺關在縣東北百二十里。

一片石關，縣東七十里，董家口東第十二關口也。一名九門水口，有關城。其北三十餘里曰大、小尖山，又北三十餘里曰大、小横嶺。自大横嶺而北五十餘里曰平漫川，又十五里有孤山。自孤山至遼東界三山營四十里，南去一片石凡百六十里。嘉靖三十九年，朵顔衛影克勾致把都兒犯一片石，戍將郭琥敗却之。近時一片石、紅草溝一帶屢被衝突，防守最切。邊防攷：「一片石西有鐵鹿崖，稱爲險要。又一片石南至山海關凡歷五關，曰寺兒谷、三道關、角山關、旱門關、北水關。三道關南去山海關北至一片石各二十里。其相近者又有亂石關。諸關皆有小城戍守，東面多事，步步皆險矣。」

臺頭營，縣西北三十里，西至盧龍縣燕河營三十里，東至李家莊二十七里；又平山營，在縣東北四十里，西至李家莊三十里，東至石門砦三十里；又七星砦，在山海西十里；俱築城置兵於此。○附馬寨營，在縣北五十里，亦有小城戍守。又甘泉堡，在縣東北，西接星星谷關。又東有温泉堡。

牛頭營，在縣東牛頭崖口。志云：營在望海岡西。營西北有滿井，隨汲隨滿，大旱亦然。營之西南即連峰山也。又蒲河營，在縣南六十里蒲河海口，東至戴家河四十里，爲海口要衝，近設官軍戍守。

馬頭嶷寨。縣北二十里。又北十里曰牛角山寨，縣西四十里又有鵓鴿堂寨，西北三十里曰鵰崖堡，東三十里曰塔子山堡，南三十里曰兔嘴巖寨，皆民堡也。○盧峰口驛，在縣城西。又渝關馬驛，在縣東四十里。遷安馬驛，在山海關城西。永樂初自遷安縣移於此，屬永平府。又縣治東南有西關遞運所，山海衛治東北有東關遞運所。

昌黎縣，府東南八十里。東北至撫寧縣四十里，西南至樂亭縣九十里。漢置交黎縣，屬遼西郡，後漢改曰昌黎，其地在今廢營州境。五代梁末契丹以定州俘户置廣寧縣於故柳城縣境，兼置營州隣海軍，後徙縣治此，屬平州。金大定二十九年改爲昌黎縣，元至元七年省。十二年復置，屬灤州，尋屬永平路。今城周四里，編户二十六里。

絫縣城，在縣北。漢縣，屬遼西郡，後漢省入臨渝縣。漢志注：「絫縣有碣石山。」一作「揭石水」。又舊志云：縣西南六十里有静安社，即故柳城郡城，隋、唐時亦爲柳城治。悮也。唐書平州有柳城軍，永泰元年置，或即此地。元曰静安堡，嘉靖三十一年置静安社。

碣石山，縣西北二十里。山勢穹窿，頂有巨石特出，因名。即禹貢導河入海處也。山之西爲道者山，西南爲鳳凰山，置堡其上，險可避兵。志云：縣北十五里仙臺山，即碣石之頂也。其後曰觀音山；臺前峰巒層列曰鋸齒山，南去縣十里，迤東有嶺曰歡喜嶺，以羣峰蔽虧，登此可以四望也；臺之東曰龍潭山，去縣亦十五里，舊有石磴百餘級，隆慶三年龍毁其半；其東爲西五峰，又東曰東五峰，泉壑秀美。蓋縣境諸山，大抵皆碣石之支阜，四面環列，得名者以數十計，其寔皆一山也。餘詳見名山。

安山，縣西三十里。志云：山有避兵堡，飲馬河經其下。又駐蹕山，在縣西五十里。舊志云：唐太宗征高麗還登此。郭造卿曰：「疑後魏文成帝嘗遊此，俗誤以爲太宗也。」○臨河巖，在縣南八十里。一名閭黎洞。壁立千仞，頂分八字。山腰有洞逼近深潭，有小徑可入，容二百餘人。旁又有小穴十餘，皆幽勝。又南爲磨山，邑人多採石於此，名白石店。下臨渝河。

溟海，縣東南七十里。海至縣界，突然北出七里而贏，亦曰七里灘，廣袤三十餘里，有菱芡魚蟹之利，居民賴焉。志云：縣南有黑洋河，即海道也。明嘉靖中議由海道運天津倉米，從黑洋河一帶抵昌黎，登岸達山海關以給遼餉。蓋自天津循海岸而東，皆曰黑洋河也。

急流河，在縣城西。一名西沙河。源出龍潭山，下流合飲馬河入海。○飲馬河，在縣南五里。源出盧龍縣界谿谷中，流經縣西安山下，又東流爲沙河，至縣西十八里合深江河，又東南流至縣南八里，金人置虹橋跨其上，又南合潮河而注於海。志云：深江河，源出縣西北三十里派山，下匯諸水而南出。縣西南十二里又有繞灣河，源出縣西北五十里茶牙山，繞而南經安山東麓，亦名安山河，東流入飲馬河。

柳河，縣西二十里。諸山谿之水所匯流也，有柳河橋跨其上。志云：鳳凰、道者諸山之水合爲梭頭灣，流入柳河，逕縣西南八里分流爲兩河，又東至虹橋皆會於飲馬河。○潮河，在縣南二十五里。即縣境羣川之下流也，匯上源諸水以達於七里灘。一名馬家河。志云：縣南三十里又有甜水河，亦流入於七里灘。

蒲泊，縣南二十五里。源出縣東二十里海眼山，旁近諸山溪之水皆流合焉，歷惠民場東南而入於海。志云：蒲泊有鹽場，即惠民場也。在縣南二十八里。

赤洋營，縣東南三十里。有小城，海濱防戍處也。郡志：縣東南四十里有沙崖莊海口，東至撫寧縣蒲河口七十里，西至野猪口二十五里，又西至胡林河十五里，皆濱海戍防處也。自胡林河西三十里，即樂亭縣之劉家墩矣。

裴家莊堡。縣東二十里。縣西三十里曰蛤泊堡，六十里曰莫谷莊堡，南五十里曰套里堡，六十里曰石谷莊堡，與靜安堡皆民堡也。○張角莊在縣東北二十里，又縣西三十里有張家店，皆往來孔道，置公館於此。

附見

永平衛，在府治南。洪武四年建。又東城左衛，在府治東北。舊屬山西行都司，永樂九年移建於此。又盧龍衛，在永平衛南。永樂四年建。

興州右屯衛，在遷安縣城内。本置於口外大寧境内，永樂三年移建於此。〔六〕

撫寧衛。在撫寧縣北十里。永樂三年建。又山海衛，在山海關城内。洪武十四年所建也。

灤州，府南四十里。東至山海關百七十里，南至海百十里，西北至順天府薊州三百二十里。

古孤竹國地，戰國時屬燕，秦屬右北平郡，兩漢至晉俱屬遼西郡，後魏因之。隋屬平州，唐亦爲平州地。五代唐時契丹分置灤州於此，亦曰永安軍。金、元因之。明亦曰灤州，以州治義豐縣省入。編户六十七里。領縣一。

州控臨疆索，翼蔽畿甸，負山濱海，稱爲形勝。契丹置州於此，所以厚渝關之防，聯絡營、平，窺覘幽、冀也。其後拱手而取燕、雲。女真襲其跡，而宋室爲之糜爛。嗚呼，灤州之置，此亦中外得失之機也歟？

義豐廢縣，今州治。漢海陽縣地，屬遼西郡，晉及後魏因之，高齊省。隋爲盧龍縣地，唐爲石城縣地，屬平州。五代時契丹於黄洛古城置義豐縣，灤州治焉。金、元因之。明初廢。郡縣志：「黄洛故城，殷時諸侯國。」古史：「武丁析孤竹之地封功臣黄洛爲侯國。」又遼志云：「黄洛水北出盧龍山，南流入濡水，城因以名。」今州城，即遼故址也。明景泰二年甃以磚石，後相繼增修。周四里。

石城廢縣，州南八十里。漢置石城縣，屬右北平郡，在今大寧廢衛境。唐貞觀十五年始置臨渝縣，萬歲通天二年改曰石城縣，屬平州。五代時契丹改屬灤州，金因之，元至元二年省。劉昫曰：「貞觀中於故臨渝城置臨渝縣。」杜佑曰：「平州西北至石城縣百四十里。」似非臨渝舊城矣。遼志云：「唐石城縣在灤州南三十里，遼徙置以就鹽官，又在故縣南五十里。」蓋遷徙不一，非復舊治也。今開平中屯衛置於此，即遼舊縣治。

馬城廢縣，州西南四十里。本盧龍縣地，唐開元二十八年置縣以通水運，仍屬平州。通典「平州西南至馬城百八十里」，則舊城又在其西南也。遼亦曰馬城縣，改屬灤州，金因之，元至元四年省。今有馬城堡，在州東南三十里，蓋因舊名，非即故城也。○陽樂城，在州東。漢置陽樂縣，屬遼西郡，後漢爲郡治。魏氏土地記：「海陽縣西南有陽樂城。」是也。或曰陽樂在今大寧廢衛境，後魏遷治於此，亦屬遼西郡，東魏省入海陽縣。

横山，州北四里。聳列如屏，州人鑿其崖以達府，爲往來捷徑。東麓臨灤河，石立水激，有潭極深，號偏凉汀。正德十三年車駕東巡，觀漁於此。志云：偏凉汀，舊漕運泊舟處也。懸崖有徑，亦正德中所鑿。後擁榆山，宛如重屏。前二里爲紫金山，亦聳秀，以産赤石脂而名。郡志云：紫金山在州北三里，背横面巖，襟灤帶沂，州之勝也。○巖山，在州南五里。狀如虎踞。其東絶壁百仞，有洞十有八。其三洞最大而深，在絶壁間，攀緣莫上。下有石橋，一郡水口也。西六里有蠶箔等峪，又西有馬鞍諸山，聯絡數十里。

雙山，縣西十五里。小沂水經其下入大沂水。稍北有拐頭山，正德十三年駕觀魚於沂河，嘗幸其嶺。又有土山，在州西三十里。又西五里曰洞山。洞深黝，大雨迅驟，能容數里湍，亦名呑流山。又西三十餘里有九里長山，林果茂密。其上爲天井峪，深險可避兵。

清凉山，州西北五十里。一名分水嶺，與盧龍、遷安分界，層巖叠嶂，奇勝不一。又西北二十里曰偏山，澗谷逶迤，草木叢茂，土厚居繁，有榛栗棗梨之利。山南五里曰下五嶺，北五里曰上五嶺，益引而北，峰巒環繞，非亭午不見人也。

海，州南百三十里。亦謂之潮河。海水蕩潏，延漫百餘里，即黑洋海口也。州境羣川悉由此入海，南望天津，東望山海，爲州境之巨防。志云：潮河東二十里有蠶叢口，一名林裏河，亦曰交流河，舊時海運多避風於此。

灤河，州東二里。自盧龍縣流入境，又東過樂亭縣入於海。元史：「泰定二年，永平路屯田總管言：『馬城東北五里張家莊、龍灣頭舊築堤以防灤水，西南達清水河，至州南九十里公安橋，皆耕屯地分，因霖雨不時，灤水衝溢，宜復修治。』從之。」蓋灤水合衆流而入州境，決溢常不免矣。

清水河，州南二十里。其上流爲龍溪河，出州南八里之暖泉，流數里而伏，二源並導：一出州東南二十里南閘頭，經樂亭縣緑洋口入海；一出州西南二十七里龍塘橋，至蠶沙口入海。郡志：清河出州西五十里臺子山，一名五子洞，伏而復出，相傳即秦、漢時漕運故渠。元時海運自遼東三岔河分三道：一由天津逕白河至通州，一由娘娘宫經糧運河至薊州，一由蘆臺經黑洋河、蠶沙口、清河至灤州。明洪武八年，潁川侯傅友德言：「永平運道由鵶洪橋而東，道里遠，宜通清河、灤河故道。」於是詔濬舊渠，置閘豬水，以通漕運，北合灤河達於府城，自府城而北以達於灤陽營。尋廢。萬曆初議行海運，言者欲自州東十八里灤河西岸王家閘引灤水入清河，導入王家圪，再導使由艾家清溝下接靳家河通交流河，七十里入黑洋海口，由海中三十里至建河海口，四十里至堂兒上海口，又四十里則大沽海口也，出口入通州，運糧白河，又百里則天津衛矣。不果行。蠶沙口即蠶叢口矣。鵶洪橋見豐潤縣。

沂河，州西十二里。志云：大沂河源出盧龍縣界馬家莊，西南流逕州西北二十二里之佛住山，又南合於小沂河。小沂河出州西北二十三里之烽火山，東南流經雙山下，又南六里合大沂河，至州西南三十里合董家灣，東南流經州西南十二里之芹菜山，又南合蓮臺港，下流入於清河。

陷河，州南五十里。源出州西南五十里于家泊，匯大小羣川，至蠶叢口入海。又州西南八十里爲靳家河，一名小青龍河，亦匯衆流達潮河以入海。○陡河，在州西百二十里。其上源曰館河，自遷安縣流入界，經偏山南流合衆水，又西入豐潤縣界合於庚水。又沙河，在州西南九十里。亦自遷安縣流入界，至此播爲大水泊，又西爲小水泊，又西入豐潤縣界。成化十七年，管糧郎中鄭廉請自豐潤還鄉河通漕永平。説者謂由榆水還鄉河東導陡河抵沙河，通陷河而及清、灤，即運道所經也。庚水非灤所通，沙河淤爛溢涸不時，所以隨行隨止。

横河，州北七里。自盧龍縣流入界，遶横山之麓，因名。又有别故河，在州西北二里。發源州西北廟兒山，東南流過巖山下。又五里河，在州南五里。發源州西劉官營，東流經巖山下與别故河合，下流俱注於灤河。又古幢河，志云：在州南四十里。又南合大田泊諸水匯於清河，達緑洋入海。

長春淀，在廢石城縣西。志云：在州西南百二十里。舊名大定淀，金大定二十年改曰長春。有長春行宫，亦金時所建也。遼志「州西北十五里有扶蘇泉，昔秦太子扶蘇北築長城嘗駐此」，蓋傳訛也。泉甚甘美，亦曰甘泉。

長春宫，在長春淀。本名石城行宫，金大定二十年如石城縣，改行宫爲長春宫，以後嘗爲巡遊之所。又有丹陽宫，舊志云在州東南三十里；州東八里又有濯清亭，在灤河西岸；皆金置。

榛子嶺，州西九十里，近豐潤縣境。金大定初，世宗烏禄自遼陽趣燕京，次海濱縣，尋至榛子鎮，即此。今爲民堡。萬曆中移置巡司於此。又李家莊，在州南四十里。又南十里曰柏家莊，一名淳風屯。又南四十里曰獨莫城，城南有大田泊，皆有土城舊址。又倴城，在州西南六十里。州西百二十里又有桃李城，亦曰長春社。州西南百二十里爲唐山城，亦曰姚頭社。志云：元立屯田總管府於馬城縣，諸城皆屯兵所居，今因爲村社。海濱，見遼東前屯衛。

○佛莊堡在州西四十里，又州西南八十里有司家莊，皆民堡也。志云：州南百十里濱海有馬頭營，舊爲戍守處，海運時嘗置倉於此。

温泉柵，在廢石城縣東北，舊爲戍守處。唐廣德初，史朝義既敗，欲北走奚、契丹，至温泉柵，追兵及之，窮蹙自縊處也。○千金冶，在廢馬城縣東北，舊爲冶鑄處。新唐書馬城縣有千金冶城。縣東又有茂鄉鎮城，州志云：古城在州西七里。又擂鼓臺，在州西百里松梁社。或以爲漢武臺，唐太宗嘗登此。恐悮。又有將臺，在州西八十五里康莊屯。下有黄崖河。或以爲料馬臺也。

濟民鹽場。在州西南。志云：府境有鹽場四，俱屬於户部分司。一曰濟民場，距分司七十里，南濱海，東極潮河，接石碑鹽場，〔七〕西跨運河，連豐潤縣越支場，亘百三十五里；一曰石碑鹽場，在濟民東七十里，距分司百四十里，在今樂亭縣西，南濱海，亘百七十里；一曰惠民鹽場，在石碑東百五十里，距分司二百九十里，在撫寧縣西南，南濱海，亘二百二十里；一曰歸化鹽場，在惠民東南百四十里，距分司四百五十里，南濱海，東抵山海關，亘二百里。皆産鹽，屬於分司，而統於長蘆鹽運司。分司署在府城内也。

樂亭縣，州東南九十里。北至府城一百二十里，東北至昌黎縣九十里。唐馬城縣地，金大定末置樂亭縣，屬灤州。元初置漠州治此，州尋廢，縣仍屬灤州。今縣城周三里。編户二十七里。

祥雲島，縣西南四十里，迫近海濱。島中時有瑞雲湧出，因名。又有李家島，亦在縣西南海濱。其相近者曰桑坨島。志云：縣雖無山，而地勢原衍，胎甲隱窿，河流環繞，俯臨大海，稱爲沃野。

月坨，在縣西南。形如半月。志云：自緑洋溝入海四十里即月坨也，在巨浸中，廣數十頃。其間草木繁植，雉兔充斥，冰合時居民嘗射獵於此，泮則掉艇樵採，爲利甚厚。又十九坨，在月坨東。大數十頃，饒給與月坨相似。一名石臼坨，相傳漕運時店市民居也。舊志：灤人以平坡而蓄水者曰坨。

海，縣南三十里。亦曰溟海。志云：海水青黑，而灤河水色清碧，入海五十里不溷。亦曰緑洋溝，溝去岸二十里，遥亘如帶，中多鱗介之利。郡境羣川悉匯於此。

定流河，縣西北三十里，即灤河下流也。志云：灤河經縣北岳婆港分爲二支：一曰葫蘆河，在縣東北三十里，流逕縣東二十里，南流入海，謂之東灤河，景泰中淤塞，俗謂之乾灤河；定流河遂獨承灤河之水，至縣南四十里劉家墩入海。天啓以後，海運繇天津三百餘里至劉家墩海口入灤河，凡二十五里至銀夯柳倉交卸，改用河舡，凡百八十里達於永平，時以爲便。志云：環縣有賈家、董家、杜家、宋家、戴家等河，俱灤之支流也。又有蕭家灣在縣西南三里，翟家灣在縣東北三里，灤河及支川之水瀦流於此，水漲則流達於灤河。

中淀河，縣東十五里。流經縣東南十五里達四溝港，四圍皆水，中有高岡，又南通湯家河，至胡林口河入海。○清河，在縣西三十五里。一名西清河。源發州南八里之暖泉，闊二丈許，分流爲新砦、狼河、介馬諸河，抵新橋海口猫兒港入海。志云：縣西南三十五里有清河套，以夾於清、灤之間而名。

新橋營，縣西南三十里。有城，周二里。郡志：新橋海口舊有巡司，萬曆二十年倭犯朝鮮，因設新橋營，與昌黎赤洋營、撫寧牛頭崖營爲海口三營，聯絡巡哨，以爲防衛。四十三年移巡司於榛子鎮。郡志：灤河口有劉家墩海防營，近時濱海要口也。西至韭菜溝三十五里，又西至清河口二十里，又西至高糜河八里，又西至灤州之蠶沙口四十里，皆有官兵戍守。

曹泊店，縣西南五十五里海中。海水鹹苦，店有泉獨甘冽，漁海者資焉。又有曹馬店，在濟民場西南，入海八十里。有昔時民居故址。

胡家圪堡。縣東二十里，又東十里曰黄瓜口堡，縣西北六里曰連北店堡，西三十里曰新寨堡，南三十里曰閻各莊堡，西南三十五里曰馬城堡，皆民堡也。

附見

開平中屯衛。在灤州西石城廢縣。舊在口北大寧沙嶺，後移真定，永樂初復移建於此。城周四里。撥遵化衛軍守禦。

延慶州，東至四海冶一百二十里，南至居庸關五十里，西至保安州沙城界百里，北至雲州上谷百三十里，自州治至京師一百八十里。

禹貢冀州地，春秋、戰國皆爲燕地。秦屬上谷郡，二漢因之。晉屬廣寧郡。後魏亦爲上谷郡地。高齊置北燕州，領長寧、永豐二郡。後周曰燕州。隋初因之，隋志：「開皇初二郡俱廢，而州如故。」大業初州廢，改屬涿郡。唐初爲高開道所據，武德七年平，亦置北燕州，開道將張金樹殺開道來降，因置州，以金樹爲都督。貞觀八年改置嬀州，天寶初曰嬀川郡，治懷戎縣，今宣府鎮懷來衛也。唐末又析置儒州於此。五代晉初契丹得其地，亦曰儒州。又爲縉陽軍，治縉山縣。

金皇統初州廢，崇慶初復置鎮州，旋廢。元屬奉聖州，延祐三年改置龍慶州。仁宗愛育黎拔力八達生於此也。明初州廢，永樂十一年復置隆慶州，直隸京師。隆慶初改曰延慶州。編户十四里。領縣一。

州介於山前後間，由此南瞰居庸，左撓虎北，虎北口在州東二百餘里。則燕山失其固矣。若乘轅北向，列灤河之戍謂開平故衛。空漠南之庭，州實咽喉所也。表裏關山，拱衛陵寢，豈非郊圻重地哉？

縉山廢縣，今州治。漢上谷郡居庸縣地，唐爲嬀州縣地，唐末析置縉山縣，爲儒州治。契丹因之。金州廢，縣屬德興府。元至元三年省入懷來縣。五年復置，屬奉聖州。延祐三年改屬大都路。尋升縣爲龍慶州，仍屬大都路。明初州廢，永樂中復置今州。城邑攷：「州城，景泰二年因故址修築，周四里有奇。萬曆七年復展修之。今周五里有奇。」

上谷城，在州北。元和志：「戰國燕所置上谷郡城也。」史記匈奴傳：「燕築長城，自造陽至襄平，置上谷、漁陽、右北平、遼西、遼東郡以距胡。秦始皇十九年滅趙，趙公子嘉奔代，自立爲代王，與燕合軍，軍上谷。」秦、漢亦爲上谷郡地。漢武帝元朔二年破匈奴，取河南地，亦棄上谷郡之斗僻造陽地以與胡。韋昭曰：「造陽在上谷。」杜佑曰：「造陽在嬀川郡北。」括地志「上谷郡故城在懷戎縣東北百十里」，即此城也。近志云：城在州西北，去懷來廢縣北十里。似悮。又嬀川城，在州西。唐天寶中分懷戎縣置嬀川縣，屬嬀川郡，契丹省入縉山縣。

隆鎮衛城，在州城南。元大德中指揮使哲言不花所建。致和元年燕帖木兒奉懷王於大都，〔八〕與上都相持，隆鎮衛將斡都蠻以兵襲上都諸王兵於陀羅臺，〔九〕大敗之。陀羅臺，或曰即今州治東北之古臺也。○蚩尤城，在州西南。志云：西北去懷來縣六十里。杜佑曰：「懷戎縣北有蚩尤城。」又州東北二十里有古城，相傳遼蕭后所築。

紅門山，州東南二十里。山高三里，有大、小紅門口，爲戍守處。○阪泉山，在州西。相傳軒轅與炎帝戰於阪泉之野，即此山也，亦曰阪山。又歷山，在州西北二十里。形如覆釜。亦曰歷陽山。後魏主珪神瑞二年，如廣甯，登歷山祀舜廟。又後魏主嗣泰常七年，至廣甯，登歷山，使使祀舜。時蓋以歷山即舜所耕處也。廣甯，見保安州。

官帽山，州北十八里。狀如幞頭。與懷來衛大海陀山東西相望，一名東崖山。相近者曰石門山，中有洞，南北通明如門。又擎笏山，在州北二十里。峭拔孤立，狀如擎笏。州東北二十五里又有金剛山，兩山對峙，勢若相抗。其相近者曰古城山。

東螺山，州西北三十三里。高七里許，盤回而上。又州西北六十七里有西螺山。○大翩山，在州北二十五里。相傳秦始皇時王仲爲大鳥仙去處。仲即變大篆爲隸書者。其相接者曰小翩山。又佛峪山，在州西北三十里。下有温泉。

八達嶺，州南三十里。東南去居庸上關十七里，爲往來之衝要。五代周胡嶠陷番記：「自居庸西北入石門關，關路狹隘，一夫可以當百，此中國控扼契丹之險。」或以爲此即石門關也。元人以此爲居庸北口，上有城，設官兵戍守。山水記：「自八達嶺下視居庸關，若建瓴，若闚井，昔人謂居庸之險不在關城，而在八達嶺也。」○橫嶺，在州南四十七里，當居庸之西北，亦寇門也。嘉靖中俺答由此入犯，今設兵戍守。

媯川，州東十五里。自永寧縣流入界。一名東川。宋淳化二年，契丹主隆緒至儒州，獵於東川，即此。西流至懷來城東南，又西流至保安州境入於桑乾河。俗名清水河。志云：媯川即古之阪泉，今名韓家川，與天壽山咫尺。其地可屯十萬衆，設險處也。

沽河，在州城南。自州東北雙營發源，西南流至此合於溪河。溪河自永寧縣團山發源，流經州界，至州城南合於沽河，西入懷來衛境合媯川而注於桑乾河。

澗河，州南三十里。源出八達嶺，嶺東四里有青龍橋，澗河經其下，東南流入居庸關達昌平州界入於榆河。○玉液泉，在州城西南。元時取以造酒，因名。其水西流入清水河。又白馬泉，在州北三里。其深莫測。旁爲白馬村。宋端拱二年，契丹主隆緒至儒州，祭風伯於白馬村是也。

柳溝營，州東南十五里。嘉靖中築南山一帶土城，東起永寧縣東火燄山，西抵保安州東南河合口，置城於此，設兵駐守。其東北沿邊一帶曰謊砲兒、韓家口、海子口、柳溝口，皆防禦處也。又東南爲大、小紅門口。邊防攷：「柳溝城創自隆慶初，周三百十八丈有奇。萬曆二十四年復增北關，周百八十五丈有奇。而閻家莊爲緩急守禦之要地。」

岔道口，州南二十里。志云：自八達嶺而北地稍平，五里至岔道，有二路，一自懷來衛、保安州歷榆河、土木、鷄鳴三驛至宣府爲西路，一至延慶州永寧衛、四海冶爲北路。八達嶺爲居庸之噤吭，岔道又八達之藩籬也。宣德五年巡邊，駐蹕岔道，明日獵於岔道。輿程記：「岔道口北行二十二里至州，西行六十里至懷來衛之榆林驛。嘉靖三十

年築城於此，周二里有奇，與南山聯爲一邊。其地逼臨山險，爲居庸之外衛。」〔一〇〕

弘陽鎮，州西南三十里。唐武德六年高開道所部弘陽、統漠二鎮來降。或曰二鎮蓋開道所置。○統漠鎮，在州西南八十里，即高開道所置鎮也。一統志云：「遼主遊幸，嘗張大幙於此，因名爲統幙。」誕矣。俗訛爲土幕，又爲土木。其地與保安州及懷來衛接界。今詳見懷來衛。

蟒山寨。州東南二十里蟒山上，山形如蟒頭，置寨其巔；又有招帖砦，在州北二十里將軍山上：皆昔人據險避兵處。志云：州有屯糧堡二，一在城西半里，一在城東二十里，皆元時饋餉儲糧之所。

永寧縣，州東三十里。本縉山縣地，明永樂十一年始置今縣。十五年築城置戍，宣德、嘉靖中屢經修治，城周六里有奇。編户五里。

團山，縣西北十五里。巍然獨立，本名獨山，縣之主山也。志云：縣西北十里有多景山，亦高秀。又縉陽山，在縣北十三里。山下有縉陽泉。一名龍安山。○雙髻山，在縣東北二十里。絶頂有雙峰並峙，狀若髻然。又神仙山，在縣東北二十五里。徑路崎嶇，其上平衍。有神仙砦，相傳遼、金時所置。

火燄山，縣東北百餘里，與薊州邊接界。志云：山當宣、薊、昌平之要道，登其巔可以望遠。又黑頭山，在縣東。志云：在四海冶堡東三十里。嘉靖中督臣翁萬達言：「黑頭山至密雲城百五六十里。若爲直垣相屬，則密雲西南至居庸數百里之邊皆腹裏地矣。」又高山，在堡北三里，以高聳獨峙而名。又堡東南八里有龍爬山，其東爲驢鞍嶺。又鎮南峰，在堡南三十里。翁萬達言：「四海冶有鎮南墩，與薊州邊所屬火燄墩接界，僅三里餘。築墻於此，可防寇衝。」火燄墩，蓋在火燄山上。

大石嶺，縣東北五十里。又長城嶺，在縣東九十里。志云：縣東北十二里有澀石嶺，一名塞石嶺。又東灰嶺，在縣東南十五里。縣南十二里又有西灰嶺。○紅土坡，在縣東北二十五里。又有白草坡，在縣西北十五里。一名嚼草坡。

媯川，縣西十五里。志云：源出縉陽山，流經此。上有孤山橋，自縣入州之通道也。又縣東五里有龍灣河，源亦出縉陽山下，西流會於媯川。志云：龍灣河在縣西北十里。

溪河，縣西北十三里。源出團山，西南流至州城南合於沽河。志云：縣西北二十里有神仙溪，下流入於溪河。

靖胡堡，縣西北五十里。故外境也。嘉靖三十五年新築此堡，周二里有奇。北面阻山，東西南三面臨河，稱爲險要。其東河溝無邊墻可據，爲極衝，而馬路、南樓、東水峪墩次焉。邊外有黑牛山、亂泉寺、許家衝，屬夷駐牧處也。〔二〕邊防攷：「宣府東路參將駐永寧縣，分邊自四海冶至靖胡堡長百八十里，兼轄懷來衛、保安州一帶城堡凡十有七，而黑牛山、大安山、天屹力等處，層崖叠嶂，林巒深阻，部落往往駐牧其中。」

黑漢嶺堡，在縣東南。嘉靖三十年創築，周二里有奇。其北有倉、房二口，兵衝也。南距天壽山，後有鴛鴦梁，山險林密，突犯不易。邊外曰白塔兒、牛心山，皆屬部駐牧，而堡東寧川墩爲拒守處。

周四溝堡，在縣北。嘉靖十九年創築，周二里有奇。其西北有黄土嶺、西石河鎮口、外山口諸衝。邊外則亂泉寺、孤山鹹場、虎喇嶺諸處，皆外境也。而三岔馬道、廟兒梁亦爲沿邊拒守處。○劉斌堡，在周四溝堡西南，山灰嶺等口之喉吭也。萬曆三十二年設堡於此，周一里有奇。有擦獨口、鮑峪口等衝，而防胡墩、大鴉口其鎖鑰處。

四海治堡。〔一二〕縣東百里。元時往來上都恒取道於此。明天順八年創築城堡，周三里有奇，與靖胡等堡爲宣府東路之衝。有大勝嶺、新興嶺、將軍嶺、長生口諸要口。邊外有芍藥灣、寶山寺，爲屬部駐牧處。弘治七年徙永寧左千山所屯守。嘉靖中邊臣許論言：「四海治上通開平大路，下連横嶺，爲三衛窺伺之地，宣府東路要防也。」○黑峪口，在縣北，寇衝也。口西爲白草窊等處，屬夷駐牧於此。

附見

延慶衞，州東南四十里居庸關口。本名隆慶衞，建文四年燕王置衞於此，隆慶初改今名，領左、右、中、前、後五千户所。又有延慶左衞，亦在居庸關。本名隆慶左衞，永樂二年置，宣德五年移入永寧縣，隆慶初更名。

永寧衞。在永寧縣治西。永樂十五年建。

保安州，東至延慶州岔道口百二十里，西南至山西蔚州二百里，西至蔚州界深井堡百四十里，北至宣府界泥河七十里，〔一三〕自州治至京師三百里。

禹貢冀州地，春秋、戰國時屬燕。秦爲上谷郡地，兩漢因之。晉屬廣甯郡，亦爲上谷郡地，後魏因之。隋爲幽州地。唐爲媯州地，光啓中置新州於此。幽州帥李匡威表置。後唐爲威塞軍治。五代梁乾化初，晉王存勗置團練於新州，總山後八軍。三年置威塞軍防禦使，尋又升爲節鎮，兼領媯、儒、武三州。石晉納於契丹，改爲奉聖州。亦曰武定軍。金大定初升德興府。元初因之，至元初復改奉聖州，屬宣德府，尋改曰保安州。至元三年以地震改名。明初廢，永樂十三年復置保安州，編户七里。直隸京師。

州通道燕、雲，襟帶嬀、蔚，東顧則擾居庸之戍，西出則震飛狐之師。若乘間捷出，南越紫荆，則畿輔之藩垣壞矣。蓋迫近門庭，地勢阻阨，山南之險，以新、武諸州爲捍蔽也。唐末盧龍由此侵雲、朔，河東亦道此以併幽、薊。乾寧初李克用拔武州，取新州，進攻嬀州，長驅入居庸，幽州望風降下。至於女真覆燕京，蒙古略冀北，曷嘗不以州爲馳逐之地歟？

永興廢縣，州西南四十里。本漢之涿鹿縣地，屬上谷郡，後漢因之。晉屬廣寗郡，後廢。唐末置永興縣，爲新州治。五代晉没於契丹，新州仍治焉。金改曰德興縣，元復曰永興，爲保安州治。明初州縣俱廢。永樂十二年置保安衛，十三年復置保安州，以縣并入。城邑攷：「舊州城永樂十三年修築。景泰二年改築新城於灤家站，移州及衛治焉。城周七里有奇。」天順九年、嘉靖四十三年皆加修治。其舊城在南山下。嘉靖四十五年復修築，周四里有奇。」設官駐守，謂之舊州城，與新城互爲唇齒。

沮陽城，在州東。漢縣，上谷郡蓋治此。沮，顔師古曰：「音阻。」史記：「漢十一年，周勃擊破盧綰軍於沮陽，追至長城。」長城蓋在嬀川北。後漢仍曰沮陽縣。晉亦爲上谷郡治。太元十年慕容垂伐魏至平城，疾篤而還，卒於上谷之沮陽。後廢。

礬山城，州南九十里。本漢軍都縣地，唐置礬山縣於此。新唐書新州治永興，兼領礬山、懷安、龍門三縣是也。後没於契丹，仍曰礬山縣。金因之，元省入永興。今爲礬山堡，周三里。萬曆七年設兵戍守。邊防攷：「堡介保安衛、馬水口間，地勢平坦，防衛最切。」

廣甯城，州西北二百里。漢置廣寧縣，屬上谷郡，西部都尉治此。後漢曰廣甯縣。晉置廣甯郡，治下落城，縣并入焉。其城亦曰大甯城。咸和二年後趙石虎擊代王紇那於陘北，紇那兵敗，徙都大甯以避之。又太元中魏將奚斤等破越勤部於跋那山西，徙二萬餘家於大甯。義熙十三年，魏主嗣如大甯長川。宋永初三年，魏主嗣自灅南宫如廣甯。景平二年，魏主燾東巡大甯。元嘉五年，魏主燾如廣甯，觀温泉。明年復如廣甯，臨温泉，又置宫於此。大明初，魏主濬如廣甯温泉宫。北史：「魏太和十六年，祀舜於廣甯。」時又置大甯郡治焉。水經注「魏燕州廣寧郡治廣甯縣」，即此。孝昌以後，郡縣俱廢。高齊改置長寧郡，在今懷來衛。陘北，見山西重險勾注。跋那山，見陝西榆林鎮。○下落城，在州西。漢縣，屬上谷郡，晉爲廣甯郡治，後魏仍屬上谷郡，後廢。又罡城，亦在州西。水經注：「大甯東有罡城。」史記「燕人蔡澤謝病歸相，秦號罡城君」，疑即澤所邑。世名武罡城。罡城，國策本作「剛成」，是時秦未并燕地，恐悮。

涿鹿城，在州西南。漢縣，屬上谷郡。應劭曰：「黄帝與蚩尤戰於涿鹿之野，即此。」帝王世紀云：「黄帝所都也。」漢置縣，後漢因之。晉屬廣甯郡。義熙十一年魏主嗣如濡源，遂至上谷、涿鹿、廣甯是也。後魏亦屬廣甯郡，後廢。魏土地記：「下洛縣東南六十里有涿鹿城，西北百二十里有大甯城。」又軒轅城，在州東南四十里，相傳黄帝所築。今名古城。

寧縣城，在州西北。漢縣，屬上谷郡，爲西部都尉治。後漢曰甯縣。建武二十五年復置護烏桓校尉於上谷甯城，領内附烏桓并鮮卑願内屬者。西京舊事「武帝於益州部置蠻夷騎都尉，幽州部置領烏桓校尉，凉州部置護羌校尉，皆持節，領護降夷」，時已廢而更置也。晉時縣廢，時謂之甯川。義熙四年魏主珪如豺山宫，遂至甯川。又謂之小甯城。水經注：「大甯城西二十里即小甯城。」杜佑曰：「小甯城俗名西吐㪍城，在懷戎縣西北。」豺山宫，見大同府。○茹縣城，在州西。漢縣，屬上谷郡，後漢省。魏土地記：「雞鳴山西十里有故茹縣城，俗謂之如口城。」

安塞城，在州西北。唐志：「安塞軍在蔚州之東，嬀州之西。」是也。宋祁曰：「幽州丁零川西南有安塞軍。」乾寧四年，李克用以劉仁恭叛，擊之，攻安塞軍，幽州將單可及赴救，别將楊師侃伏兵於木瓜澗，克用大敗而還。木瓜澗，宋祁曰：「在蔚州界。」○藥師城，在州東合河鎮。志云：宋宣和中郭藥師守燕山時築。

磨笄山，州西北二十里。史記：「趙襄子姊爲代王夫人，襄子滅代，夫人磨笄自殺於此，因名曰磨笄之山。代人憐之，爲立祠。每夜有野雞羣鳴祠屋上，亦名雞鳴山。」魏土地記：「下落縣東北二十里有于延河，東流。水北有雞鳴山。文成帝保安常氏葬此，别立寢廟。太和五年始定制，惟遣有司行事。」唐貞觀十九年北巡，幸雞鳴山。元至元三年如雞鳴山，將獵於渾河，不果。明正統十四年瓦剌乜先犯大同，奄王振主親征，駕次雞鳴山，敵漸退，伏塞外以誘我，即此山也。○保寧山，在州西北六十里。舊名白貼山。其中洞穴穹窿，有石如仰盂，泉出其中，僅斗許，羣飲不竭。志云：元至元初以地常震，始改名保寧。

涿鹿山，州西南九十里。一名獨鹿山，涿水出焉。相傳黄帝破蚩尤於此。括地志：「懷戎縣東南五十里有涿鹿山，涿鹿城在其側，黄帝邑於涿鹿之阿，蓋謂此。」今山去懷戎縣頗遠，括地志似誤。

礬山，州西南百二十里。有南、北兩山，出白、緑礬，因名。唐置礬山縣於此。金末爲礬山砦。金史：「興定四年以蒙古南略，命中都西路靖安民爲易水公，涿、易、安肅、奉聖州、君氏川、季鹿、三堡河、北江、礬山砦、青白口、朝天砦、水谷、懽谷、東安砦隸焉。君氏川以下，其地皆在州境。志云：礬山一名礬石山，淶水出焉。水經注亦謂之淶山。

喬山，州西南百二十里。亦曰橋山，上有黄帝祠。後魏主嗣泰常八年如涿鹿，登橋山，遂如幽州是也。魏土地記：下落城東南四十里有喬山，山下有温泉。北史：神麚二年置温泉宮於此。水經注：「喬山下有温泉，能治百疾。」

鷂兒嶺，州西北四十里。明正統末，車駕自大同還至雞鳴山，也先來追，朱勇禦之於此。也先設伏夾攻，殺掠殆盡。又州西有疊翠巖，本名惡崖，金泰和中更名。又州境有漫天窩，金泰和中更名曰掃雲坪。

桑乾河，州西南四十里。在舊城西一里。自山西蔚州西北流入界，州境土田資以灌溉，東南入順天府境，出西山，至宛平縣西南而爲盧溝河。詳見大川。

甯川，在州西。亦曰寧川。或曰即故于延水。今淤。漢志注：「于延水出代郡且如縣塞外，東至寧入沽水。」水經注：「于延水經罡城南，又東北與寧川水合。水出小甯城西北，東南流注于延水，又東經小甯故城南而入沽水。」沽，劉氏曰當作「治」。治水即桑乾河矣。○嬀川，在州東。一名清水河。自懷來衛西南流入境合桑乾河，所謂合河也。金時有合河鎮，今亦名河合口，爲南山戍守處。志云：清水河在州西南三十里，自延慶州流入，合洋河注桑乾。似悮。

洋河，州西南十五里。自宣府界流入，經州城西南，又東南入於桑乾河。

礬山水，州東南。水經注：礬山水出於廣昌縣閻鄉之樊石山，東流歷覆釜山下，又東至古長城門注於易水，蓋即涞水之上源也。長城門，見保定府安肅縣。○二郎溝，在州西南八十里。亦出礬山下，居民資以灌溉，東北流入於洋河。又有龍池，在礬山北二里。水自平地湧出，澄清可鑑，潴而爲池，溉田甚廣。

火神淀，在州西。宋白曰：「新州西有火神淀。」淀讀曰殿，淺水爲淀也。五代周廣順初，契丹主兀欲謀入寇，諸部不欲，殺契丹主於此。既而諸部共推德光之子述律爲主，自火神淀入幽州是也。

九十九泉，在州境。魏土地記：「沮陽城東八十里有牧牛山，山下有九十九泉，即滄河上源。」魏收魏書：「天賜二年登武要北源，觀九十九泉。」武要，漢定襄郡屬縣也。泉蓋在大同西北境。宋白曰：「九十九泉在幽州西北千餘里。」五代周廣順初，契丹謀會北漢兵入寇，與諸部議於九十九泉，諸部皆不欲，强之使行，至新州火神淀作亂，殺契丹主。遼志豐州境内有九十九泉。何氏曰：「在新州西北。」○阪泉，亦在州境。晉太康地志：「涿鹿城東一里有阪泉。」括地志：「阪泉在懷戎縣東五十六里，出五里至涿鹿東北合於涿水。亦名黄帝泉。」一統志：「阪泉，今隆慶州阪山也。」蓋荒遠不可考矣。

協陽關，在州西南。魏土地記：「下落城西南九十里有協陽關，西通代郡。有協陽水。」代郡，今山西蔚州境也。關廢。○擔車砦，在州西南。水經注：「擔車水出擔石硎，東南流注紫石水，又東注於涞水。」宋嘉定十三年，金易水公靖安民出兵至礬山，取擒車砦，蒙古襲取其所居山砦，安民之兵遂潰。淶水即礬山水也。

寶峰川鎮，在州東南。其相近者有安樹寨、豺狼峪、莊窠澗等口，南達大龍門口不過一二十里，與涿州接界。弘治中撫臣周綱言：「寶峰川通宣府要路，三十八盤、分水嶺、蕎麥川三者最急。」是也。又有謝家堡、疃里村諸處，亦在州東南，出北將軍石、南將軍石等口達於大龍門，皆南山要隘也。○固城鎮，在州南。舊志：唐嬀州有固城鎮，與易州分界。或曰鎮在懷來衛南。

東八里堡，州東八里，又有西八里堡，俱洪武二十五年創築。今設兵戍守，與新城相犄角。○良田屯堡，在州東五十里，即州民居屯之所。洪武二十五年築，隆慶四年增修，設兵戍守。

麻峪口堡，在州南。當龍門南口，傍有紅站口諸險。洪武二十五年創築，萬曆七年增修，周一里有奇。雖近內地，而守禦最切。邊防攷：「州東南百五十里有石港口，東接懷來衛沿河口，相去僅二里。又天津關口，在州南百里，與良鄉縣接界。自口而西爲黎園嶺口、滑車安口，皆去州百里。又東龍門口，在州東南百里。又州南百里有天門關口，與房山縣接界。」○馬水口，在州西南百六十里，接淶水縣界。其相近者曰石龍安口、康家溝口、狼兒溝口、定樂安口，皆西南接紫荆關界。

段莊。在州東南。唐乾寧初，李克用攻幽州帥李匡籌，拔武州，圍新州，匡籌遣兵馳救，克用逆戰於段莊，敗之，即此。○上花園在州西四十里，又州西三十里爲下花園，相傳遼蕭后種花處。今爲戍守之所。

附見

保安衛。在州治西北。永樂十二年置。本治舊城内，景泰二年自舊城移置於此。

美峪守禦千户所。在州南百里，接山西蔚州界。本在衛治西，景泰二年移置於此。

校勘記

〔一〕右北平郡治平岡道　據漢志卷二八下，右北平郡治平剛縣，非平岡道。

〔二〕唐以平營二州制臨奚契丹　「二」，底本原作「三」，今據職本、鄒本改。

〔三〕張轂以平州來歸　「轂」，底本原作「穀」，本書卷七、遼史卷二九天祚紀均作「轂」，金史卷一三三張覺傳云「張覺亦書作轂」，今據改。

〔四〕白狼水經黄龍城西　水經大遼水注「西」作「東」。

〔五〕界嶺口東第一關也　「界」，底本原作「略」，今據職本、敷本、鄒本改。

〔六〕永樂三年移建於此　「永樂」，底本原作「永建」，今據鄒本及明志卷四〇改。又「三年」，明志作「元年」。

〔七〕接石碑鹽場　「碑」，底本原作「牌」，職本、鄒本並作「碑」，今據改。

〔八〕致和元年　「致和」，底本原作「政和」，元代諸帝無年號爲「政和」者，燕帖木兒奉懷王于大都，據元史卷三一明宗紀及卷一三八燕鐵木兒傳，事在元泰定帝致和元年，今據改。

〔九〕斡都蠻　「斡」，底本原作「幹」，誤。元史卷一二三瓦刺瓦而思傳云：「子斡都蠻襲職。致和元年……圍滅里帖木兒等于陀羅臺驛，擒之以獻。」今據改。

〔一〇〕爲居庸之外衛　「爲」，底本原作「與」，今據鄒本改。

〔一一〕屬夷駐牧處也　「夷」，底本原作「皆」，據職本改。

〔一二〕四海冶堡　「冶」，底本原作「治」，今據職本、鄒本及明志卷四〇改。本書此誤甚多，下不一一出校。

〔一三〕北至宣府界泥河七十里　「泥河」，底本原作「泥州」，今據鄒本改。

讀史方輿紀要卷十八

北直九

萬全都指揮使司，東至延慶州四海冶三百三十里，南至山西廣昌千户所四百五十里，西南至山西大同府四百三十里，北至長峪口四十里，自司治至京師三百五十里。

禹貢冀州之域，春秋、戰國皆爲燕地，秦爲上谷郡地，兩漢因之。晉爲廣甯郡及上谷郡地，後魏因之。高齊置長寧、永豐二郡，兼置北燕州，後周亦屬燕州。隋初郡廢，大業初州廢。唐屬嬀州，光啓中始置武州於此，新唐書河東道有武州，領文德一縣。唐紀：「大順初幽州帥李匡威之子仁宗爲武州刺史，將兵侵河東，爲河東將李仁信所殺。」蓋武州幽州鎮所表置，李克用并幽州始屬河東，尋復爲劉仁恭所據。尋改毅州。後唐復曰武州。明宗時仍曰毅州，潞王從珂又改爲武州。石晉初入于契丹，改曰歸化州，亦曰雄武軍。後又爲德州。金天眷初改宣德州，屬大同府，大定七年又改爲宣化州，明年復曰宣德州。元初爲宣寧州，尋改爲山東路總管府，中統四年改宣德府，屬上都路。至元三年改順寧府。以地震更名。明洪武四年府廢，詔盡徙其民於居庸關内，遂虚其地。二十六年改置萬全都指揮使司，領衛十五，守禦千户所三，堡五。其蔚州、延慶左、永寧、堡安四衛，廣昌、美峪二千户所，散建于各州縣，而屬於萬全都指揮使司。

司南屏京師，後控沙漠，左挹居庸之險，右擁雲中之固，彈壓上游，居然都會。後漢末劉虞牧幽州，開上谷外市之利，通漁陽鹽鐵之饒，境内以殷庶。唐乾寧初李克用侵幽、燕，拔武州，進圍新州，而李匡籌敗亡。朱梁乾化三年，晉將李嗣源攻劉守光，分兵徇山後八州皆下之，進取武州，而守光窮蹙矣。其後金人由此以逼燕、雲，蒙古再攻宣德，蠶食山北，遂并山南。蓋萬全不守則藩垣單外，而薊門之禍所不免也。明初開平、興和列戍相望，此猶爲内地，自興和移，開平棄，鎖鑰由是特重，張皇于平日，捍禦于臨時，此閫外之職矣。邊防攷：「居庸者，京師之門户，宣府又居庸之藩衛也。」其地山川糾紛，號爲險塞，且分屯置軍，倍于他鎮，氣勢完固，庶幾易守，獨是糧援易竭，輸輓宜先，陸運由居庸抵鎮城，事屬已試，舟運從盧溝出保安，其或未之講也。邊略「宣府邊墻，東起昌平延慶州界之火燄山，西屹山西大同境之平遠堡，延袤千三百餘里。計其險隘，如西路之萬全右衛、張家口、西陽河，北路之獨石、青泉、馬營，中路之葛峪、青邊，東路之四海冶諸處，俱極衝要，而獨石尤爲咽喉重地」云。

宣府左衛，附郭。漢潘縣地，唐置文德縣，契丹因之。金大定二十九年改曰宣德，元爲宣德府治。明初府、縣俱廢，洪武二十六年改置今衛。二十七年築城，正統五年甃以磚石，隆慶二年增修。今有門四，城周二十四里。又有南關城，周四里。

宣府右衛，附郭，廢置同上。

宣府前衛，附郭，廢置同上。

興和守禦千户所，附郭。初置於興和舊城，永樂二十年蒙古阿魯臺乘間襲陷，因棄舊城，徙置於此。

文德廢縣，在司治東南。唐末析懷戎縣置，爲武州治，契丹因之。遼志云：「漢下落縣，後魏改爲文德縣。」又云：「本漢女祁縣地，元魏置文德縣。」皆悮也。金改曰宣德，元因之，明初廢。○陽門廢縣，在司西百二十里。唐志嬀州有陽門城，爲戍守處。遼置陽門鎮，屬順聖縣，金貞祐二年升爲縣，屬弘州，元初廢。

順聖川東城，司西南百四十里。西南至山西蔚州九十里。舊志：東南至奉聖州二百八十里。唐末爲安塞軍地，遼志以爲後魏之安塞軍，悮也。五代時爲永興縣地，遼析置順聖縣，屬奉聖州，尋改屬弘州。金因之，元屬宣德府。明初廢。天順四年修築爲戍守處，嘉靖四十三年、萬曆四年皆增修。今城周四里有奇。南臨大川，北枕崇岡，原壤遼闊，元時牧場也。今以馬房名堡者十餘所，號爲順聖馬房川。邊防攷：「東城，近爲西城犄角，遠爲紫荆藩籬，東有水峪，西有牛房，皆爲極衝。嘉靖中北部入犯，城東南有千家堡，受禍最酷。」志云：東城相近又有丁寧、鰲魚等口，嘉靖中余子俊以丁寧、鰲魚、水峪爲東城三隘是也。

順聖川西城，在東城西百里。東南至蔚州九十里。漢代郡陽原縣地，後魏置長寧縣，高齊置齊德、長寧二郡於此。後周廢齊德郡，隋初并廢長寧郡，改長寧縣曰開陽，屬朔州。唐廢。遼志：「唐初爲突厥所據，開元中嘗置橫野軍于此，天寶以後廢爲襄陰村。石晉初没于契丹，宋端拱初潘美自寰州進軍取其地，旋復没于契丹，置弘州博寧軍，治永寧縣。」金因之，尋改軍名曰保寧。既又廢軍，而弘州如故，復改縣曰襄陰。元初因之，尋以襄陰縣省入州。明初州廢。天順四年築城爲戍守之所，嘉靖二十四年、萬曆二年皆增築。今城周五里有奇。當南路極西，與大同鎮之天成、陽和衛接壤，而一吐泉等處無險可恃，汛守尤切。邊防攷：「成化十九年小王子寇大同諸堡，長驅入順聖川，散掠蔚、朔諸州，因設南路參將，駐順聖西城，轄東西兩城及蔚州境深井、滹沱、黑石、桃花等堡。本路阻山帶河，爲紫荆、倒馬之障蔽，正德八年寇復入宣、大塞，別部自懷安入順聖川，官軍拒却之，即西城也。」

古城，司東六十里。城周一里。舊有此城，元時增築之，明復修治，爲戍守之所。志云：順聖川西城南十里有漢陽原縣故城。

天德山，司西北三十里。又司北三十五里有東望、西望二山。又有沙嶺，在司西二十里。宋元祐四年契丹主洪基如沙嶺，遂至奉聖州。明永樂中車駕北征，次沙嶺是也。與諸山環帶司境，稱爲形勝。又有湯池山，在司東六十里，温泉出焉。遼置黎園於山下。宋雍熙五年契丹主隆緒如炭山，至黎園温湯，即此。

炭山，司西百二十里。灤水源於此。遼史：「歸化州有炭山，謂之陘頭，契丹嘗遊獵於此。有涼殿，承天皇后納涼所也。山東北三十里有新涼殿，爲景宗納凉處，惟松棚數陘而已。」山有斷雲嶺，極高峻。宋咸平六年，高陽關將王繼忠爲契丹所獲，見契丹主隆緒于炭山，即此。或以爲後魏滑鹽縣地也。五代史：「契丹阿保機告其部落，請帥漢人居古漢城，別爲一部。」歐陽修曰：「漢城在炭山東南灤河上，有鹽鐵之利，乃後魏滑鹽縣。其地可植五穀，阿保機率漢人耕種，爲治城郭邑屋廛市，如幽州制度，漢人安之。」宋白曰：「漢城在檀城西北五百五十里，城北有龍門山，山北有炭山，炭山西即是契丹、室韋二界相連之地。其地在灤河上源，西有鹽泊之利，即後魏滑鹽縣也。」按滑鹽本漢縣，屬漁陽郡，後魏志不載滑鹽縣，宋氏悞矣。今大寧以東皆漢北平、遼西二郡地，地肥饒，宜五穀，有鹽濼、鹽場，所謂漢城，亦槩言之耳。

盤崖山，在順聖西城北十五里。山高險。又溜雲山，在西城西南三十五里。高出雲表。又有獨山，在西城南三十里。迥出羣山之上，因名。○十八盤山，在順聖東城東六十里。以高峻盤折而名。志云：東城南三十里有榆林山。西北十五里又有鼇魚山，有大石如鼇，山水暴溢，至此輒止，俗呼鎮水魚。

五岔嶺，順聖西城東南四十五里。嶺當通衢，岐路四達，因名，其旁曰樺嶺。又枳兒嶺，舊志云：在西城東北。自都司城至此百六十里是也。又滴水崖，在西城西南三十五里。半崖水滴如珠。正統末北征，嘗駐蹕於此。

濡水，在司西百里。即灤水也，源出炭山。音義云：「濡，乃官反，讀曰灤。」今司境即後魏所云濡源地也。東北流經雲州、馬營二堡間而入廢開平衛境。詳見大川灤水。

洋河，司城南五里。源出塞外，自萬全左衛流經此，逕司東南十五里，有泥河自東北流入焉，又東流達保安州界，下流入於桑乾河。志云：司城西二里有清水河，南流七里合洋河。

愛陽河，在炭山西北二十里。深僅尺許，中多浮草，性凉，宜牧馬。又有柳河川，在司北三十里。金大定十年如柳河川。邊防攷：「柳河發源大白陽堡北三十里，西流入長峪口。鎮城樵採灌溉，悉資於此。」

順聖川，在順聖東城南，即桑乾河支流也。東西延袤二百餘里，多美芻，故牧場也。明亦牧馬于此。一統志：「川在宣府西南百里，上接蔚州界，下至保安州之桑乾河。又川有龍池，永樂間嘗產龍馬于此。」志云：司東九十里有九龍池，九泉湧出，南流入延慶州界入於清水河。又柳園泉，在順聖西城西二里，居民引以溉田。

雞鳴驛堡，司東南六十里。永樂十八年設站於此，十七年因民堡增築，隆慶四年修治。堡周四里有奇，爲鎮城入京要路。正北達龍門堡，西北達趙川堡，實當兩路之衝。堡傍皆流沙積石，行旅苦之。近山可耕之田不過五十餘頃，儲蓄爲艱。嘉靖四十二年北部由此突犯，爲戍守重地。

葛峪堡，司北五十里。宣德五年創築，嘉靖四十二年、萬曆六年增修。堡周四里有奇。四山壁立，路徑崎嶇，中路參將駐此。分邊東起赤城，西盡張家口，沿長一百三十一里，轄龍門衛一，堡十，蓋鎮城北面之藩籬也。葛峪所轄墩臺，以預築、鎮虜諸處爲最衝。邊外東北則有興和、靖邊等城，西北則東勝衛所等城，皆中國故地，今爲屬部駐牧。志云：堡北有松樹梁，旁多松。堡東三里有柳溝泉，南流成河，居民資以灌溉。

長峪口堡，司西北四十里。亦宣德間置，萬曆十五年增築，周三里有奇。有黃草灘、駱駝鞍等衝，而壩口在堡北五里，尤爲極衝。自壩口而外，靖邊城、晾馬臺、兔鶻崖諸處舊皆內地，今爲屬部駐牧。志云：堡西七里有小尖山，北十五里有東高山，三十里有饅頭山，皆瞭望處也。○閻家堡，在衛西南四十五里，亦戍守處。

青邊口堡，司西北五十里。在長峪堡西。亦宣德中置，萬曆九年增築，周三里有奇。墩臺則滴水崖、北嘴溝、曲丁、寧遠四處爲最衝。口外則段木嘴、三道川、狥狥墓、馬頭山，皆屬部駐牧。邊防攷：「本堡沿邊山形中斷，故曰青邊口。臨口依平地爲墻，迤北則山巖溝塹，崎嶇相錯，其長亦以部落拒守，蓋中路最衝之地也。嘉靖中失守，俺答再犯宣府，青邊口首被其患。」志云：堡北八里有青山，十餘里有石嵯山，西北十二里有西高山，皆瞭望所資。

羊房堡，在青邊口西南。距邊十里，接壤張家口西，爲中路盡界。成化元年創築，弘治二年、嘉靖四十三年、萬曆十七年俱增築，周二里有奇。雖重岡爲險，而何家堰、鎮夷、鎮口諸處，皆敵徑也。墻外有紅崖兒、廒頭嘴、擦胡石數處，皆屬國部落駐牧。志云：堡西北十五里有鰲頭山，山上巨石突出，高闊數十百丈，因建墩臺，以便瞭望。

大白陽堡，在司東北。唐志嬀州有白陽鎮，即此。成化初置堡，景泰、嘉靖間修築，萬曆十三年增修，周三里。堡地平坦，其鎮虜墩、古道梁、毛家墩等口，皆極衝。邊外胡嵯兒諸處爲諸部駐所，竊發不時，防禦最切。志云：堡南十里有榎樹山。

小白陽堡，在大白陽堡東，與龍門衛接界。宣德五年創築，嘉靖四十三年、萬曆二十四年增築，周二里有奇。其邊墩馬圈兒、石塘子爲最衝。邊外近地有東、西古道，韭菜衛等處，皆駐牧地。萬曆八年敵由此入犯，因議于龍門關娘娘山舊有捷徑盤道，稍修平之，以通東西互援之路，自是稱便。文邊外有泉，引入可資灌溉，較諸堡差爲饒沃。志云：堡西二里有馬鞍山堡，北有碾槽溝。○趙川堡，在衛東北六十里，又東北至龍門關二十里。邊略：「堡在大、小白陽二堡間。宣德五年築，嘉靖十三年、隆慶四年增修，周二里有奇。邊墩有沙嘴子爲最衝。邊外西古道即外境也。」志云：堡東八里有白廟堡，白廟東北七里有龍潭。

龍門關堡，在小白陽堡東南。宣德三年置，嘉靖四十三年、萬曆十三年增築，周二里有奇。關門在堡東五里，俯關下瞰，堡城若在平原，然溝河盤錯，近實難逾。正統間北路不守，全鎮倚爲東偏半壁。蓋雖視小白陽諸堡差爲腹裏，而烽火由此以達南山，往來應援，恒出於此，備未可疏也。志云：龍門堡即故龍門鎮，在司東八十里，元嘗移置望雲縣於此。其南鄉產銅。又司北百二十里有牙恰村，舊產銀。○固疆堡，今司治也。宋志：宣和五年歸化州內屬，六年築固疆堡，南去新州七十里。尋爲女真所陷。又老鴉莊，在司西北四十里，遼、金時頓舍處也。志云：元築，明因遺址增修，爲戍守之所。

天橋關口。在司南百八十里。南至懷來衛境之沿河口四十五里，與宛平縣接界。

萬全左衛，司西六十里。西至懷來衛六十里，西南至山西蔚州二百五十里。

唐初爲嬀州地，後爲武州地。契丹屬歸化州，金屬宣德州，元爲宣德府地，明初廢。洪武二十六年置今衛，後遷改不一。洪武三十一年調山西蔚州，尋又調通州，而衛名不改。永樂初復爲萬全左衛。

衛唇齒鎮城，翼帶雲、蔚，西偏之屏蔽也。邊防考：「衛雖近內地，而爲東西孔道，往來絡繹，汛守不可不密。」

宣平廢縣，衛西十里。本文德縣之大新鎮，金承安二年置宣平縣，屬宣德府。大安三年蒙古敗金于野狐嶺，進薄宣平，克縉山縣，遊騎遂入居庸。明年復克宣平，陷德興府。元仍曰宣平縣，屬宣德府，移治于辛南莊。明初廢。尋改置今衛，築衛城，正統九年增築，城周九里有奇。議者以城大難守，嘉靖四十二年截三分之一，今城方六里有奇。

沙城，在衛西北。隋開皇三年，突厥寇幽州，總管李崇拒之于沙城，突厥圍之，敗没，即此城也。自是常爲戍守處。明永樂中北征，道宣府，次沙嶺，次萬全，次沙城是也。景泰二年設沙城堡。正德八年敵寇萬全，咸寧侯仇鉞自大同馳救，戰于沙城，敗績。隆慶二年增築，五年又修東西兩關，其周五里，資爲保障。志云：衛北五里有九王城，相傳遼時所築。今廢。

瓦窑山，衛東南五里，以陶甓所在而名。志云：衛西南四里有香爐山。又六里有没皮山，以山無草木也。又有紅塘山，在衛南十里。下有紅塘河。

洋河，衛北五里。自塞外流經此，東南入宣府衛界。又東河，在衛東一里。源出葛峪堡之柳溝，與洋河合，可資灌溉。○西海子，在衛城西。水環三十餘里，東南流入于洋河。

會河堡，在衛西，遼、金時所置戍守處也。宋嘉定四年，蒙古敗金人于獾兒嘴，追至會河堡，遂進薄宣平，即此。

寧遠站堡。司東三十餘里。永樂初設站於此，嘉靖四十一年爲敵攻毁，萬曆六年改築，周三里有奇。堡當張家口之衝，萬曆二十七年復于堡北劉平寺灣新置土墩一座，周迴建甕城以翼之，往來行旅，恃以無患。堡本屬鎮城，萬曆六年改屬上西路管轄。

萬全右衛，司西八十里。西至懷安衛四十里，西南至山西大同府三百五十里。

唐武州地，元屬宣德府，明洪武中與左衛同置，曰萬全右衛。衛控禦邊陲，爲東西聲援，漠南有事，每當其衝，防維不可略也。

德勝城，即今衛治。邊防攷：「右衛初與左衛同城，永樂二年城德勝口，移衛治焉。本曰德勝堡，洪武二十六年所置，至是改築爲衛城。東北面河，西南平坦，去邊三十里，敵每由此入犯。成化十年設上西路參將于此，所轄邊墻一百二十四里有奇。其近衛城者鎮河、平夷等墩臺，俱極衝。口外莊窠溝一帶爲屬部駐牧。萬曆二十六年增修衛城，周六里有奇。」

翠屏山，衛北三里。兩峽高百餘丈，望之如屏。宋嘉定四年，蒙古攻金西京，金將胡沙虎棄城遁，蒙古主追敗之于翠屏山，遂取西京。西京即大同府也。○大尖山，在衛東北六里。又衛西北三十里有小尖山。

馬頭山，在衛西北。志云：在洗馬林堡西北四里。山下流泉，盛暑極寒。山之陽有水關洞。又東孤山，在堡北四十里，以獨出羣山而名。堡西北三十里又有西孤山，陡峻突立，產赤石脂。又有北高山，在堡西二十五里。○寨兒嶺，在堡南五里。其山四合若砦。又堡西南有黑龍洞。已上皆洗馬林之險也。

野狐嶺，衛北三十里。勢極高峻，風力猛烈，雁飛遇風輒墮地。宋景祐四年，契丹主宗真獵于野狐嶺。又北有貛兒嘴。嘉定四年蒙古破金撫州，將南下，金將完顏九斤駐兵野狐嶺以備之，蒙古進至貛兒嘴，金人遁走。元至元十九年，如野狐嶺。明洪武三年，李文忠北伐出野狐嶺，敗元兵于察罕腦兒。景泰初，上皇自北還，也先遣兵送至野狐嶺。撫州，即今廢興和所。察罕腦兒，見開平衛。○興寧嶺，志云：在衛南八十里。又衛西北五里有紫巖，有泉出焉。

西陽河，在衛西北。永樂二十一年征阿魯台，次西陽河，進次上莊堡，遣將追之于宿嵬山是也。志云：西陽河東南流注于灤河，亦曰西洋河，〔一〕在今柴溝堡北百步。又東洋河在柴溝堡西北八里，南洋河在堡西南五里，至堡東七里而合，如燕尾然，俗謂之燕尾河，皆會于西洋河。又有紅草溝，在衛城西北十二里；又孫柴溝河，在洗馬林西南十里；下流皆注于西洋河。○龍池泉，在衛城東南。其水清冷，引入城中，資以灌溉。宋雍熙二年契丹主隆緒如儒州，尋至龍泉，即此。又沙城暖泉，在柴溝堡東北八里。其水冬温夏凉，資以灌溉。

張家口堡，衛東三十五里。東南至鎮城四十四里。宣德四年築，嘉靖十二年、萬曆二年增築，堡周四里。其滅虜臺等處爲最衝。口外有獅子屯一帶，屬部駐牧處也。堡爲互市之所，關防最密。邊略：「張家堡西北有黑山墩，嘉靖中督臣翁萬達議曰：『宣府西路黑山臺，直望馬營堡之威遠墩不過百三十里，興和十八村在焉。地沃饒可耕。自永樂中陷没，于是自右衛張家口、羊房、龍門以至馬營，迴環三百餘里，北路受敵愈多，懸絶難守。若引垣直之，由黑山以至威遠，則掣三百里戍爲百三十里戍，利甚大也。』」志云：堡北四里有水泉山。又有紅崖，在堡東北十里。

膳房堡，在衛北二十里。成化十五年築，嘉靖十二年、萬曆元年增築，堡周二里有奇。其野狐嶺、平山臺爲最衝。口外大紅溝一帶爲屬部駐牧。邊防攷：「膳房堡沿邊關口，永樂中北征之路也。弘治九年，敵從此入犯鎮城及南路、東、西順聖城一帶，防禦最切。」有大、小泉，在堡北三里。

新開口堡，衛西北四十里，膳房堡西。宣德十年築，嘉靖七年、隆慶四年增修，周二里有奇。其寧遠、德勝、鎮湖等墩臺爲最衝。口外榆林莊一帶，屬部駐牧處也。邊防攷：「堡逼近外境，向來屢被侵犯，俗稱爲東馬營，比於北路之馬營堡。又正南泉，在堡城南。城西南又有清水泉。」

新河口堡，衛西四十里。宣德十年築，嘉靖六年、隆慶五年增修，周二里有奇。堡設在平川，西北兩面皆沿邊，孤懸爲最。有水溝、平安等墩臺，爲最衝。口外牛心山、甜水海等處，皆部長駐牧，往往由此窺犯右衛。萬曆中增修治世臺等處山險，塹深足爲保障。志云：堡東北有桃山，又東北九里有虞臺嶺，弘治末敵由此入寇，爲衛境之險。

已上四堡，俱上西路管轄。

柴溝堡，衛西北四十里。南去懷安衛五十里。正統二年築，景泰、成化、嘉靖間及萬曆二年皆增修，周七里有奇。北去邊二十里，有平頂臺、黑水關等處爲最衝。口外草垛山一帶皆部長駐牧。邊防攷「舊設西路參將，駐劄右衛。嘉靖中以沿邊多事，右衛去各堡隔遠，應援未便，因更設參將一員駐劄柴溝，以右衛爲上西路，此爲下西路。分邊東起新河口，西至大同平遠堡界，長一百十五里有奇。當西北之要害，爲東南之重障，與上西路互相形援，勢如臂指」云。

洗馬林堡，衛西北七十里。西南至柴溝堡四十里。宣德九年北巡至洗馬林，十年築城置戍，隆慶五年增修，周四里有奇。其鎮河臺爲最衝。邊外大謊堆、桂栢山皆部長駐牧。嘉靖四十四年，蒙古黄台吉從此突犯。俗稱西馬營，以近邊平坦難守，與東馬營相埒也。

渡口堡，在柴溝堡西南二十里。志云：堡東北至蔚州深井堡六十里。弘治九年築，萬曆五年增築，周二里有奇。沿邊有牛心、大尖等山，險峻足恃。〇西陽河堡，在渡口堡西南十五里，去衛城八十里。正統五年築，成化十年、萬曆三年展築，周四里有奇。堡爲宣鎮極西，西北與大同平遠堡接壤，兩面皆邊，最稱衝要。其永平臺、鎮靖臺等處，俱邊外駐牧。邊略：「西陽河堡西有陳家堡，東去萬全右衛百里，西達大同之天成衛。」嘉靖中翁萬達言：「張家口、洗馬林、西陽河一帶，與大同天成接境，最爲要衝，當指臂聯絡，休戚一體，疆埸始可無患。」志云：堡東南十里有華山，下有靈潭，雖旱不涸。又有雪嶺，在堡東南八里。

上莊堡。在衛北。永樂中車駕北征，嘗駐於此。又衛北三里有大勝甸。志云：蒙古與金人戰，大敗金人於此，因名。元人嘗築城於此，亦曰大勝城。今亦見山西廣昌縣。

懷安衛，司西百二十里。東至萬全左衛六十里，西南至山西大同府二百八十里。

漢上谷郡地。唐屬新州，契丹屬奉聖州，尋屬大同府。金因之。元屬宣德府，後屬隆興路。明初廢，洪武二十六年改置懷安衛。

衛捍禦衝邊，翼蔽雲、朔，東西形援，屹爲要地。

保安右衛，在懷安城內。永樂十五年以天策衛爲保安右衛，治順聖川。十七年調西沙城，即萬全衛之沙城也。二十年移建於此。

懷安城，今衛城也。本漢上谷郡夷輿縣地，唐末置懷安縣，屬新州，契丹屬奉聖州。遼志云：「自魏至隋皆爲突厥所據，唐克突厥，廢爲懷荒鎮，遼始析文德縣置懷安縣。」悮也。金亦曰懷安縣，屬大同府。元改屬宣德府，中統三年改屬隆興路。明初廢。尋改置今衛，築城置戍，隆慶三年增築，周九里有奇。

威寧城，衛東北百二十里。金承安二年以撫州新城鎮置威寧縣，元改隸宣德府，尋屬隆興路，明初廢。志云：縣北有昌州城，金置州，元城其地，尋廢。今爲蕁麻林堡，蓋在蕁麻嶺旁也。昌州即元之寶昌州，在今開平衛境，志悞。

禦夷鎮城，在衛西北，所謂濡源之地也。後魏初，拓跋禄官分其國爲三部，一居上谷之北、濡源之西，自統之。魏主燾始置禦夷鎮於濡源西北，爲六鎮之一，即此。水經注：「密雲戍在禦夷鎮東南九十里，鮑丘水逕其西。」似鎮與密雲境相近。賈耽曰：「密雲去禦夷鎮幾九百里，道元時六鎮已陷没，豈傳聞之悞歟？抑紀載之訛歟？」

水溝口山，衛南十五里。兩山巍峙百餘丈。下有水溝口河，因名。又雲頭山，在衛西南三十里。山高聳，雲覆其上即雨。中有班石洞，稱幽勝。其相近者曰虎窩山。崖畔水出，盛暑結爲冰柱，隆冬反釋，亦天地之異氣也。○良山，在衛西十五里。舊名狼山。志云：魏主珪天賜二年，如狼山，至延水。志以爲即此狼山也。明永樂中車駕駐此，因改今名。又平頂山，在衛西三十里。内有天窖洞，四圍俱山，一穴而入，可避兵。

花山，衛西北三十里。春秋多花。上有池，歲旱不涸。又白腰山，在衛東北三十里。高聳壁立，腰有白土如帶，因名。又蕁麻嶺，在衛北八十里。嶺路崎嶇，塞口要地也。志云：衛西至枳兒嶺二十里，接順聖西城界。

水溝口河，在衛城南。自順聖境流入，經水溝口山下，東北流至萬全右衛入于西洋河。又燕尾河亦在衛南，自柴溝堡流入界，下流亦注于西洋河。志云：衛西七里有柳河，亦東流入於西洋河。

李信屯堡，衛西北四十五里。嘉靖十六年，撫臣韓邦奇言：「李信屯，宣府咽喉也。其地兩山俱盡，又與大同接境，守此不惟防遏兵衝，亦可潛消意外。」因創築堡城，萬曆十八年增修，周二里有奇。西北去大同永嘉堡十里。其地有兩山對峙，爲宣、大兩鎮交錯之所，西當瓦窑口之衝，亦要地也。堡與二衛俱下西路分轄，與大同陽和衛相犄角。

興寧口。在衛西。外接極邊，南抵順聖川，敵每由此闌入，恃此爲南路之蔽，汛守最切。

懷來衛，司東南百五十里。東至延慶州六十五里，西南至山西蔚州二百四十里。漢上谷郡地，晉屬廣甯郡，後魏因之。北齊置北燕州。隋屬幽州。唐初亦置北燕州於此，貞觀八年改曰嬀州，武后時置清夷軍於州城内。天寶初曰嬀川郡，乾元初復曰嬀州。五代晉初没于契丹，曰可汗州。遼志：「五代時奚王去諸以數千帳屯嬀州，自别爲西奚，號可汗州。契丹因之，亦曰清平軍。」金州廢，改屬德興府。元屬奉聖州，延祐三年改屬龍慶州。明初改置守禦懷來千户所，永樂十五年改爲懷來右衛，十六年改曰懷來衛。

衛密邇居庸，爲關門之外衛。蒙古敗金人于嬀川，進薄居庸。明靖難初，燕王起于北平，引兵拔居庸，曰：「懷來未下，居庸有必争之理。」遂襲懷來而守之，山後諸州以次降附，于是北平之肩背益固。正統末，朔騎充斥，懷來且爲戰地，而震驚及于宫闕矣。衛爲畿輔襟要，宣鎮咽喉，疆索有事，衛每當其衝，不可不爲苞桑慮也。

延慶右衛，在懷來城内。舊置于居庸關，宣德五年移建於此。本曰隆慶右衛，隆慶初改今名。

廢潘縣，今衛治。漢置潘縣，屬上谷郡，後漢初省。永元十一年復置潘縣，仍屬上谷郡，晉因之。皇甫謐曰：「舜都蒲阪，或以爲潘。」水經注：「潘」當作「濮」。後魏亦曰潘縣，屬廣甯郡。太和十六年祀舜于廣甯，以舜都潘也。後周始改曰懷戎縣，屬長寧郡。隋屬燕州，大業初屬涿郡。唐爲嬀州治，武后垂拱初置清夷軍於州界。或曰即置州城內。聖曆初突厥寇清夷軍，即此。契丹得其地，改曰懷來縣。金明昌六年，又改曰嬀川縣，屬德興府。貞祐初蒙古薄宣平，金主命胡沙虎軍嬀川，胡沙虎欲移屯南口，蒙古襲敗之。南口即居庸南口也。元復爲懷來縣。明初廢，永樂十六年改置今衛。二十年展築衛城，北倚高岡。正統、景泰間及嘉靖四十五年修築，周七里。萬曆十四年展築城西，共周八里有奇。衛當東路之中，與昌平橫嶺相表裏云。

廣邊城，在衛北。唐置廣邊鎮，亦曰廣邊軍。五代梁乾化三年，晉將李嗣源略劉守光山北地，克武州。燕將元行欽攻武州，嗣源馳救，行欽引却，追至廣邊軍，行欽敗降。唐會要：「懷戎縣北有廣邊軍，故白雲城也。」宋白曰：「軍在嬀州北百三十里，近雕窠村。」蓋即今之鵰鶚堡。○寧武城，在衛西。唐所置寧武軍也。乾符五年李克用作亂，據大同，侵幽州境，進擊寧武軍。宋白曰：「雲州東取寧武、嬀州路，至幽州七百里。」又懷柔城，亦在衛西。唐志「先天初于嬀、蔚州界置懷柔軍」，即此城也。又有長城，在衛北九十里。唐史：「開元中張說所築。」

螺山，衛北十餘里。下有奉化寺。山多材木，資民用。括地志云：「懷戎縣北三里有釜山，黄帝合符釜山，蓋謂此。」或以爲螺山即釜山之訛云。○大海陀山，衛東北三十里。高百仞，下有龍潭。又括地志云：「懷戎縣東南有羹頡山，漢高祖封兄子信爲羹頡侯，蓋取此以名。」

軍都山，衛南五十里。東西高聳。志云：漢軍都縣以此山名。又水谷山，在衛南十六里。一名龍山。又南五里有水頭山。又松峰山，在衛南三十里。

唐家嶺，在衛東南。景泰初，上皇北還，自懷來行一日至唐家嶺，即此。一云嶺有唐兒菴，嘉靖二十四年敵由此入犯。又火石嶺，在衛南二十里。産五色火石，因名。嘉靖二十九年敵由此入犯。又桃花巖，在衛南三十里。衛西南三十里又有乳香巖。

棒棰峪，衛東南三十里，接延慶州界。舊有邊墻，東達大、小紅門、岔道諸處，謂之南山口，宣鎮之內阻也。

嬀川，在衛城東南。又西南流入保安州界合于桑乾河。金人謂之合河。有合河鎮，在今保安境內。

殷繁水，舊在衛北。晉義熙十二年魏主嗣大獵于牛川，臨殷繁水。北史：「魏主嗣登釜山，臨殷繁水。」是也。今堙。牛川，見山西大同府。

馬蘭溪，在衛東北。括地志以爲即上蘭水也。漢初周勃代樊噲擊盧綰，破綰軍于上蘭，蓋即此溪云。

土木驛堡，衛西南二十五里。東北至延慶州八十里，西至保安州四十里。地界相錯，爲往來之孔道。本名統漠鎮，唐末高開道據懷戎時所置。後訛爲土木，永樂初置堡于此。正統末，車駕自大同還，爲瓦剌也先所逼，駐蹕此堡。堡無水泉，南去十五里有河，爲敵所據，軍中鑿井至二丈餘不得水。其旁有麻峪口，敵騎自此入，挾駕北出雷家站，成蒙塵之禍，堡遂毁。嘉靖四十五年，就故堡修築，隆慶三年復修治，周二里有奇。當長安嶺、紅站口之衝，爲襟要之地。今紅站、麻峪口、雷家站，俱見保安州境。又雷家站，一作「瀃家站」，即今保安州治。

榆林驛堡，衛東南三十里。元置榆林驛。致和元年上都兵討燕帖木兒，次于榆林，燕帖木兒軍于居庸關，遣兵襲敗之，追至懷來而還。明初亦置驛，東至岔道口二十五里，至居庸關五十八里。永樂十二年北征，自龍虎臺次榆林。二十年親征榆林是也。志云：堡初置于衛東羊兒峪北，正統末移于此。隆慶三年增築，周二里有奇。介岔道、懷來之間，踰此而南即昌平之白羊口，爲控扼之所。

沿河口。衛南百三十里。東南達宛平縣之王平口九十里，西南至淶水縣馬水口百五十里，沿邊次衝也。○横河戍，在衛境。唐志嬀州有横河、柴城二戍，永定、窯子二關。今皆堙。

開平衛，司東北三百里。又東北至故開平衛四百里，東南至龍門衛百七十五里。

漢上谷郡地，唐爲嬀州地，契丹屬奉聖州，金因之。元爲雲州地，明宣德五年始移置開平衛于此。

衛孤懸絶塞，最稱衝要。明初大寧未棄，興和未移，舊開平氣勢聯絡，爲我藩輔，謀之不臧，始患開平隔遠，且虞獨石虛縻矣。邊防攷：「宣鎮三面皆邊，汛守特重，而獨石尤爲全鎮咽喉。其地挺出山後，寇犯宣、薊，往往出没于此。」土木之變，議者欲棄獨石不守，于忠肅曰：「棄之不獨宣、大、懷來難守，即京師不免動揺。」于是命將出龍門，克復舊境，寇始不敢爲患。時科臣葉盛亦曰：「獨石、馬營不棄，則六師何以陷土木？紫荆、白羊不破，則朔騎何以薄都城？」蓋以獨石城爲藩籬重地也。蓋京師之肩背在宣鎮，而宣鎮之肩背在獨石也。

獨石城，今衛治。本元雲州之獨石地，明初爲戍守之所，宣德中移置開平衛于此，孤懸北路，稱爲絶塞。正統末陷于也先，景泰三年恢復，屢次增築，萬曆十年復加修治，城周六里有奇，上北路參將駐此。舊分邊東起靖胡堡，西止中路龍門關，沿長七百餘里。尋改東面牧馬堡屬下北路，西面金家莊屬中路。所轄大邊五百一十四里有奇，二邊一百八十六里，而本衛所轄大邊百六十三里，二邊百三里。有柳河墩等衝。口外舊開平、明沙灣一帶，皆部長駐牧。

東山，衛東三十里。極高峻。上有墩臺，可瞭三百餘里。志云：衛東北十里有總高山，登之遠見遼海。又有東勝山，在衛東五里。衛東南十里有崆峒山。○氈帽山，在衛西北十里。圓聳卓立，遠望如帽，因名。下有氈帽川。又有常寧山，在衛西十里。

白廟兒山，在衛東北境。邊人謂之三間房，又名插漢根兒，乃薊、宣通路。灤河經其北。東去密雲縣白馬關四百五十里。或以爲即白山也。漢紀：「建武二十一年，烏桓屢寇代郡以東，其居上谷塞外白山者尤强，命馬援將三千騎擊之，無功而還。」

偏嶺，衛北四十五里。或曰即天嶺也。胡嶠陷番記：「自歸化州行三日登天嶺，嶺東西連亘，有路北下，四顧冥然，黄雲白草，不可窮極。契丹謂曰辭鄉嶺。陷番者至此，輒南望慟哭而去。」蓋訛「偏」爲「天」也。成祖北征，自獨石度偏嶺，至開平之隰寧驛是也。又獨石，在今城南。一石屹立平地，上廣數楹。有獨石神廟，城因以名。

韭菜川，在衛東。源出東山，流經衛南，與氈帽山水合，南流至赤城堡爲東河之上源。○獨石水，在衛南。流經雲州堡合于龍門川。

清泉堡，在衛東北邊外。山下有清泉湧出，遶堡東，因名。景泰四年創築，隆慶五年、萬曆十五年增修，周二里有奇。地雖孤懸，四塞頗險，正北至栅口不過三里。口外有大松林、雙水海子，皆外境也，防禦最切。

伴壁店堡，在衛南。堡在平川，其東西兩面皆山，壁立道旁，因名。舊本民堡，嘉靖三十七年敵由獨石、深井、鎮門等墩入犯猫兒峪，道路爲梗，因改爲官堡，設防於此。隆慶元年、萬曆十一年增修，周一里有奇。雖在邊内，而當南北往來之衝，實獨石噤喉處也。

猫兒峪堡，在伴店堡南，雲州所北。道出開平者，此爲中路。與伴壁店同時修築，周一里有奇。東北控大川，當清泉口之衝。正統以前，敵往往由此長驅，北困獨石，南陷雲州；此堡設而東栅口恃此障蔽，兵氛稍息。已上三堡，俱上北路管轄。

凉亭驛。衛東北百里。明初所置八驛之一也。太宗北征，嘗駐蹕于此。宣德中朵顔入犯獨石，守將楊洪遮擊之于凉亭驛，又追敗之于白塔兒、三岔口。其地俱在今邊外。

龍門衛，司東北百二十里。西北至開平衛百七十五里，南至延慶州一百八十里。

漢上谷郡地。唐末屬新州，契丹屬奉聖州，金屬弘州，尋屬德興府。元屬雲州，明初廢。

宣德六年始置龍門衛。

衛爲鎮城肘腋，道路四通，防維或疏，則所在皆荆棘矣，東面之防衛爲最切也。

龍門廢縣，今衛治。唐末置龍門縣，屬新州。契丹屬奉聖州。金仍曰龍門縣，尋屬德興府，明昌二年又改屬宣德州。元廢縣爲龍門鎮，屬宣德縣。至元二十八年復置望雲縣于此，屬雲州。明初州、縣俱廢，宣德中置今衛。正統末爲敵所陷，景泰中收復，嘉靖中復毁于兵。隆慶二年修築，周四里有奇。城依山爲險，有制虜、石門等墩臺爲最衝。邊外太子城、大小莊窩，皆部落環聚處也。邊防考：「衛城爲宣鎮門庭，寇若突犯，則雕窠、龍門所、小白陽、長安嶺諸處皆騷動矣，防衛不可不禦也。」

大松山，衛西十里。上有古松盤曲，因名。宋天禧四年，契丹主隆緒如鴛鴦濼，遂獵于松山，即此。明永樂中北征，駐蹕於此。又塔溝山，在衛西十五里。一名雙塔山。兩峰極高，各有浮圖，元至元中建。又娘子山，在衛西二十里。山高聳而無險惡之勢，因名。○紅石山，在衛東五里。以石色紅潤而名。又雙峰山，在衛北二十里。兩峰相向，高出衆山。

洗馬嶺，在衛北。太宗北征，次龍門，獲北寇遺馬二十餘匹於洗馬嶺，即此處也。又剪子峪，在衛東二十里。其形如剪。一名大嶺山。

紅山水，在衛東。源出紅石山，東北流經雲州所合於龍門川。又樣田河，在衛南二十里。源出獨石塞外，流經此，又東北合於紅山水。○娘子泉，在娘子山下。泉水溢出，勢甚浩瀚，可資灌溉。正統十四年竭，後漸溢出，爲民利。

三岔口堡，在衛東。東北抵赤城，南通鵰鶚，西達衛城，爲行旅三岐之路，因名。本民堡，嘉靖二十八年始議築城置戍，萬曆十七年增築，周一里有奇。舊屬下北路，今改屬中路，蓋堡界中、北兩路間也。志云：衛東南三十里有羊城，元人市易處。

金家莊堡。衛西北七十里。成化二年築，正德十三年、萬曆四年增修，周二里有奇。堡跨據高阜，南北兩山夾峙，最爲險要。有鎮邊墩，爲極衝。堡北十五里爲靜盤道、進遠墩，皆寇門也，捍禦尤切。邊防攷：「龍門衛及二堡，俱中路參將管轄。」

龍門守禦千户所，司東北二百四十里。本元雲州之東莊地，宣德六年築城，建所於此。隆慶四年增築，周四里有奇。萬曆十八年以北路地勢隔遠，添設下北路，參將駐此，分管大邊長一百六十里，二邊九十一里。邊外有白草、瓦房諸處，爲敵兵往來之衝。而本所轄大邊八十五里，二邊五十三里。墩臺則平鎮等處，其極衝也。邊外白塔兒、瀼水塘一帶，即其長駐牧。

西高山，所西五十里。山高聳，登其巔可以遠望。又北高山，在衛北二十里。亦峻拔，經夏冰雪常存。○鷹窠山，在所東南四里。志云：所西南十里有鷹嘴山，以形似名也。又聚陽山，在所東南三十里。

黑峪山，所南十里。峪中有仙鶴洞，洞最深。又有燕窩石，窩内可容數十人。○龍王嵯，在所西北八里。嵯峨高聳，雲出則雨至。又磨盤嵯，在所西十里，亦以形似名。

白河，在所東。薊門考：「滴水崖之水懸崖而下者，即白河之上源。又東有白河堡、鎮河墩，皆白河所經也。又清水河，在所城南。流合於白河。」

牧馬堡，在所北。故牧場也。弘治十年創築，嘉靖二十五年、萬曆十五年增築，周一里有奇。北距永寧口二十里，爲最衝。口外地名七峰嵯，即部長駐牧。寇由永寧口下青揚犯本堡，則龍門、雲州皆騷動矣，捍禦不可不早。

滴水崖堡，在所東。北據懸崖，崖水瀑布而下，因名。弘治八年築，隆慶三年增修，周三里有奇。東去大邊二十里，即薊門古北口之後也。堡山徑錯雜，距守爲難。邊外大石墻、慶陽口等處皆爲外境，而盤道口等墩悉通大舉。議者欲自盤道墩迄永寧縣靖胡堡之大衛口修墻塹崖，創爲重險，俾北路之兵由此入衛南山，東路之兵由此出援獨石，庶爲得策云。

寧遠堡，在滴水崖東。舊爲朶顔易馬市口，景泰以後敵騎屢由此入犯，嘉靖二十八年築堡于此，四十五年增築，周二里有奇。東去盤道口邊十五里，最爲衝要。

長伸地堡，在寧遠東北。舊爲朶顔所竊據，萬曆七年收復，十年築堡戍守，周一里有奇。邊墩有鎮安臺等衝。口外亂泉寺一帶皆部長駐牧。堡北有巡簡寺，其扼險處也。

樣田堡，在所東南。舊名雞田，民堡也，嘉靖三十七年始改爲官堡。萬曆十六年修築，周二里有奇。堡雖距邊稍遠，而往來絡繹，爲應援要地。已上五堡，俱下北路管轄。

李家莊。在所東北。嘉靖二十八年，寇犯滴水崖，大同帥周尚文馳救，遇之于李家莊，敗却之。邊防攷："朶顔別部常駐此。其北有萬松溝，亦外地也。又有蔣家莊，在所北，舊爲兵衝。"

長安嶺堡，司東北百四十里。元爲懷來、龍門二縣地，明初置豐峪驛，永樂九年築城置堡，改今名。周五里有奇。弘治三年增置守禦千户所，萬曆中分屬下北路。邊防考："獨石、馬營一帶，地雖懸遠，而寇不能徑下者，以長安嶺爲之阻也。其地東西跨嶺，中通線道，旁徑逼仄，居庸而外，此爲重關之險。嶺北有東山廟等堡，今皆殘破，而東、西斗子營、施家衝等地，悉爲諸部錯據，未可恃險而忘備。」

八仙山，堡西二里。八峰高聳，中有石室。又堡西南二里有馬鞍山，東南里許有松山。志云：堡城南有鳳凰山。堡西一里有龍潭山，有瀑布泉。○雙尖山在堡北十里，有雙峰並峙。又石盤山在所東南二十五里。

長安嶺，即堡治。本名槍竿嶺，或曰桑乾嶺之訛也，永樂中改今名。嘉靖二十七年敵由獨石逾長安嶺掠隆、永，即此。又有李老峪，在堡北三十里。

鷹窩山泉。堡西北三里。引入堡中，匯而爲池，可給居人。又洪贊井，在堡西洪贊山下。井甚深，汲之不竭。

鵰鶚堡，司東百七十里。元雲州之雕窠站，明初置浩嶺驛，永樂中增置鵰鶚堡。二十八年北征，還次楡木川，大漸，太孫奉迎于鵰鶚堡。宣德六年築城置戍，成化八年、隆慶四年增修，周二里有奇。萬曆十八年分屬下北路。堡當北路之中，爲往來要道，境内有清水潭、起龍溝等處，皆屬部駐牧。

浩門嶺，堡北二十五里。明初以此名驛。上有松數百株，鬱然蒼秀。○碧落崖，在堡東四十里。亦名滴水崖，石崖滴水，去地百餘仞，隆冬不凍。又東有香爐峰。

南河，在堡南。自堡西北之剪兒峪、狗兒村合流至此，東南流入密雲北境之白河。

大海陀潭。堡東三十里。在大海陀崖谷間，有泉下匯爲潭。堡南蓋與懷來衛接境也。

赤城堡，司東北二百里。其地有古赤城，相傳蚩尤所居。後魏主珪登國二年，幸廣甯，遂如赤城。神瑞二年復如赤城。志以爲即此城也。五代晉天福六年，遣使如契丹，見契丹主德光于赤城。元爲雲州之赤城站。明初置雲門驛，宣德五年築城置戍。正統間陷没，景泰初恢復。嘉靖三十三年俺荅入犯，大掠而去。萬曆二十四年增修，城周三里有奇。近邊有玉石溝等衝。邊外野雞川，皆屬吏部落也。

赤城山，堡東五里。山石多赤。志云：古赤城在北山，坐據高險，最得形勝，蓋即此山矣。○青羊塞山，在堡西南十五里。又堡西北四十里有劉不老山，北六十里有偏頭山。西北七十里有野雞山，以山多雉也。志云：堡西七十三里又有玉石溝山，迫近大邊，爲扼要之地。

東河，在堡東。自獨石、雲州東南流經古北口，爲通州白河上源。○西河，在堡西五里。又西十里有温泉，流合焉，東流分爲二：一從西北入城，一從城南流合於東河。宋咸平三年，契丹主隆緒如赤城，浴于湯泉，或曰即温泉也。一云堡西南六十里有赤城湯，自龍門山根湧出，北流成池。其水暴熱，傍有冷泉，相傳此爲湯泉云。

鎮寧堡。在堡西北四十里，當赤城、馬營二邊之衝。弘治十一年築，萬曆十五年增修，周二里有奇。堡去邊密邇，惟東面隣山，西南北皆平地，距東西二栅口不過十餘里。有擒胡等邊墩，爲最衝。邊外光頭嵯、小莊窠、野雞川等處皆通大舉，悉爲其長駐牧。邊防攷：「赤城、鎮寧，俱屬上北路管轄。」

雲州堡，司東北二百十里。本望雲川地，契丹常爲遊獵之所。遼主賢初建潛邸于此，其後號爲御莊，尋置望雲縣，屬奉聖州。金因之。元置雲州治焉，至元二年廢縣存州。明初改置雲州驛，宣德五年于河西大路築城置戍。正統末爲敵所陷，景泰初收復。五年增置新軍千户所。隆慶二年展築堡城，周三里有奇。堡當南北通衢，堡北五里曰龍門口，岐路西直馬營，東北直獨石、鎮安，爲衝要之處。

白城，堡東北百里。金世宗雍納涼之所也。又章宗璟生于此。又有黑城，在白城西南九十里。○長城，在堡北。

地志：「望雲縣有古長城。」

龍門山，堡東北五里。兩山石壁對峙，高數百尺，望之若門。塞外諸水皆出於此，亦曰龍門峽。遼志：「龍門縣有龍門山，徼外諸河及沙漠潦水皆經其下，雨則俄頃水踰十仞，晴則清淺可涉，塞北控扼之衝也。」宋寶元初契丹主宗真如龍門山，即此。又有東貓兒峪，在龍門峽北十里。○金閣山，在堡西南十五里。有遊仙峪、長春洞，稱名勝云。志云：堡東北四十里有棋盤山，峰巒高峻，人罕能陟。其頂平夷，因名。又拂雲堆，在堡北四里。又北里許有捨身崖。

灤河，堡北六十里。自宣府西境之炭山東北流經此，入廢桓州界。一統志：「灤河發源炭山，亂泉四注，合爲此河。」

詳見大川灤河。

龍門川，堡東北五里。合獨石、紅山二水，從龍門峽南流，下流合於白河。

金蓮川，堡東北百里。川產黃花，狀若芙蕖，因名。金主雍大定六年至望雲，將如金蓮川，不果。十二年如金蓮川納涼，後數至焉。元主忽必烈爲諸王時，總治漠南，開府金蓮川，即此地也。

鴛鴦泊，堡西北百餘里。周八十里，其水停積不流，自遼、金以來爲飛放之所。宋宣和四年，金人自澤州襲遼主於鴛鴦濼，遼主走雲中。五年女真完顏旻至儒州，尋至鴛鴦濼，即此。澤州，今大寧廢惠州也。

鎮安堡，在金蓮川東。成化八年築，正德六年、萬曆十五年增修，周二里有奇。堡重巒叠嶂，四面皆山，東逼兩河口，徑通邊外。山嶺高峻，朔騎乘之而下，勢若建瓴，凡入内地，堡輒被困，且兩河口外林木叢雜，偵瞭尤難。其三間屋、軸轤灣諸處，俱部長駐牧，防禦不易。邊防攷：「雲州、鎮安二堡，俱上北路管轄。嘉靖二十七年寇入宣、大塞，督臣翁萬達策其必趣鎮安堡，遣將趙卿備之。敵佯攻獨石，卿違命馳援，彼遂趣長安嶺，掠隆慶、永寧堡，蓋控扼要地矣。」

牙頭寨。在堡北。元置，今廢。明初華雲龍出雲州，襲破元兵于牙頭砦，即此地也。

馬營堡，司東北二百六十八里。元爲雲州之大猫兒峪，宣德七年創築，正統八年增修。十四年陷於外，景泰初收復。隆慶初增修，周六里有奇。分管大邊百七十餘里，二邊四十里有奇。其威遠等墩爲最衝。邊外三道溝等處即部長駐牧。邊防攷：「馬營與獨石、長安嶺爲宣府北路之險。」葉盛言：「馬營、獨石不棄，則六師何以陷土木？」是也。

冠帽山，在堡城西北隅。志云：堡兩角枕山，而西面更爲險隘，然三面平川，若登山俯瞰，城中患無遁形，守禦爲艱也。志云：堡北二里有紗帽山，即冠帽山矣。○鶴山，在堡東二里。上多檜柏，一望森然。俗名東山。又堡東五十里有雷山，山高峻，下多積雪堅冰。

紅山，堡東南二十里。山高險，石色多赤。下有紅泉，東流合大河入龍門峽。又樺嶺，在堡北五十里。以多產樺木而名。又蒼崖，在堡南二十里。上有飛泉。

灤河，在堡南。自宣府流入境，與雲州堡分界。正統十四年，敵圍馬營三日，據河斷流，營中無水遂陷。○神泉，在堡北三里。池方一畝，其水迸出，轉流成河，東流合於灤河。

松樹堡，在馬營之西。嘉靖二十五年築，萬曆二年增修，周一里有奇。堡一望平川，無險可倚，距二邊營盤道梁栅口不過十里。近堡有孤山、雙溝、磨天嶺等處，俱兵衝也。

君子堡，在馬營西北。宣德初置，五年毁於敵，嘉靖二十五年修治，萬曆八年增修，周一里有奇。堡山坡漫衍，北距大邊鎮遠、鎮門、盤道等口不過二十里，而得勝墩爲最衝。又距二邊西栅口不過五里，寬敞易于突犯。敵若從此逼馬營堡，其首衝也。

倉上堡。在馬營東南。舊爲蓄聚之所，因名。嘉靖三十七年創築，隆慶六年、萬曆十六年增修，周不及一里。四面皆鳥道相通，賊從馬營犯雲州，此其首衝也。自馬營以下諸堡，俱屬上北路管轄。

附見

廢開平衛，〔二〕東至大寧廢衛四百三十里，東南至古北口四百里，西南至宣府鎮七百里，北至沙漠四百七十里，自衛至京師六百三十里。

禹貢冀州北境，秦、漢時爲上谷郡地。唐爲奚、契丹地，金滅契丹爲桓州地。蒙古主蒙哥使其弟忽必烈鎮漠南，漸置城郭。中統初建開平府，五年號爲上都，至元五年曰上都路。明初改置開平衛，宣德五年以餽餉艱遠，移衛于獨石，而此開平衛遂廢。衛北控沙漠，南屏燕、薊，山川雄固，回環千里。元史：「世祖命劉秉忠于新桓州東四十五里建開平府，龍岡蟠其陰，灤河經其陽。東北十里有大松林，鬱葱盤衛。山多材木，水饒魚蝦，鹽貨狼藉，畜牧蕃息，居民利之。尋建爲上都，歲嘗巡幸，與大都並稱兩都，爲輔車之勢，地利誠得矣。」明初洪武二年常遇春取開平，遂建衛于此。洪武二十七年置驛傳。自北平中路至開平七百六十五里，置十四驛；西路至開平六百三十里，置十三驛。成祖嘗曰：「守開平、興和、大寧、遼東、寧夏、甘肅，邊境永無事矣。」既而大寧内徙，興和復廢，開平孤懸絶塞，左右無援，遂棄其地，馴致宣、薊艱危，關門淺露，而窺伺及于畿輔矣。夫漢、唐都關中，開朔方，城受降，明朝都燕京乃廢大寧，棄開平，孰得而孰失哉？葉向高嘗言：「自開平失，而要害藉于他族，宣、遼隔若秦、越。」燕、薊多事，蓋自棄開平昉也。

開平廢縣，衛東百里。志云：舊有東陽古城，元至元初置開平縣爲附郭，尋省，後復置縣。都邑攷：「上都城周四十里，内有大明、儀天、寶雲、宸慶、玉德、慈福等殿，延春、紫檀、連香、凝暉諸樓閣，星拱、雲從、日精、月華諸門，而縣治在其西南，明初並廢。」

興和城，衛西南四百餘里。去宣府三百餘里。後魏柔遠鎮地，唐新州地。契丹建爲撫州。金爲柔遠鎮，明昌三年復置撫州，治柔遠縣，又升爲鎮寧軍，屬西京路。元亦曰撫州，尋升爲隆興路，亦曰興和路。明洪武三年李文忠克興和，七年藍玉敗元于興和，尋改爲興和守禦千户所，以重兵駐守，與開平並峙。永樂二十年蒙古阿魯台襲陷其城，因移守禦所入宣府城中，遂棄其地。志云：興和，開平之通道，宣府之外藩也。元主往來上都，嘗駐蹕于此。成祖北征，亦每駐蹕焉。其度漠之處，在開平者曰榆木川、盤石鎮，在興和者曰楊林戍、禽胡山。明初置戍漠南，以興和、開平爲兩大鎮，故宣、薊之患寡。又高原廢縣，即興和舊治也。金曰柔遠縣。金志：「縣置于燕子城，初隸宣德州，後爲撫州附郭。」元改爲高原縣，隆興路治焉。明初廢。宣府志：「高原廢縣在懷安衛北百六十里。」又高原縣境有比羊城，相傳亦遼、金時置。

集寧城，在興和西百五十里。金置集寧縣，屬撫州。元置集寧路治焉。明初廢。又西爲豐利廢縣，亦金置，屬撫州。元廢。志云：二縣近大同邊界。

桓州城，在衛西。本烏桓所居，金置桓州，亦曰威遠軍，治清塞縣。州有二城，南爲新城，北爲故城，相去三十里。元初廢入開平，至元初復置。明初置桓州驛于此。志曰：明初設開平衛，洪武三十一年置馬驛八，東曰涼亭、沈河、賽峰、黄崖四驛，接大寧，西曰桓州、威虜、明安、隰寧四驛，接獨石，開平廢而八驛亦爲棄地矣。一統志：「桓州城在雲州堡北三百六十里。」

興州城，衛東二百里。本漢上谷郡女祁縣地，東部都尉治此，後漢省。東晉末，北燕馮跋有其地，後并于拓跋魏。唐爲奚王府西省地。遼置北安州，亦曰興化軍。女真將粘没喝敗遼奚王于北安州，拔其城，即此。金改爲興州，兼置興化縣爲州治，又改軍名曰寧朔軍。元仍曰興州，屬上都路，以附郭興化縣省入，俗謂之大興州。明洪武二年，常遇春追敗故元也速于全寧，進次大興州，敗其守兵，遂進克開平是也。三年，以興州隸北平府。四年州廢，改立左、右、中、前、後五衛，永樂初移入内地。○興安城，在州西南。漢且居縣地，屬上谷郡，後漢廢。遼置利民縣，金廢爲利民寨。元置興安縣，屬興州。或曰金末興州嘗寄治此，後又徙密雲，俗因名爲小興州。志云：興安廢縣，南去古北口一百三十里。山水記：「大興州直密雲縣曹家砦東北，距古北口可三日程。小興州直古北口外九十里而近耳。」

宜興城，在興州西。金志：「本興化縣之白檀鎮，泰和三年置宜興縣，屬興州。」元因之。致和初燕帖木兒以脱脱不花守古北口，與大都兵戰于宜興是也。明初縣廢。一統志：「宜興廢縣，在雲州堡東四百五十里。」

寶昌城，在興和西北。金置昌州，尋改爲建昌縣，屬桓州。明昌七年復置昌州，屬德興府。元曰寶昌州，屬隆興路。明初廢。又寶山廢縣，在城南，地名狗濼。金明昌中置縣，屬昌州。元廢。

應昌城，在衛東北二百里。元置應昌路，領應昌縣。明初洪武三年，元順帝殂于應昌，其子愛猷識理達臘嗣立于此。李文忠自開平襲之，克應昌，獲元太子買的里八剌是也。又有泰寧、德寧等路，俱在衛北，分領泰寧、德寧二縣。元置，明初廢。○寧昌城，在衛西北。元置寧昌路，領寧昌一縣。明初廢。

卧龍山，衛北三里。元人所謂龍岡也。又城西四十里有牛心山，城南四十里有南屏山。○闵安山，在衛西南，近明安驛，明宣德中黄直敗敵處也。又大伯顔山，亦在衛西南。其下爲鳴鑾戍，成祖嘗大閲于此。

大青山，在衛西南。或曰即青嶺也。宋宣和四年金粘没喝敗遼奚王于北安州，拔其城，知遼主窮迫，乃約斜也出青嶺，己出瓢嶺，期會于羊城濼，共襲遼主。瓢嶺在青嶺之北。羊城濼，見山西大同府。

駱駝山，在衛西。或以爲即跋那山也。晉義熙九年，魏主嗣命將奚斤等擊越勒部于跋那山，破之，徙二萬餘家于大甯。今陝西榆林鎮有跋那山，似非此山矣。又有紅羅山，明洪武三年李文忠敗元兵于駱駝山，進克紅羅山，遂次開平是也。

禽胡山，在興和西北。明初王師擒元將乃見不花于此，因名。成祖北征，凱旋至擒胡山，又南至清流泉，皆勒銘而還。又有宿嵬山，在興和北。亦曰宿嵬口，度漠處也。永樂二十一年北征，遣先鋒陳懋追阿魯台，至宿嵬山，不及而還。北征録云：「宿嵬口在飲馬河北，成祖追元兵至此。」

路兒嶺，在興州東。或曰即鹿兒嶺也，在永平府遷安縣之景山北。元至正二十四年，孛羅帖木兒屯大同，與太子有隙，遣兵犯闕，入居庸關。太子迎戰不利，東走古北口趣興、松，至路兒嶺，詔追及之，還宮。興，興州。松，松州。松州今見大寧衛。○新開嶺，在興州西。明初常遇春克大興州，道新開嶺進克開平是也。又扼胡嶺，在衛北。元順帝至元初幸上都，駐扼胡嶺，即此。

凌霄峰，在興和東北。永樂八年北征，登凌霄峰望漠北。又煞胡原，在桓州北境。其南百餘里有威遠川。永樂二十年北征，由隰寧進次威遠川，又進次煞胡原，獲阿魯台輜重處。

翠微岡，在漠北。其南爲雙流濼。又東南爲蒼崖峽，亦名蒼山，亦曰蒼崖戍，成祖北征時嘗駐此。又東南即榆木川矣。○大石崖，在衛東，近大寧高州境。明初華雲龍出塞至大石崖，破劉學士等寨。又李文忠亦破敵于此。

灤河，在衛南。自宣府界流經桓州、開平境，東南流入永平府界，北人謂之商都，元人亦謂之御河。大德七年，濬上都灤河。延祐四年城南御河西北岸爲水衝嚙，命及時修治。泰定三年上都言大西關南馬市口灤河侵嚙北堤，復命修塞。今詳見大川灤河。

兔兒河，衛西南百餘里。出沙渦中，東流合于灤河。○香河，在衛東北。出松林中，南流入灤河。又有簸箕河、閃河，俱出松林中，西南流與灤河合。

可溫河，在應昌西北。又西北地名哈喇莽來，乃度漠處也。明洪武四年李文忠討元遺衆，取道于此。○曲律運河，近漠北。明初俞通海分道追元兵，駐師于此。

白海子，在衛西南大青山之北。亦曰長水海子。土人因其四望白沙，呼爲插漢惱兒。插漢譯言白，惱兒譯言海子。相近有苦水海子，又西即駱駝山也。明初李文忠自萬全出師，北至察罕惱兒地，進敗元兵于白海子之駱駝山，即此。

榆木川，在衛西北，當磧口往來之衝，成祖晏駕處也。川之西曰盤石鎮。又三不剌川，在衛境。元主鐵木耳立于上都，狩于三不剌川之地，以董文周諫，遂還大都。又百查兒川，亦在衛境。元順帝至元中大獵於此。

魚兒濼，在興和西。金志柔遠縣有大漁濼，即魚兒濼矣。宋嘉定八年，蒙古鐵木真屯撫州，既而駐軍魚兒濼，遣三哥拔都帥萬騎自西夏趣京兆，攻金潼關是也。又安同泊，在開平北境。元元貞二年駐安同泊，以誕節受朝賀，即此。

鐵幡竿渠，在衛城內。元史：「大德二年開渠于上都。」郭守敬言頻年山水暴下，非大爲渠堰，廣五六十步不可。執政吝于工費，縮其廣三之一。明年大雨暴至，山水注下，渠不能容，漂没甚衆，幾及行殿，即此渠也。○玉沙泉，在衛北。永樂十二年駐蹕於此。

鳴鑾鎮，在大伯顏山下。亦曰鳴鑾戍。永樂八年北征，次鳴鑾鎮，即此。○楊林戍，在興和西北。亦曰楊林城。其北爲徹里怯兒地，成祖度大漠時經此。又有大泉戍，亦在楊林戍北，蓋磧口之要地也。

烏沙堡，在廢興和西。宋嘉定中，金主永濟命獨吉千家奴諧撫州以備蒙古，至烏沙堡，未及設備，蒙古奄至，陷之，進至烏月營，破白登城，遂攻西京。烏月營，或曰在烏沙堡西南。

黑山峪，在衛東北。永樂二十一年親征兀良哈，駐蹕於此。又正統七年楊洪出黑山，與成國公朱勇東西齊舉，〔三〕進擊兀良哈，洪至克列蘇俘斬福餘都指揮安出，即此也。

三峽口，在衛西北，度磧處也。其西即蒼崖峽。自峽而西爲忽蘭忽失温地，〔四〕成祖敗敵於此，賜名殺胡鎮。又九龍口，亦度磧處也。成祖北征，太孫從駕，與敵戰於九龍口，敵遁走。志云：九龍口與飲馬河相近。

凉亭，在衛城南。有東西二凉亭，乃元時巡幸駐蹕處。又衛北有北凉亭，亦元時遊獵處也。明永樂二十年，車駕次西凉亭。正統三年，兀良哈西侵葭州，引還，邊將楊洪出獨石，邀敗之於西凉亭，即此。山水記：「開平南五十里曰東凉亭，又四十里曰沈河，五十里曰叭八，六十里曰黄崖，五十里曰灤河，又五十里曰灰嶺，六十里曰古城，又五十里曰青松，又南五十六里即古北口矣。」此洪武二十七年所置驛路也。永樂中移古城驛于大喜峰口内，爲朵顔入貢道，餘並廢。

八兒思地，在衛西。元至正二十五年，孛羅帖木兒以大同叛，使其黨秃堅帖木兒攻上都之附太子者。會孛羅被誅，秃堅以輕兵走至八兒思地，上都兵追擒之。

王忽察都地，在衛西北。元天曆二年，和世㻋即位于和林北，引而南，自兀納八地次于哈兒哈納禿，自七月至八月朔乃次于王忽察都，圖帖睦爾入見，遂崩。圖帖睦爾還至上都，復即位。○木兒古徹兀地，在衛南境。元至正二十年，北邊諸王阿魯輝帖木兒擁兵南犯，屯于木兒古徹兀之地，將犯京畿，元主遣兵討之，不克。

察罕腦兒地，在衛西。元至元二十年，復議征日本，糴糧于察罕腦兒，以給軍匠。又至治初，元主如上都，以察罕腦兒行宮制度卑隘，欲更廣之，以解任諫而止。明洪武四年，李文忠出野狐嶺，至察罕腦兒是也。

苦脱孫地。在應昌東北。李文忠敗元處也。相近有落馬河，即偏將孫虎戰死處。史言開平東南百里有敖目舊地，四圍皆山，壁立如削，林木茂密，其中平衍，周百里，水斥鹵可煮鹽，土肥饒可屯種。東西皆有小徑，崎嶇陡削，惟攀援可行。東徑通古北一帶近路，其隘口一夫可扼也。崇禎三年王師出勦，其帥遠遁，若取而守之，亦陵寢外衛云。又西北三十里爲灤河所經，河之東其地亦名白海子，賊犯宣、薊，此其往來大道也。

大寧衛，東至泰寧邊衛界七百里，南至永平府邊四百五十里，西南至喜峰口邊四百八十里，西至開平廢衛四百三十里，自衛至京師八百里。

古營州地，夏、商時冀州地，周爲幽州地，春秋時亦爲山戎地，戰國時屬燕。服虔曰：「古東胡地也，在匈奴東，故曰東胡。其後燕將秦開襲破之。」秦屬遼西郡，兩漢因之，漢末爲奚所據。三國魏爲昌黎、遼西二郡地，通典：「建安中魏公操北征，始復舊境。」晉初因之。建興中鮮卑慕容廆有其地，括地志：「漢初冒頓滅東胡，餘衆保烏丸山，因號烏丸，後爲鮮卑。」劉氏曰：「東胡之後分烏桓、鮮卑二族，鮮卑先遠竄遼東塞外，與烏桓接，未嘗通中國，至後漢稍徙遼西塞外，爲中國患。」據後漢志，則鮮卑爲東胡，烏桓之先本西夷也。太和中屬于苻堅，尋又爲後燕所有，隆安初慕容寶保據于此。其後馮跋據之。宋元嘉十三年後魏取其地，亦置昌黎、建德等郡，兼置營州治焉。後屬于高齊，爲建德、冀陽二郡地。齊亡，其疏屬高保寧據此。隋開皇三年取其地，廢郡，仍曰營州，大業初改州爲遼西郡。〔五〕唐初爲韓厙莫奚所據，貞觀十九年征高麗，駐蹕于此，諸奚臣附，都帥蘇支從征，奚長可度帥衆内附。因復置營州，并置饒樂都督府，府即今衛治也，以饒樂水爲名。開元二十三年改爲奉誠都督府。天寶後府廢。咸通中契丹始大，奚族皆臣屬焉。遼主隆緒統和二十五年始城其地，實以漢户，曰中京大定府。金貞元初改曰北京路。元至元七年改曰大寧路，十五年改曰武平路，後仍爲大寧路。明洪武十三年收復，二十年建大寧衛，又置北平行都司，二十七年置驛傳。自大寧東路至廣寧四百八十五里，置十驛。鄭曉曰：「行都司置于惠州。」似悮。永樂初廢。

衛居宣、遼之肘腋，爲燕、薊之屏翰，自秦、漢以上皆爲中原地。晉室不綱，鮮卑强恣，遂竊其土疆，爲中原患。慕容令言于其父垂曰：「守龍城以内撫燕、代，外懷羣夷，肥如之險，足以自保。」垂不從而奔秦。其後慕容寶還據其地，立國猶數十年。唐置營州，鎮攝蕃落。天寶中爲平盧鎮，犄角范陽，襟帶遼、碣，安禄山并帥其地，遂成唐室之禍。五季濁亂，營州先入于契丹，因而窺伺河北，拾取燕、雲，萌芽于朱梁之季，泛濫于弱宋之時，履霜堅冰，信非一日之故矣。遼志：「中京幅員千里，多大山深谷，阻險足以自固。」自遼以後，皆爲北偏重地。明初分藩置戍，所以東臂遼東，西肘宣府，使藩垣鞏固，門庭無覬覦之隙也。洪武十四年封子權爲寧王，守北藩。二十年命宋國公馮勝等征納哈出，諭令據大寧塞，分兵列戍以控制之。勝遂築大寧、寬河、會州、富峪四城，師出輒留重兵爲守，卒破降納哈出，尋盡平朵顔三衛地。永樂初雖徙興、營等衛于内地，然城守猶存，三衛未敢侵軼。自土木之變，三衛益恣，遼河東西及三岔河北故地，遼河、三岔河俱見遼東。悉爲所據，薊、遼從此多事。詰爾戎兵，以陟禹跡，營州可終棄乎哉？鄭曉云：「永樂初以大寧地盡畀兀良哈，譬之左臂廱腫則上谷孤孑，後背傴僂則盧龍單薄，哽其喉吭則遼海坐隔，扼其胸腹則陵寢震驚，失計甚矣！誠欲爲堡邊固圉計，而可使宣、遼中絶，諸部得以裂我險阻，闖我門庭乎？」

大定廢縣，舊爲衛治。志云：漢遼西郡之新安平縣也，後漢縣廢。隋末地没於奚，唐太宗置饒樂都督府於此，以授降諸部長。唐末没於契丹。宋景德四年，契丹始建中京大定府，并置大定縣爲府治。宋王曾上契丹事：「遼上京城垣卑小，〔六〕方圓纔四里許，門垣重屋而已。其南曰朱夏門，内有步廊市樓，城外一望皆長松深谷，所産多青鹽，〔七〕黄豕。」是也。金、元仍曰大定縣，明初改置衛，尋廢。邊録：「大寧城即遼、金時故址，洪武二十二年改拓。有門五，城周十二里有奇。正統以後故址遂墟。」

長安廢縣，在衛南。志云：漢遼西郡賓從縣地也。契丹置長安縣，屬大定府，金改爲長興縣，元省入大定縣。又文定縣在衛東南，又南爲升平縣，俱遼置，金廢。○勸農廢縣，在衛東南。亦漢賓從縣地，遼置勸農縣，屬大定府，金廢。又富庶廢縣，在衛東。亦漢新平縣地，遼置富庶縣，屬大定府，金、元因之，明初廢。又歸化廢縣，亦在衛東。遼置，屬大定府，金廢。

營州故城，衛東三百里。南至遼東錦州百五十里。通典：「州城東至遼河四百八十里，南至海三百六十里，西至北平郡七百里，北至契丹界五十里。」是也。商、周爲孤竹國地，春秋時爲山戎地，戰國屬燕，秦、漢及晉俱屬遼西郡。晉建興以後屬於慕容氏。咸康七年慕容皝以柳城之北、龍山之西爲福德之地，乃營制宮廟，改柳城爲龍城，八年遂遷都焉。尋號新宮曰和龍宮，宮門曰弘光門。永和六年慕容儁請遷於薊。八年建留臺於龍都，即龍城也。隆安初慕容寶復都於此。義熙三年馮跋等作亂，廢其主慕容熙，攻弘光門，推高雲爲主。五年雲爲寵臣離班等所弑，馮跋升弘光門觀變，遂自立爲天王，仍都龍城。宋元嘉九年，魏主燾攻和龍，穿圍塹以守之，不克。十三年，魏取和龍，置鎮於此。二十一年仍置營州。魏收志：「永安末陷於羣賊，天平初收復，領昌黎等郡。」後屬于高齊。齊亡，其疏屬高保寧據於此。隋開皇三年，幽州總管陰壽擊之，保寧走死，和龍諸縣悉平，復置營州，煬帝曰遼西郡。唐復爲營州。武后萬歲通天初營州爲契丹李盡忠所陷，神龍四年州移治漁陽，開元四年契丹、奚皆内附。五年復置營州於柳城，兼置平盧軍於城内。六年以宗室女爲公主妻契丹。契丹作亂，公主走平盧。八年營州都督許欽澹遣兵討契丹，兵敗遂移軍入渝關，仍寄治漁陽。十年復還故治，天寶初改爲柳城郡。尋置平盧節度使於此，以安禄山爲鎮帥。及禄山以范陽、平盧叛，平盧鎮將劉客奴尋挈地來歸。上元二年史思明復并其地，後遂爲盧龍巡屬。乾寧三年李克用取盧龍，克營州。天祐末劉守光據幽州，營州没于契丹。五代梁乾化三年，晉將劉光濬攻劉守光，拔其平州，遂平營州，貞明初又爲契丹所取。遼志云：「營州爲奚所據，契丹平奚，乃取其地，完葺故柳城，改置霸州，亦曰彰武軍節度。」宋慶曆二年，契丹升霸州爲興中府。金因之。元至元七年降爲興中州，明初廢。○柳城廢縣，即營州治也。章懷太子賢曰：「柳城故城，在今營州南。」漢置縣，屬遼西郡，西部都尉治焉。後漢縣廢。建安中遼西烏桓蹋頓據其地，曹操伐烏桓，田疇請出盧龍達柳城是也。晉咸康中慕容氏改置龍城縣。其後元興中慕容熙於龍門外築龍騰苑，又於苑中起逍遥宫，鑿曲光海。劉宋時亦謂之黄龍城。元嘉十二年北燕馮弘來貢獻，宋封爲燕王，江南謂之黄龍國。沈約曰：「北國以和龍爲黄龍府。」水經注：「白狼水北逕黄龍城東。」十三州志昌黎有黄龍亭，蓋曹魏時柳城爲昌黎縣地，後因名和龍爲黄龍城。後魏爲營州治。隋開皇初遣長孫晟出黄龍道，通使於奚、霫、契丹是也。尋又改縣爲龍山縣，十八年復爲柳城縣。大業八年又置襄平縣，寄治柳城。唐亦爲營州治。開元十道志：「舜築柳城。」是虞舜以前已有柳城之地，因有營州之稱也。郡國志：「州當營室之分，故曰營州。」契丹置霸城縣於此，爲霸州治。重熙中改曰興中縣。金因之，元廢。又廣寧廢縣，在柳城南。遼志云此爲漢柳城縣。阿保機以定州俘户置營州鄰海軍於此，又置廣寧縣爲州治。後移置於平州東南，尋廢營州，以縣屬平州。金改爲昌黎縣，即今永平府屬縣云。

陽樂城，在故營州東。漢縣，屬遼西郡，後漢遼西郡治此。嘉平末趙苞爲遼西太守，自甘陵迎其母，垂到郡，道經柳城，值鮮卑入塞，爲所劫質。舊志云：柳城東百里即至陽樂是也。晉仍爲遼西郡治。後魏并入徒河，又改置縣於遼西郡之西境。今見灤州。甘陵，亦見前清河縣。

徒河城，在營州東百九十里。漢縣，屬遼西郡。後漢屬遼東屬國，魏省入昌黎。晉太康十年慕容廆以遼東僻遠，徙居徒河之青山，尋又徙棘城。建興初幽州都督王浚檄慕容廆討遼西鮮卑段疾陸眷，廆遣子翰攻之，取徒河、新城，至陽樂，翰因留壁徒河之青山，後遂復置徒河縣。後魏太平真君八年并徒河入廣興縣。舊志云：徒河西南百里即陽樂故城。又廣興城，在營州東百里。慕容燕所置縣也，後魏屬昌黎郡，後周廢。○新城，在徒河之西。晉永嘉中鮮卑段氏所置縣。慕容翰攻段疾陸眷，取其新城。其後慕容熙置青州，治新城，即其地也。

棘城，在營州東南百七十里。漢交黎縣也，屬遼西郡。曹魏景初二年，鮮卑莫護跋從司馬懿伐公孫淵有功，拜率義王，始建國於棘城之北。晉元康四年，莫護跋之孫慕容廆徙居大棘城，因置棘城縣。咸康四年，石虎攻慕容皝于棘城，敗還。後魏太平真君八年并入龍城縣。杜佑曰：「棘城，古顓頊之墟也。」

昌黎城，在營州東南。漢置交黎縣，屬遼西郡，東部都尉治焉。後漢曰昌黎縣，安帝置遼東屬國都尉治此。魏正始五年，鮮卑內附，置昌黎郡。晉因之，又爲平州治。太康二年鮮卑慕容涉歸寇昌黎，既而安北將軍嚴詢敗鮮卑於昌黎。咸康二年慕容皝以其弟仁據平郭，自昌黎東踐水而進，凡三百餘里至歷林口，舍輜重，輕兵趣平郭，仁不及備，遂擒之。圖經：「昌黎南近大海也。」載記：「咸康中慕容皝都龍城，改昌黎太守爲昌黎尹。又皝破宇文歸，徙其部人五萬餘落於昌黎。義熙五年馮跋即天王位於昌黎，蓋燕移置昌黎郡於龍城也。」後魏昌黎郡亦治龍城，省昌黎縣入焉。括地志：「後漢省柳城入昌黎。慕容皝都龍城，本昌黎縣地，相去數十里而近也。」歷林口，見遼東故平郭縣。

白狼城，在營州西南。漢縣，屬右北平郡，後漢省。建安中魏公操伐烏桓，歷平岡，登白狼堆，去柳城二百餘里，即故白狼地也。晉咸康六年石虎謀伐慕容皝，自幽州以東至白狼，皆大興屯田。其後慕容燕復置白狼縣，又析置廣都縣，屬北平郡。太元十五年，北平人吴柱作亂，破北平郡，轉寇廣都，入白狼城是也。北燕以白狼爲重鎮，置并州及建德郡治焉。宋元嘉九年，後魏主燾攻和龍，别將拓跋健攻建德，拔之。師還，復屬北燕。十三年，北魏將娥清等攻燕，克白狼城。魏收志：「真君八年置建德郡，治白狼城，領廣都、石城等縣。」是時以白狼縣并入廣都也。高齊時復廢廣都入龍城縣。

石城故城，在營州西南百餘里。漢縣，屬右北平郡，後漢省。慕容燕復置縣，并置石城郡治焉。晉隆安初，慕容寶自薊趣龍城，至廣都，其子會作亂，寶馳詣龍城，會遣騎追至石城，不及。二年，寶復自薊城還龍城，至建安，留頓石城，尋至乙連是也。宋元嘉九年，北燕石城太守李崇以郡降後魏。魏太平真君八年以石城縣屬建德郡。北齊縣廢。○陽武廢縣，在故石城東。後魏正光末置縣，屬建德郡，亦高齊時廢。

平剛城，營州西南五百里。漢縣，爲右北平郡治。剛，一作「岡」，或作「崗」。後漢移郡治土垠縣，遂廢。建安十一年，曹操擊烏桓，至無終，時方夏水雨，濱海洿下，濘滯不通，彼亦遮守蹊要，軍不得進。田疇進曰：「舊北平郡治在平剛，道出盧龍達于柳城，自建武以來陷壞斷絶，而尚有微徑可從，若嘿回軍從盧龍口越白檀之險，出空虚之地，路近而便，掩其不備，蹋頓可不戰而擒。」操從之。疇引軍上徐無山，塹山堙谷五百餘里，經白檀，歷平剛，涉鮮卑庭東指柳城，果平烏桓。水經注：「自無終東出盧龍塞，又東至凡城，又東北趣平剛，此爲正道。」今自徐無轉而西北，改經白檀乃歷平剛，所謂行兵無人之地也。自徐無至平剛路迂而險，自平剛至柳城則近而便矣。晉咸康四年，後趙石虎擊段遼于遼西，遼奔平剛。永和中慕容儁遣將軍叔虞攻烏桓悉羅侯于平剛。〔八〕魏收志：「平剛縣，後魏初爲冀陽郡治，真君八年并入昌黎郡。東魏武定五年復置郡，兼領柳城縣。」五代志：「冀陽城在平剛故縣東。慕容廆以冀州流人置冀陽郡，時又以豫州流人置成周郡，并州流人置唐國郡，又于平州界内置樂浪等郡。宋元嘉九年，魏主燾攻北燕和龍，不克，引兵西還，徙營丘、成周、遼東、樂浪、帶方、玄菟六郡民三萬家于幽州是也。高齊廢平剛等縣，以冀陽郡寄治龍城。隋初郡廢。土垠，今見薊州豐潤縣。徐無，見玉田縣。白檀，見昌平州密雲縣。

營丘城，在營州南。五代志：「慕容廆以青州流人置營丘郡，治武寧縣，縣亦廆所置也。」水經注：「渝水首受白狼水，南流經營丘城西。」後魏初郡縣俱廢。正光末復置營丘郡，領富平、永安二縣。高齊時廢。契丹重熙初，析霸城縣置營丘縣，蓋因故郡爲名也。

樂浪城，亦在營州西南。晉建興初，慕容廆僑置郡于此，以處樂浪流民。後魏初廢，正光末復置，領永洛、帶方二縣。魏收志樂浪郡治連城是也。高齊郡廢而縣不改，隋開皇初二縣俱廢。永洛，隋志作「永樂」。○襄平城，在營州東南。後魏正光中僑置遼東郡于此，領襄平、新昌二縣。高齊郡、縣俱廢。

定荒城，在營州境。後魏正光末析龍城、廣興二縣地置定荒縣，高齊時廢。五代志：「後魏營州領建德、冀陽、昌黎、遼東、樂浪、營丘等六郡及龍城等縣十三。後齊惟留建德、冀陽二郡，永樂、帶方、龍城、廣興等四縣。隋開皇初惟留建德一郡、龍城一縣，其餘悉廢。尋又廢郡改置營州。」○武原廢縣，亦在營州境。慕容燕所置也，後魏初廢。

威德城，在營州東北。東晉初遼西鮮卑宇文涉夜干之南羅城也，建元二年慕容皝并其地，改爲威德城。又有紫蒙城，在柳城西北紫蒙川，宇文氏國都也。慕容皝擊斬涉夜干，乘勝追逐，克其都城，逸豆歸走死，遂滅宇文氏，闢地千餘里。又有沙城，亦曰沙野，在龍城東北六百里。晉太和四年，燕慕容令自秦奔還，燕主暐徙之沙城。既而令舉兵沙城，東襲威德城克之，將襲龍城，爲降將所殺。○廣安城，在故棘城北。晉咸和七年，慕容皝討宇文逸豆歸，軍于廣安，進築渝陰、安晉二城而還。胡氏曰：「渝陰在渝河之陰，安晉城在威德城東南。」

乙連城，在營州西南二百里。東晉初段國之東境。咸康三年慕容皝攻段遼于乙連城，築好城以逼之。又築興國城，與乙連城相距數十里，段遼來攻，屢敗之。隆安二年，後燕慕容寶保龍城，議復伐魏，次于乙連，其下段速骨等作亂，寶走免。義熙十四年，魏主嗣遣長孫道生等襲燕，拔乙連城，進攻馮跋于和龍，不克。胡氏曰：「乙連城在曲水之西。」○建安城，在故乙連城南，令支之北。晉隆安二年，慕容寶以段速骨等之亂，自龍城南奔至薊，欲赴慕容德于滑臺，不得達，引還龍城，北行至建安。既而寶爲蘭汗所弒，慕容盛使慕容奇自龍城逃出，起兵建安，進屯乙連是也。

凡城，在營州西南。慕容氏所置城也。酈道元曰：「自盧龍東越青陘，至凡城二百里許，自凡城東北出趣平剛故城可百八十里，〔九〕向黄龍城五百里。」晉咸康四年慕容皝却石虎之兵，討諸城之叛者皆下之，拓境至凡城。五年石虎遣李農鎮令支，農帥衆攻燕凡城。隆安五年，燕慕容熙置并州刺史鎮凡城是也。後魏廢。又榼盧城，在凡城東。

水經注：「渝水南流東屈與一水合，世名之榼倫水。城在水傍，故曰榼盧。慕容氏置城于此，爲戍守處。」

宿軍城，在營州東北。後燕所置城也，又爲平州治。晉元興初，高句麗攻後燕宿軍城，平州刺史慕容歸棄城走。慕容熙改置營州，鎮宿軍。馮跋時復爲平州治，後魏廢。○臨川城，亦在營州東北。燕置。宋元嘉十三年，後魏攻北燕，燕主馮弘請迎于高麗，高麗遣其將葛盧等將衆至和龍，屯于臨川。或曰臨川，水名也。

武興城，在營州南。其西與令支城相近。晉咸康二年，段遼遣將李詠襲慕容皝，詠趣武興，皝將張萌擊擒之。○管子城，亦在營州西南。後漢中平五年，漁陽張純等叛，寇幽、冀諸州，公孫瓚擊敗之于屬國石門。純等逾塞走，瓚引兵追純，深入無繼，純與烏桓丘力居等圍瓚于遼西管子城，即此。志云：齊伐山戎，管仲嘗至此，城因以名。又州西南有蹋頓城，後漢末烏桓蹋頓嘗屯此，因名。晉咸康四年，石虎謀攻慕容皝，遣其將曹伏將青州兵渡海戍蹋頓城，無水而還，因戍于海島，運穀三百萬斛以給之。隋大業八年伐高麗，分軍出蹋頓道是也。

懷遠城，在營州東。隋所置鎮也。大業七年將伐高麗，發民夫運米積于此。十年復征兵伐高麗，駕次懷遠鎮。唐爲懷遠守捉城。貞觀十九年伐高麗，李世勣軍發柳城，多張形勢，若出懷遠鎮者，而潛師北趣甬道，自通定濟遼水。通定在遼水西，時世勣渡遼水至玄菟也。○瀘河城，在營州東南。亦隋所置鎮。大業七年將伐高麗，發民夫運米積于瀘河、懷遠二鎮。其相近者又有汝羅城。新唐書：「隋大業中于營州境汝羅故城置遼西郡，領遼西、瀘河、懷遠三縣。」蓋初置郡以處靺鞨降人。唐武德初改爲燕州，又廢瀘河縣。四年以靺鞨渠帥突地稽爲燕州總管。五年自營州遷治幽州城內。

安東城，在營州東二百七十里。杜佑曰：「本漢遼西故郡城，唐總章初置安東都護府于平壤城，上元二年徙遼東故城，儀鳳二年徙新城，開元二年徙于平州，天寶二載徙于遼西故郡城。」是也。至德後廢。○鎮安城，亦在故營州東。唐置。本燕郡守捉城，德宗時改曰鎮安軍。又有五守捉城，在鎮安城西，亦唐置。

閭山城，在營州西。遼志：「本漢之且慮縣，遼西郡治此。後漢移治陽樂，縣遂廢。遼初置盧家軍，開泰二年改置閭山縣，隸大定府，後改屬興中府。」金廢。又象雷廢縣，亦在州西境。遼開泰二年以麥務川置象雷縣，隸大定府，後改屬興中府。金廢。○興城廢縣，在營州西南。遼志：「本漢海陽縣地，阿保機平勃海，遷漢户雜居興州界。契丹主隆緒時建城，置嚴州保肅軍，治興城縣。」金州廢，以縣隸錦州，尋改屬興中府。元廢。

慎州城，在營州南。唐武德初置州，領涑沫靺鞨烏素固部落，兼領逢龍縣爲州治。後寄治于良鄉縣故都鄉城。五代志：「唐長興二年置懷化軍于慎州，兼領瑞州，以東丹突欲爲懷化節度使。」蓋遥領二州也。四年，又改爲昭化軍。時州地已没于契丹。○威州城，在營州東南境。唐武德二年置遼州總管于燕支城，尋徙治營州城内。貞觀初改爲威州，又置感化縣爲州治。後寄治良鄉縣之石窟堡。燕支城，或云在遼東都司北境。瑞州，見遼東廣寧前屯衛。

師州城，在營州東北。唐貞觀三年置師州于營州東北廢楊師鎮，治楊師縣，領契丹、室韋部落，隸營州都督。天寶十一載，安禄山擊奚、契丹，爲所敗，遁入師州還平盧是也。其後寄治于良鄉之故東閭城。又夷賓城，唐志：「在營州界内。乾封中置夷賓州，領靺鞨愁思嶺部落，兼置來蘇縣爲州治。後寄治于良鄉縣之故廣陽城。」○帶州城，在營州境。唐志：貞觀十九年于營州界内置，處契丹乙失革部落，兼置孤竹縣爲州治。後寄治于昌平縣之清水店。

順州城，在營州南。唐貞觀四年突厥亡，僑置順州于營州南五柳戍，以故東偏可汗突利爲州都督，後移治幽州城内。又州南有廢黔州城，遼志云：「本漢遼西郡地，阿保機置盛吉縣于此，復置黔州，亦曰阜昌軍，治焉。」今廢。

惠州城，大寧衛西南二百里。志云：本漢右北平郡土垠縣地，遼置澤州，亦曰廣濟軍，領神仙、灤河二縣，〔一〇〕屬中京路。宋宣和四年金取遼中京，遂下澤州是也。金承安中改置惠州，泰和四年罷。元復置惠州，以附郭神仙縣省入。吾學編：「洪武初割元大寧路錦、義、建、利諸州隸遼東，設北平行都司于惠州，領營興等二十餘衛、所。永樂初，司、衛、所悉移入内地，城遂廢。」○灤河廢縣，在州東南。遼志：「本漢徐無縣地，開泰中置縣，屬澤州。」金廢。金志云「承安二年以孩兒館爲灤陽縣，屬惠州，泰和四年罷」，蓋即灤河舊地，永平志謂即今遷安縣境漢兒莊也。

崇州城，在衛東南。唐武德五年分饒樂都督府置崇州，處奚可汗部落。貞觀三年徙治營州東北之廢楊師鎮，又置昌黎縣爲州治。萬歲通天初許欽寂與契丹戰于崇州，敗没。劉昫曰：「貞觀二年置北黎州于廢楊師鎮，八年改爲崇州，治昌黎縣。尋爲契丹所陷，寄治于潞縣之古潞城。」○鮮州城，在衛東。唐武德五年分饒樂都督置，處奚部落，治賓從縣。蓋與昌黎皆因漢舊名也，後亦寄治古潞城。

建州城，衛東南四百餘里。唐武德初嘗置昌樂縣，屬營州。五代初契丹置建州保静軍于此。漢乾祐初故晉李太后請于契丹主耶律兀欲，願依漢人城砦之側，給田以耕桑自贍，許之。乃自黄龍府遷于建州南四十里，給地五十頃，令從者耕以自給。遼志：「州在靈河南，屢遭水患。契丹主隆緒時又遷于河北，即唐之故崇州城治焉。初曰武寧郡，後曰保静軍。」金因之，元亦曰建州城，明初廢。五代史：「自遼陽行十數日，過義州、霸州至建州。」胡氏曰：「建州之南爲義州，建州之北則土河，土河之北則契丹中京大定府也。」金人疆域圖：「建州南至燕京千二百四十五里。」○永霸廢縣，建州屬縣也。金志云：「本唐昌黎縣地，遼置永霸縣，又析置永康縣，俱屬建州。」金廢永康縣，元復改置建平縣，爲建州治。明初廢。

玄州城，在衛東南。隋初置州，處契丹李去閭部落。唐因之，治静蕃縣，後寄治范陽縣之魯泊村。○金源城，在衛東。唐初爲玄州地，景雲元年析置青山州，治青山縣，後寄治于范陽縣之水門村。遼開泰二年置金源縣于此，屬大定府，金、元因之。金志云：「縣有金甸，因名。」明初廢。

惠和城，衛東北百里。遼置惠州于此，亦曰惠和軍，領惠和縣。金州廢，縣屬大定府。元因之，明初廢。遼志云：「惠州，唐歸義州地也。阿保機俘漢民于菟麛山下，築城居之，謂之惠州。」

和衆城，亦在衛東。志云：漢臨渝縣地，唐初爲慎州地，載初二年析置黎州，處浮渝靺鞨烏素固部落，隸營州，治新黎縣，復寄治良鄉縣故都鄉城。〔二〕其地爲奚所據，遼置渝州，亦曰高平軍，治和衆縣。金廢州，縣屬大定府。元因之，明初廢。○永和城，在渝州西南。遼志云：「漢昌黎縣地，屬右北平郡，後廢。遼開泰中置縣于此，屬渝州。」金廢。

武安城，衛東北二百里。唐初爲昌州地，載初中析置沃州，處契丹松漠部落，治濱海縣，隸營州都督，後寄治于薊縣東南之迴城。阿保機初俘漢民置木葉山下，因建城于此以遷之，曰杏堝新城。復以遼西户益之，更名新州。統和八年改曰武安州，治沃野縣。金廢州，改沃野縣曰武安縣，大定七年又改爲武平縣，隸高州，尋改屬大定府。元因之。明初華雲龍逐元兵，敗之于武平，即此城也。

高州城，衛北二百里。志云：唐信州之地，萬歲通天初以契丹室活部置信州，治黄龍縣，隸營州都督，後寄治范陽城内。契丹主隆緒開泰中，伐高麗，以俘户置高州，領三韓一縣。金初置節度使，皇統三年州廢，以縣屬大定府，尋復爲高州，以三韓縣省入。明初廢。又三韓廢縣，故高州治也。辰韓爲扶餘，弁韓爲新羅，馬韓爲高麗。遼伐高麗，俘三國遺人置三韓縣。金因之，元省。○遂州城，在高州西南。遼志：「本高州地，遼置遂州，在檀州西二百里，東北至臨潢一千里。」

潭州城，在衛東。志云：本漢交黎縣地，唐貞觀二年于廢静蕃戍置昌州，領契丹松漠部落，治龍山縣，隸營州都督，後移治三合鎮，尋寄治于安次縣古常道城。契丹初置習家砦于此，開泰二年置龍山縣，尋置潭州廣潤軍治焉。金廢潭州，以縣屬利州，元改屬大定府。金志利州所領有蘭州砦、漆河鎮，元廢。○利州城，在縣東南，地名琵琶川。唐末契丹遷奚人于此，統和四年置阜俗縣，二十六年置利州治焉，屬大定府。金因之。元省阜俗縣入利州，明初州廢。

松州城，在衛西北。志云：漢遼西郡文成縣地，本松林南境，遼置松江州勝安軍，治松江縣，爲商賈會聚之地。金廢州，改縣爲松山縣，[三]屬大定府。元復置松州，尋以松山縣省入，改屬上都路。明初廢。○恩州城，在衛西南。志云：漢新安平縣地也。遼開泰中以勃海户置恩州懷德軍，治恩化縣，屬大定府。金廢爲恩化鎮。

全寧城，在高州東北。元時置全寧路，領全寧縣。明洪武二年，常遇春奉詔取開平，過惠州，取全寧，敗元丞相也速兵，進攻大興州，擒元相脫火赤，遂克開平。正統九年，成國公朱勇等討三衛，勇出喜峰口爲中路，別將馬諒出界嶺口爲北路，徐亨出劉家口爲南路，陳懷出古北口爲西北路，逾灤河，渡柳河，經大、小興州，過神樹至全寧，遇福餘逆戰，寇敗遁，即此。

會州城，衛西南二百四十里。明初置。又二百四十里即遵化縣之喜峰口也。志云：喜峰口北六十里爲椵木谷砦，又六十里至富民城，松亭關在焉。其相近者曰寬河，自是而東北曰松山，曰會州，各六十里。由會州而東曰東莊，曰富峪驛。又東北至新城、大寧亦各六十里。共四百八十里。洪武二十年，馮勝北征納哈出，出松亭關，築大寧、寬河、會州、富峪四城是也。建文初，燕王取大寧，還至會州簡閱將士。宣德二年，兀良哈犯大寧，〔三〕經會州，將及寬河，時上親歷諸關砦，駐驛薊州之石門驛，聞之曰：「今出喜峰口，路隘且險，當出其不意擒之。」遂北至寬河，進戰，兀良哈大敗，誅其渠帥，遂進次泠嶺，又北至會州乃班師是也。○青城，在衛東南九十里。又東南至會州百五十里，舊爲戍守處。萬曆初，三衛長影克等竊據于此。

七金山，在衛東南。中多長松，一望鬱然，北人皆畜牧于此。一統志：「山有七峰，因名。」衛境之大山也。

馬盂山，在衛北。志云：山東西千里，南北五百里，北接故臨潢境，高、松等州皆在其南，土河之源出焉。○徹徹兒山，亦在衛北。明朝洪武中，燕王北討抵大寧，沿黄河而北掩擊敵兵，敗之于徹徹兒山，追至兀良哈之禿城而還。一統志：「洪武中總兵官周興征元，自兀者河追至徹徹兒山下，大破之。」

灰山，在衛東北。明初元人屯聚于此。洪武八年徐達出塞討乃顏不花，至北黄河，敵騎駭遁，傅友德選輕騎夜襲灰山，克之。○虎頭山，在衛北。正統中，朱勇討三衛，敗福餘部長于全寧，次虎頭山，及流沙河，遇泰寧、朵顏諸軍，又敗之。

太子山，在衛西南。契丹主宗真清寧九年，田于灤水之太子山，耶律重元作亂，討平之而還。○湖土白山，在衛境。宋宣和五年，金人陷遼上京，遼主延禧謀拒之，至中京，獵于湖土白山。金志：「撫州有湖土白山，本名麻達葛山，大定二十九年更名。」撫州，今興和城，似非此山也。

氈帽山，在衛北。明洪武七年李文忠攻高州大石巖，克之，進至氈帽山，破斬敵衆是也。○哈剌温山，在衛東。其相近者曰貴烈河。元至元二十五年，都指揮土土哈敗叛人乃顏餘黨哈丹于此。

龍山，在營州東。燕慕容皝時有黑白二龍鬭于此，皝率僚屬觀之，祭以太牢，二龍交首嬉戲，解角而去，因名其宫曰和龍，以柳城爲和龍城，山亦曰龍山。○安蘿山，或云在營州東南。唐貞觀十八年伐高麗諸軍，大集于幽州，遣姜行本等先督衆工造梯衝于安蘿山。

白狼山，在營州西南。志云：近故凡城界，漢白狼縣以此名。曹操伐烏桓，登白狼山望營州，卒與敵遇，操縱擊，大敗之。或謂之白鹿山。晉元興三年，後燕主慕容熙游畋，北登白鹿山，東踰青嶺，南臨滄海而還。酈道元曰：「白鹿山即白狼山矣。」魏收志廣都縣有白狼山、白狼水。○馬兜山，亦在營州西南。段遼掠柳城，慕容皝遣封奕帥騎伏于馬兜山，破斬遼將榮伯保是也。

青山，在營州東南。通典徒河縣之青山，在柳城東百九十里，即慕容翰攻鮮卑留壁處也。高齊主洋天保四年，擊契丹至平州，從西道趨長塹，使司徒潘相樂自東道趨青山。齊主至白狼城，進至昌黎城，又使韓軌率輕騎斷契丹走路，至楊師水，倍道兼行，掩襲契丹，大破之。潘相樂至青山擊契丹別部，亦破之。長塹即盧龍塞，見永平府。楊師水見下。又舊志：柳城東二百里有鮮卑山，又棘城東塞外亦有鮮卑山，東胡因以爲號。或曰鮮卑山即青山也。

突門嶺，在衛西南。其西有甘松陘。晉建元二年，慕容皝滅宇文部，石虎遣兵自甘松出救之，不及。又義熙十四年，魏主嗣東巡濡源及甘松，遣將襲後燕馮跋于和龍，嗣屯突門嶺以待之，即此。○九荆嶺，在衛西南。新唐志：自漁陽郡東北渡灤河有古盧龍鎮，又有斗陘鎮，自古盧龍北經九荆嶺、受米城、張洪隘、度石嶺至奚王帳六百里，又東北行，傍土護真河五百里至奚、契丹牙帳，又北百里至室韋帳。」舊志云：九荆嶺亦衛境大山也。

摘星嶺，在衛南境。唐末劉仁恭據幽州，嘗乘秋深入，踰摘星嶺以擊契丹，即此。○松陘嶺，志云：在營州西北百里，亦曰松岍。岍讀如硎。梁天監七年，魏安州三戍兵反，上谷賊杜洛周自松岍赴之。或曰即此松陘，誤。

冷嶺，在廢會州南。又南有偏嶺。明朝宣德三年，車駕敗兀良哈于寬河，明日次冷嶺，又明日次會州；既而自會州引還，次鐵將軍店，又南次擺山站，明日次偏嶺，又明日入喜峰口是也。

牛尾谷，在營州北。晉咸和九年，遼西鮮卑段蘭攻柳城，敗慕容皝將慕容汗于此。○黄榆谷，在營州西南二百五十里。晉隆安初，後燕慕容寶自薊北趣龍城，宿廣都黄榆谷，其子會作亂處也。

索莫汗陘，在營州西南。慕容寶自石城還龍城，至索莫汗陘，去龍城四十里。又營州西境有板陘，亦險塞處也。

晉隆安四年慕容盛遣將李旱討叛將李朗于令支，軍還，聞盛誅其徒衛雙，棄軍亡走，至板陘而還。○青陘，舊志：在龍城西南四百餘里，亦曰青嶺，即慕容熙游畋處。又自開平至營州之道也。

土河，在衛南。自馬盂山發源，東南流經此，又東北流至朵顔衛境之木葉山合于潢水，又南入于遼河。五代史：「土河之南爲建州，北爲契丹中京大定府。」金志大定縣有土河及陰凉河，蓋衛境之大川也。明朝正統八年，命朱勇等討三衛，分兵出喜峰等口，期至黄河、土河兩叉口，會遼東各路兵馬追勦，互有斬獲而還。或曰土河亦名温榆河。○老河，在衛南。志云：出會州西北，經興州南，又經大寧城南里許復東北流與黄河合，又東北過火郎兀兒大山，乃東流入遼東三岔河歸于海。譯名曰老花母林，元人稱河曰「母林」也。或曰老河即土河之别名矣。

饒樂河，在衛北。源亦出馬盂山，其下流東北入于潢河。志云：魏武北征烏桓之後，厙莫奚建牙于此。晉大寧三年，石勒遣宇文乞得歸侵慕容廆，廆遣世子皝等擊之。乞得歸據澆水拒皝，皝等大破之。澆水即饒樂水矣。亦曰弱落水。太元十三年，拓跋珪破厙莫奚于弱落水南；又謂之澆落水，隆安二年，時慕容寶還都龍城，議襲厙莫奚，北渡澆落水，不果；皆此水也。遼志：「厙莫奚爲慕容皝所破，徙居松漠間，既復營于饒樂水南、温榆河北。唐因置饒樂都督府。亦謂之黄河，以其下流入于潢水也。」北邊事實：「黄河離薊門邊約千三百里，水不甚深廣，俗多駐牧于此。亦曰北黄河，譯名哈剌母林。或謂之烏龍江。」舊志「大寧在烏龍江南、漁陽塞北」，即饒樂水矣。

陰凉河，在衛北。自衛西北松林中發源，流經臨潢府南境合于潢河。宋政和七年，遼主延禧以金人取東京，乃自燕至陰凉河，募遼人爲兵處也。遼志臨潢府境有陰凉河。○貴烈河，在衛東。流經廣寧北境，又東南入于遼河。元至元二十五年，皇孫鐵木耳行邊，討叛人乃顔餘黨。别將都指揮土土哈敗火魯火孫軍，還至哈剌温山，夜渡貴烈河，復擊取哈丹軍，盡得遼左諸部，置東路萬户府而還。

流河，在衛西南，近密雲墻子嶺。邊外紅門川各山谷水泉皆流合焉，由西南而東北，歷遵化縣諸關口外，近三臺山關北境合于灤河。其水回環曲折，繞渡九次，有頭道、二道、三道等稱，今名之曰九道流河。○漖河，亦在衛西南，近薊州東北大安口邊外。東流經遵化邊口入龍井兒關，又東南入于灤河。今衛境寬漫大川多稱漖河川。

惡河，在衛東南七十里。東南流入遼東大凌河。譯名敖母林，今訛爲「惡木林」。○忽兒海河，出衛東廢潭州東山中，東流經遼東塞外至女真境入松花江。又有艾葱河、莽哥河，俱出潭州東山，東流經女真境入于海。

回水，在營州西南。晉延康二年，〔一四〕段遼遣將李詠襲慕容皝，趨武興，又遣段蘭屯柳城西回水，宇文逸豆歸攻安晉爲蘭聲援，皆爲皝所敗。或曰回水亦名曲水。水經注：「陽樂水出上谷且居縣，東北流經女祁縣，世謂之横水，又謂之陽曲水。」〔一五〕又云：「濡河從塞外來，西北經禦夷鎮城，又東北經孤山南，又東南流，水流回曲，謂之曲河鎮。〔一六〕胡氏曰：「回水，據載記當在好城西北。」好城與武興、安晉俱相近也。

白狼水，在故白狼縣東南。水經注：「白狼水出白狼縣東南，北逕白狼山，又東北逕昌黎故城西，又北逕黄龍城東，又東北出，東流爲二水：右水即渝水也，自塞南入海；其一水東北出塞爲白狼水，又東南流至故遼東郡房縣界注于遼水。」初學記：「狼河附黄龍城東北，下即白狼水。」

陽師水，在營州東北。高齊主洋擊契丹，遣韓軌率精騎至此斷契丹走路處也。後魏置陽師鎮，唐貞觀三年于廢鎮置師州及陽師縣，皆以水爲名。○錦川，在衛東南，下流入灤河。洪武二年常遇春經鹿兒嶺抵惠州，敗元將江文清于錦川，進次全寧。或云錦川一名湮水，即遷安縣還鄉河之上源，悞也。又有廣河，亦曰功河，漢志謂之庚河，自會州東境南流入喜峰口，合于灤河。

紫蒙川，在營州西北。晉書載記：「秦、漢之間東胡邑于紫蒙川。晉時南匈奴别部宇文氏國于此，爲慕容皝所滅。」唐志平州有紫蒙、白狼、昌黎等戍，蓋平州之北境，契丹之南界也。開元二十二年，幽州節度使張守珪初平契丹，人閲于紫蒙川以鎮撫之，即此。

以遜川，在衛西南。又西至小興州五十里，近時部長駐牧處也。○白塔川，在古北口外二百餘里，正統四年宣府帥楊洪破三衛叛衆五百餘騎于白塔兒，即此；又無礙川，去古北口三百五十里，皆部長駐牧處。

薛延澤，在龍城東北數百里，與沙城相近。慕容令起兵于沙城，東襲威德，據其城，爲其徒所襲，走薛延澤被擒，即此。○横溝，在龍城西南。晉隆安二年，慕容盛以蘭汗之亂，遣慕容奇起兵建安。事平，命奇罷兵，奇不受命，勒兵進至横溝，去龍城十里，即此。

羌胡固，在營州東北。北魏主燾延和元年伐北燕馮弘，圍和龍，燕尚書高紹保羌胡固，魏主攻拔之。○花道戍，在衛西。宋嘉定七年，蒙古將木華黎攻金北京，守將銀青帥衆禦之于花道，敗還，北京遂降于蒙古。

通天館，衛南二十里，契丹所置也。遼史：「契丹建中京，有大同館以待宋使，朝天館以待新羅使，來賓館以待夏使。」王曾上契丹事「自檀州金溝館九十里至古北口，兩巖峭險，僅容單軌。又度德勝嶺，盤道數層，俗名思鄉嶺，八十里至新館。過雕窠嶺、偏槍嶺，四十里至如來館。過烏灤河，東有灤州。又過黑斗嶺、度雲嶺、芹菜嶺，七十里至柳河館，館西北有鐵冶。又過松亭嶺，甚險峻，七十里至打造部落，東南行五十里至牛山館，八十里至鹿兒峽館。過蝦蟇嶺九十里至鐵漿館。過石子嶺，自此漸出山，七十里至富峪館，八十里至通天館，二十里至中京大定府入大同館」云。〔一七〕

鎮安堡，在衛南。正德四年，泰寧長滿蠻率部落二萬餘欲附居塞下，避北寇，邊臣以聞，兵部議許居故鎮安堡，即此。○盧思臺，在營州南界。志云：臺去幽州八百里，唐貞觀十八年伐高麗，由漕渠運米至臺側，淺澀不能進。胡氏曰：「漕渠即曹操伐烏桓時所開平虜渠也。」

神樹站，在故全寧城西南。明朝永樂十九年，命邊將置邏騎營于古北口之北神樹之地。又正統九年，命大帥陳懷等出古北口，過神樹，破福餘全寧是也。○擺山站，在廢會州之西南百二十里。宣德三年，車駕自會州還次鐵將軍店，明日次擺山站是也。

滿套兒地，在密雲邊白馬關外二百五十里。其南百四十里曰白廟兒山，近獨石境。又石伯嶺，在滿套兒北八十里。亦曰木虎嶺，今三衛部人駐牧于此。○逃軍兔，在衛南，夷巢也。去永平邊二百五十里。

斗裏庫地，在衛西南。又西南去密雲墻子嶺關二百餘里，西去黑谷關百三十里，當東西部合犯之衝。少北有把汗土門，寬敞可以屯聚。志曰：斗裏庫稍西三四里爲二條道，又西南三十餘里爲窄道兒，窄道兒去黑谷關僅三十里。又西南行八十里曰三岔口，三岔口西行百餘里犯墻子嶺，東南行百餘里則犯馬蘭松棚一帶，故三岔口之防衛最切。

大鹻場。在衛東南二百餘里。又東南至常海百餘里，自常海至撫寧邊外百餘里，皆三衛部人駐牧。志云：大鹻場南有横山，長六七十里。稍西曰横嶺。

附考

兀良哈，在大寧衛北。其地東接海西，西連開平，北抵北海。古山戎地，秦爲遼西郡北境。漢爲奚人所據，後漢末爲曹公操所敗，走匿松漠間。後魏時復居于此，號庫莫奚。其後復屬契丹，元爲大寧路北境。明洪武二十二年故元宗室遼王阿禮失里及朵顔請内附，詔以兀良哈之地置三衛居之。其地在潢水之北，即遼、金時臨潢、慶州諸境。中曰泰寧衛，以阿禮失里爲指揮使，塔賓帖木兒爲同知；東曰福餘衛，以海撒男荅溪爲指揮、同知；西曰朵顔衛，以脱魯忽察兒爲指揮、同知，各領部落爲外藩。靖難兵起，三衛以從征功，盡官其長，而寧藩及都司諸衛，皆遷内郡，大寧地虚，三衛因竊出没塞下。永樂二十年北征，以兀良哈爲阿魯台鄉導，乃先盪其巢。三衛創，稍復自歸。宣德二年，兀良哈侵邊，上方巡幸各邊塞，遂出喜峰口親征之，戰于寬河，衆奔潰。六年詔蠲其罪，使自新。正統初三衛復通蒙古脱歡及諸部，伺塞下。三年三衛長阿魯歹等西掠葭州還，爲邊帥所破。六年福餘部火赤完哈等犯邊，明年其長孛台等又犯遼東，邊將皆擊擒之。八年蒙古脱歡死，子也先屢犯塞，朵顔乘隙肆擾。明年三衛並入寇，命成國公朱勇等出喜峰、古北、界嶺、劉家等口東西進討，多敗衂，怨我益深，因導也先入寇。十四年福餘、泰寧結也先犯塞，朵顔獨扼險不從，因不得利，大掠二衛人畜去。二衛益衰，而朵顔獨强，竟與也先合致土木之變。嗣後三衛益挾彼爲重，盡没遼河東西三岔河故地。初，衛制以泰寧爲首，三衛所分地延袤共千餘里。及朵顔益强，遂爲首稱。自廣寧前屯歷喜峰邊宣府者皆屬朵顔，自錦義度潢河至白雲山皆屬泰寧，自黄泥窪以東至開原皆屬福餘，東西亘三千里，薊、遼日以多事。景泰三年，三衛言乜先將以冬月住哈剌莽，于謙以三衛爲敵間，請勑邊臣防禦。五年，泰寧長革于帖木耳上書，乞大寧廢城，不許。天順五年，三衛與蒙古孛來通。故事，貢道由喜峰口，景泰末漸從獨石、萬全右衛闌入，至是乃隨孛來使者入雲中，邀厚賞。成化十四年，三衛請改貢道從開原，不許。弘治十七年，時三衛屢請增貢互市，不許，朵顔遂通小王子入寇。正德四年，泰寧長滿蠻率部落三萬餘欲附居塞下，避北患，邊臣以聞，兵部議許居故鎮安堡，戒邊臣毋縱之入邊。時朵顔强，而諸部中花當爲貴種，數請增貢不得，遂通小王子部落，自遵化縣鮎魚關入犯，遣都督桂勇討之。既而復許入貢，未幾復入犯。嘉靖十年，花當諸子把兒孫寇遵化縣馬蘭峪。未幾花當孫革蘭台襲職，入寇漁陽，諸小關皆殘破。既而復導其長阿堆哈利赤入掠遵化、遷安諸邊寨。二十一年，誘俺荅入犯遷安之青山口。蒙古呼朵顔爲遼陽軍，時告邊人曰：「遼陽軍導我來耳。」二十七年，革蘭台死，子影克襲職。三十八年蒙古把都兒十餘萬騎挾影克等爲鄉導，潰墻深入。明年復犯遷安縣一片石關。四十二年，糾東西部由密雲縣墻子嶺深入。隆慶元年復盜邊。是後督臣譚綸、帥臣戚繼光協謀練兵增垣，制馭有方，三衛稍戢。萬曆初帥臣李成梁復屢敗之，自是朔騎恒駐牧會州、青城間。諸帥中長昂尤黠，數盜邊。其後分部散居，莫能自振，乃折而東合，實爲殘薊之本焉。邊略：「三衛皆喜剽竊，善反覆，往往勾敵爲患，而朵顔尤强狡，然貪中國賜予燕撫之厚，亦時以敵情告我，得預爲之防。此惟在撫之得其宜，不可輕信而墮其計中，亦不可驅迫而使爲彼用也。」

臨潢城，在朵顏衛北。遼志云：「本漢遼東郡之西安平縣，後廢。阿保機創業于此，負山抱海，天險足固，地肥沃，宜畊植，饒水草，便畜牧。初置宫曰龍眉宫。神册三年築城，名曰皇都。天顯元年展郛郭，建宫室。十一年更名曰上京，府曰臨潢。城高二丈，幅員二十七里。東門曰迎春，曰鴈兒，南曰順陽，西曰金鳳，曰西鴈兒，北曰景福。又北爲皇城，高三丈。東門曰安東，南曰大順，西曰乾德，北曰拱辰。中爲大内之門，南曰承天，東曰東華，西曰西華。其南爲臨潢府治，其側爲臨潢縣，又西南爲長泰縣。」金初因之，尋改爲北京，完顏亮天德二年改爲臨潢府路，其臨潢、長泰縣仍舊。元府、縣俱廢。宋大中祥符九年薛映記曰：「由中京正北八十里至松山館，七十里至崇信館，九十里至廣寧館，五十里至姚家砦館，五十里至咸寧館，三十里度潢水石橋，旁有饒州，又五十里保和館，度黑水河，七十里宣化館，五十里長泰館，館西二十里有佛舍、民居，即祖州，又四十里至臨潢府。自過崇信館乃契丹舊境，其南即奚地也。入承天門内，所有殿舍氈廬皆東向。」胡三省曰：「遼大定府北至臨潢凡七百里。」

廢潞縣，在臨潢城東北。阿保機掠潞縣民置縣，并掠渤海雜户益之。遼志：「上京東門之北曰潞縣，又東南曰興仁縣。南門之東有回鶻營，回鶻商販留居上京者置營居之。西南曰同文驛，諸國信使所居也。驛西南曰臨潢驛，以待夏國使。又西曰宣化縣，縣西南曰定霸縣，又西曰保和縣。西門之北曰易俗縣，縣東曰遷遼縣，皆遼初掠漢户及渤海扶餘户置。」金廢入臨潢、長泰二縣。○廢寧塞縣，在臨潢東南。金泰和初置，屬臨潢府。元廢。

廢祖州，在臨潢西南四十里。本遼右八部世没里地，阿保機每秋獵于此，始置西樓，後建城，號祖州，亦曰天成軍。城周九里。東門曰望京，南曰大夏，西曰液山，北曰興國。西北隅有内城，其南門曰興聖，凡三門，上有樓閣。東爲州廨，又南則東爲長霸縣，西爲咸寧縣，俱在州城内。城東南二十里有越王城。阿保機伯父述魯封于越王，置城于此，因名。遼主延禧時，以女真叛，自將東討，其臣耶律章奴作亂，亡歸上京，掠府庫，至祖州，即此。金改爲奉州，尋廢。

廢懷州，在臨潢西南百里。本唐歸誠州，以契丹降部置。武后萬歲通天初，歸誠州刺史孫萬榮與松漠都督李盡忠叛寇營州，即此。後廢。遼志：「廢歸誠州，太宗德光行帳牧放于此，後葬于西山，曰懷陵，因置懷州奉陵軍。其附郭縣曰扶餘縣，本勃海扶餘縣俘户也。又領顯理縣，亦以故勃海顯理府俘户而名。」金改爲奉德軍，尋廢。

廢慶州，臨潢西百六十里。志云：本太保山黑河之地，巖谷險峻，遼主述律建城，號黑河州，後廢。聖宗隆緒復建慶州玄寧軍，領玄德、孝安二縣。金亦曰慶州，改置朔平縣，廢玄德縣入焉。有榷場務。元廢。金志：「州爲遼主陵寢所在，有行宫，比他州爲富庶，寶貨多聚藏于此。其西至桓州九百里。」北邊紀事：「舊慶州在大寧北六百餘里，西南至開平八百餘里。地皆大松，號曰千里松林。」明初洪武三年，李文忠敗元主于應昌，窮追至北慶州而還。三十年馮勝北征，遣藍玉出遵化道松亭關，襲敵騎于慶州是也。○孝安廢縣，在慶州西南。金改爲慶民縣，尋廢。

廢全州，在臨潢西南二百三十里。金主璟承安三年始置全州盤安軍，治安豐縣。金志：「承安元年改豐州鋪爲安豐縣，隸臨潢府。三年置全州治焉。又改湖設務爲靖封縣，黑河鋪爲盧川縣，並屬全州。後廢靖封縣，以盧川縣改屬臨潢府。」金末全州移寄薊州，元廢。志云：盧川縣在慶州南二百三十里。

廢泰州，在臨潢東南。遼志：「泰州德昌軍，本契丹二十部族牧放之地，因黑鼠族累犯龍化州，民不能禦，遂移東南六百里建城居之，曰泰州，治樂康縣，兼領興國一縣。」金大定中州、縣俱廢，承安中改置金安縣。又于長春縣改置泰州，以金安隸焉。尋廢。○廢長春州，在臨潢東北。遼志：「本鴨子河春獵之地，遼主宗真置長春州韶陽軍，領長春一縣，縣本混同江地也。」金廢主亮降州爲縣，隸肇州。承安三年改置泰州于此，領長春縣。元廢。金志：「泰州北至邊四百里，南至懿州八百里，東至肇州三百五十里。」又北邊紀事：「長春州亦曰長春路。宋政和初遼主延禧如長春州，至混同江鈎魚。五年遼主討女真，以兵十萬出長春路，又分五部兵出北山駱駝口，別以部騎五萬南出寧江州。」蓋長春去女真最近也。邊人亦謂之新泰州。明初洪武二十年，命馮勝等討納哈出，納哈出聞之，棄金山巢穴營于新泰州，去遼陽千八百里，即故長春縣矣。自長春而東北有詳穩九逼，即營田九區法。今縱橫故址猶存。自長春而西北有羣牧十二所，蓋蕃育處也。今爲福餘境内地。肇州、寧江，俱見遼東塞外境。

廢烏州，在臨潢東南。遼志：本烏丸地，東胡別種也。遼北大王撥剌占爲牧地，建城，因置烏州靜安軍于此，領愛民一縣。金廢。○廢儀坤州，在臨潢東。本契丹右大部地，回鶻部落所居，述律后生于此，因建爲州，治廣義縣。後又析置來遠縣，尋省。

廢永州，在臨潢南。阿保機置南樓于此，遼主賢始置永州永昌軍。遼志云：東潢河，南土河，二水合流，故曰永州。冬月牙帳多駐此，謂之「冬捺鉢」。木葉山在焉。領長寧縣。金廢州，以縣屬臨潢府。又義豐廢縣，在永州西北百里。契丹耶律德光遷勃海義州民于此，仍置義州。重熙初始廢州，改縣曰義豐。尋又改爲富義縣，屬慶州。金廢。州西又有慈仁廢縣，耶律德光以其子只撒古葬于此，置慈州，重熙初改爲縣，屬永州。金廢。

廢龍化州，臨潢東二百里。契丹之先奇首居此，稱龍庭。阿保機建東樓，後漸修築城邑，制度頗壯。城東有金鈴岡，阿保機自立處也。德光升爲龍化州興國軍，治龍化縣。金廢。○廢降聖州，在龍化州東。本東樓地，阿保機春月行帳多駐焉。耶律德光生于此。穆宗述律建爲州，統永安一縣。金廢。

廢饒州，臨潢西南二百三十里。遼志云：「唐貞觀中置松漠府于此，阿保機完葺故壘，建饒州匡義軍，治長樂縣，兼領臨河、安民縣。」金廢。

廢徽州，臨潢南七百里。遼志云「在宜州北二百里。景宗賢之女以媵臣置徽州宣德軍，謂之『頭下軍州』，諸王國舅所置倣此。其州縣額及節度使皆命于其朝」云。○廢豐州，在臨潢南三百五十里；又廢豫州，在臨潢北三百里；廢寧州，在臨潢東北三百五十里；俱頭下州也。又有松山州，遼志云：「在上京南百七十里。」俱金廢。

廢原州，臨潢東南八百里。西南至遼東廣寧衛三百里。志云：漢遼東郡新安平縣地，契丹始置州，金廢。又廢福州，在原州北二十里。亦遼置，金廢。○廢横州，在臨潢東南七百二十里。志云：漢遼陽縣地也。遼置州，以境内有横山而名。在遼州西北九十里。

廢鎮州，臨潢西北三千餘里。本古可敦城，契丹主隆緒始置鎮州建安軍，屯戍于此，捍禦室韋、突厥，謂之邊防城。其相近者又有防、維二州。○廢静州，本泰州之金山縣，契丹主延禧天慶六年置州。金時俱廢。

河董城，臨潢西北千七百里。本回鶻可敦城，訛爲河董城，契丹修築以防邊患。又静邊城，在臨潢西北千五百里。本契丹二十部族水草地，北隣突厥每由此盜掠，因建城防禦。又皮被河城，在臨潢北千五百里。亦契丹所置，以控北邊。又有招州，契丹主隆緒開泰三年置，亦曰綏遠軍。又搭懶主城，契丹主洪基太康九年置，在臚朐河上。俱金廢。

馬盂山，在臨潢西。山廣袤千里，中一峰形類馬盂。遼志：「臨潢府境有馬盂、兔兒、野鵲諸山，皆高峻，回環甚遠。」

祖山，在祖州西五里。志云：州有龍門、黎谷、液山及白馬、獨石、天梯諸山，契丹兀欲囚述律后于撲馬山。或曰即祖州之白馬山。五代史：「兀欲幽述律后于阿保機墓，即祖山矣。」又西山，在祖州西五十里。契丹耶律德光葬此，曰懷陵，因置懷州。蓋大山也，契丹諸主多葬此。

慶雲山，在慶州東北。本名黑嶺。契丹主隆緒田于黑嶺，其東京將大延琳據遼陽作亂，副留守王道平踰城走黑嶺告變，討平之。後隆緒葬于此，曰永慶陵。沈括曰：「黑山今名姚家族山，長數里，土石皆紫黑，似今之磁石。水出其下爲黑水。山在水東。水西有連山，謂之夜來山，極高峻。契丹墳墓皆在山之東南麓。」又有勃突山，在州西北二百里。阿保機五代祖勃突生于此，因以名山。

木葉山，在永州東。契丹之先奇首可汗葬焉。阿保機于此建南樓，往往爲射獵之處，每入犯中國多駐于此，然後南牧云。○烏丸山，遼志烏州有烏桓山、烏丸川，蓋烏桓之地。後漢時烏丸保據于此，曹操斬蹋頓，即其後也。

都山，在臨潢南境。唐開元二十一年，郭英傑與契丹可突干戰于都山，敗死，或以爲此山也。亦作「馬都山」。韓愈序烏承洽事，謂：「可突干至馬都山，吏民逃徙失業，承洽斬原壘石，綿四百里，寇不得進。」蓋山近平盧界上，承洽即烏承玼也。唐紀：「幽州副總管郭英傑屯于渝關外，可突干引突厥之衆來，合戰于都山。」今亦見遷安縣。○捺祿山，在朵顏衛境。唐開元十九年平盧先鋒使烏承玼破契丹可突干于此。二十二年幽州節度使張守珪亦破契丹于捺祿山。

泠[山刪]山，在福餘衛境。一作「泠陘」，亦曰「泠岍」。志云：在潢水之南，黄龍府北，奚、契丹依阻此山以自固。晉義熙初，後燕慕容熙襲契丹至陘北，即此山之北也。唐顯慶中以阿史德樞賓爲泠[山刪]道行軍總管討叛奚，奚降，更以樞賓等出沙磚道討契丹，擒其松漠都督阿卜固獻東都。又延和初幽州都督孫佺與奚部李大酺戰于泠陘，全軍皆没，即此山矣。

白山，在朵顏南境。後漢時烏桓所居。唐志：「山在五院關外大荒中。」開元二十年幽州節度使趙含章與契丹可突干戰于此，敗績，平盧先鋒使烏承玼别引兵出其右，擊敗之。○黑山，在朵顏東境。唐顯慶中，薛仁貴破契丹于黑山。又有福山，在朵顏境内。東西袤五里，南北廣二十里。

赤山，在泰寧衛境。烏桓傳「在遼東郡西北數千里。後漢建武十六年匈奴、鮮卑、赤山烏桓連兵入塞。永平初，遼東太守祭肜使鮮卑大都護偏何討赤山烏桓，大破之」，即此。

金山，在泰寧衛東境，近遼東開元衛界。唐會昌末，回鶻烏介可汗敗依室韋，其國相逸隱啜弑之于金山。明初洪武二十年，遣馮勝討納哈出，太祖命之曰：「先克慶州，則以全師徑討金山。」既而勝分兵襲慶州，以大兵駐大寧，慶州下，遂渡遼河而東駐金山西，又踰山至女真苦屯地。初，納哈出分兵爲三營，一曰榆林深處，一曰養鵝莊，一曰龍安一禿河。至是大軍逼之，遂降。其所部在松花江北者亦降，于是遼海悉定。松花江，見遼東衛外境。

天門嶺，在土護真河北三百里。唐武后聖曆中，李楷固討勃海大祚榮，踰天門嶺逼之，爲所敗。○梟嶺，在臨潢西南。金主雍大定初，移剌窩斡叛，僕散忠義討之，自懿州追至梟嶺西陷泉，大敗之，窩斡走死。金志臨潢境內有陷泉。

潢河，在臨潢南。或謂之黃水。源出西北平地松林，流經臨潢府南，至廢永州東木葉山合于土河，又東南入于遼河。唐志：「自營州度松陘，北行四百里乃至潢水。」開元二十六年平盧軍使烏知義擊叛奚餘黨于潢水北，敗績。明初置三衛于潢水北，土木告變，乃竊據潢南，爲薊、遼切患。

淶流河，在臨潢西北。源出馬盂山，南流遶臨潢三面，謂之曲江，至城北又東入福餘界，經故黃龍府而東合按出虎水，至女真境內合于混同江。遼主延禧時，女真烏古廼以五國投撚部叛遼，討敗之，將見遼邊將，自陳其功，行至淶流水而死，即此河矣。黃龍府，在遼東塞外。

霿𩅦河，在臨潢西南境。金主雍大定初，撒八餘黨移剌窩斡攻圍臨潢，〔一八〕兵益盛，僭稱帝，金遣兵討之，遇于長濼，敗之。窩斡西走，復追敗之于霿𩅦河，窩斡去攻懿州。長濼，或曰即饒州長樂縣。

沙河，在祖州南。又東經臨潢府境合于潢河。五代漢初，契丹兀欲自立于幽州，引還上京，述律逆戰于沙河，敗走，兀欲追執之于獨石渡，即此處也。又黑河，源出慶州之黑嶺，流經臨潢府南，下流合于潢河。

哈剌哈河，在慶州境。洪武二十二年，藍玉追元人至此。又北爲百眼井，又北即捕魚兒海。○屈烈兒河，在朵顏境内。永樂十二年大駕北征，以兀良哈附阿魯台爲邊患，移軍擊之，大敗之于屈烈兒河東北深谷中，三衛服罪乃班師。

臚朐河，在臨潢西北。永樂八年賜名飲馬河。自漠北流經此，下流合鴨子河，入混同江注于海。又西北有皮被河。遼志云：「在皮被河城北。源出回鶻北境，東南經突厥入臚朐河，沿河董城北東流合沱漉河入于海。」○鴨子河，在臨潢東。流經長春縣境，又東經女真之會寧府境入于混同江，遼志所謂沱漉河也。

龍安一秃河，在金山之北。東北流入松花江。明初納哈出别營于此，馮勝駐師金山，遣别將至此受其降處也。近志：河在遼東開元衛北四百餘里。○兀良河，在臨潢北。志云：源出沙漠，東南流入女真境合洮兒河、腦温江入混同江。

龍駒河，金志：「在長泰縣北千餘里。」廢主亮正隆六年，契丹西北路將撒八等叛金，金人討之，撒八懼不勝，率衆沿龍駒河西走，謀歸西遼，爲其下所殺。又寧塞縣有滑河。宋政和四年，阿骨打取寧江州，遼議發滑水以北兵拒之，即此。

土護真水，在臨潢東北。唐志：「自古盧龍北至奚王帳六百里，又東北傍土護真河五百里至奚、契丹牙帳。」又云：「出檀州燕樂縣東北百八十五里至長城口，又北八百里有土護真河，奚王牙帳也。天寶十一載，安禄山討契丹，過平盧千餘里至土護真水，又三百里至契丹牙帳，爲契丹及奚所敗，走師州。」○奥支水，出冷陘山南，下流入于潢河。志云：東胡之别種曰霫，唐時居鮮卑故地，保據于此。

廣平淀，在臨潢東。遼主延禧以女真叛，親征之，出長春路，次廣平淀。其臣耶律章奴等謀叛，議立耶律淳于上京，淳馳詣廣平。既而章奴大掠上京，至桓州趣廣平淀，犯行營，不克，北趣降虜山，敗滅。又涼淀，在臨潢西北二百餘里饅頭山南，遼人避暑之地。遼志云：「北多豐草，掘地丈餘即有堅冰。」○大神淀，在臨潢西南。又永州有柳林淀，亦曰馬淀。

捕魚兒海，在慶州西北。洪武二十二年，藍玉由大寧進至慶州，襲元主脱古思帖木兒于此，元主走免，獲其妃主而還。○鹽濼，在臨潢城外。其相近者有百狗濼、鴛鴦湖、興國惠民湖、廣濟湖。又慶州有轄失濼及興國湖。

小山泉，在慶州西境。永樂中遣將北征，聞元主脱古思帖木兒在捕魚兒海，遂由大寧、慶州兼道而進，次遊魂南，道無水，軍士渴甚，路傍小山忽湧四泉，士馬得不困乏，因名。

新羅寨，在臨潢城東南。金廢主亮正隆六年，契丹西北路將撒八反，爲其下所殺，推移剌窩斡爲主，擁衆東還至臨潢府東南新羅寨，攻臨潢，圍其城，即此。○真珠砦，在祖州東。胡嶠陷番記：「自契丹西樓東去四十里至真珠砦，又東行地勢漸高，西望平地松林鬱然，四十里遂入平川是也。」

四樓，北廷雜記：契丹阿保機于所居大部落置樓，謂之西樓。」今謂之上京；又于其南木葉山置樓，謂之南樓；又于其東千里置樓，謂之東樓；又于其北三百里置樓，爲北樓。按西樓爲祖州，南樓爲永州，東樓爲龍化州，其北樓遼志未載。

石橋，在臨潢南。宋胡嶠入遼録：「石橋，沙河之橋也。南則姚家洲，北則宣化館。」契丹突欲及述律戰于沙河石橋，即此。

平地松林，在臨潢西，即千里松林也。宋宣和二年，遣趙良嗣等使金議攻遼，金取中京，宋取燕京，而約金人自平地松林趣古北口，宋人自白溝夾攻燕京是也。

撒里乃地。在臨潢西北。金時嘗避暑于此。又臨潢有二十四堡，其十九堡俱在撒里乃之西，蓋戍守要地也。○女真苦屯，在金山西北。明初馮勝征納哈出，其部將觀童以女真苦屯降，即此。

右兀良哈。

契丹，東部也。晉書：「契丹本東胡別種。其先爲匈奴所破，保鮮卑山。魏青龍中部長軻比能桀驁，爲幽州刺史王雄所殺，部衆遂微，逃潢水之南，黃龍之北，自號曰契丹，種類漸繁。義熙元年慕容熙襲之，至陘北，畏其衆而止。」隋書：「契丹與庫莫奚皆東胡種，爲慕容氏所破，竄于松漠之間。齊建元初，契丹軍帥莫賀弗勿干爲高麗所侵，帥部落萬餘口入附于魏，居白狼水東，自是部衆寖盛。大業初入寇營州，詔韋雲起護突厥兵討敗之。」唐史：「契丹本鮮卑地，居遼澤中潢水南岸，南距渝關千一百三十里，自渝關去幽州又七百一十四里。其地南控黃龍，北帶潢水，冷陘屏右，遼河塹左，高原多榆柳，下濕饒蒲葦。當元魏時有地數百里，至唐初大賀氏蠶食扶餘、室韋、奚、靺鞨之區，地方二千餘里。貞觀二十二年內屬，以其地置玄州，隸營州都督府。既而所部皆內屬，乃更置松漠府。又以其別帥達稽等部各建爲州，置刺史：達稽部曰峭落州，紇便部曰彈汗州，獨活部曰無逢州，芬阿部曰羽陵州，〔一九〕突便部曰白連州，〔二〇〕芮奚部曰徒河州，墜斤部曰萬丹州，伏部曰匹黎、赤山二州。以大賀氏窟哥爲使持節十州軍事，分州建官，蓋昉于此。武后萬歲通天初，松漠都督李盡忠、歸誠州刺史孫萬榮舉兵反，攻陷營州，尋敗死。開元四年契丹李失活來降，仍授松漠都督，兼置静折軍，以其部長爲經略大使，八部落部長仍爲刺史。十八年契丹將可突干弑其主李那固，〔三〕帥其國人并奚衆叛降突厥。二十二年，幽州節度使張守珪討平之。天寶四載契丹王李懷節、奚王李延寵皆降附。五載立奚部娑固爲昭信王，契丹部楷落爲恭仁王。其後亦叛服不一。」九國志：「契丹古匈奴種。」五代舊史：「東胡種也。唐末中原多故，契丹益强。其地東南接海，東際遼河，西包冷硎，北界松、陘，闢地東西三千里。遥輦氏更八部曰旦利皆部，乙室活部，實活部，納尾部，頻没部，内會雞部，集解部，奚嗢部，屬縣四十有一。每部設刺史，縣置令。而阿保機以迭刺部之衆，代遥輦氏起臨潢，東併渤海。耶律德光立，有晉燕、雲十六州，而契丹之盛極矣。」宋氏曰：「契丹之先爲匈奴所破，保鮮卑山，至元魏時始號契丹。唐開元二年來歸。置松漠都督府，以其長失活爲都督、松漠郡王。二十年國亂，信安王禕討平之。天寶以後，契丹始盛，唐末阿保機代有其地。」今攷前後紀載，宋氏之言，未爲詳核。遼兵志：「契丹在隋世分爲十部，唐大賀氏分爲八部，其後中衰，僅存五部。有耶律雅里者復分爲八，立二府以總之。析三耶律氏爲七，二審密氏爲五，凡十二部。遥輦氏代大賀氏，兵力益振。阿保機在遥輦氏時授鉞專征，破室韋、突厥、奚三國，以功授大迭烈府。夷離堇復侵擾代北。遥輦可汗卒，遜位于阿保機，悉平東、西奚，有奚、霫之衆。旋略幽州境，伐背陰國，俘獲甚衆。神册初親征突厥、吐渾、党項、小蕃、沙陀諸部，還攻振武，略蔚、新、武、嬀、儒五州，盡有代北河曲、陰山之衆，遂取山北八軍。四年平于骨里國，明年破党項，攻天德軍，拔十二栅。六年出居庸關，掠檀、順等州及定州以北諸城鎮。天贊初以户口滋多，統轄疏遠，分北大濃兀爲二部，立兩節度統之。三年又征党項，四年犯渤海。天顯初滅渤海。」此契丹侵并之次第也。胡氏曰：「阿保機自唐末擊滅七部，并爲一國，北侵室韋、女真，西取突厥故地，擊奚滅之，復立奚王而使契丹監其國兵，東北諸部皆畏服之。又契丹初滅奚，奪其營州地，五代梁乾化三年爲後唐所取，尋復得之。同光初并陷平州，其後屢犯幽州諸巡屬，河北爲之衰耗。長興三年移營而西，窺伺雲、代之境。石晉資其力，代有唐祚，因以燕、雲十六州酬之，契丹四境，幾於萬里。」

奚，亦東部種也。或曰即烏桓蹋頓之後。晉永嘉以後有庫莫奚，屬鮮卑宇文部，與契丹同類而異種。隋書：「庫莫奚爲慕容氏所破，遺落竄匿松漠間。其俗甚不潔而善射獵，好寇抄。後魏太和一十四年，庫莫奚寇魏邊，安州部將婁龍兒擊却之。高齊天保三年，齊主洋伐庫莫奚，大破之。其後單稱爲奚，有五姓，一阿會部，二處和部，三奧失部，四度稽部，五元俟折部，各有統領。」唐史：「貞觀二十二年，奚帥所部皆内附，以其地爲饒樂府，又以阿會等部爲弱水、祁黎、洛瓌、太魯、渴野等五州，皆統于營州。萬歲通天中，奚叛附于契丹。開元二年奚部李大酺來降，仍授饒樂都督。元和初奚王海落可入朝，以爲饒樂郡王，遣歸。唐末徙居陰涼川，東去營州都督府五百里，西南去幽州九百里，東南接海山川，延袤三千里。後爲契丹所併，徙居琵琶川。」五代舊史：「奚之先爲匈奴所破，保烏丸山，後爲五姓奚，各有辱紇主爲之統領。」歐陽修曰：「五部奚，一阿薈，二啜米，三粤質，四怒皆，五黑紇支。唐末居陰涼川，後徙琵琶川，去幽州東北數百里。」五代初，五姓奚皆役屬于契丹。既而苦契丹苛虐，奚王去諸以別部西徙嬀州依北山射獵，始分爲東、西奚，附于劉守光。守光滅，附于後唐。石晉初復屬于契丹，自是東、西奚皆爲所并。今大寧衛境廢利州，即故琵琶川也。

霫，亦東部種。一名白霫。唐貞觀四年突厥亡，奚、霫、室韋等皆内附。二十八年以白霫部爲居延州。五代史：「霫與突厥同俗，保泠陘山南奥支水。後爲奚及契丹所侵，益徙而北。」女真以其地置霫郡，南去燕山千里。宋史：「靖康二年金人劫上皇及帝于燕山，遷于霫郡，居于相府院，繼又徙之韓州。」霫蓋爲女真所并也。韓州，見遼東三萬衛。

室韋，北史：「契丹類也。」其南即契丹。宋祁曰：「室韋，契丹別種，居東胡北邊，蓋丁零苗裔。地據黄龍，北傍獨越河，西南去長安七千里。國無君長，惟大部號莫賀咄莞。析爲七部，曰嶺西、山北、黄頭、如老、婆萵、訥北、駱丹，皆附于突厥。」宋白曰：「室韋在柳城東北，近者三千里，遠者六千里而羸。東黑水靺鞨，西突厥，南契丹，北瀕海。」其別種曰黑車子。唐會昌三年，回鶻烏介可汗敗保黑車子族。唐賜黠戞斯詔云：「黑車子距漢界一千餘里。」是也。又唐末契丹阿保機擊黄頭室韋，破之。其種又有臭泊室韋。或曰臭泊蓋因所居以名其部。五代初，七姓室韋皆役屬于契丹。室韋本有二十餘部，其近契丹者七姓也。

烏桓，後漢書：「烏桓故地在丁零西南，烏孫東北。武帝遣霍去病擊破匈奴左地，因徙烏桓于上谷、漁陽、右北平、遼西、遼東五郡塞外，爲漢偵察匈奴動静，始置護烏桓校尉監領之。後漢初漸爲邊患，遼東太守祭肜討破之，尋皆降附。靈帝初分爲四部，各稱王。建安中遼西烏桓蹋頓有武略，總攝上谷、遼東、右北平三部大人，助袁紹滅公孫瓚。紹承制皆賜以單于印綬，而蹋頓常爲雄長。建安十二年，曹操擊烏桓，斬蹋頓，諸部皆降。」又代郡、上郡境内亦皆有烏桓錯居其間。二十年代郡烏桓三單于反，曹彰擊平之，自是衰弱，服于鮮卑。

鮮卑，東部也。別依鮮卑山，因以爲號。漢初爲冒頓所破，遠竄遼東塞外，與烏桓相接，不通中國。後漢建武十七年始入塞爲寇，遼東太守祭彤討破之，後遂服屬焉。和帝永元中，耿夔等討破北匈奴，鮮卑因轉徙據其地，匈奴餘種留者十餘萬落，皆自號鮮卑，鮮卑由此漸盛。安帝時屢寇代郡、上谷以東，爲邊患。桓帝時鮮卑益强，其長檀石槐立庭于代郡高柳北三百餘里彈汗山，南抄緣邊，北拒丁零，東却夫餘，西擊烏孫，盡據匈奴故地，東西萬四千里，延袤末益爲邊患。自分其地爲三部：從右北平以東至遼東，接夫餘、濊貊，二十餘邑，爲東部；從右北平以西至上谷十餘邑，爲中部；從上谷以西至敦煌、烏孫二千餘里，爲西部。各置大人領之，大爲邊患。光和以後，稍衰息。建安末別種軻比能服强，衆推爲鮮卑大人。魏黄初中自雲中、五原以東抵遼水，皆爲鮮卑庭。青龍三年幽州刺史王雄使勇士韓龍刺殺軻比能，自是種落離散。景元中，鮮卑索頭部大人拓跋力微復雄于代北，即北魏之先也。

烏羅護，亦東部也。一名烏落侯。北史「烏落侯國，在地豆干國之北，去代四千五百餘里。後魏太平真君三年，烏落侯遣使如魏，言其國西北有魏初起時石廟，去平城四千餘里」云。唐書：「烏羅護亦曰烏羅渾，即後魏之烏落侯也。東鄰靺鞨，風俗相似，直長安東北六千里。貞觀二十年討薛延陀，遣宇文法詣烏羅護、靺鞨二國是也。」後亦爲契丹所并。

地豆干。居東部之外。北史：「地豆干在室韋西千餘里。其室韋在勿吉之北，勿吉在高麗之北。後魏太和十四年，地豆干頻寇邊，魏將拓跋頤擊走之。正光二年，柔然主示發爲其族婆羅門所敗，奔地豆干，地豆干殺之。後爲突厥所滅。」

右東北諸夷。

校勘記

〔一〕亦曰西洋河　「洋」，底本原作「陽」，職本作「洋」。上文已云「西陽河」，此當作「西洋河」，今據職本改。

〔二〕廢開平衛　底本原作「開平衛」，職本作「廢開平衛」，敷本、鄒本作「開平故衛」。明志卷四〇云：「開平衛，元上都路，直隸中書省，洪武二年爲府，屬北平行省，尋廢府置衛，屬北平都司……後廢。」依本書例，職本作「廢開平衛」爲當，今從之。

〔三〕成國公朱勇　「勇」，底本原作「永」。明史卷一四五朱勇傳謂勇爲成國公朱能之子，以功襲封，永樂、正統間嘗北征；又明史卷一七三朱永傳謂永爲朱謙之子，成化十四年進爵保國公。據本書所云正統七年北征及成國公等，此處當作「朱勇」，而非「朱永」，今據改。

〔四〕忽蘭忽失温　底本原作「蘭忽失温」，脱「忽」字。本書卷四五朵里伯真下作「忽蘭忽失温」，明金幼孜北征後録同，今據補。

〔五〕大業初改州爲遼西郡　寰宇記卷七一云：「隋開皇三年討平寶寧，復以其地置營州，煬帝初州廢，又置柳城郡。」遼史卷三九地理志（以下簡稱遼志）同。柳城郡，隋志未載。舊唐志卷三九云：「營州上都督府，隋柳城郡。」舊唐書卷五六羅藝傳亦云羅藝於大業末作亂，「黜柳城太守楊林甫，改郡爲營州」。則隋有柳城郡至確。然新唐志卷三九又云：「隋於營州之境汝羅故城置遼西郡。」新唐書卷一一〇李謹行傳亦云：「父突地稽，部酋長也。隋末率其屬千餘内附，居營州，授金紫光禄大夫、遼西太守。」由此可知，隋遼西郡亦在營州之境。但比合諸書文意，柳城郡爲大業初改置，遼西郡則隋末析置，故此當作：「大業初改州爲柳城郡，後又析置遼西郡。」

〔六〕遼上京城垣卑小　「小」，底本原作「山」，今據職本及遼志卷三九改。

〔七〕青鹽　今中華書局標點本遼史卷三九作「青羊」，云據行程録改。明羅曰褧咸賓録卷一北虜志亦作「青羊」。

〔八〕悉羅俟　「俟」，晉書卷一〇九慕容皝載記作「侯」。

〔九〕自凡城東北出趣平剛故城　底本原脱「趣」字，今據水經濡水注補。

〔一〇〕領神仙灤河二縣　「神仙」，遼志卷三九、金志卷二四並作「神山」。

〔一一〕復寄治良鄉縣故都鄉城　「復」，當作「後」。舊唐志卷三九、新唐志卷四三下均無「復寄治」之語，但云州陷契丹後，遷寄治良鄉縣之故都鄉城。

〔一二〕遼置松江州至金廢州改縣爲松山縣　金志卷二四松山縣下云：「遼松山州勝安軍松山縣，開泰中置。」則遼所置非松江州及松江縣也。遼志卷三九原作松江州、松江縣，今中華書局標點本已作更正。其校勘記云：「松山州，山原誤『江』，據百官志四及金史地理志改。松山縣，山原亦誤『江』，據紀開泰二年二月及金史地理志改。」據此，本書金改爲松山縣之説實誤。

〔一三〕宣德二年兀良哈犯大寧　明史卷九宣宗紀記兀良哈犯邊在宣德三年九月。

〔一四〕晉延康二年　晉代諸帝無年號爲延康者，段遼遣將李詠襲慕容皝事在晉咸康二年，晉書卷一〇九慕容皝載記及通鑑卷九五晉紀一七俱有記載，此「延康」當是「咸康」之誤。

〔一五〕又謂之陽曲水　「陽曲水」，水經沽河注作「陽田河」。此引水經注乃從通鑑卷九五晉紀一七胡注轉引而來，故有异。

〔一六〕謂之曲河鎮　水經濡水注云：「濡水出禦夷鎮東南……濡河又東南，水流迴曲，謂之曲河。鎮東北三百里。」鎮即禦夷鎮，謂曲河在禦夷鎮東北三百里，非此處有曲河鎮也。此誤亦因通鑑胡注所致。

〔一七〕王曾上契丹事至入大同館云　此王曾上契丹事一段文字，核諸中華書局標點本遼史卷三九，有多處不同：「僅容單軌」，遼史作「僅容車軌」；「如來館」，遼史作「卧如來館」；「又過黑斗嶺、度雲嶺，」遼史作「又過摸斗嶺，一名渡雲嶺」；「館西北有鐵冶」，遼史無此句；「打造部落」，遼史作「打造部落館」；「富峪館」，遼史作「富谷館」。

〔一八〕移剌窩斡攻圍臨潢　「臨潢」，底本原作「臨漳」，鄒本作「臨潢」。金史卷一三三移剌窩斡傳作「賊遂攻圍臨潢」，本書同卷新羅寨下亦作「攻臨潢」，鄒本是，今據改。

〔一九〕芬阿部　遼志卷三七與此同，新唐志卷四三下、新唐書卷二一九契丹傳、遼史卷三二營衛志均作「芬問部」。

〔二〇〕白連州　新唐志卷四三下與此同，新唐書卷二一九契丹傳、遼史卷三二營衛志、遼志卷三七均作「日連州」。

〔二一〕十八年契丹將可突干弑其主李那固　底本「十八年」上原有「如來」二字，職本、鄒本均無，敷本作「如意」。唐代諸帝無年號爲「如來」者，「如意」爲武則天年號，然止一年，作「如意」亦誤。據上文「開元四年」，又據新唐書卷二一九契丹傳、通鑑卷二一三唐紀二九並載開元十八年契丹將可突干弑主降突厥事，則此「十八年」爲開元十八年，「如來」二字實爲衍文，職、鄒本無此二字，是，今據删。又據通鑑等，契丹主名李邵固，非李那固。

南直方輿紀要序

以東南之形勢而能與天下相權衡者，南直而已。春秋時句吴實雄長於東南，以兵威破楚、臣越、敗齊，又闕深溝於商、魯間，北屬之沂，西屬之濟，以會晉公午於黄池，當是時微越之故，吴且霸天下。項羽率會稽子弟渡江而西，一戰而斬李由，再戰而降章邯。夫山東豪傑起而亡秦者已半天下，乃鉅鹿之圍，諸侯救趙者且十餘壁，卒莫敢縱兵。及羽渡河，戰士無不一當十，遂大破秦兵。當是時微楚兵，秦且復振，然則謂亡秦者非江東子弟之力不可也。或者曰明太祖以江南而奄有中原，爲千古創見之局，此實不然。從來建事功者，得失雖殊，成虧或異，而其能發憤以有爲則一也。楚南公之言曰：「楚雖三户，亡秦必楚。」故西北與東南，恒有互爲屈伸之理。項羽、劉季並起於東南，季成而羽敗，要皆力足以亡秦者也。桓温用江、淮之甲覆李勢於西川，震苻健於灞上，走姚襄於洛陽，逼慕容於枋頭，可云赫然振拔矣，而驕蹇自用，功以不集。劉裕翦除桓玄，收復荆、楚，北平廣固，西定梁、益，乃經營河、洛，規取關中，以拓跋之强，濱河鎮戍，亦斂息而避其鋒，使不急成篡事，則保據河山未可知也。謂非能以東南有爲者乎？或者又謂吴、越之人，大都剽輕而脆弱。然楚、漢用之而强；晉南渡以後，北府之兵常爲天下雄；祖逖自京口糾合驍健，擊楫渡江，威行河、朔；劉牢之以北府兵摧洛澗，斬梁成，則苻秦奪氣；劉裕以烏合數百人奮起京口，直入金陵，而僞楚奔亡。則兵非不可用也。且夫曹操之用兵，武侯所謂彷彿孫吴者也。舳艫千里，南下荆、襄，目中固已無江東矣。赤壁之役，狼狽北還，而後知江東未可與争。苻堅以百萬之衆，長驅而南。堅之心以爲我之力足以東滅燕，西并涼，北舉代，晉人殘敝之餘，不足以攖其鋒也。肥水一戰，風聲鶴唳皆爲晉兵，堅雖不亡於晉而已亡於伐晉之日矣。南北分疆，兩淮皆戰場也。往來角逐，見利則進，擇險而守，勝負之數，略相當矣。朱全忠之强横，不能得志於楊行密。周世宗攻壽州，三年而後克之。宋於奔亡之餘，立國江沱，江中之戰，大儀之戰，順昌之戰，拓皐之戰，金人且惴惴焉。所憾者主昏於上，大奸在旁，視君父如仇讎，棄中原如脱屣耳。使能内任李綱，外任岳飛，而謂不能直抵燕、雲，吾不信也。然則謂東南不足以立國者，非也。晉之取吴也，用兵三十萬，而所出之道六；涂中、江西、武昌、夏口、江陵、巴蜀是也。隋之取陳也，用兵五十萬，而所出之道八；六合、襄陽、永安、江陵、蘄春、廬江、廣陵、東海是也。宋之取江南也，用兵十萬，而所出之道一；荆南。蒙古之取宋也，用兵十五萬，而所出之道二。淮南、襄陽。蓋吴與陳皆濱江設險，利在多其途以分其勢。南唐有吴越以撓其東南，而上流之勢復入於宋，一軍自荆南東下，而破竹之形成矣。元人用全力以取襄、樊，宋之藩籬既已摧壞，但遣偏師掣淮南之援，而以重兵沿江直入，宋人已在掌握中矣。此時勢各殊之故也。或者曰江東之形勢係於楚、蜀，而兩淮猶次之。晉人先取蜀、漢，王濬巴東之軍十四日而抵三山矣。楊素出永安，陳沿江鎮戍盡爲所陷。唐初輔公祏之叛也，雖發四道兵擊之，江州、宣州、譙亳、淮泗也。而先登破敵，奪其險要，卒從江州而入。宋平江南，克其池州，徑向采石。伯顔入漢濟江，引軍而東，新郢以下，遂爾風靡。且六朝都建康，强藩巨鎮，往往自荆、襄、江、郢搆釁稱兵，爲建康禍，蓋上游崎重之勢也。太祖初定金陵，陳友諒肆其凶狂，争太平，犯龍江，禍且迫於肘腋。迨殪之於鄱陽，進規武昌，而東南之勢大定，夫然後措置兩淮，興師北伐。太祖誠明於緩急之勢哉！是何也？敵在淮南，而長江之險吾與敵共；敵在上游，而長江之險乃制之於敵矣。雖然，淮南亦未可輕也。人亦有言：欲固東南者必争江、漢，欲規中原者必得淮、泗；有江、漢而無淮、泗，國必弱，有淮、泗而無江、漢之上游國必危。孫氏東不得廣陵，西不得合肥，故終吴之世不能與魏人相遇於中原。東晉以彭城、壽陽爲重鎮，故桓温、劉裕得以再問中原。繼東晉而起者，其時之盛衰，大約以淮南北之存亡爲斷。楊行密起於淮南，兼有江南北數十州，於羣雄中最爲强盛。李氏失淮南而國以弱，未幾而國以亡矣。明初規畫畿輔，跨江踰淮，幅員最廣，夫亦保江者不在江南，保淮者不在淮南之意乎？蓋彭城、邳、泗，北連青、齊，西道梁、宋，與中原形援相及，呼吸相聞，自古及今要會之處也。聖人舉動，一日而周百世之防，一方而通天下之勢，其以此矣。至於江、淮之間，五方之所聚也，百貨之所集也，田疇沃衍之利，山川藪澤之富，遠近不能及也。漢吴王濞以鑄山煮海，國用富饒，招致亡命，倡爲七國之禍。太史公曰：「夫吴東有海鹽之饒，章山之銅，三江、五湖之利，江東一都會也。」魏、晉之際，戍守淮南，用劉馥、鄧艾之策，興陂堰，事耕屯，則轉輸不勞，而軍用饒給。吴人於江南廢郡縣之吏，置典農督農之官，則穀粟充溢，雖疆埸多事，恒無饑乏之慮。六朝時往往修其故轍。自古未有不事民生而可以立國者，況揚州富庶常甲天下，自唐及五季稱爲「揚一益二」。今魚鹽穀粟布帛絲絮之饒，商賈百工技藝之衆，及陂塘隄堰畊屯種植之宜，於古未有改也。用以聚糗糧，厚資儲，則奔走天下，不患無具矣。豈褊淺瘠弱僅固一隅者可以同日語哉？或者曰淮北風氣雜揉，類多頑梗，朱温以碭山羣盜而擅干唐祚，劉福通之徒皆以妖術惑衆騷動天下，今其餘風或未殄也。夫聲教一新，則觀感自易，其然豈其然乎？

讀史方輿紀要卷十九

南直一

禹貢：「淮、海惟揚州。」周禮職方：「東南曰揚州。」應劭曰：「州界多水，水波揚也。又江南之氣燥勁，厥性輕揚。」春秋時爲吴地，其在天文，斗則吴之分野，亦兼魯、宋之疆。邳、泗以北故魯地，徐州則宋地也。在禹貢爲徐州之域。越滅吴，并其地。戰國時爲楚地。秦始皇兼天下，爲九江、鄣郡、會稽及泗水郡地。項羽都彭城，亦爲楚地。已上俱見首卷，後倣此。漢初爲吴、楚、淮南諸國之境。武帝置十三州，此爲揚州，而淮北則屬於徐州。後漢因之。三國魏跨有淮南，亦置揚州，治壽春。而江南爲吴地。已上見第二卷，後倣此。晉亦置揚州，初治壽春，平吴後治建鄴。渡江後揚州遂爲王畿。時僑置州郡，參錯其間。按晉及十六國並見第三卷，後倣此。劉宋僑置南徐、南兗、南豫諸州，南徐治京口，南兗治廣陵，南豫治歷陽。餘詳見劉宋州郡，後倣此。而揚州如故。元凶劭弒逆，分浙東五郡爲會州，省揚州，立司隸校尉。劭誅復故。孝建二年復分揚州浙東五郡置東揚州，大明三年更以揚州丹陽、淮南、宣城、吴郡、吴興、義興六郡爲王畿，而以東揚州爲揚州。大明八年子業立，仍以王畿爲揚州，揚州爲東揚州。蕭齊復增置豫州、青州、冀州及北兗、北徐諸州，豫治壽春，青、冀治朐山，北兗治淮陰，北徐治鍾離。梁初因之，其後分裂益多。陳初自江以北没於高齊，後雖復取淮南，而不能有也。隋氏亦置十三州，然不詳所統。自劉宋以下俱見第四卷，後倣此。唐貞觀中分天下爲十道，此爲江南及淮南道。開元中又分江南爲東、西道。東道治蘇州，西道治洪州。唐末屬於楊行密，而吴郡屬於吴越。後爲李昪所據。唐末節鎮及十國分合，俱詳見第五、第六卷，後倣此。宋置淮南、江南及兩浙路，元豐改作，又分淮南、江南皆爲東西路，渡江以後又分兩浙置浙西路。元置浙江行省於杭州，河南行省於汴梁，而江、淮南北地分屬焉。自宋至元，俱見第七、第八卷，後倣此。明初定鼎於金陵，遂爲都會，正統六年始爲陪都。爲直隸府者凡十有四，州四，屬州凡十三，縣凡九十有六，總爲里一萬三千七百四十三。夏秋二税，大約五百九十九萬五千三十四石有奇。而衛所參列其中。今爲江南布政使司。

應天府，屬縣八。

上元縣，附郭。江寧縣，附郭。句容縣，溧陽縣，溧水縣，高淳縣，江浦縣，六合縣。

鳳陽府，屬州五，縣十三。

鳳陽縣，附郭。臨淮縣，懷遠縣，定遠縣，五河縣，虹縣。

壽州，屬縣二。

霍丘縣，蒙城縣。

泗州，屬縣二。
盱眙縣，　天長縣。
宿州，屬縣一。
靈璧縣。
潁州，屬縣二。
潁上縣，　太和縣。
亳州，
淮安府，屬州二，縣九。
山陽縣，附郭。　清河縣，　鹽城縣，　安東縣，　桃源縣，　沭陽縣。
海州，屬縣一。
贛榆縣。
邳州。屬縣二。
宿遷縣，　睢寧縣。
揚州府，屬州三，縣七。
江都縣，附郭。　儀真縣，　泰興縣。

高郵州，屬縣二。
寶應縣，興化縣。
泰州，屬縣一。
如皋縣。
通州，屬縣一。
海門縣。今廢。
蘇州府，屬州一，縣七。
吴縣，附郭。長洲縣，附郭。吴江縣，崑山縣，常熟縣，嘉定縣。
太倉州，屬縣一。
崇明縣。
松江府，屬縣三。今增置婁縣。
華亭縣，附郭。上海縣，青浦縣。
常州府，屬縣五。
武進縣，附郭。無錫縣，宜興縣，江陰縣，靖江縣。
鎮江府，屬縣三。

丹徒縣，附郭。丹陽縣，金壇縣。

廬州府，屬州二，縣六。

合肥縣，附郭。舒城縣，廬江縣。

無爲州，屬縣一。

巢縣。

六安州，屬縣二。

英山縣，霍山縣。

安慶府，屬縣六。

懷寧縣，附郭。桐城縣，潛山縣，太湖縣，宿松縣，望江縣。

太平府，屬縣三。

當塗縣，附郭。蕪湖縣，繁昌縣。

池州府，屬縣六。

貴池縣，附郭。青陽縣，銅陵縣，石埭縣，建德縣，東流縣。

寧國府，屬縣六。

宣城縣，附郭。南陵縣，涇縣，寧國縣，旌德縣，太平縣。

徽州府，屬縣六。

歙縣，附郭。休寧縣，婺源縣，祁門縣，黟縣，績溪縣。

直隸徐州，屬縣四。

蕭縣，沛縣，豐縣，碭山縣。

直隸滁州，屬縣二。

全椒縣，來安縣。

直隸和州，屬縣一。

含山縣。

直隸廣德州，屬縣一。

建平縣。

東濱海，

自淮安府東北接山東膠州界，松江府東南接浙江海鹽縣界，幾千二百里，皆海濱也。而淮安之安東爲淮河入海之口，揚州之海門海門縣今廢入通州。爲大江入海之口，蘇州之崇明則孤懸海中，爲江口扞蔽，誠東南之險矣。

南據五湖，

五湖即太湖也，與浙江湖州府分界。

西接梁、楚，

自徐、亳以西，徐州、亳州。自潁、壽以西，潁州、壽州。則楚地也。楚地，謂汝寧府。

北有淮甸。

邳、徐之境，皆跨淮北，上接山東，所以聯絡中原，翼蔽肩背也。

其名山則有鍾山，

鍾山在應天府城東北朝陽門外，舊志：在城東北十五里。諸葛武侯所云「鍾山龍蟠」者也。一名蔣山，吳大帝祖諱鍾，因改曰蔣山。以漢末秣陵尉蔣子文逐賊有功，死葬於此，因名。亦曰金陵山，亦曰北山，一名紫金山。庾闡揚都賦謂時有紫金，故名。山周回六十里，高百五十餘丈，負北面南。其東則達青龍、鴈門諸山，北連雉亭山，青龍山在今應天府城東南三十五里。鴈門山則在城東南六十里。雉亭山在城東北四十里，一名騎亭山。西臨青溪，山南有鍾浦水流入秦淮。丹陽記：一作金陵新志，明張鉉撰。「京師南並連嶺，而蔣山岧嶤嶷峻，實作揚州之鎮。」晉咸和三年，蘇峻反於歷陽，自橫江濟，從南道出蔣陵。胡氏曰：「蔣山之陵阜也。」戰於西陵，鍾山南，吳大帝陵也。亦曰孫陵。臺軍敗績，峻遂攻青溪柵，入臺城。齊永元二年，崔慧景自京口向建康，拔竹里，見句容縣。東昏侯使中領軍王瑩督軍據湖頭玄武湖頭。築壘，上帶蔣山西巖，以拒慧景。萬副兒因説慧景曰：「今平路皆爲臺軍所斷，不可議進，惟宜從蔣山龍尾上，出其不意耳。」胡氏曰：「自山趾築道，陂陁以登山，曰龍尾。」從之。分遣千餘人，魚貫緣山，自西巖夜下，鼓叫臨城中，即西巖下壘中也。臺軍驚潰，遂入北籬門屯樂遊苑，宫門閉，東府、石頭、白下諸城皆潰。齊紀：「永明中惠文太子立樓觀於鍾山下，號曰東田，又於東田起小苑，營城包巷，彌亘華遠。建武二年詔罷東田及毁苑中興光樓。」梁太清二年，侯景迫臺城，邵陵王綸自京口入援，景遣兵禦之於江乘。趙伯超謂綸曰：「今若從黄城大路，黄城當作「江乘」。又金陵志：「上元縣東北清風鄉有黄城村。」必與賊遇，不如徑指鍾山，突據廣莫門，出敵不意，城圍必解。」綸從之。夜行失道，迂二十里，及旦，營於蔣山。景見之大駭，悉送所掠婦女珍貨於石頭，具舟欲走。綸御軍無法，尋爲賊所敗。梁末，徐嗣徽引齊軍潛至鍾山，侯安都與齊將王敬寶戰於龍尾。既而齊師潛踰鍾山，陳霸先分軍頓樂遊苑東及覆舟山北，斷其衝要，齊師敗却。陳禎明末，隋師來伐，賀若弼自廣陵濟江入京口，司馬消言於後主，請北據蔣山，南斷淮水。謂秦淮水。不從。既而弼趨建康，分兵斷曲阿之衝而入進據鍾山，一統志：「鍾山龍尾上有賀若弼壘，去府城二十里。」與陳兵戰於白土岡，乘勝至樂遊苑，遂夜燒北掖門入臺城。唐六典：「蔣山，江南道名山之一也。」今峰巖泉壑，其得名者以數十計。朱子曰：「天下山皆發源於岷山，鍾山實其脉之盡者。」蓋自六朝以來，東南名勝，鍾山其最著矣。明初敗元人於方山營，進敗元人於蔣山，直抵集慶城下，遂克之。金陵記：明陳沂撰。「鍾山磅礴奇秀，比諸山特高。林木鬱葱，泉流清冽。山之陽陵寢奠焉。俯視羣山，氣象雄偉，鍾祥衍慶，有繇來矣。嘉靖中詔改山名曰神烈山，以表功德」云。

梁山，

梁山有二：東梁山一名博望山，在太平府西南三十里；西梁山在和州南六十里，夾江對峙，如門之闢，亦曰天門山。郡國志：即元和郡縣志。「天門山一名蛾眉山，春秋昭十七年『楚獲吳乘舟餘皇』處也。兩山岸江，相望數里，爲大江之關要。」晉人伐吳，王濬自武昌順流東下，吳主遣將軍張象帥舟師萬人禦之於梁山。象望旌而降，濬遂直指建業。東晉時王敦作亂及桓温專命，皆自上流移鎮姑熟，說者曰：「奪梁山之險也。」宋元嘉二十七年，北魏主燾軍瓜埠，聲言欲渡江，宋於南岸分軍守禦，置戍博望。三十年，元凶劭弒逆，武陵王駿討之，自尋陽東下。劭黨蕭斌勸劭勒水軍自上流決戰，不爾則保據梁山。劭不能用。孝建元年，江州刺史臧質以南郡王義宣叛，宋主命柳元景、王玄謨帥諸將討之，進據梁山洲，於兩岸築堰月壘，水陸待之。質至梁山，亦夾陳兩岸，與官軍相拒。義宣至蕪湖，質進說曰：「今若以萬人取南州，則梁山中絕；時柳元景自采石進屯姑熟，爲梁山後援。萬人綴梁山，則玄謨必不敢動。下官中流鼓棹，直趨石頭。此上策也。」義宣不能用。質因西南風急，遣兵攻梁山西壘，陷之。既而義宣至梁山，頓兵西岸，遣其將劉諶之與臧質進攻東城，爲玄謨等所敗。今兩山有却月城故址，相傳即玄謨所築。大明七年，祀梁山，大閲於江中，立雙闕於山上。齊建元初，魏人入寇司、豫二州，緣淮驅略，江北居民驚擾，詔於梁山置二軍，南州置三軍以備之。永元元年陳顯達舉兵江州，東昏侯使將軍胡松等拒之於梁山。梁敬帝初，江州刺史侯瑱擁兵上游，不附於陳霸先，霸先遣將侯安都等帥舟師立柵於梁山，以備之。繼而齊兵亦出柵口，柵江口也。見和州。向梁山，霸先將黄叢逆擊破之。齊師退保蕪湖，霸先復遣將沈泰等共據梁山，尋親如梁山巡撫諸軍。唐武德七年，輔公祏叛，遣其將馮慧亮等帥舟師屯博望山，仍於梁山連鐵鎖斷江路，築却月城，延袤十餘里，旋爲李孝恭所敗。宋南渡後置寨於此。紹興三十一年金亮南侵，至和州，以梁山濼水淺，議改舟以渡，不果。今有官兵戍守。李白梁山銘曰：「梁山、博望，關扃楚濱，夾據洪流，實爲要津。天險之地，無德匪親，守建康者，西偏津要。」梁山其最矣。

采石，

采石山，亦曰采石圻，在太平府西北二十五里，渡横江西至和州二十五里，東北至應天府八十五里。亦謂之牛渚圻。輿地志：陳顧野王撰。「牛渚山北謂之采石。」蓋大江東北流，牛渚、采石俱列江東岸，采石去牛渚不過里許，故牛渚圻通謂之采石。元和志：「采石西接烏江，即和州江。北連建業，戍城在牛渚山上，與和州横江渡對，其地突出江中，自昔津渡處也。秦始皇東巡會稽，道丹陽至錢塘，即繇此渡。後漢興平二年，孫策渡横江攻劉繇牛渚營，盡得邸閣糧穀戰具。其後孫權使孫瑜自溧陽移兵屯牛渚，自是以後，常爲重鎮。黄武中，使全琮屯牛渚。孫皓建衡二年謀伐晉，大舉兵從牛渚西上。旋引還，又以何植爲牛渚督，作横江塢。晉咸寧五年伐吴，遣王渾向牛渚。及王濬繇武昌東下，留宿牛渚部分，明日前至三山。見應天府。永嘉元年，陳敏據建業，揚州刺史劉機等出歷陽討敏，敏使其弟閎據牛渚拒之。成帝咸和三年，蘇峻據歷陽以叛，濟自横江，登牛渚望蔣山。咸康元年，石虎南寇，遊騎至歷陽，詔戍牛渚及慈湖、蕪湖以備之。永和中，謝尚鎮於此，亦曰采石戍。隆安二年，豫州刺史庾楷以歷陽叛，譙王尚之大破楷於牛渚。宋元嘉二十七年，魏主燾入寇，軍瓜埠，宋分軍戍采石，又陳艦列營周亘江畔，自采石至暨陽六七百里。孝建初義宣作亂，柳元景軍於采石。齊永元初，陳顯達自尋陽東下，敗臺軍於采石，建康震恐。二年崔慧景逼臺城，豫州刺史蕭懿方討壽陽，屯小峴，聞警即帥數千人自采石濟江，頓越城。見應天府。亦曰南洲津。梁普通六年置南津校尉於此。大通二年，侯景攻歷陽，歷陽太守莊鐵以城降，説景曰：「今宜急趣建康。若朝廷遣羸兵千人直據采石，雖有精甲百萬不能濟矣。」景遂引兵臨江。時羊侃請以二千人急據采石，梁主不從，侃嘆曰：「今茲敗矣！」先是梁主聞景叛，遣將軍王質巡江防遏，至是陳昕言：「采石急須重鎮，王質水軍輕弱，恐不能濟。」詔即以昕代質戍采石。質去采石，而昕猶未下渚，秦淮渚也。景諜知之，大喜，曰：「吾事濟矣。」遂自橫江濟采石，襲陷姑熟，至慈湖，建康震駭。承聖初，王僧辯等討侯景，至蕪湖，景將侯子鑒據姑熟南洲以拒之。既而僧辯至姑熟，子鑒帥步騎渡洲，於岸挑戰，敗奔建康。南洲即采石矣。梁主方智初，齊人納蕭淵明爲梁主，王僧辯迎之於歷陽，淵明自采石濟江。既而陳霸先殺僧辯，廢淵明，與齊人相持。紹泰二年，齊譙、秦二州刺史徐嗣徽等襲采石，執戍主張懷鈞。陳末隋軍臨江，樊毅曰：「京口、采石，俱是要地，各須鋭兵五千，金翅二百，緣江上下防扞。如其不然，大事去矣。」既而韓擒虎以兵五百人自橫江宵濟采石，而陳以亡。隋置牛渚圻鎮，唐貞觀初改鎮爲戍。文德初，楊行密謀取宣州，議約和州、昇州兵自采石濟江，侵其境，而行密從廬州濟江，自西道擊之。宋開寶七年，曹彬敗江南兵於采石磯。先是樊若水嘗漁於采石，以小舟載絲繩維南岸，疾櫂至北岸以度江之廣狹，遂詣闕請造舟爲梁以濟師，繇是大軍長驅如履平地。紹興末金亮南侵，兩淮皆陷，遂築臺和州江岸，揮兵渡采石，王應麟曰：「和州東二十里有西采石，其下爲楊林渡，即金亮督兵渡江處。」爲虞允文所敗。明初自和州渡江，〔一〕諸將欲向牛渚，太祖曰：「牛渚敵營所在，備必密，先登采石，敵不知所備矣。」遂克牛渚，下太平。今采石磯臨江爲險，有官兵駐守。志云：昔人於此取石，因名。又牛渚山下名燃犀浦，相傳溫嶠燃犀炤水處也。陸氏游曰：「古來江南有事，從采石渡者十之九，從京口渡者十之一，蓋以江面狹於瓜洲也。」今洲渚紆回，采石形勢又復一變矣。詳見川瀆大江。

峴山。

峴山有二：大峴山在和州含山縣東北十三里，小峴山在含山縣北二十里。輿地志：「小峴在合肥之東，大峴在小峴之東是也。」胡三省曰：「六朝都建康，自歷陽西趨壽陽，自壽陽東向建康，大、小峴爲往來之要路，而小峴尤爲險阨。」紀勝：輿地紀勝，宋王象之撰。「小峴一名昭關，兩山峙立，爲廬、壽往來之衝。」范睢曰：「子胥橐載而出昭關，即此。」劉宋孝建初，荊州刺史南郡王義宣作亂，豫州刺史魯爽據壽陽應之，引兵趨歷陽，前鋒爲薛安都所敗，乃留軍大峴，使魯瑜屯小峴。既而食盡引退，安都追斬爽於小峴，進克壽陽。泰始二年，豫州刺史殷琰舉兵壽陽以應晉安王子勛，詔山陽王休祐等討之。休祐軍歷陽，遣將劉勔進軍小峴，合肥遂來降。齊永元二年，裴叔業以壽陽降魏，東昏侯使蕭懿進討，懿將步軍三萬屯小峴。梁天監初，魏小峴戍主黨法宗襲大峴戍，破之。二年，魏揚州刺史任城王澄復遣將分道寇大峴，拔之。四年，豫州刺史王超宗將兵圍魏小峴，時梁置豫州於歷陽。今和州。爲魏將李叔仁所敗。五年，韋叡攻魏小峴拔之，遂進至合肥。承聖元年，時侯景據建康，齊人屢侵景邊地，景遣其黨郭元建帥步軍趣小峴，侯子鑒帥舟師向濡須，齊人引却。陳大建五年，遣吴明徹等北伐，魯廣達破齊師於大峴。唐元和志：「大、小二峴，淮南襟要之地也。」宋紹興十一年，王德復和州，兀术退屯於昭關，德擊敗之。三十一年，金亮南侵，自渦口渡淮，守將王權棄廬州退屯昭關，又自昭關退保和州，淮西大擾。隆興二年，金人入濠、滁，王彦棄昭關走，兩淮幾陷。祝穆曰：「昭關之口，兩山壁立，可以守禦。紹興間張浚嘗因山築城，置水匱以遏金人，蓋形險可恃也。」明末賊犯鳳陽，嘗分兵守小峴，蓋懼金陵援師也。其山長二十里，水遶山下，爲往來者必經之處。

其大川則有大江，

大江自江西九江府彭澤縣流入界，江北岸爲宿松縣及望江縣，又東北至安慶府城西南，江南岸爲東流縣，以至池州府城西北，經桐城縣境南，桐城縣屬安慶府。銅陵縣城北，銅陵縣屬池州府。而入廬州府無爲州界及太平府繁昌縣界。自此益折而東北，江西岸爲和州，東岸爲蕪湖縣，太平府天門、采石之險在焉。又東北經應天府界，江北岸則六合縣、江浦縣，以至揚州府之儀真縣、瓜洲鎮，江南岸則應天府以及句容縣北境，至鎮江府京口閘與瓜洲南北相對，爲渡江之津要。自此引而東，南岸經丹陽縣、常州府境及江陰縣城北，又東爲蘇州府常熟縣之北境，北岸則歷泰興、靖江、如皋縣境，又東歷通州之狼山，與常熟縣福山對境，又東至海門縣入於海。海門縣今堙於海。而靖江則孤懸於江中，靖江縣在江中，本屬江南，今城北新沙平闊，直接江北泰興縣，而江在城南矣。崇明則翼峙於江口。此境内江流之大略也。吴紀涉曰：「長江自西陵以至江都，五千七百里，疆界雖遠，而險要必争之地不過數處，猶人有八尺之軀，靡不受患，其護風寒亦數處耳。」北魏陸叡曰：「長江浩蕩，敵之巨防也。」宋吴表臣曰：「古來都建康者，以大江爲要會。大江之南，上自荆、鄂，下至常、潤，不過十郡。十郡之間，其要不過七渡。上流最緊者三，荆南之公安、石首，二縣俱屬荆州府。岳之北津；中流最緊者二，鄂之武昌，太平之采石；下流最緊者二，建康之宣化，即府西北三十里之三江口。鎮江之瓜洲。」宋會要：一作「中興會要」，宋梁克家輯。「紹興二年，命沿江岸置烽火臺以爲斥堠，自當塗之褐山、東采石、慈湖、繁昌、三山至建康之馬家渡、大城岡、池州之鵲頭山，凡八所。」又紹興七年葉夢得言：「建康、太平、池州緊要隘口，江北可濟渡處凡一十九處。」咸淳十年汪立信言：「沿江之守不過七千里，若距百里而屯，屯有守將，十屯爲府，府有總督，其尤要害處，輒三倍其兵，無事則泛舟長江，往來游徼，有事則東西齊奮，戰守並用，互相形援，以爲聯絡，率然之勢，此上策也。」時宋已失荆、襄，故濱江之備切。王應麟曰：「塞建平之口，建平，今荆州府歸州。使自三峽者不得下；據武昌之津，使自漢水者不得進，守采石之險，使自合肥者不得渡；據瓜步之衝，使自盱眙者不得至；

此守江之策也。」明初以大江當建康肘腋，而江南財賦淵藪，轉輸所必資，增置營軍，特命大臣經理。上自九江，濱於大海，設險置防，皆爲重地。嘉靖間倭寇充斥，東南糜爛，於是江防、海防之議益起，沙洲浦渚，節節爲防，詳且密矣。然而機變無方，風帆迅疾，未可繩以守株之見也。唐順之曰：「江口蓼角嘴、見廢海門縣。營前沙，見崇明縣。南北相對，海面闊百四五十里，此江防第一重門户。江北周家橋見揚州府。與江南岸圌山相對，圌山，見鎮江府。江中有順江洲爲兩岸分界，周家橋南至順江洲江面止六七里，順江洲南至新洲夾江面止七八里，新洲夾至圌山江面不過十四五里，此爲江防第二重門户。京口、瓜洲南北相對，江面不過十八里，此江防第三重門户也。」今瓜洲渡江至京口，江面不過七里有奇。餘詳川瀆異同。

淮河，

淮河自河南固始縣而東流入界，經潁州南，霍丘縣北，潁上縣南，又東經壽州北及懷遠縣城南，又東經鳳陽府城及臨淮縣城北，又東北經五河縣城東，盱眙縣城北，泗州城南，又東北至清河縣南合大河，又東經淮安府城北及安東縣城南而入海。長淮南北大小羣川，無不附淮以達海者，而渦、潁、汴、泗諸水則尤要害所關也。春秋襄三年：晉會諸侯於雞澤，見北直廣平府。使荀會逆吴子於淮上。三國魏黄初五年謀伐吴，爲水軍，親御龍舟，循蔡、潁蔡、潁二河也。浮淮如壽春。六年復伐吴，帥舟師自譙循渦入淮，至廣陵。晉永和中，姚襄屯歷陽，夾淮廣興屯田，殷浩惡其强盛，遷之於梁國。自南北分疆，往往以長淮爲大江之蔽。陳人失淮南，遂爲隋人所并。唐末楊行密與朱温亟戰於淮上，温不能渡淮，楊氏遂能以淮南之境與中原抗。五代周取淮南，而李氏之亡不旋踵矣。宋王德曰：「淮者江之蔽也，棄淮不守，是爲脣亡齒寒。」紹興三十一年，金亮南侵，詔劉錡等備清河、潁河、渦河口。開禧二年，金人以韓侂胄敗盟，遣僕散揆等分道入寇，一出潁、壽，一出渦口，一出清河口。時丘崈爲兩淮宣撫，或勸崈棄廬、和爲守江計，崈曰：「棄淮則與敵共長江之險，吾當與淮南俱存亡耳。」又寶慶三年李全據楚州，趙范言：「有淮則有江，無淮則長江以北港汊蘆葦之處，敵人皆可潛師以濟，江面數千里，何從而防哉？」真氏曰：「淮東要害在清河口，淮西要害在渦、潁口，欲固兩淮，先防三口。」楊氏萬里曰：「固國者以江而不以淮，固江者以淮而不以江也。」餘詳川瀆異同。

黄河，

黄河自宋神宗時决於澶州，合南清河而入淮，自是淮北遂被河患，五六百年之間，川原故道，幾幾盡失其舊矣。而國家漕運，又藉黄河以相灌注，故補救之法，萬緒千端，猶虞無濟。今大河在境中者，繇河南歸德府永城縣界流經徐州碭山縣北，又東至豐縣南，又經沛縣南及蕭縣北，至州城東北而合於泗水，蓋奪汴水入泗之舊道也。入泗以後遂奪泗水之經流從吕梁洪而東經邳州宿遷縣之南，桃源縣之北，至清河縣而合於淮，東注於海，并奪淮河之經流矣。詳見川瀆異同。

清河，

清河即泗水也，亦曰南清河。源出山東泗水縣東五十里之陪尾山，四泉並發，西流至縣北八里始合爲一，又西經曲阜縣北，過兗州府城中，至濟寧州城東分南北流，北流入會通河，南流自魚臺縣南入徐州境，經沛縣東至州城東北又東南流，過邳州宿遷縣南，又東經桃源縣北，至淮安清河縣西北三十里三汊河口分爲大小二清河，又南達於淮，志云：大清河繇清河縣治東北入淮，小清河繇縣治西南入淮，相去僅五里。謂之清口，亦曰泗口，亦曰淮口。禹貢曰：「浮於淮、泗。」周禮職方：「青州川淮、泗。」漢志：「泗水過郡六，魯國、山陽、濟陰、沛、楚國、泗水。行千一百一十里。」景帝三年，吴、楚七國反，周亞夫擊之，堅壁昌邑，見山東金鄉縣。使弓高侯等弓高侯，韓頽當也。將輕騎出淮、泗口，絶吴、楚兵後，塞其餉道。吴、楚糧絶，卒以敗散。後漢初平四年，曹操擊敗陶謙於彭城，進攻郯，見山東郯城縣。坑殺男女十萬口於泗水，水爲不流。晉大寧初，徐州刺史卞敦鎮泗口，聞石勒寇彭城、下邳，退保盱眙，淮南大震。二年，勒將石瞻復寇下邳、彭城，取東莞、東海，兗州刺史劉遐自彭城退保泗口。

永和五年石季龍死，國亂，褚裒上表請伐趙，即日戒嚴，直指泗口。八年殷浩北伐，亦屯軍於此。太元三年，苻秦圍彭城，謝玄等馳救，軍於泗口。義熙五年，劉裕伐南燕，帥舟師自淮入泗。十三年伐秦，自淮、泗入清河。此清河謂濟水。宋元嘉七年，遣到彦之等將兵復河南地，〔三〕彦之自淮入泗，水滲，水下漉爲滲。日行纔十里，自四月至秋七月始至須昌，今見山東東平府。乃泝河西上。泰始三年，徐州刺史薛安都以彭城降魏，魏將尉元等入彭城。宋張永等引兵攻之，不克而退，會天大雪，泗水冰合，永等棄船步走，尉元與薛安都前後邀擊，永等大敗。尉元以彭城兵荒之後，公私困竭，請發冀、相、濟、兗四州粟，取張永所棄船九百艘，沿清運載，以賑新民。魏主從之。此清水謂濟水及泗水也。元嘗言：「宋人圖淮北，必自清、泗趨下邳。」是也。既而宋主復遣沈攸之擊彭城，攸之以清、泗方涸，運糧不繼，固執以爲不可。宋主强遣之，尉元大敗攸之於淮、清口，攸之退走淮陰。齊建元二年，遣領軍李安民巡行清、泗諸戍以備魏。梁天監五年，將軍藍懷恭與魏將邢巒戰，敗於睢口，睢水入淮之口。巒進圍宿預。懷恭復於清南築城，清水南也。巒與楊大眼攻拔之。陳大建十年，吳明徹北伐，圍彭城，堰泗水灌之。周將王軌馳救，引兵據淮口，結長圍以鐵鎖貫車輪數百沉之清水，以遏陳船歸路，又於兩端築城，一旬之間，水路斷絶。明徹乃決堰，乘水勢退軍，冀以入淮，至清口水勢漸微，舟礙車輪不得過，爲軌所擒。陳主大懼，因命樊毅都督清口上至荆山緣淮諸軍。毅遣軍渡淮北對清口築城，軍士棄城還。唐乾寧四年，朱全忠大舉擊楊行密，分遣龐師古等將徐、宿、宋、滑之兵壁清口。將趨揚州，或告師古營地污下，不可久處，不聽。行密拒之於楚州，壅淮上流，分軍潛渡淮襲之，汴軍倉皇拒戰，淮水大至，行密濟淮夾擊之，斬師古，汴軍遂潰。周顯德四年克唐泗州，唐人以戰船赴援，泊洞口，聞泗州敗没，退保清口。洞口，見盱眙浮山。周主命步騎夾南北兩岸而進，水軍復自中流追之，大敗唐兵於楚州西北。宋紹興五年，韓世忠鎮楚州，州控扼清河口，恒屯重兵戍守。三十一年，金亮南侵，遣其臣李通造浮梁於淮水上，將自清河口入淮東，又以舟運糧至清口。時劉錡在揚州，移軍駐清口，使善没者鑿沉其舟，金人不得進，乃繇渦口渡淮。隆興二年，金將紇石烈志寧自清河口入淮，魏勝拒戰於淮陰，敗績，金人遂陷楚州。開禧二年，金人分道入寇，一出潁、壽，一出渦口，一出清河口。既而金將胡沙虎自清口渡淮，圍楚州。淳祐十一年，蒙古忽必烈置經略司於河南，分兵屯田，西起襄、鄧，東連清口、桃源，列障守之。既而瀘州叛將州屬四川。劉整復獻策於蒙古曰：「清口、桃源，河、淮要衝，宜先城其地，屯山東軍以圖進取。」朝廷聞之，命於清口擇地利築城備之。胡文定公曰：「欲固下流，必守淮、泗。」真氏嘗言：「淮東要害在清河口。」是也。今大河南徙，奪泗流而合於淮，清口當河、淮交會之衝，形勢至重，且國家歲漕東南數百萬，悉由清口而北，此誠南北咽喉所係，不可一日忘備矣。

肥水，

肥水出廬州府西北四十里鷄鳴山，呂忱字林：「肥水出良餘山，俗謂之連枷山。」或以爲獨山，即今廬州府西二十里之大蜀山也。寰宇記：「肥水出府西南八十里之藍家山。」南畿志：「肥水出府西南七十里之紫蓬山。」今以王象之紀勝爲據。北流二十里分爲二：其一東南流過府城東，又東南七十餘里而入巢湖；其一西北流二百里至鳳陽府壽州城東北，又西流十餘里至州北入於淮。爾雅：「歸異出同日肥。」王象之曰：「古者巢湖水北合於肥河，故魏窺江南則循渦入淮，自淮入肥，繇肥而趣巢湖，與吳人相持於東關。吳人撓魏亦必繇此。司馬遷謂『合肥、壽春受南北潮』，〔三〕蓋此水耳。」建安十四年，曹操至譙，引水軍自渦入淮，出肥水，軍合肥。晉太元八年，〔四〕苻堅入寇，陷壽陽，謝玄等拒之。堅軍逼肥水而陣，玄遣使謂秦人，願移陣少却，使晉兵得渡，決勝負。堅欲乘其半渡擊之，揮兵使却，秦兵一退，不可復止，玄等引兵渡肥水擊之，秦兵大敗。義熙十三年，劉裕伐秦，遣王鎮惡等自淮、肥向許、洛。宋景平元年，魏人入寇淮南，時廬陵王義真鎮壽陽，遣其將沈叔狸將兵屯肥口以備之。齊建元二年，垣崇祖守壽陽，魏人來攻，崇祖欲治外城堰肥水以自固，議者謂：「郭大難守，且自有肥水以來未嘗堰也。」崇祖曰：「若棄外城，敵必據之。外修樓櫓，內築長圍，則坐成擒矣。守郭築堰，是吾不諫之策也。」乃於外城西北堰肥水，堰北築小城，周爲深塹，使數千人守之。魏人力攻小城，謀破肥堰，崇祖登城，决堰下水，魏軍皆被漂溺，遂退走。又永元二年魏取壽陽，陳伯之引兵攻之，防淮口甚固。此淮口，汝水入淮之口也，在潁州東南，去壽陽不過百里。魏汝陰太守汝陰，今潁州。傅永將兵救壽陽，去淮口二十餘里，牽船上汝水南岸，以水牛輓之，直南趨淮，下船即渡，遂入壽陽，擊伯之軍於肥口，大破之。梁天監五年，韋叡攻魏合肥，案行山川，曰：「汾水可以灌平陽，即此是也。」乃堰肥水，堰成水通，舟艦繼至。既而使軍主王懷静築城於岸以守堰，爲魏所拔。魏人乘勝至堤下，且來鑿堤，叡親與之争，魏兵却，因築壘於堤以自固。又起鬭艦，高與城等，四面臨之，城遂潰。陳大建五年，王琳以齊兵屯壽陽，吴明徹攻之，堰肥水以灌城，城中大困，遂克之。説者曰：肥水經壽陽城外，引流入城，交絡城中，堰肥水以灌城，其勢順易也。十一年，周人侵淮南，梁士彦至肥口，與韋孝寬合軍圍壽陽，克之。隋、唐以來，肥水皆爲壽州津要。六典：「淮南道大川曰肥水。」五代周顯德二年，周主至壽州城下，營於肥水之陽，命諸軍圍城，既又遣侯章等攻其水寨，决壕之西北隅，導壕水入肥，〔五〕尋克其城。夫廬、壽二州爲江、淮形勢之地，而肥水又爲廬、壽戰守之資，今水陸變遷，肥水故道幾不可問云。

睢水，

睢水，汴水之支流也。汴水詳見河南大川。水經注：「睢水出陳留縣西浪蕩渠，漢志注：「睢水首受莨蕩水。」〔六〕皆汴水也。其下流過睢陵故城北睢陵，今見盱眙縣。而東南流，經下相縣故城南，下相，今見宿遷縣。又東南流入泗。」今自河南開封府陳留縣東北四十里與汴河分流，東南流經杞縣北，又東經睢州北及寧陵縣之南，又東經歸德府城南，又東至夏邑、永城縣南，永城已上皆屬河南。而入徐州之碭山、蕭縣界，過縣南，又東歷徐州南境，宿州北境，過靈壁縣北，又東出睢寧城北，至宿遷縣東南而合於泗水，今爲大河經流。亦曰睢口，亦曰小河口，以睢水亦兼小河之名也。春秋僖十九年，〔七〕「宋襄公使邾子用鄫子於次睢之社」，此水之社也。漢二年，漢王率諸侯兵入彭城，項羽擊漢軍於睢水上，水爲之不流。漢三年，楚、漢相持滎陽、成皐間，彭越爲漢遊兵，度睢水，與項聲、薛公戰下邳，大破楚軍。後漢建安十五年，曹操軍譙，治睢陽渠，蓋因睢水而作渠。渠今在河南陳州、睢州之間。宋泰始二年，沈攸之奉詔攻彭城，至焦虛，去下邳五十餘里，下邳，即今邳州。下邳戍主陳顯達引兵迎攸之，至睢清口，泗水曰南清河，故睢口爲睢清口。爲魏將孔伯恭所敗。梁天監五年，將軍藍懷恭與魏邢巒戰於睢口，敗績，巒進圍宿預。蓋南北交兵，睢口常爲兵衝矣。明建文四年，何福拒燕兵，相持於小河之上。在今靈壁縣。弘治十六年，河決張秋，白昂自歸德小壩導水經睢寧至宿遷小河口入漕河濟運，即此睢水也。漢志：「睢水歷郡四，謂陳留郡、梁國、楚國、臨淮郡也。

行千三百六十里。」元和志：「睢水勢雖小而流長，於梁、楚間，實爲衿束之處。」

涂水，

涂水即滁河，滁音除。源出廬州府合肥縣東北七十里廢梁縣界，歷陽志：滁河出廢梁縣廳事側，呼爲龍潭。」寰宇記：「滁源出慎縣西暴禿古塘。」慎縣即梁縣是也。東流過滁州全椒縣南六十里，通釋：「涂水南去和州亦六十里。」又東至滁州東南爲三汊河，又東入應天府六合縣爲瓦梁河，東南流至瓜埠口而入大江。瓜埠，見六合縣。三國志：吳赤烏十三年作堂邑涂塘以淹北道。」堂邑即今六合縣，涂塘即瓦梁堰。又今滁州古曰涂中。晉咸寧五年，諸軍分道伐吳，瑯邪王伷出涂中。咸和元年，議欲作涂塘以遏北寇，祖約聞之曰：「是棄吾也。」時約鎮壽春，在涂塘外也。因謀爲變。太元四年，苻秦寇淮南，謝石帥舟師屯涂中。元興元年，桓玄東下，遣將馮該攻歷陽，豫州刺史譙王尚之衆潰，逃於涂中，爲玄軍所獲。北齊於六合置秦州，以州前江浦通涂水，乃伐大木柵水中以備陳人。陳大建七年，吳明徹攻拔之。唐六典：「淮南大川曰滁水。」五行志「太和八年滁州大水，溺萬餘户」，即滁水也。五代時南唐於滁水上立清流關，見滁州。又立瓦梁堰，爲東、西瓦梁城。周顯德三年，南唐何延錫言於其主曰：「六合西二十五里有堰曰瓦梁，水曰涂河，谿河而上數百里，鉅細駢比，輻輳吳堰，按吳堰，瓦梁堰之别名，以孫吳始作此堰也。又瓦梁城一名吳王城，今其地亦名姜家渡。中關橫斷，羣山迴環，不止魚三州氓，三州，滁、和及雄州也。南唐時置雄州於六合縣。海四百里，其實據天經而絕地緯之要者，請修築之。」功未就而罷。宋景德元年廢瓦梁堰，知全椒王巘嘗言：「吴堰衆流輻集，羣山回環，東西相望，底若大陸，如瓦之口，丸泥可封也。」紹興十一年，金亮南侵，屯重兵滁河，造三牐，儲水深數尺。虞允文敗金人於采石，命別將張深守滁河口，扼大江之衝。開禧二年金人南犯，僕散揆屯瓦梁河，控真、揚諸州之衝，張旗幟於沿江上下，江表大震。明初下滁、揚，元人扼瓦梁壘，王師力戰克之。蓋自昔控扼之地也。薛氏宋薛居正撰五代史，今未見。曰：「孫氏割據，作涂中東興塘見後東關。以淹北道。〔八〕南朝城瓦梁城，塞涂河爲淵，障蔽長江，號稱北海。大抵淮東之地，沮澤多而丘陵少；淮西山澤相半，無水隔者獨郕城白沙戍見湖廣黃州府。入武昌及六安、舒城走南硤見安慶府桐城縣。二路耳。古人多於川澤之地立塘堰，以遏水溉田。在孫氏時盡罷縣邑，治以屯田都尉。魏自劉馥、鄧艾之後，大田淮南，迄南北朝增飾彌廣。今舒州有吴陂堰，見安慶府潛山縣。廬江有七門堰，見廬州府舒城縣。巢縣有東興塘，滁、和州、六合間有涂塘、瓦梁堰，天長有石梁堰，高郵有白馬塘，揚州有邵伯埭、裘塘屯，俱分見本處。楚州有石鱉塘、今見寶應縣。射陂、即射陽湖，見淮安府山陽縣。洪澤陂，亦見山陽縣。淮陰有白水屯，同上。盱眙有破釜塘，今日洪澤浦。安豐有芍陂，見壽州。固始有茹陂，見河南固始縣。是皆古人屯田遏水之迹，其餘不可勝紀。大要六安以東有芍陂之險，鍾離以東無非湖濁之地，西自皖東至揚則多斷流爲阻，故自前世征役，多出東道，如吴邗溝，魏廣陵，周鸛河，亦見山陽縣。率資堰水之利，南北所通行也。惟廬、壽一路，陸有東關、濡須、硤石此亦謂桐城縣之南硤石。之阸，重以陂水之艱，最爲險要。」宋會要：即中興會要。紹興三年，命江、淮南引塘濼，開畎澮，以阻金兵。朱氏黼曰：「吴大帝築堂邑涂塘以淹北道，王凌請攻討，而司馬懿不許。諸葛恪一城東興以遏巢湖，而魏之三將數十萬之衆皆覆没於堤下，則堰水以固圉，未爲非策也。」

運河，

運河亦曰江南河，即隋大業中所開，唐、宋因之，以轉漕東南。宋志：「運河自秀州杉青閘見浙江嘉興府。至平江府盤門，在太湖之際，與湖相連；而閶門至常州有楓橋、滸墅、烏角溪、在蘇州府西北五十里。新安溪、在無錫縣南三十里。將軍堰，在無錫縣南一里。皆通太湖，惟五瀉牐通江陰軍。即今之高橋，在無錫縣北十里。河港勢低，水易走泄，又舊牐損壞，急須修築，不獨瀦水可以通舟，而無錫、晉陵間所有陽湖亦當積水，則四傍之田，無旱暵之患矣。惟常州至丹陽地勢高卬，雖有奔牛、吕城二牐，别無湖港可以瀦水；自丹陽至鎮江地形尤高，雖有練湖，亦淺涸不能濟遠，運河淺狹，莫此爲甚，濬治所當先也。其鎮江牐口，亦易淤塞，尤宜通利。今自浙江嘉興府北溯流入界，逾江浮淮以達於河，而接山東魚臺縣境，回環千五百五十餘里，供輸數百萬，皆取給於此。繇浙江嘉興府之運河四十里而至吳江縣，又五十里而至蘇州府城南，轉而西北九十里至無錫縣，又九十里至常州府城東，繇城南而西一百有十里至丹陽縣，又九十里至鎮江府城東，自城南而西出京口閘以入於江，渡江八里即瓜洲鎮，自瓜洲而北四十里至揚州府城南，繇城東而北一百有十里至高郵州，又北一百二十五里至寶應縣，又一百里至淮安府城南，自城而西五十五里出清江浦以入於淮，渡淮而北五里至清河縣，又西七十五里至桃源縣，又一百二十里至宿遷縣，又一百三十里至邳州，又經睢寧、靈璧境，凡一百二十里而入呂梁洪，又六十里至徐州洪，轉而北凡一百五十里而至沛縣，又北五十里入山東境，此江南漕河之大略也。詳見川瀆漕河。

洮湖，

洮湖洮音姚，俗讀滔。一名長蕩湖，在應天府溧陽縣北二十里，鎮江府金壇縣西南三十里，常州府宜興縣西百里，虞翻、韋昭、周處、酈道元皆以洮湖為五湖之一也。湖周一百二十里，志云：東西二十里，南北三十五里。西通石臼、丹陽等湖，東通太湖。中有大坯、小坯二山，皆水環四面，望之若浮，亦名浮山。俗作「巫山」，巫即浮音之轉也。今小坯山亦名白石山。漢十一年征黥布於淮南，布敗走江南，漢別將追擊之於洮水南北，皆大破之，即洮湖矣。晉咸和三年，蘇峻既敗，蘇逸以萬餘人自延陵湖將入吳興，將軍王允之追獲之於溧陽。延陵湖，或曰亦即洮湖也。隆安二年，王恭舉兵京口，其將劉牢之還襲恭，恭奔曲阿，故吏殷確以船載恭，將奔桓玄於横江，至長蕩湖被執。時殷仲堪亦自江陵舉兵東下，桓玄爲前鋒至横江也。劉宋泰始二年，會稽長史孔覬發兵應尋陽，時晉安王子勛舉兵於尋陽。義興太守劉延熙等亦據郡應覬。宋主彧遣庾業代延熙爲義興守，業至長蕩湖即與延熙合，於湖口夾岸築城，與延熙遥相應援。宋主使任農夫擊之，農夫自延陵出長蕩攻業，破之，遂進克義興。蓋湖密邇金陵，爲東南捷徑，誠戰守要地也。宋德祐初，轉運判官趙淮起義兵，據長蕩湖卮山，卮讀偶，見溧陽縣。圖復建康，不克。金陵志：即張鉉金陵新志。蕪湖縣河東接太平府南六十里之黄池河，又東接溧水縣西南之固城湖、丹陽湖及縣南之石臼湖，流會長蕩湖而入太湖，自東壩築而丹陽、石臼諸水俱西流入大江，與長蕩湖相隔矣。水利論明伍餘福著。曰：金壇、武進、宜興之間有地名夾苧干，東抵宜興縣西北之滆湖，北通長蕩湖，西接五堰。蓋長蕩湖之水東接荆溪而入太湖，昔人引之北泄於滆湖，又泄滆湖之水北入武進縣西南之大吴瀆、蕩口瀆、白魚灣、高梅瀆及白鶴溪，而接於運河，下流歸於大江，單氏諤所云諤，宋人，著吴中水利録。「上接滆湖而運河有功，下達荆溪而震澤無害，爲宣、潤、常三州之深利」者也。今日就湮塞，蓋水利之不講久矣。

太湖，

太湖在蘇州府西南三十里，常州府東南八十里，浙江湖州府北二十八里。其濱湖之縣曰吴縣、吴江、武進、無錫、宜興、烏程、長興，縱廣三百八十三里，周回三萬六千頃。或謂之震澤。禹貢曰「三江既入，震澤底定」是也。或謂之具區。職方：「揚州藪具區。」爾雅亦謂之具區。山海經：「浮玉之山，北望具區。」或謂之笠澤。左傳哀十七年「越伐吴，吴子禦之笠澤」是也。或謂之五湖。職方：浸五湖。越語：「越興師伐吴，至於五湖。」又范蠡曰：「與我争三江、五湖之利者非吴也耶？」史記河渠書：「於吴則通渠三江、五湖。」吴世家：「越王涉江襲吴，去城七里而軍，吴王聞之，去晉而歸，與越争於五湖。」又范蠡乘舟出五湖口。太史公登姑蘇，望五湖是也。山海經注謂之三山湖，又謂之洞庭湖。張勃云：「五湖者，水周行五百里，故名。」虞翻曰：「太湖東通長洲松江，南通烏程霅溪，西通義興荆溪，北通晉陵滆湖，東南通嘉興韭溪，水凡五道，故曰五湖。」翻又云：「太湖有五湖，滆湖、洮湖、射湖、貴湖及太湖爲五湖，蓋太湖之小支俱連太湖，故太湖又得五湖之名。」陸龜蒙云：「太湖上稟咸池、五車之氣，故一水五名。」是皆以太湖爲五湖也。韋昭曰：「五湖者，胥湖、見下。蠡湖、見無錫縣。洮湖、見前。滆湖見常州府。就太湖而爲五。」酈道元曰：「長蕩湖、射湖、貴湖、射貴湖，今常州府之芙蓉湖也。當時或分爲二。又虞翻亦以射、貴爲二湖也。滆湖與太湖而五。」此即虞氏之説。司馬貞則曰：「具區、洮滆、貞以洮、滆二湖爲一湖。彭蠡、見江西大川。青草、洞庭俱見湖廣大川。爲五湖。」李善曰：「洞庭、彭蠡、震澤、巢湖、見廬州府。鑑湖見浙江紹興府。爲五湖。」夫國語明言「吴伐越，戰於五湖」矣，河渠書「於吴則三江、五湖」，晉書：「桓玄補義興太守，嘆曰：『父爲九州牧，兒爲五湖長。』」此五湖即太湖之明徵也。史記正義曰：「五湖，菱湖、游湖、莫湖、貢湖、胥湖也，皆太湖東岸五灣。」今太湖之中亦自有五名：一曰菱湖，莫釐之東與徐侯山相值者爲菱湖，周三十五里，相傳吴王種菱處。徐侯山在蘇州西北四十里，濱湖。一曰莫湖，莫釐西北，與菱湖相連，周五十里。一曰胥湖，南連莫湖，東逼胥山，周六十里。胥山，在蘇州府西南六十里，當太湖口，亦曰胥口。一曰貢湖，長山西北連無錫老岸者曰貢湖，周百九十里。長山，在蘇州府西五十五里，濱湖。一曰游湖。在長山之東，周五十里。姑蘇志：明王鏊輯。「貢湖、游湖、胥湖、梅梁湖、金鼎湖爲五湖。」梅梁湖在西洞庭山之東北。相傳孫吴時進梅梁，至此沉於水。王鏊曰：「在夫椒山東。」金鼎湖，在梅梁湖西。相傳吴王嘗沉金鼎於此。王鏊云：「在杜圻之西，魚查之東。」又有東臯里湖，在西洞庭山之東。王鏊曰：「在林屋之東是也。」名勝志：「菱、莫、胥、貢、游五湖之外，梅梁、金鼎、東臯里别爲三小湖，今總名爲太湖。杜圻、魚查，皆湖中小山也。」吴地記唐陸廣微著。曰：「五湖，太湖東岸五灣也。古者水流順道，五湖谿徑可分，後世蓄泄不時，浸淫泛濫，五湖并而爲一，與具區無以辨矣。」宋葉夢得曰：「水瀰漫而灘淺者藪也，窪下而鍾水者浸也。太湖多灘淺處，有菱芡蒲魚之利，故曰藪。以富得民。」吴郡志：宋范成大著。「太湖東西二百餘里，南北百二十里，周五百里，中有七十二峰，爲三吴之巨浸。」蓋震澤之西北有建康、常、潤數郡之水，自百瀆注之，舊志：百瀆在宜興者七十四，在武進者二十六，凡四十餘里，今皆堙塞。西南則有宣、歙、臨安苕、霅諸水自七十二漊注之，七十二漊在烏程者三十有九，在長興者三十有四，今亦堙塞。吴江志云：「諸漊皆源於湖州嘉興境内，經吴江縣西南而北注太湖。」蓋舊道已堙，志雖列載其名，要非實録矣。其旁近州邑之水，類皆以太湖爲壑，源多流盛，惟賴三江導之入海而已。王鏊曰：「東南諸水，皆歸太湖，其最大者有二：一自寧國、建康等處入溧陽，迤邐至長蕩湖，并潤州金壇、延陵、丹陽諸水會於宜興以入；一自宣、歙、天目諸山下杭之臨安、餘杭，湖之安吉、武康、長興以入。皆繇吴江分流入海。」入海之處率多堈磧，且潮沙易淤，故太湖之水易噎而難洩，奔騰激盪，浙西恒多水患，蘇、松承其下流，剥膚爲甚。唐長慶四年太湖決溢。宋景祐初，范仲淹知蘇州，以州地濱震澤，田多水患，募游手疏五河，五河，常熟之白茆、許浦，崑山之茜涇、下張、七鴉也。導積水入海。元祐中單諤議置五堰於溧陽，開百瀆於宜興，置斗門於江陰，分列千橋於吴江，以經理太湖之水。紹興二十三年，諫議史才言：「浙西民田最廣，平時無甚害者，太湖之利也。近年瀕湖之地，多爲兵卒侵據，累土增高，旱則據之以溉，而民田不沾其利，澇則遠近泛濫不得入湖，而民田盡没。望盡復太湖舊迹，俾軍民均利。」明年大理丞周環言：「臨安、平江、湖、秀四州，下田多爲積水所浸。緣溪山諸水并歸太湖，自太湖分二派，東南一派繇松江入海，東北一派繇諸浦注之江。今泥沙淤塞，宜以時濬决，俾水勢疏暢，實四州無窮之利。」二十八年，轉運使趙子潚等言：「太湖者，數川之巨浸，而獨洩以松江一川，宜其勢有所不逮，是以昔人於常熟之北開二十四浦，二十四浦，謂許浦、白茆、福山及黄泗、奚浦、西成、東成、水門塘、崔浦、耿涇、魚碑、鄔溝、瓦浦、塘浦、高浦、金涇、石撞、陸河、北浦、千步涇、司馬涇、野兒、錢涇、黄鶯漕是也。疏而導之江，又於崑山之北開一十二浦，十二浦，謂掘浦、下張、七鴉、茜涇、楊林、六鶴、顧涇、川沙、五嶽、蔡浦、琅港、參浦也。分而注之海。時嘉定縣、太倉州未置，崑山之地東至於海。三十六浦漸爲潮汐泥沙所積，其開江之卒亦廢，於是民田有湮没之患。天禧、天聖間漕臣張綸嘗於常熟、崑山各開衆浦，景祐間郡守范仲淹亦親至海浦，開濬五河，政和間提舉官趙霖復嘗開濬。今諸浦堙塞，又非昔比，宜大加開濬。」詔如所請。元時亦嘗濬治。明以浙西爲財賦之本，特設水利之官，以董濬治之役，而未有修其職者。弘治七年工部侍郎徐貫議濬吴江長橋水口，導太湖之水散入澱湖、昆承、陽城等湖，而開吴淞江下流及大石、趙屯等浦以洩澱湖之水，開白茅、白魚洪、鮎魚口諸處俱在常熟縣東北。以洩昆承湖之水，開七浦、鹽鐵等塘常熟、崑山、嘉定、太倉俱有此塘。以洩陽城湖之水，使太湖下流分入江、海。又議開湖州漊涇洩天目諸山水自西南入太湖，開常州百瀆洩荆溪之水自西北入太湖，又開各斗門以洩運河之水繇江陰入江。尋復湮廢。嘉靖初撫臣李充嗣復議開七十二漊以治太湖上流，濬趙屯、大盈諸浦以洩吴淞下流，功亦未集。説者曰：「固五堰以清上源，濬三江以清下流，則太湖可保百年無事。」蓋五堰者，所以堰金陵、宣、歙諸水使自蕪湖入江者也。五堰始於楊行密，本作此爲拖船饋糧之計，宋人遂因之以節水入江，今東壩其故址也。見應天府溧陽縣廣通壩。元末五堰廢壞，明初復修東壩故址，於是宜興百瀆之流益減，所患三江舊迹日就淪廢而已。夫太湖居江、浙數郡之中，無事時爲財賦所資，有事時即要害所寄也。唐武德三年李子通爲杜伏威所敗，自京口東走太湖，收合亡散，襲敗沈法興於吴郡，遂取其地。五代時吴越、南唐往往相持於此。明初平張士誠，亦自宜興出太湖，先取其湖州。蓋自昔用兵者出奇之地，談地利者可不加之意哉？

三江，

三江皆太湖之委流也，一曰松江，一曰婁江，一曰東江。禹貢「三江既入，震澤底定」，釋之者曰：松江下七十里分流，東北入海者爲婁江，東南流者爲東江，并松江爲三江。史記正義：「蘇州東南三十里名三江口。一江西南上七十里至太湖曰松江；一江東北下三百餘里入海曰下江，亦曰婁江；一江東南上七十里至白蜆湖亦曰白蜆江，見吴江縣。曰上江，亦曰東江。」孔氏上下之説，據三江口而立言，似一淞江而分上下二流也。吴地記：「松江東南行七十里得三江口。」主太湖分流處而言則七十里，主蘇州而言則三十里，正相合也。今故道大抵湮没矣。記云：淞江一名笠澤，一名松陵江，一名吴淞江，自太湖分流，出吴江縣城東南之長橋，東北流合龐山湖，在蘇州府南二十里。又東北經唐浦，蘇州府東二十五里。折而東南流爲甪直浦，亦名甫里，去唐浦十餘里，在崑山縣西南三十六里。又東南流歷澱湖在崑山縣南八十里，松江府西北七十二里。合五浦趙屯、大盈、顧會、崧子、龍盤等五浦，詳松江府。而入上海縣境，地名宋家橋，在縣西北。又東南流與黄浦合，合處在縣東北三十六里。又迤邐至吴松口在嘉定縣東南三十六里，去上海縣五十餘里。入於海。此松江之大略也。婁江亦名下江，自太湖分流出吴江縣西北鮎魚口，在吴江縣西北十八里。北流入運河，在蘇州府城南。一云自府西三十里木瀆口出胥門外石灰橋而合運河，蓋皆非舊流也。經城東爲婁門洪，又東至瀆墅湖，在府東南二十五里。又東爲陳湖，在府東南三十五里。又東陽城湖、巴城湖之水入焉，陽城湖在府東北二十里，下流在崑山縣西三十五里。巴城湖在縣西北二十里。歷崑山縣南，在縣南九里。俗亦謂之三江口，悮也。至太倉州城南，州去崑山縣四十里。州西南諸水悉入焉，又東爲劉河口俗亦名劉家河，劉即婁之訛也，在州東南七十里。入於海。此婁江之大略也。東江一名上江，亦自太湖分流，經浙江嘉興府境海鹽縣乍浦入於海。乍浦在海鹽縣東北二十五里。今嘉興府諸湖蕩之水，過嘉善縣北流入松江府之泖湖，在府西三十五里。又北會吴松江今東會黄浦而合吴松江。入於海。吴志：「東江自大姚分支，過澱湖東入嘉定縣界，又東合上海黄浦，自黄浦復東北經嘉定之江灣，又東北流，亦名吴淞江者爲東江也。」按大姚一作「摇城」，在蘇州府城東南葑門外三十八里，澱湖在大姚東南五十里，此皆附會之辭，非東江故流也。此東江之大略也。崑山志：「東江自太湖分流，出白蜆湖入急水港，繇薛澱湖東南入海。」説者曰：捍海塘築，而東江之流絶，海鹽縣之捍海塘也。理或然矣。國語：子胥曰：「吳之與越也，三江環之，民無所移。」戰國策：黄歇曰：「吳攻齊人於艾陵，還爲越王擒於三江之浦。」三國志：孫策曰：「以吳、越之衆，三江之固，足以觀成敗。」自孔安國泥於禹貢中江、北江之文，而三江之疑始起，韋昭則誤以松江、錢塘江、浦陽江爲三江。浦陽江，今見浙江大川。郭璞則又以岷江、浙江、松江爲三江。王安石云：「一江自義興，一江自毘陵，一江自吳縣。」蘇軾則云：「彭蠡之下，一江自分爲三江。」近代或以錢塘、吳松、婁江爲三江。永樂中，嘉定人周程上言三江水利，其說如此。祖述其說者，紛紜錯出，要無當於禹貢之本旨也。夫三江之通塞，係太湖之利病，太湖之利病，係浙西之豐歉，浙西之豐歉，係國計之盈縮，未可置之度外也。然而三江之淺淤，非一日矣。宋元嘉、梁大通之間，議者嘗以松江壅塞，欲導吳郡之水從浙江入海，不果。唐時水利修舉，太湖之患尚鮮。宋天禧以後或議開濬諸浦，或議修築堤堰，而三江之故道滋晦。景祐中范仲淹言修圍、浚河、置閘，缺一不可。蓋浦港利用浚，海口利用閘，圩岸利於堅厚也。其後言水利者，大抵祖述是說。政和中提舉趙霖亦奏三說，曰開治港浦，置閘啓閉，築圩裹田，三者兼資並濟云。寶元初以吳淞江壅塞，轉運使葉清臣請疏盤龍匯及滬瀆入海。滬瀆見上海縣。熙寧三年郟亶言：「太湖汪洋浩蕩，導其水入海者止三江耳。三江已不得見，僅藉吳松一江，必俟開廣而深通之，庶幾有濟。」崇寧二年，提舉徐確疏吳淞江下流凡七十四里。大觀初，舍人許光凝言：「太湖在諸郡間，必導之入海，然後水有所歸。吴人謂開一江有一江之利，濬一浦有一浦之利，望疏滌江浦以除水患。」詔：簡按三江故迹以聞。三年，兩浙監司請開吴淞江及濬浦港，修堰牐，工部謂：「今所具三江或非禹迹，又吴淞江散漫不可開淘。」命諸司再行相度。政和六年，詔：平江三十六浦内三十六浦詳見前太湖。自昔置牐，隨潮啓閉，今久湮塞，致積水爲患。其令守臣講究利害，導歸江、海，依舊置牐。尋罷。隆興二年詔兩浙運判陳彌作開濬常熟、崑山諸浦，以分導吴淞江水。時濬常熟之許浦、白茅、崔浦、黄泗等浦，崑山之茜涇、下張、七鴉、川沙、楊林、掘浦，凡十浦。今茜涇諸浦分見太倉、嘉定境内。元至元十三年，宣慰朱清濬婁江入海以通海運。二十九年，時吴中屢遭水患，吴執中言：「吴淞舊傳可敵千浦，今東自河沙匯見華亭縣。西至道褐浦，見崑山縣。兩岸漲沙，漸與岸平，其中僅存江洪一綫，雖有上海新涇、太倉劉家港，豈能盡洩諸郡之水？宜亟行開濬。」大德八年，議者以吴淞江入海口故道潮沙久淤，凡湮塞良田百有餘里，況海運亦繇是而出，宜爲濬治，於是復疏太湖、澱山湖及濬吴淞江海口故道。時都水監任仁發請疏濬淞江，西自上海縣界舊江，東抵嘉定石橋浜，迤邐入海，長三十八里有奇。十年，復濬吴淞等處漕河。時都水庸田使麻合馬嘉上言：「太湖爲利甚大，而泛濫之害亦不輕。近年以來，因上源吴江州一帶，橋洪塘岸椿釘壩塞，流水艱澀，又因沿江水面并左右澱山湖泖諸處，權豪種植蘆葦，圍裹爲田，邊近江湖河港隘口沙灘，滋生茭蘆，阻截上源太湖水勢，以致湖水無力，不能汛滌潮沙，遂將江口淤塞。今太湖不入松江，而北流入至和等塘，即崑山塘。經繇太倉出劉家等港注於海，并澱山湖之水，望東南流於大漕港、柘澤塘、在華亭、青浦縣界。東、西横泖泄於新涇、上海浦注江達海，故議者謂吳淞江漸成廢疾，不可救療。今莫如開廣上源石塘橋、洪水洞一百三十餘處，使水流通快；其澱山湖迤東湮塞河道，東、西横泖等處，疏濬深闊，以泄澱山湖、長泖等水；及將平江、崑山、嘉定應有湮塞河道亦行挑濬，分泄太湖水勢，注劉家港入海。其豪强占據各處圍田，魚簖茭蘆葑稗阻水去處，盡行起除禁止，仍令於吳淞江地面、嘉定州、松江府上海縣等處，將通潮河港，諭民於港口多設水竇，以時啓閉，泄放湖水，庶松江舊道可通矣。」至治中復議濬太湖入海故道及常熟、崑山、嘉定、華亭、上海河道，凡七十八處。泰定初又議濬烏泥涇、大盈浦以通吳淞下流。烏泥涇見上海縣。後至元初，都水任仁發言：「太湖之西，諸山環峙，地形高阜，而南、北、東三處江海之岸亦多岡脊，地形高卬，太湖豬於其中，勢若盤盂。言治水者，皆知水性就下，當導之使通，不知治水之法，須識潮水之背順，地形之高低，沙泥之聚散，隘口之緩急，尋源泝流，各得其當，然後水可治也。」至正初復濬吳淞江，兼濬各閘舊河直道，以通利積水。其後亦數議濬治。明永樂二年，嘉興、蘇、松水患特甚，詔户部尚書夏原吉治之。原吉言：「江南諸郡，蘇、松最居下流。常、嘉、湖三郡土田，高多下少，環以太湖，綿亘五百餘里，納杭、湖、宣、歙諸州之水，散注澱山等湖以入三江。頃浦港堙塞，匯流漲溢，傷害苗稼，拯治之法，宜浚滌吴淞諸浦港，洩其壅淤以入於海。吴淞江向袤二百餘里，廣百五十餘丈，西接太湖，東通海，前代屢疏導之。以當潮汐之衝，沙泥淤積，旋疏旋塞。自吴江長橋至下界浦，即崑山縣之夏駕浦。約百二十餘里，雖稍通流，多有淺窄；又自下界浦抵上海縣南蹌浦口，可百三十餘里，潮沙壅障，茭蘆叢生，已成平陸，欲即開浚，未易施工。臣相視得嘉定劉家港，即古婁江，徑通大海；常熟白茅港，徑入大江；皆廣川迅流。宜疏吴淞江南北兩岸、安亭等浦港，安亭鎮，在崑山縣東南四十五里。引太湖諸水入劉家、白茅二港，使直注江、海。先是元泰定中郡人周文英議棄吴淞塗漲之地，專事劉家河、白茅浦以放水入海，原吉蓋祖其説。又松江黄浦，乃通吴淞江要道，今下流壅塞，難即疏浚。傍有范家浜，至南蹌浦口范家浜見華亭縣，南蹌浦口見上海縣。可徑達海，宜浚令深闊，上接黄浦以達泖湖之水。此即禹貢三江入海之迹。俟既開通，相度地勢，各置石閘，以時啓閉，每歲水涸時修圩岸以禦暴流，則事功可成矣。」從之。按原吉治水，時多艷稱之。議者謂：原吉浚白茅欲以洩湖水，不知白茅勢高於湖，終不足以洩震澤之水。又鑿夏駕浦，掣吴淞江水北達婁江，不知婁江雖通，僅自復故道，而新洋、夏駕二浦横衝松江之腹，是反爲之害也。又浚上海范家港，掣吴淞江南達黄浦入海，不知松江爲東西横流大水，勢順流駛，黄浦爲南北縱流小水，勢逆流緩，導南北之縱浦，奪東西之巨流，是通其小而塞其大，計一時之近功，忘百世之遠圖也。其後三吳多水患，實原吉創垂未善云。宣德七年，蘇州守臣況鍾言：「蘇、松、嘉、湖之地，有太湖、龐山、陽城、昆承、沙湖、南湖，昆承湖見常熟縣，沙湖見蘇州府，南湖見嘉興府。聯屬廣袤幾千餘里。其水東南出嘉定吳淞江，東出崑山劉家港，東北出常熟白茅港，年久淤塞，請以時疏濬。」正統五年，撫臣周忱修治吳淞江正流，自原吉浚黃浦以導淞江，淞江故道直流百里遂淤，民因開墾成田。忱立表江心，督民開浚，故道復通。又挑浚崑山顧浦以洩漲溢。天順二年撫臣崔恭浚大盈等浦，以出吳淞之水。時恭訪得吳淞江利病，因分江爲三段，督工挑濬。崑山縣自夏駕口至白鶴江挑四千六十六丈，上海縣自白鶴江至卞家渡挑四千六十七丈，嘉定縣自卞家渡至莊家涇挑五千五百六十七丈，出舊江凡萬三千七百七丈。成化十年，撫臣畢亨亦議開松江。時復浚夏駕浦至西莊家港。弘治七年工部侍郎徐貫治吳淞江，又開濬帆歸浦至分莊嘴七十餘里。帆歸浦，在崑山南四十餘里。分莊嘴，在青浦縣北三十里。是年水利僉事伍性濬吳淞中股四十餘里，并濬顧會、趙屯諸浦。八年，撫臣朱瑄復議濬三江下流。正德四年吳中大水，科臣吳巖請疏濬下流及修築圍岸。略曰：「太湖瀦數郡之水，而三江導之入海，若下流壅淤，衆水必至泛濫。如白茅港、七浦塘、劉家河，蘇州東北洩水大川也；吳淞江、大黃浦，松江東北洩水大川也。其間各有旁港支渠，引上流之水歸其中，而並入於海，則源委治矣。又浙西之田，高下不等，隨其多寡，各有成圍，吳越以來，夙稱膏腴。宋臣范仲淹嘗言江南圍田，中有渠，外有門閘，旱則開閘引江水之利，澇則閉閘拒江水之害，旱澇不及，爲農美利。是知圍田全仗岸塍，岸塍常利修築，水漲則增其裏，水涸則築其外，務令堅固高闊，可通往來，隨其旱澇，而車戽出入，則先事有備，而田皆成熟矣。」嘉靖元年，以撫臣李充嗣言，濬吳淞江，自夏駕浦龍王廟至嘉定縣舊江口，計六千餘丈。二十二年按臣呂光洵上言水利，一曰：「廣濬疏以備瀦泄。三吳澤國，西南受太湖、陽城諸水，形勢尤卑，而東北際海岡隴之地，視西南特高。昔人於下流疏爲塘浦，導諸湖之水，繇北以入江，繇東以入海，而又引江潮流行於岡隴之外，是以瀦泄有法，而水旱皆不爲患。今惟黃浦、劉河頗通，而太湖諸水源多勢盛，二江不足以泄之，岡隴支河又多壅絶，於是高下俱病。治之之法，先其要者宜治澱山等處茭蘆之地，導引太湖之水散入陽城、昆承、三泖等湖；又開吳淞江并大石、趙屯等浦泄澱山之水以達於海；濬白茆港并鮎魚口見常熟縣。等處，泄昆承之水以注於江；開七浦、鹽鐵等塘，見崑山、嘉定等縣。泄陽城之水以達於江；又導田間之水悉入小浦以納大浦，使流者皆有所歸，而瀦者皆有所泄，則下流之地治矣。」一曰：「修圩岸以固橫流。蘇、松、常、鎮居東南下流，而蘇、松又居常、鎮下流，秋霖泛漲，風濤相暴，則河浦逆行田間，冲齧爲患。宋王純臣嘗令吳民作田塍禦水，而郟亶亦云治河以治田爲本，蓋惟田圩漸壞，而歲多水災也。」一曰：「復板閘以防淤澱。河浦之水皆自平原流入江、海，水緩而潮急，沙隨浪湧，其勢易淤，不數年即沮洳成陸，歲歲修之，則不勝其費。昔人權其便宜，去江海十餘里或七八里夾流爲閘，平時隨潮啓閉，以禦淤沙，歲旱則閉而不啓，以畜其流，歲澇則啓而不閉，以宣其溢，志稱置閘有三利是也。」隆慶三年，撫臣海瑞言：「吴淞江洩太湖之水繇黄浦入海，今水利不修，潮泥日積，太湖因之奔湧。臣按行故道，請加濬治。」於是濬吴淞江，自黄渡見嘉定縣。起至宋家橋在上海縣。凡七十里。萬曆六年，御史林應訓復疏黄渡以西至崑山千浦以闢吴淞上流。十五年，水利副使許應逵復濬吴淞江，功卒不成。說者謂吴淞江昔爲中江，其洩震澤之水直而不迂，比二江尤切，若但開吴淞江則水勢自定。近代以來，泖澱之水盡趨黄浦以入海，吴江東北所洩太湖之水悉從新洋江洩於婁江，而松江乃有漫水之目矣。然則浙西之患，未有已也。

大海。

海自蘇、松而淮、揚上達山東。春秋哀八年「吴徐承帥舟師，將自海入齊」，〔九〕國語「夫差會晉公午於黄池，越王勾踐命范蠡、舌庸率師沿海泝淮以絶吴路」，即今海道也。孫吴嘉禾元年，遣將軍周賀等乘海至遼東，從公孫淵求馬。賀還至成山，今見山東文登縣。魏將田豫邀擊殺之。明年，公孫淵遣使稱臣於吴，吴主權大悦，遣張彌等報使。淵斬彌等首送魏，吴主欲浮海伐之，羣下力諫而止。赤烏元年，魏遣司馬懿等擊公孫淵，淵復遣使稱臣求救於吴。既而淵滅，吴督軍使者羊衜擊魏遼東守將，俘人民而還。晉咸和五年，石趙將劉徵率衆數千浮海而南，東南諸縣多見殺掠。隋開皇八年伐陳，分遣青州刺史燕榮等繇東海道入吴，擊敗吴州刺史蕭巘於包山，悉平吴、越之境。宋末李全據楚州，欲遣海舟自蘇州洋入平江、嘉興覘畿甸。其後元人資此爲饋運通途。明洪武中，濱海置戍以防倭寇。及嘉靖中倭寇突犯，蘇、松、淮、揚之間幾無寧宇，於是防維益密。今自金山衛而東北爲柘林堡、青村所，又北爲南匯嘴、川沙堡，又北爲吴淞江，此皆蘇、松之喉吭。吴淞而南，雖有港汊，每多砂磧，賊可登岸，兵難泊舟，實兼水陸之險，於此防禦，至爲切要。吴淞而北爲劉家河，爲七鴉港，又東爲崇明縣，七鴉而西爲白茆港，爲福山，又折而西北爲揚舍，爲江陰，爲靖江，又西爲孟河，爲圌山，此皆江南岸之險，舟師備禦之地也。江北岸則東起料角嘴、大河口以及吕四、盧家等場，沿楊樹港、海門裏河以上今多堙於海。達通州、如皐、泰州，則逼近揚州矣。踰海門而北則爲徐步營，在舊海門縣北。又北則爲掘港，見如皐縣。又東北則爲新插港，舊在海門縣西北。轉而西北則金沙、鹽城、廟灣、廟灣見山陽縣。劉莊、亦見山陽縣。姚家蕩，在鹽城縣。又西北則蛤蜊、麻綫等港俱在山陽縣。而至大海口矣。大海口，即淮河入海處，在淮安府東。賊繇狼山江而西，則三江口在揚州府東南。爲登犯之徑；若越海門而北則必犯大海口，大海口有水陸路南通廟灣，與劉莊、姚家蕩俱爲大鎮，賊每覬覦；若安東、海州之東北，有大北海，不惟道里迂遠，且沙磧甚多，掘港、新插港之東亦有北海，沙磧亦多，不堪重載，爲備稍緩矣。海防攷：「江南之要害四：曰金山衛，以迫近海塘，北接吴淞口也；曰吴淞口，以蘇、松二郡之要害也；曰劉家河，係太倉入犯之徑道也；曰白茆港，自常熟入犯之要口也。江北之要害三：曰新港，即三江口。以逼近揚州也；曰北海，所從以通新插港，又有鹽徒聚艘於此也；曰廟灣，以其爲巨鎮而可通大海口也。明翁大立曰：「海防惟有三策：出海會哨，毋使入港，此爲上策；循塘距守，毋使登岸，此爲中策；出水列陣，毋使近城，此爲下策。不得已而至守城，則無策矣。」

其重險則有東關。濡須、東興附見。

東關在廬州府無爲州巢縣東南四十里，東北距和州含山縣七十里。其地有濡須水，水口即東關也。亦謂之柵江口。有東西兩關，西關在東關西十里七寶山上。東關之南岸吴築城，西關之北岸魏置柵。李吉甫曰：「濡須水出巢湖，見廬州府。東流出濡須山、七寶山之間，濡須山在和州含山縣西南七十五里，七寶山在巢縣東南三十里。兩山對峙，中有石梁，鑿石通流，至爲險阻，即東關口也。」濡須水出關口東流注於江，相傳夏禹所鑿。三國吴於北岸築城，魏亦對岸置柵。建安十七年呂蒙守濡須，聞曹公欲東下，勸權夾水口立塢，諸將皆曰：「上岸擊賊，洗足入船，何用塢爲？」蒙曰：「兵有利鈍，戰無百勝，如有邂逅，敵步騎蹙人，不暇及水，其得入船乎？」權曰：「善。」遂作濡須塢。胡氏曰：「濡須塢在巢縣東南四十里。」亦曰偃月城，以形如偃月也。十八年，曹操至濡須，與權相拒月餘，權乘輕舟入偃月塢，行五六里，回環作鼓吹，操不敢擊。二十年，操軍居巢，孫權保濡須塢，操攻之不克，引還，權使周泰督濡須塢。吳黄武元年，魏人分道來侵，使曹仁以步騎數萬向濡須，吳將朱桓拒之。諸將以兵少，懼不敵，桓曰：「勝負在將，不在衆寡。兵法稱客倍而主人半者，謂俱在平原，而士卒勇怯等耳。今仁千里步涉，士馬罷困，桓與諸軍共據高城，南臨大江，北背山陵，以逸待勞，爲主制客，此百戰百勝之勢也。」及戰，仁果敗去。七年，魏主叡復使賈逵向東關以侵吳，不克。黄龍二年，於濡須塢復築東興堤以遏巢湖。其後攻魏淮南，敗以內讀納。艦，遂廢而不治。及廢帝亮即位，諸葛恪復作東興大堤，遏巢湖，左右結山，俠夾同。築兩城，使全端、留略守之。魏遣諸葛誕、胡遵來攻東關，作浮橋以渡軍於堤上，分兵攻兩城，城高峻不可拔，爲恪所敗，魏軍還橋壞，死亡甚衆。寶鼎三年，吳主出東關，謀侵晉，不果。晉平吳，東關廢。東晉咸和三年，祖約以壽春叛，毛寶攻約軍於東關，拔合肥城。梁天監二年，魏揚州刺史元澄表稱：「蕭衍頻斷東關，欲令漅湖漅、巢同。泛濫，以灌淮南諸城，吳、楚便水，且灌且掠，淮南之地，將非國有。壽陽去江五百餘里，衆庶惶惶，並懼水害。脱乘民之願，攻敵之虚，雖混一不能必果，江西自是無虞矣。」魏主因委澄經略，澄遂分兵寇東關諸戍。三年，將軍趙祖悦與魏將陳伯之戰於東關，敗績。太清三年，侯景陷臺城，合州刺史蕭範以合肥輸於東魏，將兵出東關，屯濡須，以待上游援軍。大寶二年，侯景攻巴陵，敗還建康，荀朗自巢湖出濡須邀景，破其後軍。承聖二年，齊主洋使其將郭元建治水軍於合肥，將襲建康，王僧辯軍於姑熟，遣將侯瑱等築壘於東關以備之。瑱與元建戰於東關，齊人大敗。既而齊納蕭淵明於梁，至東關，梁將裴之横拒之。齊克東關，斬之横，王僧辯大懼，遂謀納淵明。太平二年，陳霸先遣將徐度出東關，至合肥，燒齊船三千艘。陳永定三年，王琳奉梁永嘉王莊出屯濡須口以擊陳。明年琳至栅口，栅口，宋白曰即濡須口。見和州栅江。陳將侯瑱禦之於蕪湖、東關。春水稍長，舟艦得通，琳連結齊人，引巢湖之衆，舳艫相次而下，軍勢甚盛，尋爲瑱所敗。大建五年，遣吴明徹等北伐，別將任衆軍於東關，克齊東西二城，即諸葛誕所築二城。齊州郡望風降下。十一年，周人侵淮南，遣樊毅將水軍自東關入焦湖。焦湖即巢湖。唐廢東關，宋置戍於此。張浚曰：「武侯謂曹操四越巢湖不成者，巢湖之水，南通大江，濡須正扼其衝，東、西兩關又從而輔翼之，餽舟難通，故雖有十萬之師，未能寇大江也。」紹興十一年，兀术陷廬州，劉錡至東關，見其地負山面水，遂引兵據之，以遏寇衝。三十二年，楊存中議省江、淮州縣，給事中金安節言：「廬之合肥，和之濡須，皆古人控扼孔道。蓋形勢之地，攻守百倍，且濡須、巢湖之水，上接店步，見合肥縣。下接江口，可通漕舟，乞擇將經理。」從之。張氏栻曰：「自古倚長江之險者，屯兵據要，雖在江南，而挫敵取勝，多在江北，故呂蒙築濡須塢而朱桓以偏將却曹仁之全師，諸葛恪修東興堤而丁奉以兵三千破胡遵七十萬。轉弱爲强，形勢然也。」又曰：「無爲軍巢縣之濡須及東、西關，山川重複，蓋昔人尺寸必争之地。大約巢湖之水上通合肥，濡須正扼其衝，東、西兩關又從而輔翼之，故雖有十萬之師來寇大江，據要害以臨之，敵未能以得志也。」通釋：「東關亦曰東興，其地高峻險狹，易於控禦，天下有事，誠必争之地也。」

按南直以江、淮爲險，而守江莫如守淮，昔人論之詳矣。宋吴氏師道曰：「吴據荆、揚，盡長江所極而有之，而壽陽、合肥、蘄春皆爲魏境。吴不敢涉淮以取魏，而魏不敢絶江以取吴，蓋其輕重强弱足以相攻拒也。故魏人攻濡須，吴必傾國以争之；吴人攻合肥，魏必力戰以拒之。終吴之世，曾不得淮南尺寸地，故卒無以抗魏。及魏已下蜀，經略上流，屯壽春，出廣陵，則吴以亡矣。」唐氏庚曰：「自古天下裂爲南北，其得失皆在淮南。晉元帝渡江迄於陳，抗對北敵者，五代得淮南也。楊行密割據迄於李氏，不賓中國者，三姓得淮南也。吴不得淮南而鄧艾理之，故吴并於晉。陳不得淮南而賀若弼理之，故陳并於隋。南得淮則足以拒北，北得淮則南不可復保矣。」劉氏季裴曰：「自古守淮莫難於謝玄，又莫難於楊行密。淝水之役，謝玄以八千人當苻堅九十萬之衆；

清口之役，楊行密以三萬人當朱全忠八州之師。衆寡絶殊，而卒以勝者，扼淮以拒敵，而不延敵以入淮也。孫仲謀以江守江，楊行密以淮守淮，晉人以淮守江，胡安國曰守江者必先守淮。自淮而東以楚、泗、廣陵爲之表，則京口、秣陵得以遮蔽。自淮而西以壽陽、歷陽爲之表，則建康、姑熟得以遮蔽。長江以限南北，而長淮又所以蔽長江也。」又曰：「淮之東根本在廣陵，而山陽、盱眙爲門户，淮之西重鎮在合肥，而鍾離、壽春爲扞蔽，自古未有欲守長江而不保淮甸者。淮甸者國之唇，江南者國之齒。」葉氏適曰：「自古保江必先固淮，曹操不能越濡須，苻堅不能出渦口，魏太武不能窺瓜步，周世宗不能有壽春，以我先得淮也。」王氏希先曰：「三國鼎立，南北瓜分之際，兩淮間常爲天下戰場。孫仲謀立塢濡須，曹操先計後戰，不能争也；謝幼度師於淝上，苻堅擁衆山立，不能抗也；沈璞守一盱眙，佛狸傾國南向，往復再攻，其城不能下也。」張氏虞卿曰：「前世南北戰争之際，魏軍嘗至瓜步矣，石季龍掠騎嘗至歷陽矣，石勒寇豫州至江而還，此皆限於江而不得騁者也。周瑜謂捨鞍馬事舟楫，非彼所長，赤壁之役，果有成功。至於羊祜之言，則以南人所長惟在水戰，一入其境，則長江非復所用。有如瑜者爲用，則祜之言謂之不然可也；無如瑜者爲用，則祜之言不可不察也。」胡氏宏曰：「昔人謂大江天所以限南北，而陸抗乃曰此守國末務，非智者所先，何也？杜預嘗襲樂鄉矣，胡奮嘗入夏口矣，賀若弼嘗濟廣陵矣，曹彬嘗渡采石矣，則其險信未足恃也。雖未足恃，然魏武困於居巢，曹丕困於濡須，拓跋困於瓜步，苻堅困於淝水，皆不得渡，則其險亦未可棄也。設險以得人爲本，保險以智計爲先，人勝險爲上，險勝人爲下，人與險均，纔得中策。」王氏彦恢曰：「建康自古用武之地，然必内以大江爲控扼，外以淮甸爲藩籬。夫大江以南，千里浩邈，决欲控扼，非戰艦不可。大江以北，萬里坦途，欲扼長驅，非戰車不可。至於舒、廬、滁、和，良疇百萬，併力營田，措置軍食，此又戰守之先資也。」

校勘記

〔一〕明初自和州渡江　「和州」，底本原作「和陽」，今據鄒本及明志卷四〇改。

〔二〕到彦之　「到」，底本原作「劉」，今據職本、鄒本改。

〔三〕合肥壽春受南北潮　「潮」，底本、職本、敷本均作「湖」，惟鄒本作「潮」，核諸史記卷一二九貨殖傳「而合肥受南北潮」，鄒本是，今據改。

〔四〕晉太元八年　「太元」，底本原作「太平」，鄒本作「太元」。按晉無「太平」年號，晉書卷九孝武紀記苻堅入寇及淝水之戰在太元八年，鄒本是，今據改。

〔五〕導壕水入肥　「壕」，底本原作「濠」，今據鄒本及通鑑卷二九二後周紀三改。
〔六〕莨蕩水　漢志卷二八上班固自注作「狼湯水」。
〔七〕春秋僖十九年　下所引爲僖十九年左傳文，非春秋。
〔八〕以淹北道　「淹」，底本原作「掩」，今據職本、鄒本改。
〔九〕春秋哀八年　「八」字誤，事在哀十年。又，下引爲左傳文，非春秋。

讀史方輿紀要卷二十

南直二

應天府，東北至鎮江府二百里，西南至太平府一百三十五里，西至和州一百三十里，西北至滁州一百四十五里，東北至揚州府二百二十里，至京師二千五百五十里。

禹貢揚州之域，春秋時吴地，舊志云：左傳長岸地也。按昭十七年吴伐楚，司馬子魚戰於長岸，大敗吴師，獲其乘舟餘皇。杜氏曰：「長岸，楚地。」或以爲在今無爲州濱江，此不言所在之地，蓋傳疑耳。戰國屬越，後屬楚，楚威王初置金陵邑。相傳因地有王氣，埋金鎮之，故名。秦改曰秣陵，屬鄣郡。漢初屬荆國，後屬吴，又屬江都國，元封初屬丹陽郡。丹陽圖：「自句容以西屬鄣郡，以東屬會稽郡。元封二年始改鄣郡爲丹陽。」後漢因之。孫吴自京口徙都此，改秣陵曰建業。建安十六年孫權所改。晉平吴，移置丹陽郡，兼置揚州治焉。時改建業曰建鄴。元帝都建業，建興初避愍帝諱，又改建鄴曰建康。改丹陽太守爲尹，宋、齊、梁、陳因之。隋平陳，郡廢，於石頭城置蔣州，大業三年復曰丹陽郡。唐武德三年置揚州，七年改爲蔣州，八年復爲揚州，置大都督府。九年揚州移治江都。以金陵諸邑分屬宣、潤二州。至德二載置江寧郡，乾元元年改爲昇州。時又置浙西節度使治焉。上元初州廢，大順元年復置。唐末楊氏於昇州建大都督府。五代梁貞明三年，徐溫徙鎮海軍治昇州，六年改爲金陵府。石晉天福二年南唐李氏都之，改爲江寧府。謂之西都，而以江都爲東都。宋復爲昇州，天禧二年升爲江寧府建康軍節度，仁宗初封昇王也。建炎三年改爲建康府。時建行都，置行宮留守。元爲建康路，至元二十三年，自杭州移江南諸道行御史臺治此。天曆二年改爲集慶路。元史云：「以文宗潛邸故也。」明初定都於此，曰應天府。領縣八。今改爲江寧府。

府前據大江，自金陵北向，則大江當其前。南連重嶺，牛首、鴈門諸山。憑高據深，形勢獨勝。孫吳建都於此，西引荆楚之固，東集吴會之粟，以曹氏之强，而不能爲兼并計也。諸葛武侯云：「金陵鍾山龍蟠，石頭虎踞，帝王之宅。」王導亦云：「經營四方，此爲根本。」蓋舟車便利則無艱阻之虞，田野沃饒則有轉輸之藉，金陵在東南，言地利者自不能舍此而他及也。晉咸康中蘇峻入建康，郗鑒自廣陵起兵赴難，遣間使至尋陽謂溫嶠曰：「或聞賊欲挾天子東入會稽，當先立營壘，屯據要害，既防賊越逸，又斷賊糧運，然後堅壁清野以待賊。賊攻城不下，野無所掠，東道既斷，糧運自絶，必覆潰矣。」嶠從之，峻繇此敗。宋元徽二年桂陽王休範自尋陽舉兵東下，蕭道成曰：「昔上流謀逆，皆因淹緩致敗。休範必遠懲前失，輕兵急下，乘我無備。今應變之術，不宜遠出，若偏師失律，大沮衆心。宜頓新亭、白下，堅守宫城、東府、石頭以待。賊至千里孤軍，〔一〕後無委積，求戰不得，自然瓦解。我請頓新亭以當其鋒，征北守白下，時張永爲征北將軍。領軍屯宣陽門，時劉勔爲領軍。爲諸軍節度，破賊必矣。」從之，休範果敗。梁敬帝初，徐嗣徽以譙、秦二州附於齊，引齊兵入石頭攻建康。陳霸先問計於韋載，載曰：「齊師若分兵先據三吴之地，略地東境，則時事去矣。今急通東道轉輸，分兵截彼之糧道，則齊將之首旬日可致也。」霸先從之，齊兵敗却。隋末杜伏威據丹陽，雄於江東。其後輔公祏繼之，幾成東南之患。唐武氏之亂，徐敬業等起兵揚州，其黨薛仲璋曰：「金陵有王氣，且大江天險，足以爲固。不如先取常、潤，爲定霸之基，然後北向以圖中原，進無不利，退有所歸，此良策也。」敬業從之，至於敗亡，蓋迷於事機，而地利不足恃矣。杜佑曰：「自孫吴以金陵立國，其後晉、宋踵其成轍，猶能北問中原。下逮梁、陳，雖疆土漸蹙，而聲教所通，尚爲四方繫望。豈非東南都會恒在建康歟？」宋胡安國曰：「建康以三吴爲東門，荆、蜀爲西户，七閩、二廣爲南府。」李綱曰：「建康控引二浙，襟帶江、淮，漕運貯穀，無不便利，然必淮南有藩籬形勢之固，然後建康爲可都。後唐李氏有淮南，則可以都金陵。其後淮南爲周世宗所取，遂以削弱。」又言：「萬乘所居，必擇形勢以爲駐蹕之所。舉天下形勢而言，關中爲上；以東南形勢而言，則當以建康爲便。」衛膚敏曰：「建康外連江、淮，内控湖海，實爲東南要會。」張浚曰：「東南形勢，莫重建康，實爲中興之本。」張守曰：「建康自六朝爲帝王都，江流險闊，氣象雄偉，據要會以經理中原，依險阻以捍禦强敵，可爲行都以待恢復。」而吴芾亦言於高宗曰：「建康控帶襄、漢，經略淮甸，請留此以繫中原之望。」張邵亦言：「有中原之形勢，有東南之形勢，今縱未能遽争中原，宜進都金陵，因江、淮、蜀、漢、閩、廣之資，以圖興復。」李光曰：「建康之地，進可以戰，退足以守。自建康至姑熟一百八十里，其隘可守者有六：曰江寧鎮，曰碙砂夾，曰采石，曰大信，其上則有蕪湖、繁昌，皆與淮南對境。其餘皆蘆篠之場，或崎岸危磯，水勢湍悍，難施舟楫。莫若預於諸隘屯兵積粟，竭力固守，時會一至，即北向以清中原。」王應麟曰：「金陵倚山帶江，九州天險。」胡三省曰：「建康控制長江，呼吸之間，上下千里，足以虎視吴、楚，應接梁、宋。」蓋宋人不能忘情於中原，故規畫建康爲最詳也。明太祖初起兵，馮國用進策曰：「金陵龍蟠虎踞，真帝王都。願先拔金陵而定鼎，然後命將四出，掃除羣寇，天下不難定也。」太祖從之，遂以廓清六合。然而用金陵者亦不可不知其方。陳埜先嘗謂太祖曰：「集慶右環大江，左枕崇岡，三面據水，以山爲郭，以江爲池，地勢險阻，利於步戰；若南據溧陽，東擣鎮江，西扼太平，據險阻，絶糧道，自可不戰而下。」故太祖定太平，即命徐達等克溧水、溧陽、句容、蕪湖，乃攻集慶。而燕王破盛庸於浦子口，見江浦縣。諸將請徑薄京城，王曰：「鎮江咽喉之地，若城守不下，往來非便。先下鎮江，彼勢益孤矣。」會鎮江守將來降，乃趨京師。埜先之言，安在不可與郗鑒之策相衡而論哉！

今府城即明京城，亦六朝時故都也。舊志云：吳大帝築都城，東晉至陳皆因之。其城近覆舟山，去秦淮五里。内爲宫城，建康宫闕簿：「吳大帝所築苑城也。東晉以後，亦曰宫城，亦曰臺城，亦曰苑城。」周六里一百十步。有門六：所謂臺城六門也。宋武陵王駿討元凶劭，劭兵敗，閉守六門。梁侯景叛逼建康，梁主分遣韋黯等屯六門。又湘東王繹謂王僧辯「六門之内，自極兵威」，即此。南曰大司馬門，宫苑記：「大司馬門南直宣陽門。」梁書：「侯景攻臺城，縱火燒大司馬門及東、西華諸門，又斫東掖門，羊侃擊却之。既而梁主幸大司馬門。又太子綱遣孟恭自大司馬門出盪，恭降於景。」其門内曰雲龍門，則殿前正門也。晉咸和三年，蘇峻逼臺城，羊曼勒兵守雲龍門。宋景平二年，徐羡之等廢立，引兵入雲龍門。元嘉末，元凶劭弑逆，從萬春門入。其黨張超之等馳入雲龍門，及齋閣，拔刃徑上合殿。齊永明末，中書郎王融欲矯詔立竟陵王子良，以子良兵禁諸門，蕭鸞亟馳至，排雲龍門而入。既而鸞弑鬱林王昭業，自尚書省入雲龍門。時國子祭酒江斅被召入宫，至雲龍門，托藥發吐車中而去。又東昏侯末，王珍國等謀行弑，其黨開雲龍門引兵入殿。梁天監二年謝朏詣雲龍門，詔見於華林園是也。建康實録云：「宫墻第二重東面門曰雲龍門，對第三重宫墻之萬春門。」似悮。東曰萬春門，吳宫東門曰蒼龍門，後改爲萬春門，在東面南頭。東華門，宫苑記：「晉之東掖門，後爲東華門。」西曰西華門，宫苑記：「晉西掖門，後改爲西華門。」梁書：「太清三年侯景攻臺城，爲求和，詔盟於西華門外。」大陽門，在西面南頭。晉太和六年，桓温廢立，帝奕步下西堂，乘犢車出神虎門，或曰即大陽門也。梁書：「陶弘景脱朝服掛神虎門。」又侯景再攻臺城，邵陵世子堅屯大陽門，其書佐董勛等於城西北樓引景衆登城，城陷。實録又云：「神虎門宫墻第二重西面門，亦曰神武，對第三重宫墻之千秋門。」宫苑記：「宋元嘉二年於苑城東西立萬春、千秋二門，齊改萬春爲雲龍，千秋爲神虎。」似悮。**北曰承明門。**宋桂陽王休範之亂，蕭道成在新亭，以臺城危逼，遣兵自石頭濟淮，從承明門入衞宫省。既而道成黨王敬則弑蒼梧王，道成入自承明門。梁侯景圍臺城，江子一等開承明門出，與諸弟皆戰死是也。又有南掖、左掖、右掖、北掖及端門、止車諸門，蓋宫門名云。晉桓玄篡位，聞桓謙等爲義師所敗，遂出南掖門西遁。齊永元初，始安王遥光叛據東府城，左將軍沈約馳入西掖門，尚書令徐孝嗣等共出南掖門。二年崔慧景等作亂，其將崔恭祖突入北掖門，乃復出。既而恭祖勸慧景燒北掖樓，慧景不從，時蕭懿屯南掖門處分城内。三年蕭衍圍宫城，别將楊公則屯領軍府壘北樓，與南掖門相對，城中以弩射之。既而衍克臺城，公則率麾下陳於南掖門。梁天監初，齊東昏侯嬖臣孫文明等率其徒入南、北掖門作亂，燒神虎門、總章觀入衞尉府。敬帝初，徐嗣徽據石頭，引齊兵至闕下，侯安都守臺城，開東、西掖門出戰，大破之。陳禎明末，隋將賀若弼來伐，燒北掖門而入是也。建康記：「六朝宫門，正南曰端門，梁時又置石闕於端門外。又有東宫城，在臺城東，其南門曰承華，東門曰安陽，西門曰則天，或曰奉化。宋元凶劭弑逆，呼左衞率袁淑停車奉化門，即西門也。」一云臺城六門，大司馬門、閶闔門、萬春門、廣莫門、大通門、千秋門也。**外爲都城，周二十里十九步。有門十二：**晉自元帝渡江以後，諸城門皆用洛陽舊名，宋、齊、梁、陳皆因而不改。通釋：「晉初有宣陽門，至成帝作新宫，始修都城，開陵陽等五門，與宣陽門爲六。」似十二門又後所增置。唐許嵩建康實録：「都城三重，外重六門，宣陽、廣陽、津陽、清明、建陽、西明也。」正南曰宣陽門，本洛陽南面西頭第二門名也。晉太寧二年，王敦將沈充、錢鳳渡淮，突犯宣陽門。咸和三年，蘇峻作亂，庾亮率衆將陳於宣陽門内。隆安二年，王敦、殷仲堪自京口、江陵舉兵逼建康，詔謝琰屯於宣陽門。元興初，桓玄逼建康，至新亭，會稽世子元顯陳於宣陽門外。三年劉裕討玄入建康，焚桓温神主於宣陽門外。宋桂陽王休範之亂，蕭道成將張敬兒斬休範將杜黑騾於宣陽門。齊永元末，蕭衍東下，王茂等敗東軍於大航，長驅至宣陽門。梁太清二年，侯景渡朱雀航入宣陽門是也。宣陽之南五里曰朱雀門，又南六里爲國門。見後朱雀桁。宣陽之東曰平昌門，宫苑記：「晉宫城北面最東曰平昌門，宋曰承明門。」恐悮。又東曰開陽門，宣陽之西曰津陽門，實録云：「宋元嘉二十五年改開陽曰津陽。」恐悮。正東曰東陽門，東陽之南曰清明門，之北曰建陽門，亦曰建春門，齊明帝時王敬則起兵會稽，以奉南康侯子恪爲名。子恪從吴郡自歸，達建陽門是也。正西曰西明門，一名白門。宋元嘉二年，討徐羨之等殺害營陽、廬陵之罪，羨之承詔至西明門外。齊東昏侯末，聞蕭衍克江、郢，云「須來至白門當一決」，既而衍使陳伯之屯西明門。梁元帝初，王僧辯等討侯景，景軍敗，諸軍逐北至西明門，景至闕下不敢入臺，遂東走。敬帝時徐嗣徽引齊兵逼建康，陳霸先出西明門大敗之是也。金陵記：「建康西門曰白門，以方色名也。」西明之南曰廣陽門，初曰陵陽門，後改。梁大同七年，吏部尚書蔡撙除交趾并韶爲廣陽門郎，韶恥之，遂還鄉里作亂。門之北曰閶闔門，實録：「宫城南面次東爲閶闔門，後改爲南掖門，俗謂之天門，陳時謂之端門。」恐悮。北面之東曰廣莫門，晉咸康初，石虎南寇，遊騎至歷陽，帝觀兵廣莫門以備之。咸安末，妖人盧悚晨攻廣莫門，詐稱海西公，還繇雲龍門突入殿庭。宋元嘉三年，討傅亮廢殺之罪，殺之於廣莫門。齊崔慧景之亂，自鍾山西巖而下入廣莫門是也。又宋紀：「元嘉二十五年新作閶闔、廣莫二門，旋改廣莫曰承明門。」蓋作都城之閶闔，宫城之廣莫，非此門也。西曰大夏門。宫苑記：「都城十二門：南四門最西曰陵陽，後改廣陽；正門曰宣陽；稍東曰開陽，後改津陽，最東曰清明。」東面二門，南曰東陽；北曰建春，後改建陽。西二門，南曰閶闔；北曰西明。北四門，西曰大夏；中曰玄武，齊時改宣平；稍東曰廣莫，陳改北捷；最東曰延熹。」今考之，與正史不合。又建康實録與宫苑記所載宫城及都城諸門，參錯不一，姑削之。又自晉以來，於秦淮南北兩岸設籬門五十六所，謂之「郊門」，亦曰「籬門。」宫苑記：「東晉以後，建康城之外城惟設竹籬，而有六門。齊高帝建元二年命改築都墻，俗仍謂爲籬門。」永元初，始安王遥光舉兵東府城，詔左興盛屯東籬門。明年崔慧景作亂，復遣左興盛拒之於北籬門。又蕭衍東下，至新林，分遣陳伯之等據西籬門。又有國門，梁天監七年作，在越城東南。亦曰望國門，侯景入犯，使羊侃領千騎頓望國門是也。侯景入臺城，前朝宫闕，大都灰燼。陳時復加修葺，至隋師入建康，宫殿陵園，城垣廬舍，悉皆平蕩，六朝舊迹，蔓草荒烟，無僅存者矣。隋開皇九年平陳，詔建康城邑宫室並平蕩耕墾，更於石頭城中置蔣州。唐又廢州，以其地屬潤州，其後始更置州郡。楊吴時改築城垣，跨秦淮南北，周回二十五里，五代史：「梁貞明六年，徐温遣陳彦謙城金陵。後唐長興三年，徐知誥復廣金陵城，周二十里。爲八門，東西南北四門而外，泝秦淮而東者曰上水門，沿秦淮而西者曰下水門，西之南曰栅寨門。」舊甃城立栅以通古運瀆，元時亦置閘以泄城内積水入江，俗呼爲窗子口。又西南爲龍光門云。内爲子城。周四里有奇。亦曰牙城，有東西南三門，而無北門。李氏從而都之，晉天福二年徐知誥篡立，改牙城曰宮城。大抵承楊吳之舊。宋南渡後，雖設行宮留守，而無所增加。宋於子城內置昇州治，後爲建康府治。紹興二年以府治爲行宮，增築子城曰皇城，而規模皆如舊制。明初建爲京師，更新城闕，乃益廓而大之。東盡鍾山之麓，西阻石頭之固，志云：自楊吳以來，城西皆據石頭岡阜之脊，明初亦因其制。北控湖山，南臨長干，而秦淮貫其中，橫縮紆徐周九十六里，内則皇城奠焉。在京城内之東偏，當鍾山之陽。正門曰洪武門，南直正陽門。東曰東安門，西曰西安門。殿基在宋、元東城外，舊燕雀湖地。其西安門以北宮墻即都城故址，東出青溪橋處也。又有舊内城，亦在京城中。宋紹興二年即建康府治爲行宮，在東錦繡坊。元至元二十三年爲行御史臺治。至正十六年太祖入金陵，建軍府於此，尋爲王府，又建爲皇宮，比於皇城，大内宮闕成，稱爲舊内。又今府治在西錦繡坊，大元初故治也。後遷徙不一，明初復改置於此。都城凡十三門：南曰正陽門，正陽之西曰通濟，秦淮水繇此入城，故上水門也。又西曰聚寶；本舊南門，太祖更名。西南則曰三山，亦曰水西門，秦淮下流經此，故下水門也。曰石城；本舊西門，亦曰大西門，太祖更名。城邑考：「石城門即周顯王三十六年楚威王所築金陵邑城之地也。明初鼎新京城，唯南門、大西、水西三門尚仍舊而易以新名。」北曰太平門，太平之西曰神策，又西曰金川，靖難師至，李景隆獻門處也。曰鍾阜；東曰朝陽門；西曰清涼門，清涼之北曰定淮，曰儀鳳。後塞鍾阜、儀鳳二門，存十一門。都城記：「都城自舊東門外截濠爲城，沿淮水北崇禮街地開拓八里，增南出門二，曰通濟，曰正陽；自正陽以東增東出門一，曰朝陽；自鍾山之麓圍繞而西抵覆舟山，建北出門，曰太平；又西據覆舟、雞鳴緣湖水以北至直瀆山而西八里，建北出門二，曰神策，曰金川；自金川北繞獅子山，於中雉堞相向，建門二，曰鍾阜，曰儀鳳；自儀鳳迤邐而南建門二，曰定淮，曰清涼，以接舊西門焉。其外郭西北則依山帶江，東南則阻山控野，周一百八十里。有門十六，東面之門凡六，曰姚坊、僊鶴、麒麟、滄波、高橋、雙橋；南面之門凡六，曰上方、夾岡、鳳臺、馴象、大安德、小安德；西面之門一，曰江東；北面之門凡三，曰佛寧，曰上元，曰觀音。山川環列，氣象宏偉，誠東南都會也。

上元縣，附郭。在府治東北。本秦秣陵縣地，吳曰建業。晉平吳，仍曰秣陵。太康三年分秣陵北爲建業，尋改「業」爲「鄴」，建興初又改曰建康，後因之。隋併爲江寧縣，唐初因之，上元初改爲上元縣。今編户二百三里。

江寧縣，附郭。在府治西南。本秦秣陵縣地，晉太康二年分置臨江縣，三年更名江寧，在今縣西南六十里。後因之。隋開皇十年徙治今城，又省秣陵、建康、同夏三縣，合爲江寧縣。唐武德三年改曰歸化，八年改曰金陵，明年又改爲白下，貞觀九年復曰江寧，上元初改爲上元。天祐十四年楊氏復析上元置江寧縣，今因之。編户三十六坊廂，七十四里。

秣陵城，在府東南五十里。秦縣，屬鄣郡。志云：始皇三十七年自會稽還，改金陵爲秣陵。漢因之，武帝封江都易王子纏爲侯邑，尋屬丹陽郡。建安四年，孫策渡江攻秣陵。十七年，權自京口徙秣陵，改爲建業，而舊治如故。孫皓寶鼎初，山賊施但自秣陵逼建業，諸葛靚迎擊之於九里汀。晉永康中，郗隆爲揚州刺史，〔三〕治秣陵。沈約曰：

「秣陵縣本治去京邑六十里，今名故治村，義熙九年移治京邑之鬭場。元熙初又省揚州禁防參軍，縣移治其處。」二年劉裕受禪，奉帝爲零陵王，即宮於故秣陵縣。梁紹泰二年，徐嗣徽等引齊兵登蕪湖，入丹陽，至秣陵故治。此皆故秣陵城也。胡氏曰：「今西州橋、冶城之間，即晉元熙初移置秣陵縣之地。」實録云：「在故臺城南八里小長干巷內。」吳氏若曰：「故秣陵北抵句容，西抵建康，防守最切。」其南即九里汀，東入秦淮，溉田百餘頃。宋置秣陵鎮，在今秣陵橋東。元置巡司及税務於此。今爲秣陵關。

建康城，在府治南。本秦秣陵縣地。江表傳：張紘謂孫權曰：「秣陵楚武王置，本名金陵，地勢岡阜連接石頭。秦始皇東巡，望氣者言金陵地形有王者都邑之氣，故掘斷連岡，改名秣陵。今處所具存，宜爲都邑。」劉備東過秣陵，亦勸權居之。獻帝春秋：「建安十七年，孫權自京口徙秣陵，曰：『秣陵有小江百餘里，可以安大船。吾方理水軍，當移據之。』」尋改曰建業。吳赤烏十年繕修宮室，改作太初宮居之。王氏曰：「『建業本秣陵地，非秣陵治也。孫權作石頭城，因徙秣陵改置建業縣。』晉平吳復爲秣陵。太康三年復分秣陵之水北置建鄴縣，爲丹陽郡治。建興初改曰建康。』」宋白曰：「晉分秣陵爲二邑，自淮水南爲秣陵，北爲建業是也。」隋平陳，省建康入江寧。元和志：「建康縣城在上元縣南二里。」

石頭城，府西二里。有石頭山。輿地志：「山環七里一百步。北緣大江，南抵秦淮口，去臺城九里。山上有城，相傳楚威王滅越，置金陵邑於此。」圖經：「石頭城在上元縣西四里。南抵淮水，當淮之口。南開二門，東開一門。其南門之西者曰西門。又有石頭倉城，倉城之門曰倉門。漢建安十六年孫權徙治秣陵，明年城石頭，貯寶貨軍器於此。」諸葛武侯使建業，曰：「石頭虎踞，王業之基也。」其地控扼江險，爲金陵必争之處。王濬帥舟師過三山，鼓譟入石頭，孫皓遂降。晉永康二年郗隆爲揚州刺史，參軍王邃鎮石頭，將士争往歸邃。隆遣從事於牛渚禁之，不能止，將士遂奉邃攻隆殺之。時隆鎮秣陵，胡氏曰：「於牛渚禁將士往石頭，疑揚州還治淮南也。」或曰時趙王倫篡逆，齊王冏鎮許昌，移檄討倫，將士欲奉邃西應冏，故隆於牛渚禁之耳。六朝嘗以腹心大臣鎮守。東晉永昌元年，王敦自武昌舉兵向建康，以征虜將軍周札都督石頭諸軍事，守石頭。敦至，札開門納之。敦據石頭嘆曰：「吾不復爲盛德事矣。」帝命刁協、劉隗等帥衆攻石頭，皆大敗。太寧二年王敦復自姑熟謀犯京師，命温嶠、卞敦守石頭。咸和初庾亮疑蘇峻、祖約，又畏陶侃，修石頭以備之。二年峻以歷陽叛，亮使弟翼備石頭。既而峻入臺城，聞西方兵起，遂逼帝遷於石頭。陶侃等以勤王之兵東下，會於石頭，官兵共攻之，卒不能克。四年侃等入石頭，京邑之禍始解。永和八年，以謝尚戍石頭。太和五年，桓温伐袁瑾於壽春，使劉波鎮守石頭。隆安二年，王恭復自京口叛，桓玄以江陵之兵應恭，進至横江，詔會稽世子元顯守石頭以備之。俄而玄等至石頭，丹陽尹王愷發京邑士民拒守。五年，孫恩自海道奄至丹徒，建康震駭，命冠軍將軍高素等守石頭。元興三年，劉裕討桓玄，玄潛具舟石頭，聞桓謙等軍敗，遂出南掖門，西趣石頭，浮江南走。裕入建康，即徙屯石頭。義熙四年，劉裕以劉道憐爲并州刺史，戍石頭。六年，盧循入寇建康，劉裕方平南燕，倍道馳還，發民亟治石頭城。議者謂宜分兵守諸津要，裕曰：「賊衆我寡，若分兵屯守，則人測虛實，且一處失利，則沮三軍之心。今聚衆石頭，隨宜應赴，既令彼無以測多少，又於衆力不分也。」既而循至淮口，裕自屯石頭，恐循侵軼，伐樹栅石頭淮口。元興初，劉裕以其子義真爲揚州刺史，鎮石頭。

宋元嘉初，以皇弟義宣鎮石頭。二十七年，魏主燾入寇，至瓜步，〔三〕聲言欲渡江。詔太子劭守石頭，統水軍；丹陽尹徐湛之守石頭倉城。上登石頭城，有憂色。三十年，元凶劭弑逆，逆濬在西州未得劭信，時南平王鑠戍石頭，濬從南門出，徑向石頭。俄而劭馳騎召濬。將軍王慶未知濬與劭同謀，勸濬曰：「太子反逆，天下怨憤。明公但當堅閉城門，坐食積粟，不過三日，凶黨自離矣。」濬不聽。劭使檀和之戍守石頭。未幾武陵王駿自尋陽東討，劭黨蕭斌勸劭勒水軍自上流決戰，江夏王義恭恐南軍不利，紿劭曰：「駿遠來疲弊，正宜以逸待之，割棄南岸，柵斷石頭，此先朝舊法也。」劭從之。駿既至，或勸劭保石頭，劭曰：「昔人所以固石頭者，俟諸侯勤王耳。我若守此，誰當見救？惟應力戰決之。」又元徽二年，桂陽王休範自尋陽舉兵東下，蕭道成議堅守宮城、東府、石頭以待賊至，因分遣沈懷明戍石頭城。昇明初，中書監袁粲鎮石頭，粲知蕭道成有不臣之志，陰欲圖之。既而沈攸之舉兵江陵，粲欲爲難，道成黨蘇烈等助粲守石頭，因據倉城拒粲。道成復遣戴僧静自倉門入助烈等攻粲，粲敗死，百姓歌「可憐石頭城」者也。三年，道成封齊公，以石頭城爲其世子宫，一如東宫。齊建元二年，魏人南侵，詔内外纂嚴，徵南郡王長懋鎮石頭。永元三年，張欣泰等謀廢立，其黨迎建安王寶寅於石頭，向臺城，至杜姥宅，城門閉，謀不得發，衆遂潰。既而蕭衍東下，東昏侯使張瓌鎮石頭，瓌旋棄石頭還，衍遂自新林移鎮石頭，命諸軍攻六門。未幾東昏侯爲其下所弑，國子博士范雲送其首詣石頭。梁太清二年，侯景作亂，詔西豐公大春守石頭，景兵至闕下，大春棄石頭奔京口，別將彭文粲等以石頭降景，景使其黨于子悦守之。既而景攻圍臺城，久未下，時景軍乏食，東城米可支一年，而援軍斷其路，景乃佯爲求和，因運東城米入石頭，攻圍愈急，臺城遂陷。承聖初，王僧辯、陳霸先討侯景，自張公洲乘潮入淮，景塞淮口，又緣淮作城，自石頭至於朱雀桁，十餘里中，樓堞相望，以拒官軍。僧辯問計於霸先，霸先曰：「前援軍數十萬皆隔水而望，竟不度岸，賊登高望之，表裏俱盡，故能覆我師徒。今圍石頭，須度北岸。」乃於石頭西落星山築柵，衆軍次連入城直出石頭東北。景恐西州路斷，亦於石頭東北築五城以遏大路。僧辯尋進軍於石頭城北招提寺，侯景陳於西州之西，合戰，景大敗，賊將盧暉略以石頭降。敬帝初，王僧辯立蕭淵明爲帝，屯石頭。陳霸先自京口襲之，其將侯安都亦自京口帥水軍趣石頭，至城北棄舟登岸，石頭城北接岡阜，不甚危峻，軍人捧安都投於女垣內，衆隨而入，霸先兵亦自南門入，遂殺僧辯。既而譙、秦二州刺史徐嗣徽以州入齊，導齊兵渡江據石頭。陳霸先自義興馳還建康，齊人度粟馬入石頭，又於倉門水南立二柵，與梁兵相拒。霸先進兵攻二柵，縱火焚之，石頭城中無水，霸先絕其南北汲路，四面攻圍，齊將柳達摩危懼，請和而去。陳大建二年，復修石頭以貯軍食。隋開皇九年平陳，毀建康城邑，更於石頭置蔣州。晉王廣班師，留王韶鎮石頭，委以後事。唐初亦置蔣州於此，武德四年爲揚州治。七年，平輔公祏，仍爲蔣州。八年建揚州大都督府治焉。明年揚州移治江都，此城遂廢。武后光宅中，徐敬業舉兵討武氏，使其徒崔洪渡江守石頭。敬業平，因分軍戍此。尋置爲鎮，仍徙縣倉實之。建中四年時朱泚作亂，江東觀察使韓滉築石頭，修塢壁，起建業抵京峴，雉堞相望以自固，又於城中穿井皆百尺。元和二年，李錡爲鎮海節度使，遣兵修築石頭，謀據江左。宋紹興初，議者以建康城西隅據石頭岡阜之脊以立城基，險與敵共，當於石頭故址修築堡塢，使敵不敢據高臨下。丹陽記：「石頭城吳時悉土塢，義熙中始加磚累石，因山爲城，因江爲池，地形險固有奇勢。」亦謂之石首城。六朝記：「孫權緣淮立柵，又於江岸必爭之地築城，名曰石頭，常以腹心大臣鎮守，今石城故基，乃楊行密時稍遷近南，夾淮帶江，以盡地利。其形勢與長干山連接。」又有石頭倉，六朝時與太倉及常平倉爲三倉。梁天監初江州別駕鄧繕説刺史陳伯之作亂云「臺城府藏空竭，三倉無米」是也。張舜民曰：「石頭城者，天生城壁，有如城然。在清涼寺北覆舟山上。江行自北來者，循石頭城轉入秦淮。」陸游曰：「龍灣望石頭山不甚高，然峭立江中，繚繞如垣墻。清涼寺距石頭里許，西望即宣化渡及歷陽諸山也。」一統志：「今清涼報恩寺即石頭城之地，楊吴名興教寺，南唐曰石城清涼寺，明洪武中易今名云。」

江寧城，在府西南六十里。晉武帝太康初分秣陵立臨江縣，二年更名江寧。其治所臨江濱，南爲江寧浦。太寧二年王敦使王含等犯建康，敗遁，温嶠等追之於江寧。咸和初石勒將石聰寇淮南，建康大震，詔王導軍於江寧。劉宋元嘉末，武陵王駿討元凶劭，使柳元景爲前鋒，元景以舟艦不堅，倍道兼行，至丹陽步上，既而武陵王亦至江寧。齊東昏侯末，蕭衍東下，遣曹景宗等進頓江寧，李居士自新亭馳至江寧，爲景宗所敗。梁敬帝時徐嗣徽等據石頭與陳霸先戰，不勝，因往采石迎齊援軍。將還石頭，霸先遣兵詣江寧，據要險，嗣徽等水步不敢進，頓於江寧浦口。霸先遣侯安都帥水軍襲破之。金陵覽古云：「新亭去江寧十里。」宋白曰：「晉咸和初以江外無事，於南浦置縣。今江寧縣南七十里，故城在焉。隋開皇十年移於冶城，自是故城遂廢。」胡氏曰：「宋白所謂今縣，乃天祐十四年楊吴所置縣也。其故城宋爲江寧鎮。」吕氏祉曰：「江寧鎮，太平入建康水陸之衝也。其地去大城岡馬家渡尚遠，關係至重。王敦、蘇峻犯建康，宋武帝駿、梁武帝衍起兵皆屯此，今有江寧鎮巡司。」元至元十六年，明太祖自太平取集慶，諸軍水陸並集，至江寧鎮攻陳兆先營，克之。進圍集慶，拔其城。今江寧驛置於此。

臺城，在今上元縣治東北五里。本吴後苑城也。晉平吴置建業縣於秣陵水北，南渡建都，依苑城以爲固。太寧二年，王敦使王含等入犯，議者以苑城小而不固，宜及含等軍勢未成，出城拒戰，郗鑒以爲不可，乃止。咸和三年，蘇峻作亂入臺城。既而退，遷帝於石頭，逼劫居民聚之後苑，使其黨匡術守苑城。四年術以苑城來歸，陶侃等推陸曄督宫城軍事，命毛寶守南城，鄧岳守西城。宫城即苑城之别名，南城、西城即苑城南、苑城西也。既而蘇逸等并力來攻，不能克。及亂平，宫闕灰燼，以建平園爲宫。五年復於臺城内作新宫。八年宫成，名建康宫，自是亦謂之宫城。宋元嘉三十年，武陵王駿討元凶劭。劭兵敗，閉守臺城六門，於門内鑿塹立栅，諸軍攻克之。元徽二年，桂陽王休範自尋陽入犯，至新林，其將丁文豪請直攻臺城，休範即遣文豪將兵趣臺城。又城東有岡，謂之臺岡。蒼梧王末，恒與左右於臺岡賭跳，仍往青園尼寺，晚至新安寺，寺皆在臺城外也。齊東昏侯末，蕭衍鎮石頭，命諸軍攻臺城，東昏侯驅逼士民入城，閉門自守，衍合諸軍築長圍守之。金陵記：「南北朝時建康無外城，臺城以外，惟設六籬門而已。百官第宅，皆在臺城外，有警輒恃臺城爲固。梁天監七年於朱雀門外渡淮五里樹國門以示觀望，又於端門之外立石闕凡四，高五丈，廣三丈六尺。侯景亂後，宫宇多爲灰燼，而石闕猶存。」梁史：「太清二年，侯景逼建康，始命繕修宫城，爲受敵之備，繼又命韋黯等分守宫城諸門及朝堂。既而景至，列兵繞臺城，百道進攻，久之不能陷，乃引玄武湖水灌臺城，闕前皆爲洪流。明年景僞降而復叛，乃決石闕前水百道攻城，晝夜不息，叛者引賊登城，城陷。承聖初侯景爲王僧辯等所敗，還至闕下，不敢入臺，仰觀石闕，歎息久之，遂東走，僧辯遣杜崱入據臺城。」又宫城記：「吴時自宫門南出至朱雀門凡七八里，府寺相屬。自閶闔門北出承明門抵玄武湖，凡十餘里。侯景之亂，渡淮入宣陽門，葉侃固守臺城以拒之，景百道來攻，不能克。陳亦爲宮城。隋平陳，城邑故址悉皆毁壞。」唐光啓三年，徐州叛將張雄屯揚州之東塘，遣其黨趙暉據上元。暉治南朝臺城而居之，遂叛雄。雄尋拔上元，暉走死，城亦旋廢。宋淳熙十五年，陳亮請經理建業，言：「今之建業，非昔之建業也。臣嘗登石頭、鍾阜而望，直在沙觜傍耳。鍾阜之支隴，隱隱而下。今行宮據其平處，以臨城市，城之前則逼山而斗絶焉。此必後世之讀山經而相宅者之所定，江南李氏之所爲，非有據高臨下，以乘王氣而用之之意也。本朝以至仁臨天下，不恃險以爲固，故因而不廢耳。臣嘗問之鍾阜之僧，亦能言臺城在鍾阜之側，大司馬門在今馬軍新營之旁。其地據高臨下，東環平岡以爲固，西城石頭以爲重，帶玄武以爲險，擁秦淮、清溪以爲阻，是以王氣可乘，而運動如意。若如今城，則費侯景數日之力耳。曹彬登長干，兀术上雨花臺，皆俯瞰城市。雖飛鳥不能逃也。」南都志：「今四十八衛以南，玄津橋大街以北，即臺城故處。」

冶城，在府西石城門外。本吳冶鑄處，六朝時有東西二冶，以有罪者配焉。郡國志：「王導移冶於石頭東髑髏山，以故地多園臺，謂之西園。太元十五年建冶城寺於此。桓玄入建康，廢寺爲西苑，尋復故。」亦曰冶亭。義熙十一年劉裕伐司馬休之於江陵，以高陽内史劉鍾領石頭戍事，屯冶亭。又梁敬帝初，徐嗣徽等據石頭，陳霸先使徐度立柵於冶城以拒之。嗣徽等來攻，霸先自西明門出擊，嗣徽大敗。既而霸先對冶城立航，悉度衆軍，攻齊人石頭、水南二柵，拔之。陳永定二年，遣臨川王蒨西討王琳，送之於冶城寺。隋開皇十年移江寧縣治冶城。胡氏曰：「冶城近石頭，在六朝西明門外。」陸游曰：「今天慶觀在冶城山麓。」金陵記：「冶城即今府治西北朝天宮，楊吳之紫極宮，宋之天慶觀也。」又有東冶亭，在半山寺後。自建康東門往蔣山，至此半道，因名。晉太元中謝安爲揚州，袁宏爲東揚州，祖道冶亭。宋元嘉六年王裕之辭尚書令東還，車駕幸東冶餞送。王安石詩「遥望鍾山岑，應知冶城路」，謂東冶亭也。

越城，在府南六里。圖經：「在江寧縣南三里，秦淮水南。范蠡佐越滅吳，欲圖霸中國，因立城於此以威楚。今遺址尚存。亦名范蠡城，人呼爲越臺。晉太寧二年，王敦叛，自于湖遣王含、錢鳳奄至江寧南岸，詔遣段秀乘夜渡水擊之，大破之於越城。義熙六年盧循至淮口，劉裕修治越城，使王仲德屯守。齊永元二年崔慧景逼臺城，蕭懿自小峴入援，自采石濟江，頓越城舉火，城中鼓叫稱慶。明年蕭衍東下至新林，命王茂進據越城是也。宋呂祉曰：「越王城故基與長干相接，憑高下瞰城内，爲與敵分險處。」宋初曹彬下江南，登長干北望金陵，問其地，曰伏龜案也。督軍攻之，南城遂陷。今府西南聚寶門外曰長干里。其間民居稠密，大報恩寺在焉。江東人謂山隴間曰干，有大長干、小長干、東長干之名。城址與長干山相連，形勢特重。金陵記：「長干寺在長干里中，北去上元縣治五里。梁大同三年修長干寺阿育王塔是也。宋曰天禧寺，今爲大報恩寺。宋人謂建康城南直天禧寺，即此。」圖經：「越城在長干橋西，周迴二里八十步。」金陵志：「越城東南有國門，亦曰望國門，梁作。侯景犯建康，令羊侃頓守者是也。」

東府城，在皇城西安門外、清溪橋東，南臨淮水。晉會稽王道子宅也。道子領揚州，宅在州東，故曰東府。自是領揚州者輒鎮焉，爲六朝故事。輿地志：「東府城，晉安帝時築。」元興三年劉裕平桓玄，自石頭還鎮東府。宋元嘉中，彭城王義康爲司徒，徙居東府，又於東府側起司徒府。元嘉末武陵王駿討元凶劭，將軍朱修之克東府。元徽二年，桂陽王休範作亂，褚澄開東府門納南軍，推安成王準據東府，既而張敬兒等攻克之。四年建平王景素舉兵京口，京師纂嚴。蕭道成使其子賾鎮東府。五年迎立安成王準於東府，入居朝堂，道成出鎮東府。既而沈攸之舉兵江陵，道成入守朝堂，命其子嶷代鎮東府。攸之平，道成還鎮東府。齊永明中嶷常鎮焉。七年嶷還第，勑其世子子廉代鎮東府。隆昌初蕭鸞弑鬱林王昭業，改立新安王昭文，鸞遂移鎮東府。永元初，始安王遥光舉兵東府，集部曲於東府東門，詔蕭坦之等帥臺軍討之。衆軍圍東城三面，燒司徒府，遥光敗死。二年崔慧景自廣陵逼臺城，江夏王寶玄鎮京口，與慧景合，隨軍東府。三年蕭衍至建康，東昏侯將徐元瑜以東府城降。梁太清二年，以侯景入犯，分命蕭推守東府，既而景陷東府殺推。三年蕭嗣等度淮攻東府前柵，焚之。東府有米，可支一年。時援軍營於青溪東，東府與石頭路中斷，景患之，從王偉計，乃僞求和以緩援軍，運東府米悉入石頭，遂復叛。既而蕭會理等進營東府城北，爲景所敗，臺城旋陷。承聖初，王僧辯等討侯景，景將侯子鑒敗於姑孰，走還建康，據東府。陳大建十四年，始興王叔陵作亂，據東府，斷青溪道，蕭摩訶攻之，屯城西門，叔陵走死。隋平陳，城廢。元和志：「東府城在上元縣東七里。有東、西、南三門。六朝時建康有事必置兵守此，亦謂之東城。」金陵志：「東府城東北角有土山，晉會稽王道子所作也。宋武帝初領揚州，築東府城，元嘉中彭城王義康更開拓之，作東西塹，自後常爲宰相府第。景和中嘗改爲東宫，旋復故。泰始中建安王休仁鎮東府，訛言東城出天子，帝懼，殺休仁而常閉東府不居。元徽中桂楊王休範反，車騎典籤茅恬開東府納賊。齊高帝初封齊，以東府爲齊宫。梁太清三年爲侯景所據，毁土墻易以磚甓。紹泰末焚毀。陳天嘉末徙治府城東三里齊安寺，西臨淮水。陳亡復焚廢。」

西州城，在上元縣治西二里。周圍三里。晉揚州刺史治所。太元中會稽王道子領揚州而居東府，故曰東府、西州。胡氏曰：「揚州刺史治臺城西，故曰西州。」或曰城在臺城西，故名。宋大明中，以東府爲諸王邸，西州爲丹陽尹治所。齊建元三年，詔南郡王長懋移鎮西州。永明二年，竟陵王子良爲揚州刺史，鎮西州。永元初，陳顯達與臺軍戰於西州前，稍折，臺軍繼至，顯達不能抗，走至西州後烏榜村，爲臺軍所殺。圖經：「初立西州城未有籬門，樹烏榜而已，村因以名。」梁大寶初，侯景以西州爲府，請梁主幸西州。承聖初，王僧辯等討侯景，景戰於西州之西，大敗。輿地志：「西州城，晉元帝時築。」續通典：「漢揚州刺史理秣陵，劉繇爲刺史始移理曲阿，孫策因號秣陵爲西州。」誤矣。實録：「城西接治城，東連運瀆，今朝天宫西即西州橋，宋曰望仙橋，景定中又改曰武衛橋，是其處也。」

丹陽城，在府西南五十里。又西南至太平府八十五里。本秦縣，始皇三十七年過丹陽至錢塘，即此。漢仍爲丹陽縣，屬丹陽郡。武帝封江都易王子敢爲侯邑，後漢仍爲丹陽縣，晉因之。宋齊俱屬丹陽尹，隋開皇九年廢入溧水縣。俗謂之小丹陽，對丹陽郡而言也。晉咸和二年蘇峻濟自横江，陶回謂庾亮曰：「峻知石頭有重戍，不敢直下，必向小丹陽南道步來，伏兵邀之，峻可擒也。」不聽。既而峻果自小丹陽來，迷失道，夜行無復部分，至蔣陵、覆舟山，亮始悔懼。宋元嘉末，柳元景奉武陵王駿討元凶劭，以舟艦不堅，至丹陽步上。昇明三年，蕭道成篡位，廢帝爲汝陰王，築宫於丹陽故縣。梁紹泰二年，齊兵由蕪湖入丹陽縣，至秣陵步上。又紹泰三年，徐嗣徽爲周文育所敗，留船蕪湖，自丹陽步上，陳霸先拒之於白城，文育亦至，遂敗之。唐初嘗置丹陽縣於此，貞觀初復廢。括地志：「丹陽縣城在江寧舊縣東南五里。」又丹陽郡城，在府東南。三國志：「建安二十五年，權自建業徙都武昌，以吕範爲丹陽太守，治建業。」沈約曰：「丹陽郡本治宛陵，晉太康二年移治建業，大興初改爲丹陽尹。其城周一頃，有東南北三門。」圖經云：「晉太康中所築也。」盧循寇建康，徐赤特迎戰，敗績於張侯橋，循兵大上至丹陽郡。又侯景自歷陽趣建康，詔臨賀王正德屯丹陽郡。金陵記：「城西去長樂橋一里，南臨大路。」今武定橋東南有長樂巷。一統志：「丹陽郡城在府東南四里。」又東南二十里有五城，即晉太寧初王敦黨王含、錢鳳戰敗，率餘黨自倪塘西置五城造營處也。唐景雲中，縣令陸彦恭於城側造橋渡秦淮，亦名五城渡。

白下城，在府治北十四里。輿地志：「即江乘廢縣之白石壘也。」志云：白石壘在上元縣北十三里，當石頭城之東北，臺城之西，本名白石陂。陶侃討蘇峻，諸將議於查浦築壘，部將李根曰：「查浦地下又在水南，惟白石峻極險固，可容數千人，賊來攻不克，滅賊之衝也。」侃然之，一宿而壘成，賊大驚。侃使庾亮以二千人屯守，峻帥步騎萬餘，四面攻圍，不克。太和六年，桓温自廣陵將還姑孰，屯於白石。隆安五年，孫恩奄至丹徒，建康震駭，分遣將軍桓謙備白石。既而恩至白石，知建康有備，不敢進而還。義熙六年，盧循犯建康，伏兵秦淮南岸，使老弱乘舟向白石，聲言自白石步上，既而突犯查浦。宋元嘉二十七年，魏主燾聲言渡江，詔分軍守白下、新亭諸處。大明四年爲蠶所，置大殿於此。其後謂之白下。廢帝子業末，沈文秀出爲青州刺史，部曲屯白下，密謀廢立，沈慶之不從，乃不果發。泰始二年，晉安王子勛舉兵尋陽，其將孫冲之曰：「今挂帆直取白下，衆軍兼行相接，介據新亭、南州，則一麾定矣。」又後廢帝昱元徽二年，桂楊王休範亦自江州逼建康，蕭道成謂宜頓軍新亭、白下，因分遣張永屯白下是也。又齊武帝以白下城依山帶江，因移南瑯琊郡治焉。齊紀：「永明六年如瑯琊城講武。七年復如瑯琊城。九年魏李彪來聘還，齊主親送至瑯琊城。延興初巴陵王子倫爲南蘭陵太守，鎮瑯琊城，蕭鸞遣其典籤華伯茂殺之。」蓋白下城北臨江滸，故常置鎮戍於此也。建武二年，魏人南寇，中外戒嚴，命陳顯達往來新亭、白下以張聲勢。永元二年，裴叔業以壽陽降魏，詔崔慧景將水軍進討，齊主出瑯琊城送之。三年，蕭衍逼建康，瑯琊城主張本以城降。梁天監五年，蕭宏伐魏，自洛口遁還，乘小艦濟江，夜至白石壘叩城門求入。普通六年，幸白下城，履行六軍頓所。太清二年，分遣謝禧等守白下以備侯景，景兵至闕下，禧等棄白下走。紹泰中陳霸先與齊兵戰於幕府山，命侯安都自白下橫擊其後，齊人大敗。陳大建十一年，江北州縣悉没於後周，遣將楊寶安鎮白下。禎明末隋師來伐，陳主命樊猛、蔣元徽領青龍八十艘於白下遊奕，以禦隋六合之師。唐武德九年，改金陵爲白下縣，移治白下城，貞觀七年復移治郭下。元和志：「東晉以後，江津要地，或言白石，或言白下，實一處也。」金陵記：「今之龍灣，即古白下。」圖經云：「今靖安鎮有白下城故基，去府城十八里。」

江乘城，府東北七十里。本秦縣，屬鄣郡。始皇三十七年自會稽還，過吴，從江乘渡，即此。漢亦曰江乘縣，屬丹陽郡，孫氏省縣爲典農都尉治。晉太康初復置，渡江後屬南瑯琊郡，宋、齊因之，隋廢。後漢興平初，孫策渡江，自牛渚進攻秣陵，以秣陵險固，轉攻江乘。吴黄武三年，曹丕來伐，至廣陵，徐盛獻計，植木依葦，爲疑城假樓，自石頭至江乘，聯綿相接，數百里一夕而成。晉永嘉初，陳敏據建業，敗走江乘，獲之。咸康初桓温領琅琊太守，鎮江乘之蒲洲。尋以石季龍造艦青州，掠沿海州郡，命蔡謨沿江戍守，東至土山，西至江乘。元興三年，桓玄作亂，劉裕討之，敗玄將吴甫之於江乘。梁太清二年，侯景圍臺城，邵陵王綸自京口入援，景遣軍拒綸於江乘。紹泰初，齊兵犯建康，陳霸先遣别將錢明將水軍出江乘邀擊齊人糧運，盡獲其船米，齊人大窘。括地志：「江乘故城，在句容縣北六十里，地名琅邪鄉。」

臨沂城，在上元縣西北三十八里。晉咸康初分江乘縣境僑立臨沂縣，爲南琅邪郡治。齊永明中始移郡治白下，縣亦移焉。梁敬帝時，陳霸先大破齊人於幕府山，追奔至臨沂，即此。隋初郡縣俱廢。志云：城在獨石山，北臨大江。縣境又有陽都廢縣，東晉初僑置，屬南琅琊郡，宋大明中省入臨沂。又有即丘廢縣，亦東晉初僑置，宋元嘉中省入陽都。

金城，在上元縣北三十五里。括地志：「在江乘蒲洲上，相傳孫吴所築。」晉永昌初王敦逼建康，詔劉陳屯金城。咸康初桓温出鎮江乘之蒲洲金城，求割江乘縣境立南琅琊郡。太元八年，謝石等敗苻堅於肥水，師旋，謝安勞師於金城。蕭子顯齊志：「南琅邪本治金城，永明中乃移治白下。」王隱晉書：「江乘南岸有琅邪城。」

湖熟城，在上元縣東四十五里，淮水北，漢縣，屬丹陽郡，武帝封江都易王子胥行爲侯邑。後漢仍爲湖熟縣，孫吴省縣爲典農都尉。晉復置縣，宋、齊因之，隋廢。三國志：「孫策渡江，破劉繇黨薛禮等於秣陵，又破繇别將於梅陵，轉攻湖熟、江乘，皆下之，進擊劉繇於曲阿。」晉咸康三年，毛寶以蘇峻之亂，燒句容、湖熟積聚。義熙九年，罷臨沂、湖熟脂澤田以賜貧民。又宋元嘉二十三年，浚淮，起湖熟廢田千餘頃是也。元豐志上元縣有湖熟鎮，宋淳化中改爲淳化鎮。今府東高橋門外二十里有淳化鎮，亦曰淳化關。其地遮蔽句容，應接京口，形勢衝要，有巡司戍守。○

白城，胡氏曰：「在湖熟故縣界。」梁紹泰二年，齊兵進及倪塘，陳霸先拒之於白城，與周文育等力戰，敗徐嗣徽等於此。志云：今府東北三十里有白山，南接鍾山，白城當在其處。

懷德城，在府北。晉元帝初封琅邪王，其國人僑寓江南者近千户，大興三年因立懷德縣。尋廢。實録云：「懷德縣舊置於宫城南七里，後改爲費縣，移於宫城西北三里，宋元嘉十五年省。」古迹編云：「費縣故城在今上元縣北九里潮溝村。」又同夏廢縣，在上元縣東十五里。梁武帝生於同夏里，大同中置縣，陳因之，隋廢。今其地有同夏浦。又東南有安業廢縣，唐初置，旋廢。

白馬城，金陵志：「在江寧縣北三十里。」吴時爲烽火之所。丹陽記云：「白馬城在石頭城西南，最高處舊置烽火臺，并置城爲戍守處。」蓋孫吴以後，大約於沿江築臺以舉烽燧，自建康至西陵并日而達云。○宣武城，在府治西北九里。勝覽：「宋沈慶之所築。」孝武欲北伐，問須兵幾何？慶之曰：「二十萬。」孝武疑其多，乃令慶之守此城，而自率六軍攻之，不能下，乃罷北討。

鍾山，府治東北十五里。京邑之巨鎮也。明太祖玄宫奠其陽。遠近羣山，環遶拱衛，鬱葱巍焕，雄勝天開。設孝陵衛官軍守護。餘詳見名山蔣山。○石頭山，志云：在上元縣治西四里，六朝時爲險要必争之地。南徐州記：「江乘縣西二里有大浦，發源石城山，東入江」。此山與盧龍、幕府相連，迤邐達於京口。江乘記：「石頭山嶺嶂千里，相重若一，遊歷者以爲吴之石城，猶楚之九疑也。上有石頭城。」詳見上。

聚寶山，在府南聚寶門外。稍東岡阜最高處曰雨花臺。以梁時僧雲光講經雨花而名。兀术嘗登雨花臺望城中，蓋其地勢獨高也。方輿勝覽：「雨花臺在城南一里，據岡阜高處，俯瞰城闉江上，四極無不在目，即聚寶山之東巔也。」山麓爲梅岡，或謂之梅陵，相傳漢梅鋗屯兵處。孫策破劉繇别將於梅陵，即此。明初改築都城，雨花臺無復舊觀，而報恩塔高聳巍煥，可以盡城郭川原之勝。又鳳臺山，在府南。亦曰鳳臺岡。劉宋元嘉中有鳳集此，築臺其上，山因以名。舊志：岡南傍秦淮。今有鳳臺門。

覆舟山，在府北太平門内。舊志：在府北七里，形如覆舟，因名。山脉東連鍾山，北臨玄武湖。東晉咸和三年，蘇峻敗臺軍於陵口，進至蔣陵、覆舟山。元興三年，劉裕討桓玄，敗其兵於江乘，進至覆舟山東，使羸弱登山，張旗幟爲疑兵，數道並進，布滿山谷，玄將桓謙等皆敗走。梁太清二年，侯景作亂，邵陵王綸自京口入援，營於蔣山。既而景陳兵於覆舟山，綸進軍玄武湖側，爲景所敗。敬帝初徐嗣徽復引齊兵犯建康，潛踰鍾山，陳霸先率衆分屯樂遊苑及覆舟山，斷其衝要是也。一名龍山，宋元嘉中嘗改名玄武山，陳大建中又改爲龍舟山。

鷄鳴山，在覆舟山西南。舊志：在府西北七里。寰宇記：「山西接落星岡，北臨棲玄塘。本名鷄籠山，以形似名。」宋元嘉十六年，徵廬山隱士雷次宗至建康，爲開館於鷄籠山，使聚徒教授是也。齊永明二年，竟陵王子良鎮西州，開西邸於鷄籠山。明初於山陽立十廟，又置渾天儀於山巔，賜名欽天山。志云：劉宋時以黑龍見玄武湖，亦名龍山。郡志：鷄鳴山北有太子湖，吴宣明太子所濬，一名西池。

幕府山，府西北二十里神策門外。周三十里，高七十餘丈，有五峰相接。晉元帝過江，王導開幕府於此，因名。北濱大江，有五馬渡，元帝初與彭城等五王渡江至此也。宋元嘉二十七年，魏太武南侵至瓜埠，文帝登幕府山觀望形勢。梁末齊軍犯建康，至幕府山，霸先帥麾下出幕府山縱兵大戰，齊師大潰，追奔至臨沂。陳禎明中，後主嘗校獵於此。居人多於此煅石取灰，因名石灰山。明初陳友諒侵建康，太祖命常遇春伏兵於石灰山側，即此。今有石灰山關。輿地志：「山在臨沂縣東八里。」

大壯觀山，在府北十八里。東接鍾山，南臨玄武湖。陳宣帝起大壯觀於此，因名。南史：「陳大建十一年幸大壯閱武，步騎十萬，陳於玄武湖，上循樂遊苑振旅而還。」山北舊有蠡湖，元時築爲塘以溉田，今廢。又直瀆山，在府北三十五里。山周二十五里。旁有直瀆洞，蓋直瀆之水從山麓流入大江也。

四望山，府西北十里。西臨大江，南接石頭，北連獅子山。吳孫皓殺其司市陳聲，投其身於四望之下。又晉温嶠伐蘇峻，築壘於四望磯以逼石頭，蓋山下有磯也。又馬鞍山亦在府西北十里，以形似名。西臨大江，東接石頭城，西北連獅子山。

獅子山，府西北二十里。亦曰盧龍山。晉元帝初渡江見此山綿延，因以擬北地盧龍。志云：山在城西北隅，周回十二里，西臨大江。明初陳友諒趣建康，太祖親總大軍駐獅子山，友諒犯江東橋轉向龍江，至山下，登岸立柵，太祖率諸軍大戰，友諒敗走。尋建閱江樓於此。金陵記：「獅子山在金川門外。」

臨沂山，府東北四十里。山周三十里，北接落星山，西臨大江。其西南即古臨沂縣城。又雉亭山，一名騎亭山，與臨沂山相接。又五里接衡陽山。志云：府東北三十里觀音門外曰觀音山，北濱大江，西引幕府諸山，東連臨沂、衡陽諸山，形如錯繡，皆懸崖削壁，共捍大江，真天設之險也。

攝山，府東北四十五里。山周四十里，與衡陽諸山接。陳霸先敗齊兵於幕府山，其江乘、攝山、鍾山諸軍相次克捷是也。地記：「攝山形方，四面重嶺似繖，亦名繖山。東連畫石山，西南接落星山。」志云：落星山周回六里，北臨大江。吴大帝時有三層高樓，名落星樓，吴郡賦所云「饗戎旅於落星之樓」是也。

方山，府東南四十五里。志云：山高百六十丈，周二十七里，形如方印，一名天印山，秦鑿金陵山疏淮水爲瀆處也。吴大帝時，爲方士葛玄立觀方山。宋元嘉末何尚之請致仕，退居方山。齊武帝嘗幸焉，欲立方山苑，不果。梁紹泰二年，齊兵至秣陵故治，陳霸先遣周文育屯方山以禦之。既而齊人跨淮立橋栅度兵，夜至方山，進及倪塘，建康震駭。明初敗元將陳埜先於此，進攻集慶是也。

土山，府東南二十里。山無巖石。晉謝安嘗遊此，以擬會稽東山，亦名小東山。實録：「吴景帝自會稽還曲阿，即日進至布塞亭，孫琳迎於土山之野。」又石季龍謀入寇，蔡謨沿江戍守，自土山進至江乘。苻堅入寇，謝安舉謝玄拒之，乃命駕遊土山別墅。唐韓滉築石頭城，自京口至土山皆修塢壁，即此處也。又東南曰石硊山，一名竹山。志云：秦始皇以金陵有天子氣，乃鑿方山，斷長壟爲秦淮瀆。今方山直屬土山三十里，皆秦所鑿處，而石帨山西九里又有大壟，下枕淮流，尤爲可據。祥符圖經：「硊」一作「櫃」。此山横據秦淮之上以扼水勢，如櫃然，因名。金陵志：「秦淮東經方山，石帨之間，西經盧龍、馬鞍之間，或以爲秦斷長壟之所也。」

鴈門山，府東南六十里。周二十餘里，山勢連亘，類北地鴈門，因名。山東北有温泉，能治冷疾。輿地志云：「建康自東而北，羣山綿亘，凡數十里，今鴈門之西接彭城諸山，東接大城山，又東爲竹堂山。竹堂之西北則白山，東南則雲穴諸山。岡隴回環，皆與鍾山相映帶。」又湯山，在府東七十里，接雲穴山。有湯泉六穴出山下。又銅山，在府東南七十里。周十九里。昔嘗採銅於此，因名。

牛首山，府南三十里。一名僊窟山，以山後有石窟也。本名牛頭山，有二峰東西相對。晉元帝初作宮殿，王導指雙峰曰：「此天闕也。」故亦名天闕山。劉宋大明三年，立南郊壇於牛首山西。宋建炎中兀朮襲老鸛河趣建康，岳飛設伏於牛頭山待之，賊敗走。金陵記：「牛首山周回四十七里，高百四十丈，其南爲祖堂山，周四十里，高百二十七丈。本名幽棲山，唐貞觀初改今名。其東北有巖山，周十五里，高七十一丈。吳天紀初嘗立石刻於山上紀功德。劉宋大明六年葬殷貴妃於龍山，鑿岡道數十里，時改巖山爲龍山也。武帝景寧陵亦在焉。又明帝泰始七年射雉巖山，殺其弟休祐，即此。」又府東南三十五里有青龍山。

三山，在府城西南五十七里。三峰排列，下臨大江。晉王濬伐吳，順流而下，直指三山是也。齊建元初魏人入寇，於三山、烈洲、慈姥各置軍以備之。亦曰三山磯。陸游曰：「凡山臨江皆謂之磯。」三山又西則江寧夾。輿地志：「三山周回四里。大江從西來，勢如建瓴，而此山突出當其衝。有三峰，南北相接，積石森鬱，濱於大江，吳時津戍處也。」郡志：山一名護國山，亦名下三山，在江寧鎮東。又江寧鎮西有上三山。

烈山，府西南七十里。山臨大江。輿地志：「吳時津濟處也。內有小河可泊船，商旅多停此以避烈風，故名。」北征記謂之溧洲，洲有土山，其形似栗也。亦曰冽洲。晉哀帝末，會稽王昱聞陳祐棄洛陽會桓溫於冽洲，共議征討。「冽」與「溧」音相近耳。又桓沖發建康，謝安送之溧洲。宋武陵王討元凶劭，自南州進次冽洲。齊建元初置軍於此，以備魏人南寇。今舟行自采石東下，未至三山，江中有山，即洌山也。下有洲曰洌山洲，港曰洌山港，有磯突出湍間曰亂石磯。張舜民曰：「過三山西上十餘里至溧洲，自溧洲過白土磯入慈湖夾。」金陵記：「溧洲周回六十里。相傳王濬伐吳，曾憩於此。或曰陳侯瑱破王琳於荻港，有功烈而名也。又白都山，在府西南八十里，西臨大江。昔傴人白仲都居此山，因以名。吴志「孫峻殺諸葛恪，又遣其黨追殺恪子竦等於白都，即此山」云。

慈姥山，府西南百十里。以山有慈姥廟而名。積石臨江，崖壁峻絶。一名鼓吹山，以山産簫管也。山下有慈姥溪，與太平府當塗縣接界。舊志：慈姥港洩慈湖以東之水入江。近港又有慈姥磯。今曰和尚港。

横山，府西南百二十里。周八十里，高二百丈。左傳襄三年「楚子重伐吴，取鳩兹，至於衡山」，蓋謂此山。一名横望山，以四面望之皆横也。西連太平府界。今亦見太平府。

白土岡，府東十三里。隋賀若弼與陳兵戰於白土岡，擒蕭摩訶於此。金陵記：「白土岡周回十里，高十丈，南至淮，即鍾山之南麓也。」

石子岡，府南十五里。其地有梓桐山，山北爲石子岡。吴志：建業南有長陵名石子岡，葬者依焉。孫峻殺諸葛恪，投尸於此。隋平陳，韓擒虎自横江至新林，任忠迎降於石子岡，引擒虎入朱雀門。今有擒虎壘，在府西四里。寰宇記：「石子岡周回二十里。」今城南高座寺後，即石子岡之地。又有白楊路，志云：石子岡之横道也。陳始興王叔陵反，部麾下渡小航，將趣新林，蕭摩訶追擒之於白楊路，即此。金陵志：「路在府城南十里。」

落星岡，府西北九里。齊東昏侯永元元年，江州刺史陳顯達舉兵逼建康，軍於新林，潛軍夜襲宮城。明日以數千人登落星岡，新亭諸軍皆潰還。又陳霸先討侯景，於石頭西落星山築柵。胡氏曰：「石頭城西有横隴謂之落星岡，亦名落星墩，又府西三十里有落星洲，西南五十里有落星山，皆以星殞得名。」又有落星山，在今攝山之西南。見上。

武帳岡，在臺城北。六朝時彷洛陽舊制置宣武場，設行宫便坐於此岡，因以名。杜佑曰：「武帳岡在廣莫門外。」宋元嘉二十二年，以衡陽王義季爲南兗州刺史，餞之於武帳岡。又二十五年，大蒐於宣武場。大明三年，南兗州刺史隨王誕舉兵廣陵，上親總禁軍頓宣武堂。志云：岡在石灰山側，宣武城蓋置於此。

西陵，舊志：在府東北十五里。俗名松陵岡，即鍾山之南麓。吴大帝葬焉，亦曰孫陵。晋卞壼與蘇峻戰於孫陵，敗績。齊武帝建商飈館，以九日宴羣臣於此，俗因呼爲九日臺。○東陵，在府北，覆舟山東麓也。劉裕討桓玄，玄使桓謙屯東陵，卞範之屯覆舟山西。胡氏曰：「東陵在覆舟山東北。」又有白木陂，在東陵之東。蘇峻之亂，陶侃等討之。侃督水軍向石頭，庾亮等自白石南上，峻突陳不得入，將回趣白木陂，馬躓，爲官軍所殺。

燕子磯，在觀音門西。金陵記：幕府山東有絶壁臨江，梯磴危峻，飛檻淩空者，弘濟寺也；與弘濟寺對岸相望，翻江石壁，勢欲飛動者，燕子磯也；俱爲江濱峻險處。」○道士墩，在府南。蕭衍東下，至新林，命鄧元起據道士墩以逼臺城。志云：墩舊在臺城南五里。

大江，在府城北二十二里。自太平府流入境，至城西南繞出東北入鎮江府界。金陵志：「都城在大江東南，自府西南一百十里之慈姥山至府東北百里之下蜀港，凡二百餘里，一名揚子江。」江乘記：「大江從縣西二百二十里，承當塗分鯊浦上田爲界，紆回二百九十三里，與和州烏江及揚州六合並分中流爲界。西引蜀、漢，南下交、廣，東會滄溟，北達淮、泗，自大禹疏鑿之迹，無不通焉。」魏文帝出廣陵，望長江曰：「嗟乎！此天所以限南北也。」宋元嘉二十七年，魏主燾南寇至瓜步，伐葦爲筏，聲言欲渡江，建康震駭。遣劉遵攷等將兵分守津要，遊邏上接于湖，下至蔡洲，陳艦列營，周亘江濱，自采石至於暨陽，六七百里。其後歷隋、唐以至宋、元，南北有事，皆以濱江爲要地。宋志：嘉定五年守臣王度言：「府境北據大江，是爲天險。上自采石，下至瓜步，千有餘里，共置六渡：一曰烈山渡，二曰南浦渡，三曰龍灣渡，四曰東陽渡，五曰大城堽渡，六曰岡沙渡。舊皆與河渡分額，歲萬餘緡。其後法制寖廢，奸豪因以爲厲。請更保甲，明法禁。」從之。胡氏曰：「江水東流，自武昌以下漸漸向北，蓋南紀諸山所迫，陂阤之勢，漸使之然也。至於江寧，江流愈北。建康當下流都會，望潯陽、武昌皆直南，望歷陽、壽陽皆直西，故建康謂歷陽、皖城以西皆曰江西，而江西亦謂建康爲江東，建康謂采石爲南州，京口爲北府，皆地勢然也。」郡志：今府境之江，南岸上自慈姥浦，下至下蜀港，二百里而遥，北岸上自浮沙口，下至東溝，不及二百里。江之支流旁出者大曰河，小曰港，曰溝，曰渡；石激水曰磯；水中可居曰洲；兩山間曰夾；縈迴曰套；水所注曰浦。江流南北遷徙，今昔迥殊。異時江泊石頭，後徙而北，今又漸南，然尚去石頭十餘里。兹志其可知者：自慈姥浦而東下爲鎌刀灣，爲烈山港，有磯突出湍間名亂石磯，又東北即白鷺洲。其南岸曰犢兒磯，上接江寧浦口，下爲大勝河。自大勝河以東有水數曲，曰響水溝、燈盞溝、上新河、中新河、下新河，皆瀕江要地。其北岸則芝蔴河、穴子河、王家套、八字溝，皆列墩燎望處也。又有洲曰長洲、白沙、梅子、句容、秀才、火藥等洲，皆在江浦境。南岸自下新河而東爲草鞋夾，其外爲道士洲，上有屯駐處曰江心營，近南曰護國洲、中口洲。自道士洲直抵北岸爲浦子口，又東以達於瓜步。其濱江諸洲曰攔江，曰工部官洲，老洲，柳洲，趙家洲，曰匾擔洲，洲東爲匾擔河，其北即滁河口也。江流至此亦曰宣化漾，有洲亦名新洲。其下爲礬山，山矻立中流，石色白類礬故名。又數里爲西溝，近黄天蕩爲東溝，二水自江出，皆折而西與儀真縣接，六合江盡此矣。南岸中洲口而下有山踞江而出者曰焦家嘴，又東曰觀音山，水曰觀音港，港口聳石下瞰江水曰燕子磯。歷濤山、唐家渡、袁家河、東陽港，遂接黄天蕩。中有洲屬上元縣，其上爲草場。自龍潭而東洲渚限隔，有斜騰洲、太子洲，洲外爲老鴉夾，又東爲天寧洲，皆句容界。其諸水分流曰白家溝、楊家港、雙溝港、羅泗港，而邪溝尤爲津要。自此而東遂與鎮江接。此近時江道之可記者也。今見大川及川瀆異同。

秦淮水，在上元縣治東南三里。吴張紘曰：「秦始皇以金陵有王氣，故掘斷連岡接石頭城處，今方山石溠横瀆是也。」建康實録云：「秦淮水舊名龍藏浦。有二源，一發句容縣北六十里之華山，南流；一發溧水縣東南二十里之東廬山，北流；合於方山，西經府城中，至石頭城注大江。其水經流三百里，地勢高下，屈曲自然，不類人功，疑非始皇所鑿也。」孫吴至六朝，都城皆去秦淮五里。吴時夾淮立栅十餘里，史所稱栅塘是也。梁天監九年新作緣淮塘，北岸起石頭迄東冶，南岸起後渚籬門迄三橋，以防漲溢。又作兩重栅，皆施行馬，時亦呼爲馬栅。秦淮上自石頭至方山運瀆，總二十四渡，皆浮航往來。亦曰二十四舫，惟大航用杜預河橋之法，遇警急即撤橋爲備。自楊吴時改築金陵城，乃貫秦淮於城中。今秦淮二源合流入方山埭，自方山之岡隴兩崖北流，經正陽門外上方橋，又西入上水門北，經大中橋與城濠合，又西接淮清橋與清溪合，又南經武定橋而西，歷桐樹灣，穿鎮淮、飲虹上下二浮橋，北通斗門橋，合運瀆出下水門，經石頭城入江，綿亘縈紆於京邑之内。晉咸和四年蘇峻作亂，峻使其弟逸據石頭，諸軍進攻之，逸將蘇碩度淮逆戰，温嶠擊斬之。隆安末孫恩作亂，自海口奄至丹徒，建康震駭，分遣將軍劉襲柵斷淮口，丹陽尹司馬恢之戍秦淮南岸。義熙六年盧循逼建康，至淮口，劉裕屯石頭以拒之，既又出陳於南塘。南塘，秦淮南岸也。時裕懼循侵軼，亦伐樹柵石頭淮口。宋元嘉末元凶劭弑逆，武陵王駿自江州東下討之，悉遷淮南居民於北岸。義師漸近，劭又焚淮南岸室屋及淮内船舫，悉驅民家渡水北。既而柳元景至江寧，使别將薛安都帥鐵騎耀兵於淮上，劭尋遣軍攻元景於新亭，劭衆潰，墜淮死者甚衆。齊永元二年南兖州刺史崔慧景逼臺城，蕭懿自采石渡江入援，頓越城。慧景遣其子覺將兵渡淮南岸，爲懿所敗，赴淮死者二千餘人。覺單馬退，開桁阻淮，懿軍尋渡北岸，慧景衆皆散走。梁太清二年侯景圍臺城，援軍大集於新林、蔡洲，緣淮樹柵，景亦於北岸樹柵應之。承聖初王僧辯等敗侯景兵於姑孰，進至張公洲，遂督諸軍乘潮入淮，景塞淮口，緣淮作城，十餘里中，樓堞相接。紹泰初徐嗣徽引齊軍襲建康，據石頭城，與陳霸先相持，韋載言於霸先曰：「今急於淮南因侯景故壘築城，以通東道轉輸，分兵襲彼之糧運，則齊將之首旬日可致。」從之，齊人敗去。陳禎明末，隋將韓擒虎等自采石趣建康，司馬涓請南斷淮水以拒之。隋軍漸逼，任忠謂陳主曰：「今宜固守臺城，緣淮立柵，北軍雖來，勿與交戰，分兵斷江路，無令彼信得通，給臣精兵下江徑掩六合，則諸軍不擊自去矣。」時隋晉王廣以大軍屯六合也。宋開寶八年曹彬擊江南，進次秦淮，江南兵水陸十萬陳於城下，時舟楫未具，潘美率兵徑渡，大軍隨之，江南兵大敗。秦淮在金陵南面，自昔爲緣城險要云。

玄武湖，在府城北太平門外。舊志：在上元縣北十里。一名蔣陵湖，一名秣陵湖，亦曰後湖，以在故臺城後也。湖周四十里，東西有溝流入秦淮，春夏水深七尺，秋冬四尺，灌田百餘頃。湖故桑泊也，三國吴謂之後湖，後廢。晉元帝太興二年創爲北湖，以肄舟師。明年築長堤以壅北山之水，東自覆舟山，西至宣武城，凡六里餘。太寧二年，王敦使王含等犯建康，顧颺説敦將沈充曰：「今決破栅塘，因湖水以灌京邑，乘水勢縱舟師以攻之，此上策也。」栅塘在秦淮水上，湖即玄武湖。宋元嘉二十二年，復築北堤，南抵城東七里之白塘，以肄舟師。二十三年黑龍見，乃立三神山於湖上，改名玄武，大閲水軍，號昆明池，俗呼爲飲馬塘。時又於湖側作大竇通水入華林園天淵池，復貫串宫掖注城南塹。元徽四年建平王景素舉兵京口，蕭道成屯於玄武湖以備之。齊永明中亦演水軍於此。永泰初王敬則舉兵會稽，至曲阿，詔沈文季屯湖頭備京口路。胡氏曰：「湖頭即玄武湖旁地，東接蔣山西巖，西抵玄武湖隄，地勢平坦，當京口大路。」永元二年崔慧景自京口逼建康，詔遣王瑩築壘湖頭，上帶蔣山西巖以拒之是也。梁太清二年，侯景作亂，邵陵王綸自京口入援臺城，踰蔣山而前，軍玄武湖，景軍於覆舟山，及戰，爲景所敗。既而梁將宋嶷降景，教之引玄武湖水以灌臺城，闕前皆爲洪流，臺城尋陷。紹泰初，齊軍踰鍾山，至玄武湖，陳霸先敗之於幕府山。南唐邇事「金陵北有湖，周數十里。名山大川，掩映如畫。六朝舊迹，多出其間。每歲菱藕網罟之利，不下數十百千」云。宋天禧初，知昇州丁謂言：「城北有後湖，往時歲旱水竭，給爲民田，凡七十六頃，蔭溉之利遂廢。今宜復舊制，疏爲陂塘以畜水，使負郭無旱歲。」從之。四年給爲放生池。熙寧八年王安石言：「金陵北關外有湖二百餘頃，古迹號爲玄武，前代以爲遊翫之地，今空貯波濤，守之無用。臣欲於内權開十字河源，洩去餘水，決瀝微波，使貧困饑人盡得螺蚌魚蝦之饒，此目下之利；水退之後，分濟貧民，假以官牛官種，又明年之計也。」詔從之。自是開十字河，立四斗門以泄水，湖遂廢爲田。又跨河爲橋，以通往來，歲久舊迹益堙，惟城北十三里僅存一池。祝穆云：「玄武湖今爲後軍寨是也。」元時亦廢塞，明初復開浚，中有舊洲、新洲及龍引、蓮蕚等洲。洪武中置庫於湖中洲上，以貯天下圖籍。又築太平隄以備湖水潦溢。實録：「湖在三國時已有之，吴寶鼎二年開城北渠，引後湖水流入新宫是也。」或謂之練湖。徐爰釋問「湖實創始於東晉大興中」云。

婁湖，府東南十五里。吴張昭所濬，以溉田，周十里。昭封婁侯，故名。南史：「宋大明中沈慶之有園在婁湖，一夕徙居之。」齊永明初，望氣者云新林、婁湖、東府西有王氣。正月甲子，築青溪宫，作新林、婁湖苑以厭之。陳大建十年，立方明壇於婁湖，陳主如婁湖誓衆是也。宋時築湖爲苑。志云：城南十里有艦澳，梁武帝引婁湖水以藏舟，又西北入於秦淮。今亦廢。又有穩船湖，在今佛寧門外。明洪武初所開，引江水豬以泊舟，且避風濤之險云。

迎擔湖，舊志：在石頭城西南五里。晉南渡後，衣冠行李塞於湖上，因名。一作「額擔湖」，齊書作「雒擔湖」。宋昇明元年，劉秉等謀誅蕭道成不克，自石頭走至額擔湖見殺。湖北又有蘇峻湖，本名白石陂，即晉李陽斬蘇峻處。今俱堙廢。又鷰雀湖，圖經云：「在城東二里，梁昭明太子墓側。湖周二里。其水流入青溪。」宋、元時爲白蕩湖，一名前湖，尋堙。今故宫正值其地。○半陽湖，在府東北四十里。水同一竅，而冷熱相半，民引熱水溉田，一歲再熟。亦曰半陰湖。又攝湖，在府東北五十里。金陵志：「湖周二十五里。攝山之水流入江乘浦，注於攝湖，又北入於江。又有三岡湖，在府東六十里。周十餘里。上有三岡，俯臨湖側，因名。」今俱廢。

青溪，在上元縣東六里。溪發源鍾山，下入秦淮，逶迤九曲，有七橋跨其上。實録：「吴赤烏四年鑿東渠通北塹以洩玄武湖水，南接於秦淮，逶迤十五里，名曰青溪。其接秦淮處有青溪閘口。自楊吴城金陵，青溪遂分而爲二，在城外者繇城濠達於淮，在城内者堙塞僅存一綫耳。」郡志：青溪引秦淮水而成。今府城北太平門下，繇潮溝南流入舊内，又出西安門外之竹橋，入濠而絶，又繞出舊内旁，至淮清橋與秦淮河合者，是其遺迹也。晉太寧二年，王敦將沈充犯建康，劉遐敗之於青溪。咸和元年，蘇峻敗卞壼等于西陵，進攻青溪栅，因風縱火，臺省及諸營寺署一時蕩盡。又齊太祖嘗居青溪東，有青溪故宅。杜佑曰：「齊時有青溪宫，後改爲芳林苑。」永元初始安王遥光謀篡立，以劉暄有異議，遣左右王曇慶刺暄於青溪橋，不果。既而遥光舉兵東府城，詔曹虎屯青溪大橋以討之。大橋或曰青溪中橋也。梁太清二年，侯景作亂，柳元禮等援臺城，自新亭移營大桁。令韋粲頓青塘，當石頭中路立栅，未合。侯景帥鋭卒攻粲，粲使軍主鄭逸逆擊之。命別將劉叔胤以舟師截其後，叔胤不進，逸敗。景乘勝攻粲，粲與子弟皆戰死。仲禮馳救，與景戰於青塘，景大敗，沉淮水死者千餘人，於是景不復濟南岸。青塘蓋迫近淮渚，在青溪之南岸。三年，蕭嗣等將兵渡淮，攻東府前栅，焚之。侯景退，衆軍營於青溪之東，尋潰還。隋開皇九年平陳，斬張麗華、孔貴嬪於青溪栅下。自楊吴改築城垣，而青溪始堙。宋志：「乾道五年，建康守臣張孝祥言：『青溪舊自天津橋出栅砦門入江，緣栅砦門近地爲有力者所得，遂築斷青溪口，創爲園圃，致水流壅塞，時有泛溢之患。若訪求古迹，使青溪直通大江，城内可永無水患。』既而汪澈代孝祥，奏於西園依故道開濬，使水通栅寨門入江。開慶中馬光祖復濬之，築堤飛橋以便往來。」蓋青溪九曲，時僅存一曲矣。栅寨門，志云：在秦淮上，於故栅塘開水門，洩城中水入江，俗號栅寨門。又溪上舊有募士橋，相傳三國吴建。橋西南有埭，曰鷄鳴埭。○長溪，在上元縣東南六十里。丹陽記：「溪東承句容赤山湖水，經故湖熟縣南入於秦淮。」

新開河，在府西南。實録云：「舊城濠在通濟門内，旁入秦淮，又自通濟門外與秦淮分流，繞而南經聚寶門外長干橋，至三山門外與秦淮水復合，此楊吴時舊城濠也。其自三山門外歷石城乃定淮諸門，達於草鞋夾入江，復自三汊河而南經江東橋，與府西南十二里之陰山運道合，出大城港入江者，此宋、元新開河也。」明初陳友諒侵建康，趣江東橋，舟師欲出新河口路，太祖命趙德勝跨河築虎口城以守，即此。志云：江東門外有上新河，稍南五里通大江，江中舟船盡泊此以避風浪。又有中新河、下新河，亦在江東門外。南去上新河十里，流通大江，官司船舫所泊處也。皆洪武初所開。又自下新河而東，水分三股，一引石城橋，一引江東橋，一自草鞋夾以達於江，名三汊河云。

新河，在冶城西南。志云：在白鷺州西。西南流二十餘里通大江。舊名蓄人河，今亦謂之新開河。又上元東北六十里有蘆門河，亦曰蓄人河。志云：河在黄天蕩南蘆場内。兀朮爲韓世忠扼於黄天蕩，或教之於蘆場地鑿大渠二十餘里，上接江口，出世忠之上。兀朮從之，又傍冶城西南鑿渠成，金人悉趣建康，欲越江而北，爲世忠所覺，尾擊敗之。汪藻云：「敵於建康抱城開兩河，謂此兩蓄人河也。」亦作「老鸛河。」宋史：「建炎四年，韓世忠扼兀朮於江中。兀朮自京口沿南岸而西，將至黄天蕩，卒不得濟。或曰：『老鸛河故道今雖堙塞，若鑿之可通秦淮。』兀朮從之，一夕渠成，凡五十里，遂趣建康，爲岳武穆所敗而還。」金陵志「老鸛嘴與句容接界，東去東陽鎮三十里，元置馬站於此，蘆門河蓋近老鸛嘴」云。

靖安河，在府西北二十里。自靖安鎮下缺口取徑道入儀真八十餘里。吴津記：〔四〕自金陵抵白沙，江流曠數百里，波濤洶怒，其尤者爲樂官山、李家漾至急流濁港口，凡十有八處，風波至爲險阻。宣和六年發運使盧公得古漕河於靖安鎮之下缺口，取徑道於青沙夾，趨北岸穿坍月港，繇港尾越北小江入儀真新河，抵新城下八十餘里，以易大江百有五十里之險。志云：龍安津在靖安河口，即靖安渡。○護龍河，在上元縣治東北，引而南合於青溪水。宋鑿。志云：即故子城三面濠，今堙廢逾半矣。又有御河，在皇城內。明時所鑿。出東安門外栢川橋合於城濠。

運瀆，在上元縣治西北。三國吴赤烏八年，發屯兵三萬鑿句容中道至雲陽西城以通吴會船艦，號破岡瀆。又使郗儉鑿城西南自秦淮北抵倉城以達吴、越運船。蓋引破岡瀆繇方山埭接於秦淮，以避大江之險，又自秦淮而東北達於苑倉也。金陵事實：「運瀆引江水而成，在故臺城西南。舊有六橋跨其上，五代以來久已堙塞。」今三山門內斗門橋以北近舊內城東合青溪，又北折而西從鐵窗欞出城者，是其故迹也。呂氏祉曰：「古都城去秦淮既遠，其漕運必資舟楫，而濠塹亦須灌注，故孫吴開運瀆，鑿潮溝，穿青溪，皆引水入城中，繇城北塹而入後湖也。自楊氏依淮爲城，城之東塹皆通淮水，西南邊江以爲險，春夏積雨，淮水泛溢，城市往往被其害，至冬水涸，濠內往往乾淺。議者謂宜於秦淮上下置閘，遇淮水暴漲則閉上流，令水自城外輸瀉入濠以殺水勢；冬間淺涸即閉下流，蓄以養濠塹。又城北地勢高峻，濠水不過數尺，若據吴之舊，開潮溝以東引江水，開青溪以西引秦淮，縈繞城之北面入於後湖，則城北濠塹自然通快矣。」破岡瀆，見句容縣及鎮江府丹陽縣。

直瀆，在府東三十二里。源出方山，東北流接竹篠河，又經直瀆山北達於江。晉溫嶠討蘇峻，遣王愆期屯軍直瀆。孫盛晉春秋：「直瀆在方山。」陸游曰：「孫吴時所開也。」梁有直瀆戍。承聖初王僧辯等討侯景，入建康，賊黨王偉與侯子鑒等將奔朱方，於道相失，偉至直瀆，爲戍主所擒。王安石詩「山盤直瀆輸淮口」是也。今堙廢。○竹篠港，在府東北三十里。志云：港西通靖安，東達石步，南至直瀆，北臨大江。舊有竹篠鎮。胡氏曰：「即竹里也。」晉隆安元年王恭舉兵京口討王國寶等，國寶請於會稽王道子，遣兵戍竹里，夜遇風雨各散歸。元置巡司於此。金陵志：「石步港在上元縣東北四十里，攝山之西，亦北達大江。」宋置石步砦巡司，爲濱江戍守處。

班瀆，在府北。胡氏曰：「在新洲西南。」劉牢之討桓玄，軍於溧洲，既降玄，乃移屯班瀆，即此。又義溝瀆，在上元縣治東二十里。下流入秦淮，溉田百餘頃。

潮溝，上元縣西四里。吴赤烏中所鑿。引江潮抵青溪接秦淮水，西通運瀆，北連後湖。陳霸先與齊兵相持於覆舟山，會大雨，齊軍坐立泥中，而臺中及潮溝北路燥，齊兵大困是也。五代時廢。今自青溪而西抵鷄籠山以東南，是其故址。

查浦，在府西南十里大江南岸。實録云：「石頭南上十里即查浦，查浦南上十里即新亭也。」晉蘇峻之亂，陶侃入援，屯於查浦。又李陽與蘇逸戰於此。義熙六年盧循犯建康，泊蔡洲，劉裕築查浦、藥園、廷尉三壘備其侵逸。既而循聲言悉衆向白石，裕遣沈林子等戍南岸，斷查浦。循焚查浦進至張侯橋，林子據柵力戰，却之。又有沙門浦，在查浦之西。陶侃、温嶠共討蘇峻，侃屯查浦，嶠屯沙門浦是也。

板橋浦，府西南三十里。源出府南三十里覯子山下，流經此，又北爲大勝河注於江。三國吴末，沈瑩等屯於板橋以拒晉軍，敗死。齊末，蕭衍至新林，分遣吕僧珍據白板橋，李居士自新亭直來薄壘，爲僧珍所敗。梁太清二年，侯景犯建康，繇板橋至朱雀航南。元末，陳埜先屯兵於此，以拒王師。實録：「新林南上十里至板橋，自板橋南上三十里至洌洲。」張舜民曰：「出秦淮西南行，循東岸行小夾中十里至板橋店。」胡氏曰：「建康府城西南江寧鎮北有板橋市。其地與新林相近。謝朓所云『新林白板橋』也。」

新林浦，在府城西南十八里。合大勝河，濱大江，亦曰新林港。宋元嘉二年討徐羨之等殺害營陽、盧陵王之罪，羨之自西州走至新林自殺。元徽二年桂陽王休範自尋陽逼建康，軍至新林，捨舟步上，進攻新亭。齊永元初，陳顯達亦自尋陽舉兵逼建康，敗臺軍於采石，進軍新林，潛軍夜襲宮城，於是新亭諸軍皆潰。又蕭衍東下至新林，分命諸將進逼建康。梁侯景之叛，韋粲、柳仲禮等赴援，合軍屯新林。既而景陷臺城，西侵江、郢。大寶二年，景發建康，自石頭至新林，舳艫相接。隋伐陳，晉王廣遣總管杜彥與韓擒虎合兵屯於新林。宋開寶七年，曹彬等伐南唐，敗其兵於新林港。舊志：新林浦闊三丈，長十二里。梁武帝從新亭鑿渠通新林浦，又於新林浦西開大道立殿宇爲江潭苑，未畢而有臺城之亂。今有新林橋，在府西南十五里。○蟹浦，在府西北十六里。輿地志：「白下城西南有蟹浦，源出鍾山，北流九里入大江。齊崔慧景軍敗，單騎走至蟹浦，爲漁人所殺，即此。」

江寧浦，府南七十五里。源出當塗縣界，長三十里，經故江寧縣入大江。即陳霸先遣侯安都襲破齊兵處也。元志云：「浦溉田凡百二十頃。」又秣陵浦，在府東南五十里。志云：源出府東南七十里之竹堂山，北流八里入葛家湖，又十里入長溪合於秦淮。舊志：浦源出龍山。龍山，在府西南九十五里，接當塗縣界。似悞。

蔡洲，府西二十五里。志云：在江寧縣西南十八里石頭西岸，一名蔡家洲。晉蘇峻之亂，陶侃等入援，舟師直指石頭，至於蔡洲。又殷仲堪以江陵畔，前鋒楊佺期、桓玄軍至石頭，既而回軍蔡洲。盧循犯建康，引兵向新亭，回泊蔡洲。宋以拓跋燾入寇至瓜步，詔分軍屯蔡洲。又遊邏上自于湖，下接蔡洲。齊建元初，魏主宏遣兵入寇，詔寘五軍於蔡洲先爲之備。梁侯景圍臺城，合州刺史鄱陽王範遣其世子嗣與西豫州刺史裴之高等將兵入援，軍於蔡洲。又陳霸先等討侯景，大軍進姑孰，先鋒次蔡洲。一名張公洲。侯景之亂，司州刺史柳仲禮亦入援至横江，裴之高自張公洲遣船渡仲禮是也。承聖初王僧辯等敗侯景將侯子鑒於南洲，督諸軍至張公洲乘潮入淮。志云：蔡洲周回五十三里，張公洲周回三里，在江寧縣西南五里，蓋蔡洲之别渚云。

白鷺洲，在府西南江中，南直新林浦。宋初曹彬破南唐兵於新林港，又破之於白鷺洲。郡志：烈洲東北即白鷺洲。丹陽記：「江寧縣西三里有白鷺洲，周回十五里，與城相望。」近志：三山門外西關中街水環遶處，當爲白鷺洲。蓋沿襲舊名，非故址也。○茄子洲，在府西南十三里。亦曰茄子浦，昔時周回十一里。陶侃等討蘇峻，軍於茄子浦，郗鑒自廣陵帥衆渡江，與侃會於此。又府西南四十里舊有迷子洲，周二十里。

馬卬洲，在府北二十里。志作「馬昂洲」。周十五里。晉元帝渡江初牧馬處也。梁太清三年，南兗州刺史蕭會理等援臺城，會衆三萬，軍於馬卬洲。時梁主已許景求和，景慮會理等自白下而上，啓請北軍聚還南岸，不爾，妨臣濟江，從之。胡氏曰：「馬卬洲即今王家沙，〔五〕老鸛渚一帶。梁置琅邪郡於江乘蒲洲上，即今王家沙，與白下城相近，在臺城之北。南岸即秦淮南岸，時援軍悉營於此。」○闔閭洲，舊在府北江中。賀循曰：「江中劇地，惟有闔閭一處，地勢險奥，亡逃所聚。」王敦將錢鳳走闔閭洲，爲周光所殺，即此。又長命洲，在石頭城南，梁武帝放生處。志云：石頭城下有蚵蛂磯，南唐宋齊丘嫉江台符之才，害之於此。

新洲，在府北四十里。一云在京口西大江中。三國吳太平中，孫琳使其黨孫慮襲執朱據於新洲。又劉裕少時嘗伐荻新洲。晉紀：「隆安二年，孫恩自丹徒進至白石，欲掩建康不備，聞劉牢之引軍還至新洲，不敢進而去。」元興初劉牢之走新洲，自縊而死。胡氏曰：「新洲，今之珠金沙也。」賈似道軍潰於魯港，夜駐珠金沙，奔還揚州，即此。魯港，見蕪湖縣魯明江。

後渚，在府西南。秦淮別渚也。梁天監八年新作緣淮塘，南岸自後渚迄於三橋。三橋在今府治東南，時有三橋籬門。又太清中柳仲禮等赴援臺城，軍於新林，侯景於後渚挑戰，即此。又有安樂渚。桓玄犯建康，軍新亭，帝遣侍中勞玄於安樂渚，渚蓋在新亭之東。六朝時有秦淮渚，胡氏曰：「秦淮之渚也，在東府前。」齊永明末，鬱林王昭業即位，武帝梓宮下渚，帝於端門内奉辭。又永元初，曲江公遥欣之喪自荆州還，停東府前渚，部曲悉歸始安王遥光是也。又永元二年，崔慧景逼宫城，左興盛軍潰不得入宫，逃淮渚荻舫中，慧景擒殺之。

倪塘，在上元縣東南二十五里。王敦使王含、錢鳳逼建康，敗於越城，含率餘黨於倪塘西置五城，如却月勢。又隆安二年，王恭復叛，斬於倪塘。梁敬帝時，齊兵至秣陵故治，自方山進至倪塘，陳霸先拒之於白城。金陵記：「建康在六朝時西至石頭，東至倪塘，南至石子岡，北至蔣山，相距各四十里，户凡二十八萬。侯景之亂至於陳時，中外人物不及宋、齊之半。」胡氏曰：「倪塘，倪氏所築塘也。在建康東北方山埭南。」似悮。

横塘，在府西南。實録云：「在秦淮南岸，近石頭西陶家渚。」吳大帝時自江口緣淮築堤，謂之横塘，吳都賦所云「横塘、查下」，樓臺之盛，天下莫比者也。或云横塘亦曰南塘。晉義熙七年劉裕拒盧循於石頭，尋出陳於南塘，即此。

自横塘而北接於栅塘，即今秦淮逕口矣。金陵記：「陶家渚西對蔡洲，六朝時每餞北使於此。」○臨賀塘，在府東二十里。梁臨賀王正德築塘瀦水以溉田。又有銅塘，在府東四十里，亦昔時溉田處。今廢。又有長塘，在府東南五十里。元時屈曲長五十里，溉田百頃。

方山埭，在府東南四十五里。建康實録：「吴赤烏八年，使校尉陳勳發屯兵於方山南絶淮立埭。」是也。杜佑曰：「東晉至陳，西有石頭津，東有方山埭，各置津主一人，賊曹一人，直水五人，以簡察禁物。」齊武帝爲太子時，自晉陵、武進拜陵還，晚進方山埭，是當時往來水道也。宋元凶劭之亂，隨王誕遣軍自會稽向建康，敗劭軍於曲阿，劭因緣淮樹栅，决破栢岡、方山埭以絶東軍，蓋斷運道以拒之也。栢岡埭，見句容絳巖湖。

黄天蕩，在府東北八十里。韓世忠與兀朮相持處也。胡氏曰：「大江過昇州界浸以深廣，自老鸛嘴度白沙横闊三十餘里，俗呼黄天蕩。」輿程記：「黄天蕩一帶，大江闊四十里，中間有太子洲，其餘汊港村落，限隔横錯，水陸之盜俱出於此，而龍潭斜溝特爲津要。」龍潭斜溝，見句容縣。白沙，見儀真縣。

馬家渡，在府西南九十五里。亦曰馬家洲，又爲馬家步，或曰即礀沙夾也。宋建炎三年，金人繇馬家渡渡江陷太平州，長驅至建康。吕氏祉曰：「金人犯順，每越采石而度礀沙夾。」蓋礀沙夾江面狹於采石，而捨舟登岸，平原曠野，此騎兵之地，故金人得之，遂陷建康。葉氏適曰：「馬家渡與采石相去六十里，采石江闊而險，馬家渡江狹而平。」郡志云：礀沙夾在府西南七十里，蓋與馬家渡相接。

麾扇渡，在府治南。舊志云：在朱雀航之左，一名毛翁渡。晉陳敏據建業，出軍臨大航岸，顧榮以白羽扇揮之，其軍遂潰，因名。今爲瓦屑壩。又有桃葉渡，亦在秦淮口，志云：即今武定橋北。

張公凸渡，在府北三十里。臨大江，與六合縣桃葉山相對。舊從張公凸至江南岸猶四十里，相傳隋平陳，行軍總管宇文述濟自此。宋熙寧五年守臣開張公凸、上欒家磯及馬鞍山河道，有詔褒美是也。

落馬澗，在府西南二里。亦曰南澗，下流合於秦淮。宋柳元景敗元凶劭於新亭，鼓譟乘之，劭兵争赴死澗中，澗爲之溢，因名落馬澗。志云：澗在江寧縣南五里，東北流入於城濠。宋時訛爲躍馬澗。

建康宮，在故臺城內。實録：「吴大帝遷都建業，徙武昌宮室材瓦繕太初宮。其正殿曰神龍，中門曰公車，中門之東曰昇賢，又東曰左掖，中門之西曰明揚，又西曰右掖。又東面門曰蒼龍，西面門曰白虎，北面門曰玄武。繼又於宮中作臨海、赤烏等殿，彎碕、臨硎等門，左思所云『左稱彎碕，右稱臨硎』者也。」晉石冰之亂，太初宮燬。陳敏平石冰，營府舍於故址。元帝渡江，即敏所營居之，及即位稱爲建康宮。咸和三年蘇峻作亂，盡焚臺城宮室，峻平乃復營治。七年新宮成，正殿曰太極殿，又爲東、西堂及東西二上閣，自是屢加修飾，太元中大小殿宇凡三千五百間。尋又作清暑殿，極土木之美。宋仍晉舊名，所居殿曰西殿，文帝時謂之合殿，其地在齋閣之後。孝武大明五年改清暑殿曰嘉禾，又增造玉燭、紫極、含章諸殿。齊又作昭陽、顯陽二殿於宮中。永明中復作壽昌、鳳華、靈曜三殿，時又有鳳莊、乾光、靈祐、正福、延昌等殿。東昏時復起芳樂、玉壽諸殿，窮極綺麗。梁時有五明、披香、鳳光、文德、武德、樂壽諸殿，皆晉、宋以來歷代修造，而光華、寶雲諸殿往往以施佛寺。又有至敬殿及景陽臺，則梁主置七廟座於中。又有净居殿，則梁主燕居處也。南史：「禁中有壽光殿，亦曰壽光省。」梁武受禪，范雲徘徊壽光閣外是也。又天監十二年復作太極殿，十四年冠太子統於此。太清二年侯景圍臺城，梁主祀蚩尤於太極殿前。明年臺城陷，景入見於太極東堂。既而景使其黨于子悦守之，又使王偉守武德殿。是時宮省府署殘毁甚衆，惟太極猶如舊制。承聖初王僧辯等破侯景，不戢軍士，剽掠居民，自石頭至東府號泣滿道，軍士遺火焚太極殿及東、西堂。陳時復加營繕，永定以後建置滋多，時宮中有嘉德、昭德、壽安、乾明、覺華等殿，大建末復營承明、含香、栢梁等殿，前後以數十計。及隋軍南下，賀若弼置後主於德教殿以兵衛守，而陳亡矣。南唐亦都江寧，改金陵府舍爲宫廳，堂曰殿，有興祥、崇英、凝華、積慶等殿。昇元四年改興祥爲昭德，積慶爲穆清，崇英爲延英，而凝華内殿則前爲昇元殿，後爲雍和殿。時宫中又有萬壽、清輝等殿及澄心堂、百尺樓、綺霞閣之屬，德昌宫則内府庫藏之所也。唐亡，宋仍改爲昇州治。慶曆八年江寧大火，延燒殆盡，惟存玉燭一殿。高宗南渡，以建康爲形勝之會，紹興二年即建康府治爲行宫以備巡幸，雖有宫門、寢殿、朝堂之制，而樸素無文。及蒙古入建康，至元十五年拆故宫材木輸之大都，遺址僅存，民得而場圃之矣。

昭明宫，吴志：「在太初宫東。後主皓甘露二年建，謂之新宫，自太初宫移居之。」晉避諱，改曰顯明宫。後廢。又有東宫，在臺城東南。輿地志：「吴東宫在臺城南，晉初移於西南，後復移於宫城東南，自宋以後東宫皆在宫城東北。亦謂之永安宫。」宫苑記：「永安宫在臺城東華門外。晉太元二十一年以東海王第作東宫，安帝立，何皇后居於此，謂之永安宫。桓玄簒位，拆其材木入西宫，以其地爲射場。宋元嘉十五年復築東宫，梁因之。」梁書：「侯景圍臺城，時東宫以及館署府寺倉厩之屬，悉在臺城外，景黨分據公車、左衛諸府，東宫近城，賊衆登墻射城内，至夜復於東宮置酒奏樂，太子綱遣人焚之，臺殿及所聚圖書皆盡。景又燒乘黃厩、士林館、太府寺諸處，宮城以外皆爲灰燼。」陳復營東宮，大建九年移太子居之。又有吴南宮，亦在府南秦淮上，吴太子宮也。赤烏二年吴主適南宮。劉宋置欣樂宮於此。陳亡俱廢。

金華宮，舊志：在青溪東，去臺城三里，梁别宮也。大同中所築。又有陳安德宮，在宣陽門西南。陳宣帝時築。隋平陳移江寧縣治此，明年復罷。中有池，宋時猶謂之安德宮池。又有未央等宮。南史「宋廢帝景和元年以東府城爲未央宮，石頭城爲長樂宮，北邸爲建章宮，南第爲長楊宮」云。

華林園，在故臺城内，建康宮北隅。吴時宮苑也。晉曰華林園，中有天淵池，蓋彷洛陽舊制。自晉以後，每臨華林園聽訟，爲六朝故事。宋元嘉二十三年築景陽山於華林園，始造景陽樓、大壯觀、層城觀、通天觀及鳳光、華光、興化諸殿。大明初改景陽樓曰慶雲，尋復舊。時又建靈曜前後殿，日觀臺、芳香堂、竹林堂於園内。廢帝子業射鬼竹林堂，壽寂之等謀弑之。時建安王休仁等知其謀，事作，休仁等相隨奔景陽山。園門曰鳳莊門。齊建武中以始安王遥光父諱鳳，改曰望賢門。明帝鸞常令遥光乘輿自望賢門入是也。齊史：「建武二年，殺蕭諶於華林園。四年，誅王晏於華林省。」又永元初殺徐孝嗣於華林省，即華林園也。東昏侯末，每燕樂於華林園。及蕭衍將逼建康，乃於華光殿前習戰。衍圍臺城，復登景陽樓屋上望之。既而被宦者黄奏平等弑於含德殿，殿亦在華林園也。梁武帝時又於園内起重閣，上曰重雲殿，下曰光嚴殿。陳永初中又有聽訟、臨政諸殿。及至德二年復營臨春、結綺、望僊三閣於華林園光昭殿前。又三年，而景陽之辱至矣。宮苑記：「天淵池亦曰天泉池，相傳吴寶鼎中於玄武湖側鑿大寶，引水入宮城爲此池，池内池南皆有亭堂環列。又有西池，吴宣明太子孫登所鑿也。亦謂之太子西池，在宮西隅，因名。晉南渡後往往遊宴於此。又景陽樓有井，一名臙脂井。亦曰辱井，以陳後主與張麗華、孔貴嬪逼入井中，爲隋軍所獲也。」景陽樓，亦曰景陽殿。○永福省，在故臺城中。劉宋時太子所居。元凶劭即位，稱疾居永福省。梁太清三年，太子綱遷居永福省。及景陷臺城，收朝士王侯皆送至永福省，即此。

樂遊苑，在覆舟山南。晉之芍藥園也。義熙中即其地築壘以拒盧循，因名藥園壘。宋元嘉中闢爲北苑，更造樓觀於山後，改名樂遊苑，往往禊飲於此。宋書：「元嘉二十二年築北堤，浚玄武湖於樂遊苑北。大明三年作正陽、林光等殿於苑内，又築上林苑於玄武湖北，於苑中作景陽山。」齊東昏侯永元二年，崔慧景至建康，入北籬門，頓樂遊苑。梁大寶初，侯景請梁主禊宴於樂遊苑，帳飲三日乃還。敬帝初，齊兵踰鍾山，陳霸先分軍拒之於樂遊苑東及覆舟山北，自是焚燬。陳天嘉中更加修葺。大建七年復築甘露亭於覆舟山上。隋伐陳，賀若弼自京口趣建康，陳後主命蕭摩訶屯樂遊苑。既而弼敗陳兵於白土岡，進至樂遊苑，燒北掖門入是也。今城北土橋南小教場即其地。

江潭苑，在府西二十里新林路。梁天監中所作。侯景圍臺城，以食盡僞和于梁，時蕭會理等軍馬卬洲，太子綱從景所請，勒令自白下城移軍江潭苑是也。或曰江潭苑一名王遊苑，先是韋粲等至新林，屯於王遊苑，即此。輿地志：「梁武帝從新亭鑿渠通新林浦，又爲池，開大道，立殿宇，名王遊苑，未成而侯景亂。」○建興苑，志云：在府治西南秦淮南岸，本吴時南苑也。宋明帝葬於此。梁天監四年改置建興苑。侯景之亂，裴之高入援，軍於南苑，尋迎柳仲禮等會於青塘，立營據建興苑是也。

桂林苑，宮苑記：「在府北落星山之陽。」吴苑也，吴都賦「數軍實於桂林之苑」是矣。又有芳樂苑，在故臺城中。南史：「齊東昏侯即臺城閲武堂爲芳樂苑，百姓歌『閲武堂種楊柳』者也。」舊志：上元城東六里又有博望苑，齊文惠太子建。時又闢玄圃於臺城北，極山水之勝。梁時亦爲太子遊覽處。○南苑，在宣陽門内。梁置。有德陽堂。中大通二年改封魏汝南王悦爲魏王，餞於德陽堂，遣兵送至境土。又大同二年使賀拔勝還西魏，餞之南苑。太清二年以侯景犯闕，收諸寺庫公藏錢聚之德陽堂以充軍費是也。尋毁。

杜姥宅，舊在臺城南掖門外。晉成帝杜皇后母裴氏立第於此，因名。宋蒼梧王時，休範將杜黑騾敗臺軍於朱雀航，乘勝渡淮，逕進至杜姥宅，陳顯達擊破之。齊東昏侯永元初，陳顯達舉兵江州，東昏侯使左興盛屯杜姥宅。又侯景攻臺城，克東府，載其尸聚於杜姥宅遥示城中。後王僧辯等討敗侯景，遣裴之横等分屯杜姥宅是也。姥，莫輔反。

中堂，在府治南。志云：在舊都城宣陽門外。晉明帝太寧二年王敦復反，帝屯於中堂。或謂之南皇堂。自是建康有警，多以親貴出頓中堂。隆安二年王恭、殷仲堪之亂，會稽王道子屯於中堂。五年孫恩犯丹徒，遣將軍王嘏等屯中堂。義熙六年盧循犯建康，至淮口，琅邪王德文屯中皇堂。宋景平二年徐羨之等廢立，宜都王義隆即位於中堂。元嘉末元凶劭弑逆，急召逆濬屯中堂。泰始二年晉安王子勛舉兵尋陽，帝出頓中堂。又蒼梧王時休範作亂，蕭道成謂「中堂舊是置兵地」是也。晉紀：「孝武以太學在秦淮南，去臺城懸遠，權以中堂爲太學，親釋奠焉。」或以爲即朝堂。陳禎明三年，隋兵度江，陳主命豫章王叔英屯朝堂。金陵志：「吴建中堂，每歲暮習元會儀於此。」

儀賢堂，在宫城北華林園内。本名延賢堂。宋元嘉三年帝臨延賢堂聽訟，自是每歲三訊皆於此堂，因名聽訟堂。

梁天監七年改名儀賢。侯景入宣陽門，據臺城門外公車府，蕭正德據左衛府，既而以正德即帝位於儀賢堂。金陵志：「儀賢堂在故都城宣陽門内路西。梁時策孝廉秀士於此，因名。」又有集雅館，梁天監五年置；大同七年，又立士林館於宮城西，皆會集諸儒講學談禮之所云。○積弩堂，在臺城北。晉隆安五年孫恩窺建康，豫州刺史司馬尚之帥精騎入衛京師，徑屯積弩堂是也。

新亭，在江寧縣南十五里，近江渚。東晉初爲諸名士遊宴之所，即周顗等相對流涕處。寧康元年桓溫自姑孰入朝，謝安等迎於新亭。隆安二年殷仲堪舉兵江陵，前鋒楊佺期至石頭，劉牢之帥北府兵赴京師，軍於新亭，佺期等皆失色，回泊蔡洲。元興初桓玄逼建康，軍至新亭。義熙六年盧循犯建康，劉裕拒之，屯於石頭，謂將佐曰：「賊於新亭步上，其鋒不可當，若回泊西岸，此成擒耳。」徐道覆勸循從新亭至白石焚舟而上，數道進攻，循不聽。裕登城見循引兵向新亭，顧左右失色，既而回泊蔡洲，乃悦。宋景平二年徐羡之等廢立，宜都王義隆自江陵至建康，羣臣迎拜於新亭。又元嘉末武陵王駿討逆劭，柳元景將前軍潛至新亭，依山爲壘，劭使蕭斌等水陸合攻，劭自登朱雀門督戰，敗還。駿旋至新亭即帝位，因改新亭曰中興堂。元徽二年桂陽王休範自尋陽襲建康，蕭道成曰：「休範輕兵急下，乘我無備，宜頓軍新亭、白下，堅守宫城、東府、石頭以待賊至。」遂請出頓新亭以當其鋒。休範至新林，捨舟步上，攻道成於新亭，不克。昇明元年沈攸之舉兵江陵，蕭道成遣諸將黄回等皆出屯新林。既而遣回等西上，道成出頓新亭。齊永元三年，蕭衍舉兵自襄陽東下，東昏侯遣軍主胡松屯新亭。尋復遣馮元嗣西救郢城，茹法珍等送之中興堂，松黨殺元嗣，謀還襲臺城，不果。東昏侯尋遣李居士屯新亭。衍逼建康，居士以新亭兵逆戰，敗於江寧。

衍將曹景宗等因分據皂莢橋及赤鼻邏，新亭城主江道林率兵出戰，爲衍軍所擒，居士尋以新亭降衍。梁太清二年侯景逼建康，分遣寧國公大臨屯新亭。既而柳仲禮等入援，軍至新亭，尋列營桁南與景相持。宋建炎四年岳飛敗兀术於牛頭山，兀术趣龍灣，飛邀擊之於新亭，大破之。亭廢，乾道五年守臣史正志重建。呂氏祉曰：「自吴以來，石頭南上至查浦，查浦南上至新亭，新亭南上至新林，新林南上至板橋，板橋南上至洌洲，陸有城堡，水有舟楫，建康西南面之險也。」

征虜亭，在石頭塢。晉太元元年征虜將軍謝安止此亭，〔六〕因名。金陵記：「京師有三亭，新亭、治亭、征虜亭也。胡氏曰：「征虜亭在方山南。自玄武湖頭大路東出，至征虜亭。」齊明帝末，王敬則舉兵會稽，至曲阿，太子寶卷使人上屋望，見征虜亭失火，謂敬則軍至，急裝欲走，即此。

永昌亭，在府東。吴太平三年，孫綝迎立琅邪王。王行至曲阿布塞亭，翌日至永昌亭，綝使其弟思以乘輿法駕奉迎處也。

臨滄觀，在府南十五里勞山上。吴置，爲送別之所。輿地志：「新亭壟上有望遠樓，宋元嘉中改名臨滄觀。桂陽王休範攻蕭道成於新亭，白服乘肩輿，自登城南臨滄觀，道成將王回、張敬兒詐降於休範，遂襲殺之。後謂之勞勞亭。」今勞山在新亭南，亦謂之南岡。

大勝關，府西南三十里。其地即大城港鎮，有大城港，合板橋、新林等浦之水入江，爲江流險阨處。旁有壠阜，亦曰大城岡。宋置巡簡寨，紹興二年復置烽火臺。元爲大城港水驛，亦曰大城港鎮。明初置大勝關，港亦曰大勝港。

陳友諒來侵，太祖命楊璟駐兵大勝港。友諒至，璟禦之。友諒見港水狹，即退出大江，趨江東橋，敗去。今有巡司，兼置驛於此，東北至江東巡司二十里。

龍江關，在儀鳳門外。明初禦陳友諒，使張德勝等出龍江關是也。又有龍江驛，在金川門外十五里大江邊。舟楫輻輳於此，爲南北津要。又新江關，在江東門外。出中新河渡江二十里達江浦口，明初置江東巡司，兼置驛於此。亦曰新江口，江防治中駐焉。○舊志：江東巡司在新江關外，秣陵鎮巡司在夾岡門外，江淮巡司在江淮關，江東馬驛在新江關内，龍江水馬驛在通江橋西，淳化巡司在上元縣東四十五里，大勝驛在江寧縣西南三十里。江寧馬驛在江寧縣西南六十里。又有新江口營，東至觀音門，東北至草鞋夾，皆二十里。○石灰山關，在幕府山北。明初置。見上。

靖安鎮，府西北二十里。本曰龍安鎮，以鎮有龍灣也。宋曰靖安。建炎四年金人焚掠建康，自靖安度宣化而去，岳飛邀敗之於静安鎮。既而兀朮爲韓世忠所扼，乃鑿老鸛河故道通秦淮，飛復敗之於牛頭山。兀朮進次龍灣，飛營於南門新城，與戰，又敗之。兀朮遂自龍灣出江，又爲韓世忠所敗。新城，一作「新亭」。龍灣即靖安也。吕氏祉曰：「靖安與真州宣化鎮分江爲界，自宣化至盤城、竹墩、上下瓦梁乃泗州之間道，其斥堠戍守不可不嚴。」有靖安河，亦取道真州之徑也。元置龍灣水站。明初陳友諒突犯金陵，太祖命康茂才守龍灣，即此。志云：龍灣在府北十五里。

金陵鎮，府南六十里。本名陶吳鋪，宋改爲鎮，元設税務於此。○葛僊鄉，在府東南七十里。明初王師敗陳埜先於秦淮水上，追之至此，鄉民執梃先殺之。

廷尉壘，在府北。舊廷尉寺舍地。劉裕禦盧循，築查浦、藥園、廷尉三壘，此即三壘之一。或曰壘蓋近淮口。○新竹砦，在府西南。宋開寶七年曹彬伐南唐，敗其兵於新竹砦，又敗之於白鷺洲及新林港是也。

朱雀桁，今聚寶門内鎮淮橋，即孫吴之南津橋，晉之朱雀桁也。胡氏曰：「橋在孫吴建業宫城朱雀門南，跨秦淮水南北岸，以渡行人。自吴以來已有之。」亦謂之南航，以在臺城南也。亦謂之大航，以秦淮諸航此爲之最也。晉永嘉初陳敏竊據建業，其將錢廣等謀討之，勒兵朱雀橋南，敏使甘卓擊廣，卓遂與廣合，斷橋收船南岸。太寧二年王敦使王含犯建康，奄至江寧南岸，温嶠燒朱雀航以挫其鋒。自是以泊船爲浮航，航長九十步，廣六丈，每有警則撤航爲備。宋武陵王駿討元凶劭，魯秀等募勇士攻大航，克之。元徽中江州刺史桂陽王休範逼建康，軍至新林，遣其將丁文豪別趣臺城，自皂莢橋直至朱雀桁南。時別將杜黑騾方力攻新亭不克，亦捨新亭北趣朱雀桁。劉勔議撤桁以折南軍之勢，王道隆不許，南軍遂渡淮，中外大震。齊東昏侯末，蕭衍東下，至新林，命諸將分據要害。李居士請於東昏侯，燒南岸邑屋以開戰場，自大航以西，新亭以北皆盡。繼而東昏侯遣將軍王珍國等陳於朱雀航南，開航背以絶歸路，衍將王茂等直前奮擊，東軍大潰，赴淮死者無算。梁太清二年侯景犯建康，至朱雀桁南，時庾信守朱雀門，帥兵陳於桁北，太子綱命開桁以挫其鋒，臨賀王正德沮其議。景至，信乃帥衆開桁，始除一舶，景軍突至，信棄軍走。正德黨沈子睦時爲南塘遊軍，復閉桁度景，景遂入宣陽門。既而援軍至蔡洲，景悉驅南岸居民於水北，焚其廬舍，大桁以西，掃地俱盡。三年，柳仲禮等以西道軍自新亭徙營大桁，邵陵王綸等復自東道至，俱列營桁南。承聖元年王僧辯等討侯景，景復於航南緣淮作城拒守。敬帝初，齊兵犯建康，入石頭，陳霸先遣韋載於大航築侯景故壘，使杜陵守之，齊人敗去。紹泰二年齊兵復自蕪湖渡江至秣陵故治，霸先仍遣杜稜頓大航南禦之。蓋六朝時建康有事，未有不急備大航南岸者。建康記：「朱雀桁北即朱雀門，孫吴時曰大航門。門北直宣陽門五里，南直國門六里，晉咸康二年始曰朱雀門。」或曰太元三年所改建，設兩銅雀於其上。宋大明五年立南北二馳道，自閶闔門至朱雀門爲南馳道，自承明門至玄武湖爲北馳道。子業初立，罷之。一云是年改朱雀門曰古皐門，梁大同二年始復曰朱雀門。太清二年侯景入犯，臨賀王正德叛附景，朝廷不知其情，使屯朱雀門。景至航南，復使屯宣陽門，而庾信守朱雀門。陳禎明末，隋軍渡江，任忠自吴興入赴，仍屯朱雀門。既而忠降隋，引韓擒虎入朱雀門。蓋門與航，相因以稱也。輿地志：「自石頭東至運瀆總二十四航，相傳晉咸康中所立，惟朱雀爲大航，與竹格、驃騎、丹陽爲四航。寧康元年，詔除丹陽、竹格等四航稅是也。自隋滅陳，諸航始廢。楊吴雖復修治，而無復前規。」今自鎮淮橋而下跨秦淮南北者，大抵非六朝之舊也。

竹格渚航，在朱雀航西。晉太寧二年，王敦將沈充、錢鳳犯建康，從竹格渚渡淮至宣陽門，拔栅將戰，劉遐、蘇峻自南塘横擊，大破之。胡氏曰：「南塘即秦淮之南塘岸也。」六朝時又有南津校尉，亦以督察秦淮南岸而名。

驃騎航，在故東府城南秦淮河上。金陵志：「晉太元中驃騎府立東航。」一云會稽王道子所立，亦曰東府城橋。一云梁臨川王宏爲驃騎大將軍，居東府，橋因以名。亦謂之小航，對大航而言也。陳大建末，後主弟叔陵據東府作亂，蕭摩訶攻之，叔陵率步騎自小航度，欲趨新林乘舟奔隋，不克而死。禎明末，沈衆入援京邑，頓於小航，對東府置陳，即驃騎航也。又有丹陽後航，在丹陽郡城後。亦跨秦淮，爲四航之一。外又有榻航，在石頭左右，温嶠欲救匡術於苑城，別駕羅洞曰：「不如攻榻航，術圍自解。」是也。陳亡俱廢。

羅落橋，府東北四十里。地名石步鎮，亦名石步橋。劉裕討桓玄，斬玄將吴甫之於江乘，進至羅落橋，又斬玄將皇甫敷是也。陳霸先自京口襲王僧辯於石頭，使別將徐度等帥水軍前發，霸先帥馬步自江乘羅落橋會之。羅落橋本屬江乘縣，緣水設羅落之所，自京口趨建康此爲大路。橋下有羅落浦，受攝湖之水北入大江。

菰首橋，在今宫城東南。梁太清二年，高州刺史李遷仕等援臺城，與蕭嗣等進營於青溪東。遷仕等率鋭卒深入，進至菰首橋東，爲侯景伏兵所敗。橋蓋在青溪上，亦名走馬橋。金陵記：「青溪舊跨七橋，七橋者，自北而南曰東門橋、尹橋、鷄鳴橋、募士橋、菰首橋、中橋、大橋也。」齊東昏侯時，始安王遥光據東府以叛，遣蕭坦之討之。坦之屯湘宫寺，左興盛屯東籬門，曹虎屯青溪中橋，遥光兵敗見殺。高州，今廣東屬郡。

張侯橋，在府南。盧循犯建康，焚查浦，至張侯橋，劉裕將徐赤特擊之，爲賊所敗。又侯景逼建康，度朱雀桁，蕭正德帥衆於張侯橋迎景入宣陽門，蓋秦淮北岸横橋也。

飲虹橋，在府西南秦淮河上。吴時謂之新橋，運瀆繇此入秦淮。唐時謂之萬歲橋，後又曰飲虹橋。宋乾道五年，守臣史正志重建，上爲大屋數十楹，與鎮淮橋並稱壯麗。自是俱與鎮淮橋屢經修葺，蓋津要相亞也。今仍曰新橋。橋北爲斗門橋，舊名禪靈寺橋。金陵志：「新橋對禪靈渚渡。」是也。今斗門橋在三山門内，其下即水閘，爲運瀆入秦淮處。又天津橋，在上元縣治西。宋時在行宫南面，本名虹橋，政和中蔡嶷改建，因曰蔡公橋，建炎中改今名。

郡志："古運瀆自此合於青溪。今名内橋。

長樂橋，在鎮淮橋東。亦曰長樂渡。志云："上元縣東南六里爲桐樹灣，秦淮曲折處也。舊多桐樹，因名。灣東北有浮航，即故長樂橋。今廢。蓋秦淮横正京邑中，曲折不一。其近東冶亭者曰汝南灣，東晉初汝南王宏偕元帝渡江時居此也。又有舟子洲，亦近鎮淮橋。梁天監十三年，以朱雀門東北淮水紆曲，數有水患，又舟行旋衡太廟灣，乃鑿通中央爲舟子洲。諸郡秀才之上計者，皆憩止於此。金陵記："洲在城南隅，周回七里，當朱雀航、長樂渡之間。"今亦堙廢。

大中橋，在今宫城西南，唐時東門橋也。旁有白下亭，因名白下橋。宋嘉泰四年重建，改曰上春橋，明曰大中橋。又西曰淮青橋，秦淮、青溪之水會於此，舊亦名東水閘。○武定橋，在鎮淮橋東北。宋淳熙中建，名曰嘉瑞浮橋，景定二年更名。亦曰上浮橋，時以長樂橋爲下浮橋也。又通濟橋，在今通濟門外，又東南曰中和橋，又東南爲上方橋。皆秦淮諸橋之最著者。

葛橋，在方山東南。劉宋元徽四年，建平王景素舉兵京口，李安民破之於葛橋，即此。又有銅橋，在上元縣東二里。五代史"南唐昇元三年講武於銅駞橋"是也。○周郎橋，在府東八十里。相傳周瑜從孫策破秣陵，下湖熟，此其所經云。

北郊壇，在覆舟山南，晉成帝咸康八年所立也。隆安二年王恭等作亂，詔王恂守北郊。盧循入寇，劉裕使劉敬宣屯於此。梁敬帝時，齊軍至玄武湖西北，將據北郊壇，陳霸先帥衆軍自覆舟山東移頓壇北以拒之是也。志云："北郊壇，宋大明三年嘗移於鍾山北原，尋復舊。又有南郊壇，在城西南。南史：「晉築南郊壇在臺城巳位，宋大明三年詔移於牛首山西直宮城之午位。未幾復故。」

耕壇，在府東。志云：在故臺城東南八里。宋元嘉二十二年詔度宮之辰地八里外制爲耕壇，親行籍田處也。梁敬帝初，徐嗣徽等引齊兵犯建康，至湖熟，陳霸先使侯安都拒之於高橋，又戰於耕壇，敗之高橋。金陵志：「在上元縣東十五里，今高橋門是其處。」

龍首倉，在石頭城。亦謂之石頭津倉，江左置。時又有臺城內倉、南塘倉、常平倉、東西太倉、東宮倉，在外有豫章、釣磯、錢唐等倉。金陵記：「吴置倉城，在苑城中。亦曰苑倉，即東晉以後之太倉也。」

牛屯，在府東南。吴孫皓寶鼎初，永安山賊施但等劫吴主庶弟謙作亂，北至建業，未至三十里，時丁固等留鎮建業，逆戰於牛屯，即時敗散。胡氏曰：「牛屯去建業城二十一里。」永安，今湖州府武康縣。又有馬牧，舊志：在府南二十五里。徐嗣徽等導齊兵至秣陵故治，陳霸先遣周文育屯方山，徐度頓馬牧，杜稜頓大航南以禦之。蓋皆舊時閑牧馬牛之地。志云：今有牧馬橋，在府西南三十七里，臨牧馬浦。其水流入秦淮。晉永和中置馬牧於此，自宋至陳皆因之，橋因以名。又府西南六十八里有牧牛亭，亦六朝故址云。

華里，在府西南。孫皓建衡二年，大舉兵出華里，從牛渚西上，已而不果。○會同館，在府東南七十里。輿程記：「自牛首山東行四十里至此，又東北四十里爲高橋門，又東四十里爲高廟，即句容縣往來大道也。」

愛敬寺，在蔣山西，梁武帝所造。太清二年，邵陵王綸赴援臺城，營於蔣山，因山巔寒雪，乃引軍下愛敬寺。既而戰於玄武湖側，軍敗走入天寶寺，景追之，縱火燒寺，綸奔朱方。天寶寺蓋在玄武湖北。又定林寺，舊在蔣山頂應湖井後。齊東昏侯嘗射獵至此。○法輪寺，在府城北覆舟山下。齊崔慧景圍宮城，頓法輪寺，對客高談處也。

耆闍寺，在府東北。耆一作「祇」。今鷄鳴山西有祇闍山，寺在其處。隋賀若弼自京口趨建康，陳後主命蕭摩訶屯樂遊苑，樊毅屯耆闍寺，魯廣達屯白土岡，孔範屯寶田寺。寶田寺蓋在白土岡南。○湘宮寺，在府東青溪之北。宋明帝彧初爲湘東王，及即位，以舊第建此寺，極土木之勝。齊永元初始安王遥光舉兵東府城，詔蕭坦之討之，坦之屯湘宮寺是也。

禪靈寺，在府西南。梁承聖初王僧辯至張公洲，乘潮入淮，進至禪靈寺前。又招提寺，在石頭城北。王僧辯與侯景戰處也。○長樂寺，在臺城南。梁紹泰二年齊兵至倪塘，遊騎至臺城門外，陳霸先總禁兵出頓長樂寺是也。今皆堙廢。

同泰寺，在故臺城後苑中。梁大通中建，自是四舍身寺中。大同十一年同泰寺浮圖災，乃更起十二層浮圖，將成，值侯景亂而止。及景圍臺城，其黨范桃棒據同泰寺。志云：同泰寺基楊吴順義中起千福院，宋爲法寶寺，後爲精鋭中軍寨，明爲旗手衛營地。○光宅寺，在府東南。梁天監初以三橋舊宅爲光宅寺。三橋，舊志：在秣陵縣同夏里。十七年帝幸光宅寺，有盜伏於驃騎航，上將行，心動，乃於朱雀航過是也。

靈谷寺，在外城内鍾山之陽。金陵記：「蔣山寺舊在山南，本名道林寺，梁曰開善寺，宋曰太平興國寺，後爲蔣山寺，明因孝陵奠焉，乃移於東麓，賜名靈谷寺。」又有漆園、桐園、椶園，俱在鍾山之陽。洪武初以造海運及防倭戰船，所用油漆樓纜，爲費甚重，乃立三園，植樓漆桐樹各千萬株，以備用而省民供焉。

莊嚴寺。在府城南。梁太清三年百濟入貢，見城闕荒圮，異於嚮來，哭於端門外，侯景怒，録送莊嚴寺。陳永定二年，捨身大莊嚴寺是也。又半山寺，在舊城東七里，東距鍾山亦七里。其地名白蕩，積水爲患，宋元豐中王安石居此，乃鑿渠決水通城河。尋捨宅爲寺，賜額曰保寧禪寺。寺後即東冶亭也。

句容縣，府東九十里。東至鎮江府丹陽縣九十里，東北至鎮江府一百里。漢初置縣，屬鄣郡，以縣有句曲山而名。武帝封長沙定王子黨爲句容侯。元封中屬丹陽郡，後漢至六朝皆因之。隋平陳，屬揚州，大業初屬江都郡。唐武德四年於縣置茅州。七年州廢，縣屬蔣州，尋又屬潤州。至德二載屬江寧郡，乾元初屬昇州，尋還屬潤州。大順初仍屬昇州。宋天禧四年改名常寧，尋復舊。今城周二里有奇。編户二百五十二里。

茅山，在縣東南四十五里。山高三十里，周百五十里。初名句曲山，又名己山，皆以形似名。吴越春秋：「禹巡天下，登茅山以朝諸侯，更名爲會稽。」亦曰苗山。茅山記：「秦始皇三十七年遊會稽，還登句曲。」今茅山北垂有良常、秦望諸山，以始皇名也。漢有三茅君，得道於此，因謂之三茅峰。梁陶弘景亦隱居此山，道書以爲第八洞天，第一福地。有三峰並秀，其支山别阜，隨地立名者約三十餘山。連峰疊嶂，南達吴興，天目諸山大抵皆茅山也。又有峰巖洞壑岡壟泉澗之屬，其得名者以百計。唐六典：「江南道名山之一曰茅山。」亦見鎮江府金壇縣。

絳巖山，縣西南三十里。本名赤山，亦曰赭山，漢以丹陽名郡，蓋本此。唐天寶中改今名。山極險峻，其下臨湖。五季之亂，居民多避難其上。建炎中鄉民復依之以免禍。

華山，在縣北六十里。山高九里，泉壑殊勝，秦淮水源於此。亦曰花山。元史「至正七年，集慶路花山賊三十六人作亂，官軍萬數不能進討，反爲所敗」，即此山也。

竹里山，縣北六十里。塗甚傾險，號爲翻車峴。元和志：「山有長澗，高下深阻。」晉隆安初，王恭舉兵京口，會稽王道子遣兵戍竹里。二年恭復叛，使劉牢之爲前鋒，牢之至竹里，斬恭别將顔延以降。元興三年，劉裕討桓玄，自京口軍於竹里。宋元徽四年，建平王景素舉兵京口，詔遣任農夫等將兵討之，景素欲斷竹里以拒臺軍，不果。齊永元二年，崔慧景自京口向建康，東昏侯命張佛護等據竹里爲數城以拒之，慧景拔竹里，進至查硎是也。查硎蓋與竹里相近，六朝時京口至建康皆取道於此。金陵志：「縣北倉頭市東有竹里橋，南邊山，北濱江。」父老云昔時路出山間，西接東陽，遶攝山之北，谿江乘羅落以至建康，即宋武討桓玄之道也。胡氏曰：「建康府竹篠鎮即竹里地，在行宫東北三十里許。今自上元東二十里佘婆岡以至東陽，乃後世所開，非古路矣。」上元志：「佘婆岡有蛇盤鋪。」音訛也。

戍山，在縣北六十里，北臨大江。相傳齊沈慶之嘗戍守於此。又花碌山，在縣北五十里。舊産礬。○甲山，在縣西南五十里。其山峰巒競秀，甲於左右諸山。又望湖岡，在縣南四十里。志云：自山而南又四十里而達溧水縣。

大江，縣北七十里，與揚州儀真縣分界。又東有斜溝，大江津要處也。江防志：「斜溝東北抵儀真高資港四十里，西北抵儀真舊江口三十五里，與龍潭鎮並爲濱江要地。」

絳巖湖，縣西南三十里。一名赤山湖。源出絳巖山，縣南境諸山溪之水悉流入焉，下通秦淮。縣及上元之田賴以灌溉。志云：吴赤烏中築赤山塘，引水爲湖，歷代皆修築，後廢。唐麟德二年縣令楊延嘉因故堤復置，尋又廢。大曆十二年縣令王昕又修復之，周百二十里，立二斗門以節旱潦，溉田萬頃。又有百堽堰，在縣西南三十五里，與斗門同置，湖水繇此入秦淮。南唐屢經修築，宋時湖禁尤嚴。湖心有磐石，舊爲湖水疏閉之節。慶曆中葉清臣知建康府，又立石柱，刻水則於其上。志云：百堽堰亦曰栢岡埭，宋元凶劭決破栢岡、方山埭以絶東軍，即此。

下蜀港，縣北六十里。西南至府九十里，東北至鎮江府六十里，俗呼爲官港。唐上元初，劉展以廣陵叛，李峘屯京口以拒之。展軍白沙，設疑兵於瓜洲，若趨北固者，潛自上流濟，襲下蜀，峘衆遂潰。明年，田神功討展於京口，亦遣别將自白沙濟，西趨下蜀，擊展敗之。宋紹興十一年，金亮南侵，虞允文駐京口，命張深守滁河口扼大江之衝，以苗定駐下蜀爲援。下蜀蓋近江津，宋置下蜀鎮巡司，元廢。白沙，今見揚州府儀真縣。

官塘河，在縣東五十里。東北流入鎮江府丹徒縣界。又縣東四十里有新河，源出東北六十里之駒驪山，南流入溧陽縣之長蕩湖注於太湖。○亭水，舊在城東。志云：源出縣北三十里之亭山，繞縣城東，又南與赤山湖合流，經百堽堰下流入於秦淮。

破岡瀆，縣東南二十五里，六朝時運道也。吴赤烏八年鑿句容中道至雲陽西城以通吴會舡艦，上下凡一十四埭。其地亦曰破嶺，亦曰破墩，亦曰破岡埭。宋元凶劭之亂，會稽太守隋王誕等遣兵向建康，劭決破岡埭以絶東軍。明帝初孔凱等以會稽兵應晉安王子勛，前軍至晉陵，詔巴陵王休若禦之，屯於延陵。諸將懼東軍之逼，勸休若退保破岡，休若不從。又蕭衍東下，東昏侯使申胄屯破墩爲建康聲援，胄降於衍，衍使弟恢鎮破墩是也。今亦見鎮江府丹陽縣，延陵亦見丹陽。

大業壘，在縣北。晉蘇峻之亂，會稽、吴興、義興、吴郡皆起兵討峻，峻分兵擊之，東兵多爲所敗。陶侃等乃令郗鑒屯京口，築大業、曲阿、庱亭三壘以分峻兵勢。峻遣兵急攻大業，參軍曹納曰：「大業，京口之扞蔽也，一旦不守，賊兵徑至，不可當也。」陶侃在查浦，將救大業，長史殷羨曰：「吾兵不習步戰，救大業而不捷，則大事去矣。不如急攻石頭，則大業自解。」從之，賊果引去。胡氏曰：「大業，里名，在丹陽縣北。」一統志：「三壘俱在丹陽縣東四十七里。」悮也。○仁威壘，在縣城白羊門内。志云：蕭梁承聖初有仁威將軍周弘讓城句容以居，命曰仁威壘。又俗傳達奚將軍嘗屯兵於此，亦曰甲城。

白土鎮，在縣東四十里，爲句容、丹陽之中路。元置税務，今白埠公館置於此。又高廟鎮，在縣西南四十五里。又西四十五里即高橋門也。

常寧鎮，縣東南四十里。宋天禧初置常寧寨於此。舊有巡司及税務局，今廢。又土橋鎮，在縣西二十里，接上元縣界。○東陽鎮，在縣西北六十里。宋置東陽砦巡司於此。又東四十里即下蜀鎮。宋葉適創瓜步堡屏蔽東陽、下蜀，蓋置堡於瓜步山。志云：東陽鎮西南去上元縣六十里。雲亭驛，在縣治西。

龍潭鎮。在縣北八十里。地有龍潭，因名。鎮逼臨大江，明初置巡司，兼設龍潭水馬驛。建文四年，燕王濟江次龍潭是也。正統二年復建歲積倉於此，爲濱江要害。○懸甕橋，在縣西十五里。相傳周瑜駐軍處。又西五里曰周郎橋。又沈公橋，在縣南二十五里。相傳以沈慶之名。

溧陽縣，府東南二百四十里。東至常州府宜興縣九十里，南至廣德州百五十里，北至鎮江府金壇縣百二十里。秦縣，屬鄣郡，以在溧水之陽而名。漢屬丹陽郡，吴、晉以後因之。隋屬蔣州，尋改屬潤州，後併入溧水縣，大業初屬丹陽郡。唐初復析置溧陽縣，屬宣州，後改屬昇州。宋因之。元至元中升爲溧陽路，尋降爲縣，元貞初又升爲州。明初復爲縣。今城周四里。編户二百二十六里。

舊縣城，縣西北四十五里。志云：秦置縣於溧水北。漢置於固城，在今高淳縣界。隋并入溧水縣。唐武德三年復置溧陽縣，蓋治此。天復二年始移今治。宋置舊縣巡司於此。今猶謂之舊縣村。

永世城，縣南十五里。三國吴分溧陽縣置永平縣，晉太康中更名永世，永嘉以後改屬義興郡，尋復屬丹陽郡。劉宋泰始初，晉安王子勛舉兵尋陽，會稽、義興諸郡皆應之，兵至永世，宫省危懼，即此城也。隋平陳廢。開皇十二年復置，屬宣州。唐廢。

平陵城，縣西北三十五里。晉大興中分永世、溧陽置平陵縣，屬義興郡。城南五里有平陵山，因名。晉咸和四年平蘇峻之亂，其黨張健等西趨故鄣，郗鑒遣參軍李閎追斬之於平陵山是也。宋元嘉九年縣廢。

茭山，縣西六里。東面石壁削成，上有龍潭。又西四里曰巖山，志云：晉李閎追斬蘇峻黨張健等，蓋在此山下。○錫華山，在縣南四十五里。峰巒秀出，一名小華山。

鐵山，縣東南五十里。嘗産鐵，今有坑冶遺址。又東南八里有銅官山，昔産銅，今石中猶瑩然如麩狀。又縣西南七十里有鐵冶山，相傳前代鑄錢處。一名鐵峴山。

伍牙山，在縣西南六十里。相傳伍子胥伐楚還，建牙旗於山上，因名。亦名護牙山。元阿剌罕攻破銀澍東壩，至護牙山敗宋兵，即此。○石門山，在縣西南二十里。有兩山，相拒如門。又石屋山，在縣南六十里。相傳吳王使歐冶子鑄劍處。

瓦屋山，在縣西北八十里。山形連亘，兩崖隆起，其狀如屋。其相接者又有鴉髻山，有兩峰並聳，俗名丫頭山。北去句容七十餘里。○分界山，在縣西北八十里。山巔與溧水縣分界。舊志：縣有曹山，亦曰曹姥山，溧水出焉。在縣西北八十五里。

㠊山，縣東北二十五里洮湖之上。宋德祐初，蒙古陷建康，轉運判官趙淮起兵溧陽、宜興間，屯據㠊山，阻長蕩湖爲固，尋敗没。寰宇記：常、潤二州分界於此山之巔。㠊一作「𡵆」，讀若偶。宋置巡司於此。一名㠊姥峰。

溧水，縣西北四十里。即永陽江也。一名瀨水，相傳子胥乞食投金處。今其地有投金瀨，亦曰金淵。漢志注：「溧水出南湖。」祥符圖經：「溧水承丹陽湖，東入長蕩湖。」丹陽湖即南湖也。溧水經溧水、溧陽，又東接宜興縣之荆溪。元和志「溧水在溧陽縣南六里」，蓋指舊縣治而言也。張鉉曰：「諸家謂溧水西北出曹姥山，經溧水州界，又經溧陽州而東合於永陽江，非也。溧水即永陽江之上源，大江南岸之水多會於此。江上有渚曰瀨渚，又謂之陵水，范睢說秦昭王『子胥出昭關至陵水』是也。自瀨渚東流爲瀨溪，鄉民誤曰爛溪。入長蕩湖又分流東行爲吴王漕，蓋五代時楊行密漕運所經也。自東壩築，而丹陽湖之水不復入於溧水，永陽江之源流亦滋晦矣。」水利攷：「永陽江亦曰穎陽江，古名中江，又謂之九陽江。」

長蕩湖，縣北二十里。一名洮湖。中有大浮山，西南去縣四十五里，陶隱居所云「石孤聳以獨絶，岸垂天而若浮」者也。又有小浮山，去縣二十五里，亦在湖中。今詳見大川。

黄山湖，在縣西三十七里黄山下，湖周五十里；又三塔湖，在縣西七十里，周四十里，一名梁成湖，俗名三塔堰；稍西南曰昇平湖，五堰之水東流注於湖；又有溪水，自建平縣之梅渚來會焉；下流俱合於永陽江。○千里湖，志云：在縣東南十五里。俗呼千里湇。

白雲溪，在縣東十里。一名白雲涇。縣境之水多匯流於此，清澈可鑒，東流會於宜興縣之荆溪。又高友溪，在縣南二十里。源出廣德諸山，聚而爲溪，經黄墟蕩合於白雲溪。又舉善溪，在縣南三十里。亦出廣德諸山，會衆流合於高友溪。

百丈溝，在縣南三里。一名百步溝。源出縣南五里之燕山，東北入白雲溪。舊有壩三十四，瀦水溉田，歲久淤塞，弘治初縣令楊榮因故址開濬，中存九壩，民賴其利。又繅車涇，在縣南十里。西接黄墟蕩，東北入於白雲溪。歲久淤塞，成化中知縣熊達疏濬，爲灌溉之利。○徑瀆，舊志云：在縣北三十里。自金壇縣境流經縣界，入長蕩湖。晉、宋間有此瀆，隋大業中縣令達奚明又加疏濬，今堙。又葛涪湇，在縣西十五里，昔周四十五里；又西五里曰新昌湇；互相通注，引水溉田。今淤。

廣通鎮，縣西百十里。西北至高淳縣六十里，爲分界處。俗謂之東壩。志云：春秋時吴王闔閭伐楚，用伍員計，開河以運糧，東通太湖，西入長江，因名胥溪河。其後漸堙。唐景福二年，孫儒圍楊行密於宣州，行密將臺濛作魯陽五堰，拖輕舸饋糧，故得不困。魯陽蓋五壩旁地名也。壩西北有吳漕水，亦以行密而名。宋時五堰漸廢，改爲東西二壩。壩卑薄水易泄，故高淳無水患，而蘇、常、湖三州當太湖委流，被害尤甚。宜興進士單鍔因議復築五堰，阻上流諸水，使不入荆溪下太湖。蘇軾韙之。元時河流漸塞。明初定鼎金陵，以蘇、浙糧道自東壩入可避江險，洪武二十五年復胥溪河，建石閘啓閉，始命曰廣通鎮。又鑿溧水縣臙脂岡，引丹陽諸湖之水會秦淮河以入江，自是蘇、浙之漕皆自東壩直達金陵。永樂初，蘇、松水災特甚，是時運道亦廢，於是修築東壩，高厚至數十丈，嚴禁決瀉，以蘇下流水患。今商賈往來，多集於此。餘詳高淳縣。

陶莊。在縣北八十里鴉髻山東。有公館，爲溧陽、句容之通道。宋志：「縣北三十五里有山前巡司。」○週城埠，在縣西南四十五里。宋末土人嘗結寨築城於此，以禦侵暴，週迴濠迹尚存。亦曰周城。又上興埠，在縣西北六十里。舊有巡司戍守。

溧水縣，府東八十五里。東北至句容縣八十里，西南至寧國府二百里。本溧陽縣地，隋開皇十八年改置溧水縣，屬蔣州，大業中屬丹陽郡。唐武德三年，杜伏威遣輔公祏攻李子通，渡江克丹陽軍於溧水。子通平，縣屬揚州，九年改屬宣州，乾元初又屬昇州，尋復故。大順二年賊將孫儒渡江，自潤州而南至溧水，楊行密自宣州遣其將李神福襲敗其前軍是也。宋仍屬昇州。元元貞初升爲溧水州，明初復爲縣。今城周五里。編户二百五十五里。

中山，縣東十里。孤聳不與羣山接，一名濁山。輿地志：「濁山有濁水，流演不息。」相傳山出兔毫，〔七〕爲筆工妙。○東廬山，在縣東二十里。有水三源，一爲秦淮河，一入馬沉港，一爲吳漕河入丹陽湖。

杜城山，縣東南十二里。相傳隋大業末杜伏威屯軍於此，下有杜城。又官塘山，在縣東二十五里。一名官山。山麓有大塘，築堰以資灌溉。其旁爲官塘鎮。

芝山，在縣東南七十里。上有李子洞，泉出沸湧。相去三百步又有燕洞，産石燕，中容數千人。楊吳將田頵作亂，邑人嘗避兵於此。○銅山，在縣西南四十五里。山産銅，昔嘗鑄冶於此。

秦淮水，在城西。自東廬山西流經縣治南，又西北至方山埭，與華山所出之秦淮河合，而入上元縣境。

臙脂河，縣西十里。其地有臙脂岡，因名。明洪武中議通蘇、浙糧運，命崇山侯李新鑿開臙脂岡，引石臼湖水會於秦淮以爲運河。永樂初廢。

石臼湖，縣西南四十里，接高淳縣及太平府當塗縣界。湖西南與丹陽湖相連，一望渟泓，中有軍山、塔子、馬頭、雀壘等四山。又丹陽湖，亦在縣西南七十里。一名路西湖。昔時大江以南太湖以西之水多匯於此，流入太湖。今引流西北經太平府蕪湖縣入於大江。○沙湖，在縣南六十里。周五十餘畝，爲堰以資灌溉。

馬沉港。縣東南三十七里。出縣東五十里分界山，流入石臼湖。又蒲塘港，在縣南二十里。源出溧陽縣境之方山，下流亦入於石臼湖。一名浦里塘。三國吳永安三年，丹陽都尉嚴密議建丹陽湖田作浦里塘，久之不成，即此。

高淳縣，府南百四十里。西至太平府蕪湖縣百里。本溧水縣之高淳鎮，弘治四年分置縣。嘉靖五年始築土城，周三里。編户一十二里。

固城，志云：在縣南十五里。春秋時吴所築，爲瀨渚邑。周景王五年，楚使子囫敗吴軍於此，城陷於楚。漢置溧陽縣，蓋治於固城。後城邑遷徙，此城遂廢。宋爲固城鎮，今因之。

學山，縣治東一里。學宫在其旁，因名。又縣治在鎮山上，縣本高淳鎮，山因以名。○秀山，在縣東南三十里。山多松柏。又東南三十里爲花山。

固城湖，在縣西南五里。有水四派，匯流成湖，西通石臼、丹陽二湖，與當塗、宣城縣分界，湖之東即廣通壩。又縣治南臨淳溪河，即固城湖支流也。志云：縣南六十餘里有大山，其水北流入固城湖，曰大山水，經五堰東入溧陽三塔港。

丹陽湖，縣西南三十里，中流與當塗縣分界。湖周一百九十五里，東連石臼、固城二湖。志云：湖源有三，出徽州府黟縣者爲舒泉，出廣德州白石山者爲桐水，出溧水縣東廬山者爲吴漕水，俱匯於丹陽湖。分二流，一西出蕪湖，一北出當塗縣姑熟溪，俱注於大江。○石臼湖，在縣西二十里，與當塗、溧水二縣分界。

余家堰，縣東南七十五里。金陵志：溧水州東南百里有銀林堰，亦曰銀澍堰。林本作「淋」，宋避諱改曰「林」。稍東南曰分水堰，又東南五里曰苦李堰，又五里曰何家堰，又五里曰余家堰，所謂五堰也。楊吴時曰魯陽五堰，今謂之東壩，界高淳、溧陽二縣之境。○於家堰，在縣東南四十里。舊志亦以爲五堰之一。今廢。

廣通鎮。縣東南六十里。與溧陽縣分界，即東壩也。又東十二里有下壩，舊謂之東西二壩，今總曰東壩，亦呼爲銀澍東壩，即楊吴五壩之地。唐景福二年楊行密將臺濛作五堰，以拽饋運輕舸是也。蘇軾曰：「五堰以障宣、歙、金陵九陽江之水，使入蕪湖。其後販賣簰木入東西二浙者，以五堰爲阻，遂廢去。而東、西壩列焉，於是宣、歙諸水多入荆溪，間有入蕪湖者，亦西北之源，而非東南之流也。」志云：五壩即分水、銀澍、雙河、東壩之地。銀澍者，以石窒堰，復鎔鐵淋石以固之也。蘇、常承中江之流，恒病漂没，五堰築則中江不復東，而宣、歙諸水皆自蕪湖達大江。宋德祐初以元兵漸迫臨安，遣趙淮戍銀澍東壩。既而元將阿剌罕破銀澍東壩，遂克廣德軍四安鎮。今自太湖宜興至東壩，不二日便徑達會城，蓋又爲戍守重地矣。輿程記：「東壩北至溧水縣一百二十里，東北至金壇縣一百六十里，西南至寧國府一百二十里，西北至太平府百六十里，南至廣德州百四十里。」明洪武中嘗建置石閘，以均節五堰之水。永樂初復改築土壩，兼設廣通鎮巡司，并僉溧陽、溧水人夫防守，禁止盗泄。正統、弘治中皆增築之，嘉靖初復修治，蓋東南水利所關也。

江浦縣，府西四十里。西北至滁州百里。本六合縣地，明洪武九年始分六合縣及滁、和二州地置縣於浦子口。二十四年又割江寧一鄉隸之，移治曠口山之陽，即今縣也。縣無城。編户二十四里。

東葛城，縣西北三十五里。志云：蕭梁時僑置臨淮郡，治東葛城是也。舊爲館驛。又有西葛城，在縣西北四十里。魏志：「臨滁郡治葛城，領懷德縣。」懷德見下六合縣。○浦子口城，在縣東三十里。明洪武四年立應天衛，命指揮丁德築城於此，周十四里有奇。九年置縣治焉。縣尋移今治，而城如故，爲南北津渡之要。

龍洞山，縣西二十五里。西接天井山，東連西華山及馬鞍山。又定山，在縣東北二十五里。即六合縣之六合山，亦與龍洞山相接。○四潰山，在縣西南七十里。俗呼四馬山。又縣西南四十五里有陰陵山，舊志以爲項羽敗走處，蓋傳訛也。

黄悦嶺，在縣西北十五里；又駱駝嶺，在縣東北二十五里；皆今驛道所經。○白篠嶺，在縣西北三十里，亦爲東西通道。

大江，在縣東南三里。其地曰江淮關口，向設江淮驛，有新江口渡。又縣東八里曰八字溝渡，縣西南十五里曰西江口渡，又有新河口渡在縣西南百里和州界，皆濱江處也。而最衝要者曰浦子口渡，自此渡江至府城觀音門二十里而近。一名安陽渡。江防攷：「浦子口西二十里爲江淮巡司，舊屬應天府。司東至瓜埠八十里，西至和州浮沙口亦八十餘里。中間有六子河，在縣南四十里，又南二十里爲芝蔴河，皆江水灌注處也。其東爲王家套、八字溝，洲渚汊港，縱横錯雜，並爲險要。」

浦子口河，縣東二十里。源出定山，谿浦子口西入江。志云：浦子口有左右二水，環抱縈回，名東、西溝云。又沙河，在縣東三十里。宋天禧中范仲淹領漕事，以大江風濤之險，開此河引江水支流下至瓜埠入江，即六合縣之長蘆河也。

後河，縣西北三十五里，即滁河之下流。自滁州東流經縣北三十里之茅塘橋，接六合縣界，東出瓜步入江。志云：縣西北有費家渡，道出滁州。

高望鎮。縣西南二十里。又縣西三十里有香泉鎮，以近湯泉而名。志云：泉在鎮西南五里。本名湯泉，明初賜名香泉。又烏江鎮，在縣西南七十里，古烏江縣地也。今詳見和州。

六合縣，府北百三十里。北至天長縣九十里，東南至儀真縣七十里，東至揚州府一百三十里。春秋時楚之棠邑。襄十四年，楚子囊師於棠以伐吳。又伍尚爲棠邑大夫是也。漢爲棠邑縣，屬臨淮郡，後漢屬廣陵郡。三國時爲吳、魏分界處。晉復屬臨淮郡，惠帝永興元年分立棠邑郡。太元四年苻秦寇淮南，遣將毛安之率衆屯棠邑，即此。安帝改爲秦郡，又改置尉氏縣，宋因之。齊永明初罷秦郡，以尉氏縣屬齊郡。梁仍屬秦郡，或亦謂之新秦。侯景置西兗州於此，又遣其黨郭元建爲北道行臺，鎮新秦是也。尋改置秦州。北齊亦曰秦州，又爲瓦梁郡。陳曰義州。後周曰方州，又改郡爲六合郡。隋初郡廢，以尉氏縣爲六合縣。大業初州廢，縣屬江都郡。十二年杜伏威起兵，屯於六合。明年隋將陳稜討之，爲伏威所敗。唐初復置方州，貞觀初罷屬揚州。南唐於此置雄州。周仍爲六合縣。顯德三年，時韓令坤襲克揚州，唐遣兵來争，周主命趙匡胤軍六合，揚州之守始固。宋屬真州，元因之。明洪武三年改屬揚州府，二十二年又改今屬。舊有土城，周七里。今廢。編户十七里。

棠邑城，在縣北。漢縣也。晉改置尉氏縣，蕭梁仍置棠邑縣。東魏又增置横山縣，陳因之，並屬秦郡。後周又改横山爲方山縣，隋開皇四年俱省入六合縣。今設棠邑驛，在縣治東。○秦縣城，在縣西北。東晉末僑置秦縣，爲秦郡治。宋因之。蕭齊亦屬齊郡，後廢。

瓜埠城，在縣東二十五里瓜埠山側。蕭齊建元初自鬱洲徙齊郡治瓜步城，蓋是時所築也。鬱洲，見淮安府海州。

胡墅城，在縣東六十里。南岸對石頭城。梁敬帝初，徐嗣徽引齊兵據石頭城，齊復遣將崔子崇等於胡墅渡米載馬以濟之，陳霸先遣侯安都夜襲胡墅，燒其船，斷其運道。又陳大建五年，吳明徹等伐齊克秦郡，瓜埠、胡墅二城皆降。十一年，復没於後周。十三年周羅睺攻隋胡墅，拔之。明年歸胡墅於隋以請和。

懷德城，在縣西。宋志：「大明五年立。又以歷陽之烏江并二縣立臨江郡，懷德縣屬焉。」東魏屬臨滁郡，後齊縣廢。臨滁，今滁州全椒縣。

瓜步山，縣東二十五里。亦曰瓜埠，東臨大江。宋元嘉二十七年，魏主燾至六合，登瓜步，隔江望秣陵才數十里，因鑿山爲盤道，於其上設壇殿，魏史謂「起行宮於瓜步」是也。二十八年，魏師還，帝如瓜步，既而使沈慶之徙彭城流民數千家於瓜步。三十年，武陵王駿討元凶劭，至新亭，豫州刺史劉遵考亦遣其將夏侯獻之軍於瓜步。大明七年，帝如瓜步山。廢帝子業時，義陽王昶舉兵彭城，旋奔魏，子業因自白下濟江至瓜步。齊志「建元初徙齊郡治瓜埠」，即此。東昏侯末，命李叔獻屯瓜步，叔獻降於蕭衍。梁紹泰二年，徐嗣徽引齊兵犯建康，陳霸先潛遣將沈泰渡江襲齊行臺趙彦深於瓜步，獲艦百餘艘，粟萬斛。陳大建十一年，閱武於大壯觀山，命陳景帥樓艦出瓜步江，振旅而還。唐至德二載，永王璘作亂，自當塗進據丹陽，淮南採訪使李成式等遣兵軍於瓜步，廣張旗幟，列於江津，璘黨望之，始有懼色，相率來降。五代周顯德三年，侵唐淮南，遣趙匡胤軍六合，唐主遣其弟齊王景達將兵二萬，自瓜步濟江，距六合二十餘里設柵不進，數日乃趨六合，爲匡胤所敗。鮑照云：「瓜步，江中之眇小山耳。徒以因迥爲高，據絶作雄，臨清瞰遠，擅秀含奇，亦居勢使之然也。」江防攷：「自瓜步渡江爲唐家渡，至南岸二十里，又二十五里即南京之觀音門也。向設瓜步巡司。」

六合山，縣西南六十里。亦名六峰山。有寒山、獅子、石人、雙鷄、芙蓉、高妙等峰，互相拱抱，縣以此名。今五峰在縣境，惟獅子峰入江浦界中。山多泉石巖壑之勝。又盤城山，在縣南五里。舊志云：下有盤城，宋置步軍司莊及兵寨於此。

桃葉山，縣南六十里。隋初置六合鎮於此。開皇九年伐陳，晉王廣屯軍於六合鎮桃葉山是也。山之西爲宣化山，北接盤城山，下爲宣化鎮。

靈巖山，在縣東十五里。山巖高峻，泉石秀美，爲縣之勝。又東十五里曰横山。志云：宋建炎中劉綱嘗保聚此山，又咸淳中施忠亦拒敵於此。其相接者曰方山。昔皆以山名縣。○滁口山，在縣南十八里。山下臨滁河。其相對者曰城子山。

馬頭山，縣東北三十五里。山勢雄秀，泉石奇勝。又有馬鞍山，在縣北二十五里。志云：宋將畢再遇敗金人於此。○冶山，在縣東北五十里。相傳吴王濞鑄錢處。其相接者曰牛頭山，峰巒聳秀，高入雲表。有泉出焉，西流爲冶浦。

三山，在縣西北六十五里，接天長、來安二縣界。竹鎮港之水出焉，流入滁河。又龍山，在縣西北五十里。山之西復有一山，連亘於來安縣界，曰西龍山。

赤岸山，在瓜埠東五里，下臨江中。南兗州記云：「潮水自海門入，衝激六七百里，至此其勢始衰，郭璞江賦所稱『鼓洪濤於赤岸』也。」寰宇記：「山高十二丈，周四里，臨大江。土色皆赤，因名。」○蜀岡，在縣東北三十里。南接儀真，東連江都，綿亘數十里。相傳以地脉通蜀而名。亦名崑崙岡。鮑照賦「軸以崑岡」，蓋指此。

大江，在縣東南三十里。自江浦縣流入境，與上元縣分界，濱江而南即府城也。有滁口，在瓜步山下，爲自昔衝要處。

滁河，在縣治西南。自滁、和州界會五十四流之水，入縣境分爲三，亦名三汊河，南接江浦縣界，又東合爲一，流經縣治，復東南至瓜埠入江，即古滁水也。陳大建五年，吴明徹攻齊秦州，州前江浦通滁水，齊人以大木立栅水中，明徹遣别將程文季攻拔其栅，遂克之。宋紹興三十年，金亮南侵，造三牐瀦滁水，塞瓜埠口。虞允文自采石還京口，命張深守滁河口，扼大江之衝，以苗定駐下蜀爲援是也。詳見大川涂河。

冶浦河，在縣東二里。源出牛頭山，北通天長，南入滁河。又沙河，在縣南長蘆鎮。亦曰西河，亦曰長蘆江。自江浦縣導流入境。宋會要：「天聖三年，發運使張綸請開真州長蘆口河屬之江是也。」志以爲范仲淹所開。又東溝水，亦在長蘆鎮東。宋紹興間所開，爲商旅艤舟之所。

河子溝，縣東南二十五里。舊名急流江，今曰急水溝，宋淳熙初所開新河也。下流入於大江。溝北又有岳子河，志云：兀术屯瓜步時，岳飛遣子雲鑿此河襲之，因名。俗呼爲鴨子河。○陳里港，在縣南二十五里。南接瓜步，西入揚子江。元設巡司於此。

瓦梁壘，在縣西五十五里。西北距滁州八十五里。即孫吴所作涂塘處也。亦曰瓦梁城。陳大建五年，吴明徹敗齊軍於石梁，瓦梁城降。明初與元兵相持於瓦梁壘。其處有東西二城，紀勝曰：「瓦梁堰即涂塘也。堰上有瓦梁城，亦曰吴王城，在姜家渡西，即孫權屯兵處。」宋嘗修故城，開四門，今餘址尚存。江防攷：「姜家渡在縣西四十里，亦名新渡口。」張氏曰：「自瓦梁下船直至滁河口便入大江，此防守要地也。」石梁，見泗州天長縣。

長蘆鎮，在縣南二十五里，濱長蘆江，舊爲戍守處。齊建元初，魏人南寇，分軍守長蘆。梁大寶初，蕭會理等以侯景出屯皖口，建康中虛，謀誅王偉，使蕭乂理出奔長蘆，集衆得千餘人。事覺，被殺。又有長蘆寺，宋淳熙十三年徙寺於滁口山之東。張舜民曰：「長蘆鎮在滁河西南，宋設沿江巡官，監稅渡。」今亦見揚州儀真縣界。

宣化鎮，在縣南六十里六合山東，濱宣化江。有宣化渡，亦曰五馬渡，晉元帝與諸王渡江處也。南岸對建康之靖安鎮，最爲衝要。舊有晉王城，相傳即隋伐陳時晉王廣所築。宋置巡司及稅務於此。紹興十一年張浚救濠州，爲金人所敗，馳入宣化，尋議築城駐守，不果。吴表臣言：「大江下流最急者，有建康之宣化。」是也。張氏曰：「自滁州全椒縣出宣化渡則徑達建康靖安鎮。」又泗州盱眙有小徑繇張店出瓦梁、盤城至宣化，不滿三百里，兀术曾繇此至六合下寨，此有事時必守之地也。

竹鎮，在縣西北五十里。志云：宋設巡司及稅務於此，又韓世忠及畢再遇敗金人處也。或謂即竹墩鎮，今見泗州。

〇郭墅，在縣東五里。宋嘉熙中土人立寨拒守於此。

士林館。在縣西北。梁元帝初，齊兵圍秦郡，陳霸先赴援，大敗齊將郭元建於士林是也。志云：竹鎮有士林館。

附見

孝陵衛。在京城東北鍾山南麓。又濟川衛，亦在京城外。舊志云：國初於京城内設錦衣等三十七衛，於江北設江淮等十衛，而城外則設孝陵、濟川二衛，共四十九衛，環衛京師，總領官軍三萬餘員名。

校勘記

〔一〕賊至千里孤軍　南齊書卷一高帝紀作「賊千里孤軍」，無「至」字，此衍。

〔二〕郗隆爲揚州刺史　「郗」，底本原作「郄」，今據職本、鄒本及晉書卷六七郗隆傳改。

〔三〕二十七年魏主燾入寇至瓜步　「二」，底本原作「三」。宋文帝元嘉年號止三十年，作「三十七年」必誤。宋書卷五文帝紀載「虜僞主率大衆至瓜步」在元嘉二十七年，該年即北魏太平真君十一年，魏書卷四下世祖紀於是年亦有「車駕臨江，起行宫于瓜步」之文，則本書誤「二」爲「三」甚明，今據改。

〔四〕吴津記　「津」，底本原作「聿」，今據鄒本改。

〔五〕王家沙　「王」，底本原作「黄」。通鑑卷一六二梁紀一八胡注云：「馬卬洲，蓋即今王家沙、老鸛嘴一帶。」本書下文亦云「即今王家沙」，今據改。

〔六〕晉太元元年征虜將軍謝安止此亭　據晉書卷七九謝安傳，謝安未嘗爲征虜將軍；又據同卷謝玄傳，謝安弟謝石曾爲征虜將軍。而太平御覽引丹陽記云：「京師三亭：新亭，吴舊亭也，故基淪毁，隆安中有丹陽尹司馬恢移創今地。謝石創征虜亭，三吴揺紳創治亭，並太元中。」據此，本書「謝安」當作「謝石」。

〔七〕相傳山出兔毫　「毫」，底本原作「亳」，今據職本、鄒本改。

讀史方輿紀要卷二十一

南直三

鳳陽府，東至淮安府四百里，東南至滁州二百二十里，西南至廬州府二百七十里，西至河南陳州七百二十里，北至徐州四百十八里，西北至河南歸德府五百二十里，自府治至應天府三百三十里，至京師二千里。

禹貢揚州之域，古爲塗山氏國，春秋時爲鍾離子國，戰國屬楚，秦屬九江郡。漢初爲淮南國，武帝時復屬九江郡，後漢因之。晉初屬淮南郡，成帝時置鍾離郡。沈約云：「安帝時置。」劉宋明帝時僑置徐州於此，泰始末改屬南兗州，元徽時復置徐州，亦爲重鎮。蕭齊爲北徐州，梁因之。東魏改置楚州，後齊亦曰西楚州。隋改曰豪州，大業初復爲鍾離郡。唐復曰豪州，天寶初亦曰鍾離郡，乾元初又爲豪州。新唐志：「濠字初作『豪』，元和三年始改從『濠』。」南唐保大初置定遠軍，宋仍曰濠州。亦爲鍾離郡。元至元十三年置濠州安撫司，十五年改爲臨濠府，二十八年復爲濠州，屬安豐路。明初爲興基之地，吳元年改臨濠府，洪武五年改中立府，定爲中都。七年改爲鳳陽府，自舊城移治中都城中。直隸京師，正統後隸南京。領州五，縣十三。今仍曰鳳陽府。

府西連汝、潁，東通楚、泗，爲建業之肩背，中原之腰膂。春秋時吳人觀兵於淮上，遂能爭長中原。及越滅吳，而不能正江、淮地，楚東侵諸侯地至泗上，史記越世家：「勾踐已去，渡淮南，以淮上地與楚。」蓋楚之後亡，繇於有淮、泗也。自秦以後，東南多故，起於淮、泗間者，往往爲天下雄。南北朝時，鍾離常爲重鎮，豈非以據淮之中，形勢便利，阻水帶山，戰守有資乎？自陳人失淮南，而江邊卑小，遂無以抗中原。宋紹興六年，劉豫寇淮西，朝議欲棄淮保江，張浚曰：「淮南諸屯，所以屏蔽大江，使賊得淮南，因糧就運，以爲家計，則長江之險與敵共有，江南未可保也。」又曰：「淮東宜於盱眙屯駐，以扼清河上流；淮西宜於濠、壽屯駐，以扼渦、潁運道。」真氏曰：「有濠梁之遮蔽，則敵不得走歷陽。」後魏邢巒曰：「鍾離天險，蓋以控扼淮濱，防守要重也。」又長淮南北，土廣田良，從來有事江、淮者，耕屯其并兼之本歟？

今府城即洪武五年所立中都城也。内爲皇城。凡四門，正南曰午門。外爲都城，周五十里四百步。凡九門：南面三門，正南曰洪武，南之左曰南左甲第，右曰前右甲第；北面二門，東曰北左甲第，西曰後右甲第；東面三門，正東曰獨山，以面獨山而名。東之北曰長春，南曰朝陽；西面一門，曰塗山。其城僅有土墻，而無濠塹。今因故内城修築，置府治於其中。

鳳陽縣，附郭。本鍾離縣地，明初爲臨淮縣地，洪武七年析臨淮之太平、清樂、廣德、永豐四鄉置縣，以在鳳凰山之陽，因名。十一年又割虹縣南八都益之。編户三十六里。

梁城，府西南九十里。亦曰南梁城。晉太元中僑立南梁郡於淮南，兼領僑縣，義熙中土斷，始有淮南故地，屬南豫州。宋大明六年屬西豫州，改爲淮南郡，八年復故。志云：南梁郡治睢陽。蓋宋析壽春地僑置，即此城也。水經注「淮水經壽春城北，又東經梁城」是矣。齊永元二年，南梁郡入魏，因别置梁郡，治北譙。胡氏曰：「梁城在鍾離西南，壽陽東北。」梁天監五年，徐州刺史昌義之，魏將陳伯之，戰於梁城，敗績，伯之尋自梁城來歸，義之因進克梁城。既而魏將邢巒與元英合攻鍾離，義之引退。六年，元英攻鍾離不克，單騎遁入梁城，緣淮百餘里，尸相枕籍。十五年，魏將崔亮攻趙祖悦於夾石，詔昌義之等泝淮赴救，魏兵守下蔡，斷淮流，義之屯梁城不得進。後魏仍置南梁郡，隋開皇初廢。今淮河中有梁城灘，東至洛河口二十五里。○西古城，在府治東十八里臨淮之西，蓋南北相争時軍壘也。

荆山堰城，府西六十里，即梁所築荆山堰。梁天監十三年，魏降人王足陳計，求堰淮水以灌壽陽。足引北方童謡曰：「荆山爲上格，浮山爲下格，潼沱爲激溝，并灌鉅野澤。」梁主從之。議者謂：「淮内沙土漂輕不堅實，功不可就。」不聽。遂發徐、揚民二十萬衆築之。令太子右衛率康絢董其役。於鍾離南起浮山，北抵巉石，依岸築土，合脊於中流。至十四年四月堰將合，淮水漂疾，輒復決潰。或謂江、淮多有蛟龍，能乘風雨決壞崖岸，其性惡鐵。因引東西二冶故鐵器，大則釜鬲，小則鑊鋤，數千萬斤沉於堰所，猶不能合。乃伐樹爲井幹，填以巨石，加土其上，緣淮百里内，岡陵木石，無巨細必盡，負擔者肩背盡穿，夏日疾疫，死者相枕，蠅蟲晝夜合。〔一〕魏遣將蕭寶寅決淮堰不克，是冬寒甚，淮、泗盡凍，死亡者十七八。十五年四月堰乃成。其長九里，下闊百四十丈，上廣四十五丈，高二十丈，深十九丈五尺，夾之以隄，並植杞柳。軍人安堵列居其上。其水清澈，俯視居人廬墓，了然皆在其下。或謂絢曰：「四瀆天所以節宣其氣，不可久塞。若鑿湫東注，則游波寬緩，堰得不壞。」絢從之。是時水之所及，夾淮方數百里。魏壽陽城戍移屯於八公山，南北居人散就岡隴。至秋九月淮水暴漲，堰悉壞決，其聲如雷，聞三百里，緣淮城戍村落十餘萬口，皆奔流入海。尋復營之。普通七年淮堰水盛，壽陽城幾没，乃遣夏侯亶等攻拔之。此蓋其舊址也。時築城以守堰，北對荆山，因名。

萬歲山，在皇城北。城垣經其上。東西有二峰對峙，東曰日精，西曰月華。山之東又有盛家山，西有馬鞍山，皆相連接。又鳳凰山，在府治北，府之主山也。府城東又有獨山，觀星臺在其上。○欄干山，在府西二十里。相接如欄干然。又曹山，在府西北三十里。相傳曹操嘗屯兵於此，因名。

烏雲山，府東南六十里。亦名烏霧山，以山多濛霧也。與定遠縣接界。又陡山，在府西南六十里。以山勢峻險而名。

濠塘山，府東南七十里。濠水東源發於此。一名鍾乳山，以山穴中出鍾乳也。又鏌鋣山，府南八十里。相傳昔人鑄劍處，濠水西源出於此。○雲母山，府西南三十里，出雲母。府西南五十里又有石膏山，出石膏。

淮水，府北十里。自壽州流經此，東北入泗州界。詳見大川及川瀆異同。

濠水，在府南十里。有二源，東源出濠塘山，西源出鏌鋣山，流至舊府城西南五十里昇高山而合。又東北流至城東十五里，有石絶水，謂之濠梁，亦曰石梁河，今之九虹橋也。橋有九梁，故名。又經臨淮城東至新河口而入淮，謂之濠口。

明月河，在舊城東南。北流匯於淮河。又李家灣，在府南。宋紹興六年楊沂中敗劉猊於藕塘，猊北走。張浚自盱眙趨濠州與戰於李家灣，猊大敗，宵遁。

皇陵，在府西南十二里。内爲皇城，周七十餘步；中爲磚城，周六里八十一步；外爲土城，周二十八里。明皇陵衞置於此。

長淮關，在府西北三十里，地名粉團洲。長淮衞置於此。

王莊驛。府東北七十里。濠梁驛，在舊城北關外。○又府北十五里淮河北岸有十里城遞運所。

臨淮縣，府東北二十里。秦鍾離縣，漢因之，屬九江郡。晉屬淮南郡，後爲鍾離郡治，宋、齊以後州郡皆治此。明洪武三年改置中立縣，尋改今名。城周九里有奇。編户四十七里。

鍾離城，在縣東四里。古鍾離子國。左傳成十五年：「叔孫僑如及諸侯之大夫會吴於鍾離，吴始通也。」昭四年：「楚箴尹宜咎城鍾離以備吴。」二十三年：「吴敗楚師於鍾離。」二十四年：「楚子爲舟師以略吴疆，師還，吴踵楚，遂滅巢及鍾離。」史記楚世家：「平王時，吴之邊邑卑梁女子與楚邊邑鍾離小僮争桑，兩家交怒相攻，遂滅卑梁人。卑梁大夫怒，發邑兵攻鍾離。楚王聞之怒，發國兵滅卑梁。吴王大怒，亦發兵使公子光楚，遂拔鍾離、居巢，楚恐而城郢。」則鍾離互爲吴、楚之邊邑也。漢因置鍾離縣。後漢建安二年，吕布自下邳與韓暹、楊奉等合軍向壽春討袁術，水陸並進，至鍾離而還。晉亦爲鍾離縣，成帝時置郡於此。宋因之。泰始三年淮北陷，徐州移鎮鍾離。齊時亦爲徐州治。建元二年，魏人來侵，遣將軍賀羅分道出鍾離。建武二年，魏拓跋衍攻鍾離，徐州刺史蕭惠休拒破之。既而魏主循淮而東至鍾離，詔崔慧景等赴救，魏不能克。梁天監五年，蕭宏伐魏，自洛口敗退，魏人乘勝取馬頭城，詔修鍾離城爲戰守之備。既而魏將元英等進圍鍾離，邢巒謂：「鍾離天險，必無克狀。」魏主不聽，梁遣曹景宗督軍二十萬赴救，魏人敗走。太清三年，北徐州刺史蕭正表以鍾離降魏。高齊時改置楚州，治焉。隋開皇三年廢鍾離郡，改楚州曰豪州，大業初復改爲鍾離郡。唐置濠州，鍾離縣治於城外。五代時淮南、南唐有其地，周顯德四年攻拔之，仍爲濠州治。宋、元因之。明初增置鳳陽縣，而鍾離改曰臨淮。杜佑曰：「鍾離舊城在今縣東四里。」是唐時縣移今治也。寰宇記：「隋置鍾離郡於此。」土人呼爲魯城，今府城西南十五里有東魯山，又西南三里有西魯山，城或因山以名歟？又舊府城在縣西南二里，故濠州城也。自唐以來濠州皆治此。後周顯德四年，周主至鎮淮軍，渡淮至濠州城西。既而李重進破濠州南城，周主自攻濠州，別將王審琦又拔其水寨，復破其水軍於城北，拔其羊馬城，尋克之。志云：舊府城一名三牛城，以郡治有三石牛也。郡介濠、淮間，多水災，牛土畜，故以厭之。一統志：「城在今府城東二十里，又東去鍾離故城六里。」

小東城，在縣東北。秦始皇二年築此以鎮濠口。通釋：「小東城在鍾離縣東一里。」又燕縣城，在縣東。或曰即鍾離故城也。漢南燕縣，屬東郡，江左僑置於此爲鍾離郡治。宋、齊因之。後魏爲鍾離、陳留二郡治，高齊廢。

樂平城，在縣東南。本漢縣，屬東郡，江左僑置於鍾離郡界。宋秦始二年薛安都從子索兒自石梁潰走樂平，即此。

石梁，見六合縣。○公路城，在縣東。袁術據淮南時所築。又盱眙縣境亦有此城。

梅城山，縣東四十里。以山巖如城而名。又東十里有石門山。○小横山，在縣南五十里。以山勢横亘而名。又青山，在縣西南五十里。有青山澗，北流入於淮水。

白沙山，縣東八十里。山多白沙，因名。又化明山，在縣東六十里。志云：隋改招義縣曰化明，以此山名也。

淮河，在縣城北。有浮橋跨其上，東北流入五河縣界，自昔險要處也。蕭齊建武二年，魏主濟淮攻鍾離，不克，乃自邵陽洲引還。餘兵未濟，齊人據渚邀斷津路。魏將奚康生擊破渚中兵，揚播結陣於南岸，與齊兵力戰，僅而得濟。唐咸通十年，徐州賊龐勛遣其黨據濠州，淮南帥馬舉進討，塹其三面而圍之。城北面臨淮，賊猶得與徐州通，勛因遣兵屯北津，與城中賊相應。舉遣將渡淮擊敗之，平其寨。五代周顯德三年，周主自壽州循淮而東，至濠州。四年，周主攻濠州，唐人屯戰船數百於城北，植巨木於淮水以限周兵，周主攻之，拔其木，焚其柵，尋拔州城是也。

濠水，在城東。自鳳陽縣流入境，至城東新河口注於淮，亦謂之濠口。宋人修城記「濠之爲城，長淮引桐栢之源横其北，石梁會衆水之流環其西」是也。通釋：「濠州舊有東西二城，濠水介其中。」

邵陽洲，縣東北十八里淮水中。蕭齊建武二年，魏主宏攻鍾離不拔，築城於邵陽洲上，柵斷水路，夾築二城，齊將裴叔業攻拔之。梁天監三年，魏將元澄攻鍾離，張惠紹將兵五千詣鍾離，澄遣別將劉思祖等邀之，戰於邵陽，大敗梁兵。五年，魏元英復攻鍾離，曹景宗赴救，違詔頓邵陽洲尾，值暴風引還。鍾離北阻淮水，魏人於邵陽洲兩岸爲橋，樹柵數百步，跨淮通道，英據南岸攻城，別將楊大眼據北岸立城以通糧運。徐州刺史昌義之固守鍾離不下，豫州刺史韋叡自合肥馳救，與景宗進頓邵陽洲。叡於景宗營前二十里夜掘長塹，樹鹿角，截洲爲城，去魏城百餘步，比曉而營立，又豫裝高艦與魏橋等，爲火攻之計。會淮水暴漲，叡與諸將分道進攻，鬭艦競發，魏洲上軍盡殪，敢死之士，拔柵斬橋，風怒火烈，水又漂疾，倏忽之間，橋柵俱盡，魏軍大潰。洲北又有趙草城。時曹景宗以牧人過淮北伐芻藁者，輒爲魏將楊大眼所略，乃於大眼城南數里築壘。壘成，使別將趙草守之，有抄掠者皆爲草所殺。自後始得縱芻牧，因以趙草名其城。城距洲數里，據淮爲險。

乘龍洲，縣東北四十里淮水中流。五代周顯德四年，周主自鎮淮軍夜濟淮，至濠州城西，州東北十八里有灘，唐人柵於其上，據水自固，謂周兵必不能涉，周主自攻之，命別將康保裔帥甲士數百，乘橐駝涉水，趙匡胤帥騎兵繼之，遂拔之。志云：時周兵夜持炬乘橐駝渡淮，濠兵驚，以爲鬼乘龍也，洲因以名。○道人洲，志云：在邵陽洲東。梁天監五年，魏元英圍鍾離，詔曹景宗馳救，先頓道人洲，俟衆軍俱進。既而景宗違詔而前，據邵陽洲尾，值暴風雨，還守道人洲。

千人塘，在縣南。唐志：「鍾離南有故千人塘，乾封中修以溉田。」

紅心橋。在縣南六十里。旁有馬驛曰紅心驛，又南六十里至定遠縣之池河驛。

懷遠縣，府西北七十里。北至宿州百八十里，南至壽州百四十里，東南至定遠縣百八十里。漢沛郡平阿、向二縣及九江郡當塗縣地，五代周置鎮淮軍，宋廢。寶祐二年置懷遠軍，元改軍爲縣，以荆山縣省入。縣有故城，今廢。編户四十里。

荆山城，在縣治北三里。亦謂之舊城，北魏所置城也。梁天監十四年，魏人以梁堰淮水，命楊大眼鎮荆山，因築城置戍於此。普通五年北兗州刺史趙景悦圍魏荆山，拔之。魏將元琛赴救，復荆山戍。既而荆山來降，尋没於東魏。高齊因置荆山郡，治於此。隋初郡廢。唐爲鍾離縣地。五代周顯德四年圍唐壽州，大破其援軍於紫金山，餘衆東走，周軍夾岸追之。周主自趙步循北岸馳至荆山洪，距趙步二百餘里，夜宿鎮淮軍，因城之。蓋是時置軍築城也。是年唐將郭廷謂將水軍斷渦口浮梁，又襲敗武寧節度使武行德於定遠，周主因自石梁至鎮淮軍，遂濟淮攻濠州。宋初軍廢。寶祐五年賈似道奏以渦口上環荆山，下連淮岸，險要可據，遂置荆山縣，改軍名懷遠，以縣屬焉。元改軍爲縣，以荆山縣省入。紫金山、趙步，俱見壽州界。

當塗城，在縣東七里塗山北麓下。古塗山氏國，漢爲當塗縣，屬九江郡，武帝封魏不害爲侯邑。後漢仍爲當塗縣。建安十三年孫權圍合肥，使張昭攻當塗，不克。縣尋廢。晉初復置，屬淮南郡。沈約曰：「三國時江、淮爲戰争之地，淮南虚無民户。晉平吴，民各還本，故復立也。其後中原喪亂，北寇南侵，淮南民多南渡。」成帝時淮南益多故，民渡江者轉多，乃於江南立淮南郡及當塗諸縣，而淮南之當塗遂廢。安帝時立馬頭郡及僑置諸縣於其地，宋、齊因之。後魏亦爲馬頭郡，高齊改曰馬頭縣，又改置荆山郡。隋開皇初郡廢，改縣曰塗山，屬濠州。唐武德四年并入鍾離。〔二〕

馬頭郡城，在縣西南二十里，下臨淮河。舊志云：在縣西二十里。又西二十里有梁時所置馬頭新城，下有新城淮河渡。沈約曰：「馬頭郡，晉安帝立，因山形如馬頭而名。領虞縣等縣，屬南豫州。」虞縣亦僑置縣也。宋元嘉二十七年，魏人分道南寇，遣將長孫真趨馬頭，拓跋英趣鍾離。既而拓拔仁逼壽陽，馬頭、鍾離悉被焚掠。齊建元二年，魏拓跋琛攻拔馬頭戍，殺太守劉從。梁天監五年，魏將元英等復取梁城，遂北至馬頭城，攻拔之。尋復入於梁。梁末，魏復取之。陳大建五年伐齊，沈善慶克馬頭城是也。南齊志以虞縣屬鍾離郡，而馬頭郡治巳吾縣，又以巳吾屬沛郡，而馬頭郡治蘄縣，蓋皆後魏當塗故地。齊省。輿程記：「今縣西二十二里地名馬頭城，爲往來渡淮者必經之地，蓋即南北朝時故郡治矣。」胡氏曰：「當塗故城，南北朝兵争之際爲馬頭郡城。」胡氏蓋誤以當塗城爲馬頭城云。又壽州、六安州皆有此城。詳見後。

渦口城，縣東北十五里。今訛爲萑城。齊建武末，裴叔業攻渦陽，魏將王肅等馳救，叔業引還，爲魏所敗，還保渦口。唐時於渦口對岸築兩城，刺史常帶兩城使。建中二年，李正己叛，遣兵扼埇橋、渦口，江、淮進奉船千餘艘泊渦口不敢進。詔以張萬福爲濠州刺史。萬福馳至渦口，立馬岸上，悉發江、淮進奉船相銜以進，淄青將士睥睨不敢動。李吉甫云：「濠有渦口之險。」是也。五代周顯德三年攻唐淮南，周主至濠州，時渦口奏新作浮梁成，遂如渦口，置鎮淮軍。明年城鎮淮軍，爲二城夾淮水，徙下蔡浮梁於其間，以扼濠、壽應援之路。會淮水漲，唐濠州將郭廷謂以水軍泝淮，欲掩不備焚浮梁，爲周將趙匡贊所敗。周主尋命向訓戍鎮淮軍，鎮淮軍蓋即渦口城也。宋紹興初，僞齊劉猊自渦口侵定遠。嘉定十二年金人分道寇淮南，知楚州賈涉使李全邀其歸路。全進至渦口，敗金人於化湖陂，又追敗之於曹家莊而還。化湖陂在縣北，曹家莊近宿州界。

平阿城，縣北三十里。戰國時齊邑。魏惠王三十五年，與齊宣王會於平阿南。後屬楚。漢置平阿縣，屬沛郡。後漢屬九江郡，光武更封耿阜爲侯邑。曹魏嘉平初，兗州刺史令狐愚屯於平阿以拒吳人是也。晉屬淮南郡，永嘉後廢。水經注：「淮水過當塗縣北，又北沙水注之，淮之西有平阿故城是也。」梁時復置平阿，在今高郵、天長界，非故縣。

龍亢城，縣西北八十五里，在渦水之陽。漢沛郡屬縣，元鼎五年封繆廣德爲龍亢侯。後漢仍屬沛國。晉屬譙國，南渡後廢，僑置於今和州境。後魏嘗置馬頭郡於此。蕭齊建武末裴叔業攻魏渦陽，別遣軍主蕭璝等攻龍亢戍，破魏兵龍亢，即馬頭郡也。梁普通六年趙景悦拔魏龍亢，亦置龍亢郡，領龍亢等縣。東魏、北齊因之。隋初郡縣俱廢入蘄縣。唐初復析夏丘置龍亢縣，貞觀中省。今縣有龍亢村。亢讀岡。○向城，在縣東北四十五里。杜氏曰：「龍亢縣東南有向城。」春秋時向國也。左傳隱二年「莒人入向」，謂此。漢置向縣，屬沛郡，後漢因之，魏廢。

考城，縣東南四十五里。本漢陳留郡屬縣，江左僑置於此。沈約志考城縣屬盱眙郡。蕭齊因之，後廢。○邊軍城，在縣西北八里。志云：宋末江淮安撫使夏貴所築。

荆山，在縣治西南。今縣城經其上。蕭梁於山下立堰以遏淮流，因曰荆山堰。魏人亦於此置戍以重兵守之。南北多事，荆山常爲襟要。水經注：「淮水過塗山而後至荆山。」胡氏曰：「塗山在鍾離西九十五里，荆山在鍾離西八十五里。」蓋淮流屈曲，故道里相懸也。

塗山，縣東南八里。與荆山對峙。左傳昭四年：楚椒舉曰：「穆有塗山之會。」又哀七年：子服景伯曰：「禹會諸侯於塗山，執玉帛者萬國。」杜預曰：「壽春之塗山也。」今山南有禹墟及禹會村。東漢順帝末，九江盜徐鳳、馬勉攻燒城邑，鳳稱無上將軍，勉稱帝，築宮於當塗山中。續漢志當塗縣有馬丘聚，徐鳳反於此是也。五代周顯德三年，師圍壽春，南唐援兵皆維舟於淮，營於塗山之下，周主命趙匡胤擊之，大敗唐兵於渦口。唐六典：「塗山，淮南道名山之一」。水經注：「荆、塗二山，相爲一脉，禹以桐栢之流泛濫爲害，乃鑿山爲二以通之。」今兩山間有斷接谷，濱淮爲勝云。○洛河山，在縣南六十里，以近洛河而名。山産煤炭。

淮水，在縣東南一里，介在荆、塗兩峽間。今名洪頭。有巨石横亘若門限，每冬水淺則見，相傳即大禹所鑿也，亦即蕭梁時置堰處矣。

渦水，在縣東北一里。班固曰：「淮陽國扶溝縣有渦水，首受蒗蕩渠，東至向入淮，過郡三，行千里。」水經：陰溝水出河南陽武縣蒗蕩渠，東南至沛爲渦水。渦水東逕譙郡，又東南至下邳睢陵縣入淮。是渦水爲汴河之支流也。廣志：「今渦河自歸德府鹿邑縣境流入亳州界，黄河從西北來注之，經亳城北與馬尚河合，東南流經蒙城縣而入縣界，至縣東入淮，謂之渦口。」今黄河横決，渦口上源幾不可問矣。漢建安十四年，曹公至譙，引水軍自渦口入淮，出淝水，軍合肥，開芍陂屯田。曹丕黄初五年，以舟師自譙循渦入淮。吴孫皓建衡二年，遣丁奉入渦口。齊建武末，裴叔業攻魏渦陽不克，還保渦口。宋紹興三十一年，金亮南侵，亦自渦渡淮。明建文四年，燕王南下，駐於渦河。渦口蓋淮南要害之地也。又塌河，在縣西十五里，流合渦水入於淮。

洛水，在縣南七十里。其地有洛河鎮。上流自定遠縣流入，至此注於淮。亦謂之洛澗。水經注：「洛澗北歷秦墟下注淮，謂之淮口。」紀勝云：「洛水自定遠縣西白望堆流入壽州界，屈曲而北歷秦墟，至新城村南十五里入於淮，即洛口也。晉太元八年，苻堅寇晉，遣將梁成屯洛澗，柵水以扼東兵，謝玄遣劉牢之率精兵破斬之。梁天監四年謀伐魏，遣楊公則將宿衛兵塞洛口，與魏將石榮戰，斬之。既而以臨川王宏都督北兖諸軍事，次洛口。魏將奚康生等言於元英曰：「梁人久不進兵，其勢可見。若進據洛水，彼必奔散。」英不從。既而洛口暴風雨，軍中驚，遂潰還，魏人因取馬頭城。蓋洛口與馬頭城相近也。志云：今縣南六十里有洛河渡，蓋即淮河渡處，以近洛口而名。又有洛河鎮巡司，戍守洛口。

淝河，在縣東北二十里。源出宿州龍山湖，東南流經縣之雙墩村入於淮。明建文四年，燕兵至渦河，平安自後躡之，燕王曰：「此地濱河，多林木，敵疑有伏，必不敢輕進。淝河旁地平少樹，彼必不疑，可設伏覆之也。」乃率騎至淝河設伏，安至敗走。志云：縣北十五里又有淝河自蒙城縣流入境，與宿州之淝河合流入淮。

荏眉戍。在縣西北。魏置。齊建元二年，魏人攻鍾離，徐州刺史崔文仲擊却之。又遣兵渡淮，攻破其荏眉戍是也。

○柳灘驛，在縣南七十里，爲南達壽州之中道。

定遠縣，府南九十里。東至滁州，西至壽州，南至廬州府俱百八十里。秦置東城縣，漢因之。梁乃改置定遠縣，兼置臨濠郡。後齊改郡曰廣安。至隋初郡廢，縣屬濠州。唐因之。五代周顯德二年，遣軍侵唐淮南，唐遣皇甫暉等將兵屯定遠，即此。縣有土城，周五里餘。今編户三十二里。

東城，縣東南五十里。秦邑。陳勝將葛嬰至東城，立襄彊爲楚王。又項王敗於垓下，引而東，至東城乃有二十八騎處也。漢爲東城縣，屬九江郡，文帝八年封淮南厲王子良爲侯邑。東漢改屬下邳。順帝末陰陵人徐鳳反，攻燒東城。建安三年，袁術以魯肅爲東城長。晉仍屬淮南。永嘉四年淮南太守裴碩襲揚州都督周馥於壽春，兵敗退保東城。歷南北朝時東城常爲戍守要地，宋後廢。梁天監二年，後魏以蕭寶寅都督東揚等三州諸軍事，屯東城。地志：「東城在壽陽東，故魏置東揚州於此。」杜佑曰：「故東城，梁於此置臨淮郡，又嘗置安州，侯景亂廢。」寰宇記：「梁天監中土人蔡豐據東城，自魏來歸，武帝嘉之，改東城爲豐城縣以表其功。尋并入定遠。」

曲陽城，在縣西北九十五里。漢置曲陽縣，屬九江郡。後漢曰西曲陽，應劭曰：「以在淮曲之陽而名。下邳有曲陽，故此加西。」晉因之，後廢。後魏置彭、沛二郡及南陽縣，治曲陽城。梁普通六年，曹世宗拔魏曲陽，又拔秦墟。水經注：「洛水經淮南曲陽故城，又北歷秦墟。」秦墟蓋亦是時戍守處也。隋志「梁置九江郡，後齊廢郡爲曲陽縣，尋又廢入定遠」，即此城矣。中都志：「今壽州東北八十三里有故西曲陽城。」

陰陵城，在縣西北六十里。故楚邑，即項王敗，至陰陵迷失道處也。漢置縣，屬九江郡。後漢爲郡治。初平四年袁術保陰陵，集兵淮北，進向壽春，即此。晉仍屬淮南郡，宋後縣廢。梁置北譙郡，治陰陵故城。天監五年，徐州刺史王伯敖與魏元英戰於陰陵，敗績。既而魏圍鍾離，韋叡自合肥馳救，取直道繇陰陵大澤行，值澗谷，飛橋以渡，即此。東魏亦爲北譙郡治，後周郡縣俱廢。輿地志：「梁克壽州，後立北譙郡于故曲陽城。」或以爲初治曲陽，〔三〕後徙陰陵。

閭城，縣西北百十五里。相傳後魏主燾南侵時築城於此，置西沛郡。後廢爲閭城。又濠梁志云：「廢定遠縣，在今縣西南八十里，元至元中始遷今治。舊城濠東西南各闊十丈，北闊二十丈，引北山澗谷水注之，歲嘗不竭。」

韭山，縣東北四十里。山暖多韭，因名。上有石城，兵火時保聚處也。山下有洞穴，澗水嘗流不竭。○大横山，在縣東七十里，以横界於東南而名。山上有石壘城。又皇甫山，亦在縣東七十里。俗傳有皇甫將軍屯兵於此，山因以名。

横澗山，在縣西北七十里。上有石累城及澗泉，兵火時嘗屯禦於此。明太祖初起義兵，取横澗山，遂入滁陽。又縣境有豁鼻山、妙山、洪山，皆元末鄉里豪傑聚衆結砦處。○槎牙山，亦在縣西七十里，以山勢巑岏而名。又縣東四十里有銀嶺，舊有銀冶。

池河，在縣南六十里。源出廬州府巢縣，流入境内凡百四十里，東北注於淮。其入淮處亦謂之池口。水經注：「池水東北逕東城縣故城南，又東北逕二山間，又東北入淮爲池口也。」

洛河，在縣西九十里。西北流入懷遠縣界。志云：縣有青河澗，洛水出焉。水經注：「洛水上承苑馬塘，亦即淝水之支流也。」苑馬塘蓋與壽州之芍陂相近。

馬丘聚，在縣西南二十五里。亦曰藍栅城。後漢書：「當塗有馬丘聚，徐鳳反於此。」志以爲即此地也。今亦名馬丘城。○越家坊，在縣東南八十里。宋紹興六年，劉猊率衆寇定遠，欲趣宣化犯建康，楊沂中自泗州趣濠州，與猊遇於越家坊，敗之。

藕塘鎮。縣東六十里。宋紹興六年，劉猊爲楊沂中所敗，欲西趣合肥，至藕塘，沂中復遇之，猊據山立陣，矢下如雨，沂中急擊之，猊衆潰亂。又紹興十一年，金人圍濠州，劉錡馳救，軍於藕塘。宋會要：「乾道初濠州移治藕塘鎮，嘉定四年城定遠，州復還舊治。」○張橋驛，在縣南四十里，路達合肥。又池河驛，在縣東六十里，路出滁州。

五河縣，府東北百十里。東至泗州百五十里，北至虹縣九十里，東北至邳州宿遷縣二百五十里。本泗州五河口，宋端平二年金亡，遺民來歸，置隘使屯田。咸淳六年置安淮軍及五河縣於此，以五水交流而名也。元廢軍，縣屬臨濠府，至元十七年改屬泗州。明初改今屬。編户二十五里。

安淮城，在縣治北二里澮河北岸。宋所置安淮軍城也，俗謂之故軍城，亦曰五河城。淳祐四年吕文德敗蒙古兵於五河，復其城，即此。今置安淮驛，在縣北一里澮河南岸。

淮河，在縣東一里，自臨淮縣東北流經此，又東入泗州境。志云：縣城南一里有金剛嘴，形長而鋭，爲淮壖之障蔽。

澮河，在縣西北二里。其上流自河南永城縣流經宿州境，又東南入縣境，經縣治南入於淮。或謂之涣水，蓋涣水與澮水合流也。五代周顯德四年圍唐濠州，唐有水軍在涣水東，欲救濠，周主自將水陸兵擊之，大破唐兵於洞口。洞口，見盱眙縣浮山。

沱河，在縣治西北一里。源出宿州東南之紫薴湖，歷靈壁、虹縣流入境，又東流入於淮。○潼河，在縣治東南二里。縣南一里有南湖，匯衆流而成，流爲潼河，亦東流入於淮。

潼河，縣東北四十里。亦自虹縣流入，經縣東北二里通於沱河，東流入淮。已上所謂五河也。志曰：五河交會處在縣東二里，謂之五河口。

上店。在縣西五十里澮河南岸，有上店巡司戍守；又縣治北一里澮河南岸有安淮驛；萬曆中俱革。上店東十里爲上店渡，亦澮河渡口也。

虹縣，府東北百七十里。東南至泗州二百二十里，北至邳州睢寧縣九十里，西至宿州靈壁縣七十里。漢置夏丘縣，屬沛郡。後漢屬下邳國，晉因之，後廢。東魏武定六年復置夏丘縣，屬臨潼郡。後齊因之，兼置夏丘郡，尋置潼州。後周改州曰宋州，縣曰晉陵。隋開皇初郡廢，十八年州廢，乃復改縣曰夏丘，屬泗州，大業初屬下邳郡。唐初屬仁州，改置虹縣。貞觀八年仍屬泗州。元和四年移宿州治此，尋復舊，以縣屬宿州。宋因之，紹興四年復改屬泗州。尋没於金，仍屬泗州。元因之。明初改今屬。有土城，周三里。編户十有六里。

夏丘城，縣東一里。漢縣治此。相傳堯封禹爲夏伯，此其故邑也，縣因以名。東晉初廢，東魏復置夏丘縣於今治。後齊置夏丘郡，尋移置潼州於此。陳大建六年，將軍樊毅克齊潼州是也。後周爲宋州治。隋亦曰夏丘縣。唐武德四年分置虹縣於古虹城，六年廢夏丘縣，貞觀四年移虹縣治焉，即今縣也。

虹城，在縣西七十里。晉書地道記：「左傳昭八年『大蒐於紅』，即此。」悮也。漢曰虹縣，屬沛郡，後漢屬沛國，晉因之，後廢。後魏爲戍守處。齊建武四年魏主宏侵沔北，徐州刺史裴叔業引兵攻魏虹城以分其勢。亦曰絳城，音轉耳。陳大建五年，吴明徹等克淮南，絳城來降，即此。唐復置虹縣，移於今治。

取慮城，縣北百二十里。漢縣，屬沛郡。輿地志：「取慮讀曰秋閭。」後漢改屬下邳國。初平四年，曹操攻陶謙於郯，不克，還攻取慮、睢陵、夏丘，皆屠之。晉仍屬下邳國。後魏亦曰取慮縣，置臨潼郡。水經注：「城臨潼水，因名。」梁大通初，將軍成景儁拔魏臨潼，因置潼州於此。太清初東魏將慕容紹宗大敗梁軍於彭城，進圍潼州，刺史郭鳳棄城走。魏收志：「梁置潼州，武定七年改置睢州，治取慮城。」是也。後齊廢州，又以取慮縣并入睢陵。今見盱眙縣夏丘。○晉陵城，在縣西北八十里。魏收志：「臨潼郡治臨潼城，孝昌中爲梁所陷，武定六年改置晉陵縣，爲臨潼郡治。」後齊改郡曰潼郡，縣曰睢陵，以睢州并入焉。後周復改夏丘曰晉陵，而以晉陵并入。志云：今潼郡城在靈壁縣東北七十五里，蓋壤相接也。

僮城，在縣西北七十里。漢縣，屬臨淮郡。後漢屬下邳國，明帝封沛獻王子嘉爲侯邑。晉亦曰僮縣，宋、齊仍屬下邳郡，後魏因之。梁普通五年，徐州刺史成景儁拔魏僮城是也。後周廢。唐爲虹縣之僮城鎮，宋因之，元祐以後割屬靈壁縣。金志：「元光初議於靈壁縣僮城鎮設倉都監，監支納。」時開長直濆谿萬安湖舟運入汴至泗，以貯粟也。或曰僮城鎮，金志本作「僮郡鎮」，蓋即高齊所置僮郡，而非僮縣云。

平山，縣北三十五里。山勢平衍，因名。又秦橋山，在縣東北二十五里。山南五里有秦橋，爲往來通道。又鹿鳴山，在縣西三十五里。

朱山，縣東北四十里。上有聖水泉，甘而冽，雖旱不涸。又東北二十里有赤山。

汴河，在縣治南。自靈壁縣流入境，又東流經此至泗州入淮。宋熙寧八年，都水丞侯叔獻言：「舊開汴渠，自泗州至南京皆通利，惟虹縣東有礓石三十里餘，不可疏濬，乞更開修。」從之。今水流日堙，非復舊道矣。

潼河，縣東南六十里。志云：縣有二潼河：南潼河出縣西之羊城湖，東南流經萬安湖，至五河縣入淮；其北潼河亦出縣西，東北流經白鹿湖合於睢寧縣之小河。○沱河，在縣西。其上源自靈壁縣東南流入縣境，亦謂之北沱河，河南又有南沱河合流而入五河縣境。

蘄水，在縣東。自宿州廢蘄縣流入界，又東北流合於睢寧縣之睢水。縣東又有淒河、新河，俱南接汴河，東北流入宿遷縣界注於泗水。

蒲姑陂，在縣北。杜預曰：「取慮縣東有蒲姑陂。」左傳昭十六年「齊伐徐至於蒲隧」，即此陂也。○廣濟新渠，在縣東百十里。唐開元二十七年采訪使齊澣開，自虹至淮陰北十八里入淮以便漕。既成，湍急不可行，遂廢。澣傳云：「以淮至徐城險，鑿渠十八里入清水以利漕，人稱其便。」似非實録。

婁亭，在縣東北。杜預曰：「僮縣東南有婁亭。」春秋僖十四年「楚人敗徐於婁林」，即此。僮蓋春秋時徐地也。○樂安鄉，亦在廢僮縣界。成帝初匡衡封樂安侯，食邑於此。

垓下聚。縣西五十里。孔穎達曰：「垓下是高岡絶巖，今猶高三四尺，其聚邑及堤皆在巖側，因取名焉。」漢五年，項王軍垓下，兵少食盡，漢軍及諸侯兵圍之數重處也。

附見

皇陵衛，府西南十二里皇陵城中。洪武二年置。又長淮衛，在府西北三十里長淮關。亦洪武中置。志云：府城中有中都留守司及留守中、左二衛，又有鳳陽衛及中、左二衛，曰鳳陽三衛，并置懷遠衛，俱屬留守司。

英武衛。在定遠縣北四十五里，又縣東北五十里有飛熊衛，俱洪武十一年置。

洪塘湖屯田千户所。在府東北四十里。亦洪武十一年置，屬留守司。

壽州，府西一百八十里。東南至廬州府百七十里，南至廬州府六安州二百里，西南至河南光州四百二十里，西北至亳州四百里。

春秋時六、蓼國地，戰國時屬楚，名曰壽春。楚考烈王二十二年爲秦所敗，徙都壽春，仍名曰郢，即此地也。秦爲九江郡。項王封英布爲九江王，都蓼，即此。漢初爲淮南國，按漢初封黥布爲淮南王，都六。十一年始封子長爲淮南王，都壽春。武帝復爲九江郡。後漢因之，兼置揚州治焉。袁術爲曹操作敗，奔九江，尋僭號，以九江太守爲淮南尹。魏曰淮南郡，仍置揚州爲重鎮，西晉因之。平吴後揚州治建康，惠帝末復治壽春，南渡後又治建康。東晉初亦曰淮南郡，仍爲重鎮。宋爲豫州治，永初二年分淮西爲豫州，寄治壽春。齊因之，亦爲重鎮。後魏曰揚州，梁復曰豫州。太清元年以懸瓠爲豫州，壽春爲南豫州。東魏、北齊復爲揚州，陳復爲豫州，後周又爲揚州，皆治此。隋開皇九年改置壽州，〔四〕開皇八年置淮南行臺於壽春，將伐陳也。煬帝改爲淮南郡。唐復爲壽州，天寶初曰壽春郡，乾元初復爲壽州。楊吴爲忠正軍，南唐爲清淮軍。周世宗顯德四年取壽州，復曰忠正軍，徙治下蔡。舊五代史：「唐明宗天成二年升壽州爲忠正軍，長興二年又爲昭信軍。」宋白曰：「天成初升壽州爲順化軍。」蓋皆遥領也。宋仍爲壽州，亦曰壽春郡、忠正軍。政和六年升壽春府，乾道三年改爲安豐軍。宋志：「紹興十二年升安豐縣爲軍，罷壽春府爲壽州。三十二年復爲府，安豐軍隸焉。乾道三年改壽春府爲安豐軍，還治壽春。」元爲安豐路。至元十四年改宋安豐軍爲路，明年降爲散府，十六年復爲路。明初復曰壽州，以州治壽春縣省入。編户四十三里。領縣二。今仍舊。

州控扼淮、潁，襟帶江沱，爲西北之要樞，東南之屏蔽。漢伍被謂淮南王：「南收衡山衡山國，今六安州之西南。以擊廬江，廬江國，故地在今池州府之西南。有尋陽之船，漢尋陽縣，在今湖廣蘄州東。守下雉之城，下雉，見湖廣興國州。結九江之浦，絶豫章之口，豫章口，蓋即今江西之湖口。强弩臨江而守，以禁南郡之下，〔五〕東收江東、〔六〕會稽，南通勁越，猶可崛彊江、淮間。」自魏、晉用兵，與江東争雄長，未嘗不先事壽春。及晉遷江左，而壽春之勢益重。元帝時應詹曰：「壽春一方之會，遠振河、洛之形勢，近爲徐、豫之藩鎮，宜綏集流散，專事農桑。」成帝時壽春入於後趙，朝議欲攻取之，蔡謨曰：「壽陽城小而固，自壽陽至琅邪城壁相望，其間遠者纔百餘里，一城見攻，衆城必救，賊之郵驛一日千里，河北之騎足以來赴。夫以白起、韓信、項籍之勇，猶發梁焚舟，背水而陣。今欲停船水渚，引兵造城，前對堅敵，顧臨歸路，此兵法所忌。若進攻未拔，北騎卒至，懼桓子不知所爲，而舟中之指可掬也。」乃止。簡文帝初，袁真以壽春叛，〔七〕伏滔著正淮論曰：「壽陽東連三吴之富，南引荆、汝之利，北接梁、宋，平途不過七百；西援陳、許，水陸不出千里。外有江湖之阻，内有淮、淝之固。龍泉之陂，良田萬頃；舒、六之貢，利盡蠻越。」是也。齊高帝謂：「壽春賊之所衝，宜深爲之備。」北魏源懷言：「壽春去建康不過七百里，乘舟藉水，倏忽可至。」考壽春陸路至建康不過四百七十餘里，水路北繇淮水南出淝水皆千五百餘里而至建康，源懷之言，蓋酌水陸之中也。南北朝時，壽春皆爲重鎮。隋欲并陳，亦先屯重兵於此。唐時江、淮有變，必以壽春爲襟要。楊氏據淮南，壽州之防尤重。南唐堅守壽州以抗周師，周兵雖屢勝，略有滁、和、光、舒、蘄之境，東克揚州，而壽州未下，諸州卒不能固也。及顯德四年攻克壽州，而淮、泗已東次第風靡矣。宋開寶五年將有事江南，其臣林仁肇密請於其主：「欲假精兵自壽春徑渡，復江北舊境，彼縱來援，臣據淮禦之，勢不能敗江南。」主不從。及宋室南渡，亦首推壽州爲雄郡。呂氏祉曰：「淮西建康之屏蔽，壽春又淮西之本源也。壽春失，則出合肥擾歷陽，建康不得安枕矣。故李延壽以爲建業之肩髀，蕭子顯以爲淮南之都會，南齊志：「壽春，淮南一都會，地方千里，有陂澤之饒。」良有以也。」真氏德秀曰：「有安豐之屏蔽，則敵不得以犯合肥。」周氏必大曰：「晉至宋，壽陽皆爲重鎮。寇少至則淮、泗諸郡堅守以待救援，大至則發民而歸壽陽，蓋壽陽不陷，敵雖深入，終不能越之而有淮南。謝玄淝水之戰，却苻秦百萬之師；劉仁贍堅壁自守，周世宗攻之三年不能下。壽春之形勢，亦可見矣。」

壽春廢縣，即今城也。秦置縣。漢五年劉賈南渡淮，圍壽春，即此。尋爲九江郡治。後漢建武五年幸壽春。尋爲揚州治。後爲袁術所據，曹操得之以爲重鎮。魏甘露二年諸葛誕據壽春，文欽自吳馳救，誕尋以猜疑殺欽。欽子鴦虎將兵在小城中，踰城走。既而城陷，誕將麾下突小城欲出，見殺。蓋壽春有大小二城也。晉自渡江後，壽春尤爲重鎮。咸和三年祖約以壽春叛，其部將濳以城降於後趙。永和五年趙將王浹以城來歸，遣陳逵據壽春。既而褚裒自彭城退師，逵焚積聚，毁城遁還。太和四年袁真復以壽春叛降燕。真尋卒，子瑾繼之。明年桓温遣兵攻壽春，克其南城，瑾尋敗滅。孝武改曰壽陽。元熙初劉裕移鎮壽陽。通典：「壽州羅城楚考烈王築，子城宋武帝移鎮時築。」廣記云：「壽陽城中有二城，一曰相國城，劉裕伐長安時築；一曰金城，壽陽中城也。自晉以來中城率謂之金城。」按曹魏時已有小城，則裕所築者相國城也。齊建元初，魏人南侵，遣薛虎子等分道出壽陽。二年，魏拓跋嘉與劉昶寇壽陽，豫州刺史垣崇祖欲治外城，諸將以郭大難守，欲退保内城，崇祖不可，魏師敗却。永明十一年魏人議南寇。大積馬芻於淮、泗間，詔崔慧景爲豫州刺史，鎮壽陽以備之。隆昌初，蕭鸞以蕭衍爲寧朔將軍戍壽陽，密防慧景也。建武二年魏人南寇，詔沈文季守壽陽以拒魏師。永元二年豫州刺史裴叔業以壽陽降魏，魏置揚州刺史鎮壽陽。梁普通五年，豫州刺史裴邃自合肥襲壽陽，克外郭，魏長孫稚禦却之。六年復攻壽陽，敗魏軍。七年，時淮堰水盛，壽陽城幾没，乃復遣夏侯亶等攻壽陽，壽陽降，復置豫州。太清二年侯景襲入壽陽，尋作亂，留兵守壽陽，帥輕騎東掩建康。合州刺史蕭範遣兵攻壽陽，克其羅城，攻中城，不克而退，範復益兵攻之。三年，景將王顯貴以壽陽降東魏。陳大建五年，吴明徹攻齊壽陽，齊王琳等保壽陽外郭。明徹急攻之，城潰，齊兵退據相國城及金城。明徹堰肥水灌城，遂克之。自後周至南唐，州郡皆治此。五代周克壽州，移州治下蔡，壽春縣屬焉。宋初因之，紹興十六年改屬安豐軍，三十二年還屬壽春府。乾道三年改壽春府爲安豐軍，移治壽春。元安豐路亦治此，明初省。今州城周十三里有奇。一統志：「州西四十里有壽春故城，相傳楚壽春蓋治此。又州東一里有諸葛城，相傳諸葛誕所築。」

下蔡城，州北三十里。古州來也。左傳成七年：「吴入州來。」昭四年：「楚然丹城州來以備吴。」十二年：「楚子狩於州來。」十三年：「吴滅州來。」十九年：「楚城州來。」二十三年：「吴人伐州來。」自是遂爲吴地。季札始邑於延陵，後邑於此，故曰延州來季子。哀二年，蔡昭侯自新蔡遷於州來，謂之下蔡，蓋爲吴所遷也。漢置下蔡縣，屬沛郡，後漢屬九江郡。晉屬淮南郡。升平三年謝石軍下蔡，帥衆入渦、潁以援洛陽，旋潰還。南北朝時，皆爲戰爭要地。齊建元二年，魏人南侵，分遣其將賀羅出下蔡。三年，魏攻壽陽，垣崇祖擊却之。恐魏人復寇淮北，乃徙下蔡戍於淮東。既而魏師聞其内徙，果平其故城，崇祖引兵渡淮擊破之。建武二年，魏置下蔡郡，自是常以重兵戍守。梁天監十四年，魏將崔亮攻趙祖悦於硤石，亮遣崔延伯守下蔡。延伯與别將伊甕生夾淮爲營，取車輪去輞，削鋭其輻，兩兩接對，揉竹爲絙，連貫相屬，並十餘道，横水爲橋，兩頭施大轆轤，出没遂意，不可燒斫，既斷祖悦走路，又令戰船不通，硤石遂下。酈道元曰：「淮水自硤石北逕下蔡故城東，淮之東岸又有一城曰下蔡新城，二城對據，翼蔽淮濆。」〔八〕杜佑曰：「梁於硤石山下築城以拒魏，即下蔡新城也。」大通中魏亂，梁得下蔡，改置汴州及汴郡，因亦名汴城。齊廢郡。隋仍爲下蔡縣，屬潁州。唐武德四年置渦州治焉。八年州廢，仍屬潁州。五代周顯德二年圍唐壽州，徙正陽浮梁於下蔡，使張永德屯於此。唐將林仁肇以水陸軍援壽春，欲焚下蔡浮梁，不克，爲周兵所敗。時永德爲鐵絙千餘尺，距浮梁千餘步横絶淮流，繫以巨木，繇是唐兵不能近。未幾唐人復以水軍攻下蔡，永德擊敗之。三年，周主敗唐兵於紫金山，分兵守諸寨，還下蔡，發陳、蔡諸州丁夫築下蔡城。四年壽州降，遂徙治下蔡。宋亦爲壽州治，後又改州爲壽春府。時亦謂下蔡爲北壽春，而壽春縣爲南壽春。紹興六年，楊沂中等敗劉猊於藕塘，追至南壽春而還，此即壽春縣也。十一年兀术陷壽春，乃渡淮陷廬州，此壽春即下蔡城也。乾道三年改置安豐軍於壽春縣，下蔡縣屬焉。元因之。元末江、淮多故，下蔡縣始廢。里道記：下蔡西抵正陽鎮五十五里。林氏曰：「下蔡，古州來也。吴之始圖楚也，争巢、鍾離、州來三邑，蓋七十年而後取之，失淮谿失州來也。」志云：州北三十里有蔡國城，即下蔡矣。今有下蔡巡司。

硤石城，在州西北二十五里硤石山上。山兩岸相對，淮水經其中。相傳大禹所鑿，因於山上對岸結二城，以防津要。水經注：「淮水過壽春北，右合肥水，又北逕山峽中，謂之硤石。」三國魏甘露元年，諸葛誕據壽春，司馬昭遣王昶軍硤石以逼之。晉太元八年，苻堅大舉入寇，侵壽春，晉將胡彬赴援，聞城陷，因退保硤石。齊永元二年，裴叔業以壽陽降魏。東昏侯遣蕭懿進討，懿遣別將陳伯之泝淮西上，軍於硤石以逼壽陽，爲魏將傅永等所敗。梁天監十四年，趙祖悅襲魏西硤石據之，以逼壽陽，更築外城，徙緣淮之民以實城内，魏將崔延伯攻之未下，魏復遣李平等水陸進攻，克其外城，祖悅出降。十五年浮山堰成，淮水泛溢，魏揚州刺史李崇作浮橋於硤石戍間以備之。太清二年，侯景爲東魏慕容紹宗所敗，自渦陽走硤石，濟淮襲壽春據之。陳大建五年吴明徹等伐齊，軍至硤口，克其北岸城，南岸守者棄城走，淮北諸城皆來降。硤口即硤石口也。唐武德七年，李世勣討輔公祏，渡淮拔壽陽，次硤石。通釋：「硤石以淮水中流分界，在西岸者爲西硤石，屬下蔡，在東岸者則屬壽春。」杜佑曰：「硤石東北即下蔡城。」是也。

馬頭戍城，在州西北二十里，淮濱戍守處也。梁天監五年取魏合肥，魏人守壽陽，於馬頭置戍。普通五年梁取壽陽，亦置戍於此。太清二年東魏慕容紹宗敗侯景於渦陽，景自硤石濟淮，南奔馬頭，戍主劉神茂往候景，遂導景襲壽陽。既而侯景以壽陽叛，西攻馬頭，東攻木柵。是馬頭在壽陽西也。或以爲當塗之馬頭郡，悮矣。又馬頭東南有白捺城，又南有歐陽戍。普通二年裴邃鎮合肥，勒兵欲襲壽陽，恐魏覺之，先移魏揚州刺史長孫稚云：「如聞欲修白捺城，此亦須營歐陽，設交境之備。」稚謀於僚佐，楊侃曰：「白捺小城，本非形勝，邃好狡計，恐有他意。」移檄報之，邃不敢發。蓋梁取合肥與魏壽陽對境，白捺、歐陽皆邊戍處也。木柵，胡氏曰：「在荆山西。」

安豐城，州西南六十里。西去霍丘縣九十里。春秋時六國地，漢置安豐縣，屬六安國。後漢建武中封竇融爲安豐侯，尋復爲縣，屬廬江郡。三國魏置安豐郡。甘露二年諸葛誕據壽春討司馬昭，請救於吴，吴遣朱異率兵進屯安豐，爲誕外援。晉安豐縣屬安豐郡，安帝時郡廢，縣屬弋陽郡。宋末復置安豐郡治焉。齊因之。梁置陳留、安豐二郡。後魏亦置安豐郡，魏收志揚州有安豐郡。又霍州有安豐郡，治洛步城。水經注：「安豐，今爲邊城郡治。」章懷太子賢曰：「宋、齊間安豐已雜入蠻境，故分析僑置，非止一城矣。」今霍山縣西北亦有安豐故城。後齊因之。隋郡廢，縣屬壽州。唐因之。乾寧四年朱全忠侵淮南，使其將葛從周以兖、鄆、曹、濮之師壁安豐，將趨壽州是也。宋亦爲安豐縣，屬壽州。紹興十二年升爲安豐軍，以六安、霍丘、壽春三縣隸焉。三十二年安豐軍改屬壽春府。隆興二年以軍使兼知安豐縣事。乾道三年移置安豐軍於壽春縣，以安豐縣屬焉。元屬安豐路，明初廢，今爲安豐鄉。志云：安豐縣東北五里有陳留廢城，梁置陳留郡及縣於此，隋廢。○都陸城，在安豐縣南。漢博鄉縣，元帝封六安繆王子交爲侯邑，屬九江郡。王莽改曰揚陸，後漢省。魏諸葛誕據壽春，吳遣朱異帥諸將赴救，異留輜重於都陸，進屯黎漿，爲魏將石苞等所敗。既而魏太山太守胡烈以奇兵襲都陸，盡焚異糧，異走還。胡氏曰：「都陸或即此地。」晉書地道記：「都陸在黎漿南。」

安城縣城，在州南。梁普通五年，豫州刺史裴邃攻壽陽之安城，既而馬頭、安城皆降。魏收志「梁置新興郡，治安城縣」，即此。又魏昌城，在州東七里。梁天監十四年浮山堰成，淮水泛漲，魏揚州刺史李崇築魏昌城於八公山東南，以備壽陽城壞是也。○義昌城，在州西南。宋永初郡國志：「安豐有義昌縣，晉末嘗立郡，宋初廢爲縣，尋并入安豐。」

黄城，在州西。梁置黄城戍，尋置潁川郡於此。東魏武定六年改置下蔡郡，治黄城縣。寰宇記：「晉義熙十二年置小黄縣，在安豐城西北三十里，或即黄城也。」胡氏曰：「下蔡在淮北，黄城在壽陽西。」又西有郭默城，相傳晉咸和中郭默嘗屯此。陳大建五年吳明徹攻壽陽，别將魯天念克黄城，郭默城降，詔置司州於黄城。十一年周韋孝寬侵淮南，分遣宇文亮攻黄城，拔之。十二年，魯廣達復克周之郭默城。是黄城與郭默城相近也。○蒼陵城，在州西北。水經注：「淮水東流與潁水會，東南逕蒼陵北，又東北流經壽春縣故城西。」陳大建五年吳明徹下壽陽，齊人遣兵援蒼陵，敗去。地形志：「壽春縣，故楚，有蒼陵城。」

八公山，州東北五里，淝水之北，淮水之南。相傳漢淮南王安與八公學僊於此，因名。亦謂之北山。三國魏甘露二年，諸葛誕據壽春，請救於吳，吳使文欽及全懌等馳救。魏王基等方圍城未合，文欽等從城東北因山乘險，將其衆突入城。既而司馬昭勅基轉據北山，基不聽，築長圍固守，誕等敗亡。晉太元九年，苻堅南侵，謝玄禦之於淝水，堅登壽陽城，望見八公山草木皆以爲晉兵。齊建武二年，魏主宏入寇，濟淮至壽陽，登八公山。梁天監十二年，壽陽久雨，大水入城，廬舍皆没。魏揚州刺史李崇勒兵泊於城上，水增未已，乃乘船附於女墻，城不没者二板。將佐勸崇棄城保北山，崇不可。一名肥陵山，山之北麓與紫金相接。唐六典：「淮南道名山曰八公山。」

紫金山，州東北十里。五代周顯德三年圍唐壽州，久之不克。南唐援兵皆營於紫金山，周將李重進邀擊，大破之，奪其二寨。既而周主至下蔡渡淮抵壽春城下，遂軍於紫金山南。四年唐援兵益集，列十餘寨，與城中烽火相應，又築甬道抵壽州，欲運糧以饋之，綿亘數十里。周主命趙匡胤擊其先鋒寨及山北一寨，皆破之。斷其甬道，唐兵首尾不能相救。尋復擊其紫金山砦，大破之。宋紹興六年，劉豫分道入寇，遣其子麟率中路兵繇壽春犯合肥，姪猊率東路兵繇紫荊山出渦口犯定遠，孔彦舟率西路兵繇光州犯六安。紫荊即紫金也。志云：州北五里有連珠寨，紫荊山腰有石甃，大路遺趾尚存，即周世宗屯兵處。

硤石山，州西北二十五里。夾淮爲險，自古戍守要地。上有硤石城。詳見前。〇青岡，在州西北三十里。晉太元八年，謝玄等敗苻堅於淝水，乘勝追擊，至於青岡。胡氏曰：「青岡去壽春縣三十里。」是也。

淮水，在州西北二十五里。自霍丘縣而東經正陽鎮，潁水流合焉，謂之潁口；又東至壽州北淝水流合焉，謂之淝口，亦謂之淮口。史記：「秦始皇二十八年，於泗水中求周鼎弗得，乃西南渡淮水，之衡山、南郡。」渡處蓋在州北。晉咸和三年，祖約以壽春叛，約諸將陰與後趙通，趙將石聰等遂濟淮攻壽春，約兵潰，走歷陽。齊建武二年，魏主入寇，濟淮至壽陽，又循淮而東至鍾離。蓋淮水分南北之險，州實當其衝也。

淝水，在州東北十里。自廬州府北流，經廢安豐縣境，又北流經此，折而西北流十里入於淮。胡氏曰：「淝水在城北二里。舊引淝水交絡城中，故昔人每恃淝水爲攻守之資。」齊東昏侯永元二年，豫州刺史裴叔業以帝數誅大臣，心不自安，乃登壽陽城望淝水。陳大建五年，吴明徹攻壽陽，引淝水灌城。五代周顯德二年攻南唐壽州，周主自營於淝水之陽，尋命士卒以方舟載砲，自淝河中流擊壽春城，又束巨竹數十萬竿，上施板屋，號曰竹龍，載甲士以攻之，會淝水暴漲，砲舟竹龍皆漂向南岸，爲唐兵所焚。志云：今州有東淝河，自州城東北西流十里入淮。西淝河在下蔡城西南十里，東流十里入淮。蓋源流斷續，故有東西之分耳。又有小史埭，在州城西北，即齊垣崇祖築淝堰以灌魏軍處。亦曰淝水堰。今詳見大川。

潁水，在州西北四十里。漢志：「潁水出陽城縣陽乾山，東至下蔡入淮。」是也。其入淮處謂之潁尾。左傳昭十二年：「楚子狩於州來，次於潁尾。」亦曰潁口。魏黄初五年，魏主丕御龍舟循蔡、潁浮淮如壽春，蓋自潁水入淮也。晉太元八年，苻堅入寇，使苻雄引軍三十萬先至潁口。陳大建五年，吴明徹等攻壽陽，齊將皮景和赴救，屯於淮口，久之渡淮，去壽陽三十里而軍，壽陽爲陳所拔。既而齊兵復至潁口，陳將樊毅擊走之。胡氏曰：「景和自潁上出至淮而屯淮口，即潁口也。」唐建中三年李希烈阻兵淮西，江、淮輸物留梗，詔從餉道自潁入汴。元和十一年置淮、潁水道以餽討淮西諸軍，楊子等院米皆自淮陰泝流至壽州入潁口。五代周顯德三年攻唐淮南，周師自閔河沿潁入淮。紹興三十一年金亮南侵，詔淮西諸軍保潁口，蓋扼要之地也。詳見河南大川。

淠水，在州西七十里。源出六安州霍山中，入河南固始縣界，又東經霍丘縣至州境北流入淮。水經注：「淠水出廬江灊縣霍山，至安豐縣故城西北入於淮。」唐乾寧四年朱温將葛從周攻壽州，爲淮南將朱延壽等所敗，引還。淮南兵追至淠水，從周半濟，淮南兵擊之，從周僅免。

芍陂，在安豐城南百步。亦曰安豐塘，亦曰期思陂。淮南子：「孫叔敖決期思之水，灌雩婁之野。」意林：「孫叔敖作期思陂，而荆之土田贍。」水經注：「淝水東北逕白芍亭東，積而爲湖，謂之芍陂，周百二十里，在壽春縣南八十里。陂有五門，吐納川流。西北爲香門，陂水北逕孫叔敖祠下，謂之芍陂瀆，又北分爲二水，一水東注黎漿，一北至淝水。」皇覽：「楚大夫子思造芍陂。」崔實月令：「叔敖作期思陂。」華夷對境圖：「芍陂周回二百二十四里，與陽泉大業陂並孫叔敖所作。開溝引淠水爲子午渠，開六門，灌田萬頃。」通釋：「芍陂首受淠水，西自六合，北界騶虞石，東自濠州之南横石，水皆入焉。」後漢書王景傳：「建初八年徙廬江太守，郡界有故芍陂稻田，景驅率吏民修起蕪廢，灌田可萬頃，繇是境内豐給。」魏志：「建安十四年曹操軍譙，引水軍自渦入淮，出淝水，軍合肥，開芍陂屯田。」蓋自芍陂上施水則至合肥也。建安五年，劉馥爲揚州刺史，鎮合肥，廣屯田，修芍陂、茹陂、七門、吴塘諸堰以溉稻田，公私有積，歷代爲利。後鄧艾重修此陂，堰山谷之水，旁爲小陂五十餘所，沿淮諸鎮並仰給於此。吴志：「赤烏四年，全琮略淮南，決芍陂，魏將王淩與琮戰於芍陂，琮敗還。」晉初，吴丁奉、諸葛靚皆出芍陂攻合肥。又劉頌爲揚州，亦修治芍陂。永和八年，謝尚與苻秦將苻雄戰於許昌，敗奔淮南，姚襄追尚於芍陂。九年姚襄自淮南進據芍陂，尋徙屯於盱眙。伏滔曰：「龍泉之陂，良疇萬頃。」謂芍陂也。宋元嘉七年，長沙王義欣爲豫州刺史，鎮壽陽，芍陂久廢。

義欣修治隄防，因舊溝引淠水入陂，溉田萬餘頃，無復旱災。齊建元二年，豫州刺史垣崇祖修理芍陂屯田。隋開皇中趙軌爲壽州長史，芍陂舊有五門堰，軌更開三十六門，灌田五千餘頃。唐上元中亦於壽春置芍陂屯田。元和志：「芍陂周三百二十四里，逕百里。」宋熙寧中嘗議修治。元至元二十一年，江淮行省言：「安豐芍陂，可溉田萬頃，若立屯開耕，實爲便益。」從之，於安豐立萬户府，屯户一萬四千八百有奇。後廢。夫芍陂，淮南田賦之本也。曹公置揚州郡縣長吏，開芍陂屯田，而軍用饒給，齊、梁間皆於芍陂屯田，而轉輸無擾，乃棄而不事何歟？期思，見河南固始縣。芍讀作鵲。

大漴陂，在下蔡城西北百二十里。玉海：「下蔡西北六十里有黄陂，八十里有雞陂，東北八十里有湄陂，皆隋末廢，唐復置，溉田數百頃。」○永樂渠，在安豐城東北十里。唐廣德二年宰相元載置此以溉高原之田，大曆十三年廢。

横塘，在州東。水經注：「淝水入芍陂，又北右合閻潤水，積爲陽湖。陽湖水西北逕死虎亭南，夾横塘西注。」〔九〕宋泰始二年，豫州刺史殷琰據壽陽以應晉安王子勛尋陽之師，遣將劉順等據死虎築壘，以拒劉勔之兵，又遣杜叔寶送糧於死虎，〔一〇〕劉勔遣將吕安國等間道出順後，於横塘抄之，叔寶敗走。又尉升湖，舊志：在州西北。魏主恪延昌初，壽春大水，揚州治中裴絢帥城南民汎舟南走，避水高原，因以衆叛，刺史李崇討擒之，還至尉升湖，絢投水死。

八疊灘，在州西北淮水旁。宋開禧二年，金僕散揆等寇潁、壽至淮，遣人密測淮水，惟八疊灘可涉，即遣將揚兵下蔡，聲言欲渡，守將何汝厲乃悉衆屯花靨以備之。揆遣賽不等潛師渡八疊，駐於南岸，官軍駭潰，揆遂奪潁口，下安豐軍及霍丘縣，進圍和州。又黄口灘，在州西北。宋嘉定十一年，金人犯安豐軍黄口灘。蓋皆濱淮要地也。

死虎壘，在州東四十餘里。宋泰始二年，豫州刺史殷琰遣將劉順等東據宛塘，築四壘以拒劉勔。通典曰：「宛塘，死虎之訛也。」齊永元三年裴叔業以壽陽降魏，詔蕭懿討之。懿屯小峴，遣將胡松、李居士帥衆屯死虎，即此也。水經注「淝水合閻潤水積爲陽湖，〔一〕自塘西北逕死虎亭，即殷琰將劉順築壘處」，是又名死虎也。

正陽鎮，在州西六十里。淮水流出潁、壽之間，夾淮有東、西正陽鎮，東正陽屬壽州故安豐縣界，西正陽屬潁州潁上縣界。唐天祐二年，朱全忠侵淮南。自光州至壽州，壽州人堅壁清野待之，全忠欲圍之，無林木可爲柵，乃退屯正陽，渡淮而北。漢乾祐元年，南唐兵渡淮攻正陽。周顯德二年伐唐，李穀等爲浮梁自正陽濟淮，敗南唐兵壽州城下。三年唐將劉彦貞趨救，李穀慮正陽浮梁爲彦貞所斷，乃焚其芻糧退保正陽。彦貞聞之喜，引兵輕進，直抵正陽，周將李重進度淮逆戰於正陽東，大破之。既而周主至正陽，進次壽州城下。四年，周克壽州，南唐林仁肇謂其主曰：「願假臣兵數萬直抵壽春，分據正陽，收復淮甸。」蓋淮濱之津要也。今西正陽有劉備、關羽二城，與潁州接境。元史「至元九年董文炳築兩城於正陽以遏宋兵，十年宋將來争，霖雨淮漲，舟師薄城，文炳病劇，子士選擊却之」，即此。後人訛爲劉、關所築。輿程記：〔二〕「東正陽商衆所聚，西正陽土著所居，向來每歲委官收船料，以給鳳陽高墻之費。」

趙步，在州東北淮河北岸。朱梁乾化三年，遣王景仁侵廬、壽，淮南將徐温等遇於趙步，却之；復戰於霍丘，梁兵敗去。周顯德四年，周主自將略淮南，自下蔡軍於趙步，大破唐兵於紫荆山。餘衆沿淮東走，周主自趙步將騎數百循北岸追之，諸將以步騎循南岸追之，水軍自中流而下，唐兵奔潰。胡氏曰：「趙步南直紫金山。」是也。王象之曰：

「趙步在淮河北岸，水濱泊舟之地。土人坎岸爲道以上下謂之步，趙步以趙氏居此而名。」今自壽春花靨鎮沿淮東下百餘里即趙步灘；又東逕梁城灘，北齊及梁控扼之地也，在淮水中；又東二十五里至洛河口。○花靨鎮，在州西北二十五里。相傳以宋武帝女壽陽公主而名。宋紹興二年，盧壽鎮撫使王亨收復安豐軍之花靨鎮，鎮蓋州境戍守要地。

來遠鎮，在州西南。周顯德二年，李穀攻唐壽州不克，唐將劉彥貞馳救，至來遠鎮，距壽州百里，又以戰艦數百艘趨正陽，爲攻浮梁之勢，李穀懼，退保正陽。九域志：壽州安豐縣有來遠鎮。胡氏曰：「來遠鎮近東正陽，西至淠河十里。」五代史作「距壽州二百里」，悮也。○山口鎮，在州東。五代周顯德三年，敗南唐兵於壽州城下，前鋒將白延遇復敗唐兵於山口鎮。四年，劉重遇奏殺紫金山潰兵三千人於壽州東山口，蓋即山口鎮也。又上窑鎮，亦在州東。周顯德三年李穀奏敗南唐兵於此。亦作「上窯」。

黎漿亭，在州東南。水經注：「芍陂瀆水東注黎漿水，水東經黎漿亭南，又東注淝水，謂之黎漿水口。」吳朱異救諸葛誕於壽春，進屯黎漿。又梁普通五年裴邃拔荻城，又拔甓城，進屯黎漿。七年梁主以淮堰水盛，壽陽城幾沒，遣郢州刺史元樹等自北道攻黎漿，豫州刺史夏侯亶自南道攻壽陽是也。荻城、甓城，蓋是時壽陽、合肥間沿邊戍守處。

尉武亭，在州北。宋元嘉二十七年遣軍北伐，豫州部將劉康祖進逼虎牢，繼而諸軍敗退。魏主燾遣兵分道深入，使拓跋仁自洛陽趨壽陽，仁拔懸瓠、項城而進。宋主詔康祖還守壽陽，至尉武，去壽陽數十里，爲仁所追及，康祖戰死。時南平王鑠鎮壽陽，復遣將王羅漢守尉武，魏人攻拔之。

雞備亭，在安豐故城西南。左傳昭二十三年：「吳敗頓、胡、沈、蔡、陳、許之師於雞父。」杜預曰：「安豐南有雞備亭，即雞父也。」○棲賢寺，在州西北。梁天監三年魏使蕭寶寅都督東揚等三州，屯東城。寶寅至汝陰，東城已爲梁所取，乃屯壽陽棲賢寺是也。

石橋。在州西北。晉太和六年，袁瑾據壽春，求救於苻秦，秦苻堅等赴救，桓溫遣桓伊、桓石虔等擊敗之於石橋。胡氏曰：「石橋在淝水北。」○肥橋，在城北淝水上。五代史：「周顯德三年行視水寨，至肥橋。」志云：橋在州西北十里，近肥口。今置壽春驛於此。又有新站驛，在州西北十里，路出潁州。○又北爐巡司，在州東九十里。正陽巡司，在州西六十里。

霍丘縣，州西南百二十里。南至六安州百八十里，西至河南固始縣百四十里，北至潁上縣七十里。志云：周成王時霍叔遷於此，縣因以名。春秋時爲蓼國地，戰國時爲楚地，漢置松滋縣，屬廬江郡，後漢省入安豐縣。晉復置松滋縣，屬安豐郡，宋、齊因之。梁爲安豐郡治，後魏仍屬安豐郡，東魏縣廢。隋開皇十九年改置霍丘縣，屬壽州。唐武德四年置蓼州於此。七年州廢，仍屬壽州。縣城周不及二里，今廢。編户十二里。

松滋城，在縣東十五里。漢縣治此，屬廬江郡，昭帝封六安共王子霸爲侯邑。古今地名志：「一名祝松，古鳩之地。」呂后時封徐厲爲祝兹侯，蓋邑於此。後改曰松滋。後漢縣省。三國魏復置，屬安豐國。晉咸和中置松滋郡，尋復爲縣。宋仍屬安豐郡，齊因之，後廢。唐初亦嘗置松滋縣，屬蓼州，旋廢入霍丘縣。五代梁開平二年，遣亳州將寇彦卿侵淮南，襲霍丘，爲土豪朱景所敗，即今縣也。○義成廢縣，在縣北四十里。漢縣，屬沛郡，後漢屬九江郡，東晉初僑置於此，改屬淮南郡，尋廢。

成德城，在縣東南。漢縣，屬九江郡，後漢因之。魏、晉屬淮南郡，後廢。水經注：「淝水過九江成德縣西，北入芍陂，又北右合閤澗水。」是也。○狄城，在廢成德縣南，即荻丘也。水經注：「淝水自荻丘過成德縣西。南北朝時置戍守於此，謂之荻城，亦曰狄城。梁普通五年裴邃自合肥拔狄城，又拔甓城，二城蓋相近也。魏書：「世宗時李神爲陳留太守，領荻丘戍主。」地形志揚州有陳留郡，治浚義，蓋皆僑置。隋志安豐有梁陳留郡，隋初廢。

雩婁城，在縣西南八十里。春秋襄二十六年：「楚人侵吴，及雩婁。」昭五年：「楚使沈尹射待命於巢，薳啓疆待命於雩婁以備吴。」是也。漢爲縣，屬廬江郡，晉屬安豐郡。劉宋元嘉二十五年置邊城左郡，領雩婁等縣。齊改屬安豐郡。梁改置西邊城郡，領雩婁縣，後魏因之。後周廢。又史水廢縣，在縣北。宋元嘉二十五年以豫州蠻户置縣，屬邊城左郡，蓋以史河爲名。齊改屬安豐郡，梁復屬邊城郡。後魏因之，魏收志：「邊城郡治麻步山，領史水一縣。」後齊廢入雩婁縣。又開化廢縣，在雩婁縣西南。亦宋元嘉中置，屬邊城左郡。齊屬安豐郡，梁復故。後魏屬西邊城郡，後齊省。唐武德四年復置開化縣，貞觀初省入盛唐縣。

安風城，縣西南二十里。漢縣，屬六安國。後漢初，以安豐、陽泉、蓼、安風四縣封竇融爲安豐侯。郡國志安風侯國屬廬江郡。三國魏置安豐郡，治安風縣。正元二年毌丘儉舉兵壽春，進屯項，司馬師遣豫州刺史諸葛誕自安風向壽春是也。晉仍爲郡治，後省。杜佑曰：「霍丘城北有安風津，曹魏安風都尉理，毌丘儉敗走安風津見殺處也。」或訛「風」爲「豐」。水經注：「淮水過安豐東北，又東爲安豐津，水南有城，故安豐都尉治，後立霍丘戍於此。」梁天監二年廬江太守裴邃克魏霍丘城，即此霍丘也。隋因以名縣。

蓼縣城，在縣西北，接固始縣界。古蓼國，皋陶之後封此。春秋文五年，爲楚所滅。漢置蓼縣，高祖封孔哀爲侯邑，尋屬六安國。後漢屬廬江郡，晉屬安豐郡，後廢。宋泰始二年，龐孟虯以司州兵應晉安王子勛，因救殷琰於壽陽，進至弋陽，劉勔遣呂安國迎擊之於蓼潭，大破之。水經注：「決水經蓼縣故城東，灌水會焉。」所謂蓼潭，當是其處。

陽泉城，在縣西九十里。漢縣，屬六安國。後漢屬廬江郡，靈帝封黃琬爲侯邑。三國魏爲廬江郡治，晉因之，後廢。後魏又嘗僑置汝陰縣於陽泉城，尋廢。志云：縣西有決口戍，梁普通中於決水東陽泉古城置，後改爲臨水縣，其旁有臨水山，皆以臨決水而名。廣志：「陽泉縣有陽泉湖。」

陽石城，在縣東南。亦曰羊石。梁天監二年，後魏以降將陳伯之爲江州刺史，屯陽石。四年，楊公則出洛口，別將姜慶真與魏戰於羊石，不利，公則退保馬頭。五年，廬江太守裴邃克魏羊石城，進克霍丘。胡氏曰：「羊石城在廬江西北，霍丘東南。」洛口見懷遠縣。

義州城，在縣西南。梁普通二年，義州刺史元僧明及邊城太守田官德舉州降魏，魏拜僧明爲西豫州刺史，官德爲義州刺史。既而梁遣裴邃討僧明，深入魏境，從邊城道出其不意，魏所署義州刺史封壽據檀公峴，邃擊降之。水經注：「雩婁南大別山俗名爲檀公峴。安豐故城即邊城郡治也。」蓋義州本蠻州，在故雩婁縣界，後移置於光州定城郡云。

大別山，縣西南八十里，接河南固始縣界。漢志：「在安豐縣南，以爲即禹貢之大別。」酈道元曰：「大別山俗謂之檀公峴，巴水出焉。一名巴山，又名下靈山。決水亦出於此，又名分水山。」唐六典：「江南道名山之一曰大別。」紀勝云：「大別山一名安陽山，以漢安豐縣在山東北，陽泉縣在山西北也。」巴水，今見湖廣黃州府。

長山，在縣西八十里。有三山相連，曰南長山、北長山、中長山。又西十里曰臨水山，山西帶史河，因名。其相近者爲高祖山，接固始縣界。相傳漢高追項羽時過此，因名。

九僊山，在縣南百里。又南百里有三尖山，以三峰鼎峙也。又南百里曰望到山，山形峭拔，遥望似近，而行實難到。亦曰望到嶺。

東陵，在縣西。漢志廬江郡注曰：「金蘭西北有東陵鄉，灌水出焉。」梁天監五年，韋叡克合肥，諸軍進至東陵，有詔班師，去魏城既近，叡身乘小輿殿後，全軍還合肥。姚思廉梁書：「時魏守甓城，去東陵二十里。」東陵蓋鄉名也。水經注「東陵鄉大蘇山，灌水所出，在廬江金蘭縣西北」，即此東陵矣。大蘇山，今見河南商城縣。

淮水，在縣北三十里。自潁州流入境，又東北接潁上縣界。唐天祐二年，朱全忠侵淮南，自潁州濟淮，軍於霍丘，遣將圍壽州，不克而還。五代梁乾化三年，王景仁侵吴廬、壽，還渡淮，吴霍丘將朱景潛移其所表之津置於深淵，梁軍望表而涉，溺死甚衆。五代志：「淮自霍丘以上西盡光州，南唐時每冬淮水淺涸，常發兵戍守，謂之把淺。」周顯德初，南唐壽州監軍吴廷詔以爲疆場無事，坐費資糧，悉罷之。清淮節度使劉仁贍上表固争，不能得。既而周軍來伐，備不及設矣。又新河，在縣北二十里，淮水支流也。宋宣和以前不通舟楫，建炎後湍流衝激，河流漸大，東北合於淮河。

灌水，在縣西四十里。源出大蘇山。漢志注：「雩婁縣有灌水北至蓼入決，過郡二，行五百十里。」郡二，謂廬江、六安也。今自固始縣東流入縣境，合史水入於淮。宋泰始二年，汝南太守常珍奇以懸瓠降魏，旋叛魏，燒劫懸瓠，驅掠安成、上蔡、平輿三縣民屯於灌水，即此。○豐水，在縣西南十里。本名窮水。水經注：「窮水出安豐窮谷。」是也。左傳昭二十七年「楚救潛，沈尹戌與吳師遇於窮水」，即此。今訛爲澧水。志云：縣西南三十里有棗林塘，周六里，澧河源出於此，東北流入淮。

史河，在縣北。自固始縣流入境，北注於淮。本名決水。漢志注：「雩婁有決水，北至蓼入淮。」是也。又有淢河，在縣東二十五里。自六安州北香河嶺分流至此，北流注於史河。又湈水，在縣東五十里。亦自固始縣流入境，又東北入州界注於淮。今俗謂之東河。

陽泉水，在縣西八十里。水經注：「陽泉水首受決水，東北逕陽泉縣故城東，又西北入決水，謂之陽泉口。亦謂之陽宜口。」吳嘉禾六年，陸遜引兵下廬江，魏滿寵整軍向陽宜口，吳人夜遁。時廬江郡治陽泉也。又魏甘露二年，諸葛誕舉兵壽春，吳朱異率兵屯安豐，爲陽泉聲援，司馬昭遣兗州刺史州泰破之於陽淵，〔三〕或曰即陽泉也。

大業陂，縣東北十五里。周二十餘里。人呼爲水門塘。相傳古名鎮淮洲，陷而爲陂。

高唐店，縣西北六十里。亦曰高唐市。宋紹興初金人蹂穎、壽渡淮，敗宋軍於高唐市，進攻固始，不克。今有高唐店巡司，在高唐集。又開順鎮巡司，在縣南百六十里。丁塔巡司，在丁塔店。

秋柵。在縣北。唐興元初李希烈遣將杜少誠取壽州及江都，壽州刺史張建封遣兵守霍丘秋柵，賊不能過，即此。○義城臺，在縣東北三十五里。高十丈，廣八十丈，亦昔時戍守處。

蒙城縣，州北百八十里。東至懷遠縣百五十里，西至亳州二百二十里，北至宿州百二十里。漢置山桑縣，屬沛郡，後漢屬汝南郡，三國魏屬譙郡，晉因之。太元中置南譙郡，尋僑置於淮南。後魏太和中置南兗州，治渦陽。景明中改置渦州渦陽郡。孝昌中入於梁，改置西徐州。東魏武定中改置譙州南譙郡。陳大建五年克齊淮南，譙城降，即此城也。後周仍爲譙州及南譙郡。隋開皇初郡廢，十六年改渦陽縣曰肥水。大業初州廢，縣復曰山桑，屬譙郡。唐屬亳州，天寶初改曰蒙城。五代漢乾祐二年蒙城鎮將顏師朗以城降於南唐，改屬壽州。宋仍屬亳州，金又改屬壽州，元因之。縣無城。今編户十八里。

山桑城，縣北三十七里。漢縣治此。後漢建武初，封王常爲山桑侯邑焉。晉永和九年，殷浩追姚襄至山桑，爲襄所敗，襄使其兄益守之。後魏改置渦陽縣，舊城遂廢。今亭基陵阜高峻，一名北平城。

渦陽城，在縣東北。以渦水經其南而名。東晉以後爲戍守處。蕭齊置馬頭郡於此。魏書：「太和十八年，齊馬頭太守孟表據郡來歸，除南兗州刺史，仍領馬頭太守，鎮渦陽。」蕭齊建武末，魏攻義陽，裴叔業圍渦陽以救義陽，魏南兗州刺史孟表固守不下，王肅自義陽馳救，齊軍乃還。時南兗州治渦陽。梁普通五年遣將圍渦陽，魏元琛救却之。大通初復遣曹仲宗、陳慶之攻渦陽，與魏軍相持。魏人犄角築十三城，悉爲慶之所拔，渦陽降，因置西徐州治焉。太清初侯景自譙退保渦陽，爲東魏將慕容紹宗所敗，即此。

蒙縣城，在縣西南七十里。有南北二城。北魏置蒙縣，梁於此置北新安郡。中大通四年取魏譙城，魏將樊子鵠圍譙，分兵攻取蒙縣等五城以絶援兵路，譙城復陷於魏。東魏置蒙郡。後齊廢郡，尋復爲郡治。隋初郡廢，復并縣入渦陽。俗謂之舊城。

垂惠城，在縣西北二十里。郡國志汝南郡山桑縣有垂惠聚。太子賢曰：「山桑西北有禮城，故垂惠聚也。」杜佑曰：「垂惠在今蒙城縣西北。」後漢建武三年，蓋延等擊破劉永於睢陽，其將蘇茂、周建奔垂惠，共立永子紆爲梁王。四年遣馬武等圍垂惠，尋克之，即此城也。○檀城，在縣北四十里。寰宇記：「檀道濟所築，俗呼檀公城。」今有檀城山。

狼山，縣西北二十八里。有南北兩山相對。又駝山，在縣西北二十里。山首尾高而中陷，俗呼駝腰山。一名靈山。又西北五里有齊山。

渦水，在縣北二里。自亳州流經此，又東入懷遠縣境。梁大通中，陳慶之敗魏兵，克渦陽，尸咽渦水。又太清初侯景保渦陽，東魏將慕容紹宗擊之，爲所敗，退保譙城。復遣斛律光等擊景，戒曰：「勿渡渦水。」光軍於水北，景臨渦水與戰，曰：「汝豈自解不渡水南，紹宗教汝也。」光等敗走。段韶復與景相持，夾渦而軍。既而紹宗進擊景，景衆潰，争赴渦水，水爲不流是也。志云：元初黄河溢入渦水，後河徙而北，渦水自亳東流經縣北，又東二百里至荆山口入淮。明正統中黄河復通於渦河，後河仍分流，而渦水淺淤過半矣。

肥河，縣北三十里。舊志：肥河自亳州流入境，又東入懷遠縣界。縣境又有舊黄河，在東南五十里，蓋決溢時所經也。

騺澗，在縣西北。梁陳慶之等攻渦陽，魏遣將元昭等赴援，前軍至騺澗，去渦陽四十五里，爲慶之所敗。志云：澗水出騺山，因名。胡氏曰：「今自肥河口泝淮而上得騺澗灘。」似悮。

下城父聚。在縣西北八十里。秦二世二年，陳王涉之汝陰，還至下城父，其御莊賈殺之以降秦。劉昫曰：「山桑縣有下城父聚。」○寨頭店，在縣東六十里。戰爭時置寨於此，因名。

附見

壽州衛。在州城内。洪武初置。

泗州，府東二百里。東至淮安府百九十里，東南至應天府六合縣二百六十里，北至淮安府邳州三百二十里，西北至虹縣二百二十里。

禹貢徐州地，春秋時爲徐子國。秦屬泗水郡，漢屬臨淮郡，東漢屬下邳國。晉仍屬臨淮郡，後魏屬宿預郡，東魏屬東楚州，後周爲泗州地。隋大業初屬下邳郡。唐改置泗州，初治宿預，尋治徐城，開元二十五年治臨淮。天寶初改曰臨淮郡，乾元初復爲泗州。五代時屬吴，朱梁貞明四年楊吴置靜淮節度於此。後屬南唐。宋仍曰泗州，亦曰臨淮郡。元因之。明初以州治臨淮縣省入，仍曰泗州。編户四十二里。領縣二。今因之。

州北接中原，南通吴會，所謂梁、宋、吴、楚之衝，齊、魯、汴、洛之道也。楚世家言：「越已滅吴，而不能正淮北；楚東侵，廣地至泗上。」蘇代謂齊王：「有淮北，則楚之東國危。」自秦、漢之季迄於南北爭雄，江、淮有事，未嘗不先爭泗上也。唐李吉甫曰：「臨淮者，汴、泗之衝，舟車之會，爲必守之地。」廣明初，曹全晸拒黄巢於泗上，即泗州。勢孤無援，爲巢所敗，而禍流中原矣。時宰相盧攜議發諸道兵扼泗州，而以汴州帥爲都統，使賊不得前，然官軍竟無與賊抗者。周世宗與南唐爭淮南，屢戰於泗州、盱眙間。宋人以和議成，遂與金人畫淮爲界，宋紹興十二年和議成，置榷場於盱眙。後又置於光州、棗陽、安豐軍，金人則置榷場於壽州、鄧州、鳳翔府。壽州蓋金人所得下蔡地。紹興末以金亮南侵，因漸規淮北。及隆興二年金人陷海州，寇泗州，胡銓言：「海、泗今日之藩籬咽喉也，彼得海、泗則兩淮決不可保，兩淮不保則大江決不可守，大江不守則江、浙決不可安。」既而和議復定，乃還守舊境。嘉定中韓侂胄開邊釁復泗州，丘崈言：「泗州孤立淮北，若金人南出清河口及犯天長等縣，首尾中斷，墮敵計矣。」乃棄泗州還軍盱眙。王應麟曰：「取泗州間道，可以直走建康。」亦謂自天長而南也。明靖難之師拔靈壁，遂渡淮克盱眙，繇天長南向，列師江上。蓋泗州者全淮之門户，而天長者又建康之噤喉也。南山真氏曰：「天長西趨盱眙，南趨六合，東趨揚州。自揚州至盱眙凡數百里，平疇沃壤，極目無際，重湖陂澤，眇莽相連，田野之民，皆堅忍强悍，此强兵足食進取之資也。」

臨淮廢縣，今州治。本徐城縣地，唐長安四年始分徐城南界兩鄉於沙熟淮口置，開元二十二年移泗州治焉。城當泗水口，爲南北衝要地。咸通九年徐州賊龐勛遣其黨寇泗州，柵於城西。十年淮南帥馬舉擊敗之，賊退保徐城。

五代周顯德四年，周主攻泗州，趙匡胤焚其南門。破水砦及月城。周主居月城樓督將士攻城，泗州尋降。杜佑曰：「臨淮本徐城驛，景隆三年始爲縣治。」宋亦曰臨淮縣，泗州治焉。元因之。宋建隆二年廢徐城縣爲徐城驛，景德二年移臨淮縣治徐城驛，元復還舊治，明初省。又州城舊有東西二土城，明初始以磚石修砌合爲一城，汴河經其中。城周九里有奇。

徐城廢縣，州西北五十里。古徐子國。春秋莊二十六年：「齊人伐徐。」自是徐屢見於春秋。昭三十年吳滅徐，徐子章禹奔楚。漢置徐縣，爲臨淮郡治。後漢屬下邳國，晉仍屬臨淮郡，宋省。梁置東平、陽平、清河、歸義四縣。東魏改爲高平縣，并置高平郡，治大徐城。隋初郡廢，縣屬泗州，開皇十八年改爲徐城縣。唐仍屬泗州。括地志：「徐城縣北四十里有大徐城，即古徐國，因以大徐城爲徐城鎮。」胡氏曰：「鎮在泗州北百餘里，自此而西北則入徐州界。其道里紆遠。」唐上元初劉展叛，自宋州東下，淮東節度鄧景山拒之於徐城，軍潰。咸通九年桂州叛卒龐勛等行及徐城，乃西北入宿州，蓋至符離則北至徐州纔百二十里耳。此皆謂大徐城也。五代時徐城縣仍屬泗州，宋建隆二年省。志云：今州東北八十里有古城，相傳徐偃王所築，郡國志亦謂之薄城。

淮平城，在州西二十里。宋志：「紹興二十一年泗州地入於金，析臨淮地置淮平縣。」後亦入金，僑置盱眙縣，明昌二年復改曰淮平。元廢。○南重岡城，寰宇記云：「隋重岡縣也，在徐城西北九十里通濟渠南。大業八年於此置縣，依重岡山爲名。」今隋志不載。

吳城，在故徐城縣北三十里。相傳陳吳明徹所築。郡國志：徐城縣西南八十五里又有古屯城，陳吳明徹於此置堰，斷淮水以灌濠州，緣此築城，置兵防守。其城內南北作隔，分爲兩城。又於淮水南招義縣界築城臨水，與此城南北相對，俱謂之屯城。」又灑橋城，寰宇記：「在徐城西南二十五里。梁天監中築此置戍，南臨灑水橋。」

淮陽城，州東北百里。亦徐縣地，晉義熙中置淮陽郡，宋、齊因之。魏高閭曰：「角城去淮陽十八里。」是也。梁亦爲淮陽郡。天監五年，將軍藍懷恭與魏將邢巒戰，敗於清南，蕭昞棄淮陽遁還。六年，魏淮陽鎮將常邕和以城來降，尋復入於魏。普通五年遣將攻魏淮陽，不克。東魏亦曰淮陽郡。魏收志淮陽郡有淮陽縣，武定七年改梁西淮郡七縣置。齊因之。陳大建五年，吳明徹等克齊淮南諸戍，淮陽郡棄城走。後周亦曰淮陽郡。隋志：「梁析淮陽地置綏化、吕梁二郡，東魏武定七年改置綏化縣，後周又改縣爲淮陽，隋開皇初郡廢，縣屬泗州。」唐初因之，貞觀初省入宿遷縣。郡國志：「淮陽城在徐城東北五十里，西臨淮水。有抱月城，其城抱淮、泗水，形勢似月。」今州東北七十里有半城遺址，疑即古抱月城矣。

朱沛城，在故徐城西北六十里。其地有朱沛水，梁因置朱沛郡。魏收志：「武定七年改梁朱沛、循義、安豐三郡置朱沛縣，屬高平郡。」後齊因之，後周併朱沛入高平縣。

覧山，州西四十里。下有覧山湖，南通淮。又土山，在州北二十里。昔時汴河東堤也。

巉石山，州西百十里。與盱眙縣浮山相對，即梁天監中築堰處。上有城壘故址。又西二十里有車門山。山下有路通車，因名。

淮水，在城南一里，與盱眙中流分界。唐貞元八年，淮水溢，没泗州城。周顯德中攻泗州，唐人立水寨於淮濱，又築月城，兩端抱水，以拒周師，爲周軍所破。宋史：「開寶七年，淮水溢入州城。」迄今淮水漲溢，泗輒當其患。舊有護城堤，歷代皆修治之。明萬曆十六年河臣潘季馴增修石堤，高厚視昔有加。

汴水，在州城北。亦曰通濟渠。自虹縣流入境，遶祖陵東北復折而西南，至城南入淮。舊志：汴水出泗州東西兩城間入淮，今上流堙塞，惟夏月水漲，舟楫僅通虹縣。詳河南大川。

直河，州東北二十里。宋崇寧三年開此以通汴，東有一字河流合焉。志云：州西北有黃岡口，東至直河口約五十餘里。夏秋時淮水泛溢，輒繇二口溢入與諸湖會，洊及祖陵岡足，議築堤以遠之。又攔馬湖，在城北十八里。夏月亦通汴河。○安河，在州東北六十里，下流入淮。又州東十里有虹藍河，上流爲土橋河，俱南流入淮。

永泰湖，州北五十里。郡國志：「隋大業三年開通濟渠，塞斷溧水，自爾成湖。」今州北七十里有溧河，近河有洗馬溝，相傳徐偃王洗馬處，水通安河。○塔影湖，在州西北四十里。以湖東龜山寺塔影倒入湖中而名，水通溧河。又州西百十里有峰山湖。○沙湖，在州北五里，當祖陵之東南。州西十里又有陡湖，在祖陵西南。東通沙湖，下流入淮。

蒲陽陂，在州西北。東漢元初三年，張禹爲下邳相。徐縣北界有蒲陽陂，傍多良田，而堙廢莫修，禹爲開三門，通引灌溉，遂成熟田數百頃。鄰郡貧者皆歸之，室廬相屬，其下成市。後歲至墾千餘頃，民用饒給。東觀記：「陂水廣二十里，徑百里，在道西。其東有田可萬頃。」

歸仁集堤，在州西北五十里，接宿遷東界。其北有白鹿、邸家等湖，其南有祖陵旁之陡湖及沙湖，黃河泛漲，倒灌小河諸口，并挾湖水衝射祖陵及泗州城，故築堤以捍之。近衛泗州，遠固高堰，最爲要害。堤長三十九里。高堰，今見淮安府。

祖陵，在州東北十二里。於平原中突起高阜，較泗州城址高二丈三尺有奇。沙、陡二湖瀦蓄於前，面淮背黃，合流於東，而龜山在淮河南岸，平出淮中，約束去流，風氣完固，真天開勝地也。

竹墪鎮，在州東南。宋建炎中金人南侵，撻懶屯泗州，兀朮屯竹墪鎮，爲韓世忠所扼不得前，尋引退。志云：竹墪路通天長、六合，爲建康之徑道。○青陽鎮，在州西北百五十里，與虹縣、宿州接境處也。

臨泗驛。州北百十里，路出宿遷。又有泗水驛，在州南門外。州西五十里有楊莊驛。又西二十五里舊有龍窩驛，往來濠、徐之通道也。

盱眙縣，州南七里。東至高郵州寶應縣百八十里，東北至淮安府清河縣百五十里，南至滁州百九十里。春秋時爲吳善道地，襄五年仲孫蔑、衛孫林父會吳於善道是也。秦爲盱眙縣，項羽尊楚懷王孫心爲義帝，都盱眙。漢屬臨淮郡，郡都尉治焉。武帝封江都易王子蒙爲侯邑。許愼曰：「張目爲盱，舉目爲眙。」盱眙者，城居山上，可以矚遠也。後漢縣屬下邳國。晉爲臨淮郡治。永和九年姚襄自芍陂濟淮，屯盱眙。太元三年苻秦將俱難等陷盱眙，謝玄率兵進攻，秦兵敗走。義熙中置盱眙郡，宋因之。元嘉二十七年沈璞爲盱眙太守，璞以郡當衝要，乃繕城浚隍，積財穀，儲矢石，豫爲城守之備。及魏主燾入寇，南至瓜埠，還盱眙，爲璞及臧質所敗。南齊因之，後移北兗州來治。梁仍曰盱眙郡，東魏因之。陳大建五年吳明徹等伐齊，盱眙降，因改置北譙州。尋廢州。隋初廢郡，仍爲盱眙縣，屬揚州。唐武德初置西楚州。八年州廢，以縣屬楚州。光宅初改縣曰建中，尋復故。建中初又改屬泗州。五代唐長興二年，吴升爲昭信軍，尋復舊。宋初屬楚州，乾德初改屬泗州。建炎二年升爲昭信軍，四年復爲盱眙縣，改屬濠州。紹興十一年又改隸天長軍，十二年復升爲招信軍。元仍置盱眙縣，招信軍治焉。至元十四年升爲招信路，十五年改爲臨淮府。二十七年府廢，復曰盱眙縣，屬泗州。明初因之。縣憑山爲城。編户三十一里。

睢陵城，縣西六十里。漢縣，屬臨淮郡，武帝封江都易王子定爲侯邑。後漢屬下邳國，晉因之，元帝嘗僑置濟陰郡。宋大明初亦僑置濟陰郡於此。泰始二年晉安王子勛之亂，濟陰太守申闡據睢陵應建康。尋没於魏，置淮陽郡。齊建元二年崔叔陽破魏睢陵，殺淮陽太守梁惡是也。水經注：「睢陵故縣，在虹縣東境。」宋爲濟陰郡治，南齊末其地入魏，移濟陰郡於淮南鍾離東界，仍置睢陵縣，當即是城也。後齊改縣曰池南，陳復曰睢陵，後周又改縣曰招義。隋初郡廢，縣屬濠州，大業初又改縣曰化明。唐仍曰招義，屬濠州。宋爲招信縣，屬泗州。建炎四年還屬濠州，紹興四年復隸泗州，尋又改屬天長軍，十二年隸招信軍。元初因之，至元二十年并入盱眙。今爲舊縣巡司。中都志：「縣西五十里有濟陰城，唐初嘗置濟陰縣，貞觀初省。」

淮陵城，縣西北九十五里。漢縣，屬臨淮郡，後漢屬下邳國。晉屬臨淮郡，惠帝元康七年分置淮陵國，永嘉後廢。梁天監二年，魏揚州刺史元澄等入寇。澄分命諸將攻東關、大峴、淮陵、九山，徐州刺史潘伯鄰救淮陵，爲魏所敗。○焦城，在淮陵廢縣西。梁天監二年魏元澄南寇，將軍王燮保焦城，魏黨法宗等攻拔之，進破淮陵，即此。

富陵城，在縣東北六十里。漢縣，屬臨淮郡。高祖十一年黥布反，〔一四〕擊荆王賈，賈走死富陵，即此。後漢廢。後魏亦置富陵縣，屬淮陰郡，後齊廢。

直瀆城，在縣南。晉義熙中析盱眙縣置直瀆縣，屬盱眙郡，宋、齊及梁因之。後魏仍屬盱眙郡，隋初併入盱眙。〇贅其城，在縣西。漢縣，屬臨淮郡。吕后封吕更始爲贅其侯，邑於此。後漢縣廢。晉復置，尋又廢。縣西南有陽城及考城二縣，俱晉末僑置縣，屬盱眙郡。隋初廢。

魯城，縣東南三十里。後魏嘗僑置魯縣，屬淮陰郡，後齊廢，即此城也。志云：縣東北三里有彭城，蓋亦南北朝時所僑置。〇公路城，在縣東北七十餘里。今爲公路村，相傳袁術屯兵處。城邑攷：「縣東北三十里有漢王城，與項王城、小兒城三城相連，相傳項氏立楚後時屯兵處。」

東山，在縣治東南。山有石洞，左曰靈關，右曰劍壁，皆曲折相通。宋元嘉二十七年，魏寇彭城，將軍臧質赴救，至盱眙，魏主燾已過淮，質遣其將胡崇之等營東山，毛熙祚據前浦，皆爲魏人所敗。明年魏主還攻盱眙，築長圍一夕而合，運東山土石以填塹，力攻久之不克。胡氏曰：「東山、前浦皆在盱眙左右。東山之北則高家山，高家山之東則陡山，稍南則都梁山，都梁山之東北則古盱眙城。城臨遇明河，又東逕楊茅澗口，又東逕富陵河口則君山，魏太武作浮橋於此。自此渡淮，稍東則龜山矣。」〇臺子山，在縣治東一里。宋元嘉中臧質守盱眙以拒魏人，魏主造弩臺於山上以射城中，因名。治東又有第一山，治南有清風山，皆名勝處也。

君山，縣東北六里。魏鄧艾嘗於此堰澗爲塘以溉田。晉太元四年，謝玄等敗苻秦將俱難於淮陰，秦人退屯淮北之君川，即君山之川矣。宋元嘉中，魏主燾築長圍圍盱眙，作浮橋於君山，絶水陸道，即此。亦曰軍山。又東北一里曰長圍山。志云：魏主燾圍盱眙，自都梁山築長城，造浮橋絕水路，此其舊址。

陡山，〔二五〕在縣東北五里。下瞰淮流，其勢陡峻，亦曰斗山。一統志：「山與都梁山相接，當淮流之險峻。」胡氏曰：「陡山之東古盱眙也。」唐咸通十年辛讜爲泗州，迎糧於淮南，舟載錢米，還至斗山，賊將王弘立帥衆拒之於盱眙，布戰艦，塞淮流，讜擊敗之，遂入泗州。○望州山，在縣南五里。志云：自南而登，可見泗州城。又縣東有磨旗山，相傳南北交兵，每立旗幟於山上。

九頭山，縣南三十五里。山有九丘，因名。梁天監二年，魏豫州刺史元澄分命諸將攻淮陵、九山，或曰九山即此山也。或謂之塘山。宋嘉定六年尤焴言白水塘源出塘山，其山岡阜重疊，谿澗縈紆，凡四十里，蓋因白水塘而得名。

龜山，在縣東北三十里。志云：山有二，上龜山在縣治西南，下龜山在此山西南隅。上有絕壁，下有重淵，相傳禹鎖淮、渦水神巫支祈於此。宋嘉定十二年，山東賊時青來附，處之龜山。又寶慶三年，李全以青州叛降蒙古，襲據楚州，敗金將完顏訛可於龜山，即此。

都梁山，在縣東南五十里。廣袤甚遠，產都梁香。隋建都梁宮并置城於此。項安世曰：「都梁山上水極清淺，中多蘭草，俗謂蘭爲都梁也。」隋大業二年，煬帝起行宮於山上，殿閣三重，長廊回繞。其下有磬泉，七源並導，合爲一流。又於宮西南淮水側鑿釣魚臺，臨淮高岸。又起四望殿，前有曲河以停龍舟大舸。其離宮別館，縈帶淮濆，俗呼都梁宮。大業十年，賊孟讓自長白山寇掠諸郡，至盱眙，據都梁宮，阻淮爲固，王世充破走之。唐光宅元年，徐敬業起兵揚州，武后使李孝逸討之。敬業屯下阿，使其弟敬猷逼淮陰，其將韋超屯都梁山。孝逸至都梁，諸將以險固不可攻，薛克搆曰：「超衆少，擊之必舉。舉都梁，則淮陰、高郵望風瓦解矣。」從之，超果遁去。又上元二年劉展據江、淮諸州以叛，平盧將田神功屯任城，奉詔進討，至都梁，劉展自廣陵將兵迎戰，敗走。咸通九年，桂州叛卒龐勛據彭城，遣其黨圍泗州，淮南遣兵赴援，皆屯都梁城，與泗州隔淮相望。賊圍都梁而陷之，據淮口，漕驛路絶。既而戴可師奉詔討勛，欲先奪淮口，後救泗州，圍都梁城，賊僞降遁去。可師入其城，賊帥王弘立乘大霧掩擊，官軍盡没。寰宇記：「山在縣東南六十里，淮濱之阻隘也。」

青山，縣西南八十五里。宋紹興問劉澤保聚於此，金人不敢近其城壘，故址猶存。志亦作「清平山」。又西南六十餘里有嘉山，亦有營寨舊址。○三臺山，在縣西南百五十里。山有三峰，東西南鼎立，上可屯十萬衆。宋建炎中劉綱保聚於此，元末定遠豪王弼亦結寨其上。

浮山，縣西百四十里。北臨淮水，一名臨淮山。水經注：「淮水自鍾離縣又東經浮山，北對巉石山。」梁築浮山堰，蓋以此山名也。杜佑曰：「浮山去鍾離郡九十里。山下有穴名浮山洞，夏潦不能及，冬涸不加高，浮山之名亦以此。」五代周顯德四年破南唐水軍於洞口，即浮山洞口也。既而周主攻下泗州，唐戰船赴援者猶泊洞口，周主遣騎偵之，唐兵退保清口，清口謂清河口矣。○雲山，在縣東七十餘里。一名東陽山，蓋以舊縣而名。上有天井，冬夏皆水深五丈許。

淮河，在縣北二里，與泗州中流分界。自五河縣流入境，又東一百五十里至清河口合於黄河。城北有長沙洲，自淮水渡接牛埸港，長二里。淮水泛漲，賴以捍禦。

運河，在縣東北三十里。宋元豐六年開運河，自龜山蛇浦起，訖於洪澤，鑿爲複河，亘五十七里有奇，廣十五丈，深丈有五尺，發運使蔣之奇董其役，以避淮流之險，爲轉輸之利，謂之龜山運河，亦謂之洪澤河。宋國史：「先是發運使許元自淮陰開新河屬之洪澤，避長淮之險，凡四十九里，久而堙澀。熙寧四年發運副使皮公弼修泗州洪澤河六十里，以避河運涉淮風濤之險。至是發運使羅拯復欲自洪澤而上鑿龜山裏河以達於淮，會發運使蔣之奇入對，建言上有清、汴，下有洪澤，中間風濤之患不過百里，宜自龜山蛇浦下屬洪澤，鑿左肋爲複河，取淮爲源，不置牐堰，可免風濤覆溺之虞。議者以爲便，遂成之。建中靖國初復下司修築，自是歲以爲常，南渡後始罷其役。」○直河，在今城北郭內。唐太極初，勑使魏景倩引淮水至黄石岡以通揚州，即此河也。

池河，在縣西南。自合肥縣境流入，北注於淮。又有津里河，源出嘉山，亦北流入於淮。

洪澤浦，縣北三十里。舊有破釜塘，鄧艾立白水塘與破釜相連，開水門八以溉田。其後煬帝幸江都，道經此，久旱遇雨，因改今名。唐咸通九年，徐州賊龐勛遣其黨李圜攻泗州，勑使郭厚本將淮南兵救之，軍洪澤，畏賊强不敢進。宋乾道七年，詔濬洪澤至龜山淺澀處以通運。元至元二十三年淮南立洪澤、芍陂兩處屯田。初，兩淮兵燹之餘，荆榛蔽野，宣慰司昂吉兒言可立屯田以給軍餉。至是試行，果大獲，遂以兵三萬屯此，歲得米數十萬斛。○萬歲湖，在縣西二十里。方圓四十里。周世宗攻泗州，駐蹕於此，民皆呼萬歲，因名。

曲溪堰，在縣西南十里。亦名新河堰。唐咸通中高駢鎮淮南有曲溪屯將，五代周顯德二年張永德敗唐泗州兵於曲溪堰是也。○九山灣，在縣西。梁天監二年，魏元澄分命諸將犯淮陵、九山，徐州刺史司馬明素將兵救九山。胡氏曰：「盱眙縣西南十五里有二城，又西十五里至淮陵城，臨池河。池河過淮陵城西而北入淮，謂之池河口。九山店，在淮北，南直淮陵。九山店之東則陷坰湖，南則馬城，淮流至此謂之九山灣。其東則鳳凰洲，在淮水中，約長十里。今土人亦呼九山灣爲獅子渡，北兵渡淮之津要也。」

都梁宫，在都梁山上。隋置。志云：縣東南十五里舊爲都梁驛，煬帝亦置宫殿於此。今地名蓮塘。

洪澤鎮。在縣東。九域志盱眙有洪澤鎮。王氏曰：「鎮有二，一在盱眙，一在山陽界。」宋紹興中韓世忠欲伏兵洪澤鎮邀金使者張通古處也。今縣東六十里至石灰窑，又三十里至洪澤驛。繇水道沿淮至淮口，此其必繇之道也。

○淮原驛，在縣西南三十里，爲往來濠、廬之通道。

天長縣，州東南百五十七里。東至揚州府百二十里，東南至揚州府儀真縣百二十里，南至應天府六合縣九十里。漢東陽縣地，劉宋僑置南沛郡及沛縣於此，蕭齊亦置南沛郡及沛縣，梁置涇州，領涇城、東陽二郡，後齊因之。陳廢州，并二郡爲沛郡。大建十一年没於後周，改置石梁郡及石梁縣。隋郡廢，縣屬揚州，大業中改縣曰永福。唐初廢，天寶初置千秋縣，仍屬揚州。七載改爲天長縣。光啓三年淮南軍亂，楊行密自廬州趨廣陵至天長是也。南唐爲天長制置使，昇元六年改曰建武軍，明年又改爲雄州。周顯德四年克唐泗州，攻楚州，使降將郭廷謂將其濠州兵攻天長。天長降，改爲天長軍。宋因之。至道二年復爲天長縣，屬揚州。建炎初又升爲軍，紹興初復爲縣。十一年又升爲軍，十二年復爲縣，隸招信軍。元改屬泗州，明因之。縣舊有土城，周六里。今廢。編户二十里。

東陽城，縣東七十里。秦縣，陳嬰爲東陽令史，即此。漢屬臨淮郡，後漢永平中屬下邳國，尋改屬廣陵郡。劉昭志：「縣有長洲澤，吳王濞太倉在焉。」晉復屬臨淮郡，後廢。今故址尚存。又謂之屈城。

石梁城，縣北二十五里，江左所置戍守處也。宋泰始二年，薛安都舉兵彭城應晉安王子勛，遣其從子索兒引兵向廣陵，爲張永、蕭道成所敗，退保石梁。梁承聖二年，秦州刺史嚴超達圍齊涇州，侯瑱等俱出石梁，爲超達聲援，尋爲齊將段韶所敗，引還。陳大建五年，吳明徹大敗齊兵於城下，遂克石梁。十一年爲後周所取，置石梁縣於此。後廢。唐武德七年又置石梁縣，貞觀初省。今亦謂之舊城。其東有關城，關城之東有月城，皆戰爭時所築。又有土城，在縣東北三十里。一名新城，蓋縣嘗遷治於此。○橫山城，在縣西南三十里。梁置橫山縣於此，後周省入石梁。又有義城，在縣南三十五里。或曰梁時嘗置義城縣於此。

橫山，在縣南五十里。山形四平，望之若橫。宋建炎中劉綱嘗保聚於此。又冶山，亦在縣南五十里，漢吳王濞冶鑄處也。上有天井及白龍池、鐵牛洞。又南十里有道人山。○覆釜山，在縣西五十里。相傳周世宗取淮南時駐蹕於此。

望城岡，縣西十里，又西三十五里爲夾寨岡，又寨子岡在縣東四十五里，皆昔時營壘處。又有宋城岡，在縣北十三里。○東長岡，在縣東北十五里。縣西十三里又有西長岡，逶迤縈遶，與望城諸岡前後相接。

石梁河。縣西北三十里。源出滁州，或謂之銅城河，自天長以西諸水俱流入焉，匯爲五湖，接高郵州界，分流爲樊梁溪，一名下阿溪，唐徐敬業爲李孝逸所敗處也。通釋：「天長有石梁堰，後周因以名縣。」○汊澗河，在縣東四十五里山間。三處於此合流，繇縣東北入於五湖。

得勝河，縣北七里。澗谷諸水匯流於此。上有破城，城下爲破城渡。相傳漢高祖敗淮南王英布，引兵渡此，因名。

東北流入於五湖。

五湖，縣東北四十五里，以五水合一而名。東接高郵州之甓沙湖。又創岡湖，在縣北四十里，東接五湖。又有丁溪，在縣東四十五里，亦與五湖相灌注。○萬歲湖，在縣西五里。周十里。相傳以秦始皇經此而名。

下阿鎮，在縣東北下阿溪上，因名。唐光宅初徐敬業舉兵揚州，武后使李孝逸擊之，敬業拒之於下阿，阻水爲守。魏元忠曰：「風順荻乾，火攻之利也。」從之，敬業敗死。宋白曰：「下阿鎮本屬高郵，唐天寶初割高郵、六合、江都三縣地置千秋縣，故在縣境。」

銅城鎮，在縣北四十五里。漢吴王濞即大銅山鑄錢處，後因以名鎮。又城門鄉，在縣東北四十五里。今有巡司戍此。○大儀鎮，在縣東南五十里，與揚州府接界。今見江都縣。

平原橋。在縣西九十里。西北通盱眙，東南通六合，爲往來之要地。又鵶口橋，在縣東南。宋紹興初韓世忠敗金人於大儀，別將復敗金人於鵶口橋，即此。

附見

泗州衛。在州城内。洪武初置。

宿州，府西北二百三十三里。東北至淮安府邳州二百二十里，西至河南永城縣百三十里，北至徐州百五十里，南至蒙城縣百二十里。

禹貢徐州地，周爲宿國地，春秋時屬宋，後并於楚。秦屬泗水郡，漢屬沛郡，後漢屬沛國，晉因之。梁置睢州，後齊置睢南郡。隋屬徐州，唐初因之，元和四年始析徐、泗二州地置宿州。五代因之。宋亦曰宿州，亦曰符離郡，開寶初兼置保靜軍節度。金仍舊。元屬歸德府，明初改今屬。編户五十一里。領縣一。今仍之。

州西翼梁、宋，北控邳、徐，南襟濠、壽，東限淮、泗，舟車要會，戰守所資也。唐建中四年李泌言：「東南漕運，自淮達汴，徐之埇橋，爲江、淮、汴口。」五代梁乾化四年，徐州附於吳，而宿州中梗，徐州復入於梁。州在徐、泗之間，豈非襟喉之所歟？五代史：梁武寧帥王殷叛附吳，梁主遣牛存節等討之。存節軍於宿州，吳軍赴援徐州，爲存節所敗，徐州復爲梁有。胡三省曰：「不徑攻徐州而南屯宿州，據埇橋之要，且絶淮南之援也。」

符離廢縣，州北二十五里。故楚邑。戰國策：冷向曰：「楚南有符離之塞。」秦置縣，陳勝令符離人葛嬰將兵徇蘄以東是也。漢屬沛郡，武帝封路博德爲侯邑。後漢屬沛國，晉因之，後廢。蕭梁置淮陽縣及沛郡於此，東魏武定六年改郡曰睢南，縣曰斛城。後齊復爲符離縣，仍置睢南郡。隋初郡廢，縣屬徐州。唐因之，元和四年置宿州治於符離城南，以扼淮、汴之衝。咸通九年，叛卒龐勛等自徐城而西，徐州觀察使崔彦曾命宿州兵出符離，泗州兵出虹縣以拒之，不克。十年，勛黨張玄稔以州來歸，明日引軍襲入符離，遂北趨徐州是也。宋亦爲符離縣。隆興二年張浚督諸將北伐，邵弘淵等大敗於符離，金人遂進攻淮南。元至元三年省縣入州。今符離集蓋以此名。城邑考：「今州城周六里有奇，門四。」

銍城，州南四十六里。戰國時宋邑。黄歇説秦王：「魏氏出兵而攻留、方與、銍、湖陵、碭、蕭、相，故宋必盡。」此即銍邑也。秦置銍縣。二世初陳勝起大澤鄉，收兵攻蘄、銍，皆下之。漢屬沛郡，後漢屬沛國，晉屬譙郡。宋時廢。南譙郡有銍縣，乃僑置也。後屬魏。梁大通二年遣將軍陳慶之送魏北海王顥還北，顥襲魏銍城而據之是也。方與，見山東魚臺縣。餘見徐州。

臨涣城，在州西南九十一里。唐臨涣縣治也。蕭梁置臨涣郡於故銍城，領白撣、〔一六〕丹城等縣。東魏因之。後齊廢郡爲臨涣縣，隋開皇初縣屬亳州，以丹城縣省入，大業初復以白撣縣省入。唐因之。劉昫曰：「唐初置譙州，領臨涣、永城、山桑、蘄縣。貞觀十七年州廢，自故銍城移臨涣縣於廢譙州，仍屬亳州。元和九年割屬宿州。」宋、金因之，元至元二年省。○涣北廢縣，亦在州西南。梁置，屬臨涣郡，後魏因之，後齊廢。

竹邑城，在州北。秦曰竹邑。漢高十二年黥布反，曹參破布軍，南至蘄，還定竹邑、蕭、相、留，即此竹邑矣。尋爲竹縣，屬沛郡。後漢曰竹邑，屬沛國。晉因之，亦曰竺邑，後廢。北魏置竹邑戍。齊建元二年徐州刺史崔文仲遣兵拔魏竹邑戍是也。尋復没於魏。梁大通初成景儁攻魏竹邑拔之，於此置睢州。東魏武定五年改置南濟陰郡，領頓丘、定陶二縣。北齊復曰竹邑縣。隋開皇三年州縣俱省入符離。劉昫曰：「符離縣，隋治朝斛城，〔一七〕唐貞觀初移治竹邑。」括地志：「今符離即故竹邑也。」

相城，在州西北九十里。志云：古相土所居，宋共公徙都於此。秦置相縣。二世二年章邯别將司馬𡰖將兵北定楚地，屠相至碭，即此。漢爲沛郡治，後漢及晉皆爲沛國治。宋、齊徙沛郡治蕭，而相縣屬之。後魏亦屬沛郡，後周省。或訛爲襄城。唐咸通十年徐州賊龐勛遣其黨王弘立犯官軍於鹿塘寨，爲沙陀將朱邪赤心所敗，自鹿塘至襄城伏尸五十里。既而龐勛自蕭縣攻柳子，約襄城、留武、小睢諸砦合兵並進。襄城兵先至，攻柳子，爲官軍所敗，於是康承訓進克臨涣，并拔襄城、留武、小睢諸寨。諸寨蓋在臨涣南也。

蘄城，州南三十六里。楚邑也。楚世家「王負芻四年，秦王翦追破楚師至蘄南，殺將軍項燕」，即此處也。秦置縣。二世二年，陳勝起兵於蘄。漢十二年黥布叛，渡淮而西，帝自將討布，與布軍遇於蘄西。尋亦置蘄縣，屬沛郡，郡都尉治焉。後漢屬沛國。建安二年曹操討袁術，術留其將橋蕤等於蘄陽以拒操，操擊斬之。晉屬譙郡。宋及後魏因之。梁改置蘄郡，東魏因之，後齊亦爲蘄郡治。隋初郡廢，縣屬徐州。唐因之，元和九年改屬宿州。宋亦曰蘄縣，金人仍屬宿州，元廢。又有庸城，在蘄西。漢高與布軍遇於蘄西，壁庸城，望布軍是也。

赤坎城，在州南。寰宇記：「在虹縣西南百九十五里。」是也。梁天監八年置赤坎戍，大同二年廢戍置仁州，中大同二年遣仁州刺史湛海珍發兵趣懸瓠是也。魏收志：「武定六年仁州及臨淮郡皆治巳吾縣，即赤坎城。」後齊因之。陳大建五年吴明徹等伐齊，克仁州。隋大業初州廢入蘄縣。唐武德四年復置仁州於夏丘，貞觀八年州廢。夏丘，見前虹縣。志云：縣南三十里有霸王城，相傳項羽屯兵處。

靈壁城，在州西北。孔穎達曰：「符離西北九十里有小城，古靈壁城也。」杜佑曰：「符離北有靈壁。」項羽擊漢軍於彭城，漢卒南走山，楚又追擊至靈壁東睢水上，漢軍却，爲楚所擠，多殺漢卒，十餘萬人皆入睢水，睢水爲之不流，即此處。又晉惠帝永興二年東海王越起兵屯蕭，將西討河間王顒於長安，豫州刺史劉喬遣其子祐拒之於蕭縣之靈壁，越不得進。水經注：「睢東逕沛郡相縣，又逕彭城郡之靈壁東。」

相山，州西北九十里。山甚危峻，相縣蓋以山名。志云：州北五十里有離山，產符離草，爾雅所謂莞也。縣名符離，以此。亦謂之茅山。又有大山，在州北四十五里。○騫山，在州北七十里。以山有閔子騫墓而名。墓左有龍涴潭，灌田數千頃。又有丘疃山，在州西北七十里。

汴河，在城北。自河南永城縣流入界，又東南流入虹縣界。志云：煬帝自汴開河，經州境至泗，長千三百里，兩岸築堤，今州城東南尚有故迹，名曰隋堤。唐咸通九年，叛卒龐勛自徐還攻宿州，軍於符離，州將焦璐決汴水以斷北路，賊至水尚淺，遂涉水攻城，城陷。既而徐州軍追賊至州北，決水已深，徐州將元密渡水圍城，爲賊所敗。又自州而東汴皆有隄。賊尋自宿州掠船順流東下，官軍追之，賊檥舟隄下而陳於隄上，伏兵舟中。官軍至，陣者走入陂中。官軍登隄，賊自舟中出兵夾攻，一軍悉沒。又宋紹興十年，王德復宿州，金人阻汴水邀戰，德策馬先濟，步騎從之，金人敗走，遂取其城。

睢河，在州北二十里。自蕭縣流入，與徐州接界。項羽擊漢軍睢水上，即此。唐咸通九年，叛賊龐勛等至符離，州軍討之，潰於睢水上。賊從符離竟抵宿州，陷之。

渙水，在州西南五十里。亦自河南永城流入境，經廢臨渙城北，又東合於澮水。胡氏曰：「渙水經亳、宿二州間，東南至泗州巉石山，西南入淮，亦謂之濊水。」丁度集韻云：「濊，呼外反，一作『渙』。」是濊水即渙水也。戰國策：「魏拔趙邯鄲，楚救趙，取睢、濊之間。」梁天監二年，韋叡破魏軍於鍾離，逐北至濊水上。唐咸通十年，徐州賊龐勛襲宋州，不克，渡汴水，南掠亳州，官兵追之，勛循渙水而東至蘄，將濟，官軍四集，敗死。

澮水，州南三十五里。亦自永城縣流入境，合渙水，經州東南入靈壁縣境，又東南至五河縣入淮。又泡河，在州南九十里。源出亳州舒安湖，經永城境至臨渙舊縣南，又東合於澮河。史記：「漢十二年，漢將別擊黥布軍洮水南北，皆大破之。」徐廣曰：「洮音導。」或以爲即泡水之訛。按是時布已敗走江南，則非泡水明矣。○沱水，在州東南六十里。志云：州東南有紫亭湖，沱水出焉，東流入靈壁縣界。

淝河，在州南九十里。志云：州南有龍山湖，淝水出焉，東南流入懷遠縣界注於淮。○蘄水，在廢蘄縣南，東流入虹縣境。括地志：「睢水至穀熟而兩分，一爲蘄水。」然則蘄水即睢水也。亦謂之穀水。

陴湖堤，在符離舊城東北五十里，灌田五百餘頃。本隋舊堤，唐顯慶中修治，後復廢。唐史符離縣有安阜屯，蓋亦導水耕屯處也。

埇橋，州北二十五里。亦名符離橋，今名永濟橋，跨汴水上。輿地記：「隋氏鑿汴以來，徐州南控埇橋以扼汴路，故其鎮尤重。唐於其地置鹽鐵院。」建中二年，淄青帥李正己拒命，屯兵埇橋，江、淮漕船數千餘不敢踰渦口。貞元十九年，徐州軍亂，泗州刺史張伾出兵攻埇橋，大敗而還。元和四年，議者以埇橋在徐州南界汴水上，當舟車之會，因置宿州以鎮之。至唐末汴水潰決，自埇橋東南悉爲汚澤。周世宗顯德三年謀伐南唐，發民夫因故堤疏導，東至泗上。五年復浚汴口，導河流達於淮，於是江、淮舟楫始通。今汴河堙廢，埇橋不復爲襟要矣。

柳子鎮，在州西北九十里。范成大北使録：「自臨渙縣北行四十五里至柳子鎮。」是也。唐咸通九年，龐勛據徐州，康承訓討之，軍於新興。賊姚周屯柳子拒守，承訓尋自鹿塘進軍，逼賊於柳子。周渡渙水來戰，官軍敗却之，進圍柳子。賊棄寨走沙陀，以精騎邀擊，自柳子至芳亭，賊死者相枕。賊黨周重曰：「柳子要地，既已失之，危如累卵矣。」既而龐勛復合兵攻柳子，大敗，走還彭城。宋紹興十年，楊沂中自亳州還至宿州，金遣間紿以敵騎數百屯柳子，沂中自將五百騎夜襲之，不見敵而還。金以精兵伏歸路，沂中軍潰，自壽春走歸泗，金人遂屠宿州。里道記：「柳子鎮西行三十里至永城縣之鹿塘，又三十里至新興鎮。」

斄亭，在州西。左傳桓十五年：「公會宋公、衛侯、陳侯於斄，伐鄭也。」杜預曰：「相縣西南有斄亭，一名犨。」○芳亭，在州北，即唐咸通中官軍敗賊處。又有柳溪亭。咸通十年，龐勛將張玄稔等以州城降，官軍誅勛黨張倫等於柳溪亭是也。亭在州城內。

大澤鄉，在故蘄縣西。秦二世元年，陳勝、吴廣起兵於蘄，拔大澤鄉，即此。又蘄西有甀鄉，甀，顔師古曰：「讀直惠反。」亦曰甀。漢高十二年討黥布，布西與上兵遇蘄西會甀是也。○桐墟鎮，在廢蘄縣西南。里道記：「自宿州桐墟鎮而南至渦口渡淮。」金人疆域圖臨淮縣有桐墟鎮。

第城驛。在州西。唐咸通十年龐勛攻康承訓於柳子，大敗，退還彭城，使其黨張實分諸寨兵屯第城驛。既而承訓拔臨渙，又進拔襄城、留武、小睢等寨，乘勝長驅，遂拔第城，進抵宿州西築城而守之，即此。睢陽驛，在州城東。又有百善道驛，在州西七十里。寰宇記云：「古百戰道也。」又大店驛，在州東五十里，東走靈壁之道。州北六十里又有夾溝驛，則北出徐州之道也。

靈壁縣，州東百二十里。東北至邳州睢寧縣百五十里，西北至徐州蕭縣二百二十里。本虹縣零壁鎮，〔一八〕宋元祐初升爲縣，旋復爲鎮。七年又升爲縣，政和七年改曰靈壁，屬宿州。金因之。元省入泗州，尋復置，仍屬宿州。明因之。

舊城周七里有奇，今廢。編户三十八里。

洨城，在縣南。漢洨縣，屬沛郡。應劭曰：「洨水所出，南入淮。」後漢屬沛國，晉因之，後廢。蘇林曰：「洨有垓下聚。」蓋縣本虹縣地也。

穀陽城，縣西北七十五里。漢縣，屬沛郡。應劭曰：「縣在穀水之陽。」穀水即睢水也。晉省。魏太和中置穀陽鎮，尋置平陽郡。武定六年改置穀陽郡，治高昌縣，兼領連城縣。後齊因之。陳大建五年吴明徹攻齊淮南，穀陽士民殺其戍主以城降。隋廢郡爲縣，屬徐州。唐省入蘄。

齊眉山，在縣西南三十里。山開八字，如列眉然。明建文三年燕王南下，徐輝祖敗之於此。○磬石山，在縣北七十里。山産磬石，即禹貢所云「泗濱浮磬」也。祝穆曰：「山北距泗水五六十里，當横流之際，泗水經山下，事非誣矣。」

鳳凰山，在縣西五里，以形似名。又縣西北五里有栲栳山，以山回環如椅也。黄河經縣界亦有栲栳灣之名。又有孟山，在縣東北七十里，接睢寧縣界。

黄河，在縣東北五十里。自徐州東南流入縣境，又東入睢寧縣界。縣西北雙溝一帶，尤爲河防要害。河渠考：雙溝西去吕梁洪五十里，在黄河南岸。其東爲睢寧縣接境之曲頭集，河常決於此。而栲栳灣在黄河北岸，亦掃灣急溜處也，防維不可或疏矣。

睢水，在縣北六十里。自宿州流入境，亦謂之小河，又東入睢寧縣界。明建文三年，何福敗燕兵於此。是時燕師久駐齊眉山，暑雨多疾疫，諸將曰：「小河之東地平衍，士馬可休息，請退屯於此。」王不可，乃止。

汴河，在縣治南二十步。自宿州流入，又東南入虹縣界。舊通舟楫，今淤。○澮水，在縣南七十里。自宿州流入境，東南入五河縣界。又沱河，在縣西南四十里。亦自宿州流入，又東南入虹縣界。

陡溝，縣南百里。或曰澮水之支流也。宋隆興初李顯忠自濠梁渡淮至陡溝，敗金將蕭琦，遂復靈壁。○石湖，在縣東北十五里。舊爲睢、汴支流所匯，中有巨石，因名。縣境又有沬溝湖，今涸。

固鎮，在縣西七十里。有固鎮保巡司。其南爲固鎮驛。

附見

宿州衛。在州城内。洪武中置。

潁州，府西四百四十里。東南至壽州二百九十里，南至河南固始縣百十里，西至河南汝寧府三百里，西北至河南陳州二百七十里，北至亳州二百二十里。

禹貢豫州地，春秋時胡子國，戰國屬楚。秦爲潁川郡地，兩漢爲汝南郡地。三國魏景初二年置汝陰郡，後廢。晉泰始二年復置，宋因之。後魏亦曰汝陰郡，孝昌四年置潁州，兼置汝陰、弋陽二郡。魏收志：「梁得汝陰，置雙頭郡，魏因之也。」後齊仍曰汝陰郡。隋初郡廢州存，大業初復爲汝陰郡。唐武德四年改置信州，六年仍曰潁州，天寶初亦曰汝陰郡，乾元初復爲潁州。五代因之。宋仍曰潁州，元豐二年升順昌軍節度，政和六年改爲順昌府。金復爲潁州。元屬汝寧府，以州治汝陰縣省入。明改今屬，亦曰潁州。編户三十二里。領縣二。今因之。

州東蔽濠、壽，西出陳、許，不特可以固淮服之藩籬，實恃以通中原之聲氣。且川澤流通，田疇沃衍，耕屯於此，兵食可以交足也。席鄧艾之倉箱，建劉錡之旗幟，古今人豈真不相及哉！

汝陰廢縣，今州治。漢置縣，屬汝南郡，高祖時封夏侯嬰爲侯邑，又更始二年封其宗室信爲汝陰王是也。後漢亦屬汝南郡，章和初幸汝陰。魏爲汝陰郡治，自是州郡皆治此。宋泰始二年，魏拓跋石自懸瓠引兵攻汝陰太守張超，不克，退屯陳、項。尋復來攻，卒不克，久之始没於魏。隋亦爲汝陰郡治。大業末郡城爲賊房獻伯所陷，郡人江子建設栅爲險以禦之。唐武德四年平王世充，子建舉州來屬。詔授子建爲刺史，即其栅處築城，謂之信州城。東南距故州城十里，以近汝南褒信城而名也。六年復爲潁州，移入舊城。宋潁州亦治此。開寶六年移汝陰縣治於州城東南十里，後復舊。金因之，元至元二年省。志云：今州有二城：南城土垣，周五里有奇，相傳汝陰故城也；北城磚石修砌，周四里有奇，洪武中所築城也。二城相連，並爲州治。

胡城，在州西北二里。春秋時胡國城也，定十五年爲楚所滅。杜預曰：「汝陰西北有胡城。」晉咸康五年，趙王虎以夔安爲大都督，帥諸軍南寇，安進據胡亭寇江夏。胡氏曰：「即胡城也。」〇任城，在州北三里，潁水北岸。志云：陳將任忠於此築城以迫汝陰。今爲河水蕩決，俗呼蠻奴寨。蠻奴，忠字也。又博城，在州東北四十里。志云：司司馬宣王使鄧艾於此屯田以備東南，蓋倉城也。

細陽城，州西北四十里。或曰戰國時楚考烈王遷鉅陽，此即鉅陽城，後訛爲細陽。漢置細陽縣，屬汝南郡，光武封岑彭子遵爲侯邑。晉縣廢。又有樂昌城，在州西。呂后封張敖前姬子壽爲樂昌侯。徐廣曰：「細陽之池陽鄉也。」南北朝時嘗置樂昌縣於此。

新郪城，州東八里。城西三里有土阜，屹然高大，謂之郪城。魏安釐王十一年，秦拔郪丘是也。漢置新郪縣，屬汝南郡。後漢建初四年封殷侯爲宋公，國於新郪，曰宋公國。晉爲宋縣，屬汝陰郡，宋、齊因之。後魏亦爲宋縣。梁大通末置陳留郡及陳留縣，兼置陳州。東魏廢州，隋初廢郡，開皇十八年改爲潁陽縣，屬潁州。大業末廢。今亦謂之潁陽城。近志云：潁陽城在今太和縣西北四十五里。水經注云：「宋公縣在細陽西北也。」

清丘城，在州東五十六里。梁中大通初得淮北地，僑置許昌縣，爲北陳留、潁川二郡治。東魏因之。後齊曰潁川郡。隋開皇初郡廢，十八年改縣曰清丘，屬潁州。唐初因之，貞觀初廢。志云：城在潁水北岸。旁有清丘，因名。

財州城，州西南百十里。隋志：「東魏置財州，後齊廢州置包信縣，開皇初廢。」今有二土城，相去二三里，土人呼爲東才城、西才城。又西三十里有永安城。志云：武德四年於汝水北岸置永安縣，屬信州，尋廢。其市井猶存。又北三里有縣治子城。〇黄城，在州東南百三十五里。梁中大通初置黄城縣，爲潁川郡治。東魏武定七年改置下蔡郡，仍治黃城縣，後周郡縣俱廢。又屯城，在州西南百七十里龍項灣東。相傳周伐南唐，築城屯兵於此。又州南百十里汝水之陽有地理城。志云：元至順中置潁水縣於此。至正間劉福通作亂，縣毀。

金牛嶺，在州南百二十里淮水北岸，與朱臯鎮相近。又七旗嶺，在縣南七十五里。北臨谷河，有七旗橋，爲往來通道。志云：州南八十里有金丘，在淮水傍。州東十里潁水北岸又有寢丘云。

潁河，在城北。自河南沈丘縣流入境。志云：自河南鹿邑縣經太和縣而至州城北，蓋鹿邑、太和俱與沈丘及州境相接也。自州而東，經潁上縣至正陽鎮入於淮，謂之潁口。唐咸通初，潁州大水，即潁河漲溢矣。宋紹興十年，劉錡保順昌，金人涉潁河至城下，爲錡所敗。既而兀朮至，錡爲三浮橋於潁河上，且毒潁水上流，金人飲之輒斃，及戰，敵敗走。河渠攷：「金人季年，河決太康，自潁西北陳州界入境，東南流經城北。元末又自通許分流，一支入渦河，一支自陳州商水入南頓，混潁水東流過項城趙家渡而入沈丘縣境，歷乳香臺，過縣北而入州界。明洪武八年，黃河分決入潁水，直至潁州北門外。正統十二年，河徙鹿邑，舊流遂絕。成化末年，黃河一支復通於潁。其後通塞不時。俗亦謂潁水爲小河。」今詳河南大川潁水。

淮水，在州南百十里。自河南固始縣流入境，有水臺灣，去州百餘里，淮河經此，波流漸闊，又東入霍丘縣界。唐天祐初，朱全忠侵楊行密，自潁州濟淮，軍於霍丘，即此處也。

汝水，在州南百里。自河南息縣流入境。志云：汝水東北流，至桃花店入州界，又東至永安廢縣，環地理故城至朱臯鎮入於淮，亦謂之淮口。齊東昏侯時陳伯之攻壽陽，魏汝陰太守傅永將郡兵救壽陽，去淮二十餘里牽船上汝水南岸，以牛挽之，直南趨淮，下船即渡，遂達壽陽處也。

舊黄河，在州西北。志云：明初自太和縣流入潁，經州北門外，東流至正陽鎮入淮，蓋奪潁河經流也。正統十二年上流淤塞，惟河南西華縣境一支入潁合流，後亦堙絶。中都志：「今州西百五十里有界溪湖，長三十餘里；州西北百五十里有白楊湖，亦周數十里；皆舊時大河所經，淤隔爲湖。」

柳河，州西五十里。自太和縣流入境，合於茨河，又東至州西二十五里之茨河渡入於潁河。又西茨河，在州西北六十里。合太和縣新集以南諸水，至州西五十里廢柳河驛而合於柳河。○潤河，有二。大潤河在州南五十里，小潤河在州南三十里，流至桃花店接大潤河，又東南入潁上縣境注於淮。

西湖，州西北二里。長十里，廣二里，潁河合諸水匯流處也。又張家湖，在州東三十里潁水北岸。方六七十里。相傳即古寢丘，後陷爲湖。

刺河，自鹿邑東至州北入潁河。

清陂塘，州南百二十里。引淮水溉田，爲利甚溥。又椒陂塘，在州南三十五里。唐永徽中刺史柳寶積所開，引潤水，溉田二百餘頃。今有椒塘鎮。○百尺堨，亦曰百尺堰，亦曰百尺溝。元和志：在州西北百里。俗訛爲山陽堰，舊自河南沈丘縣接州界。

朱皋鎮，在州南百二十里。下臨長淮，有朱皋渡，南至固始縣六十里，爲兩境要衝。元至正十一年，劉福通破潁州，據朱皋攻羅山、上蔡等縣。明正德六年賊趙燧犯潁州，入朱皋鎮，即此。今有巡司，屬固始縣。○永寧鎮，在州東南百里。又東百餘里即正陽鎮也。周世宗伐南唐，至永寧鎮，又東至正陽，即此。

李村，在州北。宋紹興十年，金人圍順昌，爲劉錡所敗。移砦於李村，距城二十里，錡出奇兵襲敗之。金人退十五里而軍，錡復募壯士掩擊，金人退屯老婆灣。或曰老婆灣在太和縣潁河北岸。志云：今州北十里有賀勝臺，劉錡退賊後，於此犒軍處也。○相讓臺，在州東二里。相傳楚王避暑處。亦謂之相讓城。

白沙窩，在州西北。宋紹興中金將韓將軍屯於白沙窩，距順昌城三十里，劉錡襲敗之。又白龍王廟，在州西北十五里。明正德中賊楊虎繇亳州犯潁州，至此渡小黄河，官軍扼而殲之。

留陵驛。在州東六十里。潁河經其下，東入潁上縣。又潁州驛，在東關外。驛口橋，在州西百里。一名一虎橋，路出汝寧。又茨河渡口有石羊舖，亦水陸通道也。

潁上縣，州東南百二十里。西南至河南固始縣百八十里，北至河南永城縣百四十里。漢汝南郡慎縣地，晉屬汝陰郡，東魏置下蔡郡，後齊廢郡。隋屬潁州，大業初改爲潁上縣，唐、宋俱屬潁州。元廢，尋復置。今城周三里有奇。編户十三里。

慎縣城，在縣西北。左傳哀十六年「吳人伐慎，白公敗之」，即此。漢置慎縣，屬汝南郡。後漢建武二年改封宛王賜爲慎侯。魏正元二年，毌丘儉討司馬師，不克，自項走慎。晉屬汝陰郡。太和六年苻秦將苻鑒等救袁瑾於壽春，桓伊等破鑒於石橋，秦兵退屯慎城。劉宋改置慎縣於合肥縣境，屬南汝陰郡，此城遂廢。○甘城，亦在縣西北。括地志：「秦甘羅舊居此城，因以名。」羅，楚下蔡人也。杜佑曰：「故甘城，梁於此置下蔡郡。有關，吳、魏以來關防津濟之所也。」今爲甘城驛，潁河所經。

鄭城，在縣南。梁普通六年，裴邃拔魏鄭城，汝、潁間皆響應。水經注：「潁水過慎縣故城南，而東南流經蜩蟟郭東，俗謂之鄭城。」宋白曰：「南北朝畫淮爲守，闗防莫謹於此。」隋大業三年，於今縣南故鄭城置潁上縣，以地枕潁水上流爲名也。唐武德初移於今治。按志云舊城在縣北十二里，臨沙河，基址猶存，則今城又非唐初所移之城矣。

潁河，在城東門外。亦曰沙河。自州境東流入縣界，又東南至正陽鎮入淮，謂之潁口。三國魏嘉平三年，司馬懿襲王淩於壽春，淩迎降於丘頭，懿沿潁東下，住船淮中，即此處也。唐元和十一年討吳元濟，江、淮運米自壽州西四十里入潁口，又泝流至潁州而西入溵河，以供行營諸軍云。丘頭，見河南沈丘縣。

淮河，縣南三十里。自州境東流入縣界，西南與霍丘縣分境，東南與壽州分境，而潁口合淮之處，則從來南北鉅防也。

潤河，縣西南四十里。自潁州流入境，注於淮河。志云：縣北五十餘里又有濟河，出亳州，東北流合肥水，至五河縣入淮。○陽臺湖，在縣北十二里。有東西二水，導源沙河，合流經陽臺下，湖因以名。亦曰東、西陽臺湖，物産甚多，民獲其利。下流通於淮河。

正陽鎮，縣東南八十里。所謂西正陽也，下臨淮津。五代漢乾祐二年，唐兵渡淮攻正陽，潁州將白福通擊敗之。上有劉備、闗羽二城，二城蒙古將董文炳所築也。旁又有土城基，周三里，俗謂之張飛城。

江口驛。在縣西北五十里潁河東岸，爲水陸要衝。其在縣北者曰甘城驛。二驛萬曆中革。○廟臺渡，在縣南二十五里，淮河津濟處也。

太和縣，州西北九十里。西至河南項城縣百四十里，西南至河南新蔡縣百八十里，北至亳州百八十里。漢汝南郡細陽縣地，後爲汝陰縣地，宋開寶中析置萬壽縣，以萬壽鄉而名。宣和中改爲泰和縣。元初省入潁州，後復置，改「泰」曰「太」。今城周七里有奇。編户二十一里。

萬壽廢縣，在今縣城西。志云：縣本汝陰之百尺鎮，古百尺堰也。宋開寶六年分汝陰縣北萬壽等五鄉置縣，治百尺鎮，後改曰泰和，元移今治。○宋玉城，在縣北七十里。玉，後魏將也。齊建元初魏遣宋玉、劉昶攻壽陽，築城於此以屯兵，因名。其城周四里，故址猶存。

原鹿城，在縣西。本宋邑，春秋時謂之鹿上，僖二十一年「宋人、齊人、楚人盟鹿上」是也。後漢始置原鹿縣，屬汝南郡，光武封陰識爲侯邑。晉屬汝陰郡，後廢。水經注「汝水至原鹿縣入淮」，蓋在潁州西界也。

萬壽山，縣北五十里。唐以名鄉，宋復以名縣。

沙河，縣南二里。即潁水也。潁水合蔡，故兼有沙河之名。自河南鹿邑縣流入境，亦與沈丘縣接界，又東南流而入州境。

柳河，在縣西南七十里。舊黄河支流也。上通項城，下達潁州，入於沙河。又茨河，在縣東北二十里，亦因大河衝決而成。自河南鹿邑縣流入界，東南達潁州入沙河。又有宋塘河，在縣北六十里。自亳州肥河分流，至縣東北入於茨河。

斤溝鎮。在縣東南。舊爲戍守處，今亦名斤溝店。○和陽驛，在縣西南五十里。又縣西七十里有界溪，爲陳、汝往來之道。又有北原和巡司，在縣北十里。

附見

潁川衛。在州城内。洪武初建，屬河南都指揮使司。又潁州守禦千户所一，屬於潁川衛。

亳州，府西北四百五十里。南至潁州三百二十里，西至河南陳州二百里，北至河南歸德府百三十里。

古豫州地，周武王封神農之後於焦，即此。後改爲譙，春秋時爲陳國之譙邑，戰國屬宋，後屬楚。秦屬碭郡，漢屬沛郡，後漢屬沛國。又豫州治譙，即此。魏置譙郡，晉及劉宋因之。後魏仍置譙郡，正始中兼置南兖州治焉。梁中大通三年來降，置譙州。明年没於魏。按魏書鍾繇敗後，分徐、豫二州，以譙城立南兖州，事在正始四年，或作「正光」，悮也。後齊因之。後周改爲亳州。置總管府治焉。隋亦曰亳州，大業初復曰譙郡。唐又爲亳州，天寶初亦曰譙郡，乾元初復故。五代因之。宋仍曰亳州，亦曰譙郡。大中祥符七年升爲集慶軍節度。金亦曰亳州。元屬歸德府。明初以州治譙縣省入，尋降爲縣，改屬潁州。弘治九年復曰亳州，編户二十三里。屬鳳陽府。今仍之。

按州走汴、宋之郊，拊潁、壽之背，南北分疆，此亦争衡之所也。昔者曹瞞得志，以譙地居衝要，且先世本邑也，往往治兵於譙，以圖南侵。及曹丕篡位，遂建陪都。其後有事江、淮，輒頓舍於此。晉祖逖志清中原，亦從事於譙。及桓温伐燕，實自譙而北也。拓跋燾食淮南，恒以譙爲重鎮。宇文周與陳争江北之地，軍府實置於譙州。唐平輔公祏，亦命一軍自譙亳而南矣。朱温以盜賊之雄，初得宣武，即屯據亳州，而東方諸鎮，以次供其吞噬，豈非地有所必争乎？宋南渡以後，亳州爲敵守，而汴、宋竟不可復，蓋襟要攸關，州在豫、徐、揚三州間，固不獨爲一隅之利害而已。

廢譙縣，今州治。戰國時楚邑，秦置譙縣。陳勝初起，攻譙下之是也。漢亦爲譙縣，屬沛郡。後漢建武四年幸譙，仍屬沛國。曹操生長於譙，自言於譙東五十里築精舍，欲春夏讀書，秋冬射獵，建安中往往治兵於譙以擊孫權。曹丕篡位，改建五都，譙其一也。數如譙議南侵。明帝叡亦嘗至焉。晉仍爲譙郡治。永興二年范陽王虓遣將劉琨等擊豫州刺史劉喬之子祐於譙，祐敗死。時虓與東海王越共舉兵討河間王顒於關中，祐以兵拒越也。永昌初陷於石勒，永和五年復歸於晉，升平三年没於慕容燕。太和四年桓温伐燕，遣豫州刺史袁真出壽春克譙。及梁時苻秦救燕，温還師至譙，爲秦將苟池所邀擊，大敗。晉末縣廢，而譙城如故。劉宋亦置譙郡，又僑置陳留郡，治小黄縣。後魏置南兖州，治譙城，仍領陳留等郡。隋初郡廢。大業三年改小黄爲譙縣，徙譙郡治焉。唐、宋皆爲亳州治，明初省。今州城周九里有奇，門四。

譙城，劉昫曰：「即今宿州之廢臨涣城。唐初譙州治此，貞觀十七年州廢，以故城爲臨涣縣縣治，後遂悮以隋之譙縣爲古譙城」云。又梅城廢縣，在今州南四十里。隋開皇六年分小黄縣置梅城縣，屬亳州，大業三年并入譙縣。

城父城，州東南七十里。春秋時陳邑。左傳僖二十三年：「楚伐陳，遂取焦夷。」襄元年：「晉以東諸侯之師伐陳，遂侵楚焦夷。」昭九年：「楚遷許於夷，實城父。」三十年：「吳滅徐，徐子奔楚，楚城夷而處之。」三十一年：「吳伐夷。」哀六年：「吳伐陳，楚救陳，師於城父。」蓋夷後爲城父也。秦二世二年，遣長史司馬欣、董翳擊盜，殺陳勝於城父。漢五年，劉賈軍從壽春屠城父，至垓下。尋置城父縣，屬沛郡，高帝封功臣尹恢爲侯邑。後漢屬汝南郡，晉屬譙郡。劉宋僑置浚儀縣，屬陳留郡，以城父縣并入。後魏因之。梁普通六年裴邃拔魏鄭城，魏元琛赴救，軍於城父不敢進。大同初遣將元慶和攻東魏城父，高歡遣竇泰據城拒之。太清初侯景圍東魏譙城不下，還攻城父，拔之。後齊亦曰浚儀縣，隋開皇十八年復曰城父，屬亳州。唐因之。中和末以朱全忠父名誠，改縣曰焦夷，光啓初秦宗權寇亳、潁，朱全忠敗之於焦夷是也。五代梁龍德初又改焦夷曰夷父，後唐復爲城父縣。宋因之，仍屬亳州。元初省入譙縣，尋復置。明初廢。

建成城，在州東北八十里。漢縣，屬沛郡，曹參初封建成君。宣帝五鳳中封黄霸爲侯邑，屬沛郡。〔一九〕後漢省。或誤爲建平城。魏收志「天平中復置馬頭郡，治建平城」，蓋即此城。隋志：「酇縣有馬頭郡，後魏所置。」今酇縣廢城在河南永城縣，蓋境相接也。後齊郡廢。金志：「亳州有馬頭鎮，因故郡而名。」

長垣城，在州東。劉宋析譙縣地僑置長垣縣，屬譙郡。又置陳留郡，寄治長垣縣界。後魏廢。又有下邑城，在州東北五十里。後魏僑置下邑縣。屬馬頭郡，後齊廢。隋志酇縣有下邑廢城，即此。

虎頭岡，在州北二里。伏迴數里，爲城北之屏障。

渦河，州西三十八里。從河南鹿邑縣東流至城北，與馬尚河合流入蒙城縣界。魏主丕黃初六年，以舟師自譙循渦入淮，即此處也。又州西北三十里有舊黃河，其相近者又有漳河，或曰亦黃河衝決時分流處也，並流入於渦河。

馬尚河，在城北。自河南商丘縣汴河分流，經州境入於渦河。其支流入河南永城縣界謂之澮水。又有泡水，在州東北五十里。志云：州北有舒安湖，泡水出焉，亦流入河南永城縣界。

淝河，在州南百五十里。蔡、潁以東積水所匯，引而爲河，入蒙城縣界，下流注於淮。又州西南十五里有清水河，東北流入於渦河。

乾溪，在舊城父縣南五里。左傳昭八年：楚伐吴，師於豫章，次於乾谿。十二年，楚子狩於州來，次於乾谿，即是溪也。新序：「楚王起章華之臺，爲乾谿之役。」今餘迹猶存。

蘆洲，在州東，渦水北岸。或曰其地舊多蘆葦，因名。晉大興中祖逖北伐，屯兵蘆洲，蓋即此地也。又州南有高陂水，志云：陂周四十三里，魚蚌菱芡之藪也。

百尺口，州東南五十里。亦曰百尺河，即陳、潁間百尺溝支渠矣。北流入於渦水。宋寶祐二年蒙古將張柔以連歲勤兵兩淮，艱於糧運，請城亳州而戍之。又以渦水北隘，淺不可行舟，軍既病涉，曹、濮、魏、博粟皆不至，而百尺口爲宋往來之路，俱築甬道，一自亳而北，一自亳而南，置堡立柵，密爲偵邏，繇是糧運悉達。

義門鎮，州東六十里。今有巡司戍守。又雙溝鎮，在州南六十里。宋紹定六年金主自歸德如蔡，至亳州，進次州南，避雨雙溝寺，見蓬蒿滿目，爲之一慟，蓋鎮有佛寺云。金人疆域圖譙縣有雙溝鎮。

王家市，在州北。市，一作「寺」。宋紹定六年，金主在歸德，蒙古將忒木碍圍亳州以逼之。金主遣蒲察官奴僞與和，密自歸德南行，登舟縣東而北，殺守堤邏卒，徑至王家市掩忒木碍之營，大敗之。

官竹園，在州東北。梁中大通四年，元樹鎮譙城，爲魏將樊子鵠等所攻，梁將羊侃赴救，至官竹而樹已敗，遂還。水經注：「睢水自睢陽東南流歷竹園。水次緑竹蔭渚，菁菁彌望，世謂之梁王竹園。官收其利，因曰官竹」。

明王臺，在城西北一里。元至正十五年，劉福通自碭山清河迎韓林兒爲帝，號小明王，據亳，此其即位臺也。今爲通真觀。○八角臺，在州東南三里。相傳曹操所築，於此大饗軍士。

附見

武平衛。在州城內。洪武初置熊韜衛，二十二年改曰武平衛。

校勘記

〔一〕蠅蟲晝夜合　職本與底本同，鄒本「合」上有「聲」字。今核梁書康絢傳，鄒本是。

〔二〕武德四年并入鍾離　舊唐志卷三九濠州序作「武德四年省塗山入鍾離」，與此同，然鍾離縣下又云「武德七年省塗山縣併入」。新唐志卷三八、輿地廣記卷二一均作「七年」，作「四年」誤。

〔三〕或以爲初治曲陽　底本原脱「陽」字，今據職本、鄒本補。

〔四〕開皇九年改置壽州　隋志卷三一與此同，然隋書卷五二賀若弼傳云：「高祖受禪……于是拜弼爲吴州總管，委以平陳之事。弼忻然以爲己任，與壽州總管源雄並爲重鎮。」隋書卷五〇元孝矩傳亦云：「及上受禪……俄拜壽州總管。」隋書卷六四來護兒傳亦云：「于時江南尚阻，賀若弼之鎮壽州也，常令護兒爲間諜。」凡此三端，壽州之名均出於開皇九年平陳之前，則壽州之設不在開皇九年甚明。蓋九、元形近，此訛元爲九，當作「開皇元年」也。

〔五〕以禁南郡之下　底本「下」字下原有「攻」字，職本無。史記卷一一八淮南王傳亦無「攻」字，職本是，今據删。

〔六〕東收江東　「江東」，史記卷一一八淮南王傳作「江都」，此誤。

〔七〕簡文帝初袁真以壽春叛　據晉書卷八海西公紀，袁真以壽春叛在海西公太和四年，不在簡文帝初。

〔八〕淮水自硤石至翼蔽淮瀆　「硤石」、「淮瀆」，底本原作「夾石」、「淮漬」，職本同，鄒本作「硤石」、「淮瀆」，核諸水經淮水注，鄒本是，今據改。

〔九〕夾横塘西注　「夾」，底本原作「爲」，今據鄒本及水經肥水注改。

〔一〇〕杜叔寶　水經肥水注或作「杜叔寶」，或作「趙叔寶」，各本不一。宋書卷八六劉勔傳、卷八七殷琰傳均作「杜叔寶」，並云：「叔寶，杜坦之子。」當以杜叔寶爲是。

〔一一〕閻潤水　「潤」，水經肥水注作「澗」。

〔一二〕輿程記　底本原作「程輿記」，今據職本、鄒本乙正。

〔一三〕司馬昭遣兖州刺史州泰破之於陽淵　「州泰」，底本原作「泰寧」，鄒本作「州泰」。晉書卷二文帝紀、通鑑卷七七魏紀九並云兖州刺史州泰擊破朱異于陽淵，三國志卷二八有州泰傳，鄒本作「州泰」是，今據改。

〔一四〕黥布　「黥」，底本原作「黔」，今據史記卷九一黥布傳改。

〔一五〕陡山　「陡」，底本原作「陡」，鄒本作「陡」。字書無「陡」字，寰宇記卷一六、輿地紀勝卷四四作「斗山」，通鑑卷二五一唐紀六七胡注云：「斗山，在今盱眙縣，亦曰陡山。」鄒本作「陡」是，今據改。又本書此誤甚多，下不一一出校。

〔一六〕白撣　「撣」，底本原作「禪」，今據鄒本及後魏志卷一〇六中改。

〔一七〕隋治朝斛城　「斛」，舊唐志卷三八作「解」。

〔一八〕本虹縣之零壁鎮　「零」，底本原作「靈」。按下文云「政和七年改曰靈壁」，則原名非靈壁甚明。宋志卷八八宿州靈壁縣下云「元祐元年以虹之零壁鎮爲縣」，今據改。

〔一九〕屬沛郡　上文已云「漢縣，屬沛郡」，此不必再有「屬沛郡」三字，可删。